Zeitgeschichte

ÜBER DAS BUCH:

Moskau, 11. Juni 1937: Acht hochrangige Offiziere der Roten Armee mit Marschall Michail N. Tuchatschewskij an der Spitze werden von dem Hinrichtungskommando des sowjetischen Staatssicherheitsdienstes NKWD in dem berüchtigten Gefängnis Lubjanka in Moskau erschossen. In einem geheimen Gerichtsverfahren sind sie beschuldigt worden, Verräter und Agenten zu sein, die in der Sowjetunion einen Umsturz planten. In den folgenden Säuberungen wurden dann Zehntausende Offiziere liquidiert oder in die GULAG-Lager verschleppt. Fast zwanzig Jahre danach enthüllte Chruschtschow, daß Tuchatschewskij und seine Genossen Opfer einer Verschwörung Stalins geworden waren.
Wie die jüngsten sowjetischen Buch- und Zeitschriftenpublikationen zum Fall Tuchatschewskij bestätigen, hat der Autor Fakten ermittelt, die auch in der Sowjetunion noch nicht bekannt sind. Neue Dokumente und Protokolle ermöglichen es, heute endlich die wirklichen Gründe der vielschichtigen Verschwörung gegen Tuchatschewskij und seine Kameraden aufzuklären. Die Intrigen des Diktators übertrafen in ihrer brutalen Wahrheit jeden Polit-Thriller.

DER AUTOR:

Dr. phil. Rudolf Ströbinger, geboren 1931 in Südmähren, studierte Geschichte und Philosophie an der Karls-Universität in Prag. Bis zum »Prager Frühling« 1968 war er Redakteur der Tageszeitung »Lidová Demokracie«. Nach seiner Übersiedlung in die Bundesrepublik leitete er einige Jahre die damalige CSSR-Redaktion der »Deutschen Welle« und ist nun freier Mitarbeiter deutscher und ausländischer Blätter und Rundfunkanstalten. Für das Fernsehen drehte er Dokumentarfilme wie »Admiral Canaris«, »Oberst Redl – Legende und Wirklichkeit« und »Stalins letzter Schauprozeß«. Er ist Präsident des Exil-PEN-Clubs deutschsprachiger Länder.

Weitere Veröffentlichungen:
Die große Jagd (o. J.); *Das Attentat von Prag* (1976); *Kreuz und roter Stern* (1977); *Roter Kolonialismus* (1981); *Das Rätsel Wallenberg* (1981); *Der Mord am Generalsekretär* (1983); *Poker um Prag* (1985); *Schicksalsjahre an der Moldau* (1988).

Rudolf Ströbinger

Stalin enthauptet die Rote Armee

Der Fall Tuchatschewskij

Zeitgeschichte

Zeitgeschichte
Ullstein Buch Nr. 33164
im Verlag Ullstein GmbH,
Frankfurt/M – Berlin

Ungekürzte Ausgabe
Mit 40 Abbildungen

Umschlagentwurf:
Hansbernd Lindemann
Unter Verwendung eines Fotos
vom Ullstein Bilderdienst, Berlin
(Portrait: Michail N. Tuchatschewskij,
Stabschef der Roten Armee, 1937)

Printed in Germany 1992
Druck und Verarbeitung:
Clausen & Bosse, Leck
ISBN 3 548 33164 5

August 1992

Die Deutsche Bibliothek –
CIP-Einheitsaufnahme

Ströbinber, Rudolf:
Stalin enthauptet die Rote Armee :
der Fall Tuchatschewskij /
Rudolf Ströbinger. – Ungekürzte Ausg. –
Frankfurt/M; Berlin: Ullstein, 1992
(Ullstein-Buch; Nr. 33164:
Zeitgeschichte)
ISBN 3-548-33164-5
NE: GT

Inhalt

Für Věra

Prolog

Es ist eines der größten ungelösten Rätsel des zwanzigsten Jahrhunderts.

Alle Hauptakteure, die das Rätsel lösen könnten, sind tot.

Alle Dokumente – wenn sie nicht bereits vor Jahren vernichtet wurden – gelten immer noch als streng geheim und sind unzugänglich.

Es gibt nur widersprüchliche Aussagen und Berichte. Legenden wurden in die Welt gesetzt, Gerüchte verbreitet.

Über das, was an jenem Freitag, dem 11. Juni 1937, in Moskau geschah, gibt es lediglich zwei offizielle Mitteilungen und einen Befehl.

Die erste der Mitteilungen ließ die Staatsanwaltschaft der Union der Sozialistischen Sowjetrepubliken am 11. Juni 1937 veröffentlichen:

»Die Untersuchung der Angelegenheit der von Organen des Volkskommissariats für Innere Angelegenheiten zu verschiedenen Zeiten verhafteten M. N. Tuchatschewskij, I. E. Jakir, I. P. Uborewitsch, A. I. Kork, R. P. Eideman, B. M. Feldman, W. M. Primakow und W. K. Putna ist abgeschlossen, und die Sache wurde dem Gericht übergeben. Die obenerwähnten Verhafteten werden angeklagt der Verletzung der militärischen Pflicht (des Eides), des Landesverrats, des Verrats an den Völkern der UdSSR, des Verrats an der Roten Arbeiter- und Bauernarmee. Durch das Untersuchungsmaterial wurde die Teilnahme der Angeklagten sowie auch J. B. Gamarniks, der Selbstmord begangen hat, an staatsfeindlichen Verbindungen mit führenden Militärkreisen eines ausländischen Staates festgestellt, der gegenüber der UdSSR eine feindselige Politik führt.«

Nur vierundzwanzig Stunden später, am Samstag, dem 12. Juni

1937, meldete sich der Oberste Gerichtshof der Union der Sozialistischen Sowjetrepubliken zu Wort:

»Gestern, am 11. Juni dieses Jahres, verhandelte im Saal des Obersten Gerichtshofes der Union der SSR die Sondersession des Obersten Gerichtshofes der UdSSR ... in geschlossener Gerichtssitzung ... die Sache von M. N. Tuchatschewskij, I. E. Jakir, I. P. Uborewitsch, A. I. Kork, R. P. Eideman, B. M. Feldman, W. M. Primakow und W. K. Putna. ... Die Sondersession des Obersten Gerichtshofes der Union der SSR erkannte alle Angeklagten ... für schuldig und beschloß: alle Angeklagten ihrer militärischen Ränge zu entkleiden, dem Angeklagten Tuchatschewskij den Titel eines Marschalls der Sowjetunion zu nehmen und sie alle zum höchsten Strafmaß – zum Tod durch Erschießen – zu verurteilen.«

Am 12. Juni 1937 unterzeichnete der Volkskommissar für die Landesverteidigung der UdSSR, Marschall der Sowjetunion K. Woroschilow den Befehl Nummer 96, gerichtet an »Genossen Rotarmisten, Kommandeure und politische Funktionäre der Roten Arbeiter- und Bauernarmee«:

»Vom 1. bis 4. Juni«, so Woroschilow, »tagte in Anwesenheit der Regierungsmitglieder der Militärrat beim Volkskommissar für Landesverteidigung der UdSSR. In der Sitzung des Militärrats wurde mein Bericht über die vom Volkskommissariat für Innere Angelegenheiten aufgedeckte verräterische, konterrevolutionäre, faschistische Militärorganisation angehört und erörtert, die streng konspirativ lange Zeit existierte und in der Roten Armee ihre niederträchtige Schädlings-, Wühl- und Spionagearbeit betrieben hat. ... Der Oberste Gerichtshof hat sein gerechtes Urteil gefällt! Tod den Volksfeinden!«

»Tod den Volksfeinden!«
»... zum Tod durch Erschießen zu verurteilen«.

Wie aber starben Marschall Michail N. Tuchatschewskij und die sieben mit ihm angeklagten Generäle? Sogar über ihren Tod gibt es keine glaubwürdigen Aussagen. So wird behauptet, daß die Hinrichtung bereits am späten Vormittag des 11. Juni 1937 im Hof des Sitzes des sowjetischen Staatssicherheitsdienstes NKWD, der Lubjanka, auf dem Dserschinskij-Platz in Moskau stattgefunden habe.

In dieser Schilderung heißt es:

»Ein NKWD-General zog einen Kreidestrich quer über den Hof und schrieb die Namen der Verurteilten in Abständen auf den Strich. Dann wurden die Gefangenen durch eine kleine Tür in den Hof geführt. Ihre Arme waren auf den Rücken gebunden, die Rangabzeichen von der Uniform gerissen.

Als erster kam Tuchatschewskij. Ihm folgten Putna, Uborewitsch ... Jeder General war von seinem Henker begleitet, der knapp hinter ihm Aufstellung nahm.

Auf ein Signal hin ließen sämtliche Lastwagen und Autos im Gefängnishof ihre Motoren laufen. Marschall Blücher, eines der Mitglieder des Gerichtstribunals, befehligte das Exekutions-Peloton. Kommandeur der Hinrichtungseinheit war ein noch junger NKWD-Offizier, Iwan Serow, nach dem Zweiten Weltkrieg einige Jahre Leiter des Staatssicherheitsdienstes KGB und bis 1964 Chef der sowjetischen militärischen Abwehr.

Als Marschall Blücher mit einem Taschentuch winkte, erhoben die Henker langsam ihre Pistolen. Jeder schoß ›seinen‹ General in den Hinterkopf. In der Nacht wurden die Leichen in Schluchten des Chodynka-Feldes, wo 1894 bei der Krönung des Zaren Nikolaus II. Hunderte von Menschen bei einer plötzlich ausgebrochenen Massenpanik zu Tode getrampelt wurden, verscharrt.«

Eine der Schilderungen dessen, was in der Lubjanka mit zum Tode Verurteilten in ihren letzten Minuten vor der Hinrichtung geschah und wie diese dann vor sich ging, lautet hingegen so:

»Das Kellergeschoß der Lubjanka ist in eine Anzahl von Räumen für den Gebrauch der Henker, zum Umziehen der Gefangenen usw. aufgeteilt. Vor der Hinrichtung muß sich jeder Gefangene ausziehen und weiße Unterwäsche anlegen; damit weiß er, daß er verurteilt ist und erschossen werden soll. Er wird in eine Todeszelle geführt, und dort jagt ihm der Henker eine Kugel ins Genick, entweder indem er ihn mit dem Gesicht zur Wand stellt, oder schon während er die Zelle betritt. Als Waffe wird eine achtschüssige TT-Maschinenpistole benutzt. Falls der erste Schuß den Verurteilten nicht erledigt, schickt der Henker eine zweite Kugel nach. Ein Arzt bescheinigt den Tod, und seine Bescheinigung beschließt als letztes Dokument das Dossier des Opfers. Der Boden der Zelle ist mit einem Segeltuch bedeckt. Nach der Hinrichtung wird von einer Putzfrau saubergemacht. Die Leichen werden weggefahren und unverzüglich in einem gemeinsamen Grab bestattet.«

Mit Sicherheit starb als erster Marschall Tuchatschewskij, nach ihm Jakir, danach Uborewitsch, Kork, Primakow, Feldman und Putna. Wenigstens dies kann der sowjetischen Mitteilung entnommen werden. Nicht auszuschließen ist allerdings, daß am 11. Juni 1937 nur sieben der hohen Militärs hingerichtet wurden und man Eidemans Hinrichtung um vierundzwanzig Stunden verschob. Warum? Der Grund der Verzögerung ist noch immer unbekannt.

Aber – gab es überhaupt einen Prozeß gegen Tuchatschewskij und die sieben Generäle? Auch dies wird manchmal bezweifelt. So behauptet der ehemalige Chef des sowjetischen Geheimdienstes in Westeuropa, General Walter G. Kriwitzkij, der sich vor dem Zweiten Weltkrieg in die Vereinigten Staaten absetzte, es habe kein Kriegsgericht mit der Tuchatschewskij-Gruppe stattgefunden. »Die acht Generäle wurden auch nicht gemeinsam hingerichtet«, schrieb Kriwitzkij, »sie wurden einzeln und an verschiedenen Tagen erschossen.« Stalin, so der ehemalige hohe sowjetische Geheimdienstoffizier weiter, ließ die Nachricht über einen Prozeß verbreiten, damit Armeeangehörige die »Geschichte ... von einer Verschwörung in der Roten Armee auch schlucken«.

Marschall Michail N. Tuchatschewskij im Februar 1936.

Warum mußte am 11. Juni 1937 Marschall Michail Nikolajewitsch Tuchatschewskij sterben?

War er ein Verschwörer gegen den roten Diktator?

Ein Agent des nationalsozialistischen Reiches?

Wollte Tuchatschewskij in der Sowjetunion eine rote Militärdiktatur errichten und ein »roter« Napoleon werden?

Konspirierte er mit den Westmächten gegen Stalin?

Fragen ... Diese – und viele andere.

Das Komplott

Der 23. Januar 1937, ein Samstag, war in Moskau ein kalter, frostiger Tag. Die Menschen, die sich kurz vor zwölf Uhr in die Oktoberhalle des Hauses der Gewerkschaften drängten, legten ihre dicken Mäntel in der Garderobe im Foyer ab und eilten die breite Treppe hinauf in den ersten Stock. Dort, im großen Saal, sollte das vom Staatssicherheitsdienst NKWD sorgfältig vorbereitete Drama seinen Höhepunkt finden.

Der Saal füllte sich. Einige Minuten nach zwölf Uhr – nur noch die ersten zwei Reihen waren unbesetzt – schlossen uniformierte Angehörige des Staatssicherheitsdienstes die Tür.

Ein Raunen ging durch den Saal: Von rechts kamen die Mitglieder des Gerichtshofs herein, angeführt vom Vorsitzenden Wladimir W. Ulrich, einem ehemaligen Angehörigen der politischen Polizei Wetscheka, Vorläuferin der GPU. Als letzter, in einem dunkelblauen gestreiften Anzug, betrat Andrej J. Wyschinskij den Saal, ein ehemaliger Richter, vor kurzem von Stalin zum Generalstaatsanwalt befördert. Er ging langsam, mit lebhaften Augen schnell den Saal überfliegend, zu seinem kleinen Tisch links vom Tribunal.

Endlich war es soweit: Angeführt von einem Offizier des Staatssicherheitsdienstes, betraten die siebzehn Angeklagten den großen Saal.

Der Vorsitzende Ulrich eröffnete den Prozeß gegen das »antisowjetische trotzkistische Zentrum«.

Unter den Angeklagten befanden sich einige der engsten Mitarbeiter des Gründers des Sowjetstaates Wladimir I. Lenin. Grigorij Pjatakow war Erster Stellvertreter im Volkskommissariat für Schwerindustrie. Lenin hatte ihn vor Jahren als einen der zwei Männer bezeichnet, die nach seinem Tod würdig wären, die bolschewistische Partei zu führen. Seitdem wurde Pjatakow von Stalin gehaßt. Der Angeklagte Grigorij Sokolnikow, ein Parteiveteran und früherer Kandidat des Politbüros, hatte Lenin begleitet, als dieser am Nachmittag des 8. April 1917 mit seinen dreißig engsten Mitarbeitern Zürich verließ, um – auf Kosten der Reichsregierung und mit Zustimmung des deutschen Generalstabes – über Deutschland, Schweden und Finnland nach Petersburg zu fahren, wo sie die bolschewistische Revolution anfachen wollten. Seit 1905 Mitglied der bolschewistischen Partei, amtierte Sokolnikow nach der Revolution als Volkskommissar für Finanzen, und einige Zeit war er Botschafter in London. Der neben ihm sitzende Angeklagte Nikolaj Muralow hatte bereits an der Revolution von 1905 teilgenommen, galt als einer der führenden Rotgardisten des Jahres 1917 und wurde später als Militärgouverneur der sowjetischen Hauptstadt bekannt.

Eine schillernde Figur unter den Angeklagten war ein kleiner, häßlicher Mann mit abstehenden Ohren, dichtem, rötlich gefärbten Backenbart und kleinen Augen, die hinter einer schwarzumrandeten Brille lebhaft umherblickten. Er galt als der fähigste Propagandist der bolschewistischen Revolution. Nach dem Weltkrieg hatte er Jahre in dem von Unruhen, Aufständen und Putschen tief erschütterten Nachkriegsdeutschland zugebracht, wo er als Drahtzieher aller Aktionen der deutschen Kommunisten galt: Karl Radek.

Wer war dieser Mann, der im Januar 1937 im Moskauer Schauprozeß eine Schlüsselrolle spielte?

Nach eigenen Angaben wurde er, Sohn einer jüdischen Lehrerin, 1885 in Lemberg im damals österreichischen Galizien als Karl Bernhardowitsch Sobelsohn geboren. Schon mit siebzehn Jahren »aktiver« Revolutionär, nahm er das Pseudonym Radek an, das an das Wort »radikal« erinnern sollte.

Radikal, geschickt, gewandt, intelligent – das war Karl Radek von Jugend auf. Bald konnte man seinen Namen in zahlreichen linksorientierten Zeitungen Deutschlands lesen. Seine Artikel –

manchmal mit dem Pseudonym »Parabellum» gezeichnet – waren derart bissig, zynisch und revolutionär, daß sie sogar von vielen seiner Genossen, so etwa von Rosa Luxemburg, als abstoßend empfunden wurden. Und auch der Führung der deutschen Sozialdemokratie schien der junge Revolutionär zu weit zu gehen. Es kam zum Bruch; Karl Radek wurde wegen schädigender Tätigkeit aus der Partei ausgeschlossen. Im Jahr 1915 stieß er in der Schweiz zu Lenin. Was den deutschen Sozialdemokraten an Radek mißfiel, fand bei Lenin Anerkennung: sein Drang zum Konspirativen, sein revolutionärer Übereifer. Nach Rußland folgte Radek im April 1917 dem Führer der Bolschewiki nicht, und zwar nicht nur, weil die russische provisorische Regierung ihm als österreichischem Staatsbürger die Einreise verboten hatte, sondern weil er von Lenin für einen der wichtigsten Auslandsposten der Bolschewiki gebraucht wurde: In Stockholm sollte Radek, zusammen mit Fürstenberg-Granetzky und W. Worowskij, das »Auswärtige Büro des bolschewistischen Zentralkomitees» leiten. Seine wichtigste Aufgabe war, jene Millionen Reichsmark, die Berlin zur Finanzierung der bolschewistischen Revolution und der bolschewistischen Presse zur Verfügung stellte, illegal nach Rußland zu transferieren.

Im Spätherbst 1918 avancierte der flinke Radek zur Schlüsselfigur bei der Verwirklichung des bolschewistischen Plans, in Deutschland als erstem Land nach Rußland die Revolution zum Sieg zu führen. Als der Kongreß der Sowjets nach Berlin einberufen wurde, sollte an ihm auch eine fünfköpfige Delegation der russischen Bolschewiki teilnehmen. Die deutschen Behörden verboten den Gästen aus Moskau zwar die Einreise, aber einer kam dennoch durch: Verkleidet als österreichischer Kriegsgefangener und mit gefälschten Dokumenten, traf Karl Radek am 28. Dezember 1918 in der Reichshauptstadt ein – noch rechtzeitig, um an dem Gründungskongreß der Kommunistischen Partei Deutschlands teilzunehmen und im Hintergrund auch Fäden in bezug auf die zukünftigen Aktivitäten der neuen Partei zu spinnen. In einer in Berlin gehaltenen Rede versprach er dem deutschen Proletariat: »Bald wird sich eine deutsche revolutionäre Regierung mit den Russen am Rhein verbrüdern und den imperialistischen Reaktionären einen neuen Krieg erklären!«

Aber Radeks revolutionäre Pläne verwirklichten sich nicht. Mitte Januar 1919 wurde der Spartakusaufstand niedergeschlagen, am 15. Januar wurden seine Führer, Karl Liebknecht und Rosa Luxemburg, ermordet. Radek aber gab nicht auf. Noch immer hoffte er auf einen Sieg der Revolution. Am 12. Februar 1919 wurde er verhaftet und in das Gefängnis in Berlin-Moabit eingeliefert.

Karl Radek wurde der prominenteste Häftling von Moabit. Einige seiner damaligen Mithäftlinge erinnern sich an das Leben des von allen Seiten hofierten Gefangenen: gutes Eßgeschirr, tadellose Verpflegung, eigener Nachttopf, viel Tabak. Und: Karl Radek empfing regelmäßig Besuche. Seine »Gäste« waren sozialdemokratische Minister, hohe Offiziere der Reichswehr, kommunistische Funktionäre, kapitalistische Industrielle, Journalisten. Einer der bedeutendsten Gesprächspartner in Radeks Moabiter Zelle war mit Sicherheit Walther Rathenau, Präsident der AEG. Drei Jahre später, am 16. April 1922, unterschrieb er als Reichsaußenminister im italienischen Rapallo den deutsch-sowjetischen Vertrag, mit dem eine Ära guter, intensiver Beziehungen zwischen beiden Staaten begann.

Im Spätsommer 1919 wurde Karl Radek aus dem deutschen Gefängnis entlassen, Ende 1919 kehrte er nach Rußland zurück.

Deutschland und Berlin schienen aber den Propagandisten der Revolution anzuziehen, denn er hielt sich bald wieder in der Stadt an der Spree auf. Radek pendelte zwischen Berlin und Moskau, wo er aktiv an der Arbeit der von Lenin gegründeten Komintern, der Kommunistischen Internationale, mitwirkte. Als 1921 in der KPD eine Führungskrise ausbrach, war es Karl Radek, der anderthalb Jahre die deutschen Kommunisten führte.

Das politische Leben Karl Radeks ist in seiner Abenteuerlich-

Josef Stalin mit Marschall Woroschilow
auf einem Kongreß in Moskau 1935.

keit ohne Beispiel. Als es nach Lenins Tod zum offenen Bruch zwischen Stalin und Trotzkij kommt, wird der Trotzkij-Anhänger Radek im Sommer 1924 ausgebootet. Er verliert seinen Posten im Zentralkomitee der KPdSU und amtiert zunächst zwei Jahre als Rektor der Moskauer Sun-Yat-sen-Universität. Stalin, dessen Macht nun ständig wächst, läßt jedoch nicht locker: 1927 wird Radek aus der Partei ausgeschlossen und aus Moskau verbannt.

Der wendige Radek gibt aber auch jetzt nicht auf: Er übt Selbstkritik und wird von Stalin, der Radeks propagandistische und journalistische Fähigkeiten niemals in Zweifel zog, gnädig wieder aufgenommen. Und Radek weiß sich bei dem »starken Mann« der Partei einzuschmeicheln. In seiner Schrift »Der Baumeister der sozialistischen Gesellschaft« huldigt er Stalin als dem »großen Führer«. Stalin gefällt diese Schmeichelei so sehr, daß er Radek zum Direktor des Informationsbüros des Zentralkomitees beruft. Dort und als Kommentator des Parteiblattes »Prawda«

sowie der Regierungszeitung »Iswestija« dient Karl Radek ergeben seinen neuen Herren.

Stalin vergißt aber seine Gegner und Kritiker niemals. Drei Jahre läßt er sich bei Karl Radek Zeit, dann schlägt er zu: Radek wird als »trotzkistischer Verschwörer« verhaftet und angeklagt. Nun sitzt er also auf der Anklagebank im großen Saal der Oktoberhalle. Er hat seine Rolle gut gelernt. Wie immer – denn Karl Radek hat in seinem Leben seine Aufgaben stets gut gemeistert. Um so besser jetzt, da es um sein Leben geht …

Am zweiten Prozeßtag, am Morgen des 24. Januar 1937, wurde Karl Radek von Andrej Wyschinskij zum Verhör aufgerufen.

Wyschinksij: »Angeklagter Radek, Sie sagen in Ihrer Aussage: ›Im Jahr 1935 … beschlossen wir, eine Konferenz einzuberufen, doch vor dieser Konferenz, im Januar, als ich eintraf, kam Witali Putna mit einer Anfrage von Tuchatschewskij zu mir.‹ Ich möchte wissen, in welchem Zusammenhang Sie Tuchatschewskijs Namen erwähnt haben.«

Radek: »Tuchatschewskij war von der Regierung mit einer Aufgabe betraut worden, für die er nicht das notwendige Material fand. Ich allein war im Besitz dieses Materials. Er rief mich an und fragte, ob ich dieses Material hätte. Ich hatte es, und er schickte deshalb Putna, mit dem gemeinsam er diesen Auftrag zu erledigen hatte, um das Material von mir zu erhalten. Natürlich hatte Tuchatschewskij weder eine Ahnung von Putnas Tätigkeit noch von meiner verbrecherischen Rolle.«

Wyschinskij: »Und Putna?«

Radek: »Er war Mitglied der Organisation. Er kam jedoch nicht, um über die Organisation zu sprechen, doch ich benutzte seinen Besuch, um dieses Gespräch zu führen.«

Wyschinskij: »Putna suchte Sie also auf, weil er von Tuchatschewskij in einem offiziellen Auftrag geschickt worden war, der keinerlei Beziehung zu Ihren eigenen Sachen hatte, weil Tuchatschewskij damit überhaupt nichts zu tun hatte?«

Radek: »Tuchatschewskij hatte niemals das geringste damit zu tun.«

Wyschinskij: »Er schickte Putna in offiziellem Auftrag?«

Radek: »Ja.«

Wyschinskij: »Und Sie nutzten das aus, um ihn in Ihre besonderen Angelegenheiten hineinzuziehen?«

Radek: »Ja.«

Wyschinskij: »Verstehe ich Sie richtig, daß Putna mit den Mitgliedern Ihrer trotzkistischen Untergrundorganisation in Verbindung stand und daß Sie auf Tuchatschewskij nur im Hinblick auf die Tatsache Bezug genommen haben, daß Putna in amtlichen Angelegenheiten auf Tuchatschewskijs Befehl kam?«

Radek: »Ich bestätige das, und ich erkläre ferner, daß ich zu Tuchatschewskij niemals irgendwelche Beziehungen im Zusammenhang mit konterrevolutionären Tätigkeiten hatte und auch nicht haben konnte, da ich wußte, daß Tuchatschewskijs Haltung zur Partei und Regierung die eines absolut ergebenen Mannes war.«

Wyschinskij nickte zufrieden. Und auch Karl Radek wirkte gelöst.

Als am 30. Januar 1937 um drei Uhr morgens der Vorsitzende des Tribunals, Wladimir Ulrich, die Urteile verlas, sah Radek deutlich erleichtert aus: Er war einer der vier Angeklagten, die nicht mit dem Tode bestraft wurden. »Zehn Jahre Haft«, verkündete Ulrich.

Karl Radek wurde in ein sibirisches Arbeitslager eingeliefert. Irgendwann im Jahre 1939 – das genaue Datum ist unbekannt – wurde er von einem kriminellen Mithäftling mit einem Ziegelstein erschlagen ...

Ende Januar 1937 saß im holländischen Den Haag in seiner Wohnung der Resident des sowjetischen Geheimdienstes für Westeuropa, Walter G. Kriwitzkij. Aufmerksam las er die ganzseitigen Berichte der »Prawda« über den Verlauf des Prozesses gegen die »trotzkistischen Verschwörer«. Radeks Verhör schreckte ihn auf. Kriwitzkij wenige Monate später:

»Als ich das las, war ich so tief bestürzt, daß meine Frau mich fragte, was geschehen sei. Ich gab ihr die Zeitung und sagte: ›Tuchatschewskij ist erledigt!‹

Sie las den Bericht, blieb jedoch ruhig. ›Aber Radek hat doch wieder Tuchatschewskij von jeder Verbindung mit der Verschwörung entlastet‹, sagte sie.

›Richtig‹, erwiderte ich, ›hat es aber Tuchatschewskij nötig, von Radek entlastet zu werden? Glaubst du auch nur einen Augenblick lang, daß Radek aus eigenem Antrieb wagen würde, Tuchatschewskijs Namen in diesen Prozeß zu tragen? Nein, Wyschinskij hat Radek Tuchatschewskijs Namen in den Mund gelegt, und Stalin hat Wyschinskij dazu veranlaßt. Begreifst du denn nicht, daß Radek für Wyschinskij spricht und Wyschinskij für Stalin? Ich sage dir, Tuchatschewskij ist erledigt.‹

Tuchatschewskijs Name wurde von Radek und Wyschinskij elfmal in diesem kurzen Zwischenspiel genannt, und für alle, die in der Technik der OGPU bewandert waren, konnte das nur eine einzige Bedeutung haben. Es schien mir, als hätte Stalin ... einen eisernen Ring um Tuchatschewskij und vielleicht um noch andere aktive Generäle des Oberbefehls geschmiedet.«

Kriwitzkij irrte. Den Ring um die Kommandeure der Roten Armee hatte Stalin schon lange vor dem Prozeß gegen Pjatakow, Sokolnikow, Radek und Genossen zu schmieden begonnen. Er war sich bewußt, daß nach der Ausschaltung seiner Gegner in der Partei für ihn jetzt nur noch von einer Seite Gefahr drohte: Lediglich die Führung der Roten Armee konnte ihm in seinem Drang zur absoluten Macht Halt gebieten. Bereits in der ersten Hälfte des Jahres 1935 begann er offensichtlich, sich ernsthaft mit dem Gedanken zu beschäftigen, wie er sich der ihm gefährlichen roten Generäle entledigen könnte. Einen präzise ausgearbeiteten Plan, genaue Vorstellungen, wie er vorgehen könnte, hatte er vorerst nicht. Auch der Kreis der Offiziere, gegen die er seinen tödlichen Schlag führen wollte, war noch nicht eindeutig festgelegt. Selbstverständlich spielten in Stalins Erwägungen seine persönlichen Antipathien eine große Rolle. Aber nicht sie allein sollten ausschlaggebend sein: Alle potentiellen Gegner und alle, die sich eventuell mit ihnen gegen ihn, Stalin, verbünden könnten, müßten ausgeschaltet und physisch liquidiert werden.

Als dann am 19. August 1936 der erste, für fünf Tage anberaumte große Schauprozeß gegen ehemalige Mitstreiter Lenins begann, nämlich gegen die führenden bolschewistischen Funktionäre Grigorij Jewsejewitsch Sinowjew und Lew Borissowitsch Kamenew sowie vierzehn weitere Angeklagte, waren unter den Beschuldigten auch zwei bekannte ehemalige Kommandeure der Roten Armee. Der eine war Sergej Witalewitsch Mratschkowskij, seit 1905 Mitglied der bolschewistischen Partei, 1917 Organisator des Aufstandes der Bolschewiki im Ural und später Kommandeur des Militärdistrikts Ural. Der andere war Iwan Michailowitsch Smirnow, Mitglied der bolschewistischen Partei schon seit 1903. Im zaristischen Rußland wurde er wegen seiner politischen Aktivitäten fünfmal verhaftet. Jedesmal entkam er aus dem Gefängnis, um weiter für die Partei zu arbeiten. Nach der Oktoberrevolution 1917 wurde Smirnow Kommandeur der Roten Armee in Sibirien, wo er maßgeblich zum Sieg der Roten gegen die Truppen des Admirals Alexander Koltschak beitrug.

Lange Zeit gestanden die beiden Rotarmisten ihre angebliche »konterrevolutionäre, trotzkistische« Tätigkeit nicht. Sie wurden schwer mißhandelt, man unterzog sie Verhören, die ununterbrochen bis zu neunzig Stunden dauerten. Stalin ließ sich Mratschkowskij zweimal im Kreml vorführen, um ihn davon zu überzeugen, daß seine Aussagen und sein Geständnis der Stärkung der Partei dienen würden, und versprach ihm das Leben, wenn er sich bereit fände, mit den Untersuchungsbeamten des NKWD zusammenzuarbeiten.

Der alte Bolschewik Mratschkowskij lehnte ab. Die Verhöre

wurden fortgesetzt, die Methoden der Vernehmung »verschärft«. Schließlich gelang es, den Mann zu brechen. Er sagte aus. Und nannte viele weitere »Komplizen«.

Einer, der sich mit ihm gegen Stalin »verschworen« hatte, war Divisionskommandant Dmitrij Schmidt. Der Sohn eines jüdischen Schuhmachers war 1915 als Matrose in die Partei eingetreten und gehörte im Bürgerkrieg zu den bekanntesten bolschewistischen Kavalleriekommandeuren der Ukraine. Jetzt, im Jahre 1936, befehligte er einen Panzerverband im Militärdistrikt Kiew. Am 5. Juli 1936, sieben Wochen vor der Verkündung der Urteile im Prozeß gegen Sinowjew, Kamenew und ihre vierzehn Mitangeklagten – alle erhielten die Todesstrafe –, wurde Dmitrij Schmidt verhaftet. Gemeinsam mit B. Kusmitschew, dem Stabsschef eines Luftwaffenverbandes, sollte er geplant haben, Marschall Kliment Woroschilow, den Volkskommissar für Verteidigung, zu ermorden.

Eine völlig absurde Behauptung, doch der Staatssicherheitsdienst wußte genau, wen er festnahm: Schmidt war nicht nur ein bekannter Haudegen in der Roten Armee, sondern vor Jahren hatte er Stalin persönlich beleidigt. Als im November 1927 in Moskau die Sitzung des Zentralkomitees stattfand, bei der Trotzkij und Sinowjew aus der Partei ausgeschlossen und andere »Oppositionelle« aus dem höchsten Parteigremium entfernt werden sollten, kam der seit Jahren mit Trotzkij freundschaftlich verbundene Schmidt in die Hauptstadt. Er eilte in den Kreml, wo er Stalin begegnete. Schmidt, in seinem schwarzen kaukasischen Mantel mit silberbeschlagenem Gürtel, die Pelzmütze schief auf dem Ohr, ging stracks auf Stalin los und beschimpfte ihn – halb im Scherz, halb im Ernst – in der zügellosen Soldatenart jener Zeit. Dabei drohte er Stalin, er werde ihm eines Tages »die Ohren abhacken«. Wie Augenzeugen berichten, entgegnete Stalin auf Schmidts Vorwürfe kein Wort, hörte nur kreideweiß und mit zusammengepreßten Lippen zu. Jeder, der Stalin kannte, wußte, daß er diesen Vorfall niemals vergessen würde.

Im Sommer 1936 – neun Jahre nach dem Zusammenstoß im Kreml – war nun für Stalin die Zeit der Rache gekommen. Und nicht nur Schmidt sollte büßen. Mit ihm sollte eine Lawine ins Rollen gebracht werden, die alle Stalin unbequemen Kommandeure der Roten Armee unter sich begrub.

Noch blieben die führenden Generäle verschont. Der Verhaftungswelle waren bislang nur weniger bekannte Offiziere zum Opfer gefallen, vor allem solche, die vor Jahren mit Trotzkij befreundet waren. Mit Schmidt verschwand in den Zellen des NKWD in der Lubjanka auch sein langjähriger Freund Kusmitschew. Wie schon Schmidt, war auch er von Sergej W. Mratschkowskij, einem der Angeklagten der Kamenew-Sinowjew-Gruppe, als Mitglied einer verschwörerischen trotzkistischen Militärorganisation bezeichnet worden.

Der Chef der Sonderabteilung des NKWD, Mark I. Gay, sowie einer der brutalsten Vernehmungsbeamten, S. M. Uschakow, erkannten bald, daß das »schwächste Glied« in der von ihnen konstruierten verschwörerischen Militärorganisation Schmidt war. Als »Beweisstück« für jene absurde Beschuldigung, Schmidt habe die Ermordung des Volkskommissars für Verteidigung, Woroschilow, geplant, legten sie eine Fahrtenkarte von Woroschilows Routen bei Manövern vor, wie sie allen Kommandeuren zugesandt wurde und die man deshalb auch bei Schmidt gefunden hatte.

Bevor man aber Schmidt zu einem Geständnis zwingen konnte, geschah etwas Ungewöhnliches. In die Untersuchung schaltete sich Schmidts direkter militärischer Vorgesetzter ein, der Chef des Militärkreises Kiew, Iona E. Jakir. Er verlangte, daß ihm ein Gespräch unter vier Augen mit dem Verhafteten Schmidt gestattet werde, damit er sich selbst davon überzeugen könne, was an den Beschuldigungen wahr sei.

Iona Jakir war für den NKWD kein Unbekannter. Dem Offizier, seit zwei Jahren Mitglied des Zentralkomitees der bolschewistischen Partei, konnte auch das NKWD schwerlich seinen Wunsch ablehnen. In der Zelle der Lubjanka fand Jakir, wie er berichtete, einen »Marsmenschen« vor: Schmidt wirkte niedergeschlagen, apathisch, er war grau im Gesicht, sprach schleppend. Trotzdem raffte er sich während des Gesprächs mit Jakir auf und widerrief alle seine »Geständnisse«, zu denen er – wie er Jakir sagte – durch Folter gezwungen wurde.

Jakir war entsetzt. Sofort wandte er sich an Woroschilow und verlangte das Eingreifen des Volkskommissars. Jakir forderte, Schmidt auf freien Fuß zu setzen, da er von seiner Unschuld überzeugt sei. Woroschilow versuchte den aufgebrachten Jakir zu beruhigen und versprach, den Fall zu überprüfen. Wenn sich Jakirs Behauptung, Schmidts Geständnisse seien durch Folter erzwungen worden, bestätigen sollte, werde er veranlassen, daß man Schmidt selbstverständlich sofort aus der Lubjanka entläßt.

Einige Tage geschah nichts. Dann rief Woroschilow Jakir in Kiew an: Schmidt habe seine Behauptung, daß er unschuldig sei, zurückgenommen. Unter diesen Umständen bleibe er natürlich weiter in Haft. Schmidt müsse mit einem Prozeß und einer strengen Bestrafung rechnen.

Schmidts Verhaftung blieb auch in Berlin nicht unbemerkt. Am 17. Januar 1937 sandte das Deutsche Generalkonsulat in Kiew der Botschaft in Moskau einen als »Geheim« bezeichneten Bericht, in dem es auf den Fall Schmidt einging: »... Das Verfahren gegen Schmidt muß eine schlimme Wendung genommen haben. Seine Frau wurde aus der Wohnung vertrieben, die Kinder aus der Schule ausgeschlossen. Die Familie befindet sich in größter Not. In militärischen Kreisen galt Schmidt als hervorragend tüchtiger Kommandeur und Fachmann, der die moderne Technik der Panzerwaffe in der Vollendung beherrschte. Er war früherer Partisan, der, wie es in seiner Charakteristik heißt, – ›den Deutschen und den Hetman-Truppen im Jahre 1918 viele Unannehmlichkeiten verursacht hat‹.«

Eine Gerichtsverhandlung mit Dmitrij Schmidt fand aber nie-

Abschrift zu Pol.F 568.

Deutsches Generalkonsulat
II.4 b/16.

Kiew, dem 17.Januar 1937.

Geheim!

mit sicherer Gelegenheit.

Inhalt: Militärisches.
Verhaftung des Komdiv Schmidt.

Der Kommandeur der Panzertruppen des Kiewer Militärbezirks, Komdiv Schmidt, ist im Herbst v.Js. nach Moskau berufen und dort verhaftet worden. Hier verlautete, daß Schmidt wegen trotzkistischer Umtriebe verhaftet wurde und der Fall mit der Verhaftung des Londoner Militärattachés der Sowjetunion, Putna, im Zusammenhang gestanden haben soll.

Das Verfahren gegen Schmidt muß eine schlimme Wendung genommen haben. Seine Frau wurde aus der Wohnung vertrieben, die Kinder aus der Schule ausgeschlossen. Die Familie befindet sich in größter Not.

In militärischen Kreisen galt Schmidt als hervorragend tüchtiger Kommandeur und Fachmann, der die moderne Technik der Panzerwaffe in der Vollendung beherrschte. Er war früherer Partisan, der, wie es in seiner Charakteristik heißt,- „den Deutschen und den Hetman-Truppen im Jahre 1918 viele Unannehmlichkeiten verursacht hat".

gez. Großkopf.

An
die Deutsche Botschaft
in
M o s k a u .

Pol.V 568/37.

Bericht vom 17. Januar 1937 des deutschen Generalkonsulats Kiew über die Verhaftung des Kommandeurs der Panzertruppen des Kiewer Militärbezirks, Dmitrij Schmidt.

mals statt. Innerhalb weniger Wochen schafften es die Untersuchungsbeamten des Staatssicherheitsdienstes NKWD, aus dem berüchtigten Haudegen der Revolutionskämpfe eine Ruine zu machen. Am 21. Mai 1937 wurde Schmidt, der jetzt sogar als Belastungszeuge nicht mehr »brauchbar« war, ohne Gerichtsurteil erschossen ...

Bevor jedoch der psychisch und physisch gebrochene Schmidt vor das Hinrichtungskommando geschleppt wurde, nannte er weitere antisozialistische »Verschwörer« und »Spione«: Witalij Markowitsch Primakow und Witowt Kasimirowitsch Putna.

Auf Primakow, der wahrscheinlich Ende August 1936 verhaftet wurde – seit dieser Zeit war er nicht mehr in der Öffentlichkeit gesehen worden –, hatte es das NKWD seit Jahren besonders abgesehen. Bereits einmal, im Sommer 1934, geriet er dem Staatssicherheitsdienst in die Hände und wurde von ihm beschuldigt, ein »Spion« zu sein. Damals gelang es Primakows Freunden noch einmal, ihn aus dem Gefängnis zu befreien. Keiner, der ihn kannte, konnte auch nur einen Augenblick glauben, daß Primakow ein Verräter sein könnte. Der Lehrerssohn aus der Ukraine war von Jugend auf aktiver Revolutionär. Als Gymnasiast von der zaristischen Polizei wegen Verteilung von Antikriegs-Flugblättern an Soldaten der Garnison von Tschernigow festgenommen, wurde er zu lebenslänglicher Verbannung nach Ostsibirien verurteilt. Im Frühjahr 1917, nach dem Sturz des Zaren, hatte ihn die Provisorische Regierung freigelassen. Primakow, der schon als Sechzehnjähriger in die bolschewistische Partei eingetreten war, wurde jetzt zum Delegierten des II. Sowjetkongresses gewählt. Als am 7. November 1917 die bolschewistische Revolution ausbrach, war Primakow unter den Erstürmern des Winterpalais in Petersburg. Im Januar 1918 schickte ihn die Partei an den Don, wo er eines der ersten Kosakenregimenter der Roten Armee gründete.

Sechzehn Jahre später, 1934, war Primakow stellvertretender Befehlshaber des Wehrkreises Nordkaukasus in Rostow am Don. Hier wurde er verhaftet und in die Moskauer Lubjanka gebracht.

Der Staatssicherheitsdienst setzte auf Primakow einen der meistgefürchteten und brutalsten Vernehmungsbeamten an: Iwan M. Kedrow. Alexander Orlow, ein ehemaliger sowjetischer Diplomat und Offizier der Gegenspionage, der sich im Sommer 1938 in die Vereinigten Staaten absetzte, hatte Kedrow 1936 kennengelernt: »Kedrow war etwa 32 Jahre alt. Er stammte aus einer alten revolutionären Familie. Sein Vater, ein Arzt, hatte mit Lenin in der Schweiz in der Verbannung gelebt. Nach der Revolution wurde der alte Kedrow ... berüchtigt wegen seiner äußersten Grausamkeit, mit der er die früheren zaristischen Offiziere in Archangelsk verfolgte, als die Rote Armee den nördlichen Teil von Rußland erobert hatte. Nach zwei Jahren wurde Kedrow wahnsinnig.«

Kedrow junior hatte offensichtlich die Grausamkeit des Vaters »geerbt«. So wurde er auf »Fälle« angesetzt, in denen die Verhafteten sich auch nach längerer Haft weigerten, die gewünschten Aussagen zu machen. Alle »Widerspenstigen« wurden – bis auf wenige Ausnahmen – von Kedrow gebrochen.

Bei Primakow hatte Iwan M. Kedrow sein »Ziel« nicht erreicht. Kurz bevor er ein Geständnis von ihm erpressen konnte, wurde Primakow nach einer Intervention Kliment Woroschilows aus der Lubjanka entlassen. Ende 1934 ernannte man ihn zum Vize-Inspekteur der Höheren Lehranstalten der Roten Armee in Leningrad.

Im Sommer 1936, zwei Jahre nach seiner erzwungenen Entlassung aus der Lubjanka, hatte für Primakow beim NKWD niemand mehr interveniert. Und wenn, dann war jede Fürsprache ergebnislos. Witalij Primakow blieb in Haft.

Kurz nach der Verhaftung Primakows wurde ein weiterer hoher Offizier festgenommen: Witowt Kasimirowitsch Putna, sowjetischer Militärattaché an der Botschaft in London. Wie Primakow, gehörte auch der Litauer Putna zu den Kommandeuren der Roten Armee der »ersten Stunde«. Seine Sporen verdiente er sich als Kommandeur der 27. Divison in der Armee, die unter

Tuchatschewskij im Jahre 1918 an der Wolga und in Sibirien gegen Admiral Koltschak kämpfte. Im März 1921 war Putna maßgeblich an der Niederschlagung des Kronstadter Aufstands beteiligt; 1924 wurde er Kommandeur der Moskauer Infanterieschule.

Bald darauf trat Putna in den auswärtigen Dienst. Als Militärattaché war seine erste Auslandsstation Helsinki, ihr folgte Tokio. Gern hätte er diese Funktion in Berlin ausgeübt, denn Deutschland galten seine Sympathien. 1931 verbrachte er dort mit der ganzen Familie einen längeren Urlaub, wobei er auch Zeit fand, seine alten Bekanntschaften mit Offizieren der Reichswehr zu erneuern. Seine letzte diplomatische Station vor der Verhaftung war Großbritannien, wo er einige Jahre Militärattaché in London war. Anfang September 1936 erhielt Putna Befehl, sofort nach Moskau zu kommen. Als er London verließ, glaubte er, in einigen Tagen an die Themse zurückkehren zu können. In Moskau aber warteten auf ihn bereits Beamte des Staatssicherheitsdienstes, um ihn in die Lubjanka zu bringen. Seine Frau, die nichts von dem, was in Moskau geschah, ahnte, verließ London nur wenig später. In Warschau erfuhr sie von der Verhaftung ihres Mannes ...

Und die Verhaftungen der Militärs gingen weiter.

Am 25. September 1936 verhaftete man den Divisionskommandeur J. Sablin, wie Schmidt vom Wehrbereich Kiew, den Jakir befehligte. Ein weiblicher NKWD-Offizier, Nastja Ruban, die mit Jakir befreundet war, hatte ihn sofort vertraulich über Sablins Festnahme informiert: Nachdem sie das NKWD-Material gegen Sablin gesehen habe, sei sie von dessen Unschuld überzeugt. Wenige Tage nach ihrer Unterredung mit Jakir verbreitete der NKWD, Nastja Ruban sei einem Herzinfarkt erlegen. Später sickerte durch, daß sie Selbstmord verübt hatte.

Im Oktober 1936 verschwand in der Lubjanka auch der Leiter der Kriegsakademie für Mechanisierung und Motorisierung der Roten Armee, der Pole Markian Z. Germanowitsch. Zwei Monate später schlug der NKWD von neuem zu, gleich zweimal. In Chabarowsk nahm man Lasar N. Aronstam fest, Chef der Politabteilung der Fernostarmee und Mitglied der Revisionskommission der bolschewistischen Partei. In Moskau wurde Romuald A. Muklewitsch verhaftet, Chef der Hauptverwaltung Schiffsbau im Volkskommissariat für Schwerindustrie. Nur nach außen hin hatte er mit der Roten Armee nichts zu tun. Fünf Jahre lang, von 1926 bis 1931, war Muklewitsch Befehlshaber, danach bis 1934 Inspekteur der Kriegsmarine. Im Schwerindustrieministerium war er für den Aufbau der Flotte verantwortlich. Und im Winter 1936 erfaßte – so erinnert sich General Pjotr Grigorenko – die Verhaftungswelle auch das Lehrerkollegium der Generalstabsakademie in Moskau.

Nein, es war nicht mehr zu übersehen: Stalin bereitete einen Schlag gegen die Führung der Roten Armee vor.

Daß die immer größere Zahl der Verhaftungen aus den Reihen der Offiziere der Roten Armee keine größere Aufmerksamkeit hervorrief, war kein Zufall. Eine andere von Stalin getroffene Entscheidung sorgte in jenem Herbst 1936 in Moskau für Gesprächsstoff: Die gefürchtete Geheimpolizei, der NKWD, bekam einen neuen Chef.

Im September 1936 verbrachte – so wie fast jedes Jahr – Josef Stalin den Urlaub zusammen mit seinem Vertrauten Andrej Schdanow in Sotschi. Hier, an der sonnigen Schwarzmeerküste, hatte der Diktator genügend Zeit und Ruhe, über nächste Schritte zur Vernichtung seiner Feinde nachzudenken. Mit der Arbeit des NKWD war er seit einiger Zeit keineswegs zufrieden. Bei dem Prozeß gegen die Kamenew-Sinowjew-Gruppe war es nicht gelungen, von dem Altbolschewiken Iwan Smirnow ein Geständnis zu erpressen. Die Einmischung Jakirs bei den Vernehmungen seines alten Intimfeindes Dmitrij Schmidt gefiel ihm ganz und gar nicht. Die Jagd nach »Trotzkisten« in der Partei schien ihm wenig ergiebig zu sein. Erst unlängst hatte er dem Chef des NKWD,

Genrich Jagoda, als Ausdruck seiner Sympathie erlaubt, eine Wohnung im Kreml zu beziehen. Jetzt schien ihm plötzlich Jagoda zu eigenwillig. Stalins Mißtrauen wuchs; er schloß die Möglichkeit nicht aus, daß Jagoda sogar ihn ausschalten wollte, um selber die Parteiführung zu übernehmen. »Er denkt doch nicht etwa daran, mein Nachfolger zu werden?« fragte er Schdanow immer wieder. Und Schdanow, der instinktiv ahnte, daß Jagoda das Wohlwollen des großen Stalin besaß, nickte nachdenklich – und schwieg ...

Am 26. September 1936 kam in Moskau ein Telegramm aus Sotschi an, adressiert an einige Mitglieder des Politbüros der Partei, darunter Molotow und Kaganowitsch. Es lautete:

»Wir halten es für absolut notwendig und dringend, daß Genosse Jeschow zum Volkskommissar für Innere Angelegenheiten ernannt wird. Jagoda hat sich endgültig als unfähig erwiesen, den trotzkistisch-sinowjewschen Block zu entlarven. Die GPU ist in dieser Sache um vier Jahre in Rückstand. Dies wird von allen Parteifunktionären und den meisten Vertetern des NKWD festgestellt. Stalin, Schdanow.«

Nur wenige Stunden nach dem Eintreffen des Telegramms in Moskau wurde in der sowjetischen Hauptstadt ein Dekret veröffentlicht, das vom Zweiten Sekretär des Zentralkomitees der bolschewistischen Partei, Lasar Kaganowitsch, und dem Vorsitzenden des Rates der Volkskommissare, Wjatscheslaw Molotow, unterzeichnet war. Sein Inhalt: Genrich Jagoda wurde seiner Funktion als Chef des NKWD enthoben. Zu seinem Nachfolger wurde Nikolaj Jeschow ernannt. Die sechzehn Jahre dauernde Ära Jagodas im sowjetischen Staatssicherheitsdienst war beendet.

Bereits mit fünfzehn Jahren wurde der 1891 im polnischen Lodz geborene Jagoda Mitglied der bolschewistischen Partei. Wie sein Vater, war auch Genrich ein gelernter Drogist – ein Beruf, der Stalin später inspirierte, Jagoda die Rolle eines Giftmörders spielen zu lassen. Im russischen Bürgerkrieg 1917/18 war Jagoda Kommandeur einer Einheit der Roten Armee. Er war 29 Jahre alt, als man ihn 1920 in das Präsidium der Geheimpolizei, der damaligen Tscheka, berief. Im Mai 1934 – nach dem noch immer ungeklärten Tod von Wjatscheslaw R. Menschinskij – übernahm Jagoda die Leitung der Geheimpolizei. Die Gunst Stalins erwarb er sich Anfang der dreißiger Jahre als »Erfinder« des Systems der Zwangsarbeitslager, des berüchtigten Archipel GULAG.

Nikolaj Jeschow, den Stalin zum neuen Chef der Geheimpolizei auswählte, war, als er Nachfolger Jagodas wurde, 41 Jahre alt. Mit ihm wurde zum erstenmal ein Russe Leiter der Geheimpolizei. Seine Vorgänger waren Juden und Polen.

Der kleine, magere Jeschow, ein Fabrikarbeiter aus Rostow, hatte sich behutsam von einem unauffälligen Mitarbeiter in Stalins Sekretariat immer höhergearbeitet. Im Frühjahr 1935 machte Jeschow den größten Sprung seiner Karriere: Stalin ließ ihn als Nachfolger von Lasar Kaganowitsch zum Vorsitzenden der Partei-Kontrollkommission, des »Parteischiedsgerichts«, und zum Sekretär des Zentralkomitees wählen. Gleichzeitig wurde er Mitglied des Organisationsbüros und übernahm dazu noch die Leitung der Industrieabteilung des Zentralkomitees der Partei. Kaum ein anderer Günstling Stalins verband in seinen Händen so viel Macht wie er.

Ausgestattet mit dieser ungewöhnlichen Macht und dem Vertrauen seines Meisters Josef Stalin, begann Jeschow die Geheimpolizei nach eigenen Vorstellungen neu zu organisieren. Am 30. September 1936 übergab Jagoda Jeschow sein Amt. Eine der ersten Amtshandlungen des neuen Chefs war die Ernennung ihm ergebener Vertreter. Zu seinem Ersten Stellvertreter berief er den Leiter der Abteilung Zwangsarbeitslager, Matwej Berman, zum Zweiten Stellvertreter den bisherigen Chef der Grenztruppen des Staatssicherheitsdienstes, Michail Frinowskij, der bald einer der gefürchtetsten Untersuchungsbeamten werden sollte.

Innerhalb weniger Wochen hatte Jeschow den NKWD ganz im Griff. Dann eröffnete er eine totale »Offensive« gegen Feinde des Sozialismus und seines großen Führers Stalin.

Im Spätherbst 1936 fand in Jeschows Büro im obersten Stockwerk der Lubjanka eine Konferenz aller Untersuchungsrichter statt. In Abstimmung mit Jeschow gab der Chef der Geheimen politischen Abteilung, Georgij A. Moltschanow, eine neue Direktive aus: Gegenüber den Verhafteten solle eine »neue Vernehmungsweise« angewendet werden. Ihr Ziel: Jeder Inhaftierte müsse – koste es, was es wolle – ein Geständnis ablegen.

Die blutigste Epoche in der Geschichte des sowjetischen Staatssicherheitsdienstes begann: die »Jeschowtschina«, und sie währte zwei Jahre lang.

Für Millionen Russen war der Sieg der Bolschewiki ein Schock. Tausende, Hunderttausende verließen Rußland und gingen ins Exil. Bis zum Ende des Bürgerkrieges im Jahre 1922 waren es an die zwei Millionen Menschen, die im Westen Zuflucht suchten. In Frankreich, in Deutschland – hier lebten 1922 rund 600 000 russische Emigranten –, in der Tschechoslowakei und in Jugoslawien fanden die meisten von ihnen eine neue Heimat.

Die zahlenmäßig stärkste der politischen Exil-Gruppierungen waren die Monarchisten, an deren Spitze zwei Großfürsten aus dem Hause Romanow standen: Kiril Wladimirowitsch und Nikolaj Nikolajewitsch. Aber auch die demokratisch und liberal orientierten politischen Parteien, die nach dem Sturz des Zaren im Februar 1917 entstanden waren und nun im Ausland ihre Arbeit fortgesetzt hatten, fanden – hauptsächlich seitens der geflüchteten Intellektuellen – großen Zuspruch.

Die größten Aktivitäten entfalteten allerdings Gruppen ehemaliger hoher zaristischer Offiziere. Nach den verlorenen Schlachten des Bürgerkrieges und nach ihrer Flucht ins Ausland planten sie die Fortsetzung des bewaffneten Kampfes gegen den militärisch zwar siegreichen, wirtschaftlich aber schwer angeschlagenen jungen Staat Lenins. Einige beteiligten sich schon 1919 an der Seite tschechoslowakischer Legionäre und ihrer französischen Berater an der Vertreibung der in die Slowakei eingedrungenen Rotgardisten der ungarischen Räterepublik Béla Kuns. Andere schlossen sich den unter dem Kommando von Jozef Pilsudski stehenden polnischen Einheiten an. Ehemalige Offiziere des russischen Zaren waren an dem Militärputsch beteiligt, durch den 1923 das linksorientierte Stambulijski-Regime in Bulgarien gestürzt wurde. Und ohne Hilfe russischer Offiziere wäre es Ahmed Zogu kaum gelungen, sich 1928 als Zogu I. zum König der Albaner ausrufen zu lassen.

Den Erfolgen der Generäle konnten die politischen Kräfte des russischen Exils nichts Gleichwertiges gegenüberstellen. Mit dieser Realität mußten sich – wenn auch mit wenig Begeisterung – die Politiker abfinden und die militärischen Gruppierungen als tonangebend anerkennen. Deren wichtigste und einflußreichste war der im September 1923 von General Peter N. Wrangell gegründete, ganz im Geiste der zaristischen Armee agierende »Russische Allgemeine Frontkämpfer-Verband« (ROVS). Seinen Hauptsitz hatte er vorerst im jugoslawischen Sremski Karlovci, aber eigene Sektionen des ROVS entstanden auch in Paris, Berlin, Sofia, Belgrad, Prag, Brüssel und im Fernen Osten.

Nach der Verlegung der Zentrale des ROVS nach Paris übernahm dort im März 1924 Wrangells bisheriger Stellvertreter, General A. P. Kutjepow, die Leitung der politischen Untergrundarbeit in Rußland. Getarnt als »Russischer Historischer Verband«, der sich offiziell mit der Archivierung aller Dokumente der russischen Emigration beschäftigte, ließ sich in der Pariser Rue St.-Lazare 101 die Geheimdienstorganisation des ROVS nieder. Bald nahm sie Kontakte auf zu offiziellen Nachrichtendiensten in Frankreich, Deutschland, Großbritannien, Finnland, Polen, der Tschechoslowakei und einigen anderen Ländern.

In Moskau wurden die Aktivitäten der weißrussischen Emigration und vor allem ihres aktivsten Teils, des ROVS, sorgfältig beobachtet. Im Staatssicherheitsdienst entstand eine Sonderabteilung – die Auslandverwaltung (INU). Unter Leitung des Altbolschewiken Michail A. Trilisser sollte sie die gegen die Sowjets arbeitenden Exilgruppierungen unterwandern und auskundschaften. Bald konnten die Mitarbeiter Trilissers einige aufsehenerregende Erfolge verbuchen. Es gelang ihnen, Informanten nicht nur unter den Emigranten anzuwerben, sondern auch in zahlreichen Institutionen der Länder, in denen ROVS und andere Gruppen aktiv waren. Zu den Zuträgern der INU gehörten der damalige Chef des rumänischen Geheimdienstes »Siguranza«, ferner Journalisten, Politiker, ja sogar hohe kirchliche Würdenträger. In Paris, wo das Zentrum der ROVS-Arbeit war, wurde die Residentur der Trilisser-Abteilung mit einem Geheimfonds von zehn Millionen Franc ausgestattet. Dank diesem Riesenbetrag fanden die Sowjets in Kreisen der oft mittellosen Emigration ohne Schwierigkeiten immer neue Spitzel. Sie saßen – wie sich nach Jahren herausstellte – häufig direkt im Zentrum der Tätigkeit des ROVS. Sogar der Leiter des als »Russischer Historischer Verband« getarnten ROVS-Geheimdienstes, Hauptmann Zawadzki-Krasnopol, wurde regelmäßiger Informant des INU-Residenten in Paris. Für den sowjetischen Geheimdienst arbeitete im ROVS auch Oberst Petrow. 1928 trennte sich Petrow von der INU und informierte die Öffentlichkeit über die Aufgaben, die er im Auftrag des sowjetischen Staatssicherheitsdienstes im Führungskreis der Organisation General Kutjepows hatte.

Ab Mitte 1929 arbeitete man in Moskau unter Trilissers Leitung an einem Plan, der zum Ziel hatte, die Schlüsselfigur des antibolschewistischen Widerstandes, General Kutjepow, aus Paris zu entführen. Mit der Ausschaltung Kutjepows würde – so hoffte Moskau – die weißrussische militärische Emigration in ihren Aktivitäten für Jahre, wenn nicht für immer, gelähmt werden. Anfang 1930 schlug der sowjetische Geheimdienst zu.

Am Sonntag, dem 26. Januar 1930, wollte General Kutjepow in der Kirche in der Rue Mademoiselle im fünfzehnten Pariser Bezirk an einem Requiem für seinen verstorbenen russischen Freund teilnehmen. Bei schönem Wetter – und an diesem Sonntag im Januar schien am blauen Himmel über Paris die Sonne – ging der

General zu Fuß den zwanzig Minuten dauernden Weg von seiner Wohnung in der Rue Rousselet 26 zur Kirche. Eine halbe Stunde nach dem festgesetzten Beginn des Requiems war Kutjepow aber noch immer nicht unter den Trauergästen. Der General schien verschwunden zu sein.

Um drei Uhr nachmittags bat Kutjepows Frau Lydia seinen Burschen Fedor, den General suchen zu gehen. Nach einer Stunde kam Fedor zurück: Keiner der Freunde des Generals wußte, wo er sich aufhalten könnte. Erst jetzt benachrichtigte seine Frau Kutjepows engste Mitarbeiter im ROVS. Sie baten sie, sich sofort an die französische Polizei zu wenden.

Die Pariser Polizei nahm vorerst an, der General habe einen Unfall gehabt. Doch die sofort eingeleitete Suche in den Krankenhäusern blieb erfolglos. Am nächsten Tag reichte Lydia Kutjepow eine Anzeige »gegen Unbekannt« wegen »unfreiwilliger Entführung und zwangsweiser Absonderung« ein. Der Fall des verschwundenen weißrussischen Generals begann internationale Ausmaße anzunehmen, so daß sich die französische Regierung jetzt veranlaßt sah, sich in die Affäre einzuschalten. Aus London, wo er an einer Abrüstungskonferenz teilnahm, ordnete der französische Ministerpräsident André Tardieu eine beschleunigte, gründliche Untersuchung an. Aber auch die vierhundert auf die Spur Kutjepows angesetzten Polizeibeamten hatten keinen Erfolg. Der General blieb verschwunden ...

Fünf Tage nachdem Kutjepow zum letzten Mal gesehen wurde, am Freitag, dem 31. Januar 1930, veröffentlichten Moskauer Zeitungen eine Meldung der französischen Agentur Havas. In dieser auf Kreise der Pariser Polizei sich stützenden Meldung wurde behauptet, daß General Kutjepow »Paris mit unbekanntem Ziel verlassen« habe.

Der angebliche Bericht der Agentur erwies sich wenige Stunden später als Erfindung. Die Agentur Havas hatte ihn nicht veröffentlicht, und auch die Pariser Polizei wußte nichts von ihrer angeblichen Mitteilung, daß der General Paris verlassen habe. Am 3. Februar 1930 meldete sich dann die sowjetische Regierungszeitung »Iswestija« zu Wort. In einem Bericht über das Verschwinden des zaristischen Generals wurde jetzt behauptet, Kutjepow sei mit allen Geldern seiner weißrussischen Organisation nach Südamerika geflohen.

Die Suche nach General Kutjepow blieb ohne Erfolg. Alle Spuren verliefen im Sande. Das Rätsel Kutjepow wurde erst Monate später gelöst, und zwar mit Hilfe sowjetischer Agenten, die sich in den Westen abgesetzt hatten. Nach ihren Aussagen wurde der General von Mitarbeitern der INU an der Kreuzung Rue Rousselet und Rue Oudinot in ein Auto gelockt. Auf einem sowjetischen Frachter, dem »Spartakus», der zur Zeit der Entführung in Le Havre ankerte, wurde er in die Sowjetunion verschleppt, wo er in den Kellerzellen der Lubjanka für immer verschwand. Die Aktion war in Berlin geplant worden. Ausgeführt hatte sie der Pariser Resident der INU, Lew Helphand, der offiziell den Titel eines Zweiten Sekretärs der sowjetischen Botschaft führte.

Moskaus Hoffnungen, daß das Verschwinden des Chefs des »Russischen Allgemeinen Frontkämpfer-Verbandes«, General Kutjepow, das Ende des ROVS bedeuten würde, hatten sich allerdings nicht erfüllt. Auch zu einem von den Sowjets erwarteten Nachfolgekampf war es vorerst nicht gekommen. Die Führung des ROVS übernahm Generalleutnant Jewgenij Miller, langjähriger Stabschef einer Armee, danach Leiter der russischen Militärmission in Italien. Im Jahre 1918 ernannten britische Invasionstruppen in Rußland Miller zum Chef der Provisorischen Regionalregierung in Archangelsk. In der Zeit, als der ROVS von General Kutjepow geleitet wurde, war der als ein Freund Englands bekannte General Miller für die Finanzen des Verbandes verantwortlich.

Die Energie und Vitalität seines entführten Vorgängers Kutjepow besaß Miller nicht. Auch seine Vorstellungen über die Tätigkeit des ROVS waren andere als die seines Vorgängers. Miller befürwortete vor allem politische Aktivitäten, die zur Stärkung der antisowjetischen Opposition im Westen führen sollten. In Anbetracht der zunehmenden Wirtschaftskrise der westlichen Welt betonte er die Verpflichtung seiner Organisation, die materielle Existenz der russischen Emigranten zu sichern. Diese Bemühungen fanden zwar bei vielen ROVS-Angehörigen Zustimmung, gleichzeitig aber wurden sie hauptsächlich von den jüngeren Generälen und höheren Offizieren als zu einseitig abgelehnt. Als Wortführer der Kritiker trat immer wieder der junge Generalmajor Nikolaj Wladimirowitsch Skoblin auf.

Wer war dieser Nikolaj Wladimirowitsch Skoblin?

In Friedenszeiten hätte Skoblin wahrscheinlich seine Karriere als Divisionskommandeur in einer gottverlassenen Garnisonstadt der Ukraine oder in Sibirien beendet. Der Erste Weltkrieg wurde zur wichtigsten Zäsur seines Lebens. Seine Soldaten bewunderten ihn als unerschrockenen Draufgänger, der kein militärisches Wagnis scheute. 1920, im Bürgerkrieg, wurde der siebenundzwanzigjährige Skoblin – nicht zuletzt wegen der ungeheuren Verluste im Offizierkorps der »weißen« Armeen – zum Generalmajor befördert und gleichzeitig zum Kommandeur der berühmten Elitedivision »Kornilow« ernannt. Einerseits wurde seine Tapferkeit gelobt; es gab aber auch viele seiner Offizierfreunde, die ihn verachteten. Skoblins Grausamkeit schien keine Grenzen zu kennen. Es war kein Geheimnis, daß die Soldaten des jüngsten Generals der Weißen keine Gefangenen machten. Zuerst wurden sie gefoltert, dann erschossen ...

Nicht nur Skoblin, auch seine Frau war in der russischen Emigration eine Berühmtheit: Nadeschda Plewitskaja. Als junges Mädchen hatte die Bauerntochter Nadja ihr Elternhaus verlassen, um sich einem Wanderzirkus anzuschließen. Innerhalb weniger Jahre wurde aus dem unbekannten Bauernmädchen die berühmteste Sängerin russischer Volkslieder ihres Landes. Zar Nikolaus verlieh ihr die höchste Auszeichnung für ausübende Künstler, den

Das Agenten-Ehepaar:
Nadeschda Plewitskaja und ...

Titel »Solistin Seiner Kaiserlichen Majestät«. Die Revolution unterbrach die Laufbahn der bekanntesten und bestbezahlten Künstlerin des zaristischen Rußland. Ihr Mann meldete sich freiwillig zur Roten Armee, und als seine Einheit 1918 in den Süden Rußlands verlegt wurde, fuhr ihm Nadeschda nach. Durch einen Zufall wurde sie dort von einer berittenen Streife der Division »Kornilow« festgenommen.

Und dann? Es war eine Liebe auf den ersten Blick, diese Liebe zwischen Divisionskommandeur Skoblin und der »Solistin Seiner Kaiserlichen Majestät«. So wie sie mit verträumten russischen Volksliedern Rotgardisten begeistert hatte, feierte sie nun Erfolge bei den Soldaten der »Kornilow«-Division. Als dann Skoblin Rußland fluchtartig verlassen mußte, nahm er seine Geliebte mit. 1921 wurde Hochzeit gefeiert. An der französischen Riviera, in Nizza, ließ sich das junge Ehepaar nieder. Die erste Zeit in der

... General Nikolaj Skoblin (in der zaristischen Uniform eines Divisionskommandeurs).

Emigration verging wie im Traum. Wie früher in Petersburg, so feierte die Plewitskaja jetzt in Frankreich stürmische Erfolge. Aber mit den Jahren verblaßte ihr Ruhm. Die Skoblins gerieten immer mehr in Geldnot, mußten ihre luxuriöse Vierzimmerwohnung aufgeben und ein kleines, ärmliches Appartement beziehen. In Pariser russischen Emigrantenkreisen war es bald kein Geheimnis mehr, daß der General und seine Frau von der Hand in den Mund lebten.

Und plötzlich – plötzlich änderte sich das alles.

Im Herbst 1929 zogen die Skoblins von Nizza nach Paris. Im Vorort Ozoir-la-Ferrière, einer damals beliebten Wohngegend russischer Flüchtlinge, kauften sie eine kleine, komfortabel eingerichtete Villa. Ein neues, elegantes Auto durfte auch nicht fehlen. Die Geldsorgen waren wie weggefegt ...

Es dauerte nicht lange, und in Skoblins und Plewitskajas Bekanntenkreis fragte man sich, woher die beiden auf einmal soviel Geld hätten.

Am 30. Januar 1933 wurde Adolf Hitler deutscher Reichskanzler. Die neue politische Entwicklung in Berlin blieb auch auf die russische Emigration in Westeuropa nicht ohne Wirkung. Einige der Kritiker General Millers, des ROVS-Führers, die »Jungtürken« um General Skoblin, Sergej Tukul, Wassilij Sokolowskij, sahen sich in ihren radikalen Forderungen bestätigt, den Kampf gegen die Bolschewiki verstärkt zu führen. Unterstützung fanden sie auch bei dem in Berlin lebenden General Pjotr Krasnow. Sichtlich erfreut berichtete er nach Paris, daß führende Persönlichkeiten der Hitler-Partei, vor allem Reichsführer SS Heinrich Himmler, mit dem ROVS Verbindung aufzunehmen wünschten. Für die Verwirklichung von Skoblins Zukunftsplänen noch bedeutender als Krasnow war ein anderer in Berlin lebender Emigrant: Alexander I. Gutschkow. Vor allem bei den radikalen Emigrantengruppen genoß er großes Ansehen. Vor der Februarrevolution 1917 war der als verbissener Antisemit bekannte Gutschkow lange Jahre Führer der Oktobristenpartei in der Petersburger Duma, dem zaristischen Scheinparlament. In der ersten Provisorischen russischen Regierung nach dem Sturz des Zaren im März 1917 übernahm er für einige Zeit das Amt des Kriegsministers. Seitdem war er mit zahlreichen hohen Offizieren bekannt. Jetzt – im Frühjahr 1933 – forderte Gutschkow die emigrierten russischen Militärs auf, mit den neuen Machthabern in Berlin enger zusammenzuarbeiten. Dabei war Gutschkow keineswegs ein Freund Deutschlands. Zu seinen intimen Gesprächspartnern zählte etwa der Chef des französischen Generalstabes, General Maurice Gamelin. Aber in Hitlers »Drang nach Osten« sah Gutschkow einen Weg, der zum Sturz des bolschewistischen Regimes in Rußland führen könnte. Der ehrgeizige Skoblin war für ihn eine Figur, die er bei Verwirklichung seiner Pläne gut gebrauchen konnte. Auf der Liste einer zukünftigen russischen

Regierung, die nach Hitlers Sieg die Macht in Rußland übernehmen sollte, figurierte Skoblin als »Kriegsminister«.

Noch war es allerdings nicht soweit. Vorerst hätte Skoblin, von General Miller mißtrauisch beobachtet, gerne die Führung des ROVS übernommen. Im Frühjahr 1935 wäre ihm der große Sprung fast gelungen: Der einflußreiche Teilverband des ROVS, der Gallipoli-Verband, schlug Skoblin zum Chef des ROVS in Frankreich vor. General Miller antwortete mit einem scheinbar geschickten Gegenzug: Er berief Skoblin zu seinem persönlichen »Berichterstatter» für alle Bereiche des ROVS. Die Gefahr, daß der bei vielen unbeliebte Skoblin die Spitze des ROVS erklomm, war damit vorerst abgewendet – allerdings um den Preis, daß Skoblin sich jetzt, ohne den geringsten Verdacht zu erwecken, mit allen Aktivitäten des ROVS vertraut machen konnte.

Ein Jahr übte General Skoblin sein Amt als »Berichterstatter« General Millers aus. Anfang Juli 1936 begann der Kampf um Spanien. Die »Jungtürken« im ROVS glaubten, daß endlich die Zeit käme, ihre Fähigkeiten auf dem Schlachtfeld zu beweisen. Skoblin verlangte von General Miller, Mitglieder des ROVS zum Kampf an der Seite der spanischen Nationalisten unter Franco aufzurufen. Gleichzeitig sollte der Hauptsitz des ROVS nach Berlin verlegt werden.

Miller lehnte energisch ab: Die Mitglieder des ROVS würden nicht für fremde Interessen kämpfen, ihre Tätigkeit diene ausschließlich der russischen Sache. Auch ein Umzug in die deutsche Reichshauptstadt kam für ihn nicht in Frage. Sein Argument: Während die Zahl der russischen Emigranten in Berlin inzwischen auf knapp dreißigtausend gesunken war, lebten in Paris immerhin noch rund eine halbe Million russische Flüchtlinge.

Im Dezember 1936 schien die Karriere des ehemaligen Kommandeurs der Division »Kornilow«, General Nikolaj Skoblin, zu Ende: General Jewgenij Miller hatte ihn als persönlichen »Berichterstatter« abberufen. Skoblin war aber nicht der Mann, der beim ersten Mißerfolg die Flinte ins Korn wirft. Noch hatte er einen Trumpf in der Hand. Und er war entschlossen, ihn jetzt auszuspielen.

Die Zeit war reif ...

Daß der ehrgeizige General Nikolaj Skoblin so lange unangefochten zur Führungsspitze des ROVS gehören konnte, hatte viele russische Emigranten verwundert, denn seit Jahren ging das Gerücht, Skoblin arbeite für den sowjetischen Geheimdienst.

Ende Februar 1932 begegneten sich in Paris bei einer Regimentsfeier der ehemaligen Angehörigen der Division »Kornilow«, die im Bürgerkrieg unter Skoblins Kommando gestanden hatte, zwei Offiziere, welche sich Jahre nicht gesehen hatten: Hauptmann Fedossenko und Oberstleutnant Magdenko. Das Wiedersehen wurde mit viel Wodka begossen, und Wodka löste die Zunge des Oberstleutnants. An Geld, so Magdenko, mangele es ihm nicht. Seit einigen Jahren »verkaufe« er Informationen über Aktivitäten der weißrussischen Emigration an den sowjetischen Geheimdienst. Der Resident der Sowjets in Berlin, Georgij Port-»Iwanow«, zahle gut, und auch Fedossenko könne sicherlich in das lukrative »Geschäft« einsteigen.

Wie die meisten in Paris lebenden russischen Emigranten war auch Fedossenko durch die Wirtschaftskrise hart betroffen, existentiell am Ende. Das Angebot Magdenkos schien ihm der Schwimmgürtel zu sein, mit dem er das rettende Ufer erreichen könnte. Im April 1932, knapp zwei Monate nach seinem Gespräch mit Magdenko, ließ sich Fedossenko in Berlin für sechzig Dollar im Monat als sowjetischer Spitzel anwerben.

In der Reichshauptstadt traf Fedossenko auch seinen Freund Oberstleutnant Magdenko. Und wieder floß viel Wodka; wieder lösten sich die Zungen des alten und des neuen Sowjetagenten. Gewissensbisse müsse Fedossenko nicht haben, tröstete ihn der Oberstleutnant. Sogar ihr ehemaliger Divisionskommandeur, General Skoblin – so der angeheiterte Magdenko –, arbeite doch seit vier Jahren für die Sowjets!

Ende Mai 1932, geplagt vom schlechten Gewissen, bat Fedossenko um ein vertrauliches Gespräch mit dem Chef des ROVS, General Jewgenij Miller. Er gestand seine Kontakte zum sowjetischen Geheimdienst, nannte seinen Verbindungsmann, den Residenten Port-»Iwanow« in Berlin, und berichtete auch, was ihm der betrunkene Magdenko anvertraut hatte: daß auch General Skoblin ein langjähriger sowjetischer Agent sei.

Miller war empört. Nicht allerdings über den Verrat Skoblins. An den wollte er nicht glauben. Er ließ Fedossenko sofort aus den Reihen des ROVS ausschließen und unterrichtete Skoblin über die Behauptung Fedossenkos, daß der General für Moskau arbeite. Skoblin beteuerte seine Unschuld und verlangte die sofortige Einsetzung eines Ehrengerichtes, das die Behauptung Fedossenkos nachprüfen sollte.

Wie erwartet, konnte das Ehrengericht die Agententätigkeit Skoblins nicht bestätigen. Die Aussage Fedossenkos wurde vom Offizierstribunal als üble Nachrede abqualifiziert, dem General das Vertrauen ausgesprochen. Das Ehrengericht bezeugte Skoblin ein fehlerfreies Verhalten und bezeichnete alle Verdächtigungen, daß er für die Sowjets arbeite, als gegenstandslos.

Gerüchte über eine Zusammenarbeit Skoblins mit dem sowjetischen Geheimdienst verstummten trotz des Freispruchs durch das Ehrengericht nicht. Mitte 1934 berichtete der Vertreter des ROVS in Helsinki, General Dobrowolskij, nach Paris, daß es den Sowjets gelungen sei, einige ROVS-Informanten festzunehmen, die in der Sowjetunion tätig waren. Dobrowolskij beunruhigte, daß es Agenten waren, deren Namen und Aufenthaltsorte er Ende 1933 auf Ersuchen der Zentrale nach Paris gemeldet hatte. Der Mann, der sich nach den ROVS-Mitarbeitern in der Sowjetunion erkundigte und über ihre dortigen Aktivitäten informiert werden wollte, war – General Nikolaj Skoblin.

Für General Miller schien aber auch diese Tatsache kein überzeugender Beweis, daß Skoblin der Verräter war. Mehr als der Verdacht, ein Sowjetagent könnte sich in der ROVS-Führung

Eines der Skoblin-Opfer,
der Exilrusse General Jewgenij Miller.

eingenistet haben, beschäftigte ihn überdies die Aufkündigung der Zusammenarbeit des finnischen und des polnischen Geheimdienstes mit dem ROVS. Als unmöglich bezeichnete er den Grund, den die Finnen für ihren Schritt anführten. »Jemand, der in Paris im Vorort Ozoir-la-Ferrière wohnt«, so der finnische Geheimdienst, »betrügt Sie.« Daß in Ozoir-la-Ferrière auch Skoblin wohnte, wollte Miller nicht zur Kenntnis nehmen.

Im Frühjahr 1936 tauchte der Name Skoblins im Zusammenhang mit ausländischen Geheimdiensten erneut auf. Plötzlich hieß es aber, daß es nicht die Sowjets seien, für die der General arbeitete. Vielmehr sei sein Auftraggeber der nationalsozialistische Sicherheitsdienst SD in Berlin. Für viele war diese Vermutung sogar glaubwürdig. Die Aktivitäten des Generals, der sich oft öffentlich mit den Plänen des Hitler-Sympathisanten Alexander I. Gutschkow identifizierte, schienen seine Verbindungen nach Berlin nur zu bestätigen. Auf den Gedanken, daß General Nikolaj Wladimirowitsch Skoblin ein Doppelagent sein könnte, der für beide rivalisierende Seiten – für Moskau und für Berlin – arbeitete, kam offensichtlich niemand. General Skoblin, der gefürchtete und bewunderte Kommandeur der Division »Kornilow«, der Hunderte von Rotarmisten eines grausamen Todes sterben ließ, ein Agent des sowjetischen Staatssicherheitsdienstes NKWD? Eine absurde Idee! Kein Wunder, daß nicht nur der Chef des ROVS, General Miller, sondern auch viele Freunde Skoblins diesen Gerüchten keinen Glauben schenken wollten.

Und doch ...

Erste nachrichtendienstliche Kontakte mit General Skoblin nahm Moskau 1928 auf. Es war seine Frau, die Sängerin Nadeschda Plewitskaja, die ihn überzeugt hatte, daß seine Zusammenarbeit mit den Sowjets sie beide von ihren materiellen Nöten befreien würde. Und der NKWD war bereit, viel Geld in Skoblins Mitarbeit zu investieren. Wieder jenes elegante Leben führen zu können, an das sich die Plewitskaja und der General nach ihrer Flucht in Frankreich schnell gewöhnt hatten und das längst der Vergangenheit angehörte, war eine unwiderstehliche Verlockung. Skoblin und die alternde Sängerin legten die »Honorare« aus Moskau gut an: ein schickes Haus im Pariser Vorort, ein schneller Wagen, kostbare Pelzmäntel, Reisen, Besuche bester Pariser Restaurants und Abendlokale.

Auf Skoblin als potentiellen Mitarbeiter war der NKWD mehr oder weniger durch Zufall gestoßen. In Archiven des Moskauer Staatssicherheitsdienstes fand man die Verpflichtung der Sängerin Nadeschda Plewitskaja zur Zusammenarbeit mit der Tscheka, der bolschewistischen Geheimpolizei. Angeworben wurde sie, damals Frau eines Rotgardisten, nur wenige Wochen nach der bolschewistischen Revolution.

Für den stellvertretenden Leiter der INU, der Auslandabteilung des sowjetischen Geheimdienstes NKWD, Michail Shpigelglas, war das Auftauchen des verstaubten Archivdokuments ein Glückstreffer. Shpigelglas gehörte zur Elite des NKWD. Mit hervorragenden Ergebnissen hatte er 1925 die Philosophische Fakultät der

Moskauer Universität abgeschlossen. Thema seiner Dissertation war die Tätigkeit des Chefs des britischen Spionagenetzes, William Wickham, in der Schweiz im Jahre 1795. Dieses ungewöhnliche Thema veranlaßte den Rektor der Universität – es war der spätere berüchtigte Staatsanwalt Andrej Wyschinskij –, Shpigelglas der Führung des Staatssicherheitsdienstes als Mitarbeiter zu empfehlen.

Im NKWD machte Michail Shpigelglas eine Bilderbuchkarriere. Mit sicherem Instinkt suchte und fand er Agenten im Ausland – und fast immer hatte er eine glückliche Hand. Auch die Plewitskaja ließ sich nicht lange bitten, wieder für die Sowjets zu arbeiten. Daß sich Sphigelglas nicht vorrangig für sie, sondern für ihren Mann interessierte, war ihr offensichtlich gleichgültig. Was bei ihr zählte, war die Höhe der »Honorare« – und die konnte sich sehen lassen. Shpigelglas ging der Ruf voraus, seine Mitarbeiter fürstlich zu entlohnen. Und Skoblin war für ihn eine ausgezeichnete Quelle: Er wußte viel, beeinflußte zahlreiche Persönlichkeiten des Exils und hatte Zugang zu vertraulichen Informationen des ROVS, die für Moskau – bis zu seiner Anwerbung – praktisch unzugänglich waren.

Über Skoblins Charakter machte sich Shpigelglas keine Illusionen. Bald wußte er, daß der General nicht nur auf *seiner* »Gehaltsliste« stand. Seine Verbindung zum Berliner Sicherheitsdienst und zu dessen Chef Reinhard Heydrich blieben Shpigelglas nicht verborgen. Aber auch dies machte ihm nicht viel aus. Der Mann, der von den Mächtigen in der Moskauer Lubjanka so hoch geschätzt wurde, wußte, daß sich für ihn Skoblins Berliner Konnexion früher oder später auszahlen würde.

Im Spätherbst 1936 war dieser Zeitpunkt gekommen. Da es sich um eine Angelegenheit mit höchster Priorität handelte, entschloß sich Shpigelglas, persönlich nach Frankreich zu fahren. Paris hatte ihn immer angezogen. Und warum, so fragte er sich, sollte er eine anstrengende Dienstangelegenheit nicht mit einigen schönen Stunden an der Seine verbinden?

Das konspirative Treffen mit Skoblin fand unweit von Paris statt, in Egreville im »Hôtel des Voyageurs«. Und das, was der Mann aus Moskau, der von seinem Mitarbeiter Wassilij Sarowskij begleitet wurde, dem russischen General aus Paris beim Kaffee auf der stillen Hotelterrasse zu sagen hatte, traf Skoblin wie ein Keulenschlag: Shpigelglas gab Skoblin zu verstehen, daß für ihn seine Verbindung zu Heydrich kein Geheimnis sei. Dann beruhigte er ihn aber: Die Geldquelle aus der Sowjetunion werde deswegen nicht versiegen; vielleicht könne sie sogar noch etwas reichlicher fließen, vor allem dann, wenn Skoblin Berlin genau nach seinen Instruktionen über eine gefährliche Intrige informiere, die Heydrich mit Sicherheit interessieren werde.

Ebenso erleichtert wie gebannt vernahm Skoblin, der ehemalige Kommandeur der Division »Kornilow«, Agent des sowjetischen NKWD und Informant des deutschen SD Reinhard Heydrichs, was ihm Michail Shpigelglas zu sagen hatte. Bald wurde Skoblin klar, daß es sich bei dem, was ihm hier anvertraut wurde, um eine große, bedeutende Sache handelte. Und er, General Nikolaj Skoblin, ein Doppelagent, könnte in die Geschichte eingehen.

Freitag, 4. Dezember 1936.

Der Luxuszug Nummer 11 Berlin–Paris verließ fahrplanmäßig um 18.15 Uhr den Bahnhof Paris-Nord. Einer der ersten Gäste des Speisewagens war ein schlanker, etwa fünfzigjähriger Mann in dunkelgrauem, gutgeschneidertem Anzug: General Nikolaj Skoblin. Die Fahrt dauerte die ganze Nacht. Am Samstag, dem 5. Dezember 1936, verließ um 8.32 Uhr der Luxuszug Nummer 11 den Bahnhof Berlin-Zoologischer Garten; elf Minuten später hielt er im Bahnhof Friedrichstraße. Mit einem kleinen Reisekoffer und einer eleganten braunen Ledermappe verließ der General den Schlafwagen, sah sich auf dem Bahnsteig unauffällig um und ging die breite Treppe hinunter in die Bahnhofshalle. Am Ausgang standen zwei Männer in SA-Uniform mit Sammelbüchsen. Skoblin erinnerte sich an den etwas ironischen Artikel in »Le

Monde«, den er im Zug gelesen hatte. In Deutschland war dieser Samstag zum »Tag der nationalen Solidarität« ausgerufen worden. Führende Persönlichkeiten der Hitler-Partei, der Regierung und nationalsozialistischer Organisationen schwärmten in Städten und Dörfern aus, um für das »Winterhilfswerk« zu sammeln.

Das Treffen bei Heydrich war für halb zehn Uhr festgelegt worden. Der General hatte also noch etwas Zeit. Nachdem er seinen Koffer in der Gepäckaufbewahrung abgegeben hatte, schlenderte er durch die Straßen um den Potsdamer Platz. Er ging am Museum für Völkerkunde vorbei, und fast genau auf die Minute stand er vor der ehemaligen Kunstgewerbeschule in der Prinz-Albrecht-Straße 8.

Das Haus, Anfang des Jahrhunderts im französisch-kühlen Barock erbaut, hatte seit dem 1. April 1933 der preußische Staat gemietet. Als Hermann Göring am 11. April 1933 preußischer Ministerpräsident wurde, bestimmte er in einer seiner ersten Amtshandlungen, daß dort die neugegründete Geheime Staatspolizei, die Gestapo, ihren Sitz haben solle. Ein Jahr später wurde Heinrich Himmler, Reichsführer der SS, neuer Hausherr. Mit ihm zog in die Prinz-Albrecht-Straße 8 auch sein engster Vertrauter Reinhard Heydrich ein, der seit 1932 den von Himmler und ihm aufgebauten Sicherheitsdienst (SD) der SS leitete. 1934, im Alter von dreißig Jahren, wurde er außerdem Chef des Geheimen Staatspolizeiamtes (Gestapo), 1936 Chef der Sicherheitspolizei (Sipo) und 1939 – inzwischen einer der meistgefürchteten Männer Deutschlands – auch Chef des Reichssicherheitshauptamtes (RSHA).

Skoblin betrachtete kurz das Portal des Hauses. Die Statuen einer Strickerin und eines Kunsttöpfers wirkten angesichts des in diesem Gebäude residierenden Amtes mehr als unpassend. Genauso wie die beiden Putten, die in launiger Auffasung das selbstbewußte Genie und den minderbegabten Durchschnittsschüler verkörperten. Der General brauchte dem in der Eingangshalle postierten SS-Mann nicht lange zu erklären, wen er zu

Nikolaj Skoblin in Zivil um 1936.

sprechen wünsche. Sein Name genügte. Der Mann in der schwarzen Uniform führte ihn, vorbei an Büsten Adolf Hitlers und Hermann Görings, hinauf in die erste Etage.

Reinhard Heydrich erwartete den »preußischen Slawen«, wie er seinen russischen Informanten im engsten Kreis seiner Mitarbeiter zu nennen pflegte, in seinem Dienstzimmer. Er hatte eigentlich vorgehabt, sich mit Skoblin, der ihn »in einer wichtigen und dringenden Angelegenheit« möglichst bald sprechen wollte, im Hotel »Adlon« zu treffen. Aber am »Tag der nationalen Solidarität« wollte Heydrich im »Adlon«, wo man ihn gut kannte, mit dem weißrussischen General nicht gesehen werden.

Skoblin, der zum erstenmal in Heydrichs Büro war, konnte seine Überraschung kaum verbergen. Vergeblich suchte er nach einem Bild Hitlers. Hinter dem breiten Schreibtisch, zwischen zwei hohen hellen Türen, hing lediglich ein Porträt Heinrich Himmlers in SS-Uniform.

Heydrich bot dem Gast Tee an – was sonst sollte ein Russe trinken? –, aber Skoblin lehnte dankend ab. Er hatte es eilig, Heydrich seine Sensation mitzuteilen. Und das, was er zu sagen hatte, klang tatsächlich sensationell: Nach zuverlässigen Informationen aus glaubwürdigen Quellen der sowjetischen Hauptstadt plante eine Gruppe führender sowjetischer Marschälle und Generäle einen Putsch gegen Josef Stalin!

Heydrich unterbrach den General einige Male. Wer die Anführer der Putschisten seien, wollte er wissen. Und Skoblin nannte Namen: Geleitet werde die Verschwörung vom Ersten Stellvertreter des Volkskommissars für Verteidigung, Marschall Michail Nikolajewitsch Tuchatschewskij, einem der fähigsten Männer der Roten Armee, wenn nicht überhaupt ihr angesehenster Mann. Ihm angeschlossen hätten sich der Altbolschewik General Jan B. Gamarnik, höchster Politoffizier der Roten Armee, ferner einige Wehrkreiskommandeure, darunter Iona Jakir, sowie etwa ein Dutzend weiterer Generäle.

Noch hatte der völlig überraschte, aber auch etwas mißtrauische Heydrich Skoblins Enthüllung nicht ganz verkraftet, als ihm dieser die nächste Sensation präsentierte: Die Verschwörer in der Roten Armee stünden in enger Verbindung mit führenden Persönlichkeiten der deutschen Wehrmacht. Es sei nicht ausgeschlossen, daß einige deutsche Heerführer seit Wochen in Pläne der Moskauer Aufwiegler eingeweiht seien.

Einige Minuten dachte Heydrich nach; spielte unbewußt mit einem der vielen Stempel, die in einem Ständer auf seinem Schreibtisch hingen. Dann stand er plötzlich auf, trat ganz nahe an Skoblin: Die Quelle seiner Information wollte er wissen. Der General sprach geheimnisvoll von weißrussischen Sympathisanten in höchsten Kreisen der Roten Armee und sogar des Staatssicherheitsdienstes. Er erinnerte Heydrich daran, daß einige der Verschwörer, bevor sie 1917 zu den Bolschewiki überwechselten, in der Armee des Zaren gedient hatten.

Damit allein gab sich Heydrich nicht zufrieden, er wollte mehr wissen. Dutzende Fragen wollte er beantwortet haben. Skoblin berichtete, und Heydrich machte sich Notizen, unterstrich Namen, versah andere mit einem Fragezeichen.

Nach mehr als zwei Stunden hatte ihn der Gast aus Paris überzeugt. Er war jetzt sicher, daß in Moskau große Dinge in Bewegung gerieten. Es hatte sich gelohnt, Skoblin nach Berlin kommen zu lassen ... Für Reinhard Heydrich stand fest, daß die entscheidende Stunde seines Lebens gekommen war. Mit dem, was er nun wußte, mußte er Himmler, aber auch Hitler tief beeindrucken. Noch aber brauchte er mehr Hintergrundinformationen: Einzelheiten, Namen, Tatsachen ...

Wenige Tage nach Skoblins Berlin-Besuch fanden bei Reinhard Heydrich einige streng vertrauliche Gespräche statt, zu denen seine beiden engsten Mitarbeiter geladen waren: der Chef der Ost-Abteilung des SD, SS-Obersturmbannführer Hermann Behrends, und Heydrichs Berater für internationale Angelegenheiten, SS-Hauptsturmführer Erich Jahnke, früher Sachbearbeiter für geheimdienstliche Fragen bei Hitlers Stellvertreter Rudolf Heß. Das, was den SD-Chef Heydrich am meisten bewegte, aber auch in Unruhe versetzte, war die Antwort auf die Frage, wie der Sicherheitsdienst und die Gestapo in die Entwicklung in Moskau eingreifen und sie beeinflussen könnten. Und: Auf welche Seite sollten sie sich stellen? Wäre es für die Verwirklichung deutscher Zukunftspläne günstiger, die Verschwörer zu unterstützen? Wer war für Hitler die größere Gefahr: Stalin oder die roten Generäle? Was würde geschehen, wenn der Putsch gegen Stalin Erfolg hätte? Könnte sich Tuchatschewskij mit der deutschen Generalität verbinden? Dachte etwa auch die deutsche Wehrmachtführung an die Errichtung einer Militärdiktatur? Was wäre für die Zukunft des Nationalsozialismus vorteilhafter: ein blutiger bolschewistischer Diktator oder ein roter Napoleon Bonaparte?

Stundenlang diskutierten sie. Dann hatte sich Heydrich entschieden: Ihm schien Stalin das kleinere Übel zu sein. Jetzt galt es nur, das Wissen über die Verschwörung in Moskau geschickt und vorteilhaft ausnutzen: Man mußte die Informationen über den geplanten Putsch der roten Generäle Stalin zuspielen. Wenn der

Diktator glaubwürdige Unterlagen über die Ziele der Putschisten erhielte, würde er mit Sicherheit blutig und erbarmungslos unter den Generälen aufräumen. Die Rote Armee ohne ihre Führer – das würde die Sowjetunion für Jahre schwächen. Und bevor sie militärisch wieder auf den Beinen stünde, könnte Deutschland zuschlagen …

Heydrich war durch die Vision seines baldigen Triumphs wie in einem Rausch. Nur der ehemalige pommersche Rittergutsbesitzer Erich Jahnke versuchte seine Euphorie zu bremsen. Er warnte vor zu übermütigem Optimismus und vor – Skoblin. Der spätere Chef des Auslandsnachrichtendienstes im SD, Walter Schellenberg, der an einigen der Gespräche bei Heydrich über die Entwicklung in Moskau ebenfalls teilnahm, erinnert sich: Jahnke »hegte bezüglich der Echtheit der Skoblinschen Informationen große Bedenken – Skoblin könne sehr wohl im Auftrag des russischen Geheimdienstes eine Doppelrolle spielen. Er glaube sogar, die ganze Geschichte sei lanciert. In jedem Falle müsse die Möglichkeit einbezogen werden, daß Skoblin die Umsturzpläne Tuchatschewskijs nur als Beauftragter Stalins an uns herantrage.«

Heydrich, der besessen war von dem Gedanken, der Führung der Roten Armee einen vernichtenden Schlag zu versetzen, wies Jahnkes Einwände empört zurück. Er befürchtete sogar, daß Jahnke seine Pläne, gegen Tuchatschewskij zu konspirieren, gefährden könnte, und verhängte deshalb gegen ihn einen dreimonatigen Hausarrest. In drei Monaten – davon war Heydrich überzeugt – würden alle seine Vorbereitungen abgeschlossen sein.

Kurz vor Weihnachten 1936 legte Reinhard Heydrich seine Vorschläge dem Reichsführer SS Heinrich Himmler vor, damit er sie Adolf Hitler unterbreite. Zu gerne hätte er seine Pläne, Gedanken und Ansichten dem Führer persönlich dargelegt, aber noch hatte er kein Vorspracherecht in der Reichskanzlei; noch mußte er Himmler einweihen.

Am Donnerstag, dem 24. Dezember 1936, empfing Adolf Hitler den Reichsführer SS Heinrich Himmler in der Reichskanzlei. Der Führer und Reichskanzler bereitete sich auf eine Reise nach München vor, wo er an der Weihnachtsfeier »alter Kämpfer« teilnehmen wollte. Er war in Eile, aber als ihm Himmler Heydrichs Vorschläge vortrug, vergaß er die Zeit. Eine großartige Idee! Wenn Heydrich Erfolg hätte, würde sich das Kräfteverhältnis in Europa wesentlich ändern. Aber wie so oft, war auch diesmal Hitler vorerst unschlüssig. Wessen Kopf er rollen lassen solle, fragte er Himmler immer wieder: Stalins oder – wie es Heydrich empfohlen hatte – Tuchatschewskijs? Himmler, der seinen Führer gut kannte, ahnte von Anfang an, wie sich Hitler entscheiden würde. Sein Haß gegen die Militärs war größer als seine Antipathie gegen den Diktator im Kreml, den er wegen seiner Härte und Brutalität heimlich bewunderte.

Gut gelaunt verließ Adolf Hitler die Reichshauptstadt. Vor ihm lagen schöne und ruhige Weihnachtstage, die er in den Alpen verbringen wollte. Und das neue Jahr schien auch gut anzufangen. Er wußte, daß er sich auf Reinhard Heydrich verlassen konnte.

Der Soldat

Moskau, Dezember 1936.

Noch ahnte er nichts: Die Schlinge um ihn, den Marschall der Sowjetunion Michail Nikolajewitsch Tuchatschewskij, zog sich immer enger zusammen.

Wer war dieser jüngste der fünf höchsten Offiziere der Roten Armee, den die Welt als erfolgreichsten Heerführer des jungen Sowjetstaates kannte? Die phantastischsten Legenden und Gerüchte wurden seit Jahren über ihn verbreitet.

Im August 1934 erschien im deutschen Informationsdienst »Ostexpreß« ein Bericht aus Paris, in dem folgendes behauptet wurde:

»Ein entfernter Verwandter des Dichters Leo Tolstoj, Sergius Tolstoj-Miloslawskij, hat auf Grund langjähriger Studien in der Pariser Nationalbibliothek in einem Buch die Behauptung aufgestellt, daß das Geschlecht der Tolstoj von den Grafen von Flandern abstamme. Ein Sohn des Grafen Gérard von Flandern, des zweiten Sohnes des Grafen Baudouin III. und Onkels des Kaisers Baudouin von Byzanz, hatte einen im Jahre 1115 geborenen Sohn, Henri de Mons. Dieser begab sich in Begleitung seines Sohnes Konstantin nach dem Orient, wo er an zahlreichen Feldzügen teilnahm. Der junge Graf heiratete 1206 die Tochter des gestürzten Königs von Zypern, Isaak Komnenos; der Versuch, den Thron von Zypern zu erobern, schlug indessen fehl. Nach einigen Jahren begaben sich die Grafen nach dem Fürstentum Tschernigow in der jetzigen Sowjetukraine, wo sie vom Großfürsten Mstislaw gastlich empfangen wurden. Die beiden Grafen von Flandern traten zum griechisch-orthodoxen Glauben über und begründeten das Geschlecht der Tolstoj. In den Geschlechterbüchern der

Tolstoj ist das Jahr, in dem die beiden Grafen von Flandern nach der Ukraine kamen, als ›großes Ereignis‹ vermerkt worden, wobei ausdrücklich die Abstammung des Geschlechts von Kreuzrittern hervorgehoben wird. Ein Nebenzweig des Hauses Tolstoj-Flandern sollen die Tuchatschewskijs sein, die Ahnen des jetzigen Sowjetfeldherrn und stellvertretenden Landesverteidigungskommissars Tuchatschewskij.«

Das angesehene »Prager Tagblatt«, für das Max Brod und Franz Werfel schrieben, hatte Ende Februar 1936 die Abstammung Tuchatschewskijs noch bunter ausgemalt:

»Es war in der Zeit der Kreuzzüge, als ein junger Sohn des Grafen von Flandern nach dem ›Heiligen Land‹ zog, um seine Heimat nie wiederzusehen; er führte den Namen eines Grafen von Mons, nach der alten, schönen Stadt in Flandern. Als er nicht wiederkehrte, ging das Gerücht, er sei erschlagen worden, und man sang Lieder auf das tragische Geschick des Grafen; nach einer anderen Version sollte er den Reizen einer schönen Sarazenin erlegen und reich und mächtig geworden sein. Aber später erfuhr man, daß beide Versionen unwahr waren; unter nie aufgeklärten Abenteuern gelangte der junge Mons an die Nordufer des Schwarzen Meeres, ließ sich in der Nähe der Stadt Tschernigow nieder und wurde Lehnsmann der dortigen Fürsten. Seine Nachkommen, Dioudonné und Timothé, empfingen vom Fürsten Wasil hohe Titel, Pfründe und Dörfer, und nach einem ihrer Dörfer, Tuchatschewsk genannt, nannten sie sich Tuchatschewskij.«

Die »Leipziger Abendpost« hat im Mai 1928 die Ahnen Tuchatschewskijs in Polen aufgespürt. »Er soll polnisches Blut in sich tragen«, schrieb das Blatt. Und eine geheime nationalsozialistische Studie über Tuchatschewskij aus dem Jahr 1937 vermerkt: »... die äußere Erscheinung Tuchatschewskijs deutet ... keineswegs auf rein russische bezw. slawische Abstammung hin. Vielmehr deuten seine Züge auf eine stark rassische Mischung. Es besteht außerdem eine Variante, die auf eine uneheliche Abstammung Tuchatschewskijs hinweist.«

Die jüngsten sowjetischen Arbeiten über Michail Tuchatschewskij sind, was seine Herkunft betrifft, viel prosaischer. Lew Nikulin, einer seiner ersten Biographen, schreibt in dem 1963 in Moskau herausgegebenen Buch »Tuchatschewskij«: »Michail Nikolajewitsch Tuchatschewskij stammte väterlicherseits aus einem alten russischen Adelsgeschlecht. Seine Vorfahren dienten seit der zweiten Hälfte des 17. Jahrhunderts im zaristischen Heer. Aber der Vater des späteren Sowjetmarschalls, Nikolaj Nikolajewitsch Tuchatschewskij, war – wie man damals sagte – ein nichtdienender Adliger, der ein Gut im Dorogubuschkij-Rayon im Gouvernement Smolensk besaß. ... Die Tuchatschewskijs waren eine große Familie – sie hatten vier Söhne und fünf Töchter. Die Heirat mit einer einfachen Bäuerin versperrte Nikolaj Nikolajewitsch den Weg in die adelige Gesellschaft, sie hinderte ihn auch daran, Posten einzunehmen, die er seiner Herkunft nach beanspruchen konnte.«

Das aus Holz gebaute große Gutshaus Alexandrowskoje, wo Michail Nikolajewitsch am 16. Februar 1893 geboren wurde, lag am Waldrand unweit eines Sees. Bald nach seiner Geburt – wahrscheinlich geriet die Familie in Geldnot – zogen die Tuchatschewskijs nach Wraschke in die Nähe von Pensa. »Die Familie lebte bescheiden in einem einstöckigen Haus mit mehreren Zimmern, dessen größtes drei große Fenster auf jeder Seite hatte. Der einzige Luxus dieses Zimmers bestand in einem riesigen Spiegel und in zwei Klavieren – auf einem von ihnen hatte, wie es hieß, Rubinstein gespielt. Der Vater Tuchatschewskijs musizierte gern und gut, und sein Sohn hatte die leidenschaftliche Liebe zur Musik von ihm geerbt.«

Aber auch das Haus in Wraschke unweit von Pensa zu unterhalten, war den Tuchatschewskijs nicht möglich. Als sich die Eltern entschieden, daß Michail Nikolajewitsch das Gymnasium besuchen sollte, zogen sie nach Pensa in die Obere Fußstraße um. Von da war es zum Gymnasium in der damaligen Adelsgasse nur ein Katzensprung. Fünf Jahre lang – von 1904 bis 1909 – besuchte

Tuchatschewskij das Gymnasium von Pensa. In den Schulunterlagen findet man noch heute Eintragungen, die den Schüler Michail Tuchatschewskij betreffen. »Trotz seiner Fähigkeiten lernte der Schüler Tuchatschewskij schlecht«, kann man hier lesen. Oder: »Drei Strafen für Unaufmerksamkeit«. »Er versäumte in einem Schuljahr insgesamt 127 Stunden.«

Mehr als das Studium gefielen Mischa Tuchatschewskij Sportkämpfe. Er war der Stärkste der Klasse, der beste Turner und blieb bei improvisierten Ringkämpfen fast immer Sieger über seinen Schulkameraden. Und – schon als Junge war Michail ein ausgezeichneter Reiter.

Auch in Pensa wohnte die Familie nicht sehr lange. Im Jahre 1909 übersiedelten die Tuchatschewskijs nach Moskau. Hier besuchte Michail die zehnte Klasse des Gymnasiums. Nicht sehr lange. Michail Nikolajewitsch hatte das viele »unnötige« Lernen satt. Er überredete den Vater, ihn in das Erste Moskauer Katharinen-Kadettenkorps überwechseln zu lassen. Denn – so der Sohn – er wolle die Laufbahn eines Offiziers einschlagen.

Sein damaliger Mitschüler, Generaloberst der Roten Armee Boris K. Koltschigin, erinnerte sich, daß der Kadett Michail Tuchatschewskij in Fechten, Gymnastik und Schießen immer den ersten Platz in der Klasse belegt hatte.

Als erfolgreichster Schüler seines Jahrgangs konnte Tuchatschewskij nach Abschluß des Kadettenkorps die Militärschule wählen, die er besuchen wollte. Zur Überraschung seiner Freunde entschied er sich nicht für eine der berühmten Militärausbildungsstätten in Petersburg. Seine Wahl fiel auf das Alexander-Institut in Moskau, eine Schule, die den Ruf hatte, den Schülern hervorragende militärische Kenntnisse zu vermitteln.

Am 12. Juli 1914 wurde der Absolvent des Alexander-Instituts in Moskau Michail Nikolajewitsch Tuchatschewskij zum Garde-Unterleutnant befördert und zum Moskauer Semjonow-Regiment abkommandiert. Dem hatten bereits zwei seiner Vorfahren angehört: 1817 diente im Semjonow-Regiment Stabskapitän Nikolaj Nikolajewitsch Tuchatschewskij; 1820 dann Hauptmann Alexander Nikolajewitsch Tuchatschewskij.

Nur wenige Wochen nachdem sich Tuchatschewskij beim Semjonow-Regiment als ein soeben aus der Schule entlassener Unterleutnant gemeldet hatte, begann der Erste Weltkrieg. Als eines der ersten zog das Semjonow-Regiment an die Front. In den Kämpfen vor Warschau erlitt es so hohe Verluste, daß Tuchatschewskij trotz seiner Unerfahrenheit und Jugend zum Kompaniechef ernannt wurde.

Am 25. Januar 1915 – so berichtet ein anderer sowjetischer Tuchatschewskij-Biograph, Alexander I. Todorskij – lag das Semjonow-Regiment in der Nähe der Stadt Grodisko, westlich von Warschau. Seit Tagen waren dort die Russen starken Angriffen deutscher Truppen und einem ständigen Artilleriebeschuß ausgesetzt. Der damalige Unteroffizier im Semjonow-Regiment und spätere Generaloberst der Roten Armee Kusma P. Trubnikow erzählte Todorskij, daß Tuchatschewskij für seine Tapferkeit vor dem Feind mit acht Kriegsauszeichnungen, so dem Orden der Heiligen Anna und dem Orden des Heiligen Stanislaus, dekoriert wurde.

Am 19. Februar 1915 – das Semjonow-Regiment bezog Schützengräben unweit des Dorfes Wysokije Duschi bei der Stadt Lomža – begann hier nach mehrstündiger Artillerievorbereitung der deutsche Angriff. Die siebte Kompanie, die unter dem Kommando Tuchatschewskijs stand, wurde im Kampf fast völlig aufgerieben. Tuchatschewskij geriet mit den Überlebenden der Kompanie in deutsche Gefangenschaft. Eine Woche später, am 27. Februar 1915, wurde Leutnant Michail Nikolajewitsch Tuchatschewskij im Regimentsbefehl Nummer 35 als vermißt gemeldet.

Tuchatschewskij fand sich mit dem Leben im Gefangenenlager keineswegs ab. Seine Mutter erhielt von ihm aus der Gefangenschaft eine Postkarte, auf der er ihr über den großen Eindruck schrieb, den auf ihn das berühmteste Werk der Kiewer Literatur, das »Lied von der Heerfahrt Igors«, machte, in dem auch die Flucht des Nowgoroder Fürsten Igor aus der Gefangenschaft der Polowzer in seine Heimat geschildert wird. Die Mutter verstand sehr wohl, was ihr Sohn damit andeuten wollte: Verschlüsselt kündigte er ihr an, daß auch er zu fliehen und sich in die Heimat durchzuschlagen versuchen werde.

Und Michail Tuchatschewskij hat tatsächlich nichts unterlassen, um aus der deutschen Gefangenschaft zu entkommen.

Im Jahre 1934, als Tuchatschewskijs Stern am sowjetischen Himmel den Zenit erreichte, erschien in der Warschauer »Groszen-Bibliothek« eine offensichtlich aus dem Geheimfonds der sowjetischen Botschaft finanzierte Lobschrift »Tuchatschewskij – der rote Marschall«. Dramatisch werden von dem unter dem Pseudonym Nikolaj Karolin schreibenden Autor Tuchatschewskijs Fluchtversuche aus Kriegsgefangenenlagern in Deutschland geschildert.

Beim erstenmal – so Karolin – versuchte er aus dem Lager in Stralsund zu fliehen. Es gelang ihm, die Wachen zu überlisten, aber er fand niemanden, der ihn heimlich nach Schweden übersetzen wollte. Nach langem Suchen stieß er auf ein altes Boot, mit dem er in See stach. Ein aufkommender Sturm zwang Tuchatschewskij zur Rückkehr ans Festland. Drei Wochen streifte er umher, dann wurde er schlafend von einer deutschen Militärpatrouille überrascht und festgenommen. Einen Monat verbrachte er als Strafe im Gefängnis, dann wurde er in das Lager Beeskow verlegt.

In Beeskow blieb er nicht lange. Wegen seiner Kontakte mit »deutschen Revolutionären« – wie Karolin zu berichten weiß – verlegte man ihn in das Lager Badstein. Auch in Badstein dachte Tuchatschewskij nur an das eine – an die Flucht! Er arbeitete einen kühnen Fluchtplan aus: Zusammen mit Unteroffizier Semjonow wollte er sich, versteckt unter einer Fuhre Mist, aus dem Lager schmuggeln lassen.

Der Plan gelang. Das Lager konnten sie unentdeckt verlassen. Aber als die Flüchtlinge die deutsch-holländische Grenze überschreiten wollten, wurden sie entdeckt und festgenommen. Die neue »Endstation« war – nach Karolin – das Lager Zorndorf, das sich auf einer Burg befand. Hier »herrschte eine strenge Ordnung«. Und trotzdem: Wieder versuchte der Russe, gemeinsam mit einem französischen Offizier, dem General Gardeaux, den Deutschen zu entkommen. Diesmal wählte Tuchatschewskij den »klassischen Fluchtweg russischer Revolutionäre«: Die beiden Offiziere hatten bereits einen sechs Meter langen unterirdischen Gang ausgehoben, als dieser durch Zufall von den Wächtern entdeckt wurde.

»Als Strafe für die Fluchtabsicht wurde er nach der berühmten Festung Ingolstadt gebracht, wo alle die waren, die Fluchtversuche aus Gefangenenlagern unternommen hatten. Ingolstadt stellte ein schweres Gefängnis dar. Als Tuchatschewskij dorthin gebracht wurde, hatte er schon resigniert, den Gedanken an eine Flucht aufgegeben. ... Schwere, eintönige, graue Tage begannen. Es schien, als ob dieser Krieg niemals ein Ende nehmen wollte ... Und plötzlich erreichte Tuchatschewskij durch eine deutsche Zeitung ... eine erfreuliche Nachricht: Der Zar hatte abgedankt, und in Rußland war ein Umsturz erfolgt. Er fieberte, er konnte nicht schlafen. Er ging in seiner Zelle auf und ab und schmiedete Pläne, wie er von dort entkommen könnte.«

Hier lassen nicht nur Nikolaj Karolin, sondern auch Tuchatschewskijs spätere sowjetische Biographen ihrer Phantasie freien Lauf. Wie schildert Karolin in Warschau 1934 die Flucht Michail Nikolajewitsch Tuchatschewskijs aus der Festung Ingolstadt und wie 1963 in Moskau Lew Nikulin?

Und – was ist die Wahrheit?

Ingolstadt, nach München die größte Stadt Nordbayerns an der Donau, wird Anfang des neunten Jahrhunderts zum erstenmal urkundlich erwähnt.

Nach der Flucht aus Ingolstadt:
Tuchatschewskij als Offizier der Roten Armee, um 1918.

Viele Jahrhunderte war Ingolstadt eine befestigte Stadt. Nachdem sie sich 1800 kampflos den Franzosen ergeben hatte, erzwang Napoleon den Abbruch der Schutzwehr. Knapp dreißig Jahre später machte das Königreich Bayern Ingolstadt wieder zur Schlüsselstellung seiner Landesverteidigung: Ab 1828 entstand der klassizistische Festungsgürtel mit den vorgelagerten Außenforts. Nach dem Zweiten Weltkrieg wurden auf Anweisung der amerikanischen Besatzungstruppen die Forts gesprengt, große Teile der Wälle und Mauern, die Ingolstadt zur stärksten und wichtigsten Garnison Bayerns machten, niedergerissen.

Das dem Erdboden ebenfalls gleichgemachte Fort IX war während des Ersten Weltkrieges zum Kriegsgefangenenlager alliierter Offiziere umgewandelt worden. Der Franzose Rémy Roure, der damals dort einsaß, erinnert sich:

»Das Fort IX von Ingolstadt, das sich auf der rechten Seite der Donau erhob, deren gräuliches Wasser wir von ihren Böschungen aus sahen, war ein Repressalienlager mit verstärkter Überwachung, den kriegsgefangenen alliierten Offizieren vorbehalten, die einen Fluchtversuch unternommen hatten und wieder eingefangen worden waren. In Wirklichkeit war es der fröhlichste Ort, soweit das ein Gefängnis sein kann, der freundschaftlichste und manchmal auch dramatischste, von dem man träumen kann. Die Rechnung der Gefängniswärter war falsch. Die Mehrzahl der Offiziere – alle Wiederholungstäter im Ausbrechen – legten ihre Erfahrungen zusammen; sie verglichen die Karten, die sie gezeichnet hatten, halfen sich untereinander soweit möglich. ... Jeder Tag hatte seinen ›Radau‹, der manchmal zur Meuterei wurde.«

In dieses »fröhlichste Gefängnis« in Ingolstadt wurde am 18. November 1916 der Leutnant des Semjonow-Regiments des russischen Zaren Nikolaus II. Michail Nikolajewitsch Tuchatschewskij verlegt. Auf der erhalten gebliebenen Lagerkarte Michail Tuchatschewskijs ist als Religion »orthodox« angegeben und als Wohnsitz Moskau. In der Personenbeschreibung heißt es dann: »Größe 175 cm, Gestalt schlank, Kinn klein, oval, Augen blaugrau, Haare dunkelbraun«. Als besonderes Kennzeichen wird eine Warze auf der rechten Wange erwähnt. Mit »ja« ist die Frage beantwortet, ob er einen Fluchtversuch unternommen habe, und der deutschen Sprache soll er »etwas« mächtig sein.

Selbstverständlich beteiligte sich am täglichen »Radau« auch der damals dreiundzwanzig Jahre alte Tuchatschewskij. Roure: »Einmal nahm er sogar an der Entführung einer Truhe direkt aus dem Büro des Lagerkommandanten teil, die mit Karten, Kompassen, zivilen Kopfbedeckungen gefüllt war – alles unerläßliche Hilfsmittel einer Flucht –, die bei Durchsuchungen abgenommen worden waren. All das wurde mit einem Augenzwinkern in den Kasematten verteilt, und eine Routineuntersuchung der Deutschen blieb erfolglos.«

Immer wieder geriet Michail Tuchatschewskij in Ingolstadt in Konflikte mit seinen Bewachern. So lehnte er es einmal demonstrativ ab, den Ingolstädter Standortkommandanten, General Peter, zu grüßen. Ein andres Mal schimpfte er den Unteroffizier der Bewachungsmannschaft, Hans Abel, »dreckiger Bursch« und »Schweinehund«, wofür er zu sechs Monaten Haft, die er allerdings nicht absaß, verurteilt wurde.

Das Gerichtsverfahren wegen Beleidigung des Unteroffiziers Abel ermöglicht es, sämtliche »Vergehen« Tuchatschewskijs seit seiner Gefangennahme bei Lomža zu rekonstruieren. Widerlegt werden dabei alle jene abenteuerlichen Schilderungen seiner Fluchtversuche, wie sie Nikolaj Karolin 1934 in Warschau und später auch einige seiner sowjetischen Biographen verbreiteten. Im Lager Stralsund erhielt Tuchatschewskij sechs Tage Arrest wegen Fluchtversuchs, vom Kriegsgericht Halle am 16. Mai 1916 drei Wochen »verschärften Stubenarrest wegen Beleidigung eines Vorgesetzten«, vom Kommandanten des Offizierslagers Bad Stuer vier Tage Stubenarrest, »weil er den dienstlichen Anweisungen des Wachhabenden nicht Folge geleistet hat«, und vom stellvertretenden kommandierenden General des IX. Armeekorps

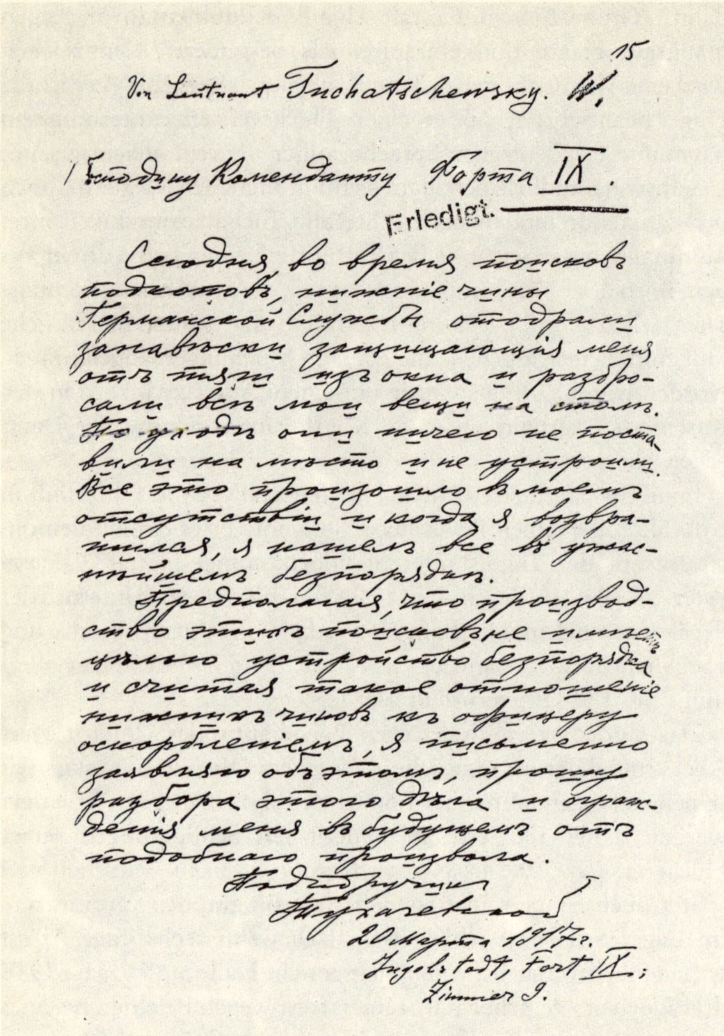

Von Leutnant Tuchatschewsky. W. 15

Господину Коменданту Форта IX.

Erledigt.

Сегодня, во время поисковъ подкоповъ, нижніе чины Германской службы отодрали занавѣски защищающія меня отъ тѣни изъ окна и разбросали всѣ мои вещи на столъ. Уходя они ничего не поставили на мѣсто и не устроили. Все это произошло в моемъ отсутствіи и когда я возвратился, я нашелъ все въ ужаснѣйшемъ безпорядкѣ.

Предполагая, что производство этихъ поисковъ не имѣетъ цѣлью устройство безпорядка и считая такое отношеніе нижнихъ чиновъ къ офицеру оскорбленіемъ, я письменно заявляю объ этомъ, прошу разбора этого дѣла и огражденія меня въ будущемъ отъ подобнаго произвола.

Подпоручикъ
Тухачевскій
20 Марта 1917 г.
Ingolstadt, Fort IX;
Zimmer 9.

Brief Tuchatschewskijs vom 20. März 1917 an den Kommandanten des Lagers Fort IX in Ingolstadt, worin er sich über das Verhalten der Wachmannschaft beschwert.

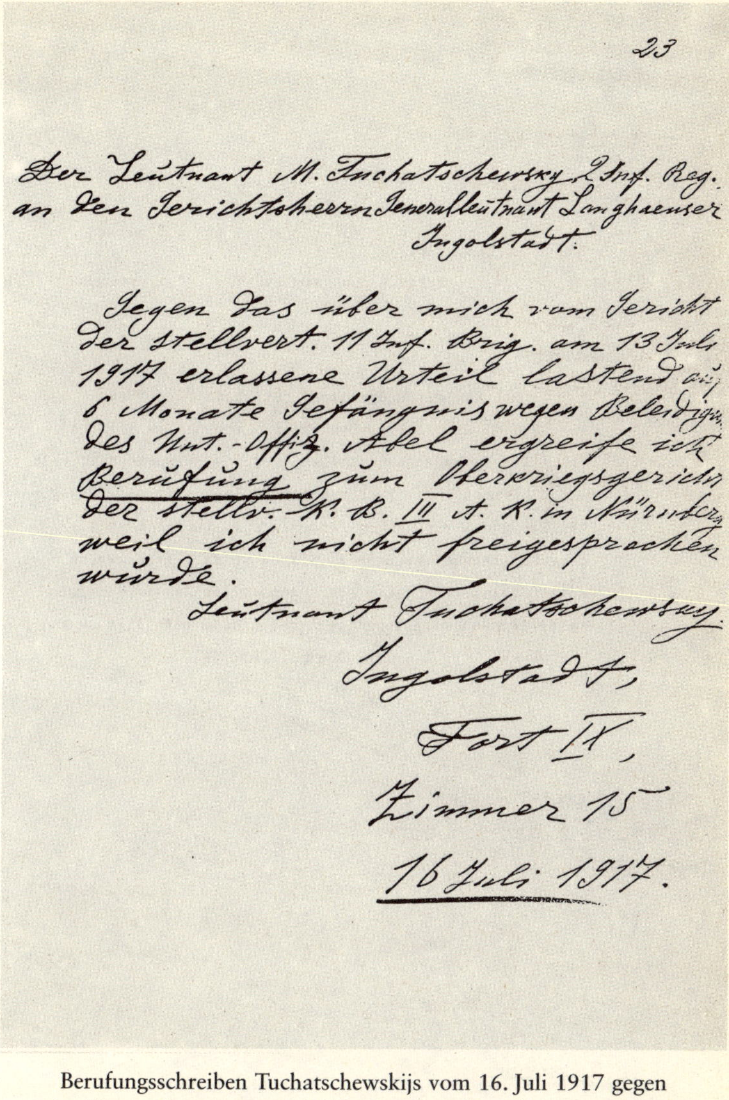

23

Der Leutnant M. Tuchatschewsky 2 Inf. Reg.
an den Gerichtsherrn Generalleutnant Langhaeuser
Ingolstadt.

Gegen das über mich vom Gericht der stellvert. 11 Inf. Brig. am 13 Juli 1917 erlassene Urteil lastend auf 6 Monate Gefängnis wegen Beleidig. des Unt.-Offiz. Abel ergreife ich Berufung zum Oberkriegsgericht der stellv. K. B. III A. K. in Nürnberg weil ich nicht freigesprochen würde.

Leutnant Tuchatschewsky.

Ingolstadt,
Fort IX,
Zimmer 15
16 Juli 1917.

Berufungsschreiben Tuchatschewskijs vom 16. Juli 1917 gegen seine Verurteilung wegen Beleidigung eines deutschen Unteroffiziers im Lager Ingolstadt.

Embajada de España
EN BERLIN

PGR. 23000

An das

Gericht des stellvertretenden General-
Kommandos des III. Armée-Korps

Nürnberg

Die Königlich Spanische Botschaft beehrt sich dem Gericht des stellvertretenden G eneral-Kommando des III.A.K. ergebenst mitzuteilen, dass sie Herrn Rechtsanwalt Karl Goldmann, Nürnberg, Königstrasse 19 beauftragte, die Verteidigung des russischen Kriegsgefangenen Leutnant Tuchatschewsky, Ingolstadt, Fort IX, Zimmer 15 zu übernehmen, welcher unter Anklage steht, dem Kommandanten des Lagers, General Peter den Gehorsam verweigert und diesen beleidigt zu haben.

B erlin, den 25. Juli 1917

Gericht stellvertret.
K. Bayer. III. Armee Corps
eingeg. 31. 7. 1917 No. 1716

Brief der Königlich Spanischen Botschaft in Berlin vom 25. Juli 1917, in dem die Bestellung eines deutschen Rechtsanwalts zur Verteidigung Tuchatschewskijs mitgeteilt wird.

»14 Tage Stubenarrest wegen unerlaubter Entfernung aus dem ihm zugewiesenen Aufenthaltsort Bad Stuer«.

Den im Fort IX festgehaltenen französischen Offizieren war Tuchatschewskij, wie Roure berichtet, »sehr sympathisch«. Oft hatte er sie besucht und mit vielen von ihnen Freundschaft geschlossen. So mit dem jungen Hauptmann Charles de Gaulle, der in Ingolstadt sein erstes Buch »Zwietracht beim Feind« vorbereitete. Ein anderer Franzose, mit dem sich Tuchatschewskij anfreundete, war der spätere General Georges Albert Catroux, 1939 Generalgouverneur von Indochina. Im Zweiten Weltkrieg war Catroux enger Mitarbeiter de Gaulles, wurde 1944 Generalgouverneur von Algerien und kurz danach, bis 1948, französischer Botschafter in der Sowjetunion. Befreundet mit Tuchatschewskij war auch der Fliegerhauptmann und spätere General de Goys de Mezeyrac. Er kam nach Ingolstadt, nachdem er bei der Bombardierung der Anilinfabrik von Ludwigshafen abgeschossen worden war. Einen Vertrauten des französischen Ministerpräsidenten Paul Reynaud, den späteren General Villelume, lernte Tuchatschewskij in Ingolstadt als Leutnant kennen. Schließlich gehörten zu Tuchatschewskijs französischem Ingolstädter Freundeskreis auch die Generäle Leblong und Borgnis-Desbordes.

Mit seinen französischen Mitgefangenen führte Tuchatschewskij – der, wie er behauptete, dank seiner französischen Gouvernante recht gut französisch sprach – lange Gespräche. Sie geben einen viel tieferen Einblick in das Denken des jungen Tuchatschewskij, als wir es in späteren sowjetischen Quellen finden:

»Tuchatschewskij hatte nichts Konformistisches in seinen Ansichten; obgleich aus adliger Familie, war er doch äußerst liberal und schimpfte bisweilen auf die religiöse Ader der meisten französischen Offiziere. ... In seiner Kasematte baute er sogar eines Tages ein schreckliches, in verschiedenen Farben bemaltes Papp-Idol auf und schickte sich an, es veralbernd, seine Unterwürfigkeit davor zu bekunden. ›Das ist Perun‹, sagte er zu mir, ›der Gott des Krieges und der Stürme aus der alten slawischen Mythologie. Das ist der Gott, den wir brauchen. Wir brauchen das Vandalentum.‹«

Oft übte Tuchatschewskij Kritik an zaristischen Generälen und »sogar an der kaiserlichen Familie«. Rémy Roure äußerte die Ansicht, daß er sich in der Gefangenschaft vom Zarismus abgewandt hatte. Der Sturz der Monarchie im Februar 1917, der Aufstieg Kerenskijs »gaben unseren Kameraden ein wenig Hoffnung«, schreibt Roure und meint, daß Tuchatschewskij mit den Vorstellungen des Sozialdemokraten Alexander Kerenskij sympathisierte. Wörtlich: »Der Fehlschlag der Demokratie, die Versuche der Bolschewisten, die Arbeiter- und Soldatenräte, der verlorene Krieg machten ihn tief traurig.« Gleichzeitig begann der Pragmatiker Tuchatschewskij den Bolschewismus als Lösung für Rußland zu akzeptieren – »aber seine Verzweiflung war sichtbar ... Seine Wahl war getroffen ...«

Am 16. August 1917 baten neun russische Offiziere um die Erlaubnis, einen Spaziergang in der Umgebung des Forts IX zu machen. Die Lagerkommandantur hatte dagegen keine Einwände. Man befürchtete nicht, daß die Gefangenen einen Fluchtversuch unternehmen würden. Erst vor einigen Tagen hatte nämlich jeder der Offiziere eine Erklärung unterschreiben müssen, in der er sich mit seinem Ehrenwort dafür verbürgte, nicht zu fliehen.

Wie der »Spaziergang« endete, geht aus dem Bericht an die Kommandantur hervor. Die Offiziere wurden von Unteroffizier Hoffmann »auf dem vorgeschriebenen Weg innerhalb der drei Bahnlinien« begleitet. »Auf dem Heimweg gingen die beiden russischen Offiziere, Leutnant Tuchatschewsky und Hauptmann Tscherniwetzky, rasch voraus, während Unteroffizier Hoffmann hinter den letzten zurückblieb. Nach der Nachhausekunft fehlten die beiden Genannten. Voraussichtlich sind sie in der Nähe von Zuchering über die Bahnlinie und versuchen, von dort aus weiterzukommen. Hauptmann Tscherniwetzky spricht gar nicht deutsch, Tuchatschewsky nur gebrochen.«

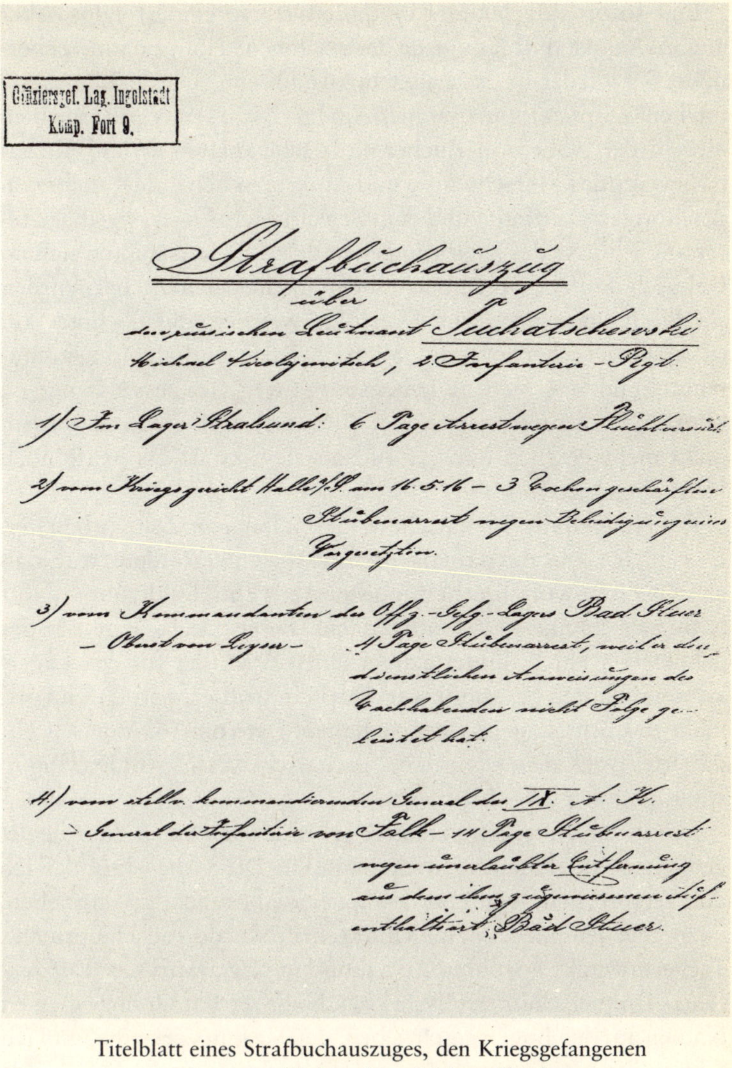

Offiziersgef. Lag. Ingolstadt
Komp. Fort 9.

Strafbuchauszug
über
den russischen Leutnant Tuchatschewski
Michael Nicolajewitsch, 2. Infanterie-Rgt.

1) Im Lager Stralsund: 6 Tage Arrest wegen Fluchtversuch.

2) vom Kriegsgericht Halle a/S. am 16.5.16 – 3 Wochen geschärften Stubenarrest wegen Beleidigung eines Vorgesetzten.

3) vom Kommandanten des Offz.-Gefg.-Lagers Bad Stuer – Oberst von Seyer – 4 Tage Stubenarrest, weil er den dienstlichen Anweisungen des Wachhabenden nicht Folge geleistet hat.

4) vom stellv. kommandierenden General des IX. A. K. – General der Infanterie von Falk – 14 Tage Stubenarrest wegen unerlaubter Entfernung aus dem ihm zugewiesenen Aufenthaltsort Bad Stuer.

Titelblatt eines Strafbuchauszuges, den Kriegsgefangenen Leutnant Tuchatschewskij betreffend.

Eine sofort eingeleitete Fahndung blieb vorerst erfolglos. Aber am 31. August mittags wurde der entflohene Hauptmann Tscherniwetzky wieder in das Lager Ingolstadt eingeliefert. Man hatte ihn bei Kempten festgenommen. Im Protokoll seiner Aussage hieß es: »In der Nähe von Zuchering beschleunigten er und Tuchatschewsky das Marschtempo und entfernten sich immer mehr von den übrigen Offizieren und dem Begleitunteroffizier, welch letzterer am Schlusse des Zuges zu gehen hatte. Sie versteckten sich im Gebüsch und entkamen nach Süden in einen Wald. Hier wurden sie durch einen Gendarmen verfolgt, welcher einige Schüsse auf sie abgab. Tscherniwetzky warf ein Paket enthaltend Gummimantel und verschiedene Lebensmittel weg, um besser laufen zu können, und entfernte sich von Tuchatschewsky, den er seitdem nicht mehr gesehen hat. ... Tuchatschewsky ist bis heute noch nicht eingeliefert.«

Die Flucht hatte Tuchatschewskij seit längerer Zeit vorbereitet. Das einzige, was ihn damals offensichtlich beunruhigte, war, daß er sein Ehrenwort brechen mußte. Als »Entschuldigung« dafür hatte er sich eine »List« ausgedacht. Bereits sechs Tage vor der gelungenen Flucht hinterlegte er einen Brief, der für den Lagerkommandanten bestimmt war. Darin bestritt er, sein Ehrenwort, nicht zu flüchten, gebrochen zu haben. Der vom 16. August 1917 datierte Brief des »Leutnant Tuchatschewskij, Fort IX, Ingolstadt, Zimmer 15«, blieb erhalten:

»Geehrter Herr! Ich bedauere sehr, daß ich Sie in die Angelegenheit meiner Flucht verwickeln mußte. Die Sache ist so, daß ich das Versprechen, während des Spaziergangs nicht zu entfliehen, nicht gegeben habe. Meine Unterschrift wurde von Hauptmann Tscherniwetzky vor Ihren Augen und in Gegenwart des französischen Dolmetschers gefälscht, das heißt, er hat einfach meinen Namen auf den Bogen geschrieben, den Sie ihm vorlegten, und ich schrieb den Namen des Hauptmanns Tscherniwetzky auf meinen Bogen. Auf diese Weise Ihre Nachlässigkeit benützend, gingen wir die ganze Zeit spazieren, ohne jemals das Versprechen abgegeben zu haben. Ich bedauere ganz aufrichtig, daß ich Ihren Irrtum mißbraucht habe, aber die Ereignisse in Rußland erlaubten mir nicht, wankend zu bleiben. Empfangen Sie die Versicherung meiner tiefen Verehrung.«

Während der wieder festgenommene, »sehr heruntergekommene« Hauptmann Tscherniwetzky in Ingolstadt auf seine Verurteilung wegen Fluchtversuchs wartete, gelang es Tuchatschewskij, in Nachtmärschen durch die Schweizer Enklave von Shaffoux zu entkommen. Sein Ziel war Paris, wo er sich bei dem dortigen russischen Militärbevollmächtigten Alexander A. Graf Ignatjew meldete. Ignatjew hatte für ihn ein Zimmer besorgt, und Tuchatschewskij machte sich mit dem Leben in der französischen Hauptstadt bekannt. Gerne hätte er den Louvre besucht. Der aber war geschlossen, und so mußte er mit dem Rodin-Museum vorliebnehmen. Anfang Oktober 1917 waren alle Formalitäten für Tuchatschewskijs Abreise nach London erledigt. Graf Ignatjew gab ihm einen Brief an seinen Londoner Kollegen mit, Generalleutnant Nikolaj Jermolow. Darin bat er Jermolow, dem »aus deutscher Gefangenschaft geflohenen« Tuchatschewskij zu ermöglichen, nach Rußland weiterzufahren.

Als Michail Nikolajewitsch Tuchatschewskij nach fast drei Jahren in deutscher Gefangenschaft nach Rußland zurückkehrte, wehte über Petersburg die rote Flagge der Bolschewiki. Noch hatte er sich nicht entschieden, welcher der um die Macht kämpfenden rivalisierenden Kräfte er sich anschließen würde: Sollte er seine Dienste den Bolschewiki anbieten oder ...

Trotz der unruhigen und stürmischen Tage in Petersburg hatte Tuchatschewskij seine Mitgefangenen im Lager Ingolstadt nicht vergessen. In einem Aktenvermerk der Königlich Bayerischen Kommandantur vom 6. April 1918 heißt es: »Tuchatschewsky hat wiederholt aus Paris, in allerletzter Zeit aus Rußland über die deutsche Front Briefe und Karten hierhergeschickt, so daß kein Zweifel mehr besteht, daß ihm die Flucht gelungen ist.«

Sinn für Humor hatte der junge Offizier auch gehabt ...

Nikolaj Karolin, Autor der 1934 in Warschau erschienenen, offensichtlich von Moskau autorisierten Biographie Tuchatschewskijs, hat eine andere, viel abenteuerlichere Version der Flucht aus dem Lager in Ingolstadt verbreitet:

»Brauchte ihn die Revolution nicht? Er war kräftig, gesund und kannte sich in militärischen Dingen gut aus. Brauchte die Revolution denn nicht auch ihre Soldaten und Offiziere?

Und wieder wurden die Gefangenen spazierengeführt. Der Tag war heiß und sonnig. Aber im Wald war es kühl. Um die Gefangenen herum waren alte Landsturmmänner. Sie rührten sich kaum. Die Jungen, die Kräftigen, sind an der Front. Die Gefangenen werden von Männern bewacht, die 45 und 50 Jahre alt sind ... Tuchatschewskij lief schneller als sie. Sie hatten aber Gewehre und konnten hinterherschießen. Er mußte sich daher einen Trick ausdenken, daß sie nicht bemerkten, wenn er sich von dem Gefangenentrupp absetzte. Da kam ihm ein Gedanke.

Er ging zu einem Landsturmmann und meldete ihm, daß er ein natürliches Bedürfnis befriedigen müßte. Er bitte ihn deshalb um Erlaubnis, zur Seite zwischen die Bäume gehen zu dürfen. Der Landsturmmann erlaubte es, ging aber Tuchatschewskij nach. Als sie schon dreißig, vierzig Schritte zur Seite gegangen waren und sich zwischen den Bäumen befanden, schlug Tuchatschewskij mit einem plötzlichen starken Schlag dem Landsturmmann das Gewehr aus der Hand und schleuderte es weit zur Seite. Dann lief er mit größter Geschwindigkeit davon.

Der Landsturmmann ... blieb einige Sekunden stehen ... Als er nach der ersten Überraschung zu sich kam, fing er an, ›Halt! Halt‹ zu rufen, und lief dem Flüchtling ohne Gewehr nach.

Als die übrigen Wachsoldaten das Geschrei ihres Kameraden hörten, fingen sie ebenfalls an, Tuchatschewskij nachzulaufen, der wie ein vom Bogen abgeschossener Pfeil davoneilte ... Sie schossen in verschiedene Richtungen nach ihm ... Der Flüchtling war inzwischen schon sehr weit weg ... Einige Kugeln flogen über seinen Kopf. Er achtete aber auf keine Gefahr und lief weiter ...

Nach einigen Wochen des Herumwanderns, nachdem er fast 1000 Kilometer zu Fuß zurückgelegt hatte, kam der vierundzwanzigjährige Tuchatschewskij abgerissen und zerlumpt im damaligen Petrograd an, das damals ein brausendes, stürmisches Meer politischen Kampfes und politischer Leidenschaft darstellte. Es war der historische Sommer des Jahres 1917.«

Auch Lew Nikulin läßt in seinem »biographischen Bericht« über Tuchatschewskij aus dem Jahr 1963 der Phantasie freien Lauf:

»Tuchatschewskij versuchte durch einen Tunnel zu entkommen, den er nachts mit seinen Genossen gegraben hatte. Aber auch dieser Versuch mißlang ... Bald versuchte Tuchatschewskij wieder, aus Ingolstadt zu flüchten, und wurde wieder gefaßt. Die Flucht gelang erst aus dem Soldatenlager, in das er nach dem vierten Fluchtversuch gekommen war, weil er sich für einen einfachen Soldaten ausgegeben hatte. Die Soldaten wußten natürlich, daß er Offizier war, aber sie schwiegen und halfen ihm bei der Flucht. Damals war das Sprichwort im Schwange: ›Ob Garde oder Armee – Laus und Kugel kennen keinen Unterschied.‹

Der Flüchtling marschierte die Nächte hindurch in Richtung Schweizer Grenze. Später erzählte er, er könne das Wort ›Halt‹ nicht mehr hören. Es erinnerte ihn immer an die vier mißglückten Fluchtversuche. Vom langen Hunger ausgemergelt, erreichte Tuchatschewskij schließlich die Grenze ...«

Als Leutnant Michail Nikolajewitsch Tuchatschewskij im Spätherbst 1917 über Paris und London in die Stadt an der Newa kam, hatte sich die Macht der Bolschewiki bereits gefestigt.

In Petersburg, der früheren Zarenmetropole, herrschte Chaos, Unordnung. Lenin, der Sieger, war inzwischen mit der Regierung nach Moskau umgezogen. Petersburg schien Tuchatschewskij zu einer Provinzstadt degradiert.

Die Entscheidung, nach Moskau zu gehen und sich den neuen Machthabern anzuschließen, fiel dem enttäuschten Tuchatschewskij nicht schwer. Ehrgeizig und jung, träumte er von einer Karriere. Und es schmeichelte seiner Eitelkeit, als er merkte, daß die Bolschewiki, die für jeden, der eine Offiziersausbildung hatte, dankbar waren, sich auch für ihn interessierten. Im Frühjahr 1918 begann Tuchatschewskij, in der militärischen Abteilung des Zentralen Allrussischen Exekutivkomitees der Sowjets zu arbeiten. Bald kannte er einige führende Bolschewiki persönlich, so den Vertrauten Lenins, den Vorsitzenden des höchsten staatlichen Organs, des zentralen Allrussischen Exekutivkomitees, Jakow Michailowitsch Swerdlow, und den Chef der Ende 1917 gegründeten bolschewistischen Geheimpolizei, der gefürchteten Tscheka, den Polen Felix Dserschinskij. Ob er, der parteilose junge Offizier, nicht Mitglied der Partei Lenins werden wolle, fragten sie ihn. Und – er wollte.

Am 5. April 1918 wurde Michail Nikolajewitsch Tuchatschewskij Bolschewik. Der Bürge, der seinen Antrag unterstützte, war einer seiner Jugendfreunde, Nikolai N. Kuljabko, der spätere Direktor der Moskauer Staatlichen Philharmonie.

»Es war der Tag, an dem ein Heerführer-Bolschewik geboren wurde«, schrieb 1963 Alexander Todorskij.

Es war aber auch ein Tag, der Tuchatschewskijs Schicksal besiegelte ...

Die Gunst der Zeit war auf der Seite von Tuchatschewskij. In der Führung der Roten Armee gab es nicht viele, die eine militärische Fachausbildung hatten. Im Mai 1918, nur wenige Tage nach seinem Eintritt in die Partei der Bolschewiki, wurde Tuchatschewskij zum Kommissar des Moskauer Bezirks der Westfront ernannt.

Ende Mai 1918 brach der bewaffnete Konflikt der Roten mit der Tschechoslowakischen Legion aus – der »Aufstand der Tschechen und Slowaken gegen die Bolschewiki«, wie es in sowjetischen Geschichtsbüchern heißt.

Begonnen hatte es scheinbar harmlos am 14. Mai 1918. Tomáš

G. Masaryk, der Gründer und erste Präsident der Tschechoslowakischen Republik, berichtet über den Vorfall in seinem Buch »Die Weltrevolution«: »In Tscheljabinsk verwundete ... ein deutscher Gefangener einen unserer Jungen und wurde auf der Stelle niedergeschlagen. Die Bolschewiken von Tscheljabinsk ergriffen die Partei der deutschen und magyarischen Gefangenen.«

Die Tschechoslowakische Legion übernahm nach diesem Zwischenfall die Kontrolle über Tscheljabinsk. Masaryk weiter: »Ende Mai waren unsere Abteilungen in Tscheljabinsk übereingekommen, den Marsch nach Wladiwostok in militärischer Weise durchzuführen. ... Die ersten unbestimmten Meldungen über den siegreichen Kampf der Unseren mit den Bolschewiken trafen Ende Mai ein, vor allem die Nachricht über die Eroberung von Pensa (29. Mai). Dann folgten Meldungen über die Eroberung anderer Städte an der Wolga (Samara, Kasan usw.) und über die Einnahme der Städte und der Bahnlinie in Sibirien.«

Als in Moskau die ersten Nachrichten über die Niederlagen der Roten Armee eintrafen, brach dort Panik aus. Der Vormarsch der Tschechoslowakischen Legion, der sich auch Einheiten der weißrussischen Armee unter Admiral Koltschak anschlossen, sollte um jeden Preis verhindert werden.

Michail Tuchatschewskij sah in der bewaffneten Auseinandersetzung sofort die Gelegenheit, seine militärischen Fähigkeiten zu beweisen. Nur wenige Stunden nachdem in Moskau die Berichte über die Kämpfe mit den Tschechen eingetroffen waren, meldete er sich freiwillig an die Front.

Am 27. Juni 1918 traf Tuchatschewskij in Insa beim Stab der Ersten Revolutionären Armee ein. Die Stimmung dort war bedrückt. Man hatte sich bereits mit der Niederlage abgefunden, aber der fünfundzwanzig Jahre alte Tuchatschewskij – so später einer seiner Biographen – »machte auf die dortigen Bolschewiken einen günstigen Eindruck, vor allem seiner Siegesgewißheit wegen ...«

Noch lag aber der Sieg in weiter Ferne. Noch war es die

Tschechoslowakische Legion – an deren Seite zahlreiche russische Einheiten unter dem Befehl ehemaliger zaristischer Offiziere kämpften –, die Siege zu vermelden hatte. Im Juli rückte die Legion auf die Stadt Jekaterinburg vor, wo Zar Nikolaus II. mit seiner Familie von den Roten gefangengehalten wurde. Am 16. Juli 1918 – die Vortrupps der Tschechoslowakischen Legion standen einige Dutzend Kilometer vor Jekaterinburg – wurde auf Befehl aus Moskau der Zar mit allen Familienangehörigen brutal ermordet. In der Hauptstadt hieß es, daß man dadurch eine mögliche Befreiung des abgesetzten Zaren durch die Legion verhindern wollte. Dieser Behauptung widersprach entschieden Tomáš G. Masaryk: »Unsere Legionen in Sibirien hatten absolut nicht den Plan, den Zaren zu befreien.«

Auffallend ist, daß in keiner sowjetischen Beschreibung des Anteils Michail Tuchatschewskijs an der »Niederlage« der Tschechoslowakischen Legion die Ermordung des Zaren in Jekaterinburg erwähnt wird. Man wollte offensichtlich vermeiden, daß dieser Mord – an dem Tuchatschewskij mit Sicherheit keine Schuld trägt – mit seinem Namen in Verbindung gebracht wurde. Dem Ex-Offizier des Zaren, Michail N. Tuchatschewskij, lag anscheinend viel daran, nicht als Mitverantwortlicher am gewaltsamen Tod des Monarchen in die Geschichte einzugehen.

Im Sommer 1918 begann der Vormarsch der Roten. Mit entscheidend für Erfolge der Roten Armee war ein ungewöhnlicher politischer Schritt, den Tuchatschewskij tatkräftig befürwortet hatte: Auf sein Drängen wurden mehr als zwölfhundert ehemalige Offiziere der zaristischen Armee von den Bolschewiki übernommen und mit Kommandostellen in der Roten Armee betraut.

Am 12. September 1918 besetzte Tuchatschewskijs Erste Revolutionäre Armee Simbirsk. »Die Aufgabe ist erfüllt. Simbirsk ist genommen«, hieß es in seiner Meldung an Kriegskommissar Lew Trotzkij. In einem von Trotzkij unterzeichneten Befehl, der in allen Einheiten der Roten Armee verlesen wurde, war »der heldenhafte Kommandeur der Ersten Armee Tuchatschewskij« als

Vorbild hervorgehoben worden. Und zum erstenmal erhielt Tuchatschewskij auch ein Telegramm aus dem Kreml: Wladimir Iljitsch Lenin beglückwünschte den jungen Armeekommandeur zu seinem hervorragenden Erfolg.

Michail Nikolajewitsch Tuchatschewskij …

Sein Stern strahlte am Himmel der erfolgreichen Heerführer der Roten Armee.

Immer war er dort zu finden, wo der Revolution eine Niederlage drohte.

Sibirien, März 1919.

Plötzlich schien sich das Blatt zu wenden. Truppen unter dem Befehl des Admirals Alexander Koltschak, der im Ersten Weltkrieg die Baltische Flotte befehligte, durchbrachen die Front und eroberten Simbirsk zurück, mit dessen Einnahme im Herbst 1918 Tuchatschewskijs Ruhm begonnen hatte. Die Rote Armee befand sich auf der Flucht. Die Situation schien für die Bolschewiki so gefährlich, daß Lenin und Trotzkij den Befehl gaben, der Armee zwanzig Prozent der Parteimitglieder für den Kampf gegen Koltschak zur Verfügung zu stellen. In Petersburg und in Moskau wurden Kampfstaffeln der Arbeiter aufgestellt und sofort an die Front entsandt. Die größte Last der Kämpfe lag auf der Fünften Armee unter Tuchatschewskij. In seiner ersten Ansprache nach der Kommandoübernahme feuerte er die Soldaten fanatisch an. »Wenn wir siegen, werden wir alles haben, was uns fehlt«, versprach er den Rotarmisten. »Wenn wir verlieren, werden uns für viele Jahre Ketten um den Hals gelegt. Deshalb muß jetzt unsere Losung sein: Siegen oder sterben!«

Die Fünfte Rote Armee ging zum Angriff über. Am 28. Mai 1919 kam es bei der Stadt Ufa zur entscheidenden Schlacht, einer der blutigsten des Bürgerkrieges. Immer wieder griffen Tuchatschewskijs Rotarmisten an. Verbissen kämpften sie sich Meter um Meter an die Stadt heran. Und Koltschaks Armee geriet in

Panik. Zahlreiche Einheiten der Weißen liefen, als sie die Ausweglosigkeit des Kampfes erkannten, zu den Roten über. Die Schlacht um Ufa war entschieden. Tuchatschewskij nahm mehr als 25 000 Gefangene ...

Am 17. Juli 1919 meldete der Revolutionäre Kriegsrat nach Moskau, daß Truppen der Fünften Armee »unter ausgezeichneter Führung des Armeeführers Tuchatschewskij« nach hartnäckigen Kämpfen den Ural überschritten hätten.

Die Nachricht wurde in der Hauptstadt mit Erleichterung aufgenommen. Die Niederlage der Weißen bei Ufa hatte zwar Koltschaks Truppen erschüttert, aber in Sibirien konnten sie Erfolge verzeichnen. Die wichtigsten Gebiete Sibiriens hatte Koltschak unter Kontrolle; die Roten waren in der Defensive. Jetzt sollte Tuchatschewskij Koltschak als Gegner der Bolschewiki endgültig ausschalten.

Das Glück war wieder auf der Seite des jungen Heerführers. Nachdem er den Übergang über den Ural erzwungen hatte, brauchte er nur eine Woche, um Tscheljabinsk zu besetzen. Am 24. Juli 1919 war die Stadt fest in der Hand der Roten. Der Dank Lenins: Tuchatschewskij wurde mit dem »Orden des Roten Banners« ausgezeichnet.

Und Tuchatschewskijs Fünfte Rote Armee war weiter im Vormarsch ...

Zwei Monate nach dem Fall von Tscheljabinsk ergab sich Omsk, jene Stadt, die Koltschak zu seiner Residenz erhoben hatte. »Die Niederlage der stärksten und bestorganisierten Konterrevolution im Osten – die Liquidierung Koltschaks –«, schrieb später Tuchatschewskij, »ist eine der erfolgreichsten Operationen, die die sibirischen Bauern unter der Führung der Roten Armee gegen die Weißgardisten unternommen haben.«

Die Führer der Bolschewiki, Lenin und Trotzkij, schätzten Tuchatschewskij als einen der fähigsten Männer der Roten Armee. Auf den Schlachtfeldern Sibiriens fand Tuchatschewskij auch viele neue Freunde, die – wie der Kommandeur der Vierten Roten Armee, Michail W. Frunse, oder der Litauer Witowt Putna, der die 27. Division seiner Armee befehligte – sein späteres Leben tief beeinflußten.

Im Herbst 1919 näherte sich die Armee General Denikins Moskau von Süden. Die Stadt Orel fiel in ihre Hände; Tula, die Waffenschmiede Rußlands, war bedroht. Schon verließen die ersten Flüchtlinge die Hauptstadt.

Wieder schien das Schicksal der Bolschewiki entschieden. Und wieder war es Michail N. Tuchatschewskij – vor wenigen Wochen noch maßgeblich an der Niederschlagung Koltschaks beteiligt –, der Lenin und Trotzkij vor einer Niederlage retten sollte. Er wurde zum Befehlshaber der Südfront berufen. Und bald begann unter seinem Kommando die Wende. Schon im Oktober gelang es den Roten, Orel und – kurz danach – auch Kursk zurückzuerobern.

Denikins Einheiten gruben sich an den Ufern des Don und der Mantscha ein. Tuchatschewskij war klar, daß der entscheidende Gegenangriff sehr gut vorbereitet sein mußte. Einige Wochen lang arbeitete er am Angriffsplan. Am 12. Februar 1920 gab Tuchatschewskij die »Direktive 42/p« aus. Nach ihr sollte der Feind am rechten Flügel umzingelt und gleichzeitig von der Mitte aus angegriffen werden. Durch kleinere militärische Aktionen sollte Denikins linker Flügel gebunden werden.

Der geplante Angriff begann am 14. Februar 1920. Zunächst geriet der Vormarsch der Roten ins Stocken. Ende Februar 1920 mußte Tuchatschewskijs Achte Rote Armee sogar die Stadt Rostow aufgeben. Aber schon am 1. März gingen Tuchatschewskijs Truppen wieder in die Offensive. Es fielen Batajsk, Tichoretzk, Noworossijsk. Rostow wurde zurückerobert.

Denikins Armee befand sich auf chaotischem Rückzug. Es waren nur einige Tausend von Denikins Soldaten, denen es gelang, sich auf die Halbinsel Krim überzusetzen. Einer der jungen Offiziere, der erst vor wenigen Monaten zum General befördert wurde und jetzt vor Tuchatschewsijs Zugriff auf der Krim Schutz suchte, war der Kommandeur der »Kornilow«-Division, Nikolaj Skoblin.

Aber auch die Krim hielt dem Angriff nicht lange stand. Ende April 1920 befanden sich Jalta, Sewastopol und Simferopol fest in der Hand der Roten.

Siege und Niederlagen ...

Kaum war im Süden Denikin geschlagen, kamen Hiobsbotschaften von der Westfront: Die Polen griffen an. Der Mann, der sie zurückwerfen sollte, war Michail Nikolajewitsch Tuchatschewskij.

Nach der Gründung des unabhängigen Polens im Jahre 1918 kam es zwischen Warschau und Moskau zu Spannungen. Eine der Hauptursachen war die Kontroverse um die Grenze zwischen den beiden Staaten. Am 28. Januar 1920 unterbreiteten Lenin, Trotzkij und der für Auswärtige Angelegenheiten zuständige Kommissar der bolschewistischen Regierung, Georgij Tschitscherin, dem polnischen Staatschef Marschall Jozef Pilsudski und der polnischen Regierung einen »Grenzregelungsvorschlag«.

Mit der Antwort ließ sich der Marschall Zeit. Pilsudski traute den Bolschewiken nicht. Auf seinem Schreibtisch häuften sich Berichte des polnischen Nachrichtendienstes, wonach sich starke Einheiten der Roten Armee zum Angriff auf Polen vorbereiteten.

Um einem Angriff der Roten auf Polen zuvorzukommen, überschritten am 25. April 1920 polnische Divisionen sowie Einheiten der ukrainischen Nationalisten die Grenze. In nur zwei Wochen erreichten die Polen Kiew. Die bolschewistische ukrainische Regierung verließ die Stadt fluchtartig. Der Traum von einem Großpolen schien in Erfüllung zu gehen. Schon ließ Pilsudski in allen Kirchen des Landes ein Tedeum als Dank für den polnischen Sieg feiern.

In Moskau brach Panik aus. Lenin und sein Kriegskommissar Trotzkij mußten schnell reagieren. Die Revolution schien ernstlicher als je zuvor gefährdet zu sein. Die West- und Südwestfront sollten die vorrückenden polnischen Truppen aufhalten. Das Oberkommando der drei Armeen der Westfront übernahm der 27 Jahre alte Michail Nikolajewitsch Tuchatschewskij. Die Südwestfront stand unter dem Kommando Alexander I. Jegorows. Das Sagen im Revolutionären Kriegsrat hatte hier allerdings nicht der militärische Befehlshaber Jegorow, sondern der politische Kommissar. Sein Name: Josef Wissarionowitsch Stalin.

Den Gegenangriff an der Westfront bereitete Tuchatschewskij am Smolenskej-Tor, dem Raum zwischen Lepel und der westlichen Dwina, vor. Sturmspitze sollte die Fünfzehnte Armee unter dem Kommando von Awgust I. Kork bilden. Der Aufmarsch der Roten Armee war noch nicht beendet, als Tuchatschewskij den Befehl zum Gegenangriff gab. Der Zeitpunkt war günstig, denn die Situation der Polen hatte sich plötzlich geändert. Im Süden gerieten sie in unerwartete Bedrängnis. In den ersten Junitagen – Pilsudski marschierte noch siegesbewußt gegen Kiew – erschien überraschend an der Südflanke die Erste Proletarische Reiterarmee. Noch vor wenigen Tagen hatten die roten Reiter unter dem Kommando von Semjon Budjonnyj im Kaukasus die Reste der weißen Einheiten General Denikins bekämpft. Am 6. Juni 1920 durchbrach Budjonnyj mit 12 000 Mann die polnische Front südlich von Kiew. Zwei Tage später eroberte die Erste Proletarische Reiterarmee Shitomir zurück.

Das Kriegsglück der Polen hatte sich gewendet. Ihr Siegesrausch war verweht. Am 11. Juni 1920 mußten sie Kiew räumen. An der Nordfront, wo jetzt auch die Armeen Tuchatschewskijs zum Angriff übergingen, begann panikartig der polnische Rückzug. Wie eine Lawine rollten die Roten Armeen Richtung Westen. Dort, in Polen, so hieß es im Tagesbefehl, den Tuchatschewskij am 2. Juni 1920 herausgab, werde sich »das Schicksal der Weltrevolution entscheiden ... Über den Leichnam Polens führt der

Weg zum allgemeinen Weltbrand ... Auf nach Wilna, Minsk, Warschau!« rief Tuchatschewskij seinen Soldaten zu – und sie marschierten.

Am 14. Juni fiel Wilna, fünf Tage später Grodno. Zwischen Masuren und der mittleren Weichsel stießen kaukasische rote Einheiten auf Thorn und Graudenz vor. Budjonnyjs Reiter überschwemmten Ostgalizien. In nur wenigen Tagen rückten die zwanzig unter Tuchatschewskijs Kommando stehenden Divisionen tausend Kilometer Richtung Westen vor. Die polnische Armee drohte zwischen den vorrückenden roten Fronten zermalmt zu werden. Ein rotes Polen schien keine Utopie mehr zu sein. Auf Anweisung Lenins wurde mit Felix Dserschinskij, dem bisherigen Chef der Geheimpolizei Tscheka, Felix Kon und Julian Marchlewski eine bolschewistische polnische Regierung gebildet, die – nachdem Tuchatschewskij Warschau erobert hätte – die Macht übernehmen sollte.

Am 23. Juli 1920 war man in Moskau bereits so siegessicher, daß Tuchatschewskij den Befehl Lenins und Trotzkijs erhielt, Warschau »nicht später als am 12. August« einzunehmen. Die Armeen der Südwestfront unter Jegorow und Politkommissar Stalin sollten nach Süden ausschwenken, Lwow-Lemberg einnehmen und ein mögliches Eingreifen rumänischer Truppen in die Kämpfe an der Seite Polens verhindern.

Als Tuchatschewskij erfuhr, welche neuen Aufgaben die Südwestfront erhielt, schreckte er auf. Wenn Jegorows Truppen tatsächlich ihren Vormarsch in den Süden fortsetzen würden, entstünde zwischen der West- und der Südwestfront eine gefährliche Lücke. Tuchatschweskijs linker Flügel bliebe ungeschützt, was – wie er befürchtete – die Polen zu einem erfolgreichen Gegenangriff ausnützen könnten.

Noch schien allerdings das Glück Tuchatschewskij hold zu sein. Am 10. August 1920 überschritten seine Truppen die Weichsel und erhielten den Befehl, sich auf die Besetzung Warschaus vorzubereiten. Es schien, daß nur ein Wunder Polen retten könnte. Und dieses Wunder, das »Wunder an der Weichsel«, geschah ...

Mitte Juni 1920, wenige Tage nachdem polnische Truppen fluchtartig die Ukraine räumen mußten, wandte sich Warschau an seine westlichen Verbündeten mit der Bitte um Hilfe. Vor allem die Mitglieder der seit dem Frühjahr 1919 unter dem französischen General Maxime Weygand in Warschau aktiven Militärmission sollten als Berater den polnischen Widerstand gegen die Rote Armee organisieren. Die Aussichten, die Bolschewiki aus Polen zu vertreiben, waren keineswegs so schlecht, wie es nach der Situation an den Fronten schien. Trotz der Niederlagen im Osten gab es immer noch eine zahlenmäßig große polnische Armee. Der Ende 1920 gebildeten »Regierung der nationalen Verteidigung« gelang es, eine 80 000 Mann starke Freiwilligenarmee buchstäblich aus dem Boden zu stampfen. Das Kriegsministerium brachte weitere 172 000 Mann auf. Die Gesamtstärke der polnischen Armee betrug Anfang August 1920 rund 900 000 Soldaten. Auch die Aufrufe der Kirche sowie die patriotische Propaganda der Presse blieben nicht ohne Wirkung. Es gab keinen Polen, dem nicht bewußt war, daß der Kampf gegen die Bolschewiki über Sein oder Nichtsein des Vaterlandes entschied. Die Soldaten des jungen polnischen Staates gingen an die Front mit der Überzeugung, daß die Freiheit auch um den Preis ihres Lebens gerettet werden mußte.

Der Gegenangriff der Polen, geleitet vom Oberbefehlshaber der Armee Jozef Pilsudski, dem General Weygand zur Seite stand, hatte am 16. August 1920 im Abschnitt Deblin-Kock begonnen und wurde in nördlicher Richtung geführt. Bereits eine Woche nach Beginn der Offensive, am 22. August, erreichten die Polen den Narew. Für Tuchatschewskij wurde die Lage immer gefährlicher. Als die Einkesselung drohte, gab er den Befehl zu einem raschen Rückzug nach Osten. Aber die Verwirrung unter den Roten war bereits so groß, daß für viele der Einheiten, so auch für die Vierte Armee, die im Raum Lomža stand, der Befehl zum

Rückzug zu spät kam; vor dem völligen Aufgeriebenwerden konnte sie sich nur durch die Flucht auf deutsches Gebiet in Ostpreußen retten.

Bei Grodno am Njemen wütete fast eine Woche lang – bis zum 28. August 1920 – eine erbitterte Schlacht. Tuchatschewskij wurde hier zum zweitenmal geschlagen. Mit Mühe konnten sich die Armeen der Westfront nach Weißrußland absetzen. Aber nicht nur die Westfront unter Tuchatschewskij erlitt eine bittere Niederlage. Auch die polnischen Südarmeen triumphierten. Sie trieben die rote Südwestfront, die unter dem Kommando Jegorows und Stalins stand, weit in das mittlere Wolhynien und Podolien zurück. Lenin wollte nun schnell retten, was noch zu retten war: Am 12. Oktober 1920 wurde in Riga ein Vorfriedensvertrag unterzeichnet, der den Krieg zwischen Polen und dem Sowjetstaat beendete.

Michail Nikolajewitsch Tuchatschewskij kehrte zum erstenmal als Verlierer nach Moskau zurück ...

Für das »polnische Debakel« mußte sich in Moskau niemand verantworten.

Politisch gesehen, hatte Lenin den Entschluß gefaßt, Polen anzugreifen und die Rote Armee gegen den Westen marschieren zu lassen. Die Einsetzung einer bolschewistischen Regierung an der Weichsel sollte nur der erste Schritt zur Verwirklichung seiner Träume sein, in denen die rote Fahne bereits auch auf dem Brandenburger Tor und dem Eiffelturm wehte. Ganz Europa sollte bolschewistisch werden. »Wäre Polen ein Sowjetstaat geworden«, schrieb Lenin später, »hätten die Warschauer Arbeiter von Sowjetrußland die Hilfe erhalten, die sie erwarteten und die sie begrüßten; der Versailler Friede wäre zunichte gemacht worden.«

Fehler der Politiker waren es auch nach Witowt Putna, der wie schon in Sibirien auch in Polen mit Tuchatschewskij an den Kämpfen teilgenommen hatte. Seiner Meinung nach war die

Kampfführung zu sehr der politischen Strategie untergeordnet. Weil die politische Situation es forderte, sei der Vormarsch auch dann noch fortgesetzt worden, als der Zustand der Armee dies nicht mehr zuließ. Andere sowjetische Militärs charakterisierten die Lage der Einheiten Tuchatschewskijs als die einer »Armee, die ohne Nachschub vorging« und nur spärliche Vorräte an Munition hatte. Damit war die Niederlage vorprgrammiert.

Ohne Zweifel trug für diese Entwicklung auch Tuchatschewskij die Verantwortung. An rasche Siege gewöhnt, wollte er auch die Polen schnell vernichtend schlagen. Der sowjetische General Georgij Isserson, Autor zahlreicher militärhistorischer Studien, veröffentlichte 1988 in Polen seine Arbeit »Warum Tuchatschewskij vor Warschau verloren hatte«. In ihr äußert er die Meinung, daß der junge Tuchatschewskij trotz seiner Begabung noch nicht alle Raffinessen der Frontführung beherrscht habe. Kritisch gegenüber dem Gegner vom August 1920 zeigte sich auch ein junger Offizier der französischen Militärmission in Warschau, der an den Kämpfen gegen die Roten teilgenommen hatte: Major Charles de Gaulle, ein »alter« Freund des Oberkommandierenden der Westfront der Roten Armeen, Michail N. Tuchatschewskij. Wie erwähnt, verbrachten de Gaulle und Tuchatschewskij gemeinsam einige Monate im Fort IX des Kriegsgefangenenlagers in Ingolstadt. Dort führten sie lange Gespräche über die moderne Kriegskunst. Erst 1967, fünfzig Jahre nach dem »Wunder an der Weichsel«, identifizierte man de Gaulle als Autor anonymer Tagebuchaufzeichnungen über den Polenfeldzug, die im November 1920 in der »Revue de Paris« erschienen waren. Der Stil ist, wie einer der Biographen de Gaulles, Reinhard Kapferer, meint, »für einen Militär recht beeindruckend«, vom Inhalt her seien die Tagebucheintragungen aber nicht sehr ergiebig: »Einiges über den anarchischen Heroismus der Polen, einiges Abfällige über die Sowjetarmee (›200 000 Banditen‹) ... und vieles über Frankreichs historische Mission für die Geschichte Polens. Was überrascht bei dem sonst so aufmerksamen Beobachter politischer und damit zusammenhängender geistiger Phänomene: kein Wort über die Weltanschauung, gegen die er in Polen kämpfte; nichts über Bolschewismus, Marxismus, Kommunismus.«

In Schutz nahm Tuchatschewskij hingegen der Mann, der ihn an der Weichsel besiegt hatte: Marschall Jozef Pilsudski. In seinem Buch »Das Jahr 1920« schreibt er: »Die außergewöhnlich langen Märsche, dazu noch von Schlachten unterbrochen, können als gute Leistung für die Armee wie auch für jeden ihrer Führer gelten. Besonders die Fähigkeit des Oberkommandierenden kann man nicht als nur mittelmäßig oder als guten Durchschnitt bezeichnen. Der Oberkommandierende besaß genug jungen Willen und Kenntnisse, um eine derartige Arbeit durchzuführen.«

Pilsudskis Buch über das Jahr 1920 an der Weichsel war eine Antwort auf einen Vortrag Tuchatschewskijs über den Krieg in Polen, der später unter dem Titel »Der Marsch an die Weichsel« erschienen ist. Darin meinte Tuchatschewskij pathetisch: »Unsere glänzende Operation ließ die Welt erzittern, aber sie endete mit einem Mißerfolg.«

Den Hauptgrund der Niederlage sieht er in dem »Umstand, daß einzelne Kommandeure der Roten Armee nicht genügend militärische Kenntnisse besaßen«.

Aber es gab mehr und gewichtigere Gründe für Tuchatschewskijs Niederlage. Bereits Mitte der zwanziger Jahre stellten einige sowjetische Militärs eine interessante These auf: »Wäre Budjonnyj mit seiner Reiterarmee im August rechtzeitig vor Warschau gewesen, hätte Tuchatschewskij die polnische Hauptstadt erobern können.«

Warum griff aber Budjonnys Reiterarmee, obwohl es Tuchatschewskij im Telegramm vom 5. August 1920 verlangte, nicht in die Kämpfe um Warschau ein? Die Antwort hierauf erklärt die aus dieser Zeit stammende tiefe Animosität und niemals überwundene Antipathie des damaligen Oberkommandierenden der Westfront Michail Nikolajewitsch Tuchatschewskij gegen den

Politischen Kommissar der Südwestfront, Josef Wissarionowitsch Stalin.

Tuchatschewskij behauptete immer, daß die Erste Reiterarmee – so wie es Moskau erwartete – seine Armeen bei dem Angriff auf Warschau hätte unterstützen wollen, daß aber die Kämpfe um Lwow-Lemberg, in die sich die Reiterarmee verwickelt hatte, ihre Kräfte »verschlungen« hätten. Die Truppen der Westfront mußten so auf ihre Unterstützung verzichten. Ähnlich äußerte sich, zwei Jahre nach dem Desaster an der Weichsel, Sergej Kamenew, der Oberbefehlshaber aller damals gegen Polen kämpfenden Roten Armeen. 1922 schrieb er in der Zeitschrift »Militärkurier«, daß die Erste Reiterarmee Budjonnyjs im Polenfeldzug für »weniger wichtige Zwecke benutzt worden war«, nämlich für die geplante Einnahme von Lwow-Lemberg.

Wenn aber die Vorwürfe Kamenews und Tuchatschewskijs zu Recht erhoben wären, hätte die Hauptverantwortung dafür, daß Budjonnyj mit seinen Reitern Tuchatschewskijs linken Flügel nicht absicherte und auch der Angriff auf Warschau scheiterte, beim Kommandeur der Südwestfront, Alexander Jegorow, gelegen. Dies traf indes keineswegs zu: Jegorow war entschlossen, Budjonnyj nach Nordwesten vorstoßen zu lassen. Der Mann, der dies verhinderte, war der politische Kommissar der Südwestfront, Josef Wissarionowitsch Stalin. Jegorow hatte diese Entscheidung allerdings ohne Widerspruch akzeptiert. Warum Stalin die notwendige Hilfe für Tuchatschewskij verhindert hatte, kann man nur vermuten. Bekannt ist, daß er seit Monaten eifersüchtig auf die militärischen Erfolge des jungen Tuchatschewskijs war. Jetzt gönnte er ihm nicht, mit der Einnahme Warschaus einen weiteren Triumph feiern zu können. Auch er, Stalin, wollte an der Spitze einer Armee in eine große Stadt einmarschieren: in Lwow-Lemberg, wo eine unabhängige bolschewistische galizische Ukraine ausgerufen werden sollte. Stalins Traum zerbrach unter den Schlägen der Polen. Aber auch Tuchatschewskij erreichte nicht sein Ziel.

Lenin war verärgert über Stalins Starrköpfigkeit. »Wer marschiert über Lemberg nach Warschau!« rief er empört aus, als er erfuhr, daß Stalin mit der Begründung, Lwow-Lemberg erobern zu wollen, sich weigerte, Budjonnyj dem bedrängten Tuchatschewskij zu Hilfe kommen zu lassen. Am 1. September 1920 wurde Stalin – auf Vorschlag Lenins – durch einen Beschluß des Politbüros der Bolschewiki seines Postens als Mitglied des Revolutionären Kriegsrates der Südwestfront enthoben – eine Entscheidung, die Stalin niemals vergaß und für die er sich einmal, wenn die Zeit gekommen sein würde, rächen wollte.

Noch Jahre später wurde an die Folgen der Aversion Stalins gegen Tuchatschewskij erinnert. Bemerkenswert ist in diesem Zusammenhang ein als »Geheim« eingestufter Bericht des Reichswehrministeriums in Berlin vom 13. November 1934. Er behandelte das Echo in der sowjetischen Presse auf die russische Ausgabe des Buches von Marschall Pilsudski über die Schlacht an der Weichsel. Mit Berufung auf eine »vertrauliche Quelle« aus der sowjetischen Botschaft in Berlin heißt es darin, daß »das Drängen des russischen Generalstabs, die militärische Operation gegen Warschau und den ihr folgenden Zusammenbruch restlos aufzuklären, dieses Mal Erfolg haben wird. Zum Teil handelt es sich um eine Ehrenrettung Tuchatschewskijs, gegen den als Führer der damaligen Nord-Armee sich jener Stoß Weygands in erster Linie richtete, der zur Zertrümmerung der russischen Umklammerungsfront geführt hatte. Man nimmt an«, so der Geheimbericht weiter, »daß in diesem Generalstabswerk die Hintergründe und die politischen Parteieinflüsse, die bekanntlich seinerzeit dazu geführt haben, daß der russische Stoß statt gegen Galizien und Ostoberschlesien im Norden eingesetzt wurde, kritisch beleuchtet werden.«

Aber auch Tuchatschewskij konnte seine Niederlage vor Warschau nicht verkraften und hoffte, daß der Tag kommen würde, da er sich an den Polen rächen könnte. In einem Interview mit dem Blatt der Kommunistischen Partei Deutschlands, »Rote Fahne«, drohte er 1923 den Polen: »Wie einen Halm niedertreten wird die russische Armee den polnischen Wall, wenn er sie in der Schicksalsstunde des deutschen Proletariats von ihr trennen sollte ...!«

Ende 1920 ging in Rußland der Bürgerkrieg seinem Ende zu.

Anfang November wurden in erbitterten Gefechten die letzten Truppen General Wrangells auf die Halbinsel Krim zurückgedrängt. Am 16. November 1920 fiel Kertsch. Wrangells Einheiten setzten sich vorerst in das Innere der Krim ab. Mitte November begann ihre Evakuierung ins Ausland. Auf dem Seeweg verließen fast 130 000 russische Soldaten und Zivilisten ihre Heimat, um sich ins türkische Exil zu begeben.

Der Krieg war zwar zu Ende, aber damit wurden die Schwierigkeiten der Bolschewiki keineswegs kleiner. »Rußland ist aus dem Krieg in einem solchen Zustand hervorgegangen, daß sein Befinden am ehesten dem eines Menschen gleicht, den man halb totgeprügelt hat: Sieben Jahre lang wurde auf das Land eingedroschen, da gebe Gott, daß es sich wenigstens auf Krücken fortbewegen kann! So sieht die Lage aus, in der wir uns befinden«, schrieb Lenin.

Am 8. März 1921 sollte in Moskau der X. Parteitag der Bolschewiki beginnen, der nach einem Ausweg aus dem wirtschaftlichen und politischen Chaos suchen sollte. Die Lage war katastrophal. Im Januar brach in weiten Teilen des europäischen Rußlands fast der gesamte Eisenbahnverkehr zusammen. In den Großstädten fehlte es an allen Grundnahrungsmitteln, eine Hungersnot breitete sich aus. Die Unzufriedenheit der Arbeiter und Bauern mit der Alleinherrschaft der Bolschewiki wuchs. Sie riefen nach demokratisch gewählten Räten und Volksvertretungen. In Petersburg, der Wiege der Revolution, begann am 23. Februar 1921 ein Streik der Arbeiter des Trubotschnij-Werkes. Am nächsten Tag schlossen sich den Forderungen der Streikenden andere Betriebe an, so auch das berühmte Putilow-Werk. Lenin antwortete mit Härte. Über Petersburg wurde der Ausnahmezustand verhängt; in den Straßen griffen »Kursanten«, bewaffnete Schüler roter Offiziersschulen, die Demonstranten tätlich an.

Am ersten Märztag des Jahres 1921 erhoben sich Matrosen der Kriegsschiffe »Petropawlowsk« und »Sewastopol«, die im Hafen Kronstadt auf der Insel Kotlin, 29 Kilometer westlich von Petersburg entfernt, ankerten, gegen die Regierung. In ihren den Bolschewiki übermittelten Forderungen verlangten sie geheime und freie Wahlen der Sowjets; Rede- und Pressefreiheit für alle politischen Parteien der Arbeiter und Bauern; Versammlungs- und Vereinigungsfreiheit in Gewerkschaften sowohl für Arbeiter als auch für Bauern; Freilassung aller politischen Gefangenen; Aufhebung der privilegierten Stellung der bolschewistischen Partei sowie die Abschaffung aller bewaffneten kommunistischen Gruppen. Die Bauern sollten die volle Verfügungsberechtigung über ihr Land erhalten, und es sollte auch das Recht auf privatwirtschaftliche Betriebe, vorausgesetzt, daß dort keine Lohnarbeiter beschäftigt würden, garantiert werden.

Am 2. März 1921 wurde unter dem Vorsitz des Marineschreibers Sergej Petritschenko in Kronstadt ein aus Matrosen zusammengestelltes fünfzehnköpfiges Provisorisches Revolutionskomitee eingesetzt. Dieses sollte die Macht bis zu freien Wahlen ausüben und Kronstadt im Namen der rund zwölftausend Matrosen und Arbeiter verwalten. Die Hoffnung, daß die Moskauer Regierung mit den Aufständischen verhandeln würde, erwies sich als Illusion. Lenin erkannte sofort die Gefahr, die das Aktionsprogramm der Kronstadter Garnison für die Kommunistische Partei und ihren Alleinvertretungsanspruch bedeutete. Der Aufstand der Matrosen mußte so schnell wie möglich niedergeschlagen werden, bevor seine Ideen auch in anderen Gebieten des Landes Echo finden könnten.

Am 5. März 1921 erhielt Michail Nikolajewitsch Tuchatschewskij, der Kommandierende der Westfront, ein Telegramm des Revolutionären Kriegssowjets der Republik. Bei Beibehaltung seiner bisherigen Funktion wurden ihm alle Truppen des Petersburger Bezirks, der Kommandierende des Militärkreises sowie der Kommandierende der Baltischen Flotte »in allen Beziehungen« unterstellt. Noch am gleichen Tag traf Tuchatschewskij in Begleitung einiger mit ihm befreundeter Offiziere – wieder war auch Witowt Putna dabei – in Petersburg ein. In einem Panzerzug reiste Kriegskommissar Lew Trotzkij an und forderte die rebellierenden Matrosen auf, sofort ihren Aufstand zu beenden. »Wer die Hand gegen die sozialistische Heimat erhob, muß sofort die Waffen niederlegen ... Diese Warnung ist die letzte!« drohte er.

Am 6. März, es war ein Montag, lief das Ultimatum ab. Tuchatschewskijs Artillerie-Einheiten bezogen am Ufer des Süd-Kanals bei Oranienbaum Stellung. Bereits am Abend wurde mit der Beschießung von Kronstadt und der Kriegsschiffe begonnen. Der Angriff der Roten Armee begann am 8. März in der Nacht. Die revoltierenden Matrosen setzten sich erbittert zur Wehr. Zwei Bataillone der Roten Armee drangen über das zugefrorene Meer in die Straßen der Stadt ein, mußten sich aber nach einem Gegenangriff zurückziehen.

Am 7. März veröffentlichte die »Prawda«, das Parteiorgan der Bolschewiki, ein Interview mit Tuchatschewskij. Der Kommandeur der angreifenden Roten Armee verglich die Aufständischen mit Truppen der geschlagenen zaristischen Generäle und versprach eine schnelle Niederwerfung der Rebellion. Aber hinter dem Zweckoptimismus Tuchatschewskijs verbarg sich seine tiefe Sorge, daß der Aufstand auf andere Garnisonen übergreifen könnte. Schon meuterten in Oranienbaum einige Einheiten der Roten Armee und weigerten sich, gegen die Matrosen in Kronstadt vorzugehen.

Am 9. März folgte ein zweiter Angriff auf Kronstadt. Und wieder mußte Tuchatschewskij den Befehl zum Rückzug geben. Um die Moral zu stärken, entsandte Lenin dreihundert Delegierte des in Moskau tagenden X. Parteitags an die Front. Gleichzeitig trafen in Petersburg Einheiten der gefürchteten Geheimpolizei, der Tscheka, ein. In Oranienbaum, wo Rotarmisten meuterten, erschossen die Tschekisten jeden fünften Gefangenen. Die von Tuchatschewskij angeforderte schwere Artillerie bezog Stellung an den Ufern des Finnischen Meerbusens. Und in der Nacht auf den 13. März erfolgte ein erneuter Angriff auf Kronstadt. Kavallerie und die unter dem Befehl Putnas stehenden Einheiten der 27. Omsker Division versuchten über den zugefrorenen Süd-Kanal vorzudringen. Aber auch diesmal verteidigten sich die Aufständischen erfolgreich. Sogar einige Überläufer schlugen sich in die Stadt durch, um sich den Matrosen anzuschließen. Dem Provisorischen Revolutionskomitee der Aufständischen wurde aber auch bewußt, daß sich Kronstadt nicht mehr lange halten konnte. In einem dramatischen Rundfunkappell wandte es sich an die Weltöffentlichkeit. »Genossen, Journalisten, Korrespondenten aus aller Welt« sollten in die umkämpfte Festung kommen, um mit eigenen Augen zu sehen, wie und wofür die Arbeiter und Matrosen ihr Leben einsetzten.

Die Entscheidung fiel in der Nacht auf den 17. März 1921. Am Abend eröffneten alle Batterien der Roten das Feuer auf Kronstadt. Alle verfügbaren Flugzeuge flogen Angriffe auf die Stadt und warfen Bomben ab. Die von Aufständischen besetzten Kriegsschiffe »Petropawlowsk« und »Sewastopol« sowie die Artillerie des Forts schossen zurück. Dichter Nebel sank auf die Bucht. Nach kurzer Ruhepause gingen um drei Uhr früh Tuchatschewskijs Truppen in weißen Tarnmänteln aufs Eis. Gegen fünf Uhr trafen die Gegner aufeinander. Nach schweren Kämpfen drang das Regiment der Kriegsschüler als erstes in die Stadt ein. Die Angreifer kannten sich in Kronstadt nicht aus und hatten schwere Verluste zu verzeichnen. Um sechzehn Uhr gingen die Meuterer zum Gegenangriff über und drängten die angreifenden Soldaten aufs Eis zurück. Gegen zwanzig Uhr begann der nächste Gegenangriff der Roten ... Am 18. März um elf Uhr, nach zwei Tagen erbitterter Kämpfe, betraten die roten Kursanten die Kriegsschiffe »Sewastopol« und »Petropawlowsk«. Kronstadt war in der Hand der Roten.

Michail Tuchatschewskij nahm an den Kämpfen um Kronstadt persönlich teil. Später berichtete er darüber: » Die Matrosen schlugen sich wie wilde Tiere. Woher sie die Kraft zu einer derartigen Kampfeswut nahmen, weiß ich nicht. Jedes Haus, das sie besetzt hielten, mußte im Sturm erobert werden. Eine ganze Kompanie kämpfte um ein einziges Haus, und als sie es schließlich eingenommen hatte, fand man nur zwei oder drei Soldaten mit einem Maschinengewehr. Sie schienen halbtot zu sein, rissen aber doch ihre Revolver heraus und keuchten: ›Wir haben noch viel zu wenige von euch Schurken erschossen.‹«

Tausende gefallener Matrosen und Soldaten lagen auf den Straßen. Einigen der Aufständischen gelang es, über das Eis nach Finnland zu flüchten. Einer, der so der Festnahme entging, war Sergej Petritschenko, der Vorsitzende des Revolutionskomitees. Er lebte in Finnland bis 1944. Auf Stalins »Wunsch« lieferten ihn die Finnen dem sowjetischen Staatssicherheitsdienst aus. 1947 oder 1948 starb Petritschenko in einem sibirischen Zwangsarbeitslager.

Die meisten der Aufständischen, die in die Hände der Tscheka fielen – es waren ungefähr 2500 Männer –, wurden erschossen. Nur wenige verschwanden in Gefangenenlagern, wo sich ihre Spur für immer verlor.

Der Sieger von Kronstadt, Michail Nikolajewitsch Tuchatschewskij, wurde von Wladimir Lenin nach Moskau bestellt, wo er ihn zu der Niederschlagung der Revolte beglückwünschte. Gleichzeitig erhielt er einen neuen Auftrag: Er sollte sich sofort nach Südrußland in die Region Tambow begeben. Seit August 1920 hielten dort aufständische Bauern die ganze Provinz und Teile der Nachbargebiete unter ihrer Kontrolle. 40 000 bewaffnete Bauern hatten bolschewistische Funktionäre verjagt und die Macht in die eigenen Hände genommen. Der Kongreß der Rebellen verabschiedete ein Programm zur Abschaffung der Sowjetmacht und übergab das Ackerland denen, die es bestellten.

Erst im Mai 1921 gelang es Tuchatschewskij, die Rebellion

niederzuschlagen. Und auch jetzt ging der »Held von Kronstadt« gegen die besiegten aufständischen Bauern grausam und rücksichtslos vor. Ganze Dörfer ließ Tuchatschewskij dem Erdboden gleichmachen. Zahlreiche Familienangehörige der Aufständischen – darunter Frauen, Kinder und Greise – wurden als »Vergeltung« hingerichtet.

Vierzig Jahre nach dem Massaker bei der Unterdrückung des Bauernaufstandes von Tambow beschreibt einer seiner sowjetischen Biographen die Rolle Tuchatschewskijs: »Die Liquidierung des … Aufstands war die letzte militärische Operation Tuchatschewskijs. Jetzt kam die Zeit der Demobilisierung der fünf Millionen starken Roten Armee. … Die Militärreform von 1924 bis 1925 sah einen Übergang zum gemischten System von territorialen und Kadertruppen und die Einführung der persönlichen Verantwortung vor. … Als Frunse 1925 starb, wurde Tuchatschewskij zum Stabschef der Roten Armee ernannt.«

Michail Nikolajewitsch Tuchatschewskij, einst Unterleutnant des Semjonow-Garderegiments des russischen Zaren Nikolaus II., seit April 1918 Mitglied der bolschewistischen Partei Lenins, Stern am Himmel der Kommandeure der Roten Armee, hatte eine große Zukunft vor sich …

Die Fälscher

Für SS-Gruppenführer Reinhard Heydrich, Leiter der Geheimen Staatspolizei Gestapo, Chef der Sicherheitspolizei Sipo und des Sicherheitsdienstes SD, waren es keine ruhigen, besinnlichen Tage. Zwischen dem Heiligen Abend 1936 und dem Neujahrstag 1937 lebte er wie im Rausch. Adolf Hitler hatte ihm freie Hand zum Handeln gegeben, und Heydrichs unbändige Vitalität drängte zu Taten, zu »ständig neuer Betätigung und Bestätigung«, wie sein damaliger enger Mitarbeiter Dr. Werner Best sagte. »In diesem steten Vorwärtsstürmen war ihm alles, was er tat und erreichte, nur Mittel zu immer weiter gesteckten Zwecken.« Der Führerbefehl, die Spitze der Roten Armee mit Michail Nikolajewitsch Tuchatschewskij »auszuschalten«, war für ihn eine Herausforderung. Jetzt gab es nichts mehr, was Reinhard Heydrich hätte hindern können, dieses Ziel zu erreichen.

Das Dossier Tuchatschewskij, das Heydrich sich noch während der Weihnachtsfeiertage kommen ließ, war umfangreich. Es enthielt Unterlagen über die Zeit, die er in deutscher Kriegsgefangenschaft verbracht hatte; detailliert waren seine zahlreichen Begegnungen mit Generälen der Reichswehr aufgezählt und beschrieben. Bis jetzt hatte sich Heydrich für die Kontakte zwischen der Roten Armee und der Reichswehr nicht interessiert. Er hatte darüber kaum etwas gewußt. Jetzt aber stürzte er sich mit der »Intelligenz des Jägers«, wie ihm Best bescheinigte, auf das Aktenstudium. Getrieben von seiner gefühlsmäßigen tiefen Ablehnung des Kommunismus und dem kalten Haß, den er seit seinem erzwungenen Ausscheiden aus der Kriegsmarine im Jahre 1931 gegen die Führung der Reichswehr hegte, schloß er nicht aus, daß er zwei Fliegen mit einer Klappe erledigen könnte. Was er, um Erfolg zu haben, jetzt brauchte, waren Informationen. Informationen über alles, was damals, in den ersten Jahren nach Ende des Weltkrieges, als das Reich militärisch und politisch zerstört am Boden lag, geschehen war.

Die Ernüchterung war hart. Als am 5. Mai 1919 die deutschen Vertreter in Versailles zu Friedensverhandlungen eintrafen, hofften sie, daß die siegreichen Alliierten sich mit ihnen an einen Tisch setzen würden, um gemeinsam die Bedingungen des Friedens auszuhandeln. Nur 48 Stunden später gab ihnen auf der historischen Sitzung im Palasthotel »Trianon« Frankreichs Ministerpräsident Georges Clemenceau zu verstehen, daß es nichts zu verhandeln gäbe. Entweder würden die Forderungen der Alliierten angenommen, oder ...

Und die Bedingungen waren hart. Gebietsabtretungen an Frankreich, Polen und Belgien. Verlust aller Kolonien. Astronomisch hohe Reparationszahlungen. Beschränkungen im Wirtschaftsleben. Das Heer war, bei zwölfjähriger Dienstzeit der Mannschaften und fünfundzwanzigjähriger Dienstzeit der Offiziere, auf 100 000 Mann zu reduzieren. Panzer und »Angriffswaffen« waren Deutschland verboten. Der »deutsche Generalstab und alle ähnlichen Behörden« waren »aufzulösen« und durften »in keinerlei Form wieder aufgestellt werden«. Das gleiche Schicksal erlitten die Kriegsakademie und Ausbildungsstätten wie die Lichterfelder Kadettenanstalt. Das besetzte Rheinland und ein fünfzig Kilometer breiter Streifen östlich davon waren zu entmilitarisieren. Die deutsche Hochseeflotte, die gemäß der Waffenstillstandsbedingungen bereits übergeben war, wurde durch eine unbedeutende symbolische Streitmacht ersetzt, deren größte Schiffe 10 000 Tonnen nicht überschreiten durften. U-Boote waren verboten. Deutschland sollte auch anerkennen, daß es die Verantwortung für die Auslösung des Krieges trug.

Sechs Wochen lang wurde über die Bedingungen des Friedensvertrages in Deutschland heiß diskutiert – um schließlich doch angenommen zu werden. Am 28. Juni 1919 wurde im Spiegelsaal des Schlosses von Versailles unterzeichnet. Eine Woche darauf, am 5. Juli 1919, rief die Regierung des sozialdemokratischen Reichskanzlers Gustav Bauer eine neue Organisation ins Leben: die Volkskommission für das Friedensheer. Zu ihrem Vorsitzenden ernannte sie den 53jährigen General Hans von Seeckt.

Im zerrütteten, von Aufständen und Umsturzversuchen heimgesuchten und geplagten, von seinen Gegnern im Osten und Westen bedrängten Deutschland gelang es General von Seeckt, die Reichswehr zum alleinigen Machtfaktor der Republik zu formen. Vom ersten Tag seiner Berufung an die Spitze des 100 000-Mann-Heeres verfolgte von Seeckt ein einziges Ziel: aus dieser Reichswehr die Keimzelle einer zukünftigen starken Wehrmacht zu machen.

Für den General war die Situation eindeutig. Von den Siegern des Weltkrieges konnte er keine Unterstützung erwarten. Es gab nur einen Staat, mit dessen Hilfe er seine Pläne verwirklichen konnte – das von Lenin geführte bolschewistische Rußland. Von Seeckt war genau unterrichtet über die Gespräche, die der Vertraute Lenins, Karl Radek, mit seinen deutschen Besuchern in der Zelle des Moabiter Untersuchungsgefängnisses führte. Der konservative, kaisertreue General machte sich keine Illusionen über die politischen Ziele der Bolschewiki. Aber er wußte auch, daß Lenin ein pragmatischer Politiker war, der vor nichts, was seinem Staat helfen könnte, zurückschrecken würde.

Bald fand der General für seine Vorstellungen einen einflußreichen Verbündeten. Legationsrat Ago Freiherr von Maltzan zu Wartenberg und Penzlin, Nachkomme einer alten mecklenburgischen Gutsherrenfamilie und späterer Leiter der Ostabteilung des Auswärtigen Amtes, vertrat wie von Seeckt die Meinung, daß sich die deutsche Politik nach dem verlorenen Krieg intensiver dem Osten, Rußland, zuwenden und so an die erfolgversprechende Tradition der Bismarckschen Ostpolitik anknüpfen sollte.

Die Zeit für die Verwirklichung dieser kühnen Pläne schien

nach dem von den Bolschewiki verlorenen Krieg mit Polen, in welchem die Rote Armee unter Tuchatschewskij an der Weichsel geschlagen und zurückgeworfen worden war, gekommen zu sein. Kurz nach der Unterzeichnung des Friedensvertrages zwischen Polen und den Bolschewiki in Riga am 18. März 1921 wandte sich Lenin an Berlin mit der Bitte, bei der Reorganisation der Roten Armee behilflich zu sein. Ein Wunsch, der nicht völlig überraschend kam. Bereits Ende 1920 sickerten Informationen über eine Gesprächsrunde bei Lenin durch, bei der sich Lenin eindringlich für eine Zusammenarbeit mit Deutschland aussprach. »Ich mag die Deutschen keineswegs«, besänftigte der Gründer des Sowjetstaates die Gegner seiner prodeutschen Politik. »Gegenwärtig ist es aber vorteilhafter, sie zu benutzen, als sie herauszufordern. Ein unabhängiges Polen ist für Sowjetrußland sehr gefährlich; es ist ein Übel, das aber zur Zeit auch seine guten Seiten hat. Solange es nämlich besteht, können wir sicher auf Deutschland zählen, weil die Deutschen Polen hassen und jederzeit mit uns gemeinsame Sache machen werden, um Polen zu erdrosseln ... Alles lehrt uns, auf Deutschland als unseren zuverlässigsten Verbündeten zu blikken. Deutschland will Vergeltung, und wir wollen die Revolution. Im Augenblick sind unsere Ziele die gleichen.«

Auch aus anderen Quellen wußte von Seeckt, daß dem Kreml an einer Zusammenarbeit mit Deutschland viel gelegen war. Regelmäßig berichtete ihm der seit 1919 im Moskauer Exil lebende türkische General und Politiker Enver Pascha über eine von den Bolschewiki erwogene Zusammenarbeit mit Berlin, und im Sommer 1920 schrieb ihm Enver Pascha, daß der Volkskommissar für Kriegswesen Lew Trotzkij sich für eine Annäherung an Deutschland und für eine Zusammenarbeit der Armeen beider Staaten ausgesprochen habe. Ein Anlaß für den weitsichtigen General in der Bendlerstraße, dem Sitz der Reichswehrführung, eine »Sondergruppe R« zu gründen, die der ehemalige Chef des deutschen militärischen Abwehrdienstes, Oberst Walter von Nicolai, leitete. Treibende Kraft der Gruppe, die die zukünftigen

Kontakte mit Moskau pflegen und intensivieren sollte, war von Seeckts Vertrauter Kurt von Schleicher.

Die erste Fühlung mit den Russen nahm General von Seeckt über Karl Radek auf, der Mitte Januar 1921 in Berlin unter dem Decknamen Konstantin Roemer auftauchte. Nachdem die Modalitäten der Verhandlungen geregelt waren, wurden Hauptmann Niedermayer, Oberst Schubert und Major Tschunke zu Gesprächen nach Moskau entsandt. Im September 1921 fand dann in Berlin – mit Zustimmung des Reichskanzlers Joseph Wirth und des Wiederaufbau- und späteren Reichaußenministers Walther Rathenau – eine Unterredung über eine mögliche deutsche Hilfe beim Aufbau der russischen Rüstungsindustrie statt. Das Gespräch führten auf deutscher Seite der Chef des Truppenamtes, Oberst Hasse, sowie Kurt von Schleicher, auf russischer Seite der Volkskommissar für Außenhandel, Lew Krassin, und der Leiter der halboffiziellen sowjetrussischen Vertretung in Berlin, Viktor Kopp.

Das Ergebnis der vertraulichen Kontakte war die Gründung eines Privathandelskonzerns, der unter dem unauffälligen Namen »Gesellschaft zur Förderung gewerblicher Unternehmungen (GEFU)« Geschäftsstellen in Berlin und Moskau gründete. Die Reichsregierung stellte der GEFU 75 Millionen Reichsmark zur Verfügung. Die Leitung der Gesellschaft übernahm General Borries, zum geschäftsführenden Direktor wurde Major Fritz Tschunke berufen. Und auch die »Sondergruppe R« bekam eine Finanzspritze: Anfang 1922 erhielt sie durch Vermittlung des Reichskanzlers Wirth über die Direktion des Norddeutschen Lloyd 150 Millionen Reichsmark ausgezahlt.

Der Weg für eine deutsch-sowjetrussische militärische Zusammenarbeit war frei ...

Anfang 1922 schlug der französische Ministerpräsident Raymond Poincaré den europäischen Regierungen vor, im Frühjahr in die italienische Stadt Genua eine Konferenz einzuberufen, die eine neue Epoche im Zusammenleben der Staaten einleiten sollte. Nicht nur die Sieger, auch die Verlierer des Ersten Weltkrieges sollten am Konferenztisch ihren Platz finden. Seine Premiere auf dem diplomatischen Parkett sollte in Genua auch das bolschewistische Rußland feiern.

Am Montag der Karwoche, es war der 10. April 1922, wurde die Konferenz vom britischen Premierminister David Lloyd George – Poincaré hatte überraschend abgelehnt, nach Genua zu kommen – feierlich eröffnet. Die deutsche Delegation leitete Reichskanzler Joseph Wirth, die aus Moskau Außenkommissar Georgij Tschitscherin, der noch seinen Stellvertreter Maxim Litwinow mitgebracht hatte. Die Verhandlungsatmosphäre war vom ersten Tag an gespannt. Mit steigendem Mißtrauen beobachteten die Deutschen, wie die Westmächte nichts unterließen, um sich mit dem bolschewistischen Regime in Rußland zu arrangieren.

Reichsaußenminister Walther Rathenau wurde von Stunde zu Stunde nervöser. In der Villa Alberti, dem Sitz des britischen Premiers, wurden Gespräche mit den Russen geführt, über die strengstes Stillschweigen vereinbart worden war. Wenn es zu einer Verständigung kommen würde, wäre Deutschland in Genua der große Verlierer. Was Rathenau nicht ahnen konnte, war, daß die Verhandlungen in der Villa Alberti für die Deutschen keineswegs ungünstig verliefen. Tschitscherin lehnte verbissen einen Kollektivvertrag ab, auf den der Westen drängte, denn er sah in ihm eine »Verschwörung« gegen die Bolschewiki. Die Abgesandten des Kremls forderten statt dessen Einzelverträge zwischen den in Genua anwesenden Staaten.

Spät am Abend des 15. April 1922 erreichte die Stimmung der deutschen Delegation den Tiefpunkt. Vom Direktor des Pressebüros der Konferenz, dem Italiener Amadeo Gianini, erfuhren sie, daß nur noch wenige Punkte der angestrebten Vereinbarung zwischen den Westmächten und den Sowjetrussen zu klären seien. Wenn die Gespräche in diesem Tempo weitergingen, könnte der

Vertragstext am Ostersonntag unterschrieben werden, berichtete Gianini.

Und doch kam es anders ...

Es war eine Stunde nach Mitternacht, als Legationsrat von Maltzan ans Telefon in der Hotelhalle gerufen wurde. Am Apparat – Georgij Tschitscherin, Volkskommisar für Auswärtige Angelegenheiten. Der Mann aus Moskau schlug ein Treffen beider Delegationen vor, das allerdings unter strengster Geheimhaltung zustande kommen sollte. Viel Zeit zu Gesprächen blieb nicht – bereits am Montag sollten die unterbrochenen Diskussionen der Moskauer Diplomaten mit Vertretern der Westmächte wiederaufgenommen werden.

Der völlig überraschte von Maltzan weckte sofort seinen Chef, den Reichsaußenminister. Nur wenige Minuten später versammelten sich die deutschen Konferenzteilnehmer in Rathenaus Hotelzimmer. In Pyjamas und in Schlafröcken saßen sie da – Reichskanzler Wirth, Reichsaußenminister Rathenau, Staatssekretär von Simson, Legationsrat von Maltzan.

Das Glück schien sich gewendet zu haben. Aber alle wußten auch, daß, bevor mit den Russen ein Übereinkommen getroffen werden könnte, noch zähe Gespräche notwendig sein würden. Ein Durchbruch war aber offenbar gelungen.

Die »Pyjamakonferenz« – wie die Nachtrunde später genannt wurde – stellte die Weichen für Rathenaus weitere Verhandlungen. Nur wenige Stunden später – in den frühen Morgenstunden des 16. April – fuhr der Reichsaußenminister mit seinen engsten Beratern nach Santa Margarita, einem Ortsteil des Rivierastädtchens Rapallo, wo die Moskauer Delegation im Nobelhotel »Palazzo Imperiale« logierte.

Stundenlang wurde noch diskutiert, aber beide Seiten waren nun fest entschlossen, ein Ergebnis zu erreichen. Es war kurz nach fünf Uhr nachmittags am 16. April 1922, als Walther Rathenau und Georgij Tschitscherin ihre Unterschriften unter einen nur drei Schreibmaschinenseiten umfassenden Text setzten. Wenige Minuten später gaben beide Delegationen der überraschten Welt die sensationelle Nachricht bekannt: Deutschland und Sowjetrußland haben einen Vertrag geschlossen!

Am 17. April 1922, vierundzwanzig Stunden nachdem Tschitscherin und Rathenau das Vertragswerk unterzeichnet hatten, wurde sein Text veröffentlicht. Es waren nur sechs Artikel. Beide Seiten erkannten einander in ihrem Gebietsstand an, nahmen diplomatische und konsularische Beziehungen auf, verzichteten gegenseitig auf Reparationen, gewährten einander Meistbegünstigung und versprachen einander wirtschaftliche Zusammenarbeit und »gegenseitige Konsultationen, wenn diese Zusammenarbeit in einem weiteren internationalen Rahmen geregelt werden sollte«. Mit Ausnahme von zwei Artikeln, die noch der Ratifikation bedurften, trat der Vertrag von Rapallo sofort in Kraft.

Eine militärische Zusammenarbeit beider Staaten wurde nicht vereinbart, ja überhaupt nicht erwähnt. Das, was in Rapallo unterzeichnet wurde, war auch kein Nichtangriffspakt, kein Neutralitätspakt, der das Kräfteverhältnis in Europa hätte verändern können. Trotzdem löste der Vertrag ein diplomatisches Erdbeben aus. Lloyd George bekam einen Tobsuchtsanfall. Die Franzosen verließen demonstrativ Genua. »Diese Bombe hat keiner erwartet!« telegrafierte der amerikanische Botschafter in Rom nach Washington. »Sie wird die Welt erschüttern ...«

Knapp fünf Monate nach der Unterzeichnung des Rapallo-Vertrages, am 11. September 1922, legte General von Seeckt der Reichsregierung ein Memorandum vor. Er widersprach darin vor allem den Ansichten des deutschen Botschafters in Moskau, Ulrich Graf Brockdorff-Rantzau, der vor einer zu starken Bindung an Sowjetrußland warnte und sich für eine engere Zusammenarbeit mit Großbritannien einsetzte. Demgegenüber unterstrich der General die Vorteile, die eine aktive deutsche Ostpolitik hätte.

»Was ist ... unser Ziel? Was wollen wir von, in und mit

Rußland? Worin besteht die gefürchtete Ostorientierung?« fragte der General, um sofort auch die Antwort zu geben: »Wir wollen zweierlei: erstens eine Stärkung Rußlands auf wirtschaftlichem und auf politischem, also militärischem Gebiet und damit indirekt die eigene Stärkung, indem wir eine uns im Bedarfsfall dienstbare Rüstungsindustrie in Rußland heranbilden helfen.«

Von Seeckt zerstreute auch die Angst vor einer möglichen Bolschewisierung des Reiches: »Deutschland wird nicht bolschewistisch, auch nicht durch eine Verständigung mit Rußland in äußeren Fragen.« Garantin hierfür sollte die Reichswehr unter seiner Führung sein. Für die Reichswehr und die Rote Armee war der Vertrag von Rapallo der Startschuß zu neuen, gemeinsamen Zielen.

Bereits zwei Wochen nach der Unterzeichnung, am 30. April 1922, landete die von Flugkapitän Just geflogene 360 PS starke Fokker-Maschine mit dem Kennzeichen RR I auf dem Moskauer Flughafen Chodynka. Das erste regelmäßig beflogene Streckennetz zwischen Berlin, Königsberg, Riga, Smolensk, Charkow und Moskau war damit eingeweiht.

Bevor aber die ersten hohen sowjetischen Offiziere nach Deutschland kamen, verstrichen noch einige Monate. Im Sommer 1923 war es dann soweit: Der Chef der Roten Luftflotte, Arkadij Rosengoltz, ein Schwager Lew Trotzkijs, kam nach Berlin, um mit von Seeckt, von Schleicher und weiteren höheren Reichswehroffizieren Verhandlungen zu führen. Sogar Reichskanzler Wilhelm Cuno ließ es sich nicht entgehen, persönlich den Gast aus Moskau zu empfangen. Das Ergebnis der Verhandlungen konnte sich sehen lassen. Im Reichswehrministerium paraphierte Rosengoltz den Vertrag über den »Aufbau der russischen Rüstungsindustrie und die Herstellung von Kriegsmaterial für Deutschland«.

Nach Vorstellungen der Reichswehr sollte in der sowjetischen Hauptstadt unter der Leitung des ehemaligen Generalstabschefs der deutschen Fliegertruppen, Oberst von Lieth-Thomsen, die »Zentrale Moskau« (ZMo) errichtet werden. Alle Mitarbeiter der

Zentrale sollten nach außen hin auf der Ruhestandsliste der Reichswehr stehen und während ihres Aufenthalts in Rußland nur in Zivilkleidung auftreten.

Von Schleicher schlug Rosengoltz einen ganzen Katalog gemeinsamer Projekte vor. So war ein Austausch von Erkenntnissen moderner Waffenentwicklung vorgesehen, wie die der Luftfahrt (Fliegertruppe), der Kampfgas-Entwicklung und der Panzerkonstruktion, die dem Deutschen Reich durch den Versailler Friedensvertrag verboten worden waren. Deutsche Privatfirmen sollten technische Planungsunterlagen für Flugzeuge, Panzer und andere Heeresfahrzeuge liefern. Unter strengster Geheimhaltung sollten in Sowjetrußland neuentwickelte Flugzeug- und Fahrzeugprototypen erprobt, nachgebaut, eventuell auch serienmäßig gebaut sowie – auf Rechnung des Deutschen Reiches – Kampfflugzeuge hergestellt werden. Sowjetische Munitionsfabriken sollten für die Reichswehr die Fertigung jener Mengen von Munition übernehmen, mit denen die nach dem Versailler Friedensvertrag zugelassenen Höchstmengen überschritten wurden. Für die vorgesehenen Bereiche Fliegertruppe, Kampfgas-Entwicklung und Panzerkonstruktion sollten auf sowjetischem Gebiet geeignete Unterkünfte, Wartungs-, Fertigungs- und Montageanlagen sowie ausreichendes Übungsgelände zur Verfügung gestellt werden. Als Gegenleistung verlangten die Sowjets Generalstabsausbildung sowjetischer Offiziere in Übungseinrichtungen auf russischem Territorium durch deutsches Generalstabspersonal sowie Teilnahme sowjetischer Offiziere an Planspielen und Manövern der deutschen Reichswehr. Alle Vereinbarungen unterlagen der Vertraulichkeitsstufe »Geheime Reichssache«. Eine ähnliche Geheimhaltungsstufe wurde auch vom Oberkommando der Roten Armee erwartet.

Als erstes der drei vorgesehehen deutschen militärischen Zentren nahm Anfang 1924 der Flugplatz Lipezk nördlich von Woronesch in der Region Tambow die Arbeit auf. Dies kostete Berlin jährlich zwei Millionen Reichsmark. Ende 1924 konnte in Lipezk auf hundert von den holländischen Fokker-Werken gekauften Jagdflugzeugen der erste Lehrgang für ehemalige Kriegsjagdoffiziere beginnen. Zwei Jahre später trafen die sogenannten »Jungmärker« ein, Abiturienten, die nach Lipezk zur Ausbildung kamen, um die Offizierslaufbahn antreten zu können. Von 1928 an liefen in Lipezk auch Beobachterlehrgänge; auf breiter Basis wurde neue Luftfahrttechnik erprobt. Und das Stammpersonal stieg zahlenmäßig von Jahr zu Jahr. Zu den sechzig Mann Stammpersonal kamen in den ersten Monaten nach der Eröffnung des Zentrums 140, bald aber bereits 240 Lehrgangsteilnehmer.

Das größte Problem für die »Zentrale Moskau« und die Abteilung »T 3« im Truppenamt (Generalstab) der Reichswehr war die Tarnung der Materialtransporte sowie der Reisen des Personals. Um bei den Grenz- und Zollkontrollen nicht aufzufallen, wählte man den Seeweg über die Ostsee oder den Landweg – unter Umgehung Polens – durch Litauen und Lettland, wobei alle Pässe und Transitvisen auf falsche Namen ausgestellt worden waren. Die in die Sowjetunion entsandten Offiziere wurden vor ihrer Abreise offiziell aus der Reichswehr entlassen. Damit schuf man sich für den Fall, daß das Geheimprojekt in der Öffentlichkeit bekannt wurde, die Möglichkeit, diese Offiziere notfalls als »unverantwortliche Abenteurer« abzukanzeln, die ohne Wissen der zuständigen Behörden in der Sowjetunion weilten. Schwierigkeiten gab es allerdings, wenn Teilnehmer der Kurse tödlich verunglückten. Der spätere Fliegergeneral Wilhelm Speidel berichtete, daß in Kisten verstaute Särge mit den Leichen zur Beförderung nach Deutschland als Maschinenteile deklariert wurden. Andere Tote deklarierte man für den Zoll als »verderbliche Lebensmittel«. Den Verwandten der Verstorbenen wurde dann mitgeteilt, ihre Angehörigen seien bei einem Übungsschießen in Ostpreußen ums Leben gekommen.

Anfang Dezember 1926 – acht Monate nach der Unterzeichnung des deutsch-sowjetischen Freundschafts- und Neutralitätsvertrages durch Reichsaußenminister Gustav Stresemann und den sowjetischen Botschafter Nikolaj Krestinskij – wurde als zweites militärisches Zentrum die Einrichtung einer Gaskampfschule in Orenburg im Südural an der unteren Wolga vereinbart. Unter Aufsicht des ehemaligen führenden Mitarbeiters des sowjetischen Geheimdienstes Tscheka, des früheren Militärattachés in Berlin, Jakow Fischman, der inzwischen zum Chef der Chemischen Truppen der Roten Armee avanciert war, nahm die »Schule« Anfang 1928 ihre Tätigkeit auf.

Als letztes der drei vorgesehenen Übungszentren wurde südlich von Kasan, einer Stadt an der Eisenbahnlinie Moskau–Swerdlowsk an der mittleren Wolga, eine Panzerstation errichtet. Hier sollten auch die von Daimler, Krupp und Rheinmetall entwickelten gepanzerten Gleisketten-Kampffahrzeuge erprobt werden: unter der Kodebezeichnung »Großtraktor« ein Typ bis zu 23 Tonnen, unter »Leichttraktor« ein Typ mit 10 bis 12 Tonnen Gefechtsgewicht.

Inzwischen verließen das Werk in Fili bei Moskau die ersten, für die Reichswehr bestimmten Flugzeuge. Und in der alten russischen Waffenschmiede, in Tula, wurden die ersten Waggons mit Munition für Deutschland beladen. Die militärische Zusammenarbeit zwischen Berlin und Moskau lief auf Hochtouren ...

Aber nicht nur die Reichswehr profitierte von den Verträgen. Die ersten persönlichen Kontakte deutscher Generalstabsoffiziere mit sowjetischen Kommandeuren wurden aufgenommen. Ende 1927 begann in Berlin ein Lehrgang, an dem als erster ranghoher sowjetischer Teilnehmer der Kommandeur des Ukrainischen Wehrkreises in Kiew, Iona Jakir, teilnahm. Auf Wilhelm Speidel machten die Offiziere aus der Sowjetunion einen ausgezeichneten Eindruck: »Es war immer wieder festzustellen, daß die sowjetischen Offiziere die deutschen Lehrgangsteilnehmer an Lerneifer fast übertrafen. Sie eigneten sich die deutschen Vorschriften trotz der sprachlichen Schwierigkeiten in einem Maße an, das sie schließlich den meisten ihrer deutschen ›Mitschüler‹ überlegen machte.«

Im August und September 1928 reiste der Chef des Truppenamtes der Reichswehr, Generalmajor Werner von Blomberg, in die Sowjetunion. Er führte Gespräche in Moskau und Leningrad und besuchte auch die Panzerschule Kasan, den Gasversuchsplatz bei Wolsk (Tomka), die Fliegerschule Lipezk und den Übungsplatz bei Woronesch. Er besichtigte Luftmanöver bei Gomel und Manöver des Ukrainischen Wehrkreises bei Kiew. Der General, 1933 von Adolf Hitler zum Reichswehrminister ernannt, war tief beeindruckt von dem, was er sah. Nach seiner Rückkehr schrieb er am 17. November 1928 als »Geheime Kommandosache« einen umfangreichen Bericht:

»Unsere Unternehmungen in Rußland (Fliegerschule, Tankschule, Gasversuche) stehen auf durchaus gesunder Grundlage. Die Möglichkeit, diese für unsere Rüstung lebenswichtigen Einrichtungen weiter zu betreiben, muß erhalten bleiben. Die aufstrebende Rote Armee ist ein Faktor, mit dem gerechnet werden muß. Sie zum Freunde zu haben, kann nur von Vorteil sein. ... Die Rote Armee legt großen Wert auf die Zusammenarbeit mit der Reichswehr.«

Von Blomberg betonte die »überall freundlich, vielfach herzlich und sehr gastfrei« erfolgte »Aufnahme der deutschen Offiziere«. Detailliert ging er auch auf die wichtigsten sowjetischen Armeeführer ein, mit denen er zusammengekommen war: den Kriegskommissar Woroschilow, den Chef des Generalstabes, Schaposchnikow, und auch den Befehlshaber des Leningrader Wehrkreises, Tuchatschewskij. Über ihn berichtete er: »34–35 Jahre alt, jugendlich, frisch, gepflegt, sympathisch. Bis Anfang 1928 Chef des Generalstabes. Von seiner Stellung trat er zurück, nach der einen Version, weil sein Eintreten für einen Präventivkrieg gegen Polen von der Regierung nicht gebilligt wurde, nach der anderen, weil seine politische Zuverlässigkeit in Zweifel stand und man in ihm den militärischen Führer einer etwaigen Umsturzbewegung fürchtete. Er enthielt sich im Gespräch aber jedes politischen Belanges, war um so gesprächiger und ein zielbewußter Fragesteller auf operativem und taktischem Gebiet. Sehr beachtenswerte Persönlichkeit.«

Vier Jahre nach von Blombergs Reise in die Sowjetunion – im September 1932 – kam diese »sehr beachtenswerte Persönlichkeit« Michail Tuchatschewskij als ranghöchster Offizier einer Gruppe von elf sowjetrussischen Teilnehmern zur Herbstübung der Heeresleitung der Reichswehr nach Deutschland. Wie den lückenhaften Unterlagen der Reichswehr zu entnehmen ist, war dies nicht seine erste, aber offensichtlich wichtigste Deutschlandreise. Zusammen mit ihm kamen der Chef der Hauptverwaltung der Roten Armee, Boris Mironowitsch Feldman, der stellvertretende Kommandeur des Leningrader Militärbezirks, Ilja Iwanowitsch Garkawy, und Tuchatschewskijs Adjutant Gasukin.

Fast vier Wochen blieb Tuchatschewskij im Frühherbst 1932 in Deutschland. Sein Besuch wurde von deutscher wie auch von sowjetischer Seite als Höhepunkt der bisherigen Zusammenarbeit der Reichswehr und der Roten Armee bezeichnet. Am 18. September 1932 traf Tuchatschewskij mit seiner Begleitung in Berlin ein. Zwei Tage später fuhr er nach Bad Saarow südlich der Spree, um die Herbstmanöver der Reichswehr zu beobachten. Sein Begleiter, Hauptmann Krebs von der Abteilung »T 3«, fertigte am 27. September 1932 für die Reichswehrführung einen Bericht über die Eindrücke, die er von »fremdländischen Offizieren« als Teilnehmern an den Manövern gewonnen hatte. Da Krebs seine Aufgabe »als Begleiter Tuchatschewskijs« bezeichnete, ist diesem in seinem Bericht auch die größte Aufmerksamkeit gewidmet:

»Bei der Hinreise nach Bad Saarow zeigte Tuchatschewskij besonderes Interesse für die Vertreter Italiens und der Türkei. ... Besonders auffallend war die Annäherung T.'s an den amerikanischen Militär-Attaché (Oberstleutnant Wuest). ... Hierbei gab T. ganz unverblümt seinen Wunsch zu erkennen, von Amerika zum Besuch der Rüstungs-Industrie eingeladen zu werden. Er könne jederzeit eine derartige Reise ausführen. ... Von den anderen Militär-Attachés suchten wiederholt der japanische Oberstleutnant Banzai und der litauische Oberst Skirpa mit T. in nahe Berührung zu kommen. Den plumpen Anbiederungsversuchen Banzais wußte T. sehr würdig und bestimmt gegenüberzutreten. T. äußerte in den von mir mitgehörten Unterhaltungen niemals klare außenpolitische Ansichten.«

Hauptmann Krebs berichtete auch über Bemerkungen des schwedischen Obersten von der Lanken, einer »energischen und gebildeten Persönlichkeit«. Dieser habe Berührungen mit russischen »Verbrechern« und »Spitzbuben« als für deutsche Offiziere »außerordentlich schmerzlich« bezeichnet. Der türkische Militârattaché Oberstleutnant Cevdet habe »wiederholt in der Unterhaltung den Zwang zum Zusammengehen von Rußland und der Türkei« betont. Oberst Nemeček, der tschechoslowakische Manöverbeobachter, hielt sich hingegen, wie Krebs vermerkte, »von den Russen auffallend zurück«.

Während der Manöver kam es zu einer Begegnung, die in die Geschichte eingehen sollte und die von Tuchatschewskij und seinen Begleitern als gesellschaftlich-politischer Höhepunkt bezeichnet wurde: Reichspräsident Paul von Hindenburg hatte die Offiziere der Roten Armee persönlich begrüßt. Der Händedruck Hindenburg–Tuchatschewskij, von eifrigen Pressefotografen aufgenommen, ging um die Welt. Für viele war dies ein unwiderlegbarer Beweis der engen Zusammenarbeit beider Staaten auf militärischem Gebiet.

Nach den Manövern besichtigte Tuchatschewskij, begleitet von seinem Vertrauten, dem Kaderchef im Kriegskommissariat Boris Feldman, Reichswehreinheiten. Aber nicht nur militärische Fragen und Probleme interessierten Tuchatschewskij. In einer Vorlage vom 27. September 1932, die Oberst Kurt von Bredow für General Kurt von Schleicher ausgearbeitet hatte, wird mitgeteilt, daß »die zur Zeit hier kommandierten Russen, vor allen Dingen Tuchatschewskij«, an Oberst Fischer mit der Bitte herangetreten seien, »den führenden Persönlichkeiten des deutschen Heeres in Berlin am 1. Oktober abends ein Essen geben zu dürfen.

Reichspräsident von Hindenburg begrüßt sowjetrussische Offiziere, die im Frühherbst 1932 ein Reichswehr-Manöver besuchen. Zweiter von links: Marschall Tuchatschewskij.

... Aus allgemein politischen Gründen«, empfiehlt von Bredow, »würde ich es für sehr gut halten, wenn Herr General ... an dem Abend teilnehmen würden.«

Der General nahm an dem von Tuchatschewskij organisierten Essen teil. Einen Mann, dem in den Reichswehrunterlagen bescheinigt wurde, daß »seine strategische Befähigung allgemein anerkannt wird«, wollte General von Schleicher nicht brüskieren. »Seiner ganzen Persönlichkeit nach«, konnte dort Schleicher nachlesen, »scheint Tuchatschewskij dazu berufen, auch in der zukünftigen militärischen und vielleicht sogar politischen Entwicklung Rußlands eine große Rolle zu spielen. Zweifellos ist ...

Tuchatschewskij eine der befähigtsten Persönlichkeiten, die in der jetzigen Führerschaft der Roten Armee einen weit überragenden Platz einnimmt.«

Als am 30. Januar 1933 Adolf Hitler Reichskanzler wurde, glaubte man, daß die Zusammenarbeit der Reichswehr und der Roten Armee von dem fanatischen Antikommunisten in der Reichskanzlei sofort aufgekündigt werden würde. Aber bereits wenige Stunden nach Hitlers Ernennung versicherte der deutsche Botschafter in Moskau, Herbert von Dirksen, dem stellvertretenden sowjetischen Außenkommissar Krestinskij, daß die neue »Regierung der nationalen Konzentration« keinen Wechsel in der außenpolitischen Orientierung des Reiches beabsichtige.

Auch in der Führung der Roten Armee nahm man den Machtantritt der Nationalsozialisten vorerst gelassen auf. Die Berufung General von Blombergs, eines jahrelangen Befürworters der engen Zusammenarbeit, zum Reichswehrminister schien anzudeuten, daß sich nichts ändern würde. In Moskau wurde weiterhin damit gerechnet, daß ab 1. Mai 1933 fünf hohe Offiziere der Roten Armee, darunter Witalij Markowitsch Primakow, der stellvertretende Oberbefehlshaber im Militärbezirk Nordkaukasus, und Semjon Petrowitsch Uritzkij, Kommandierender des XIII. Armeekorps in Swerdlowsk, am Führergehilfenkursus und danach bis zum 30. Juni an verschiedenen Truppenübungen im Reich teilnehmen würden.

Und doch kam alles anders. Es war aber nicht Adolf Hitler, der die jahrelange gute Zusammenarbeit mit der Roten Armee aufkündigte. Bereits 1932 hatte man im Reichswehrministerium überlegt, ob getarnte Ausbildungsstätten in der Sowjetunion in Zukunft überhaupt noch gebraucht würden. Als Tuchatschewskij im Herbst 1932 zu Manövern der Reichswehr nach Berlin kam, deutete man ihm an, daß vor allem die Fliegerschule in Lipezk ihre Tätigkeit bald einstellen könnte. An einen völligen Abbruch der Beziehungen dachte man in Berlin aber vorerst nicht.

Jetzt, ein Jahr später, drehten die Russen den Spieß um. Als die Reichswehr 1933 ihre Giftgasversuche in Tomka wiederaufnehmen und sogar einen Teil der in Lipezk durchzuführenden Flugzeugerprobungen dorthin verlegen wollte, lehnte dies die Rote Armee zunächst ab. Im Mai 1933 nahmen die Russen ihre Ablehnung unerwartet zurück, teilten aber gleichzeitig mit, daß 1934 wegen fehlender Finanzen keine Versuche mehr durchgeführt werden dürften.

Am 8. Mai 1933 traf in Moskau der Chef des Heereswaffenamtes, General von Bockenberg, ein, um mit dem Generalstab der Roten Armee über weitere Zusammenarbeit beider Armeen zu konferieren. Nach Botschaftsrat Gustav Hilger, der an den Gesprächen teilnahm, verliefen sie im »Geist völliger Übereinstimmung und guten Willens. ... Auf einem vom deutschen Botschafter aus Anlaß der Anwesenheit der deutschen Gäste gegebenen Essen herrschte bei Deutschen und Russen eine ausgezeichnete Stimmung. Alle Mitglieder des Kriegsrates der UdSSR waren zugegen, und Woroschilow gab seine Absicht, die Verbindung zwischen den beiden Armeen weiter aufrechtzuerhalten, nachdrücklich zu erkennen. Begleitet von den guten Wünschen seiner sowjetischen Freunde fuhr Bockenberg wieder ab, aber noch bevor er und seine Begleiter Berlin erreicht hatten, verlangte die Rote Armee plötzlich, die Reichswehr solle alle ihre Unternehmungen in Rußland auflösen. Kurz darauf lehnten es die Russen rundweg ab, weiter an irgendwelchen Kursen der deutschen Kriegsakademie teilzunehmen.«

Die Aufkündigung der militärischen Zusammenarbeit war offensichtlich von der politischen Führung, von Stalin, befohlen worden. Die Rote Armee hatte an einem Abbrechen der Kontakte kein Interesse und deutete dies deutschen Gesprächspartnern auch immer wieder an. Als der Chef der deutschen Panzertruppen-Schule Kasan, Generalleutnant Otto Lutz, in Moskau ein Abschiedsessen gab, erschienen zahlreiche ranghohe sowjetische Offiziere, die den Wunsch nach weiterhin guten persönlichen

Beziehungen äußerten. Sie sprachen von einer »Unterbrechung«, nicht von einer Auflösung der bestehenden Zusammenarbeit.

Am letzten Oktobertag des Jahres 1933 kam es bei dem Abschiedsessen für den nach Berlin abberufenen deutschen Botschafter von Dirksen zu einer etwa eine Dreiviertelstunde dauernden Unterredung zwischen Botschaftsrat Fritz von Twardowski und dem stellvertretenden Volkskommissar für das Kriegswesen, Michail Tuchatschewskij. Am 6. November 1933 sandte von Twardowski an das Reichsaußenministerium eine als »Geheim« eingestufte sechsseitige Aktennotiz über sein Gespräch mit Tuchatschewskij. »Wenn auch vieles, was Herr Tuchatschewski als seine Meinung über die politischen Zusammenhänge äußerte, falsch oder schief gesehen ist«, schrieb der deutsche Diplomat in seinem Begleitbrief, »so sind seine mit großem Ernst vorgetragenen Erklärungen, daß die Rote Armee niemals anderen Mächten gegenüber die Zusammenarbeit mit der Reichswehr preisgeben würde und daß in der Roten Armee nach wie vor größte Sympathien für die Reichswehr herrschen, bedeutungsvoll und interessant. Die Persönlichkeit und das Ansehen Tuchatschewski's sind derartig, daß seinen Worten Gewicht beizumessen ist.«

Das, was Tuchatschewskij seinem deutschen Gesprächspartner von Twardowski im Oktober 1933 zu sagen hatte, mußte – zehn Monate nach der Machtergreifung Hitlers – in Berlin wie eine Sensation gewirkt haben:

»Herr Tuchatschewskij unterstrich mehrfach, daß trotz der bedauerlichen politischen Entwicklung die Gefühle der Roten Armee gegenüber der Reichswehr und dem deutschen Volke die alten geblieben seien und daß man nie vergessen werde, daß die Reichswehr die Rote Armee bei ihrem Aufbau entscheidend unterstützt habe.«

Von Twardowski erwiderte ihm, daß man sich in Berlin beunruhigt über die sich anbahnende Zusammenarbeit der Sowjetunion mit Frankreich und Polen zeige, wobei die Sowjets diesen beiden Staaten Informationen über den Stand der Reichswehr zuspielen könnten. Tuchatschewskij wies diese Unterstellung energisch zurück. »Solche Nachrichten«, so der Russe, trügen »deutlich den Stempel der politischen Intrige. ... Der Begriff der Ehre sei mit dem Soldaten untrennbar verbunden, und die Rote Armee habe, auch wenn ihre Weltanschauung anders sei als die der Reichswehr, genau die gleiche soldatische Ehre und erhebe unbedingt Anspruch auf sie.«

Man sprach dann über die Aufhebung der deutschen Stationen in Rußland und über die Absage sowjetischer Offiziere, an Lehrgängen in Deutschland teilzunehmen. Tuchatschewskij kritisierte antisowjetische Aussagen des nationalsozialistischen Ideologen Alfred Rosenberg und des rechtskonservativen Mitglieds der ersten Hitler-Regierung, Alfred Hugenberg. Wiederholt widersprach Tuchatschewskij den Anspielungen von Twardowskis, daß sich sein Land und die Rote Armee Frankreich zuwenden wollten. Wenn dies der Fall wäre – so meinte er –, sei dafür lediglich die deutsche Seite, die jede Zusammenarbeit ablehne, verantwortlich. »Es gäbe keinen Grund, die alte Zusammenarbeit zwischen beiden Armeen nicht wiederaufzunehmen.« Und: »Natürlich sei die Sowjetunion bestrebt, auch ihre Beziehungen zu Polen und zu Frankreich möglichst freundschaftlich zu gestalten, weil dies der allgemeinen Friedenspolitik der Sowjetregierung entspreche. Das habe aber nichts mit einer intimen Zusammenarbeit der Armeen zu tun. In der Sowjetunion bleibe die Rapallopolitik die populärste, und die Reichswehr sei die Lehrmeisterin der Roten Armee in schwerer Zeit gewesen; das sei unvergessen und werde nicht vergessen werden.«

Die Unterredung zwischen von Twardowski und Tuchatschewskij wurde dann durch »Hinzutreten anderer Personen« unterbrochen. Etwa eine Stunde später verließ Tuchatschewskij, nicht ohne sich von Twardowski zu verabschieden, die deutsche Botschaft. Auf französisch sagte er zu ihm: »Vergessen Sie nicht, es ist die Politik, die uns trennt, nicht unsere Gefühle, die Gefühle der Freundschaft der Roten Armee zur Reichswehr.«

A.A. eing. – 6. NOV. 1933 Doppel IVRu 4915

Deutsche Botschaft . Moskau, den 6. November 1933.

Tgb. Nr. A/2410.

4 Durchschläge .

Politischer Bericht . Geheim!

1 Anlage . Durchschlag .

Inhalt: Unterredung mit dem Stellvertreter des Kriegskommissars Tuchatschewski .

In der Anlage wird die Aktennotiz über eine Unterredung mit Herrn Tuchatschewski vorgelegt , die ich anlässlich des Abschiedsessens für Herrn Botschafter mit ihm gehabt habe . Die Unterredung , die nur auszugsweise wiedergegeben wird, dauerte etwa dreiviertel Stunden. Wenn auch vieles , was Herr Tuchatschewski als seine Meinung über die politischen Zusammenhänge aeusserte , falsch oder schief gesehen ist , so sind seine mit grossem Ernst vorgetragenen Erklärungen , daß die Rote Armee niemals anderen Mächten gegenüber die Zusammenarbeit mit der Reichswehr preisgeben würde und daß in der Roten Armee nach wie vor grösste Sympathien für die Reichswehr herrschen , bedeutungsvoll und interessant . Die Persönlichkeit und das Ansehen Tuchatschewski's sind derartig , daß seinen Worten Gewicht beizumessen ist .

gez. von Twardowski.

An das

Auswärtige Amt

Berlin.

Titelblatt des Berichtes des Botschaftsrates
Fritz von Twardowski vom 6. November 1933 über seine Unterredung
mit dem stellvertretenden Kriegskommissar Tuchatschewskij.

Welche Absichten verfolgte Tuchatschewskij mit seinen Ausführungen, die – wie er wußte – der Botschaftsrat nach Berlin melden würde? Sollten sie ein Signal an die Führung der Reichswehr sein? Ein Angebot, sich über die Politik Adolf Hitlers und Josef Stalins hinwegzusetzen und – auch gegen den Willen der Diktatoren – zusammenzuarbeiten? Wenn dies Tuchatschewskij so meinte, wurde er bitter enttäuscht. Die deutsche Generalität schwieg. Die Mehrheit der deutschen Generäle hatte zu dieser Zeit kein Interesse, gemeinsam mit der Roten Armee gegen Hitler zu konspirieren. Die innenpolitische Lage in Deutschland war angespannt. Hitlers Sturmabteilungen, die SA, beherrschten die Straßen. Ernst Röhm, der Stabschef der SA, machte kein Hehl daraus, daß er die Generäle entmachten wollte, um die Reichswehr in ein braunes »Volksheer« umzufunktionieren. Dieses Schreckgespenst, ihre Angst, die Kontrolle über die Armee zu verlieren, trieb die Generäle in Hitlers Arme. Nicht Hitler, Ernst Röhm war ihr Gegner. Nur mit Hitler und nicht gegen ihn konnten sie Röhm und seine nach der Reichswehr greifenden Paladine ausschalten.

Schon wegen dieses damals noch unentschiedenen Kampfes um die Reichswehr hatte die Bendlerstraße auf das »Angebot« Tuchatschewskijs – wenn seine Ausführungen im Gespräch mit von Twardowski überhaupt als solches gewertet werden können – nicht reagiert. Und statt eines Signals, daß es in Deutschland Kräfte gebe, die an einer weiteren Zusammenarbeit mit der Roten Armee Interesse hätten, erhielt Tuchatschewskij im Januar 1934 eine »Antwort«, die einer Brüskierung gleichkam: Am 26. Januar 1934 wurde in Berlin ein auf zehn Jahre befristeter Nichtangriffspakt zwischen Deutschland und Polen, dem Erzfeind Sowjetrußlands, unterzeichnet. Damit waren für Tuchatschewskij die Weichen für die Zukunft gestellt. Das, was er im Gespräch mit von Twardowski noch ausschloß, eine militärische und politische Zusammenarbeit mit Frankreich, wurde nun auch von ihm vorangetrieben. Gleichzeitig mit außenpolitischen Aktivitäten ging es ihm auch darum, so schnell wie möglich die Schlagkraft der Roten Armee zu stärken. Stellte 1933 die Sowjetunion für Rüstungsausgaben 2264 Millionen Rubel – etwa 4,9 Millionen Reichsmark – bereit, so hatten sich diese Ausgaben im Jahr 1934 mit 5000 Millionen Rubel fast verdoppelt. Am 30. Januar 1935, dem zweiten Jahrestag der Machtergreifung Hitlers, verkündete Michail Tuchatschewskij die Erhöhung des sowjetischen Militäretats für das laufende Jahr auf 6500 Millionen Rubel, wobei im Haushalt vieler anderer Ressorts Mittel für die Rüstung »versteckt« waren. Im Frühjahr 1935 hieß es in einer internen Studie des Reichswehrministeriums, daß die Rote Armee im Kriegsfall insgesamt 181 Divisionen aufstellen könnte.

Am 16. März 1935 um 13.00 Uhr verkündete Adolf Hitler der völlig überraschten Welt in einer Erklärung »An das deutsche Volk« die Wiedereinführung der allgemeinen Wehrpflicht. Gleichzeitig gab er bekannt, daß sich das Deutsche Reich nicht mehr an die Rüstungsbeschränkungen des Versailler Friedensvertrags halten werde. Damit war der Weg frei für die nun in aller Offenheit vorangetriebene Aufrüstung. Hitlers Reichspropagandaminister Dr. Joseph Goebbels beeilte sich, die neue Entwicklung damit zu begründen, daß Deutschland seine Abrüstungsverpflichtungen voll erfüllt habe und die Wiedereinführung der Wehrpflicht für Deutschland ein Mittel der Verteidigung sei. Nach dem Ersten Weltkrieg seien als Durchführung des Versailler Friedensvertrags 59 897 Geschütze, 130 558 Maschinengewehre, 15 714 Flugzeuge, 26 Großkampfschiffe und 315 U-Boote entweder zerstört oder dem Gegner ausgeliefert worden. Daß die Reichswehr durch ihre Zusammenarbeit mit der Roten Armee den Friedensvertrag seit Mitte der zwanziger Jahre umgangen hatte, verschwieg der Chefpropagandist des Dritten Reiches ...

Für Überraschungen war Michail Nikolajewitsch Tuchatschewskij immer gut.

Am 31. März 1935 erschien im Organ der sowjetischen Kommunisten, »Prawda«, einen Tag später in der Regierungszeitung »Iswestija« und der Zeitung der Roten Armee »Krasnaja Swesda«, Tuchatschewskijs Artikel über »Kriegspläne des heutigen Deutschlands«. Nur wenige Stunden nach seinem Erscheinen übermittelte der deutsche Botschafter in Moskau, Werner Graf von der Schulenburg, dem Reichsaußenministerium in Berlin die Depesche Nummer 57, in der er ausführlich einging:

»Tuchatschewskij behauptet, daß Hitler ... erklärt habe, daß Deutschland hinsichtlich der Sowjetunion sich für die Zukunft Handlungsfreiheit vorbehalte. Aber die antisowjetische Spitze diene nur dazu, um Revanchepläne auch für den Westen und Süden zu verdecken. Deutschland wolle Pläne der Revanche und des Länderraubes verwirklichen. Um die deutsche Gefahr in militärischer Hinsicht zu beweisen, anführt Tuchatschewskij außergewöhnlich hoch geschätzte und übertriebene Ziffern über Stand deutscher Rüstungen. Tuchatschewskij behauptet, Deutschland verfüge über 2100 Bombenflugzeuge und Aufklärungsflugzeuge und 1600 Jagd- und Hilfsflugzeuge. Personalstand der Luftstreitkräfte umfasse 60 000 Mann, weitere 60 000 Mann würden ausgebildet. Infanteriedivisionen seien 5460 Mann stark, im Kriegsfalle könne Deutschland sofort 108 Infanteriedivisionen aufstellen; 5 Kavalleriedivisionen und 10 motorisierte Regimenter, die außer der Artillerie in Infanterie- und Kavallerie-Verbänden vorhanden seien, verfügten über 54 000 Mann, die motorisierten Divisionen nebst 4 mechanisierten Brigaden und 12 Tankbataillonen zählten 33 000 Mann, die Ingenieur-Truppen 23 000 Mann, Kriegsschulen und verschiedene Institutionen des Reichswehrministeriums 60 000 Mann, Kriegsflotte 22 600 Mann. Zum Sommer d. J. müsse also Zahl deutscher Streitkräfte 909 000 Mann, ungerechnet 60 000 in Ausbildung begriffener Flieger 849 000 Mann betragen.«

In einem zweiten, als »Anschluß 57« gekennzeichneten Telegramm nach Berlin ging von der Schulenburg auf politische Dimensionen der Ausführungen Tuchatschewskijs ein:

»Tatsache, daß so hochgestellte Persönlichkeit sowjetischer Kriegsverwaltung ... derartige aus der Luft gegriffene Zahlen zwecks antideutscher Propaganda unter seinem Namen veröffentlicht, darstellt Akt auffälliger Deutschfeindlichkeit von amtlicher Stelle. Beabsichtige, bei Litwinow zu protestieren, ebenso durch Militärattaché bei Roter Armee Schritte unternehmen zu lassen.«

Das Auswärtige Amt war mit der vorgeschlagenen Demarche von der Schulenburgs einverstanden. Staatssekretär Bernhard von Bülow wies in einem von ihm unterzeichneten verschlüsselten Telegramm den Botschafter an, »bei Litwinow gegen den Hetzartikel des stellvertretenden Kriegskommissars Tuchatschewskij Einspruch zu erheben und hierbei auszuführen, daß dieser Artikel eine Brunnenvergiftung übelster Art darstellt, indem er übertriebene und tendenziös entstellte Mitteilungen über angebliche deutsche Rüstungen zur Insinuation über deutsche Angriffspläne benützt«. Ferner wies der Staatssekretär den Botschafter an, »auf irgendeine Diskussion über die effektive Stärke der deutschen Rüstung ... sich nicht einzulassen«.

Am 5. April 1935, fünf Tage nach der Veröffentlichung des Tuchatschewskij-Artikels, informierte das Reichsaußenministerium das Reichswehrministerium über die Begegnung des sowjetischen Kommissars für auswärtige Angelegenheiten, Maxim Litwinow, mit dem deutschen Botschafter in Moskau, von der Schulenburg. Der Botschafter, so heißt es in diesem Schreiben, »hat weisungsgemäß gegen den Hetzartikel ... Einspruch erhoben und hierbei ausgeführt, daß dieser Artikel eine Brunnenvergiftung übelster Art darstelle«. Litwinow erklärte, der Artikel Tuchatschewskijs sei nur zur Aufklärung der sowjetrussischen Öffentlichkeit, nicht zur Beeinflussung des Auslands bestimmt gewesen. Er könne sich im übrigen nicht denken, daß Tuchatschewskij »bewußt falsch gerechnet« habe.

Tuchatschewskij hatte aber »falsch gerechnet«. Die von ihm angegebenen Zahlen über die Truppenstärke der Reichswehr,

Reichswehrministerium
Ausland
Eing. 10. ... 1935
Nr. 1128/35 geh.

Geheim

Auswärtiges Amt Berlin, den 5. April 1935.

II Abr. 772.

Reichswehrmin.
-9.APR.1935
Ausl

Im Anschluss an das Schreiben
vom 2. April 1935 - II Abr. 717 -.

1005/35 geh Ausl II

Der Deutsche Botschafter in Moskau hat weisungsgemäss gegen den Hetzartikel des stellvertretenden Kriegskommissars Tuchatschewski bei dem Volkskommissar für auswärtige Angelegenheiten Litwinow Einspruch erhoben und hierbei ausgeführt, dass dieser Artikel eine Brunnenvergiftung übelster Art darstelle, indem er übertriebene und tendenziös entstellte Mitteilungen über angebliche deutsche Rüstungen zu Insinuationen über deutsche Angriffspläne benützte. Litwinow erklärte, der Artikel Tuchatschewski's sei nur zur Aufklärung der sowjetrussischen Öffentlichkeit, nicht zur Beeinflussung des Auslandes bestimmt gewesen. Er könne sich im übrigen nicht denken, dass Tuchatschewski bewusst falsch gerechnet habe; übrigens würden auch deutscherseits der Sowjetunion allerlei kriegerische Absichten unterstellt. Der Botschafter hat energisch Einspruch erhoben und unterstrichen, dass die Behauptung eines so hohen Militärs unter allen Umständen auch im Auslande vergiftend wirken müsse.

Im Auftrag

An

das Reichswehrministerium

-Abteilung Ausland -.

Schreiben des Auswärtigen Amtes in Berlin vom 5. April 1935 an das Reichswehrministerium, in dem über den Protest des Botschafters von der Schulenburg gegen den in der »Prawda« erschienenen »Hetzartikel« Tuchatschewskijs berichtet wird.

seine Angaben über die Luftwaffe und Kriegsmarine entsprachen nicht der Wirklichkeit, waren weit übertrieben, wobei ihm die Stärke der Reichswehr mit Sicherheit nicht unbekannt war.

Welchen Zweck verfolgte er aber mit seinen Attacken auf die Reichswehr? Ging es ihm darum, einen definitiven Bruch mit den deutschen Generälen zu provozieren, und um den Beginn einer dauerhaften Orientierung Sowjetrußlands zu Frankreich hin?

Die Vermutungen, daß Tuchatschewskij sich 1935 für das Bündnis Moskau–Paris entschieden hatte, wurden innerhalb nur weniger Wochen bestätigt. Offensichtlich waren für ihn die Ausführungen Hitlers über seine Eroberungspläne im Osten, die Tuchatschewskij – wie in einer Vortragsnotiz für den Reichswehrminister General von Blomberg vom 8. April 1935 vermerkt wird – in seinem »Prawda«-Artikel mit Zitaten aus »Mein Kampf« belegte, nicht nur leere Worte. Er sah in Hitlers Ostpolitik eine ernste Gefahr für die Existenz des Sowjetstaates. Am 5. Mai 1935, also nur einen Monat nach der Auseinandersetzung Moskau–Berlin wegen des Tuchatschewskij-Artikels, wurde in Paris vom französischen Außenminister Pierre Laval und dem sowjetischen Botschafter in Frankreich, Wladimir P. Potemkin, ein Abkommen unterzeichnet, in dem sich Frankreich und die Sowjetunion für den Fall »eines nicht herausgeforderten Angriffs von seiten eines europäischen Staates« zum gegenseitigen Beistand verpflichteten. Um wen es sich bei diesem anonymen »europäischen Staat« handelte, war kein Geheimnis: um Hitler-Deutschland. Knapp zwei Wochen später, am 16. Mai 1935, schloß die Tschechoslowakei einen fast gleichlautenden Freundschaftsvertrag mit der Sowjetunion. In den Artikel 2 des Vertragswerks war allerdings von Prag ein Vorbehalt für das mögliche Eingreifen der Roten Armee eingebaut worden: Sie sollte der Tschechoslowakei nur dann zu Hilfe kommen dürfen, wenn Frankreich in den Konflikt einbezogen war.

Die Karten waren nun gemischt, die Partner und Gegenspieler bekannt. Der Vorhang konnte hochgehen, das Spiel beginnen.

Eine der wichtigsten Rollen in diesem Stück sollte Michail Nikolajewitsch Tuchatschewskij übernehmen ...

Was SS-Gruppenführer Reinhard Heydrich anfaßte, das tat er gründlich. In nur wenigen Stunden hatte er sich mit allen Details der Zusammenarbeit der Reichswehr mit der Roten Armee vertraut gemacht.

Einige Anmerkungen, einige Notizen. Dann war ihm klar, wie er vorzugehen hatte, um den großen Schlag zu führen. Zwei Probleme mußten bewältigt werden: Man mußte Stalin Dokumente zuspielen, die einwandfrei bewiesen, daß Tuchatschewskij und die Generäle seine Beseitigung und die Errichtung einer Militärdiktatur in Zusammenarbeit mit Generälen der Reichswehr planten. Und: Überbringer der Dokumente konnte nur ein Mensch sein, dem der Diktator vertraute, den er also nicht des Betrugs verdächtigen würde.

Und in Heydrichs Hirn begann die Intrige Konturen anzunehmen ...

Es war am Vormittag des vorletzten Tages des Jahres 1936. SS-Gruppenführer Reinhard Heydrich ließ den Leiter des SD-Oberabschnitts Ost, SS-Obersturmbannführer Hermann Behrends, zu sich kommen.

Die Geheimoperation »Tuchatschewskij« hatte soeben begonnen ...

Und wieder Legenden ...

Legenden, Gerüchte, Behauptungen. Es ist schwierig, aus ihnen nach mehr als einem halben Jahrhundert Körnchen der Wahrheit herauszufiltern.

Lew Nikulin, der sowjetische Biograph Tuchatschewskijs, beruft sich auf die Rede Nikita S. Chruschtschows, des Parteichefs der sowjetischen Kommunisten, auf dem XXII. Parteitag der KPdSU im Oktober 1961. Um die Führung der Roten Armee, mit

Tuchatschewskij an der Spitze, zu beseitigen, so hatte Chruschtschow gesagt, habe »Hitler ..., als er den Überfall auf unser Land vorbereitete, durch seinen Geheimdienst ein gefälschtes Dokument lanciert, wonach die Genossen Jakir, Tuchatschewskij und einige andere Agenten des deutschen Geheimdienstes seien«. Und dann – unter Berufung auf westliche Quellen – schildert Nikulin dramatisch, wie es zur Verschwörung gegen Tuchatschewskij und seine Genossen kam:

»Mitte 1936 besuchte Heydrich, der Leiter des Hitlerschen Sicherheitsdienstes, Canaris, den Chef der deutschen ›Abwehr‹. Heydrich wollte Experten für Graphologie zur Verfügung gestellt bekommen, die die Unterschrift Tuchatschewskijs fälschen konnten. Er erklärte, er benötige sie für eine absolut geheime Sache, die Hitler ihm aufgetragen habe. Man beabsichtige, Dokumente herzustellen, die man den Russen zuspielen wolle. Canaris war vorsichtig und wollte erst genaue Informationen über diesen Plan erhalten. Heydrich besuchte ihn noch einmal und erzählte zufrieden, er habe einen anderen Weg gefunden, die Dokumente zu fälschen, die sich auf einen Briefwechsel zwischen der deutschen Heeresführung und Tuchatschewskij beziehen sollten. Diese Dokumente besagten, daß Tuchatschewskij entschlossen sei, die Sowjetmacht zu stürzen. Heydrich sagte Canaris, die Dokumente seien im Auftrag Hitlers hergestellt.«

Auch der Amerikaner Geoffrey Bailey glaubte, daß Heydrich bei den Vorbereitungen für seine Geheimoperation gegen Tuchatschewskij Canaris um Hilfe gebeten habe. Als Canaris vom Chef des SD mehr als nur Andeutungen hören wollte, habe Heydrich dies mit dem Hinweis abgelehnt, es handele sich um einen persönlichen Auftrag Hitlers. Darauf soll Canaris erklärt haben, »daß er irgendwelche Akten nur auf ausdrücklichen Befehl des Oberbefehlshabers des Heeres, Generaloberst Freiherr von Fritsch – der als Nazigegner bekannt war –, herausgeben wird«.

Der Franzose André Brissaud erwähnt ebenfalls die angebliche Begegnung Heydrich–Canaris. Nach Brissaud hatte Heydrich

Canaris und Heydrich auf einem Kameradschaftsabend von Wehrmacht und SS (in den dreißiger Jahren).

Canaris zu einem Essen eingeladen. Während des Essens habe er den Chef der Abwehr um Akten aus dem Archiv der Reichswehr mit Unterschriften sowjetischer Generäle gebeten, die vor Hitlers Machtergreifung Deutschland besuchten. Canaris habe aufgehorcht und, da er Heydrichs »Methoden« kannte, sich »geschickt« aus der Affäre gezogen. Brissaud schildert das Gespräch der beiden Gegenspieler so: »›Der Führer wünscht, auf politischer Ebene über die gegenwärtigen Chefs der Roten Armee informiert zu werden, und hat mich beauftragt, ihm Bericht zu erstatten. Da mir jedoch die nötigen Unterlagen fehlen, wende ich mich an Sie.‹

›Ich bedauere sehr‹, erwiderte Canaris, ›aber ohne einen schriftlichen, vom Führer unterzeichneten Befehl darf ich die Akten des Generalstabs der Reichswehr nicht herausgeben.‹

Heydrich begnügte sich mit den Worten: ›Gut, Admiral, ich werde es dem Führer berichten.‹«

Sogar einer der zuverlässigsten Biographen Wilhelm Canaris', Karl Heinz Abshagen, irrt sich, wenn er glaubt, daß Heydrich von Canaris »Aktenstücke mit der Handschrift der deutschen Generäle von Seeckt und von Hammerstein und des sowjetischen Marschalls Tuchatschewskij und anderer russischer Generäle« anforderte. Wegen der Korrespondenz, die Tuchatschewskij mit von Seeckt und von Hammerstein geführt hatte, konnte man den Russen 1937 kaum belangen, denn beide, von Seeckt sowie von Hammerstein, bekleideten schon seit Jahren in Berlin keine führende Position mehr. Von Seeckt war aus seinem Amt als Chef der Heeresleitung bereits 1926 ausgeschieden. Von 1930 bis 1932 war er Reichstagsabgeordneter und zu der Zeit, als die sowjetischen »Verschwörer« angeblich ihre Kontakte mit deutschen Generälen wieder anknüpfen wollten, Militärberater von Chiang Kai-schek in China, nämlich von 1934 bis 1935. Ende 1936 starb von Seeckt. Unglaubwürdig ist auch die konstruierte Verbindung Tuchatschewskijs mit General von Hammerstein. 1930 wurde der General zum Chef der Heeresleitung ernannt, vier Jahre später, 1934, trat er wegen Unstimmigkeiten mit den Nationalsozialisten zurück.

Ein Gespräch Heydrich–Canaris, das Tuchatschewskij betraf, fand mit Sicherheit niemals statt. Bis zur Liquidierung Michail Tuchatschewskijs und der mit ihm angeklagten Kommandeure der Roten Armee im Juni 1937 hatte Canaris von einer »Verschwörung« in Moskau und von einer Teilnahme deutscher Generäle an ihr überhaupt keine Ahnung.

Oberstleutnant Dr. Karl Spalcke, Rußland-Referent der »Fremden Heere«, der nach Tuchatschewskijs Hinrichtung vor der Spitze des Reichskriegsministeriums über die neue Entwicklung in Moskau referierte, sprach bei dieser Gelegenheit auch mit dem Chef des Amtes Ausland/Abwehr, Admiral Canaris. Spalcke wollte von ihm wissen, ob ihm bekannt sei, daß Heydrich sich mit seiner aktiven Mithilfe bei der Beseitigung Tuchatschewskijs brüstete. Der Admiral war völlig überrascht. Er befahl einigen Mitarbeitern seines Amtes, diesem Gerücht sofort nachzugehen. Die Nachforschungen blieben ohne Erfolg. Es war – Wochen später – Heydrich selbst, der Canaris die Hintergründe der Affäre Tuchatschewskij und seine Beteiligung an ihr anvertraute, wobei er vermied, auf Details einzugehen.

Selbstverständlich konnte Heydrich auch ohne Originalunterschriften Tuchatschewskijs und anderer Kommandeure der Roten Armee eine glaubwürdige Fälschung fabrizieren lassen. Wie Heydrichs Sicherheitsdienst die notwendigen Dokumente in die Hände bekam und wie die angeblichen Gespräche zwischen Heydrich und Canaris verliefen, ist mit viel Phantasie beschrieben worden.

André Brissaud weiß zu berichten: »Eines schönen Morgens erhält Canaris die Meldung, in der vergangenen Nacht sei in den Räumen der Abwehr und des Generalstabes der Reichswehr in der Bendlerstraße ein Brand ausgebrochen, der eine beträchtliche Verwüstung angerichtet habe. Canaris begibt sich selbst an Ort und Stelle und konstatiert, wie erwartet, daß das Feuer unter anderem in Amt T3 gewütet hat, wo die russischen Akten, darunter auch die der mit dem deutschen Heer in Beziehung stehenden Sowjetgeneräle, aufbewahrt wurden.«

Dramatischer schildert den »geheimnisvollen« Einbruch ein deutscher Autor. Der weiß sogar, wer ihn organisiert hatte: Arthur Nebe, Chef der Reichskriminalpolizei. Nebe »kommandiert ein Einbruchskommando zu Heydrich ab: hervorragende Spezialisten aus einer Sonderabteilung Nebes. Die Männer leisten ganze Arbeit. Sie finden einiges Material, mit dem Heydrich ›arbeiten‹ kann.«

Das Einbruchskommando, so berichten andere, leitete der

Angehörige des Sicherheitsdienstes Gert Gröthe. Um Spuren zu verwischen, hätten Gröthes Männer in den Archivräumen Feuer gelegt. Aber auch wenn es um die Folgen der »Brandstiftung« ging, gab es verschiedene Versionen. Nach der einen hatten Nebes Einbruchsspezialisten mehr Erfahrung: Das von ihnen gelegte Feuer habe nicht viel Schaden angerichtet. Dagegen hätten Gröthes Männer weniger präzise gearbeitet. Das Feuer habe einen Teil der Archivbestände zerstört. Außerdem sei der Brand bemerkt worden, und die alarmierten Löschzüge aus verschiedenen Berliner Kasernen hätten durch Löschwasser weitere Dokumente zerstört.

Wer die Gerüchte über Heydrichs angebliche Bitte an Canaris, ihm Archivunterlagen der Reichswehr zur Verfügung zu stellen, in die Welt setzte, ist unklar. Wahrscheinlich waren es Mitarbeiter des Chefs der Abwehr, Canaris, die nach dem Zweiten Weltkrieg den Admiral von Mitschuld an der Tuchatschewskij-Affäre reinwaschen wollten. Anders verhält es sich mit den Behauptungen über den mysteriösen Einbruch in die Archive der Reichswehr in der Bendlerstraße: Hier kann man die Spur bis zur Quelle zurückverfolgen.

Am 31. März 1952 starb in der italienischen Stadt Turin ein zweiundvierzig Jahre alter Mann: Walter Schellenberg. Seit 1934 ein enger Mitarbeiter Reinhard Heydrichs, wurde er nach dessen Tod 1942 vom Reichsführer SS Heinrich Himmler zum Chef des Amtes VI – des Nachrichtendienstes des SD – im Reichssicherheitshauptamt ernannt. Als 1944 Admiral Canaris als Chef des Amtes Ausland/Abwehr entmachtet wurde, übernahm Walter Schellenberg auch die Leitung des militärischen Nachrichtendienstes. In Schellenbergs Nachlaß fand man Aufzeichnungen über viele spektakuläre Aktionen des SD, an denen Schellenberg entweder persönlich beteiligt war oder über die er detailliert informiert wurde. Einige seiner Notizen betrafen auch den Fall Tuchatschewskij.

1956, vier Jahre nach Schellenbergs Tod, erschienen in London seine »Memoiren«. Darin findet man auch seine Version der

Walter Schellenberg

Aktion Heydrichs gegen Tuchatschewskij. Schellenberg schließt völlig aus, daß Heydrich Canaris über den Plan informierte, Tuchatschewskij mit Hilfe gefälschter Dokumente zu beseitigen. »Auf Grund einer ausdrücklichen Anordnung Hitlers«, schreibt Schellenberg, »durfte die deutsche Wehrmachtsführung von der ganzen Tuchatschewskij-Affäre nichts erfahren.« Demnach also auch Admiral Canaris nicht. »Auf Befehl Hitlers (nicht Heydrichs) wurde ein Einbruch im Archiv der Wehrmacht wie auch im Dienstgebäude der militärischen Abwehr verübt.« Dabei behauptet auch Schellenberg, daß das »Einbruchskommando« von Nebe aufgestellt worden sei. Schellenberg weiter: »Tatsächlich wurde einiges echte Material hinsichtlich der Zusammenarbeit der deutschen Wehrmachtsführung mit der Roten Armee gefunden. Um die Spuren des nächtlichen Einbruchs zu verwischen, wurde an den Einbruchsstellen Papier entzündet und nach Rückzug des Kommandos zum Zweck der Täuschung Feueralarm gegeben.«

Diese von Schellenberg als Tatsache dargestellte Einbruch-These wurde später nicht nur kritiklos übernommen, einige Autoren schmückten sie sogar noch mit der Enthüllung aus, daß der

Einbruch von verurteilten Berufsverbrechern durchgeführt worden sei. Übersehen wurde der Widerspruch zwischen der angeblich von Hitler angeordneten strikten Geheimhaltung der Aktion und einem Einbruch in Geheimarchive – sogar mit Brandstiftung –, der sofort umfangreiche Untersuchungen zur Folge gehabt hätte. Die Wehrmacht und auch das Amt Ausland/Abwehr hätten doch alles unternommen, um festzustellen, wem die verschwundenen Dokumente in die Hände gefallen waren und welche Akten das Feuer vernichtet hatte.

Es ist absurd: Selbstverständlich mußte Heydrich nicht Canaris um die Hilfe der »Graphologen« der Abwehr bitten. Der Sicherheitsdienst hatte selber hochqualifizierte Spezialisten für Fälschungen. Ohne Vorlage von Originalschriftstücken wären aber auch die besten Fachleute ratlos.

Wenn der ominöse »Einbruch« in das Reichswehr-Archiv in der Bendlerstraße ausgeschlossen werden kann, von wo hatte sich Heydrich »Vorlagen« für seine Fälscherwerkstatt besorgt? Zu den vielen Versionen einer Beantwortung dieser Frage gehört die, daß der Sicherheitsdienst im Februar 1937 das Potsdamer Reichsarchiv um Aushändigung der Kriegsgefangenenakte des ehemaligen zaristischen Unterleutnants Michail Tuchatschewskij gebeten habe. Alles, was dort über seinen Aufenthalt in deutschen Kriegsgefangenenlagern, vor allem aber im Fort IX in Ingolstadt, vorhanden war, sollte der Prinz-Albrecht-Straße 8 übergeben werden. Aber auch diese Behauptung kann nicht stimmen: Die Kriegsgefangenenakte des Unterleutnants Tuchatschewskij wurde niemals in Potsdam aufbewahrt. Sie befand sich immer im Bayerischen Kriegsarchiv in München.

Reinhard Heydrich war ein kalter Pragmatiker. Er scheute spektakuläre Aktionen, weil sie die Öffentlichkeit auf ihn und seine Arbeit aufmerksam gemacht hätten. Schon deshalb gab es keine abenteuerlichen Einbrüche, Brandstiftungen, Überfälle. Im übrigen zapften Heydrichs Fälscher nicht nur *eine* Quelle an. Die

SD-Experten benutzten bei ihrer Arbeit als Vorlage Tuchatschewskijs Unterschriften zum geheimen Abkommen aus dem Jahr 1926 über technische Unterstützung der sowjetischen Luftwaffe. Dieses Dokument konnte sich Heydrich problemlos besorgen – es lag im Archiv von Hermann Görings Reichsluftfahrtministerium. Fündig wurde man auch bei großen deutschen Banken. Die im Zusammenhang mit den Manöverbesuchen der sowjetischen Offiziere sowie ihrer Teilnahme an Stabskursen und Konferenzen entstandenen Aufenthaltskosten waren von der Reichswehr übernommen worden. Alle in Deutschland weilenden Vertreter der Roten Armee, Tuchatschewskij, Kork, Putna, erhielten Schecks. Mit deren Unterschrift versehen, wurden sie bei den Banken aufbewahrt. Auch diese Unterlagen forderte und erhielt der Sicherheitsdienst, ohne bei den Geldinstituten Verdacht zu wecken. Und schließlich gab es noch eine Möglichkeit, an Originaldokumente Tuchatschewskijs zu gelangen. Erst 1956, viele Jahre nach der Affäre Tuchatschewskij, hat einer der letzten noch lebenden Zeugen auf sie aufmerksam gemacht. Es gab eine Institution, deren Wünsche niemand abzulehnen wagte: die Reichskanzlei. Die forderte Akten, Dokumente und Aufzeichnungen über die Zusammenarbeit der Reichswehr und der Roten Armee zur Einsicht an. Vom Amtssitz Hitlers wurden sie Heydrich zur Verfügung gestellt und, nachdem sie von den SD-Fälschern nicht mehr gebraucht wurden, ihrem Besitzer zurückgegeben. Einen sichereren Weg, an Unterlagen mit Unterschriften und Aufzeichnungen der sowjetischen Offiziere heranzukommen, gab es nicht. Wer hätte schon gewagt, sich den Wünschen und Befehlen des Führers zu widersetzen …

Der Mann, der im Auftrag Heydrichs die für die Fälschungen notwendigen Dokumente beschaffte, war SS-Obersturmbannführer Hermann Behrends. Erst im Jahre 1932 trat der ein Jahr zuvor promovierte Jurist der NSDAP bei. Als Heydrich nach Hitlers Machtübernahme den Sicherheitsdienst aufbaute, wurde er auf den jungen, ehrgeizigen Behrends aufmerksam. Schon 1934 betraute ihn der Chef des Sicherheitsdienstes mit einer delikaten Aufgabe: Ende Juli, als klar wurde, daß der schwerkranke Reichspräsident von Hindenburg nur noch wenige Tage zu leben hatte, riegelten der SD und die SS den auf seinem Gut Neudeck mit dem Tode kämpfenden Hindenburg hermetisch gegen die Außenwelt ab. Das Sonderkommando stand unter Führung von Behrends, der kurz vorher, am 30. Juni 1934, als Hitler seine innerparteilichen Feinde um Ernst Röhm liquidieren ließ, in Heydrichs Auftrag das Morden in Schlesien leitete. Trotz gewisser Vorbehalte Himmlers – oder vielleicht gerade darum – betraute ihn Heydrich später mit der Leitung des SD-Oberabschnitts Ost. 1937 war Hermann Behrends erst dreißig Jahre alt, verheiratet mit einer energischen Frau, der er beweisen wollte, daß er glänzende Zukunftsaussichten hatte. In der erfolgreichen Durchführung der Geheimoperation gegen die Führung der Roten Armee sah Behrends seine große Chance.

Der SD-Oberabschnitt Ost hatte seinen Sitz in der von Heydrich beschlagnahmten Villa des jüdischen Warenhausbesitzers Wertheim in der Jagowstraße. Mitte Januar 1937 konnte Behrends melden, daß sich die Unterlagen für die geplanten Fälschungen in seinen Händen befanden. Die eigentliche Arbeit konnte beginnen …

Berlin-Grunewald, Delbrückstraße 6A. Ein altes, efeubewachsenes Haus in großem Garten. Sitz der Abteilung VI F des Sicherheitsdienstes.

Auf den »Hausherrn«, SS-Obersturmführer Alfred Helmut Naujocks, konnte sich Heydrich völlig verlassen. Er gehörte zu seinen Freunden schon aus der Kieler Zeit, als Heydrich junger Offizier der Kriegsmarine war. Heydrich und Naujocks traten 1931 der SS bei. Der damals als Amateurboxer unter den Hafenarbeitern beliebte ehemalige Student der Technischen Hochschule und Mechaniker Naujocks war ein für Straßenschlachten und

»Versammlungsschutz« höchst nützlicher Zuwachs. Im Jahr 1934 holte ihn sein Freund Heydrich in den SD. Seine erste »Bewährungsprobe« im Ausland bekam Naujocks Anfang 1935. Als Führer eines Killerkommandos liquidierte er in einem kleinen Hotel im Moldau-Tal unweit von Prag den deutschen Emigranten Rolf Formis. Ziel der von Heydrich befohlenen Operation war die Ausschaltung des ersten Kurzwellensenders, der regelmäßig Anti-Hitler-Propaganda in das Reich ausstrahlte, und die Ermordung des aus Stuttgart stammenden Rundfunktechnikers Formis, der den Sender betrieb.

Die Abteilung VI F hatte besondere Aufgaben. Von seinem Amtssitz in der Delbrückstraße leitete Naujocks verschiedene Werkstätten, in denen für die Auslandsagenten des SD falsche Papiere, Pässe, Kennkarten und Dokumente hergestellt wurden. Anfang 1937 wurde Naujocks mit der Fertigstellung der Fälschungen beauftragt, welche die gegen Stalin gerichtete Verschwörung Tuchatschewskijs und seiner Freunde in der Roten Armee »beweisen« sollten. Trotz Einsatzes der für die damalige Zeit modernsten technischen Mittel mußte Naujocks Heydrich kleinlaut gestehen, daß er in die Angelegenheit einen Außenstehenden einweihen müsse. Ihm fehlte ein versierter Graveur.

Der von Naujocks für die Herstellung kompromittierender Dokumente gesuchte Graveur hatte drei Voraussetzungen zu erfüllen: Er mußte Mitglied der NSDAP sein. Er mußte die Sicherheit bieten, daß er über seine Arbeit schweigen würde. Und – er mußte ein ausgezeichneter Fachmann sein.

Die dringende Bitte des Sicherheitsdienstes um Karteikarten von allen Druckern und Graveuren, die langjährige Parteimitglieder waren, hatte die Berliner Gauleitung der NSDAP binnen weniger Stunden erfüllt. Unter den etwa ein halb Dutzend Namen suchte Naujocks nach dem, der alle notwendigen Voraussetzungen erfüllte. Und er wurde fündig.

Im Sommer 1956, fast zwanzig Jahre danach, meldete sich der angeblich letzte Zeuge der Herstellung jener Fälschungen. Der

Alfred Helmut Naujocks und sein
Auftraggeber Reinhard Heydrich, 1934.

Mann mit dem Decknamen »Berger« – möglicherweise war es der damals noch lebende Naujocks – schilderte die Begegnung mit dem vom SD zur Mitarbeit an den Fälschungen ausgesuchten Graveur; er habe Franz Putzig geheißen und sei Besitzer der kleinen Werkstatt »Stempel-Putzig« in Berlin-Adlershof, Adlergestell, gewesen:

»Berger betritt die Werkstatt.

Stempel-Putzig schaut ihn an. ›Bitte, mein Herr, Sie wünschen?‹

›Es handelt sich um einen Parteiauftrag‹, sagt Berger.

›Parteiauftrag‹, wiederholt Putzig. ›Aha!‹

›Es ist ein Auftrag von höchster Stelle‹, sagt Berger. Putzig nickt. Er weiß, so etwas kann man auf keinen Fall ablehnen.

›Sie wären auch bereit, etwas zu tun, das normalerweise in Ihrem Handwerk nicht üblich ist?‹ forscht Berger.

Stempel-Putzig zögert einen Augenblick ...«

Um den etwas zögernden Putzig zu überzeugen, legte ihm »Berger« seinen SD-Ausweis vor. Putzig fragte nach einer schriftlichen Auftragsbestätigung. Die konnte er selbstverständlich vom SD nicht bekommen. Und so fiel »Berger« eine »Lösung« ein: Er forderte Putzig auf, am nächsten Tag zum »Chef« zu kommen, zu SS-Gruppenführer Heydrich in die Prinz-Albrecht-Straße 8. Und der Graveur war – wie gewünscht – zur Stelle.

»Berger« berichtet:

»Am nächsten Tag steht Stempel-Putzig vor Heydrich. Er soll Klischees der Unterschriften der Reichswehr-Generäle Seeckt und Hammerstein sowie von Trotzkij, Tuchatschewskij und Soritz, dem sowjetischen Botschafter in Berlin, herstellen.

›Jawohl, Gruppenführer‹, sagt Putzig.

›Sie machen die Arbeiten nur allein.‹

›Jawohl.‹

›Sie arbeiten nur nachts.‹

›Jawohl.‹

›Sie wissen, was es für Sie persönlich bedeutet, wenn irgend etwas über Ihre Arbeit bekannt wird.‹

›Jawohl, Gruppenführer.‹

Berger war zufrieden.

Putzig arbeitet vier Nächte lang. Berger hat ihm Unterlagen für die Unterschriften gegeben. Außerdem muß er naturgetreue Briefköpfe des Reichswehrministeriums, der Roten Armee und der sowjetischen Botschaft drucken. Nach fünf Tagen holt sich Berger Stempel und Briefköpfe aus Adlershof. Sie sind auf Anhieb einwandfrei geworden, ein Meisterstück deutscher Werkkunst.«

Der Franzose André Brissaud glaubt nicht, daß ein kleiner Drucker, auch wenn er eine so verantwortliche »Arbeit« leisten sollte, von Heydrich persönlich empfangen wurde. In Brissauds Version wohnte Putzig nicht in Adlershof, sondern in Zehlendorf, hieß nicht Manfred, sondern Franz und verhandelte angeblich lediglich mit dem für seinen Wohnsitz zuständigen Ortsgruppenleiter der NSDAP sowie einem »Vorgesetzten« von Naujocks. Bei diesem Gespräch habe Putzig eine schriftliche Auftragsbestätigung verlangt, in der auch erwähnt werden sollte, daß er die Arbeit als Parteimitglied unentgeltlich übernahm. Diese Bestätigung sei ihm auch ausgehändigt worden. Wenn die Verhandlungen mit Putzig tatsächlich so verliefen, wie von Brissaud geschildert, wurden allerdings gleich zwei wichtige Regeln der Geheimdienstarbeit verletzt: Zu den Gesprächen Putzig–Naujocks wurde ein Außenstehender, der Ortsgruppenleiter der NSDAP, hinzugezogen. Und Putzig erhielt von Naujocks ein Schriftstück, das den Sicherheitsdienst als seinen Auftraggeber auswies.

Nachdem sich Putzig – so Brissaud weiter – mit Naujocks über die Arbeitsbedingungen geeinigt hatte, konnte er an die Arbeit gehen. Die vom SD erarbeiteten Texte brachte »Naujocks allabendlich in Putzigs Werkstatt«. Brissaud: »Der Graveur leistet großartige Arbeit. Jede Unterschrift, jeder Stempel ist ein Meisterwerk an Genauigkeit. Bei jedem neuen Stück ruft Naujocks aus: ›Wunderbar! Sie sind ein Genie!‹ Selbst das Papier trägt ein russisches Wasserzeichen, vom täuschend nachgeahmten Stil ganz zu schweigen. Am linken Rand sind mit Bleistift einige Anmerkungen hingekritzelt, die vernichtender sind als der ganze Brief.«

In seinem Bericht von 1956 schildert »Berger« eindrucksvoll die Schwierigkeiten bei der von ihm selbst zu leistenden Fälschungsarbeit. Zwei Tage und zwei Nächte saß »Berger« in seinem Zimmer, um aus Dokumenten Beweise zu fabrizieren. Behrends hatte inzwischen die Texte erfunden. Es waren Briefe von Tuchatschewskij, von Trotzkij und Seeckt. Dazu Aktennotizen. »Berger« versuchte zunächst, die Fälschungen mit Farbe zu fabrizieren. Aber der Stempelabdruck ähnelte mehr einem Klecks als einer Unterschrift. Er mußte die Stempel mit Wasser mühselig wieder abwaschen. »Berger« probierte es schließlich mit Tinte: Sie zerlief. Er versetzte sie mit Kalk: Der Abdruck wurde körnig und uneben. Dann hatte er endlich sein »System« gefunden: Er verteilte Kalk auf einer Glasplatte, walzte ihn sorgfältig breit, drückte den Unterschrift-Stempel auf den Kalk und dann noch einmal auf ein mit Tinte getränktes Stempelkissen. Da aber ein Fachmann – wenn er Originale verlangen würde – die von »Berger« hergestellten Dokumente sofort als Fälschungen erkannt hätte, wurden von den Falsifikaten Fotokopien hergestellt.

Heydrich war sehr zufrieden mit der Arbeit. »Berger« 1956: »Das Prunkstück ist eine Fotomontage, die den sowjetischen Botschafter Jakob Soritz im intimen Gespräch mit dem exilierten ›Verbrecher‹ Trotzkij zeigt.«

Hier unterlief »Berger« allerdings ein Fehler. Der sowjetische Botschafter in Berlin hieß nicht Soritz, sondern Jakob Suritz. Ebenso blieb »Berger« eine Erklärung dafür schuldig, warum der »mit Trotzkij konspirierende« Botschafter Suritz von Stalin bis Juli 1938 auf seinem Berliner Posten belassen wurde. Noch Jahre später, Anfang September 1943, hatte der »belastete« Suritz Stalins Vertrauen. Er wurde zum Mitglied einer vom sowjetischen Diktator ernannten Kommission berufen, die Pläne für die Nachkriegsordnung in Deutschland ausarbeiten sollte.

Sicher ist, daß ohne Hilfe des Graveurs Putzig bei der Herstellung der gefälschten Unterlagen Heydrichs Zeitplan nicht hätte eingehalten werden können. Auch die strittigen Fragen, wo sich Putzigs Werkstatt befand und wie er mit Vornamen hieß, sind heute gelöst: Die Stempel- und Schablonenfabrik des Manfred (also nicht Franz) Putzig war in Berlin-Adlershof, Adlergestell 239. Die Rufnummer gibt das Berliner Telefonbuch von 1936 mit 7308 an.

Viktor Alexandrow, ein sowjetischer Publizist, der sich in den Westen absetzte, will ein »Geheimnis« enträtselt haben: Nach seinen Angaben wurden die Texte der gefälschten Dokumente nicht vom Leiter des SD-Oberabschnittes Ost, SS-Obersturmbannführer Hermann Behrends, und seinen Mitarbeitern verfaßt, sondern von General Nikolaj Skoblin, der sich zu diesem Zweck heimlich mit Reinhard Heydrich traf. Spannend schildert der Russe die dramatischen Umstände der Skoblin-Aktion.

Am 22. Januar 1937 kamen – so Alexandrow – drei Agenten Heydrichs nach Paris. Sie sollten Skoblin mit dem Auto, einem Mercedes, nach Deutschland zu Heydrich fahren. Die SD-Agenten trafen sich mit Skoblin im hinteren Salon eines Cafés in der Rue Raffet; ihr Wagen stand vor der Métro-Station Jasmin. Kurz nach fünfzehn Uhr fuhren die Agenten mit Skoblin von Paris ab.

»Sie fuhren über Nogent, Chelles und Montfermeil auf der Straße von Meaux. Pausen wurden nicht eingelegt. Sechs Stunden später befand sich der Wagen an der Brücke von Kehl, wo er mit zusammengeschlagenen Hacken und ›Heil Hitler‹ begrüßt wurde. Von dort aus ging es nicht nach Berlin weiter, sondern auf einer Straße zweiter Ordnung in Richtung Stuttgart. Um keine Zeit zu verlieren, war Heydrich seinem Agenten entgegengefahren. Er erwartete ihn im Park-Hotel, einem palaisartigen Gebäude in Baden-Baden ... Zu dieser Zeit war der Kurort Baden-Baden noch recht verschlafen und vielleicht noch melancholischer als ein Provinzstädtchen ... An der Schwelle des Hotels öffnete ein uniformierter Portier achtungsvoll die Tür und sagte: ›Bitte sehr, Herr General ... diesen Weg.‹ In einem großen Salon der ersten Etage kam Heydrich auf ihn zu und reichte ihm die knochige, rote, immer etwas feuchte Hand.«

In seinen »Memoiren« gibt der Chef des Nachrichtendienstes des SD, Walter Schellenberg, eine Charakteristik Heydrichs wieder, wie er sie von Jahnke, einem seiner engsten Mitarbeiter, gehört hatte. »Es gibt nur einen«, so Jahnke, »den ich fürchte, und das ist Heydrich. Er ist gefährlicher als eine Raubkatze.«

Heydrich, diese »Raubkatze«, der gerade die bisher größte und folgenreichste Geheimoperation seines Dienstes, die Liquidierung der Führung der Roten Armee, vorbereitete, ging bei dem Arrangement seiner Begegnung mit Skoblin – sollte es zu ihr tatsächlich gekommen sein – so dilettantisch vor, daß ihr Erfolg ernsthaft gefährdet werden konnte. In Kehl hatte er vor möglichen Zeugen seinen Agenten Skoblin mit »Hackenschlagen« und »Heil Hitler« begrüßen lassen. In Baden-Baden, »dem verschlafenen Provinzstädtchen«, wußte der Portier des »Park-Hotel«, daß der soeben aus Paris eingetroffene Gast ein General war. Und dann wies er ihm den Weg zum Salon, wo er von Reinhard Heydrich, dem Mann, der gefährlicher als eine Raubkatze war, erwartet wurde.

Unglaubwürdig waren auch die Gründe, die Viktor Alexandrow für die überstürzte Reise Skoblins – in Begleitung von Agenten des SD – nach Baden-Baden nannte.

»Der Chef des SD ... breitete die Dokumente auf einem Tisch aus und bat Skoblin, sie zu prüfen ... Skoblin überflog rasch die vor ihm ausgebreiteten Dokumente. Da waren durch die Zeit gelb gewordene persönliche Berichte in russischer Sprache, die Tuchatschewskij während seiner Ausbildungszeit bei der Reichswehr geschrieben und persönlich unterzeichnet hatte. Es gab handgeschriebene Briefe an die Generäle von Hammerstein und von Fritsch; dazu eine Anzahl Fotos aus den Manövern sowie einige Abrechnungen. Nach einer ersten Prüfung erklärte der General, daß es ihn etwas Zeit kosten würde, diese Dokumente mit Hilfe russischsprechender Spezialisten in ›Beweise‹ umzuformen. Heydrich hörte den Bemerkungen von Skoblin aufmerksam zu und notierte einiges in einem kleinen Heft.«

Die Unterhaltung, so Alexandrow, dauerte »über zwei Stunden« und endete »erst spät gegen Abend«.

Mit Zeitangaben ging Alexandrow nicht sehr präzise um. Kurz vor drei Uhr nachmittags war Skoblin von Paris im Mercedes der SD-Agenten nach Deutschland abgefahren. Nach sechsstündiger Fahrt – es war also neun Uhr abends – wurde er in Kehl mit »Heil Hitler« begrüßt. Von Kehl nach Baden-Baden fuhr er im Jahre 1937 sicher mindestens eine Stunde. Die Unterredung Skoblin–Heydrich im »Park-Hotel« dauerte nach Alexandrows Angaben »über zwei Stunden«. Sie ging also nach Mitternacht zu Ende. Bei Viktor Alexandrow war es aber erst »spät gegen Abend«.

Aber nicht nur die Zeitangaben stimmen nicht. Reinhard Heydrich würde niemals einem seiner Agenten – und General Skoblin stand in seinen Diensten – Fälschungen seiner »Werkstatt« vorgelegt haben. Skoblin wäre – nach Alexandrow – auch nicht der einzige, der sie eingesehen hatte. Seine »russischsprechenden Spezialisten« sollten die gefälschten Dokumente sogar überprüfen. Ein solcher Dilettantismus kann der »Raubkatze« Heydrich nicht unterstellt werden ...

Rätselraten.

Wie viele Dokumente wurden gefälscht? Wie lange brauchten die Fälscher, bis ihre Arbeit abgeschlossen war?

»Berger« behauptet in seinem Bericht, der Graveur Putzig habe für die Herstellung der Fälschungen fünf Tage gebraucht. Er selbst, »Berger«, habe innerhalb von etwa zehn Tagen die Feinarbeit beendet.

Nach Viktor Alexandrow wollte Skoblin die Dokumente, die er am 22. Januar 1937 in Baden-Baden zum erstenmal gesehen hatte, nach Paris mitnehmen, um sie durch »Spezialisten« auf ihre »Glaubwürdigkeit« prüfen zu lassen. Demnach konnten die Fälschungen Heydrich nicht vor Ende Januar 1937 wieder vorliegen.

Kurz nach dem XX. Parteitag der KPdSU – er fand im Februar 1956 statt – sprach in Warschau der damalige polnische Parteichef Wladyslaw Gomulka über den Fall Tuchatschewskij. Er behauptete, daß die von Heydrich angefertigten Dokumente bereits Ende Februar oder Anfang März 1937 in Moskau vorgelegen hätten.

Eine andere Zeitangabe machte Walter Hagen. Hinter diesem Decknamen verbirgt sich SS-Obersturmbannführer Wilhelm Höttl, ein langjähriger Mitarbeiter des Reichssicherheitshauptamtes. »Etwa im April 1937 begann in abgelegenen Kellerräumen des Gebäudes der Geheimen Staatspolizei in der Prinz-Albrecht-Straße zu Berlin die systematische Fälscherarbeit. Behrends errichtete zu diesem Zweck ein mit allen technischen Hilfsmitteln ausgestattetes Laboratorium. Er selbst führte die Aufsicht; der

Arbeitsraum wurde streng abgeschlossen; nur die unmittelbar beteiligten Personen durften ihn betreten; ein eigener Postendienst wurde organisiert«, berichtete Hagen-Höttl.

Hagen-Höttl setzt den Zeitpunkt des Beginns der Fälscherarbeiten ungewöhnlich spät an – April 1937. Hingegen behauptet Walter Schellenberg in seinen »Memoiren«: »Schon nach vier Tagen konnte Himmler ein umfangreiches Aktenbündel Hitler vorlegen.« Das heißt, daß Hitler das Material, durch welches Tuchatschewskij belastet werden sollte, bereits im Januar zur Einsicht erhielt. Wieso dies so schnell möglich war, begründet Schellenberg damit, daß das dem SD-Chef Reinhard Heydrich vorliegende Material nur »zweckdienlich hergerichtet werden« mußte. »Dazu waren keineswegs ... Großfälschungen erforderlich; es genügte, in den wahllos zusammengerafften Papieren einige ›Lücken‹ zu schließen.«

Dagegen geht eine andere Version davon aus, daß erst »Ende März die letzten Lücken geschlossen sind, ein umfangreiches Aktenbündel vollendet. Heydrich legt es stolz seinem Chef Himmler vor. Der geht sofort damit zu Hitler. Was Himmler seinem ›Führer‹ aus einer rotgebundenen Mappe aufblättert, findet allerhöchste Anerkennung.« Auch den Inhalt der »rotgebundenen Mappe« will der sowjetische Tuchatschewskij-Biograph Lew Nikulin kennen. So ist es ein angeblicher »Brief des Marschalls, in dem Tuchatschewskij und seine Freunde sich darüber einigten, wie sie sich der Kontrolle durch Zivilpersonen entledigen und die Staatsmacht in ihre Hände bekommen könnten. In dem Brief versuchte man, nicht nur die Handschrift, sondern auch den charakteristischen Stil Tuchatschewskijs nachzuahmen. Auf dem Brief waren echte Stempel: ›Abwehr‹ und ›Streng geheim‹ ... Der Brief war das wichtigste Dokument. Das ganze Dossier enthielt fünfzehn Blatt, und dann waren da noch verschiedene deutsche Dokumente, die von Generälen der deutschen Wehrmacht unterzeichnet waren.«

Fünfzehn Dokumente waren es also nach Lew Nikulin. Der

britische Kenner stalinistischer Schauprozesse, Robert Conquest, ist dagegen überzeugt, daß die »Akte« aus 32 Seiten bestand. Conquest will sogar wissen, daß es sich nicht nur um Schriftstücke gehandelt hatte: »Beigeheftet war eine Fotografie von Trotzkij mit deutschen Beamten.«

Nur einige Dokumente (Schellenberg), fünfzehn Schriftstücke (Nikulin), zweiunddreißig Schriftstücke und eine Fotografie (Conquest) ...

Kann heute noch festgestellt werden, wie viele Fälschungen Putzig und Naujocks fabriziert haben? Und sind diese Fälschungen bis heute erhalten geblieben? Können sie eingesehen werden? Die Antwort ist eindeutig. Im Juli 1989 sendete das Zweite Deutsche Fernsehen eine Diskussion zwischen deutschen und sowjetischen Historikern über das geheime Zusatzprotokoll zum Hitler-Stalin-Pakt vom 23. August 1939. Einer der sowjetischen Teilnehmer war Walentin Falin, außenpolitischer Berater des sowjetischen Staats- und Parteichefs Michail Gorbatschow und ehemaliger sowjetischer Botschafter in Bonn. Falin schloß zwar die Existenz eines geheimen Zusatzprotokolls nicht aus, meinte aber, daß auch eine Fälschung nicht ganz auszuschließen sei. Und wörtlich: »Ich habe leider so viele Fälschungen gesehen – angefangen mit Papieren von Schellenberg zu Tuchatschewskij.«

Walentin Falin hat also die »rotgebundene Mappe« mit den gefälschten Dokumenten aus der Werkstatt Reinhard Heydrichs gesehen. Aber immer noch wird in Moskau ihr Inhalt geheimgehalten ...

Was läßt sich bei so vielen verschiedenen Behauptungen und Vermutungen nachweisen? Solange der Kreml die Archive des Staatssicherheitsdienstes KGB nicht öffnet, wird es kaum eine Antwort auf die Frage geben, wie viele Falsifikate der Sicherheitsdienst hergestellt hatte. Präzise läßt sich aber auf eine andere, wichtigere Frage antworten. Auf die, wann die gefälschten Papiere Heydrich vorlagen.

Begonnen hatte alles am 6. Dezember 1936. An diesem Tag informierte der ehemalige zaristische General Nikolaj Wladimirowitsch Skoblin Reinhard Heydrich, daß eine Gruppe ranghoher sowjetischer Kommandeure der Roten Armee, mit Marschall Michail Nikolajewitsch Tuchatschewskij an der Spitze, den sowjetischen Diktator Josef W. Stalin stürzen wolle.

Spätestens am 20. Dezember 1936, wahrscheinlich aber um einige Tage früher, hatte Heydrich diese Information seinem Chef, dem Reichsführer SS Heinrich Himmler, anvertraut und ihn gebeten, unverzüglich Adolf Hitler über die Verschwörung zu informieren. Der Führer sollte entscheiden, welche Schritte unternommen werden sollten: ob Stalin über die Verschwörung zu informieren oder die Aktion der roten Generäle stillschweigend zu tolerieren sei.

Am 24. Dezember 1936 – vor der Abreise Hitlers nach München – wurde der »Führer« von Himmler in die Vorgänge in Moskau eingeweiht. Hitler entschied, man solle Stalin gefälschte Dokumente zuspielen über eine Beteiligung deutscher Generäle an den Plänen Tuchatschewskijs zur Errichtung einer Militärdiktatur in der Sowjetunion. Hitler erwartete, daß Stalin auf Grund dieser »Beweise« einen blutigen Schlag gegen die Verschwörer führen würde. Noch am gleichen Tag, am 24. Dezember 1936, teilte Himmler Hitlers Entscheidung Heydrich mit.

Ende 1936/Anfang 1937 beauftragte Heydrich Walter Schellenberg, eine umfassende Studie über die Zusammenarbeit der Reichswehr mit der Roten Armee von 1923 bis 1933 auszuarbeiten. Diese Studie lag Heydrich spätestens Mitte Januar 1937 vor.

Gleichzeitig erhielt der Leiter des SD-Abschnittes Ost, SS-Obersturmbannführer Hermann Behrends, von Heydrich den Befehl, in Archiven des Reichsluftfahrtministeriums, der Heeresleitung und verschiedener Banken Dokumente, Briefe, Berichte, Verträge, die von Kommandeuren der Roten Armee geschrieben oder mit Anmerkungen versehen worden waren, ausfindig zu machen. Gesucht wurden auch Schecks und Quittungen mit

Unterschriften von sowjetrussischen Teilnehmern der Manöver und Kurse der Reichswehr. Dieses Material diente dann als Vorlage für gefälschte und manipulierte Dokumente, aus denen hervorgehen sollte, daß Tuchatschewskij in Zusammenarbeit mit einigen deutschen Generälen eine Verschwörung plante. Mit der Herstellung der Falsifikate wurde die SD-Abteilung VI F unter der Leitung von Alfred Helmut Naujocks betraut. Die notwendigen Vorlagen und das Papier lieferte der in Berlin-Adlershof ansässige Graveur Manfred Putzig.

Ende Januar, spätestens aber Anfang Februar 1937 waren die Arbeiten an den Falsifikaten abgeschlossen. Sie wurden von Behrends und Naujocks ihrem Chef Reinhard Heydrich vorgelegt. Die technische Phase der Arbeit war damit beendet.

Vermutungen oder Tatsachen? Kann dieser Zeitablauf auch bewiesen werden?

Er kann!

Denn schon am 7. Februar 1937 begann der zweite Akt der von SS-Gruppenführer Reinhard Heydrich sorgfältig ausgearbeiteten Geheimdienstoperation Tuchatschewskij.

Das Werkzeug

Freitag, den 13. November 1936, war in Prag ein unangenehmer, naßkalter Herbsttag. Über der Moldau hingen Nebelfetzen. Der schwarze, elegante Tatra, der kurz vor sechzehn Uhr vor dem Amtssitz des Präsidenten der Tschechoslowakischen Republik, Dr. Edvard Beneš, auf der Prager Burg vorfuhr, wurde bereits am Portal des Präsidentenflügels vom Sekretär des Staatsoberhauptes erwartet. Dr. Smutný begrüßte die beiden Gäste mit einem etwas laschen Händedruck. Dann führte er sie die breite Treppe hinauf in die erste Etage, wo sich die Amtsräume des Präsidenten befanden.

Dr. Beneš, wie immer im dezenten grauen Anzug, begrüßte seine Gäste auf deutsch. Er äußerte die Hoffnung, daß die Unterredung fruchtbar sein werde. Die Besucher pflichteten ihm höflich bei.

Dann ließ der Präsident Kaffee servieren. Als der Diener die Bibliothek, die im hellen Licht der Kristallüster lag, verlassen hatte, gingen die Gesprächspartner sofort zum Thema ihrer Begegnung über. Die Aussprache, so vermerkte später Beneš in einer Notiz, dauerte vier Stunden.

Sommer 1936.

Dr. Albrecht Haushofer, ein Mitarbeiter des von Joachim von Ribbentrop geleiteten Außenpolitischen Büros der NSDAP, legte dem Chef seine Denkschrift »Politische Möglichkeiten im Südosten« vor. Darin vertrat er die Ansicht, daß die Tschechoslowakei einen Angriff Deutschlands befürchte. Verteidigen könne sich das Land nur mit der Hilfe Frankreichs. Die Möglichkeit einer Hilfeleistung durch die Sowjetunion werde in Prag mit Skepsis betrachtet. Man könne sich auch keineswegs sicher sein, daß alle

Bevölkerungsteile zur Verteidigung der Republik bereit wären. Diese Situation, so Haushofer, sei günstig, um der Tschechoslowakei einen Nichtangriffspakt mit dem Deutschen Reich anzubieten. Dabei könnte Berlin auf eine Abtrennung der von der deutschen Bevölkerung besiedelten Grenzgebiete verzichten. Als Gegenleistung sollte die Tschechoslowakei den Sudetendeutschen kulturelle und wirtschaftliche Gleichberechtigung zusichern. Weiter schlug Haushofer in seiner Denkschrift die Verbesserung der wirtschaftlichen Beziehungen zwischen den beiden Staaten sowie einen »Frieden« im Pressekrieg zwischen dem Deutschen Reich und der Tschechoslowakei vor. Er schloß sogar die Zusammenarbeit der beiden Nachbarländer in einer »Anti-Habsburg-Front« nicht aus.

Einige Monate geschah nichts ...

Erst am 18. Oktober 1936 kam es in der Gesandtschaft der Tschechoslowakischen Republik in Berlin zu einer Begegnung zwischen dem Prager Gesandten Vojtěch Mastný und Haushofer. Das Treffen vermittelte Maximilian Karl Graf zu Trauttmannsdorff, ein höherer Beamter im Reichsarbeitsministerium, der am 14. August 1936 auf einem Empfang in der französischen Botschaft dem tschechoslowakischen Gesandten vorgestellt worden war. Graf Trauttmannsdorff stammte aus einer alten österreichischen Adelsfamilie. Nach dem Ersten Weltkrieg war er – bevor er sich in Berlin niederließ – tschechoslowakischer Staatsbürger. Sein Bruder Ferdinand Johann lebte in der Tschechoslowakei, wo er unweit des westböhmischen Städtchens Hrochův Týnec ein Gut besaß.

Der Graf informierte den Gesandten, daß er beauftragt sei, die Möglichkeiten einer Verständigung zwischen beiden Staaten zu sondieren. Voraussetzung einer eventuellen Kontaktaufnahme sei allerdings, daß auch dem tschechoslowakischen Präsidenten Beneš an einer Verständigung mit dem Reich gelegen sei. Die Gespräche sollten völlig unbürokratisch verlaufen, die Treffen der Berliner Unterhändler streng vertraulich behandelt werden.

Der Prager Gesandte in Berlin,
Dr. Vojtěch Mastný, mit seiner Frau, Mitte 1932.

Sogar vor dem Reichsaußenminister Konstantin Freiherr von Neurath müßten sie geheimgehalten werden.

Der überraschte Mastný sah sich nicht imstande, sofort – ohne Konsultationen mit Prag – allein über eine so wichtige Angelegenheit zu entscheiden. Am 17. August 1936, drei Tage nach der Unterredung mit von Trauttmannsdorff, fuhr er nach Prag, um Beneš über das Gespräch zu informieren.

Die Urlaubszeit hatte die Fortsetzung der Konsultationen zwischen Mastný und von Trauttmannsdorff unterbrochen. Nachdem der Gesandte im September nach Berlin zurückgekehrt war, setzte er sich mit dem Grafen sofort wieder in Verbindung. Bereits am 16. Oktober teilte Trauttmannsdorff Mastný mit, Hitler wolle einen Unterhändler zu Beneš entsenden. Der Reichskanzler bestehe allerdings darauf, daß die Reise unter strengster Geheimhaltung stattfinde. Mastný sicherte dies im Auftrag von Beneš zu, so daß ihm schon am nächsten Tag Graf Trauttmannsdorff mitteilen konnte, Hitler werde Dr. Albrecht Haushofer nach Prag zu Gesprächen mit Präsident Beneš entsenden. Alles deutet darauf hin, daß Hitler den Kontakten mit Prag äußerste Wichtigkeit beimaß. Denn bereits vierundzwanzig Stunden später, am 18. Oktober 1936, kam es in der Gesandtschaft zur ersten Begegnung zwischen Haushofer und Trauttmannsdorff sowie dem Gesandten Mastný.

Den Vorbereitungen zum ersten Treffen auf der Prager Burg widmeten beide Seiten große Aufmerksamkeit. Mastný reiste am 22. Oktober 1936 nach Prag, um mit Beneš und Außenminister Dr. Kamil Krofta zu konferieren. In Berlin traf sich Haushofer mit Joachim von Ribbentrop. Dieser informierte Hitler. Reichsführer SS Heinrich Himmler erfuhr über die bevorstehenden Verhandlungen mit der Tschechoslowakei von seinem persönlichen Adjutanten SS-Brigadeführer Karl Wolff. Mit Sicherheit kann angenommen werden, daß Himmler nun auch Reinhard Heydrich in die zukünftigen Pläne Hitlers gegenüber dem Nachbarn des Reiches im Süden einweihte.

Jetzt war es also soweit. Dr. Albrecht Haushofer und Graf Trauttmannsdorff saßen in der Bibliothek des Präsidenten, sogen den angenehmen Duft des frischen Kaffees ein und machten den nervös wirkenden Dr. Beneš mit Hitlers Vorstellungen über gutnachbarschaftliche Beziehungen beider Staaten vertraut.

Harmonisch begannen die Gespräche nicht. Aus den Notizen von Beneš geht hervor, daß Trauttmannsdorff als erstes das sudetendeutsche Problem angesprochen hatte. Beneš antwortete gereizt, daß diese Angelegenheit bereits Reichsaußenminister Stresemann als innere Angelegenheit der Tschechoslowakei bezeichnet habe. Darum sollten allgemeine politische Fragen behandelt werden.

Die Gäste aus Berlin wollten vom Präsidenten hören, wie die Freundschaftsverträge der Tschechoslowakei mit Frankreich und vor allem mit der Sowjetunion einzustufen seien. Als Haushofer die Bindungen Prags an Moskau ansprach, war es Beneš, der diese herunterspielte. »Ich kann einen Vertrag mit Deutschland unterschreiben«, versicherte er. »Ich bin ein alter Revolutionär und habe davor keine Angst!«

Auch in einigen anderen Fragen zeigte sich der Präsident zu Kompromissen bereit. Als über die Aktivitäten des deutschen demokratischen Exils in der Tschechoslowakei gesprochen wurde, verwies er auf die Entscheidung tschechoslowakischer Behörden, die die Verbreitung des sozialdemokratischen »Neuen Vorwärts« sowie der konservativen »Deutschen Revolution« Otto Strassers untersagt hatten. Auch eine zukünftige Kulturautonomie der Sudetendeutschen schloß der Präsident nicht aus.

Als die Gesprächspartner zufrieden über die Annäherung der Standpunkte auseinandergingen, lag über Prag bereits eine dunkle Nacht. Beneš, Haushofer und Graf Trauttmannsdorff waren sich einig, daß die Konsultationen fortgesetzt werden sollten.

In Berlin wartete auf Trauttmannsdorff und Haushofer eine Überraschung. Adolf Hitler hatte plötzlich andere Vorstellungen über den Sinn der Verhandlungen. Abbrechen wollte er die Kon-

Maximilian Karl Graf zu Trauttmannsdorff, Juli 1933.

takte mit Beneš zwar nicht, aber die Schwerpunkte sollten anders gelegt werden. Als ihm dann Haushofer Ende November 1936 eine Denkschrift über die Unterredung mit Beneš vorlegte, erklärte Hitler, daß er als das Wichtigste eine enge wirtschaftliche Zusammenarbeit mit der Tschechoslowakei betrachte. An zweiter Stelle solle das sudetendeutsche Problem behandelt werden. Noch einmal solle über die Aktivitäten des deutschen Exils gesprochen werden, wobei sich die Tschechoslowakei verpflichten solle, nichts zu dulden, was dem Deutschen Reich feindlich gesinnt sei. Der Abschluß eines Nichtangriffspaktes zwischen der Tschechoslowakei und Deutschland stand nicht mehr auf dem Programm.

Trotz der neuen, nicht erwarteten Anweisungen Hitlers reisten Haushofer und Trauttmannsdorff eine Woche vor Weihnachten, am 18. Dezember 1936, ziemlich optimistisch abermals nach Prag. Wie bereits im November, wurde auch jetzt das Treffen auf der Prager Burg von der Außenwelt streng abgeschirmt. Diesmal dauerte das »Freitagsgespräch« in der Bibliothek des Präsidenten auf dem Hradschin volle sieben Stunden.

Als sich Haushofer und Trauttmannsdorff spät in der Nacht von Beneš verabschiedeten, schien es, daß eine Lösung für beide Seiten gefunden werden könnte. Beneš glaubte, der Weg zur Verständigung mit Berlin sei offen. Zwischen Weihnachten und Neujahr – so schrieb er später in seinen »Erinnerungen« – arbeitete er einen Entwurf des Nichtangriffspaktes mit Deutschland aus.

Das letzte Wort mußte aber in Berlin gesprochen werden. Von Adolf Hitler.

Und auf dieses Wort wartete man ...

Tage vergingen – Berlin schwieg.

Am 23. Januar 1937 kam Albrecht Haushofer in die tschechoslowakische Gesandtschaft, um Vojtěch Mastný darüber zu informieren, daß die Aussichten für den Vertragsabschluß zwischen Deutschland und der Tschechoslowakei zu achtzig Prozent positiv seien. Die Gespräche, die er mit dem Stellvertreter des Führers Rudolf Heß, mit Joachim von Ribbentrop und mit dem Reichswirtschaftsminister Hjalmar Schacht geführt habe, seien zufriedenstellend verlaufen. Noch seien aber nicht alle Hindernisse ausgeräumt. Man solle sich noch etwas gedulden.

Und wieder vergingen Tage ...

Dann, es war am Montag, dem 9. Februar 1937, bat Maximilian Karl Graf zu Trauttmannsdorff den tschechoslowakischen Gesandten Dr. Vojtěch Mastný um ein Gespräch. Mastný, der bereits ungeduldig auf Hitlers Entscheidung wartete, sagte sofort zu. Noch am gleichen Tag sollte der Graf zu ihm kommen.

Graf Trauttmannsdorff brachte schlechte Nachrichten. Der Führer und Reichskanzler sei über die Haltung der Tschechoslowakei erzürnt. Auf die Frage Mastnýs, was denn geschehen sei, nannte Trauttmannsdorff den Grund für Hitlers Unmut: das Buch des tschechoslowakischen Gesandten in Bukarest, Jan Šeba, »Rußland und die Kleine Entente in der Weltpolitik«. Šeba bedauerte die Niederlage der Roten Armee unter Tuchatschewskij im Sommer 1920 vor Warschau. Wenn die Rote Armee gesiegt hätte, so der tschechoslowakische Diplomat, hätte die Tschechoslowakei eine gemeinsame Grenze mit der Sowjetunion. Das würde den Sowjets ermöglichen, der Tschechoslowakei im Falle eines militärischen Konflikts mit Deutschland zu Hilfe zu kommen. Diese Ausführungen – so Trauttmannsdorff – betrachte Hitler als Beweis, »wie stark die Tschechoslowakei mit Rußland engagiert ist«. Erst nach Klärung der Affäre, etwa in vierzehn Tagen, könnten die Verhandlungen in Prag fortgesetzt werden.

Und dann – dann sagte Trauttmannsdorff, scheinbar nebenbei, etwas, das Vojtěch Mastný bleich werden ließ. In der Aktennotiz des Gesandten für den tschechoslowakischen Präsidenten Dr. Edvard Beneš vom 9. Februar 1937 liest es sich so:

»Vor allem was den eingetretenen Verzug betrifft, gab er zu, mit der Bitte, volle Geheimhaltung zu wahren, daß der eigentliche

Grund für das Zögern des Kanzlers in dessen Vermutung zu suchen sei, daß gewissen Nachrichten zufolge, die er aus Rußland bekommen hatte, dort mit aller Wahrscheinlichkeit eine baldige plötzliche Wende, der Sturz Stalins und Litwinows und die Etablierung einer Militärdiktatur, bevorstehe. Sollte es dazu kommen, dann würde der Reichskanzler angeblich die gesamte Haltung gegenüber Rußland ändern und wäre bereit, West- und Osteuropa gleichzeitig zu erledigen, allerdings wieder nur auf dem Wege bilateraler Verträge.«

Um Beneš nicht allzusehr zu schockieren, versuchte dann Mastný, die Tragweite der vertraulichen Information Trauttmannsdorffs über die Entwicklung in der Sowjetunion abzuschwächen, indem er hinzufügte, vielleicht seien diese Nachrichten unglaubwürdig, und »ernste Zweifel« äußerte, daß in Rußland »eine Wende zur Militärdiktatur und Stalins Sturz bevorstünden«.

Die Reaktion des Präsidenten entsprach dem Ernst der Lage. Er berief Mastný zu Konsultationen nach Prag. Am 11. Februar 1937, zwei Tage nach der »vertraulichen Information« des Grafen Trauttmannsdorff, wurde er auf dem Hradschin vom Präsidenten, danach im Czernin-Palais von Außenminister Dr. Kamil Krofta empfangen. Beneš war bestürzt. Statt wie üblich das Wochenende auf dem Land zu verbringen, konferierte er am Samstag, dem 13. Februar, weitere zwei Stunden mit Mastný. Was besprochen wurde, ist nicht bekannt geworden. Beneš und Mastný hinterließen über ihr Gespräch keine Aktennotiz. Vor allem für Beneš ist dies ungewöhnlich. Der Präsident war dafür bekannt, daß er pedantisch über alle seine Unterredungen Aufzeichnungen machte.

Was allerdings erhalten blieb, ist die erwähnte Aktennotiz des Gesandten Mastný über sein Gespräch mit Maximilian Karl Graf zu Trauttmannsdorff vom 9. Februar 1937. Der Tag, an dem der erste ausländische Diplomat etwas über einen in der Sowjetunion bevorstehenden Militärputsch erfuhr, kann also einwandfrei fest-

Präsident Dr. Edvard Beneš, 1935.

gehalten werden. Wer aber für Irritationen bei der Verfolgung der Spuren sorgte, die Reinhard Heydrich bei der Inszenierung seiner größten Desinformationsoperation hinterließ, war der tschechoslowakische Präsident Dr. Edvard Beneš.

In der ersten Ausgabe seiner »Erinnerungen«, in Prag im Oktober 1947 erschienen, beklagte sich Beneš zunächst, daß seine Geheimgespräche mit Haushofer und Trauttmannsdorff durch Indiskretion dem Reichsaußenminister Konstantin Freiherr von Neurath bekannt wurden. Er beschuldigte den damaligen tschechoslowakischen Ministerpräsidenten Dr. Milan Hodža, gegenüber dem jugoslawischen Gesandten in Prag Andeutungen über deutsch-tschechoslowakische Geheimgespräche auf dem Hradschin gemacht zu haben. Aber – so Beneš weiter – auch Trauttmannsdorff habe nicht geschwiegen. Während seines Aufenthaltes in Prag sei er zufällig dem österreichischen Gesandten Marek begegnet und habe ihm gegenüber angedeutet, warum er sich in Prag aufhielt. Der Österreicher habe dies seiner Regierung gemeldet, und über Wien sei die Information nach Berlin und zu von Neurath gelangt.

Der Präsident äußerte sich auch dazu, warum die Verhandlungen mit Berlin nicht zügig vorangingen. Die Gründe waren in Berlin zu suchen. Dort geschah nämlich etwas Ungewöhnliches. »Darüber habe ich aus Berlin eine nichtoffizielle Nachricht Mitte Januar erhalten.« Auf den Inhalt der »Nachricht« aus Berlin geht er konkreter in einer Fußnote ein: »Wie uns von Trauttmannsdorff durch sein nichtbewußtes Ausplaudern verraten wurde, waren es Verhandlungen mit sowjetischen antistalinistischen Verschwörern, Marschall Tuchatschewskij, Rykow und anderen; Hitler erwartete, daß diese Verhandlungen zum Ziel führten. Darum hatte er kein Interesse an einem schnellen Abschluß der Verhandlungen über unsere Sachen. Wenn es gelungen wäre, die Zustände in der Sowjetunion zu ändern, hätte dies wahrhaft die ganze Situation in Europa geändert. Stalin ist dem aber rechtzeitig entgegengetreten. Das, was ich aus dem Gespräch Trauttmannsdorff–Mastný erfahren habe, habe ich damals dem sowjetischen Botschafter in Prag, Alexandrowskij, sofort mitgeteilt.«

Fast gleichzeitig mit den »Erinnerungen« des Präsidenten erschien 1947 in Prag eine autorisierte Beneš-Biographie des Kanadiers Montague Compton Mackenzie. Ähnlich wie in den »Erinnerungen« wurde dort geschildert, wie Beneš durch Trauttmannsdorffs Indiskretion erfuhr, daß sowjetische Militärs einen Umsturz gegen Stalin vorbereiteten. Mackenzie erwähnt, wie Mastný nach dem zweiten Gespräch der deutschen Unterhändler mit Beneš im Dezember 1936 auf ein weiteres Signal Berlins in der Verhandlungsfrage warten mußte. Mastný ». . . hörte nichts, bis zum 12. Januar 1937, als ihn Graf Trauttmannsdorff besuchte, um ihm zu erklären, daß er gemeinsam mit Dr. Haushofer Hitler einen schriftlichen Bericht über die Verhandlungen mit dem Präsidenten Beneš vorlegte . . . Wir wissen nicht, ob absichtlich oder aus Indiskretion – die Wahrheit ist aber, daß Graf Trauttmannsdorff etwas über deutsche Verhandlungen in Moskau berichtete. Dr. Beneš hatte die Nachricht selbstverständlich sehr interessiert. Nach reiflicher Überlegung beschloß er, den sowjetischen Botschafter in Prag auf die Burg einzuladen ... Beneš ›verhörte‹ eine gewisse Zeit den russischen Diplomaten, aber ohne Erfolg. Dann sagte er ihm, was er über die sowjetisch-deutschen Verhandlungen wisse. Er fragte den sowjetischen Minister, ob er wohl glaube, daß es angenehm sei, nach der Unterschrift des Vertrages über gegenseitige Hilfe im Juni 1935 so etwas über Verhandlungen hinter den Kulissen zu erfahren. Dr. Beneš entging nicht, daß die Überraschung des sowjetischen Ministers ehrlich war und daß er offenbar die Wahrheit sagte, als er behauptete, nichts über solche Verhandlungen zu wissen. Der sowjetische Botschafter war sehr beunruhigt und ersuchte Dr. Beneš um Einzelheiten; der Präsident wiederholte aber nur, daß mit absoluter Sicherheit Verhandlungen im Gange seien. Er nehme an, daß sie ›Ihre Regierung führt‹. Der sowjetische Botschafter war offensichtlich sehr erregt, bestürzt und ging, sicher mit der Absicht, Litwinow eine telegrafische Nachricht über das Gespräch zu übermitteln.«

Wie in seinen »Erinnerungen« so auch in der von ihm autorisierten Biographie entsprechen drei von Beneš aufgestellte Behauptungen nicht den Tatsachen.

Die Information, in Moskau werde eine Verschwörung sowjetischer Militärs vorbereitet, konnte Beneš nicht – wie er behauptet – Mitte Januar erhalten haben: Die Unterredung Mastnýs mit dem Präsidenten fand erst einen Monat später statt – am 11. Februar 1937 auf der Prager Burg –, nur zwei Tage nachdem ihm Trauttmannsdorff Andeutungen über einen bevorstehenden Putsch in der Sowjetunion machte. Vor dem 11. Februar konnte Beneš diese Information also nicht erhalten haben. Daß er dies dennoch behauptete, geschah aber offenbar ohne gezielte Absicht, vielmehr ist die fehlerhafte Datierung wohl darauf zurückzuführen, daß Beneš über die damaligen Ereignisse erst viele Jahre später berichtete. Mit Mackenzie sprach er während des Zweiten Weltkrieges in London. Seine Erinnerungen begann er schon während seines englischen Exils zu schreiben, und er beendete sie nach seiner Rückkehr nach Prag. Auffällig ist, daß Beneš im Gespräch mit Mackenzie den 12. Januar 1937 als den Tag nennt, da er zum erstenmal über die Verschwörung informiert wurde. Dabei berichtete Mastný Beneš über die Begegnung mit Trauttmannsdorff erst am 11. Februar 1937.

Der zweite Irrtum: Als »Verschwörer« nennt Beneš Tuchatschewskij und Rykow. In der Mastný-Notiz über das Gespräch mit Trauttmannsdorff vom 9. Februar 1937 werden aber keine Namen der angeblichen Verschwörer erwähnt. Genannt werden – als Ziel der Verschwörung – nur Stalin und Litwinow. Auch in diesem Fall gibt es für Beneš' Irrtum eine Erklärung: Tuchatschewskij wurde am 11. Juni 1937, sechs Monate nach dem Mastný-Bericht, hingerichtet, Rykow hingegen erst ein Dreivierteljahr später, am 15. März 1938. In Rykows Prozeß war einige Male behauptet worden, daß der Verschwörer Tuchatschewskij und die Verräter um Rykow gemeinsam den Sturz Stalins vorbereitet hätten. Diese offizielle sowjetische Version übernahm offensichtlich auch Beneš, und er vertrat sie in seinen »Erinnerungen« sowie im Gespräch mit seinem kanadischen Biographen.

Der wichtigste Fehler unterlief dem tschechoslowakischen Präsidenten, als er, wie bei Mackenzie nachzulesen, behauptete, er habe unmittelbar nachdem er von Mastný über die Vorgänge in der Sowjetunion informiert wurde, den sowjetischen Botschafter Sergej Alexandrowskij darüber verständigt. Zwischen dem 11. Februar und April 1937 gab es mit Sicherheit keine Begegnung des Präsidenten mit dem Botschafter Alexandrowskij. Sogar auch dann nicht, als Mastný am 20. März 1937 in einem chiffrierten Telegramm an Außenminister Dr. Krofta noch einmal darauf hinwies, daß Hitler »von der Möglichkeit eines Umsturzes in

Rußland ... und der Errichtung einer Militärdiktatur in Moskau« überzeugt sei. Entgegen den Behauptungen von Beneš, er habe Alexandrowskij sofort empfangen, um ihn über die drohende Verschwörung aufzuklären, wurde der sowjetische Botschafter erst am 22. April 1937 auf die Prager Burg zitiert. Und auch hierbei – so 1989 der sowjetische Publizist und Historiker Wiktor Abramow in der halbamtlichen Zeitschrift des Moskauer Außenministeriums »Neue Zeit« – war der Anlaß der Unterredung keineswegs die drohende Gefahr eines Militärputsches gegen Stalin. »Moskau«, so Abramow, »erhielt von ihm keinerlei Hinweis auf die ›Verschwörung‹.« Und dann enthüllt Abramow, von wem Stalin zuerst gewarnt wurde: »Die erste Mitteilung kam unerwartet aus Frankreich.«

Die sensationelle Behauptung Wiktor Abramows enthält allerdings eine Halbwahrheit. Der erste »Hinweis« über eine bevorstehende Verschwörung der Kommandeure der Roten Armee erreichte Moskau zwar aus Paris; aber die Quelle für die französische Information war niemand anderer als der tschechoslowakische Präsident Dr. Edvard Beneš.

Am 16. März 1937 kabelte die sowjetische Botschaft in Paris ein langes, chiffriertes Blitztelegramm nach Moskau. Gerichtet war die Depesche an Stalin, an dessen engsten Mitarbeiter in der Führung der Partei, Wjatscheslaw Molotow, und an den Kommissar für Auswärtige Angelegenheiten, Maxim Litwinow. Der sowjetische Botschafter in Paris, Wladimir P. Potemkin, berichtete darin über ein Gespräch, das er mit dem französischen Verteidigungsminister Édouard Daladier geführt hatte:

»Aus angeblich seriösen französischen Quellen habe er (Daladier) vom Bestreben deutscher Kreise erfahren, in der Sowjetunion einen Staatsstreich unter Mitwirkung von Elementen des Kommandeurkorps der Roten Armee, die dem gegenwärtigen sowjetischen System feindlich gesinnt sind, vorzubereiten ... Daladier fügte hinzu, daß er ebensolche Hinweise über dieses Vorhaben Deutschlands aus russischen Emigrantenkreisen erhalten hat ... Daladier erklärte, daß er vorerst nicht über konkrete Informationen verfüge, es aber als die ›Pflicht der Freundschaft‹ ansehe, uns diese Nachricht, die für uns bestimmt von Nutzen sei, zukommen zu lassen.«

Potemkin war dem französischen Politiker für diese Information dankbar: »Ich äußerte jedoch meinen entschiedenen Zweifel an der Seriosität seiner Quelle, die von einer Beteiligung von Kommandeuren der Roten Armee an einer deutschen Verschwörung gegen die Sowjetunion und im weiteren gegen Frankreich berichtete. Hierbei hob ich hervor, daß die ungenügende Konkretheit der erhaltenen Mitteilung nur meine Zweifel bestärke. Daladier antwortete, daß er, sobald er Genaueres erfahre, mich davon in Kenntnis setzen würde. Er schloß die Möglichkeit nicht aus, daß es in der Roten Armee noch einzelne Trotzkisten gebe. Dieser Teil der Unterhaltung hinterließ bei mir einen zwiespältigen Eindruck. Erstens schien Daladier sehr daran interessiert zu sein, mit seinen ›freundschaftlichen‹ Mitteilungen bei uns größeres Vertrauen ihm gegenüber zu erwecken. Zweitens brachte er ungewollt die Angst der Franzosen zum Ausdruck, daß wir uns gegen sie mit den Deutschen verbünden könnten.«

Auch der von 1936 bis 1939 in Moskau amtierende französische Botschafter Robert Coulondre berichtet in seinen Memoiren über ein Gespräch mit Potemkin. »Im vergangenen Februar«, so habe ihm Potemkin bei einem Empfang erzählt, »nahm mich Daladier während einer Abendgesellschaft beiseite und teilte mir vertraulich mit, er habe aus zuverlässiger Quelle erfahren, daß Abgesandte des Reichs und Mitglieder hoher sowjetischer Befehlsstellen Fühlung aufgenommen hätten und daß Verhandlungen über die Vorbereitung einer Militärrevolte, den Sturz der bolschewistischen Regierung und den Abschluß eines Abkommens mit Berlin im Gange seien.«

Selbstverständlich konnte Daladier Potemkin seinen Informanten nicht preisgeben. Sein Hinweis auf »russische Emigrantenkreise« war ein bewußtes Ablenkungsmanöver. Nach dem Zweiten Weltkrieg, am 18. Juni 1946, sagte Daladier vor einem Ausschuß des französischen Parlaments über die Affäre Tuchatschewskij aus. Daladier: »Anfang 1936 bin ich vertraulich und privat von meinem Freund Dr. Edvard Beneš über meinen Sohn, der damals Prag besuchte, davon benachrichtigt worden, daß in der sowjetischen Armeeführung ein Staatsstreich vorbereitet werde ... Beneš erfuhr von seinem Nachrichtendienst – der tschechoslowakische Nachrichtendienst hatte in Europa ein hohes Ansehen –, daß Führer des sowjetischen Generalstabes mit den Deutschen konspirierten.«

Daladier irrte sich lediglich in der Zeitangabe. Beneš gab seinem Sohn Robert die für ihn bestimmte »vertrauliche Information« nicht Anfang 1936, sondern erst im Februar 1937 mit.

Warum Beneš Daladier als den Politiker ausersehen hatte, der Stalin vor der bevorstehenden Gefahr warnen sollte, hatte zwei Gründe.

Der erste Grund: Der tschechoslowakische Präsident war trotz der Berichte aus Berlin, trotz Mastnýs Informationen nicht davon überzeugt, daß tatsächlich eine Verschwörung sowjetischer Militärs im Zusammenwirken mit deutschen Generälen geplant war. Andererseits wollte der »vorsichtige« Diplomat Beneš nicht die Verantwortung für das übernehmen, was in Moskau eventuell doch geschehen könnte. Darum gab er die Information, die Mastný von Graf Trauttmannsdorff erhalten hatte, an Daladier weiter. Nicht er, Beneš, sondern Daladier sollte Stalins Sündenbock sein, wenn sich die Gerüchte nicht bestätigten.

Das zweite Motiv ist in Beneš' Charakter zu suchen, in seiner Eitelkeit, für die der Präsident bekannt war. Jeder wußte, daß er ihm anvertraute Geheimnisse, vertrauliche Informationen, Indiskretionen nicht sehr lange für sich behalten konnte. Im Zweiten Weltkrieg warnten zwei hohe englische Diplomaten, Sir William Strang und Sir Roger Mellor Makins, Minister der britischen Regierung vor dieser Eigenschaft des tschechoslowakischen Präsidenten. Sie wiesen darauf hin, daß Beneš »frei zu allen möglichen

Leuten über die geheimsten tschechischen Aktivitäten plaudere ... Man habe ihn oft auf die Notwendigkeit der Diskretion hingewiesen, doch scheint er unfähig, sie zu wahren.«

Vielleicht war es gerade dieser Charakterzug, der Reinhard Heydrich in Beneš den idealen Übermittler seiner Fälschungen sehen ließ ...

Édouard Daladier war nicht der einzige französische Politiker, den Beneš über eine angebliche Verschwörung sowjetischer Militärs gegen Stalin verständigte. Auch Minister Paul Reynaud und Ministerpräsident Léon Blum bestätigten, daß sie vom tschechoslowakischen Präsidenten ähnliche Informationen erhalten hätten.

Noch Jahre nach der Liquidierung Tuchatschewskijs waren die Geschehnisse in Moskau für Beneš ein interessantes Gesprächsthema. Der britische Premierminister Winston Churchill berichtet darüber im ersten Band seiner Geschichte des Zweiten Weltkrieges, »The gathering storm«: »Als Präsident Beneš mich im Januar 1944 in Marrakesch besuchte, erzählte er mir folgendes: Im Jahre 1935 hatte ihm Hitler ein Angebot gemacht, die Integrität der Tschechoslowakei unter allen Umständen zu respektieren, gegen die Garantie, daß sie im Fall eines französisch-deutschen Krieges neutral bleibe ... Im Herbst 1936 wurde Präsident Beneš eine Botschaft von hoher militärischer Stelle in Deutschland übermittelt, des Inhalts, daß er guttun würde, sich zu beeilen, falls er vom Angebot des Führers Gebrauch machen wolle, denn in Rußland würden binnen kurzem Ereignisse stattfinden, wodurch alle Hilfe, die er Deutschland bieten könnte, jede Bedeutung verlieren würde. Während Beneš diesen beunruhigenden Wink erwog, erfuhr er, daß über die sowjetische Gesandtschaft in Prag Nachrichten zwischen hochgestellten Persönlichkeiten in Rußland und der deutschen Regierung ausgetauscht wurden. Dies war ein Teil der sogenannten Verschwörung der Militärs und der Kommunisten alter Garde, die Stalin stürzen und ein neues, auf deutschfreundlicher Politik beruhendes Regime einführen wollten. Präsident Beneš übermittelte unverzüglich alles, was er feststellen konnte, an Stalin.«

Also wieder eine neue Version des tschechoslowakischen Präsidenten. Diesmal nennt er, wenn man Churchill glauben schenken soll, als Datum des deutschen Angebots, mit Prag zu verhandeln, das Jahr 1935. Das ist ein ganzes Jahr früher, als es in Wirklichkeit zu den ersten Gesprächen zwischen ihm, Haushofer und Graf Trauttmannsdorff auf der Prager Burg kam. Auch der Zeitpunkt, zu dem er von der angeblichen Verschwörung in Moskau erfuhr, wird von ihm vorverlegt – auf den Herbst 1936. Und schließlich kam diesmal die Information von »einer hohen militärischen Stelle«.

Ein Verwirrspiel mit Daten und Menschen, welches da der tschechoslowakische Präsident Dr. Edvard Beneš betrieb ...

Reinhard Heydrich hatte die Karten seines Intrigenspiels gut gemischt. Prag, wo es in Szene gesetzt werden sollte, war gut gewählt. Seit Jahren war die Stadt an der Moldau eines der wichtigsten Zentren der russischen antibolschewistischen Emigration. Auch die ersten Andeutungen über eine Verschwörung sowjetischer Generäle gegen Stalin wurden hier in die Welt gesetzt. Lange bevor Stalin seinen Schlag gegen Tuchatschewskij führte, nämlich von Dezember 1935 bis April 1936, druckte das Monatsblatt des russischen Exils, »Znamyja Rossiji«, eine Serie über die Opposition in der Sowjetunion. Wichtiger Bestandteil der oppositionellen Kräfte, so das Blatt, sei die Führung der Roten Armee, die sich zum Ziel gesetzt habe, Stalin zu stürzen.

Die Gerüchte über einen Machtkampf in Moskau verstummten nicht. Kurz vor Weihnachten 1936 erhielt das tschechoslowakische Außenministerium einen Bericht aus Warschau. Der frühere ukrainische Gesandte in Berlin, Roman Smal-Stockij, berichtete, daß Berlin in der Sowjetunion einen Umsturz vorbereite. Die Verschwörer seien Trotzkisten sowie ehrgeizige Offiziere der Roten Armee. In Prag erinnerte man sich in diesem Zusammenhang an einen Vorfall im Oktober. Die Polizei hatte einige Agenten der Gestapo verhaftet, die einen Einbruch in das Büro des sowjetischen Militärattachés vorbereiteten. Bei ihrer Vernehmung behaupteten sie, ihre Aktion sei mit dem sowjetischen Offizier abgesprochen worden. Dieser sei nämlich ein Agent der deutschen Abwehr.

General Josef Bartík, bis 1945 Chef der tschechoslowakischen militärischen Gegenspionage, erzählte – so der 1968 zum Präsidenten der Tschechoslowakei gewählte General Ludvík Svoboda –, daß Anfang 1936 Präsident Beneš über eine Verschwörung sowjetischer Generäle gegen Stalin unterrichtet wurde. Die Nachricht stammte – so Bartík – vom »deutschen Industriellen Thyssen«.

Auch Karel Goliath-Gorovsky, im Herbst 1939 politischer Kommissar der Tschechoslowakischen Legion in Polen und später langjähriger Häftling sowjetischer GULAG-Lager, berichtet, daß Präsident Beneš 1936 über eine Verschwörung der Militärs in Moskau benachrichtigt wurde. Was er in seinen 1986 in einem tschechischen Exilverlag in der Bundesrepublik Deutschland erschienenen »Notizen aus stalinistischen Konzentrationslagern« behauptet, klingt noch phantastischer als die Ausführungen Bartíks. Goliath-Gorovsky: »Tuchatschewskij traf sich heimlich in Marienbad mit einem Offizier des deutschen Generalstabes. Das Gespräch wurde auf ein Tonband aufgenommen. Bei der Auswertung im Generalstab in Prag stellte der zuständige Offizier fest, daß es sich um eine hochbrisante Angelegenheit handelte. Die Abschrift des Gespräches wurde Präsident Beneš übergeben.«

Bartík und Goliath-Gorovsky legten für ihre Angaben keine Beweise vor. Sogar ein Aufenthalt Tuchatschewskijs in der Tschechoslowakei im Jahre 1936 kann nicht bewiesen werden. Andererseits behaupten einige Offiziere des tschechoslowakischen Generalstabes und des militärischen Nachrichtendienstes, daß er sich dort in einer »geheimen Mission« aufgehalten habe.

Alle diese Gerüchte wurden sicherlich sorgfältig von Agenten des sowjetischen Geheimdienstes registriert. Vor allem nach der Unterzeichnung des tschechoslowakisch-sowjetischen Freundschaftsvertrages im Mai 1935 fühlten sich nicht nur der sowjetische Staatssicherheitsdienst NKWD, sondern auch Offiziere der 4. Abteilung des sowjetischen Generalstabes, des militärischen Nachrichtendienstes, in Prag wie zu Hause. Und auch der tschechoslowakische militärische Geheimdienst, die 2. Abteilung des Prager Generalstabes, knüpfte enge Kontakte nach Moskau. In seinem Buch »Der Spion, dem nicht geglaubt wurde« berichtet der spätere Chef des tschechoslowakischen Militärgeheimdienstes, Oberst František Moravec, über die Kooperation seines Dienstes mit den Sowjets. Danach fuhren im Sommer 1936 zum erstenmal Offiziere des tschechoslowakischen Militärgeheimdienstes in die Sowjetunion. Damit diese Kontakte nicht von den Polen registriert werden konnten, fuhren die sechs tschechoslowakischen Offiziere nicht über Warschau, sondern wählten den Umweg über Rumänien. In Moskau wurden sie vom Chef des sowjetischen Militärgeheimdienstes, General Semjon P. Uritzkij, empfangen. Die Konsultationen dauerten eine Woche. Mindestens acht Stunden täglich wurde über die Arbeit der Geheimdienste beraten. Oberst Moravec wunderte sich, daß die Sowjets über die Situation in Deutschland nicht nur unvollständig, sondern auch ungenau informiert waren: »Sie zeigten große Lücken, was ihre Kenntnisse der Daten, Zahlen und Dislokation der größeren deutschen Einheiten, der Angaben über Panzereinheiten und ihre Ausrüstung, über die Motorisierung des deutschen Heeres sowie über den Aufbau der deutschen Luftwaffe betrifft. Wir haben festgestellt, daß sie nichts über deutsche Pläne zur Verstärkung des Militärpotentials des Reiches und über strategische Pläne des deutschen Oberkommandos wußten.«

Während ihres Aufenthalts in der sowjetischen Hauptstadt wurden die Prager Geheimdienstoffiziere zweimal von Michail Tuchatschewskij empfangen. Auf Moravec machte er großen

Eindruck: »Er hatte den Ruf des besten Soldaten der Sowjetunion, galt als Nationalheld.«

Nur wenige Wochen nach den tschechoslowakisch-sowjetischen Konsultationen traf in Prag der erste ständige offizielle Vertreter des sowjetischen Geheimdienstes ein, ein ungefähr vierzig Jahre alter ehemaliger zaristischer Offizier, der aus Weißrußland stammte. Seine Ausweise waren auf den deutschen Namen »Neumann« ausgestellt. Mit seinen tschechoslowakischen Partnern verständigte er sich auf deutsch. Sein Deckname war »Rudolf«.

Mit der offiziell geduldeten Anwesenheit »Rudolfs« in der tschechoslowakischen Hauptstadt wurde die nachrichtendienstliche Tätigkeit der Sowjets in Prag legalisiert. In Moskau glaubte man, daß die Tschechoslowakei jetzt alle Aktivitäten der Sowjets nicht nur dulden, sondern auch unterstützen würde. Der ehemalige sowjetische Geheimdienstresident in den Haag, Walter G. Kriwitzkij, berichtete, wie der NKWD von Prag die Verhaftung und Auslieferung des dort im Exil lebenden deutschen Kommunisten und Mitglieds des Preußischen Landtags Anton Grylewicz verlangte. Grylewicz, von den Sowjets bezichtigt, Trotzkist zu sein, wurde auch tatsächlich verhaftet. In seinem seit Monaten bei einem Freund hinterlegten Koffer fand die tschechoslowakische Polizei einige Flugblätter radikalen Inhalts, Geschäftskorrespondenz und persönliche Kleinigkeiten. Nichts, was hätte belegen können, daß Grylewicz tschechoslowakische Gesetze verletzt hatte. Dies gaben auch Beamte an, die den deutschen Emigranten verhaftet hatten. Aber kurz nach seiner Festnahme wurde Grylewicz einem anderen Polizisten vorgeführt. Dieser zeigte ihm plötzlich drei gefälschte Pässe, deutsche Geheimpläne zur Besetzung des Sudetenlandes sowie eine handschriftliche Anweisung über den Gebrauch von unsichtbarer Tinte – alles angeblich in seinem Koffer gefunden.

Grylewicz blieb in Haft. Während der Verhöre deuteten ihm tschechische Polizeibeamte an, daß der sowjetische Geheimdienst seine Verhaftung verlangt habe und daß die Sowjets auch seine Auslieferung verlangten. Erst nach vier Monaten, als es Grylewicz gelungen war, die gegen ihn erhobenen Beschuldigungen zu widerlegen und nachzuweisen, daß man die »belastenden Gegenstände« in seinen Koffer geschmuggelt hatte, wurde er entlassen.

Auch ein anderer sowjetischer Offizier des NKWD, Alexander Orlow, der sich im Sommer 1938 in die USA absetzte, berichtet über eine sowjetische Geheimdienstoperation in Prag. Im Sommer 1936, so Orlow, traf sich der NKWDR-Resident an der sowjetischen Botschaft in Berlin, Israelowitsch, mit zwei seiner Informanten, Offizieren im deutschen Generalstab, in einem Prager Café. Orlow: »Nach Abwicklung ihres Geschäftes verließen zuerst die Deutschen das Café. Nach einem aus Vorsicht eingehaltenen zeitlichen Abstand bezahlte ihr sowjetischer Auftraggeber den Kellner und begab sich unauffällig auf die Straße. Einige Minuten später wurde er von der tschechischen Polizei verhaftet und in das Präsidium gebracht. Die Polizei fand in seinem Besitz eine Rolle von Filmen, die er soeben von den beiden Offizieren empfangen hatte ... Israelowitsch, den ich als einen pathologischen Feigling kannte, verlor vollständig die Nerven. Statt jede Aussage zu verweigern und dafür zu verlangen, daß die Sowjetbotschaft von seiner Verhaftung unterrichtet würde, begann er sich zu verteidigen.«

Der sowjetische Geheimdienstresident wies die Beschuldigung, ein deutscher Agent zu sein, energisch zurück. Das Gegenteil sei der Fall: Die Deutschen arbeiteten für ihn.

»Der tschechische Beamte war allem Anschein nach kein Dummkopf«, schreibt Orlow weiter. »Er brachte seinen sowjetischen Gast bald dazu, daß er sich mit seinen Erfolgen im Nachrichtendienst brüstete. Die Polizei fertigte eine Erklärung über das an, was Israelowitsch bekanntgegeben hatte. Er unterschrieb sie und wurde freigelassen. Die ganze Geschichte wurde sofort dem tschechoslowakischen Außenministerium zugeleitet und kam auf diese Weise natürlich zu Beneš' Kenntnis.« Präsident Beneš informierte die Sowjets über den Vorfall. Der Berliner Resident Israelowitsch wurde nach Moskau abberufen und zu fünf Jahren Haft im Konzentrationslager Kem am Weißen Meer verurteilt.

Orlows Schilderung der Affäre Israelowitsch ist insofern interessant, als der tschechoslowakische Präsident Ludvík Svoboda im ersten Band seiner 1971 in Prag herausgegebenen Erinnerungen »Auf den Wegen des Lebens« einen ähnlichen Vorfall erwähnt. Allerdings soll er sich erst Anfang 1938 abgespielt haben. Svoboda will Einzelheiten darüber wieder von General Josef Bartík erfahren haben. Die Prager Polizei, so Svoboda, hatte drei oder vier verdächtige deutschsprechende Männer verhaftet. Bartík, darüber sofort benachrichtigt, nahm an, daß es sich um Agenten des von Admiral Canaris geleiteten Amtes Ausland/Abwehr handelte. »Zu seiner großen Überraschung stellte er aber fest, daß es sowjetische Spione sind.« Es waren Ministerialbeamte aus Wien, die sich in Prag mit dem sowjetischen Geheimdienstresidenten trafen. Da die Gefahr ihrer Entlarvung bestand, wenn sie nicht rechtzeitig nach Wien zurückkehrten, veranlaßte Bartík als »Hilfeleistung« für die Sowjets, daß die von den österreichischen Agenten nach Prag gebrachten Dokumente schnell und fachmännisch abgelichtet wurden. Unbehelligt und auch unenttarnt kehrten die Agenten nach Wien zurück. Am nächsten Tag kam der sowjetische Resident zu Bartíks Dienststelle, um sich für die Hilfe zu bedanken.

Sowohl der von Orlow erwähnte Fall Israelowitsch vom Sommer 1936 als auch Svobodas Schilderung der tschechoslowakischen »Hilfeleistung« für den Prager sowjetischen Geheimdienstresidenten Anfang 1938 belegen die enge Verzahnung der Geheimdienste beider Länder. Sie bestätigen auch, wie der sowjetische Geheimdienst Prag für seine Aktivitäten gegen Deutschland und Österreich benutzte. Und selbstverständlich blieb dies Reinhard Heydrich nicht verborgen. Um so mehr sah er sich in seiner Ansicht bestätigt, daß Stalin kaum an der Echtheit der Dokumente über Tuchatschewskijs Verrat zweifeln würde, wenn sie aus Prag kämen – und wenn ihr Überbringer Dr. Beneš wäre. Denn dieser hatte Stalins Vertrauen …

Ende Januar/Anfang Februar 1937 liefen in Berlin die Vorbereitungen der Operation gegen Tuchatschewskij auf Hochtouren. Zu dieser Zeit waren zwar die Arbeiten an den Fälschungen noch nicht ganz abgeschlossen, aber die von Behrends und Naujocks Heydrich vorgelegten ersten Ergebnisse waren so überzeugend, daß er beschloß, die Operation an einem der folgenden Tage anlaufen zu lassen.

Etwas hatte Heydrich allerdings beunruhigt: Aus der Sowjetunion wurden seit Anfang 1937 keine weiteren Verhaftungen im Offizierkorps gemeldet. Anderseits verstummten die Gerüchte über andauernde Spannungen zwischen Stalin und der Roten Armee nicht. Auf Heydrichs Initiative hin sondierte darum das Auswärtige Amt die Lage in Moskau. Am 6. Februar 1937 unterzeichnete Staatssekretär Ernst Freiherr von Weizsäcker ein chiffriertes Telegramm an Botschafter Graf von der Schulenburg: »Mit Rücksicht auf zahlreiche sich widersprechende Pressemeldungen über Unruhen in der Sowjetunion, insbesondere über Spannungen zwischen Stalin und Woroschilow, erbitte Drahtbericht.« Zwei Tage später, am 8. Februar, kabelte von der Schulenburg nach Berlin. Seine Antwort enttäuschte: »Anzeichen über eine Spannung zwischen Stalin und Woroschilow sind hier bisher nicht besonders beobachtet worden.«

Trotzdem entschloß sich Heydrich nun zum Losschlagen. Von Himmlers persönlichem Adjutanten Karl Wolff wurde er regelmäßig über den Stand der Verhandlungen mit der Tschechoslowakei informiert. Jetzt sollte Maximilian Karl Graf zu Trauttmannsdorff seine ihm in Heydrichs Drehbuch zugewiesene Rolle übernehmen …

War er eingeweiht, oder – rührte sich in ihm das Gewissen des korrekten Beamten alter Schule? Welche Motive bewegten Maximilian Karl Graf zu Trauttmannsdorff, als er am 9. Februar 1937 den tschechoslowakischen Gesandten in Berlin, Dr. Vojtěch Mastný, auf die neue Entwicklung in der Sowjetunion aufmerksam machte? Was wußte er, oder was und von wem wurde ihm über eine bevorstehende Verschwörung der Roten Armee gegen Stalin mitgeteilt? Nur vierundzwanzig Stunden nachdem von der Schulenburg nach Berlin kabelte, es seien keine Spannungen zwischen Stalin und der Roten Armee zu beobachten, beging Trauttmannsdorff seine »Indiskretion«, indem er Mastný erzählte, daß »gewisse Nachrichten«, die Hitler aus Rußland erhalte, vermuten ließen, daß »die Wahrscheinlichkeit einer baldigen plötzlichen Wende, des Sturzes Stalins und Litwinows und der Installierung einer Militärdiktatur, eingetreten sei«. Warum und von wem erhielt Adolf Hitler diese »Nachrichten«? Und von wem erfuhr Trauttmannsdorff etwas über eine Verschwörung in Moskau?

Es ist unwahrscheinlich, daß Trauttmannsdorff von Heydrich in die »Operation Tuchatschewskij« eingeweiht wurde. Völlig ahnungslos darüber, daß man in Berlin etwas »Großes« vorbereitete, scheint er aber auch nicht gewesen zu sein. Diese Vermutung hatte er selbst indirekt bestätigt.

Am 15. Januar 1962 – fünfundzwanzig Jahre nach der Affäre Tuchatschewskij – erschien in der Rubrik »Briefe an den Herausgeber« der »Frankfurter Allgemeinen Zeitung« eine Zuschrift von Dr. Graf zu Trauttmannsdorff. Darin wehrte sich der Graf gegen Behauptungen, er habe dem »tschechischen Botschafter Dr. Mastný« gegenüber eine Andeutung über Berlins »Verhandlungen mit einer sowjetfeindlichen Gruppe innerhalb der Roten Armee« gemacht. Und weiter: »Ich kann auf das nachdrücklichste versichern, daß ich von der geplanten Fälschungsaktion Heydrichs im Zusammenhang mit der Tuchatschewsky-Affäre bis zu der Einvernahme durch den CIC (die amerikanische Abwehr) im Jahre 1947 keine Ahnung gehabt habe. Ich habe nie dem Auswärtigen Amt angehört, sondern war zu der Zeit kleiner Regierungsrat im Reichsarbeitsministerium; ich war also nach alledem gar nicht in der Lage, Mastný oder sonst einer Person gegenüber Äußerungen in der fraglichen Angelegenheit zu machen.«

In einem Punkt kann man Trauttmannsdorff zustimmen: Er hatte in der Tat »keine Ahnung« von dem vollen Ausmaß der »geplanten Fälschungsaktion Heydrichs«. Dies wurde auch niemals behauptet. Aber: Als Trauttmannsdorff 1962 seinen Leserbrief schrieb, wußte er nicht, daß die Aktennotiz Mastnýs über seine Unterredung mit ihm erhalten geblieben war. Auch hat Beneš, über dessen »Erinnerungen« Trauttmannsdorff in seinem Brief polemisiert, ihn nicht als Beamten des Auswärtigen Amtes bezeichnet, sondern korrekt geschrieben, daß Graf Trauttmannsdorff im Reichsarbeitsministerium tätig war. Nicht überzeugend ist Trauttmannsdorffs Versuch, seine Position bei den Kontakten Berlin–Prag zu verharmlosen. Es ist kaum vorstellbar, daß Hitler einen »kleinen Beamten« Verhandlungen mit dem Staatsoberhaupt eines Nachbarlandes hätte führen lassen, von denen sogar der Reichsaußenminister nichts wissen durfte.

Aber nicht nur das. Als Trauttmannsdorff zu begründen versucht, warum er und Haushofer mit den Gesprächen mit Beneš betraut wurden, unterläuft ihm ein Fehler. Trauttmannsdorff wörtlich: »Ich war mit dem damaligen Gesandten der Tschechoslowakei in Berlin seit vielen Jahren gut bekannt und oft bei ihm zu Gast.« Diese Behauptung stimmt einfach nicht. Trauttmannsdorff wurde, auf seine Bitte, Mastný erst am 14. August 1936 auf einem Empfang in der französischen Botschaft vorgestellt! Dabei ist anzunehmen, daß dieses Treffen nicht ganz so »zufällig« war, wie er es darzustellen versucht. Wie aus Mastnýs Notiz vom 30. Oktober 1936 hervorgeht, hatte Trauttmannsdorff bei seiner ersten Begegnung mit dem Gesandten erwähnt, daß er »seit längerer Zeit auf Grund der ihm gegebenen Anweisungen das Problem der Annäherung zwischen beiden Staaten, an dem der Reichskanzler großes Interesse hat, ... beobachtet«. Von wem er, ein Beamter des Reichsarbeitsministeriums, diese »Anweisungen« erhielt, hatte Trauttmannsdorff allerdings diskret verschwiegen.

Auch eine andere Angabe Trauttmannsdorffs im Leserbrief vom 15. Januar 1962 entspricht nicht der Wirklichkeit. Die Gespräche der beiden Abgesandten Hitlers mit Beneš fanden am 13. November und 18. Dezember 1936 statt. Nach der Dezember-Unterredung arbeitete Beneš den Entwurf eines Vertrages zwischen Deutschland und der Tschechoslowakei aus. Trauttmannsdorff aber schreibt: »Diese zweite Besprechung ... fand im Januar 1937 auf dem Hradschin statt.« Auch dies also eine Fehlinformation.

Warum Trauttmannsdorff seinen zweiten Aufenthalt in Prag auf Januar 1937 datiert, scheint aber erklärbar. In seinem Brief beruft er sich einige Male auf die »Erinnerungen« von Beneš. Dort wird irrtümlich Mitte Januar, in seiner Biographie dann der 12. Januar 1937 als die Zeit angegeben, in der er die Information über einen in Moskau bevorstehenden Putsch erhielt. Trauttmannsdorff könnte, wenn diese Zeitangabe von Beneš stimmen würde, niemals verdächtigt werden, daß er die Quelle Mastnýs war; denn dieser erfuhr ja erst Anfang Februar etwas über die Verschwörung in Moskau. Und dann wird Trauttmannsdorff noch konkreter. Er schreibt: »Nach der Rückkehr nach Berlin übergab Professor Haushofer ein genaues Protokoll an Ribbentrop.«

Das Protokoll übergab Haushofer Ribbentrop am 13. Januar 1937. Auch dieses Datum widerlegt Trauttmannsdorffs Behauptung, daß die zweite Unterredung mit Beneš am 12. Januar stattgefunden habe. Da Haushofer seine Niederschrift, die nicht nur für von Ribbentrop bestimmt war, sondern auch Hitler vorgelegt werden sollte, schwerlich binnen 24 Stunden nach dem Gespräch mit Präsident Beneš ausarbeiten konnte, mußte die Unterredung auf dem Hradschin vor dem von Trauttmannsdorff angegebenen Termin stattgefunden haben. Wir wissen auch genau, wann: am 18. Dezember 1936!

Um seiner Einrede, er habe Mastný oder gar Beneš nicht über die Verschwörung in der Sowjetunion informiert, noch mehr Gewicht zu geben, zitiert Trauttmannsdorff eine eidesstattliche Erklärung des Autors des Buches »Geheime Front«, Walter Hagen (Wilhelm Höttl). In dieser von Hagen-Höttl bereits 1951 unterzeichneten Erklärung heißt es: »Wenn Benesch in seinen Memoiren behauptet, Graf Trauttmannsdorff habe ihm damals die von deutscher Seite gefälschten Dokumente ... übergeben bzw. angetragen, so kann es sich entweder um einen Irrtum Beneschs infolge seiner fortgeschrittenen Senilität bei der Abfassung seiner Memoiren oder aber um eine bewußte Geschichtsfälschung dieses Mannes handeln.«

Dr. Edvard Beneš war sicher kein Politiker, der seine Ziele immer im Einklang mit Grundsätzen der Moral verfolgte. Aber Hagen-Höttl unterstellt in seiner eidesstattlichen Erklärung Beneš Absichten, die dieser nicht hatte. Und einige Male unterlaufen ihm auch gravierende Fehler.

Zu der Zeit, als Beneš seine »Erinnerungen« schrieb, war er keineswegs senil. Mit Sicherheit wollte er, als er die von ihm in der Vorgeschichte der Tuchatschewskij-Affäre gespielte Rolle beschrieb, die Geschichte nicht mit Absicht fälschen. Schließlich hatte Beneš niemals behauptet, daß ihm Graf Trauttmannsdorff die gefälschten Dokumente »übergeben bzw. angetragen« habe. Er erwähnt lediglich – wobei er sich auf Informationen seines Gesandten in Berlin, Dr. Vojtěch Mastný, beruft –, daß Trauttmannsdorff Mastný Andeutungen über einen möglichen Militärputsch in der Sowjetunion gemacht hatte.

Der Leserbrief Graf Trauttmannsdorffs enthält eine Reihe von Behauptungen, die nicht den Tatsachen entsprechen. Sein Besuch bei Mastný am 9. Februar 1937 war sicherlich kein Zufall. Und sicher ist auch, daß das Gespräch, das am 9. Februar 1937 Graf Trauttmannsdorff mit dem tschechoslowakischen Gesandten Vojtěch Mastný führte, die Lawine der von Heydrich nach Plan vorbereiteten Operation ins Rollen brachte.

Der Dokumentenfälscher Alfred Helmut Naujocks in SS-Uniform.

Februar 1937.

Für SS-Gruppenführer Reinhard Heydrich Tage ruheloser Aktivität. Behrends und Naujocks berichteten regelmäßig über das Fortschreiten der Arbeit an den Fläschungen. Mitte Februar hieß es, daß sie ihm schon in wenigen Tagen die gesamte »Kollektion« vorlegen würden.

Aus Prag hörte Heydrich nichts, was auf Nervosität oder Aufregung hingedeutet hätte. Daß Daladier vom tschechoslowakischen Präsidenten bereits über Umsturzpläne der Roten Armee gegen Stalin verständigt worden war, ahnte er nicht. Sobald Behrends und Naujocks ihre Arbeit beendet haben würden, blieb für Heydrich noch ein ungelöstes Problem: die Falsifikate sicher und zuverlässig Beneš zuzuspielen, ohne daß dieser Verdacht schöpfte, es könnte sich um in Berlin hergestellte Fälschungen handeln.

In Moskau schien mit der Verkündung der Urteile im Pjatakow-Radek-Prozeß wieder Ruhe zu herrschen. Selbstverständlich entging Heydrich nicht, daß Radek bei seinem Verhör durch Wyschinskij einige Male Tuchatschewskij erwähnte. Um sicher zu sein, daß ihm nichts von den Vorgängen in der Sowjetunion entging, ließ er sich über alles, was dort geschah und in Berlin bekannt wurde, informieren. Anfang März 1937 erhielt er auch die Ablichtung des Berichtes, den General der Infanterie Joachim von Stülpnagel, ein ausgezeichneter Kenner sowjetischer Verhältnisse, dem Auswärtigen Amt übersandte. Heydrich wußte, daß von Stülpnagel in den Jahren der Zusammenarbeit der Reichswehr mit der Roten Armee auch Michail Tuchatschewskij kennenlernte. Nach einem Essen auf der sowjetischen Botschaft in Berlin im September 1925 hatte von Stülpnagel in seinem Tagebuch vermerkt: »Wieder einmal waren russische Offiziere zu einer Besichtigung militärischer Einrichtungen in Deutschland. An der Spitze der russischen Abordnung stand der etwa dreißigjährige Führer der russischen Westfront, Tuchatschewskij ... Die russischen Offiziere sprachen meist fließend deutsch und wußten erstaunlich in der Kriegsgeschichte Bescheid. Ein jeder hatte die Werke von Clausewitz studiert. Mit Tuchatschewskij verstand ich mich ausgezeichnet. In vorgerückter Stunde schlug er mir vor, uns einmal in Warschau zu treffen.«

Jetzt, zwölf Jahre nach seiner ersten Begegnung mit Tuchatschewskij, hatte von Stülpnagel von Offizieren der Roten Armee keinen so guten Eindruck mehr. In seinem für das Auswärtige Amt ausgearbeiteten Bericht setzte er sich zunächst mit Nachrichten »über einen angeblichen Rücktritt Litwinows, Verhaftung des Chefs der politischen Verwaltung der Roten Armee Gamarnik usw.« auseinander. Diese Berichte seien, so von Stülpnagel, »unbedingt unzutreffend ... Falsch sind alle Meldungen über Meinungsverschiedenheiten zwischen militärischen Führern und Stalin.«

Nach einer umfassenden Analyse der sowjetischen innenpolitischen Entwicklung ging von Stülpnagel noch einmal ausführlich auf Stalins Verhältnis zur Roten Armee ein. »In letzter Zeit ist wiederholt über Meinungsverschiedenheiten zwischen Stalin und den höchsten roten militärischen Führern berichtet worden. All diese Meldungen kamen aus Quellen, die man als ausgesprochene Sensationsquellen bezeichnen darf.«

Was Heydrich besonders interessierte, war von Stülpnagels Aufteilung der Führungsspitze der Roten Armee in zwei Kategorien: »Die erste Kategorie setzt sich aus Nichtskönnern (Budenny, Woroschilow usw.) proletarischer Abstammung zusammen. Diese Elemente halten fest zu Stalin–Kaganowitsch ... Die zweite Kategorie der militärischen Führer sind sogenannte Spezialisten, wie z. B. Tuchatschewskij ... Daß diese Leute wirklich im Herzen Kommunisten sind, ist nicht anzunehmen ... Ganz abgesehen davon, daß die höchsten militärischen Führer tags und nachts bewacht und bespitzelt sind und es für sie praktisch einfach unmöglich ist, mit oppositionellen Elementen in Verbindung zu treten, sind sie selbst viel zu schlau dazu.«

Von Stülpnagels Analyse wirkte auf Heydrich wie eine kalte

Dusche. Was der als Sowjetkenner angesehene General behauptete, widersprach dem, was sein Agent Skoblin meldete. Der Erfolg seiner so sorgfältig vorbereiteten Geheimoperation hing davon ab, daß es unüberbrückbare Gegensätze zwischen Stalin und der Spitze der Roten Armee gab, daß der Diktator im Kreml Tuchatschewskij tief mißtraute.

Reinhard Heydrich gab nicht so schnell auf. Er glaubte an sein Glück. Es schien zwar, daß er die schlechteren Karten hatte – aber das Spiel hatte soeben erst begonnen.

Nur wenige hundert Meter von Heydrichs Sitz in der Prinz-Albrecht-Straße 8, in der Gesandtschaft der Tschechoslowakischen Republik, wurde Dr. Vojtěch Mastný von Unsicherheit und Zweifel geplagt. Seitdem er am 12. Februar 1937 auf der Prager Burg dem Präsidenten die Information über eine militärische Verschwörung gegen Stalin überbrach hatte, erhielt er aus Prag keine neuen Instruktionen. Beneš schwieg; der Außenminister Dr. Kamil Krofta ließ ebenfalls nichts von sich hören. Schon einige Male wollte Mastný den Außenminister um Anweisungen bitten, was er machen solle, aber immer wieder hatte er die Entscheidung, sich an Krofta zu wenden, verschoben.

Dann, am 20. März 1937, war seine Geduld am Ende. In einem Telegramm an den Außenminister beklagte er sich, er vermisse noch immer eine »nähere Unterrichtung« in der Sache, die er im Februar in Prag vorgetragen hatte.

Aber bevor Kroftas Antwort aus Prag eintraf, geriet die Affäre, die den Gesandten so beunruhigte, plötzlich wieder in Bewegung ...

Am 18. Februar 1937, knapp drei Wochen nachdem im Moskauer Prozeß gegen das von Pjatakow und Radek geführte »antisowjetische trotzkistische Zentrum« dreizehn der siebzehn Angeklagten zum Tode verurteilt wurden, meldeten sowjetische Zeitungen, daß Grigorij (Sergo) Ordschonikidse, der Vorsitzende des

Obersten Volkswirtschaftsrates und treue Mitkämpfer Stalins, einem Herzanfall erlegen sei. Die Wahrheit über seinen Tod erfuhr die Welt erst 29 Jahre später. In seiner Geheimrede auf dem XX. Parteitag der sowjetischen Kommunisten im Februar 1956 bestätigte Nikita Chruschtschow Gerüchte, die bereits kurz nach Ordschonikidses Tod kursierten: Ordschonikidse, der 1902 mit Stalin die Zelle des zaristischen Gefängnisses teilte und der 1912, als Stalin auf der Prager Konferenz der Bolschewiki ins Zentralkomitee gewählt wurde, sein Bürge war, ist auf Befehl Stalins ermordet worden. Das Motiv: Er verlangte von Stalin, daß sein engster Mitarbeiter im Volkskommissariat, der im Trotzkisten-Prozeß zum Tode verurteilte Grigorij Pjatakow, begnadigt werde.

Nur wenige Tage nach Ordschonikidses Tod trat das Zentralkomitee der KPdSU zusammen, um die blutigen Säuberungen Stalins zu legalisieren. Stalin selbst hielt in seiner Eigenschaft als Generalsekretär der Partei das Hauptreferat: »Mängel in der Parteiarbeit und die Methoden zur Liquidierung von Trotzkisten und anderen Doppelzünglern«:

»Wir müssen die schmutzige Theorie umstürzen und zerschmettern, wonach der Klassenkampf mit jedem Schritt, den wir vorwärts tun, weniger heftig wird und der Klassenfeind sich um so rascher unterwirft, je größer unsere Erfolge sind. Das ist nicht nur eine schmutzige, sondern eine gefährliche Theorie, denn sie schläfert unser Volk ein und gibt dem Klassenfeind die Möglichkeit, sich zum Kampf gegen die Sowjetmacht zu sammeln.«

Die »berühmte« These, daß sich mit dem Fortschreiten des sozialistischen Aufbaus der Klassenkampf zunehmend verschärfen müsse, war geboren, jene These, die bis zu Stalins Tod den Mord an Millionen Menschen rechtfertigen sollte. Überall – so Stalin –, in der Sowjetunion wie im Ausland, bereiteten sich Feinde zum Angriff auf die Partei und den sozialistischen Staat vor. »Stalins Bericht auf der Plenartagung des Zentralkomitees im Februar und März 1937«, so Nikita Chruschtschow 1956 auf dem XX. Parteitag, »stellte den Versuch einer theoretischen

Nikolaj Jeschow, Chef des NKWD und
Volkskommissar des Innern.

Rechtfertigung des Massenterrors unter dem Vorwand dar, daß der Klassenkampf sich im Fortschreiten auf dem Wege zum Sozialismus zunehmend verschärfen müsse. Stalin versicherte, diese Erkenntnisse aus der Geschichte und Lenins Werken abgeleitet zu haben.« Und weiter: »Stalin benutzte die Partei und das NKWD für die Ausübung des Massenterrors zu einer Zeit, als ... keine Gründe mehr für die Anwendung des außergewöhnlichen Massenterrors gegeben waren.«

Aber nicht nur Stalin rief auf der Tagung zum verschärften Kampf gegen die Gegner des Sowjetstaates und der Partei auf. Auch der Chef des NKWD, Jeschow, sowie Stalins engster Mitarbeiter Molotow referierten zu diesem Thema. Jeschow sprach über die »Lehren aus der Schädlings-, Diversions- und Spionagetätigkeit der japanischen, deutschen und trotzkistischen Agenten«; Molotows Bericht beschäftigte sich mit der Situation in der Roten Armee. Scharf kritisierte er die Haltung zahlreicher militärischer Führer, die sich weigerten, den »Kampf gegen die Volksfeinde in der Armee« aufzunehmen. Aber auch Stalin, dessen Referat so lang war, daß es an zwei Tagen – am 3. und am 5. März 1937 – vorgetragen werden mußte, ließ die Rote Armee nicht unerwähnt. Er verlangte erhöhte Wachsamkeit und wies auf Schäden hin, die »eine Handvoll Spione in den Reihen der Roten Armee dem Lande antun könnten«.

Es blieb jedoch nicht bei Drohungen. Noch während der Tagung des Zentralkomitees schlug Stalin zu: Nikolaj I. Bucharin und Alexej I. Rykow, führende Mitglieder des Zentralkomitees, wurden verhaftet und in die Kellerzellen der Lubjanka abgeführt.

Die schonungslose Jagd auf »Feinde und Verräter des Sozialismus, auf Agenten und Spione des Klassenfeindes« begann. Der Feind war überall. Und man mußte ihn mit allen zur Verfügung stehenden Mitteln bekämpfen. Einer der bekanntesten sowjetischen Filmregisseure, Alexander Dowschenko, begann sofort mit Dreharbeiten an dem Film »Die Flughafenstadt« (»Aerograd«), in welchem der positive Held seinen besten Freund tötet, nachdem er herausgefunden hat, daß dieser ein Spion ist. »Jeder kann ein Feind, ein Spion sein, auch du« – so beleuchtete Dowschenko die Grundtendenz seines Filmes.

Ein schrecklicher »Witz«, so der Historiker Alexander Nekritsch, charakterisiert sehr deutlich die Atmosphäre, die nach Stalins Rede auf der Plenartagung des Zentralkomitees in der Sowjetunion herrschte: »Ein Mensch blickt in den Spiegel und sagt: Entweder du oder ich!«

Stalins Ausführungen auf der Plenarsitzung des Zentralkomitees wurden erst nach drei Wochen, am 29. März 1937, im Parteiorgan »Prawda« veröffentlicht. SS-Gruppenführer Heydrich erhielt sie, in Übersetzung, am letzten Märztag.

Der Chef des Sicherheitsdienstes und der Gestapo begreift sofort, daß seine große Chance gekommen ist. Josef Stalin, der Hausherr im Kreml, hat ihm den Ball zugespielt. Nun ist er an der Reihe. Und Reinhard Heydrich ist sicher, daß seinem Erfolg jetzt nichts mehr im Wege steht …

Am Mittwoch, dem 7. April 1937, wurde der Gesandte Dr. Vojtěch Mastný überraschend zu einer Privatunterredung mit Hermann Göring eingeladen. Es kam nur selten vor, daß einer der führenden Männer des Dritten Reiches den Gesandten der kleinen Tschechoslowakei unter vier Augen zu sprechen wünschte. Mastný wußte die Einladung zu schätzen und sagte sofort zu.

Die Begegnung Mastný–Göring fand am späten Mittwochnachmittag statt. Fünf Tage nach dem Gespräch mit Göring, am 12. April 1937, telegrafierte Mastný nach Prag und bat den Präsidenten um Audienz in einer sehr wichtigen und dringenden Angelegenheit.

Auf die Antwort des Präsidenten mußte Mastný fünf Tage warten. Erst am 17. April 1937 – zehn Tage nach dem Gespräch mit Hermann Göring – wurde er von Beneš auf der Prager Burg empfangen.

Nicht die fünf Tage, die der Gesandte Dr. Vojtěch Mastný auf die Antwort von Beneš warten mußte, sind von Interesse. Ein Staatsoberhaupt kann Verpflichtungen haben, die ihm wichtiger sind als ein Gespräch mit einem Diplomaten. Aber – warum drängte Mastný erst fünf Tage nach seiner Unterredung mit Hermann Göring auf eine Unterredung mit Beneš?

Über den Inhalt des Gesprächs, das Hermann Göring mit dem tschechoslowakischen Gesandten in Berlin, Dr. Vojtěch Mastný, führte, ist nichts bekannt, aber die Aktivitäten, die Mastný nach dem Treffen mit Göring entwickelte, lassen darauf schließen, daß die beiden ausführlich über die neueste Entwicklung in Moskau gesprochen hatten. Göring hatte Mastný wohl nicht nur mit Gerüchten konfrontiert, sondern ihm offensichtlich auch konkrete Einzelheiten mitgeteilt, die das Bevorstehen eines Militärputsches in der Sowjetunion bestätigten. Anders als noch bei der ersten Andeutung einer Verschwörung durch Graf zu Trauttmannsdorff, blieben diesmal die Anführer der militärischen Verschwörung nicht anonym. Mastný erfuhr von Göring, daß der bekannteste Heerführer der Roten Armee, Michail Nikolajewitsch Tuchatschewskij, der führende Kopf der unzufriedenen und nach der Macht strebenden Offiziere der Roten Armee war.

Da es über das Gespräch Göring–Mastný keine Aufzeichnungen gibt, stellt sich selbstverständlich die Frage, ob das Verhältnis der beiden scheinbar ungleichen Gesprächspartner so eng war, daß Göring dem Gesandten der kleinen Tschechoslowakei wirklich eine so bedeutende Information anvertraute. Waren ihre Beziehungen tatsächlich so gut?

Sie waren es. Vojtěch Mastný vertrat die Tschechoslowakei in Berlin seit 1932. Nach der Machtübernahme Hitlers im Januar 1933 war der sich immer jovial und vertrauenswürdig gebärdende Göring sehr oft Mastnýs intimer Gesprächspartner. Immer wieder, wenn dunkle Wolken einen Sturm in den deutsch-tschechoslowakischen Beziehungen signalisierten, suchten Mastný und Göring die Probleme in einem klärenden Gespräch zu lösen. Im Nürnberger Kriegsverbrecherprozeß 1946 sagte Göring über seine guten Kontakte zum tschechoslowakischen Gesandten Mastný aus.

War aber Hermann Göring auch der Überbringer der in Heydrichs Fälscherwerkstatt hergestellten Falsifikate, die Tuchatschewskijs Verschwörung belegen sollten? Dies war er mit Sicherheit nicht. So weit ging das Desinformationsspiel des Chefs des Sicherheitsdienstes Reinhard Heydrich nicht. Einen der führenden Männer des nationalsozialistischen Regimes konnte auch Heydrich nicht zu einem »Boten« degradieren. Görings wichtige Aufgabe in Heydrichs Szenarium bestand darin, Gerüchte über eine bevorstehende Aktion der Verschwörer in der Roten Armee gegen Stalin glaubwürdig erscheinen zu lassen. Und diese Aufgabe hatte er zur vollen Zufriedenheit Reinhard Heydrichs erfüllt.

Mit dem eigentlichen »Handwerk« wurden zwei weniger exponierte Männer betraut. In Heydrichs Szenarium waren die Rollen genau verteilt. Göring hatte den Boden psychologisch vorbereitet. Nun konnten die Bühne Camill Hoffmann und Carl Richard Albert Wittig betreten. Wer waren die beiden Akteure, denen

Heydrich eine der wichtigsten Rollen in einem der blutigsten Dramen der Geschichte zugedacht hatte?

»Auf der diplomatischen Bühne der Reichshauptstadt war Camill Hoffmann ... eine Ausnahmeerscheinung« – so charakterisierte den tschechoslowakischen Presseattaché in Berlin sein langjähriger Freund Johann Wolfgang Brügel. »Böhmischer Lyriker und tschechoslowakischer Sozialdemokrat, war er dem künstlerischen und linksdemokratischen Berlin der zwanziger Jahre mindestens so zugetan wie dem außenpolitischen Establishment professionell verbunden. Die Vielfalt der persönlichen Kontakte Hoffmanns, sein Kenntnisreichtum sowohl im Bereich der deutschen Innen- und Außenpolitik wie auf kulturellem Gebiet galten auch im Kreis seiner Diplomatenkollegen als außergewöhnlich. Eine der Wurzeln für Hoffmanns breitgefächerte geistige Interessen lag in der weltoffenen Zweisprachigkeit seines jüdischen Elternhauses im mittelböhmischen Kolin, in das er am 31. Oktober 1878 hineingeboren wurde.«

In das Berufsleben trat Camill Hoffmann Anfang des Jahrhunderts als Redakteur der linksliberalen Wiener Tageszeitung »Die Zeit«. In Wien – wo er bald zum Kreis junger Wiener Dichter um Hugo von Hofmannsthal gehörte – erschien 1902 auch sein erster Gedichtband »Adagio stiller Abende«. Im gleichen Jahr übersetzte er mit Stefan Zweig Charles Baudelaires »Gedichte in Vers und Prosa«.

Von der Donau zog es Hoffmann an die Elbe. In Dresden arbeitete er von 1910 bis 1918 im Feuilleton der »Dresdner Neuesten Nachrichten«, betätigte sich als Herausgeber lyrischer Werke sowie der »Briefe der Liebe«, einer Edition von Briefen des 18. und 19. Jahrhunderts.

Wenige Monate nach der Gründung des unabhängigen tschechoslowakischen Staates im Oktober 1918 wurde Camill Hoffmann Presseattaché an der Berliner Gesandtschaft seines Landes. Über zwanzig Jahre – mit kurzer Unterbrechung im Jahre 1921, als seine Erfahrungen bei der Neugründung der offiziösen tschechoslowakischen Regierungszeitung, der deutschsprachigen »Prager Presse«, benötigt wurden – lebte er in Berlin als Diplomat.

Hoffmanns offizielle Tätigkeit als Presseattaché entsprach keineswegs seinem wirklichen Einfluß, den er in Prag hatte. Bei seinen regelmäßigen Reisen an die Moldau fand er beim Präsidenten Tomáš G. Masaryk, bei Außenminister Dr. Beneš, der 1935 Masaryks Nachfolger wurde, sowie bei dem seit Ende 1935 amtierenden Außenminister Dr. Kamil Krofta immer eine offene Tür. Hoffmanns Informationen, Berichte, Analysen der Situation in Berlin wurden von führenden tschechoslowakischen Politikern hoch geschätzt und als absolut zuverlässig betrachtet. Auch in diplomatischen Kreisen der Reichshauptstadt sowie bei seinen deutschen Gesprächspartnern galt Camill Hoffmann als ein gerngesehener, gut informierter, kultivierter Gesellschafter. Zu seinem Bekanntenkreis zählten nicht nur Schriftsteller, Journalisten, Schauspieler, sondern auch Generäle, Industrielle, Politiker verschiedenster politischer Couleur.

Etwa Mitte 1934 lernte Camill Hoffmann Carl Richard Albert Wittig kennen. Damals war der gebürtige Berliner gerade 35 Jahre alt. Wer Wittig dem tschechoslowakischen Presseattaché vorgestellt hatte, daran konnte sich Hoffmann später nicht mehr erinnern. Aber schon wenige Wochen nach ihrer ersten Begegnung wurde Wittig Hoffmanns vertraulicher Informant über Geschehnisse in der Führung des Dritten Reiches. In Hoffmanns Tagebuch, das er seit 1932 führte, beruft er sich oft auf Wittigs Berichte und Aussagen. Eine der interessantesten Tagebuch-Eintragungen im Zusammenhang mit Wittig machte Camill Hoffmann Ende Januar 1935:

»Wittig bringt mir die Aufzeichnungen eines politischen Gespräches, das er vor kurzem mit Hitler hatte, der ihn zu sich rufen liess. Die alte Konzeption gegen Russland, dabei feindliche Ausfälle gegen die Tschechoslowakei, ein ›Geschwür‹ im mitteleuropäischen Raum. Mastný beglückwünscht mich dazu, dass ich die Aufzeichnung, der er grosse Bedeutung beilegt, erhalten habe. Er will sie nächste Woche Beneš bringen, aber ihren Inhalt muesse die französische und die Sowjetregierung erhalten.«

Am 2. Februar 1935 vermerkte Hoffmann: »Mastný war mehrere Tage in Prag, wo er Wittigs Gespräche mit H. dem Minister Beneš vorgelesen und uebergeben hatte. Das Gespraech soll starken Eindruck auf Beneš gemacht haben, obgleich er niemals den Friedensreden getraut haben kann. Dass Hitler seine urspruenglichen Plaene gegen Sowjetrussland nicht aufgegeben hat und die Tschechoslowakei als vernichtungswuerdigen Staat ansieht, glaubt man aber erst, wenn man den dokumentarischen Beweis in Haenden haelt. Mastný hat einen Durchschlag des Gespraechs im Einverstaendnis mit B. gestern François-Poncet und heute Phipps uebergeben. Berichten die beiden sofort ihren Regierungen? In London tagt die Konferenz Flandin, Laval, Simon, Eden.«

Wittigs Bericht über sein Gespräch mit Hitler glich einer kleinen Sensation. Edvard Beneš, damals noch tschechoslowakischer Außenminister, übergab den Botschaftern Großbritanniens und Frankreichs eine Kopie der von Hoffmann ausgefertigten Niederschrift. Mitte Februar 1935 ließ Beneš Hoffmann noch einmal wegen des Wittig-Berichtes nach Prag kommen. Hoffmanns Tagebuch: »Am 16. eine Stunde bei Beneš ... Beneš interessiert sich fuer Hitlers Gespraech mit Wittig. Ja aber, meint er, fuehrt Hitler die darin vertretene Aussenpolitik praktisch durch? Ich antworte mit ja, da Hitler doppelte Politik treibe: 1. durch das Auswaertige Amt, 2. durch die Partei, durch Rosenberg, durch die Volkstumsorganisationen.«

Unter dem Datum 1. März 1935 finden wir in Hoffmanns Tagebuch eine weitere interessante Eintragung: »Bei François-Poncet, der schon vor meiner Prager Reise den Wunsch geäussert hat, mit mir über Wittig zu reden, und da ich nicht gekommen bin, nochmals bei Mastný meinen Besuch reklamiert. Er will die Erklärung hören, warum mir W. die Unterredung mitteilt und ob sie wirklich authentisch ist. Offenbar will Paris näheres hören, denn die Aufzeichnung macht Eindruck. Ich erzähle Fr.-P., wie Wittig zu mir kam und immer wieder kam, seine Geschichte, seine Beziehungen zu den Ultrarechten, Ludendorff, A. E. G., Auslandsreisen, Zusammenarbeit mit der Reichstagsfraktion der NSDAP ... Wittigs Verhaftung, weil er nach der Machtübernahme Hitlers noch Ludendorff politische Lageberichte schickte, Konzentrationslager, Intervention Brückners usw. Wittigs Gegnerschaft zum Regime. Die Umstände der Unterredung in Gegenwart Kubes, nachher Goebbels. Verhandlung Wittigs mit Schacht und Goebbels wegen eines Nachrichtendienstes in Paris und London ... Die Aufzeichnung Wittigs scheint eine beträchtliche Rolle in der diplomatischen Aktion zu spielen, da sie eine intime Bestätigung der alten Hitlerschen Konzeption gegen Russland ist.«

Wer war dieser Carl Richard Albert Wittig, für den sich plötzlich Minister und Botschafter interessierten?

»Ein widerlicher, schmieriger Agent«, sagte von ihm 1989 einer seiner Intimfeinde, der ehemalige Präsident des Bundesamtes für Verfassungsschutz, Dr. Otto John.

Was Mitte der dreißiger Jahre Hoffmann über Wittig festgestellt hatte, ließ eher auf einen anderen Wittig schließen.

Geboren wurde Carl Richard Albert Wittig am 11. Juli 1900. Nach einer kaufmännischen Lehre trat er 1924 als Referent bei der American Association of Commerce and Trade in Deutschland ein. Drei Jahre lang, von 1930 bis 1933, war Wittig politischer Berater von zwei Vorstandsmitgliedern des Elektrokonzerns AEG, der Herren Pfeffer und Elvis. Als solcher lernte er General von Ludendorff kennen.

Seine Kontakte mit von Ludendorff, der vom Hitler-Bewunderer zum Hitler-Kritiker wurde, hatten für Wittig schlimme Folgen. Mitte 1933 wurde er von der Gestapo verhaftet und in das Konzentrationslager Oranienburg eingeliefert. Nur seiner seit

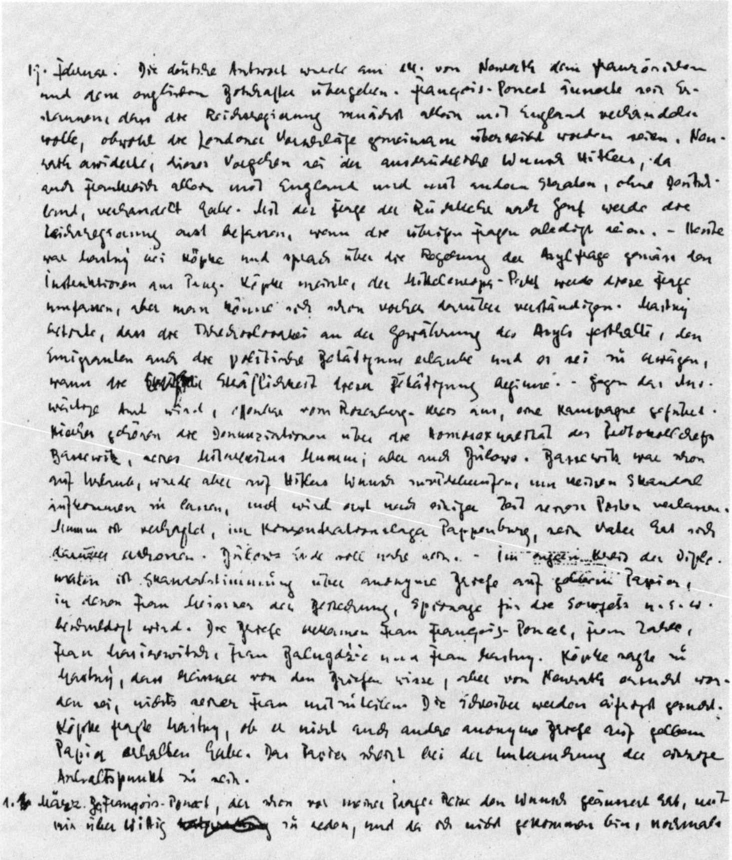

17. Februar. Die deutsche Antwort wurde am 14. von Neurath dem französischen und dem englischen Botschafter übergeben. François-Poncet äußerte sein Erstaunen, dass die Reichsregierung zunächst allein mit England verhandeln wolle, obwohl die Londoner Vorschläge gemeinsam überreicht worden seien. Neurath erwiderte, dieses Vorgehen sei der ausdrückliche Wunsch Hitlers, da auch Frankreich allein mit England und mit anderen Staaten, ohne Deutschland, verhandelt habe. Mit der Frage der Rückkehr nach Genf werde die Reichsregierung sich befassen, wenn die übrigen Fragen erledigt seien. – Heute war Mastny bei Köpke und sprach über die Regelung der Asylfrage gemäß den Intentionen aus Prag. Köpke meinte, der Mitteleuropa-Pakt werde diese Frage umfassen, aber man könne sich schon vorher darüber verständigen. Mastny betonte, dass die Tschechoslowakei an der Gewährung des Asyls festhalte, den Emigranten auch die politische Betätigung erlaube und es sei zu ertragen, wenn die ~~[illegible]~~ Sträflichkeit dieser Betätigung beginne. – Gegen das Auswärtige Amt wird, offenbar vom Rosenberg-Kreis aus, eine Kampagne geführt. Hierher gehören die Denunziationen über die Homosexualität des Botschafters Bassewitz, seines Mitarbeiters Mumm; aber auch Bülows. Bassewitz war schon auf Urlaub, wurde aber auf Hitlers Wunsch zurückberufen, um keinen Skandal aufkommen zu lassen, und wird erst nach einiger Zeit seinen Posten verlassen. Mumm ist verlobt, mit Konsulatskollegin Pappenburg, sein Vater hat sich [illegible] [illegible]. Bülows Ende soll nahe sein. – Im engeren Kreis der Diplomaten ist Missstimmung über anonyme Briefe auf gelbem Papier, in denen Frau Wiesner der Bestechung, Spionage für die Sowjets u.s.w. beschuldigt wird. Die Briefe bekamen Frau François-Poncet, Frau Zabel, Frau [illegible], Frau Balugdžić und Frau Mastny. Köpke sagte zu Mastny, dass [illegible] von den Briefen wisse, aber von Neurath ersucht worden sei, nichts seiner Frau mitzuteilen. Die Schreiber werden eifrigst gesucht. Köpke fragte Mastny, ob er nicht auch andere anonyme Briefe auf gelbem Papier erhalten habe. Das Papier scheint bei der Untersuchung der einzige Anhaltspunkt zu sein.

1. März. François-Poncet, der schon vor meiner Prager Reise den Wunsch geäußert hat, mit mir über Wittig ~~[illegible]~~ zu reden, und da ich nicht gekommen bin, nochmals

Aus dem Tagebuch Camill Hoffmanns:
Unter dem Datum 1. März (1935) schreibt Hoffmann über den »schon vor meiner Prager Reise« geäußerten Wunsch des französischen Botschafters in Berlin, André François-Poncet, mit ihm über Wittig zu reden.

Carl Richard Albert Wittig, geboren 1900, als Siebzigjähriger in einem Meineidsprozeß.

1924 bestehenden Freundschaft mit dem späteren Reichsinnenminister Wilhelm Frick verdankte Wittig, daß er schon nach sechs Monaten aus Oranienburg entlassen wurde. Und Frick sorgte weiter für seinen »alten Freund« – 1934 setzte er Wittig auf die Gehaltsliste seines Ministeriums. Im gleichen Jahr nahm Wittig auch erste Kontakte mit Camill Hoffmann auf. Und es meldete sich bei ihm ein weiterer Interessent um Zusammenarbeit: der Sicherheitsdienst des SS-Gruppenführers Reinhard Heydrich. Dort hatte man bald seine Aktivitäten sehr zu schätzen gelernt. Wittig wurde einer seiner zuverlässigsten Agenten. Sein vielseitiger Bekanntenkreis war für Heydrich nicht nur eine reiche Quelle von Informationen. Über Wittig konnten in die Kreise von Diplomaten, Journalisten und Künstlern Nachrichten lanciert werden, die der Sicherheitsdienst unter die Leute bringen wollte, ohne daß er selbst in Erscheinung trat. Gleichzeitig ebnete man Wittig den Weg zu vielen prominenten Persönlichkeiten des Regimes. Wittig, der sich dann bei seinen Gesprächen auf höchste politische Stellen in Berlin berief, wurde so ein gerngesehener Gast bei Empfängen, Partys, Vernissagen …

Interessant sind Namen der nationalsozialistischen Funktionäre, die Wittig Camill Hoffmann als seine »guten Bekannten« nannte und die Hoffmann in seiner März-Eintragung (1935) über die Unterredung mit dem französischen Botschafter in Berlin, François-Poncet, auch erwähnt: Wilhelm Brückner war bereits 1923 Führer eines SA-Regiments in München. Ende 1930 wurde er SA-Adjutant bei Hitler, wobei er aber eher die Funktion eines persönlichen Adjutanten und ständigen Begleiters ausübte und vor den beiden damaligen anderen Hitler-Adjutanten Julius Schaub und Fritz Wiedemann als Chefadjutant rangierte. Wilhelm Kube schloß sich 1928 der NSDAP an und wurde Fraktionsführer der NSDAP im Preußischen Landtag. Nach der Machtergreifung 1933 ernannte Göring Kube zum Oberpräsidenten der Provinz Brandenburg. Wegen seiner vielen privaten Skandale und Frauengeschichten fiel er im Herbst 1936 in Ungnade, aber auf Anordnung Hitlers durfte er weiterhin den Titel »Gauleiter« tragen. In den aktiven Parteidienst kehrte Kube 1941 als Gauleiter und Reichskommissar für Weißruthenien zurück. Im September 1943 wurde er bei einem Attentat, das sowjetische Partisanen verübten, getötet. Schließlich nannte Wittig bei seinem Gespräch mit Hoffmann auch zwei Minister: Hjalmar Schacht und Joseph Goebbels. Selbstverständlich hatte Hoffmann bei so hochkarätigen Persönlichkeiten des Dritten Reiches, auf die sich Wittig berief, keinen Anlaß, an dem, was dieser ihm zu sagen hatte, zu zweifeln. Aber dann machte Wittig doch einen Fehler. Am 5. April 1936 besuchte er Hoffmann und – so das Tagebuch des tschechoslowakischen Diplomaten – »behauptet, mit Ludendorff gesprochen zu haben. Hitler habe Ludendorff besucht, sich mit ihm versöhnt, ihm die Führung des neuen Generalstabes angeboten. Ludendorff stelle Bedingungen, darunter die, er wolle eine beratende Stimme im Kabinett bekommen.«

Carl Richard Albert Wittig hatte den Bogen überspannt. Was er dieses Mal über Ludendorff zu berichten wußte, nahm ihm Hoffmann nicht ab: »Ich hatte diesmal 300mal den Eindruck, dass Wittig nicht wahr ist.« Sein Vertrauen zu Wittig schwand. Hoffmann: »Ich schicke ihm, nachdem er fortgegangen war, nach. Bisher ist die Adresse Karl R.A. Wittigs nicht auffindbar.«

Auch Wittig hatte offenbar gespürt, daß ihm Camill Hoffmann diesmal nicht glaubte. Er ließ sich darum lieber etwas längere Zeit bei ihm nicht blicken; über das Mißtrauen sollte Gras wachsen. Dann kam er aber doch wieder. »Nach langer Zeit Wittig bei mir«, notierte Hoffmann. Wittig habe über seine Arbeit im alten Reichstagsgebäude erzählt, wo er an einer Biographie Fricks arbeite. Und er habe auch – scheinbar nebenbei – erwähnt, daß er sich schon in der Kampfzeit der NSDAP für die Außenpolitik interessierte, wobei er großen Wert auch auf – »Nachrichten aus Moskauer Quelle« legte.

Plötzlich – in der zweiten Hälfte des Jahres 1936 – hatte Camill Hoffmann nur wenig Zeit, um sein Tagebuch weiterzuführen. Die Eintragungen wurden kürzer, dünner, die Abstände zwischen den einzelnen Eintragungen immer größer. Die letzte des Jahres 1936 trägt das Datum 16. Dezember 1936. Sie schließt mit dem Satz: »1936 *war* ein Kriegsjahr: Abbesynien und Spanien!«

Und dann – dann schweigt der Tagebuchschreiber Camill Hoffmann. Er schreibt nicht. Sechs Monate und fünfzehn Tage des Jahres 1937 keine einzige Eintragung. Nichts. Erst am 16. Juli 1937 griff Camill Hoffmann wieder zur Feder. Auf demselben Blatt Papier, wo er genau vor einem halben Jahr zum letztenmal etwas Bemerkenswertes zu notieren gefunden hatte, schrieb er: »Freitag, 16. Juli 1937. Wieder auf Urlaub. Leider nicht nach Spanien! Heute Prag, dann – irgendwie zum Schwarzen Meer.«

Hatte Camill Hoffmann in dem vergangenen halben Jahr tatsächlich nichts zu berichten? Hatten ihn etwa die Geheimverhandlungen zwischen Beneš und Hitlers Emissären Haushofer und Trauttmannsdorff auf der Prager Burg nicht interessiert? Konnte er zu Mastnýs Reisen nach Prag nichts hinzufügen? Unerwähnt blieb auch sein langes Gespräch mit dem Präsidenten.

Und vor allem jene Mappe, die er ihm dabei übergeben hatte. War das alles nicht der Mühe wert, es aufzuzeichnen?

Oder – waren das alles etwa Geschehnisse, Ereignisse, Tatsachen, die er sogar dem Tagebuch nicht anzuvertrauen wagte? Und – warum hatte Camill Hoffmann, der sensible Dichter und präzise Journalist, der zuverlässige Diplomat und Politiker, erst wieder am 16. Juli 1937 Lust, etwas in sein Tagebuch zu schreiben?

War es nicht vielleicht darum, weil zu dieser Zeit – im Sommer 1937 – schon alles vorüber war? Alles, was ihn bedrückte und wovon er wußte ...?

»Der Mohr hat seine Schuldigkeit getan; der Mohr kann gehen.« Auch Carl Richard Albert Wittig wurde, bald nachdem er Camill Hoffmann die Mappe mit den Tuchatschewskij-Dokumenten übergeben hatte, von seinem »Arbeitgeber«, dem Sicherheitsdienst und dessen Chef, SS-Gruppenführer Reinhard Heydrich, fallengelassen. Er wußte einfach zuviel und sollte, mußte schweigen.

So wurde Wittig, wie 1933 schon einmal, 1938 in »Schutzhaft« genommen, diesmal aber, nachdem ihn das Amtsgericht Alt-Moabit »rechtsmässig« verurteilt hatte, in das Konzentrationslager Sachsenhausen eingeliefert. Wittig behauptete später, das Amtsgericht Alt-Moabit habe ihn nur verurteilt, um ihn »vor weiterer politischer Verfolgung und Konzentrationslager zu schützen«. 1963 legte bei einer Gerichtsverhandlung in Karlsruhe der Rechtsanwalt Dr. Hans Cämmerer Strafakten des Amtsgerichtes Alt-Moabit aus dem Jahre 1939 vor. Ihnen zufolge wurde Carl Richard Albert Wittig »im Namen des deutschen Volkes wegen fortgesetzten Betruges« zu zehn Monaten Gefängnis verurteilt. Er soll seine engen Kontakte zu Reichsminister Dr. Wilhelm Frick, zu dem Stellvertreter des Führers Rudolf Heß, zu Reichsärzteführer Dr. Leonardo Conti und anderen führenden Persönlichkeiten des Dritten Reiches dazu benutzt haben, dunkle Arzneimittelgeschäfte zu machen.

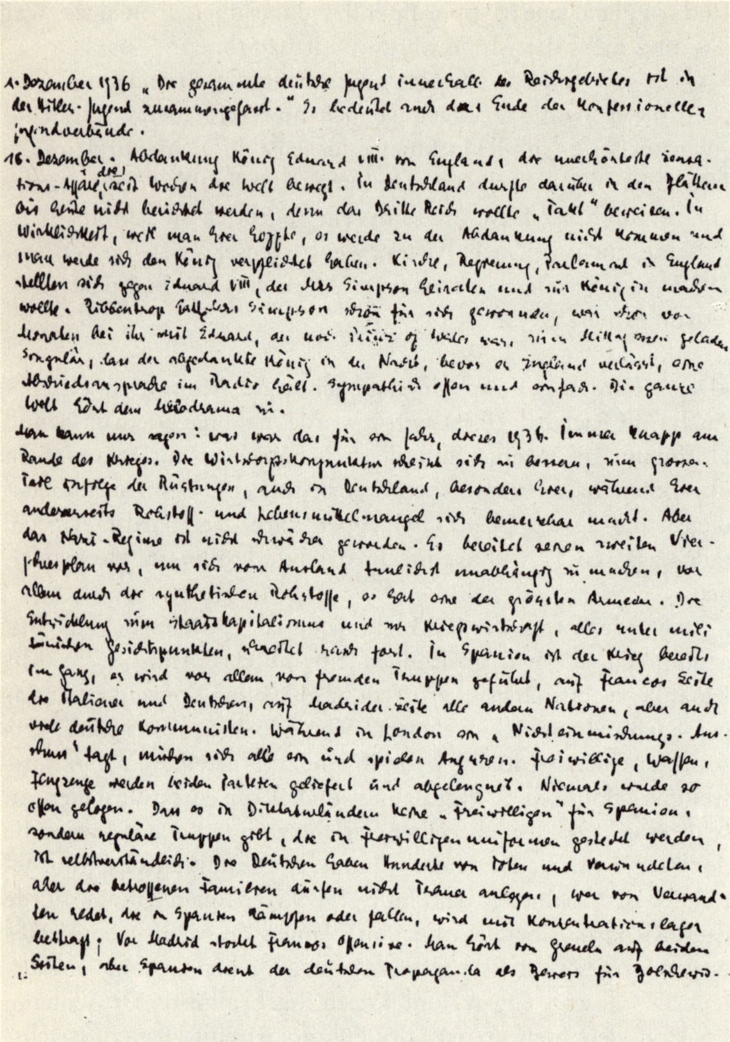
1. Dezember 1936 „Die gesamte deutsche Jugend innerhalb des Reichsgebietes ist in der Hitler-Jugend zusammengefasst." Es bedeutet zwar das Ende der konfessionellen Jugendverbände.

16. Dezember. Abdankung König Eduard VIII. von England, die unerhörteste Sensations-Affaire, die seit Wochen die Welt bewegt. In Deutschland durfte darüber in den Blättern bis heute nicht berichtet werden, denn das Dritte Reich wollte „Takt" beweisen. In Wirklichkeit, weil man hier hoffte, es werde zu der Abdankung nicht kommen und man werde sich den König verpflichtet haben. Kirche, Regierung, Parlament in England stellten sich gegen Edward VIII, der Mrs Simpson heiraten und zur Königin machen wollte. Ribbentrop hatte Mrs Simpson schon für sich gewonnen, war schon vor Monaten bei ihr mit Edward, als noch Prince of Wales war, zum Mittagessen geladen. Sonntag, dass der abgedankte König in der Nacht, bevor er England verlässt, eine Abschiedsansprache im Radio hält. Sympathisch offen und einfach. Die ganze Welt lebt dem Melodrama zu.

Man kann nur sagen: was war das für ein Jahr, dieses 1936. Immer knapp am Rande des Krieges. Die Wirtschaftskonjunktur scheint sich zu bessern, eine grosse Tat infolge der Rüstungen, auch in Deutschland, besonders hier, während hier andererseits Rohstoff- und Lebensmittelmangel sich bemerkbar macht. Aber das Nazi-Regime ist nicht schwächer geworden. Es bereitet seinen zweiten Vierjahresplan vor, um sich vom Ausland tunlichst unabhängig zu machen, vor allem durch die synthetischen Rohstoffe, es hat eine der grössten Armeen. Die Entwicklung zum Staatskapitalismus und zur Kriegswirtschaft, alles unter militärischen Gesichtspunkten, schreitet rasch fort. In Spanien ist der Krieg bereits im Gang, er wird vor allem von fremden Truppen geführt, auf Francos Seite die Italiener und Deutschen, auf Madrider Seite alle andern Nationen, aber auch viele deutsche Kommunisten. Während in London ein „Nichteinmischungs-Ausschuss" tagt, mischen sich alle ein und spielen Angreifer. Freiwillige, Waffen, Flugzeuge werden beiden Parteien geliefert und abgeleugnet. Niemals wurde so offen gelogen. Dass es in Diktaturländern keine „Freiwilligen" für Spanien, sondern reguläre Truppen gibt, die in Freiwilligenuniformen gesteckt werden, ist selbstverständlich. Die Deutschen haben Hunderte von Toten und Verwundeten, aber die betroffenen Familien dürfen nicht Trauer anlegen; wer von Verwandten redet, die in Spanien kämpfen oder fallen, wird mit Konzentrationslager bedroht. Vor Madrid stockt Francos Offensive. Man hört von Greueln auf beiden Seiten, aber Spanien dient der deutschen Propaganda als Beweis für Bolschewis-

Die letzten zwei Blätter des Tagebuches von Camill Hoffmann. Auffallend ist die zeitliche Lücke zwischen der Eintragung vom 16. Dezember 1936 und der vom 16. Juli 1937.

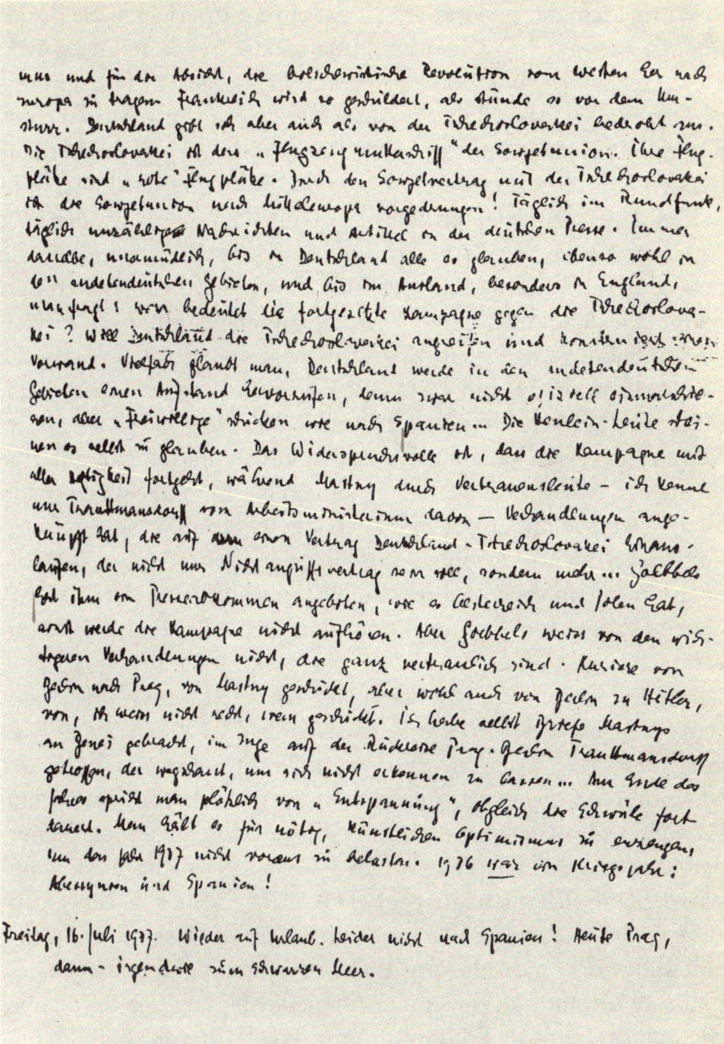

uns und für die Absicht, die bolschewistische Revolution vom Westen her nach Europa zu tragen. Frankreich wird so geschildert, als stünde es vor dem Umsturz. Deutschland gibt sich aber auch als von der Tschechoslowakei bedroht aus. Die Tschechoslowakei ist das „Flugzeugmutterschiff" der Sowjetunion. Ihre Flugplätze sind „rote" Flugplätze. Durch den Beistandsvertrag mit der Tschechoslowakei ist die Sowjetunion nach Mitteleuropa vorgedrungen! Täglich im Rundfunk, täglich unzählige Nachrichten und Artikel in der deutschen Presse. Immer dasselbe, unermüdlich, bis in Deutschland alle es glauben, ebenso wohl in den sudetendeutschen Gebieten, und bis im Ausland, besonders in England. [illegible] was bedeutet die fortgesetzte Kampagne gegen die Tschechoslowakei? Will Deutschland die Tschechoslowakei angreifen und konstruiert jetzt einen Vorwand. Vielfach glaubt man, Deutschland werde in den sudetendeutschen Gebieten einen Aufstand hervorrufen, denn zwar nicht offizielle [illegible], aber „Freiwillige" schicken wie nach Spanien... Die Henlein-Leute scheinen es selbst zu glauben. Das Widerspruchsvolle ist, daß die Kampagne mit aller Heftigkeit fortgeht, während Mastny durch Vertrauensleute – ich kenne nur Trauttmansdorff vom Arbeitsministerium davon – Verhandlungen angeknüpft hat, die auf einen Vertrag Deutschland-Tschechoslowakei hinauslaufen, der nicht nur Nichtangriffsvertrag sein soll, sondern mehr... Goebbels hat ihm ein Presseabkommen angeboten, wie es Österreich und Polen hat, sonst werde die Kampagne nicht aufhören. Aber Goebbels weiß von den wichtigeren Verhandlungen nicht, die ganz vertraulich sind. Kuriere von Berlin nach Prag, von Mastny geschickt, aber wohl auch von Berlin zu Hitler, von, ich weiß nicht recht, wem geschickt. Ich habe selbst Briefe Mastnys an Beneš gebracht, im Zuge auf der Rückreise Prag. Gestern Trauttmansdorff getroffen, der wegschaut, um sich nicht erkennen zu lassen... Am Ende des Jahres spricht man plötzlich von „Entspannung", obgleich die Schwüle fortdauert. Man hält es für nötig, künstlichen Optimismus zu erzeugen, um das Jahr 1937 nicht voraus zu belasten. 1936 war ein Kriegsjahr: Abessynien und Spanien!

Freitag, 16. Juli 1937. Wieder auf Urlaub. Leider nicht nach Spanien! Heute Prag, dann – irgendwo zum Schwarzen Meer.

Wittig, dem diesmal indirekt sogar ein Amtsgericht seine Beziehungen zu einigen Größen des Hitlerstaates bescheinigte, wurde 1942 von Sachsenhausen in das Konzentrationslager Flossenbürg verlegt, wo er zwei Jahre verbrachte. Die letzten Monate des Krieges war er Häftling des Lagers Mauthausen, eines der berüchtigtsten Konzentrationslager. Nach der Befreiung des Lagers am 5. Mai 1945 durch amerikanische Truppen begann wieder sein Aufstieg. Wittig wurde beauftragt, eine Untersuchung über die von der SS in Mauthausen verübten Greueltaten einzuleiten und damit belastendes Material für den späteren Mauthausen-Prozeß zu sammeln. Lange blieb Wittig in Mauthausen nicht: Als die Amerikaner am 31. Juli 1945 das Lager den Sowjets übergaben, setzte er sich schnell nach Frankfurt ab. Hier nahm er sofort Verbindung mit der amerikanischen Besatzungsmacht auf. Ihr diente er, nach seinen eigenen Angaben, bis 1955 als »Berater« in allen »Deutschlandangelegenheiten«. Schwerpunkte seiner Tätigkeit waren die Aufklärung nationalsozialistischer Verbrechen, die Suche nach untergetauchten hohen Funktionären der NSDAP, aber auch die Überwachung kommunistischer Untergrundorganisationen.

Mit Billigung, vielleicht sogar auf Drängen seiner amerikanischen Vorgesetzten streckte Wittig seine Fühler wieder nach Prag aus, und diese Kontakte führten auch zum Erfolg: Nach der Machtübernahme der Kommunisten in der Tschechoslowakei im Februar 1948 wurde er – der langjährige Mitarbeiter des Sicherheitsdienstes Reinhard Heydrichs – Agent des tschechoslowakischen Staatssicherheitsdienstes STB. Einer seiner Leitungsoffiziere war der spätere stellvertretende Leiter der Desinformationsabteilung des tschechoslowakischen Staatssicherheitsdienstes, Ladislav Bittman, der nach der Niederschlagung der Reformbewegung des »Prager Frühlings« im August 1968 in die Vereinigten Staaten exilierte. Dieser unterhielt mit Wittig Anfang der sechziger Jahre geheimdienstliche Kontakte in Ost-Berlin. Erst kürzlich berichtete Bittman ausführlich über seine Begegnungen mit Wittig, der bei dem tschechoslowakischen kommunistischen Geheimdienst unter dem Decknamen »Witz« geführt wurde:

»Wie viele andere tschechoslowakische Agenten in der Bundesrepublik Deutschland lebte der Doktor der Rechte Witz vom Journalismus ... In seiner Vorkriegsvergangenheit hatte es einiges Geplänkel mit dem Gesetz gegeben. Es war aber nicht auszumachen, ob es dabei um kriminelle oder politische Delikte gegangen war. Witz sprach von politischer Persekution [Verfolgung] ... Witz hatte sich zur Zeit des Hitlerregimes in der Tat politisch betätigt, daran gab es keinen Zweifel. In Prager Archiven hatten wir den schriftlichen Beweis dafür gefunden, daß er Mitarbeiter beim politischen Informationsdienst des tschechoslowakischen Außenministeriums gewesen war.«

Die wichtigste »Tat« Wittigs als Informant des tschechoslowakischen Außenministeriums – die Übergabe der gefälschten Tuchatschewskij-Dokumente an Camill Hoffmann – wurde in den Prager Archiven nicht dokumentiert. Mehr darüber erfuhr Bittman erst während seiner Geheimdiensttätigkeit in Ost-Berlin. Wittig, der für seine – wie sich Bittman erinnert – nicht sehr ausgiebigen Informationen jeweils 500 bis 700 Mark erhielt, war Ende 1961 plötzlich in Ost-Berlin verschwunden. Erst Tage später erfuhr Bittman, was mit »Witz« geschah. Der Ost-Berliner Staatssicherheitsdienst, für den Wittig ebenfalls schon längere Zeit arbeitete, fand heraus, daß ihr Mitarbeiter Wittig auch auf der »Gehaltsliste« des amerikanischen Geheimdienstes stand. Deshalb hatte ihn der SSD während eines Agententreffens mit seinen, Wittigs, DDR-Kontaktleuten im Januar 1962 in Ost-Berlin verhaftet.

»Einige Monate später berief mich das DDR-Ministerium für Staatssicherheit zu einer abschließenden Beratung des Falles Wittig«, berichtet Ladislav Bittman. »›Wir haben eine Neuigkeit für Sie‹, sagte einer der Offiziere. ›Habt ihr gewußt, daß Wittig vor dem Krieg nachrichtendienstlich für Beneš tätig war?‹ ›Ja, das wußten wir‹, sagte ich. Es überraschte mich, daß Prag den Deutschen bei den vorausgegangenen Konsultationen nichts davon gesagt hatte. ›Und seine Kontakte mit Hitlers Sicherheitsdienst?‹ Ich schüttelte den Kopf. Davon hatten wir nichts gewußt. ›Das, was wir aus ihm rausbekommen konnten, zeigt deutlich, daß seine Beziehungen zu Beneš unter der Kontrolle des SD gestanden haben müssen. Er wurde als Desinformationsträger benutzt. Berichte, die Beneš von ihm erhielt, waren in Wirklichkeit geheimdienstliche Fälschungen. Wittig ist der Schlüssel zum Schicksal Marschall Tuchatschewskijs.‹«

Bittman war überrascht. Zuerst dachte er, daß das Geständnis Wittigs möglicherweise erpreßt wurde:

»Doch die Entwicklung ..., vor allem aber die sowjetische Reaktion überzeugten mich allmählich, daß Wittig im hohen Spiel der Nazi-Geheimdienste gegen die Sowjetunion höchstwahrscheinlich eine wichtige Rolle gespielt hatte. Die Sowjets wurden über den Stand der Untersuchung und über Wittigs Aussagen informiert, zeigten jedoch keinerlei Interesse. Die Aufdeckung der historischen Wahrheit im Fall Tuchatschewskij hätte den sowjetischen Geheimdienst in einem äußerst ungünstigen Licht erscheinen lassen können ... Auch die sowjetische Parteiführung hatte im Jahre 1962 kein Interesse, dieses heikle Thema der sowjetischen Geschichte aufzugreifen ... Diese ... politischen Umstände retteten wahrscheinlich Carl Wittig, den Agenten des Sicherheitsdienstes, Agent von Beneš und vom Amt für Verfassungsschutz, Agent der CIA, des ostdeutschen und des tschechoslowakischen Geheimdienstes, vor dem Galgen. Acht Jahre nach seiner Verhaftung wurde er, nachdem die Regierung der Bundesrepublik Deutschland für seine Freilassung 80 000 DM an Ost-Berlin gezahlt hatte, begnadigt und kehrte in den Westen zurück.«

Bei dem Freikauf von Carl Richard Albert Wittig aus dem DDR-Gefängnis war aber auch seine undurchsichtige Rolle in der »Affäre John« entscheidend.

Am 20. Juli 1954 wurde die Welt von der sensationellen Nachricht überrascht, daß sich Dr. Otto John, Chef der bundesdeutschen Spionageabwehr, Präsident des Bundesamtes für Verfassungsschutz in Köln, nach Ost-Berlin abgesetzt hatte. Anfang August 1954 verlas der damalige Ministerpräsident der DDR, Otto Grotewohl, in der Ostberliner Volkskammer einen Brief Otto Johns, in dem er der Regierung der DDR für die Erteilung des politischen Asyls dankte.

Danach wurde es still um den hochkarätigen westdeutschen Überläufer. Und Ende 1955 platzte wieder eine Bombe: Otto John gelang es mit Hilfe des dänischen Journalisten Henrik Bonde-Henriksen, aus Ost-Berlin zurück in die Bundesrepublik zu flüchten. Hier gab John an, daß er sich im Sommer 1954 keineswegs freiwillig in die DDR abgesetzt habe, sondern von Agenten des Ostberliner Staatssicherheitsdienstes entführt worden sei.

In der Bundesrepublik stießen Johns Behauptung, man habe ihn bei einem Besuch in West-Berlin betäubt und in bewußtlosem Zustand entführt, auf Skepsis. John wurde verhaftet und vor Gericht gestellt. Vor dem Bundesgerichtshof sagte als Hauptzeuge gegen Dr. Otto John ein Mann aus, der behauptete, mit John im Erfurter Hotel »Elephant« gesprochen zu haben, wobei ihm John anvertraut habe, daß er freiwillig aus der Bundesrepublik in die DDR geflohen sei. Der Name dieses Hauptzeugen der Anklage: Carl Richard Albert Wittig.

Otto John bestritt energisch Wittigs Aussage. Das Gericht glaubte aber Wittig. Am 22. Dezember 1956 wurde der Ex-Präsident des Bundesamtes für Verfassungsschutz Dr. Otto John zu vier Jahren Gefängnis sowie zur Zahlung der Gerichtskosten in Höhe von 100 000 DM verurteilt.

Nach seinem Freikauf aus dem Gefängnis in Bautzen, wo er sieben Jahre verbrachte, trat der zwielichtige Wittig in Revisions- und Berufungsprozessen Dr. Otto Johns wiederum als Belastungszeuge auf. Im Jahr 1982 starb Carl Richard Albert Wittig in einem Altersheim im Taunus. Er war 82 Jahre alt geworden.

Aufzeichnungen oder Tagebücher wurden in seinem Nachlaß nicht gefunden.

War es aber tatsächlich Carl Richard Albert Wittig, der – wie es auch Ladislav Bittman bestätigte – die von Heydrichs »Spezialisten« gefälschten Dokumente über die angebliche Verschwörung Tuchatschewskijs gegen Stalin seinen tschechoslowakischen Gesprächspartnern lieferte? Und war sein »Kontaktmann« in der Berliner tschechoslowakischen Gesandtschaft Camill Hoffmann?

Antwort auf diese Frage gibt ein Brief, den am 24. Dezember 1946 Dr. Jan Jína, Chef der politischen Sektion in der Präsidentenkanzlei von Dr. Edvard Beneš in Prag, an »Herrn Dr. Karl R. A. Wittig in Frankfurt a. M., Wehrheimer Straße 9« richtete. Der Brief trägt die Aktennummer R 15.088/46.

»Sehr geehrter Herr Dr. Wittig«, schreibt Dr. Jína, »Der Herr Präsident der Republik hat durch das tschechoslowakische Aussenministerium vor ein paar Tagen Ihren werten Brief erhalten, in dem Sie ihm den Namen unseres gemeinsamen Freundes Legationsrates Camill Hoffmann und seine der Tschechoslovakischen Republik geleisteten Dienste in Erinnerung gebracht haben. Ihr Brief hat den Herrn Präsidenten schon aus diesem Grunde erfreut, denn auch er ist sich des ausgezeichneten Wirkens Camill Hoffmanns in Berlin bewusst ... Der Herr Präsident ... erinnert sich sehr gut an Ihre ihm durch Camill Hoffmann übermittelten vorzüglichen Informationen aus der Zeit des wachsenden Hitlerismus. Besonders stark eingeprägt bleibt in seinem Gedächtnis der Bericht vom März 1935 über Ihre seinerzeitige Unterredung mit Hitler, in welcher Ihnen Hitler seine Absichten, die er hinsichtlich der Tschechoslovakischen Republik hatte, mitteilte. Die lebhafte und gleichzeitig ernste Wiedergabe des Gesprächs mit dem nazistischen Führer konnte das Staatsoberhaupt eines bedrohten Volkes nicht ohne tiefen Eindruck lassen.«

Der Brief endet mit den besten Wünschen »für Ihr weiteres Leben«. Wittig erfuhr von Jína auch nähere Einzelheiten über das tragische Schicksal seines Berliner Gesprächspartners Hoffmann. Nachdem Wittig den Wunsch geäußert hatte, daß Camill Hoffmann ihm seine antinazistische Tätigkeit bescheinige, schrieb ihm Jína, dies sei nicht möglich, da »leider unser Freund, ebenso wie auch seine Frau, in der Auschwitzer Gaskammer ihren Tod gefunden haben«. Statt Hoffmann, so weiter Dr. Jína, könne die »Tatsache«, daß Wittig ein aktiver Gegner Hitlers gewesen sei, persönlich der »Präsident in seiner amtlichen Funktion« bescheinigen.

Camill Hoffmann, der einzige Zeuge des Desinformationsmanövers Carl Wittigs, wurde im Januar 1939 von der neuen Regierung in Prag, die weitgehend die Forderungen Hitlers ausführte, von seinem Berliner Posten als Presseattaché abberufen. In dem Bewußtsein, »daß für einen jungen Juden in der Tschechoslowakei keine Zukunft ist«, drängte Hoffmann seinen Sohn Hans, sich auf die Auswanderung aus der Tschechoslowakei vorzubereiten. Die Tochter Edith befand sich zu dieser Zeit bereits in London. Im Ruhestand wollte Camill Hoffmann eine Geschichte der Tschechoslowakei schreiben. Er hat sie niemals beendet. Im Frühjahr 1942 wurde das Ehepaar Hoffmann verhaftet und nach Theresienstadt deportiert. Sein langjähriger Freund Johann Wolfgang Brügel berichtet, daß in den »folgenden zweieinhalb Jahren in dem nationalsozialistischen ›Altersghetto‹ ... Hoffmann eine Anzahl von Gedichten, die Prager Freunde über die NS-Zeit hinwegretteten«, schrieb. »Es sind«, so Hoffmanns Tochter Edith, »traurige Gedichte, die von der Einsamkeit und den Träumen des Internierten sprechen.«

Am 28. Oktober 1944 – in der Tschechoslowakei war es ein Staatsfeiertag, der Tag, an dem 1918 die Republik ausgerufen wurde – verließ der letzte Transport Theresienstadt in Richtung Auschwitz. Unter denen, die in der nationalsozialistischen Todesfabrik ihr Ende finden sollten, waren auch Camill und Irma Hoffmann. Der Tag, an dem sie ermordet wurden, ist nicht bekannt ...

KANCELÁŘ PRESIDENTA REPUBLIKY

Čís. R 15.088/46.

P r a g , den 24.Dezember 1946.

Sehr geehrter Herr Dr Wittig

Der Herr Präsident der Republik hat durch das tschechoslowakische Aussenministerium vor ein Paar Tagen Ihren werten Brief erhalten, in dem Sie ihm den Namen unseres gemeinsamen Freundes Legationsrates Camill Hoffmann und seine der Tschechoslovakischen Republik geleisteten Dienste in Erinnerung gebracht haben. Ihr Brief hat den Herrn Präsidenten schon aus diesem Grunde erfreut , denn auch er ist sich des ausgezeichneten Wirkens Camill Hoffmanns in Berlin bewusst. Aber in erster Reihe erfreut sich der Herr Präsident Ihres Briefes, weil dieser ein Beweis ist, dass Sie nach den vielen Jahren Ihres persönlichen Leidens während der Kriegs - zeit mit derselben Entschlossenheit, die Sie auch früher immer gekennzeichnet hat, bereit sind, die Augen vor keiner Realität zu schliessen, selbst wenn es sich um eine nicht gerade erwünschte Tatsache handelt. Ich denke dabei an Ihre Konstatierung der neuen Entwicklung in Deutschland.

Der Herr Präsident hat mich beauftragt Ihnen, sehr geehrter Herr Wittig, seinen Dank für Ihren Brief auszusprechen . Er erinnert sich sehr gut an Ihre ihm durch Camill Hoffmann über - mittelten vorzüglichen Informationen aus der Zeit des wachsenden Hitlerismus. Besonders stark eingeprägt bleibt in seinem Gedächtnis der Bericht vom März 1935 über Ihre seinerzeitige Unterredung mit

./.

Brief vom 24. Dezember 1946 des Chefs der politischen Sektion der Präsidentenkanzlei von Dr. E. Beneš, Dr. Jan Jína.

Hitler, in welcher Ihnen Hitler seine Absichten, die er hinsichtlich der tschechoslovakischen Republik hatte, mitteilte.
Die lebhafte und gleichzeitig ernste Wiedergabe des nazistischen Führers konnte das Staatsoberhaupt eines bedrohten Volkes nicht ohne tiefen Eindruck lassen.

Sie wollten, wie Sie schreiben, sich von Camill Hoffmann die Bestätigung Ihrer gemeinsamen illegalen Zusammenarbeit erbitten. Nachdem leider unser Freund, ebenso wie auch seine Frau, in der Auschwitzer Gaskammer ihren Tod gefunden haben, ist dies unmöglich geworden. Nehmen Sie, bitte, diesen meinen Brief als Bestatigung dieser Tatsache an. Ich schreibe im Auftrage des Herrn Prasidenten der Republik Dr Edvard Beneš in meiner amtlichen Funktion und - wenn Sie wollen auch als Ihr Genosse aus K.L.Flossenbürg, wo ich in meiner Eigenschaft eines politischen Häftlings der Prager Gestapo das letzte Jahr meiner fünfjährigen Haft verbracht habe.

Indem ich Ihnen, sehr geehrte Herr Dr Wittig, für Ihr weiteres Leben das Beste wünsche, zeichne ich

als Ihr ergebener

Dr Jan Jína,
Chef der politischen Sektion
in der Prasidentenkanzlei.

Herrn
Dr Karl R.A.WITTIG,
Frankfurt a.M.,
Wehrheimer Str. 9.

In diesem Brief wird Carl Wittig bescheinigt, daß er vor dem Zweiten Weltkrieg der Tschechoslowakei Dienste geleistet hatte.

Prag, Mittwoch, 17. April 1937.

Der Gesandte der Tschechoslowakischen Republik in Berlin, Dr. Vojtěch Mastný, genoß sie immer wieder, die Fahrt mit dem schwarzen Tatra vom Wilson-Bahnhof über den belebten Wenzelsplatz, am Nationaltheater vorbei über die schwungvolle Moldau-Brücke hinauf zum Hradschin, der Prager Burg.

Diesmal schien ihm aber die elegante lederne braune Aktenmappe, die er fest an sich drückte, den Genuß des Prag-Besuches zu vergällen. Mastný ahnte, daß ihm eine nicht sehr erfreuliche Unterredung mit dem Präsidenten bevorstand. Am liebsten wäre ihm gewesen, wenn Camill Hoffmann selber die Dokumente Dr. Beneš übergeben hätte. Aber er wußte auch, daß es die Pflicht des Gesandten war, dem Staatsoberhaupt nicht nur gute, sondern auch schlechte Nachrichten persönlich zu überbringen. Und heute war es eine schlechte, sehr schlechte Nachricht, die er aus Berlin in die Burg brachte ...

Der Präsident ließ Mastný sofort zu sich kommen. Beneš, so schien es dem Gesandten, war nervös. Ungeduldig wartete er auf das, was Mastný zu berichten hatte.

Und es war eine Hiobsbotschaft ...

Die Verschwörer in Moskau zerfraßen offensichtlich wie ein Krebsgeschwür die Führung der Roten Armee. Beneš wurde sofort klar: Wenn der Putsch in Moskau Erfolg hätte, Stalin und seine engsten Mitarbeiter beseitigt wären und Tuchatschewskij ein Bündnis mit Generälen in Berlin schließen würde, dann hätte dies – langfristig gesehen – das Ende der unabhängigen Tschechoslowakei, das Ende seiner, Beneš', politischen Karriere zur Folge.

Die Dokumente, die Mastný dem Staatspräsidenten vorlegte, waren überzeugend. Zwar alles lediglich gute Ablichtungen, aber der Präsident hatte keinen Zweifel, daß in Moskau tatsächlich Verschwörer am Werk waren. Auch Stil und Inhalt der Schriftstücke überzeugten ihn. So konnten nur Soldaten schreiben und denken.

Immer wieder nahm er die einzelnen Ablichtungen in die Hände, betrachtete sie lange mit und ohne Brille.

Mastný bemerkte, daß die Hände des Präsidenten zitterten. Es überraschte ihn nicht. Auch er war erregt, als ihm Camill Hoffmann die Dokumente zum erstenmal vorlegte. Vielleicht noch erregter als jetzt Beneš. Ob es sich nicht um Fälschungen handeln könnte, fragte er damals seinen Presseattaché. Die Quelle sei absolut zuverlässig, versicherte ihm Hoffmann mehrmals. Schon früher habe ihm sein Informant Berichte zugespielt, die nicht nur in Prag, sondern auch in den Hauptstädten der westlichen Alliierten mit größtem Interesse aufgenommen worden seien.

Mastný ahnte zwar, wer dieser »Informant« sein könnte, nannte aber nicht seinen Namen.

Jetzt verstand der Gesandte auch die Andeutungen, die Reichsmarschall Hermann Göring bei ihrer letzten Begegnung machte. Göring sprach damals über neue Perspektiven der europäischen Politik. Wenn sich zwei so zukunftsträchtige Staaten wie Rußland und Deutschland gemeinsam um die Lösung aller wichtigen Probleme bemühten, würde vieles in Europa einen anderen Lauf nehmen. Auch Görings Verständnis und Lob für Marschall Tuchatschewskij und die sowjetische Armeeführung, die von ihm als realistisch denkend und weitblickend bezeichnet wurde, bekamen für Mastný im Lichte der ihm von Hoffmann vorgelegten Schriftstücke eine neue Dimension. Göring war offensichtlich genau informiert über das, was in Moskau vorging. Mastný begriff, daß ihn der Marschall dazu bewegen wollte, sich bei Beneš in Prag für die Fortsetzung der im Februar unterbrochenen Verhandlungen mit Berlin einzusetzen. Jetzt, in Anbetracht der neuen Entwicklung in der Sowjetunion – und daraus machte Göring kein Hehl – freilich unter neuen Voraussetzungen.

Dr. Vojtěch Mastný war ein pflichtbewußter Beamter. Er wußte, daß die Entscheidung, die er treffen sollte, die wichtigste seiner fünfjährigen Amtszeit in der Reichshauptstadt war. Er mußte sich sofort mit dem Präsidenten in Verbindung setzen. In einem Telefongespräch bat er den Außenminister Dr. Kamil Krofta, ihm so schnell wie möglich einen Empfang bei Beneš zu vermitteln. Es gehe um eine für die Republik lebenswichtige Angelegenheit, drängte er. Tage, ja sogar Stunden könnten entscheidend sein ...

Jetzt saß Mastný im gepolsterten geschnitzten Stuhl seinem Präsidenten gegenüber. Der Kaffee, der serviert wurde, war inzwischen kalt geworden. Aber Mastný war sowieso eher nach einem Kognak zumute. Schade, daß der Präsident so selten Alkohol trank. Und niemals, wenn er aufgeregt war.

Langsam hatte sich Beneš wieder beruhigt. Das, was ihm Mastný vorlegte, traf ihn zwar wie ein Keulenschlag, aber er war sich bewußt, daß er jetzt nichts überstürzen durfte. Immer war er nicht nur ein kalter Politiker, sondern auch ein Spieler, der, wenn er glaubte, noch retten zu können, was zu retten war, seine Karten nicht gleich aufdeckte, das Spiel nicht gleich verloren gab.

Am Freitag, dem 19. April 1937, zwei Tage nachdem Beneš die Dokumente über die Verschwörung Tuchatschewskijs vom Gesandten Mastný erhalten hatte, ließ er durch seinen Außenminister Dr. Kamil Krofta dem sowjetischen Gesandten in Prag, Sergej Alexandrowskij, mitteilen, er wolle ihn am Montag, dem 22. April, zu einem Gespräch empfangen. Krofta sollte dem sowjetischen Diplomaten andeuten, daß bei dieser Begegnung mit dem Präsidenten auch über eine angebliche Änderung der sowjetischen Außenpolitik gesprochen werden sollte.

Eine Aufzeichnung von Beneš über sein langes Gespräch vom 22. April 1937 mit Alexandrowskij gibt es im Beneš-Archiv nicht. In sowjetischen Archiven ist dagegen zugänglich der ausführliche Bericht Alexandrowskijs an den Volkskommissar für Auswärtige Angelegenheiten, Maxim Litwinow:

»Obwohl Beneš bereits von Krofta informiert worden war, hielt ich es für richtig, ihm gegenüber die Dementierung der

Gerüchte über eine Annäherung zwischen der UdSSR und Deutschland zu wiederholen. Beneš reagierte darauf sehr lebhaft mit der Frage, warum sich die UdSSR nicht an Deutschland annähern sollte. Die Tschechoslowakei könne eine solche Annäherung nur begrüßen ... Ich muß zugeben, daß ich darüber sehr verwundert war, und sagte, daß ich die Fragestellung nicht verstehe ... Beneš sprach sehr weitschweifig davon, daß die ČSR, ungeachtet aller Änderungen in der Außenpolitik der UdSSR, der Sowjetunion bedingungslose Treue hält und allen Verpflichtungen ihr gegenüber nachkommen werde. Auf mein Befremden hin, von welchen Änderungen in der Außenpolitik der UdSSR die Rede sein könne, sagte Beneš, die UdSSR sei nicht nur ein großes, sondern ein geradezu grandioses Land, das umfangreiche und vielfältige Interessen nicht nur in Europa, sondern auch in Asien habe. Beneš stellte sich eine theoretische Möglichkeit vor, daß die Vielfalt dieser Interessen die UdSSR zu einer Änderung ihrer Außenpolitik zwingen könne, z. B. zu Deutschland oder Großbritannien. Er meinte damit nichts Konkretes, sondern will damit zum Ausdruck bringen, daß die ČSR unter allen Bedingungen ihre Freundschaft zur UdSSR aufrechterhält.«

Alexandrowskij versuchte Beneš zu beschwichtigen: »Die Politik der UdSSR ist absolut unveränderlich, da es sich in jedem Fall um eine Friedenspolitik handelt ... Eine Änderung unserer Außenpolitik ist nur in dem Sinne möglich, wenn einer unserer vielen Partner aufrichtig in Richtung Frieden schwenkt oder in das Lager der Kriegsbrandstifter überwechselt. Davon kann die Verbesserung oder Verschlechterung der gegenseitigen Beziehungen abhängen.«

Der sowjetische Diplomat versuchte dann, die Ansichten des tschechoslowakischen Präsidenten zu analysieren. »Es ist offensichtlich, daß Beneš immer noch dieselbe Frage bewegt. Deshalb sagte ich ihm nochmals, daß unter den gegenwärtigen Bedingungen von einer Annäherung unsererseits an Deutschland keine Rede sein kann.«

Der Bericht Alexandrowskijs bestätigt, wie geschickt ihn Beneš »auszuspielen« versuchte. Seine Versicherung, daß er eine Annäherung zwischen Moskau und Berlin »nur begrüßen« könne, sollte den sowjetischen Diplomaten offensichtlich zu einer unbedachten Äußerung verleiten. Aber Alexandrowskij reagierte nicht so, wie der Präsident dies erwartet hatte. Der Grund dafür war einfach: Er hatte von dem, was sich in Moskau und Berlin abspielte, überhaupt keine Ahnung.

Hinter den Kulissen hatte inzwischen Beneš eine intensive Tätigkeit entfaltet, von der er sich den Erhalt weiterer Informationen über den Stand der Verschwörung gegen Stalin versprach. Die erste Gelegenheit, in Berlin zu sondieren, ergab sich bereits weniger Tage nachdem er von Mastný in die Moskauer Putschpläne eingeweiht wurde und er die gefälschten Dokumente von ihm erhielt.

Am 21. April 1937 sollten zwei hochrangige Beamte des Prager Innenministeriums nach Berlin reisen, um dort Gespräche zu führen. Einer von ihnen war der Chef der tschechoslowakischen Politischen Polizei, Ministerialdirektor Dr. Karel Novák. Beneš ließ sich sofort über die Berliner Gesprächspartner der beiden Beamten informieren. Die höchstgestellte deutsche Persönlichkeit unter denen, die Novák und seinen Begleiter empfangen sollten, war der Chef der Geheimen Staatspolizei, der Gestapo, SS-Obersturmbannführer Heinrich Müller, einer der engsten Mitarbeiter Reinhard Heydrichs.

Nur wenige Stunden vor seiner Abfahrt nach Berlin erhielt Novák eine Anweisung, deren Sinn er nicht recht verstand: Es sei der Wunsch höchster Stellen im Staat, daß er bei Müller »unauffällig« Informationen über eine mögliche Zusammenarbeit deutscher mit sowjetischen offiziellen Stellen oder Personen einhole.

Am 24. April 1937, zwei Tage nach der Unterredung Beneš–Alexandrowskij, wurde der Präsident über die Gespräche Nováks in Berlin, vor allem über seine Begegnung mit Heinrich Müller, ausführlich informiert. Mit welchen Erkenntnissen Novák nach Prag zurückkehrte, ist ungeklärt. Im Beneš-Archiv gibt es darüber wieder kein Dokument. Auch Dr. Karel Novák hinterließ keine schriftliche Aufzeichnung und sprach über seine Berliner Verhandlungen auch später nicht mit seinen Vertrauten und Freunden. Es wird nicht ausgeschlossen, daß Novák mit Informationen zurückkehrte, nach denen ein bevorstehender Putschversuch in Moskau durchaus denkbar war. Bestärkt wird diese Vermutung dadurch, daß Beneš bereits am 24. April 1937 – also zum zweitenmal innerhalb achtundvierzig Stunden – Alexandrowskij zu sich auf die Burg bestellte.

Mit Sicherheit stand auf dem Programm der Gespräche zwischen Novák und Müller die gegen das Dritte Reich gerichtete Aktivität des deutschen politischen Exils in der Tschechoslowakei. Denn bereits am 26. April 1937 gab das Präsidium des Prager Innenministeriums ein Rundschreiben heraus, wonach die Kontrollen an der Grenze zu Deutschland und Österreich verstärkt werden sollten. In der Nacht auf den 29. April wurden bei zahlreichen Emigranten Hausdurchsuchungen durchgeführt. Wie aus einem Bericht des tschechoslowakischen Innenministeriums vom 29. April 1937 hervorgeht, wurden nach der Kontrolle von 187 Ausländern Haftbefehle gegen 51 der kontrollierten Personen, davon 41 reichsdeutscher Staatsangehörigkeit, erlassen.

Am 24. April 1937 trafen sich Beneš und Alexandrowskij zu der vom Präsidenten initiierten zweiten Aussprache. Diesmal gibt es weder von tschechoslowakischer noch von sowjetischer Seite Aufzeichnungen über das, was an diesem Tag auf der Prager Burg besprochen wurde. Daß Dokumente aus dem Archiv des Präsidenten Beneš noch immer nicht aufgetaucht sind, ist weitgehend verständlich. Nach der kommunistischen Machtübernahme in der Tschechoslowakei im Februar 1948 wurde Beneš' Privatarchiv vom Innenministerium übernommen, um es – so der tschechoslowakische Historiker Dr. Jaroslav Valenta – nach möglichen Unterlagen für die politischen Prozesse, die Gegnern der Kommunistischen Partei gemacht werden sollten, durchforschen zu lassen. Mit Sicherheit wurden in diesem Zusammenhang auch Schriftstücke des Präsidenten zur Affäre Tuchatschewskij gefunden. Ihr weiteres Schicksal ist allerdings völlig unklar. Es kann sein – so weiter Valenta –, daß sie im Geheimarchiv des Zentralkomitees der tschechoslowakischen Kommunistischen Partei in Prag, zu dem lediglich Mitglieder des höchsten Parteigremiums Zugang haben, verwahrt werden. Es ist aber auch nicht ausgeschlossen, daß diese Dokumente in den fünfziger Jahren Offizieren des sowjetischen Geheimdienstes KGB, die in Prag als »Berater« des tschechoslowakischen Staatssicherheitsdienstes tätig waren, in die Hände fielen und nach Moskau gebracht wurden. Dort, in den Geheimarchiven des KGB, sind sie, ebenso wie die späteren Berichte über die Gespräche Alexandrowskijs mit Beneš, bis heute – soweit sie nicht etwa bereits vor Jahren von Mitwissern des Komplotts vernichtet wurden – noch immer auch für sowjetische Zeithistoriker unerreichbar.

Aber: Die Gesprächsrunde Beneš–Alexandrowskij war auch mit der zweiten Aussprache vom 24. April 1937 nicht beendet. Am 26. April 1937 sprach Alexandrowskij auf der Prager Burg erneut mit dem tschechoslowakischen Präsidenten. Und wieder gibt es weder von Beneš noch vom sowjetischen Gesandten eine Notiz über die Themen, die behandelt wurden.

Dann tat sich zehn Tage nichts zwischen der Prager Burg und der Villa Teresa, dem Sitz der sowjetischen Gesandtschaft in Prag. Aber Beneš blieb keineswegs tatenlos. Er nutzte diese Zeit, um sich zu vergewissern, daß die ihm aus Berlin zugespielten Dokumente auch tatsächlich echt waren: In das Spiel zwischen Hradschin und Kreml schaltete Beneš den tschechoslowakischen militärischen Geheimdienst ein.

Vierzig Jahre nach der Affäre Tuchatschewskij, im Jahre 1977, erschienen im Exilverlag des bekannten tschechischen Schriftstellers Josef Škvorecký im kanadischen Toronto die Memoiren des langjährigen Leiters des tschechoslowakischen Militärgeheimdienstes, General František Moravec. Selbstverständlich geht Moravec darin auch auf jene Dokumente ein, die eine so wichtige Rolle in der Affäre Tuchatschewskij und seiner angeblichen Verschwörung spielten, und zwar betont er, daß »in der Hand des tschechoslowakischen Militärgeheimdienstes niemals solche Dokumente« gewesen seien. Moravec schließt die Existenz solcher Schriftstücke nicht aus, verweist aber darauf, daß in der Tschechoslowakei neben dem militärischen zwei weitere Geheimdienste tätig waren, der des Innenministeriums und der des Außenministeriums. Moravec dann wörtlich: »Ich kann nicht ausschließen, daß Beneš tatsächlich solche Dokumente erhielt oder daß er über ihre Existenz etwas wußte. Er sagte mir nichts darüber, weil er diese Informationen für ein Manöver, das er als wichtigen politischen Zug betrachtete, ausnützen wollte ... Egal, welches hier die Wahrheit sei, Tatsache bleibt, daß sich der tschechoslowakische militärische Geheimdienst an einer solchen Aktion nicht beteiligt hatte.« Sein Dienst, so behauptet Moravec, würde mit Sicherheit erkannt haben, daß es sich bei den Tuchatschewskij-Dokumenten um Fälschungen handelte.

Diese Version des Prager Ex-Geheimdienstchefs wurde indirekt auch von einer anderen Quelle bestätigt. Walter Hagen-Höttl schreibt in seinem Buch »Die geheime Front«, daß Heydrich eine Zeitlang tatsächlich mit dem Gedanken gespielt habe, die Dokumente über den tschechoslowakischen Generalstab – also den tschechoslowakischen militärischen Geheimdienst – den Sowjets in die Hände leiten zu lassen, diese Idee dann aber fallengelassen habe. Hagen-Höttl: »Heydrich erschien dieser Weg schließlich doch als zu unsicher ... Es bestand keine Garantie, daß die Sendung nicht von einem Mann Tuchatschewskijs abgefangen werden konnte.«

General František Moravec irrt sich aber. Seine Aussage, er oder andere Mitarbeiter des militärischen Geheimdienstes der

Beneš (rechts) bei einem Vertragsabschluß
mit dem sowjetischen Staatspräsidenten Kalinin 1943.
Im Hintergrund Stalin und Woroschilow.

Tschechoslowakei hätten die in Berlin gefälschten Dokumente nicht begutachtet, ist falsch. Sie wurden vom militärischen Geheimdienst geprüft und – für echt befunden. 1987 suchte Jarošlav Valenta in Prag den damals letzten noch lebenden Mitarbeiter von General Moravec auf, General Josef Tichý. Er sprach mit ihm auch über die Rolle des Geheimdienstes in der angeblichen Verschwörung von Marschall Tuchatschewskij. Tichý, 1987 neunzig Jahre alt, bestätigte schriftlich, daß ihm Moravec erzählt hatte, wie er zusammen mit seinem damaligen Vorgesetzten, Oberst Josef Hájek, zu Beneš gerufen wurde. Tichý: »Sie sollten ein Gutachten über Dokumente ablegen, die Beneš von Mastný, der sie persönlich nach Prag brachte, erhielt und die Tuchatschewskijs Verrat und seine Zusammenarbeit mit den Deutschen betrafen. Moravec bestreitet dies; wahrscheinlich wegen den ungeheuren Folgen distanziert er sich davon. Ich habe oft darüber nachgedacht, warum er sich mir damit anvertraute. Ich erkläre mir das mit seiner Erregung, seinem Wissen von der Wichtigkeit der Angelegenheit und der Notwendigkeit, das jemandem mitzuteilen. Vielleicht wollte er auch ein wenig damit prahlen. Es war kurz danach, das heißt am gleichen Tag, nach der Rückkehr von Moravec von der Burg. Es ist nur logisch und selbstverständlich, daß Beneš Stalin die Nachricht nicht ohne ein Gutachten militärischer Fachleute zugeschickt hätte.«

Tichýs Aussage enthält einen Fehler: Er datiert den Besuch von Hájek und Moravec auf das Frühjahr 1936, also ein Jahr vor den tatsächlichen Ereignissen. Dies könnte Tichýs Zeugnis in seinem Wahrheitsgehalt schmälern, wenn es nicht noch einen zweiten Zeugen gäbe, der seine Version bestätigt. Oberst Emil Strankmüller, Chef der Offensivabteilung des tschechoslowakischen militärischen Geheimdienstes, gab eine ähnliche Erklärung wie General Tichý ab. Nur in einem weicht Strankmüllers Aussage von der Tichýs ab: Ihm hatte Moravec seine Mitwirkung am Gutachten für Beneš erst während des Zweiten Weltkrieges in London gestanden. Daß František Moravec 1977 eine Beteiligung in der Affäre Tuchatschewskij bestreitet, ist verständlich. Denn in der Tat: Beneš hätte die Dokumente, wenn Hájek und Moravec ihre Echtheit nicht bestätigt hätten, möglicherweise nicht an Stalin weitergeleitet. Für Beneš galten beide Geheimdienstoffiziere als versierte Fachleute. Wenn er je befürchtet hatte, Fälschern auf den Leim zu gehen, so war er sich jetzt sicher: In Moskau braute sich die größte Verschwörung des zwanzigsten Jahrhunderts zusammen ...

Am 7. Mai 1937 – es war ein Freitag – kam es zu einem dramatischen Gespräch zwischen dem tschechoslowakischen Präsidenten Dr. Edvard Beneš und dem Gesandten der UdSSR in Prag, Sergej

Alexandrowskij. Nach knapp einer Stunde verließ der sowjetische Diplomat blaß den Hradschin. Er fuhr zur Botschaft, ließ sich mit Moskau verbinden. Mit wem an diesem Freitag der Gesandte Alexandrowskij sprach, kann heute nicht genau ermittelt werden. Fest steht lediglich, mit wem Alexandrowskij nicht gesprochen hatte – mit dem Volkskommissariat für Auswärtige Angelegenheiten. Denn im dortigen Archiv ist kein Bericht Alexandrowskijs über seine Begegnung mit Beneš gefunden worden.

Wer aber wurde am 7. Mai 1937 über das, was Beneš seinem Gast aus Moskau zu sagen hatte, informiert?

Was wir wissen, ist, wo der Empfänger des Berichtes aus Prag seinen Sitz hatte: in der Lubjanka oder im Kreml.

Die Lubjanka war die Residenz von Nikolaj Jeschow, dem Leiter des Staatssicherheitsdienstes NKWD.

Der Hausherr im Kreml war Josef Wissarionowitsch Stalin, Generalsekretär der sowjetischen Kommunisten.

Das Ende

Dicke Schneeflocken fallen vom Himmel über Moskau. Nikolaj Jeschow steht an dem breiten Fenster seines großen, holzgetäfelten Amtszimmers in der ersten Etage der Lubjanka und beobachtet, wie der Schnee den Platz vor dem Sitz des NKWD mit einer immer höher werdenden weichen Decke überzieht. Die Türme des Kremls sind nur als Silhouetten erkennbar.

Jeschow blickt zur Uhr. Noch fünf Minuten, dann kommen seine engsten Mitarbeiter zu der wahrscheinlich wichtigsten Beratung seit seiner Ernennung an die Spitze des NKWD am 26. September 1936.

In den ersten Wochen seit seinem Amtsantritt blieb Jeschow kaum Zeit, sich auszuruhen. Mit dreihundert Funktionären des Kontrollapparates, die mit ihm zum NKWD wechselten, hatte er frisches Blut in den Staatssicherheitsdienst gebracht. Alles Männer, die ihm voll ergeben waren. Dann begann er, die Spitze des Dienstes umzubesetzen. Noch am gleichen Tag, an dem Jagoda seinen Stuhl räumen mußte, um zunächst einmal in das Volkskommissariat für Postwesen abgeschoben zu werden, mußte auch sein Stellvertreter Georgij Prokofjew gehen. Matwej Berman, der bisher die oberste Aufsicht über die GULAG-Lager hatte, nahm seine Stelle ein. Am 16. Oktober 1936 ernannte Jeschow zu seinem zweiten Stellvertreter Michail Frinowskij, den bisherigen Kommandeur der Grenztruppen des NKWD. Das Vertrauen Stalins und Jeschows hatte Frinowskij Anfang der dreißiger Jahre gewonnen, in der Zeit der Zwangskollektivierung. Als im Nordkaukasus ein Aufstand der Kosaken ausbrach, leitete er dessen Niederschlagung. Stolz berichtete Frinowskij danach dem Politbüro, daß die Flüsse des nördlichen Kaukasus Tausende Leichen von gefangenen Kosaken, die er hatte liquidieren lassen, mit sich führten. Die anderen wurden in sibirische Arbeitslager und in die Steppen Kasachstans deportiert. Am 3. November 1936 war die neue NKWD-Spitze vollzählig. Jeschow berief den Kommissar Zweiten Grades Lew Belskij, zu seinem dritten Stellvertreter. Die Arbeit konnte beginnen ...

Sie kamen pünktlich auf die Sekunde: Berman, Frinowskij, Belskij und einige andere.

Das, was ihnen Jeschow eröffnete, hatte keiner von ihnen erwartet. Die Entscheidung war von Stalin persönlich getroffen worden. Jeschow sollte nun den Befehl und die Anweisung des großen »Woschd« – des Führers – in die Praxis umsetzen.

Mit sofortiger Wirkung, so der Chef des NKWD, werde eine neue, streng geheime Gruppe des Staatssicherheitsdienstes gegründet. Ihr Name: »Verwaltung für besondere Aufgaben«, nach der russischen Abkürzung »Spezbüro« genannt. Die Gruppe sollte direkt Jeschow unterstehen. Zu seinem Vertreter, der die eigentliche Arbeit des »Spezbüros« leiten sollte, bestimmte Jeschow Michail Frinowskij. Die wichtigste und zur Zeit vordringlichste Aufgabe des »Spezbüros« sei – und wieder staunten die drei Stellvertreter Jeschows –, alle Verschwörer und Verräter im Kommando der Roten Armee zu entlarven und ihrer Bestrafung zuzuführen. Stalin sei überzeugt, so der NKWD-Chef, daß sich seine Gegner in der Führung der Armee eingenistet hätten. Sie müßten so schnell wie möglich abgesetzt und unschädlich gemacht werden.

Frinowskij interessierte lediglich eine Frage: Wie viele Mitarbeiter würden ihm für die schwierige Bekämpfung der Verräterclique in der Roten Armee zur Verfügung stehen? Als Jeschow versprach, daß er sich fünfzig zuverlässige Mitarbeiter seiner Wahl aussuchen dürfte, war er zufrieden. Mit einem solchen Stab würde er das Spionen- und Verräternest mit Sicherheit bald ausgeräuchert haben, sagte er lachend.

Als die Konferenz zu Ende ging, fiel immer noch Schnee. »In

einigen Stunden wird Moskau unter einer dichten Schneedecke liegen«, sagte Jeschow, als er sich von Frinowskij, Belskij und Berman verabschiedete. Bevor er die Lubjanka verließ, schrieb er für Stalin einen kurzen Bericht über die Beratung. Datum: Samstag, den 6. Dezember 1936.

Es war der Tag, an dem einige Tausend Kilometer westlich vom Moskauer Dserschinskij-Platz SS-Gruppenführer Reinhard Heydrich sich interessiert anhörte, was sein Gast aus Paris, General Nikolaj Skoblin, über die Verschwörer in Moskau zu berichten hatte ...

Josef Stalin war mit dem, was Jeschow in so kurzer Zeit auf die Beine stellte, höchst zufrieden. Am 20. Dezember 1936, dem Tag, an welchem vor neunzehn Jahren der Staatssicherheitsdienst, die Tscheka, unter Felix Dserschinskij als »Schwert und Schild« der Bolschewiki gegründet wurde, lud er die Führung des NKWD in den Kreml ein. Und alle kamen: Jeschow, Belskij, Berman, Frinowskij, einige von Frinowskijs Mitarbeitern aus dem »Spezbüro«. Selbstverständlich fehlte auch nicht der Kommandeur der Leibwache Stalins, der langjährige Tschekist Pauker.

Wodka floß in Strömen, auf den Tischen standen silberne Schüsseln mit feinstem Kaviar.

Stalin lachte und scherzte, war zufrieden: Die Vorbereitung des Pjatakow-Radek-Prozesses, der – so bestimmte er es – in einigen Wochen, Ende Januar 1937, beginnen sollte, ging zügig vonstatten. »Als alle schon ziemlich betrunken waren«, so berichtete später der 1938 in den Westen übergelaufene sowjetische Diplomat und Offizier der Gegenspionage des NKWD, Alexander Orlow, »gab Pauker eine improvisierte Vorstellung zu Ehren Stalins. Von zwei Genossen sekundiert, die als Gefängniswachen fungierten, trat Pauker in der Rolle Sinowjews auf, eines der Hauptangeklagten im ersten großen Moskauer Schauprozeß im August 1936, wie er zur Erschießung in den Keller geführt wurde. ›Sinowjew‹ hing hilflos an den Armen der Wächter, schleppte sich kaum aufrecht vorwärts und stöhnte, wobei er mit furchterfüllten Augen um sich blickte. In der Mitte des Zimmers angekommen, fiel ›Sinowjew‹ auf die Knie, umfaßte den Schuh eines der ›Wächter‹ und schrie gequält: ›Bitte, zum Gottes willen, Genosse, läute Josef Wissarionowitsch an!‹

Stalin folgte jeder Bewegung ›Sinowjews‹ und brach in dröhnendes Gelächter aus. Als die Gäste sahen, welchen Gefallen Stalin an dem Spiel hatte, verlangten sie von Pauker eine Wiederholung. Pauker tat es. Dieses Mal lachte Stalin so unbändig, daß er sich vorbeugen und seinen Bauch mit beiden Händen halten mußte. Als Pauker weiter improvisierte und diesmal, statt niederzuknien, die Hände zum Himmel erhob und schrie: ›Höre, Israel, unser Gott ist der einzige Gott!‹, konnte es Stalin nicht länger aushalten: Von Lachkrämpfen geschüttelt, gab er Pauker ein Zeichen, er solle aufhören.«

Mit keinem einzigen Wort ging Stalin an diesem Abend auf die Aufgaben des »Spezbüros« ein. Er wußte genau, daß nach dieser »Vorstellung« Frinowskij alles unternehmen würde, um ihn bei guter Laune zu halten. Und gute Laune hatte der Generalsekretär immer dann, wenn es ihm gelang, weitere seiner Gegner zu vernichten. Pjatakow und Radek waren bereits so gut wie erledigt. Und dann – dann sollte Stalins eiserne und gnadenlose Hand Michail Nikolajewitsch Tuchatschewskij zerschmettern. Die Hand, deren Werkzeug Michail Frinowskij war ...

Es war eine beispiellose Karriere, die des Michail Nikolajewitsch Tuchatschewskij.

Wie ein Komet strahlte er am Himmel der Roten Armee.

Er war 38 Jahre alt, als er 1931 zum Ersten Stellvertreter des Volkskommissars für Verteidigung und zum Leiter des Rüstungswesens ernannt wurde.

Zwei Jahre später, 1933, verlieh ihm Josef Wissarinowitsch Stalin die höchste Auszeichnung der Union der Sozialistischen Sowjetrepubliken, den Lenin-Orden, »für außerordentliche persönliche Verdienste bei der Organisierung der Verteidigung der Sowjetunion an den äußeren und inneren Fronten während des Bürgerkrieges und für die späteren organisatorischen Maßnahmen bei der Festigung der Roten Armee der Arbeiter und Bauern«.

Und Tuchatschewskij hatte den Orden reichlich verdient. Sein ganzes Leben galt der Armee, ihrer Modernisierung, Aufrüstung. Bei Stalin fand er immer ein offenes Ohr. Im Land herrschte Hungersnot, die Städte und Dörfer verkamen, aber an Mitteln für die Rote Armee wurde niemals gespart. Die Ergebnisse, die Michail Tuchatschewskij vorweisen konnte, waren imponierend.

Ende 1932 hatte die Rote Armee etwa 1000 leichte Panzer des Typs T-26 und 400 BT-Panzer. Bis 1935 wuchs die Zahl der Panzer auf insgesamt 10 180 Stück. Zur selben Zeit wurden die Truppen auch mit Kraftfahrzeugen aller Art ausgerüstet. 1928 besaß die Rote Armee nur 1051 Kraftfahrzeuge und 301 Zugmaschinen. sieben Jahre später, 1935, waren es bereits über 35 000 Kraftfahrzeuge und 5550 Zugmaschinen. Rasch wurde auch die sowjetische Luftwaffe erweitert. Anfang der dreißiger Jahre entstanden ständig neue sowjetische Modelle von Kampf- und Aufklärungsflugzeugen, wobei allerdings der Schwerpunkt des Aufbaus bei den Bombern lag. Verfügte die Rote Armee im Jahre 1928 über insgesamt 1394 Flugzeuge, so waren es 1935 bereits 6672. Allein im Raum Moskau hatten bis 1933 sechs neue Flugzeugzellenfabriken und vier Flugmotorenwerke ihren Betrieb aufgenommen. Mit gleicher Energie wurde der Ausbau der Kriegsflotte forciert.

Das gewaltige Ausrüstungsprogramm zog natürlich auch eine zahlenmäßige Verstärkung der Streitkräfte nach sich. Hatte die Rote Armee 1928 in Kaderdivisionen 617 000 Mann unter den Waffen, so stieg diese Zahl bis Ende 1935 auf 930 000 Mann. Nach inoffiziellen Schätzungen, welche die Territorial-Divisionen einbezogen, waren es sogar zwei Millionen Mann.

Sowjetische Militärhistoriker, die sich nach dem XX. Parteitag der sowjetischen Kommunisten im Jahre 1956 mit dem Wirken Tuchatschewskijs beschäftigten, erwähnten seine zahlreichen theoretischen Studien. In den Jahren 1935 und 1936 erschienen in der sowjetischen Presse viele Artikel Tuchatschewskijs, die sich mit theoretischen Untersuchungen der Armeen der »kapitalistischen Länder« befaßten. In einem dieser Beiträge, in welchem er eine genaue Analyse der verschiedenen Grade der Mechanisierung in der Armee unternahm, erklärte Tuchatschewskij: »Wir sind besser organisiert als die Kapitalisten. Wir werden unsere Aufgabe mutiger und richtiger lösen.«

Großen Wert legte der Erste Stellvertretende Volkskommissar Tuchatschewskij auf gut organisierte Manöver. Ein sehr eindrucksvolles Kriegsspiel demonstrierte im September 1935 der Kiewer Militärbezirk unter Leitung seines Kommandanten Iona E. Jakir. An diesen Manövern nahmen alle Gattungen der Landstreitkräfte teil. Sie zeigten im Sinne der sowjetischen Militärdoktrin den Angriff und Durchbruch einer befestigten Verteidigung, wobei sie von 600 Flugzeugen unterstützt wurden. Noch eindrucksvoller waren die Manöver im Herbst 1936 in Weißrußland, die unter dem Kommando von I. P. Uborewitsch standen. Bei beiden Manövern wurden zum erstenmal in der modernen Kriegsgeschichte Luftlandetruppen in einem so großen Umfang eingesetzt – eine Tatsache, die keiner der ausländischen Militärbeobachter in seinen Berichten unerwähnt ließ. 1961 berichtete über diese Manöver auch der sowjetische Marschall Birjusow: »Die Generäle und Offiziere ... erinnern sich gut an die Manöver in der Ukraine und in Weißrußland ... Der deutsche Generalstab hat daraus zweifellos praktische Schlußfolgerungen gezogen und die Erfahrungen unserer Truppen, besonders der Panzer- und Fallschirmtruppen, genutzt.«

Die ausländischen Militärattachés waren von dem, was sie sahen, tief beeindruckt. So bemerkte der britische Oberst Martel, daß »nur sehr wenige Panzer wegen mechanischen Defekts ausfallen mußten und daß es keine Flugzeugunglücke gab«. Der französische General Loizeau wiederum schätzte »das technische Niveau der Roten Armee« hoch ein. »Es besteht kein Zweifel«, schrieb der General, »daß im nächsten Krieg die Sowjetsoldaten zu den besten gehören werden.«

Der nächste Krieg, auf den sich das Kommando der Roten Armee vorbereitete, werde – so Tuchatschewskij – von Hitler-Deutschland hervorgerufen. In seiner militärpolitischen Eingabe an die Regierung, die er Ende 1935 vorlegte, versuchte er, seine Überzeugung mit konkreten Angaben zu belegen. Gleichzeitig versicherte er, die Rote Arbeiter- und Bauernarmee sei stark genug, um zu jedem beliebigen Zeitpunkt dem Feind der Sowjetunion einen mächtigen Schlag zu versetzen, mit dem sie ihn vernichten könne.

Auf der Tagung des Exekutivkomitees der Sowjetunion im Jahre 1936 sprach Tuchatschewskij über die Stärke der Roten Armee. Um die Kampfbereitschaft der Armee zu erhöhen, wurde die Zahl der Kaderdivisionen erhöht: von 26 Prozent der gesamten Heeresstärke auf nun 77 Prozent. Tuchatschewskij: »Wenn die Regierung es verlangt, können wir zu jedem beliebigen Zeitpunkt dem Feind an den Ost- und Westgrenzen unserer Union eine mächtige Streitmacht entgegenstellen.« Als Hauptfeind der Sowjetunion betrachtete Tuchatschewskij nicht das aggressive Japan. Für ihn ging weiterhin die größte Bedrohung der Sowjetunion von Adolf Hitler aus.

Es war vor allem sein Verdienst, daß – zum ersten Mal seit der bolschewistischen Oktoberrevolution 1917 – die Führung der Roten Armee 1935 und in der ersten Hälfte des Jahres 1936 wieder zu einer anerkannten, entscheidenden Kraft im Staate wurde. Tuchatschewskij, die Kommandeure der Wehrbezirke, die Rüstungsmanager brauchten nur einen Wunsch zu äußern – und Stalin erfüllte ihn. Beobachter im In- und Ausland waren bereits der Meinung, daß Stalin bei Ausbau und Festigung seiner Macht mit der tatkräftigen Hilfe der Militärs rechne und auf die Armee immer mehr angewiesen sei.

Daß Stalin der Führungsspitze der Roten Armee in diesem Ausmaß entgegenkam, hatte allerdings reale Gründe. Die Entwicklung in der Sowjetunion zwang ihn, der Armee Zugeständnisse zu machen. Im Dezember 1934 wurde der Erste Sekretär der Leningrader Parteiorganisation, Sergej Kirow, der »Liebling der Partei«, in dem viele den Gegenspieler Stalins sahen, ermordet. Die Hintergründe seiner Ermordung sind bis heute nicht geklärt. Auf dem XX. Parteitag der sowjetischen Kommunisten im Jahre 1956 hatte Nikita Chruschtschow den Verdacht geäußert, daß Kirow Opfer einer Intrige Stalins wurde – eine Vermutung, die heute von zahlreichen führenden sowjetischen Politikern und Zeithistorikern geteilt wird.

Die innerparteiliche Krise nach Kirows Tod nutzte Stalin, um seine Gegner in die Nähe der Hintermänner des Mordkomplotts gegen Kirow zu rücken. Eine »Lex Kirow«, die den Gerichten das Recht gab, Verurteilte sofort liquidieren zu lassen, hatte zur Folge, daß Hunderte Kritiker und Gegner Stalins kaltgestellt wurden, in Gefängnissen und Lagern verschwanden oder hingerichtet wurden.

Aber auch die Folgen der von Stalin befohlenen Zwangskollektivierung der Landwirtschaft Anfang der dreißiger Jahre schlugen überall durch. Aus vielen Teilen des Landes wurden Unruhen und Bauernaufstände gemeldet. Der Zwangskollektivierung, mit brutalsten Mitteln vorangetrieben, fielen Millionen Dorfbewohner zum Opfer. Die Unruhe erfaßte nicht nur fast die gesamte Zivilbevölkerung, sie machte auch vor der Roten Armee nicht halt. Kommandeure der Einheiten berichteten nach Moskau, daß der Ausbildungsplan nicht erfüllt werden könne, da sich die Rekruten weigerten, ihren Grundwehrdienst anzutreten, oder verlangten, in ihre Dörfer zurückkehren zu dürfen. Die Versorgung mit Grundnahrungsmitteln brach weitgehend zusammen. Die Rüstungsfabriken verfehlten ihre Planziele, weil zahlreiche Arbeiter wegen Unterernährung und Krankheit ihre Arbeitsnorm nicht erfüllen konnten.

Stalin, der den ersten großen Schlag gegen seine Feinde in der Parteiführung vorbereitete, konnte unter keinen Umständen zulassen, daß sich jetzt auch die Führung der Roten Armee gegen ihn wandte. So mußte er alles unternehmen, um die Kommandeure mit Zugeständnissen und Versprechungen zu befriedigen. Es wurden eine Reihe von Maßnahmen verkündet, welche die Stellung der Armee in Staat und Gesellschaft stärken sollten.

Bereits im Frühjahr 1934 wurde das Volkskommissariat für Kriegs- und Marine-Angelegenheiten reorganisiert und mit Wirkung vom 20. Juni 1934 in »Volkskommissariat für Verteidigung« umbenannt. Kliment Woroschilow, Stalins treuer Paladin, wurde als Volkskommissar bestätigt. Am 20. Juni 1934 wurde der Revolutionäre Kriegsrat der Sowjetunion, jene wichtigste militärische Befehlsstelle aus der Zeit des Bürgerkrieges, abgeschafft. An seine Stelle trat ein achtzigköpfiger »Militärrat« mit Woroschilow an der Spitze. Von nun an sollte die Rote Armee keine revolutionäre, sondern eine staatstragende und staatserhaltende Funktion haben. Stalins Werben um die Gunst der Militärführung ging noch weiter. Die Uniformen der Kommandeure erhielten eine neuen, eleganteren Schnitt. Für zukünftige Offiziere wurde das Erlernen von Gesellschaftstänzen Pflicht. Offizier der Roten Armee zu sein bedeutete, zur Spitze der Gesellschaft zu gehören.

Im September 1935 signalisierte Stalin der Roten Armee, daß er sie für einen der entscheidenden Faktoren im sozialistischen Staat betrachtete. Am 22. September 1935 faßten das Zentralkomitee der bolschewistischen Partei und der Rat der Volkskommissare den Beschluß über die Einführung persönlicher Dienstgrade bei den Führungsstäben der Arbeiter- und Bauernarmee. Dieser Beschluß, unterzeichnet vom Vorsitzenden des Zentralen Exekutivkomitees, Kalinin, dem Vorsitzenden des Rates der Volkskommissare, Molotow, und dem Sekretär des Zentralen Exekutivkomitees, Akulow, führte als höchsten Dienstgrad den Rang eines »Marschalls der Sowjetunion« ein. Die traditionelle Militärhierarchie in der Roten Armee wurde wiederhergestellt. In dem Beschluß wurde der Roten Armee und ihren Kommandeuren hohes Lob gespendet: »Die Kader des Führungsbestandes der Roten Arbeiter- und Bauernarmee sind das wertvollste Kapital, das von der Partei herangebildet und geschult wurde ... Tausende und Zehntausende junger Arbeiter und Kolchosbauern des Sowjetlandes gehen alljährlich in unsere Rote Armee, die eine echte Volksarmee darstellt, und widmen sich dem Dienst in den Reihen ihrer Kommandeure. In der gegenwärtigen Aufbauetappe der Streitkräfte der Sowjetunion kommt der Rolle der Kommandokader der Roten Arbeiter- und Bauernarmee erstrangige Bedeutung zu.«

Knapp einen Monat nach der Einführung der persönlichen Dienstgrade wurden fünf Kommandeure der Roten Armee zu Marschällen der Sowjetunion ernannt. Es waren dies: der meistdekorierte sowjetische Kommandeur und seit 1929 Befehlshaber der Fernostarmee, der 45jährige Wassilij Blücher, Kandidat des Zentralkomitees der Partei; der ehemalige Befehlshaber der Ersten Reiterarmee, Inspekteur der Kavallerie der Roten Armee, der 52jährige Semjon Budjonnyj, Kandidat des Zentralkomitees; der ehemalige zaristische Oberstleutnant, seit 1931 Chef des Stabes der Roten Arbeiter- und Bauernarmee, Kandidat des Zentralkomitees Alexander Jegorow; der Stellvertreter des Volkskommissars für Verteidigung und Leiter des Rüstungswesens der Roten Armee, Kandidat des Zentralkomitees, der 42jährige Michail Tuchatschewskij; schließlich der Altbolschewik, das Vollmitglied des Zentralkomitees der Partei, der Volkskommissar für Verteidigung und Vorsitzender des Revolutionären Kriegsrates, der 54jährige Kliment Woroschilow. Fünf weitere Kommandeure, darunter Iona E. Jakir und Ieronim P. Uborewitsch, wurden zu Armeebefehlshabern ernannt.

Am 18. Juli 1936 brach der Spanische Bürgerkrieg aus. Für das Dritte Reich und Mussolinis Italien eine Gelegenheit, an der Seite

Sie wurden 1936 zu »Marschällen der Sowjetunion« ernannt:
vorn (von links nach rechts) Tuchatschewskij, Woroschilow, Jegorow;
hinter ihnen Budjonnyj (links) und Blücher.

der Putschistenarmeen General Francos ihre neuentwickelten Waffensysteme unter Kriegsbedingungen zu erproben.

Auch die Sowjetunion nutzte die Kriegshandlungen auf der Pyrenäenhalbinsel. Die sowjetische Hilfe an die republikanische Regierung, die immer mehr unter kommunistischen Einfluß geriet, bestand in erster Linie in umfangreichen Materiallieferungen. Zwischen dem 1. Oktober 1936 und dem Januar 1939 erhielt die spanische republikanische Armee aus der Sowjetunion beinahe eine halbe Million Gewehre, über 20000 Maschinengewehre, 648 Flugzeuge, 347 Panzer und 60 gepanzerte Fahrzeuge sowie 1186 Geschütze verschiedenen Kalibers.

Neben Materialsendungen kamen aus der Sowjetunion auch

über 3000 »Freiwillige« nach Spanien, die als Berater in der Armee sowie im republikanischen Geheimdienst tätig waren. Der Erste militärische Chefberater der republikanischen Armee wurde Jan Bersin. Zuvor hatte er elf Jahre lang den militärischen Geheimdienst der Roten Armee geleitet. Zahlreiche hohe sowjetische Offiziere, von denen einige im Zweiten Weltkrieg der Weltöffentlichkeit bekannt wurden, so die Marschälle Malinowskij und Kulikow, haben ihre ersten Kriegserfahrungen auf den Kampffeldern Spaniens gesammelt. Ihre Feuertaufe erhielten dort die sowjetischen Panzer T-26, T-27 und T-28. In die Kämpfe um die Luftüberlegenheit am Himmel Spaniens griffen sowjetische Jagdflugzeuge vom Typ I-16 und I-15 sowie Bombenflugzeuge des Typs SB ein. Nicht immer erfolgreich. Oft zeigte sich, daß sie den Kampfflugzeugen der deutschen Legion Condor technisch weit unterlegen waren.

Marschall Michail Tuchatschewskij ließ sich regelmäßig über den Verlauf der Kämpfe und vor allem über den Einsatz sowjetischer Waffen- und Kampftechnik berichten. Sowjetische Spezialisten analysierten alles, was die deutsche Beteiligung betraf. Tuchatschewskij sah in ihren Ergebnissen die Bestätigung seiner Ansicht, wonach der zukünftige Krieg von einer mit modernster Technik ausgerüsteten Armee entschieden werde. Panzer, Luftlandetruppen, schnelle Jagdflugzeuge, zuverlässige Bomber, eine schlagkräftige Kriegsmarine – das alles sollte die Sowjetunion so schnell wie möglich besitzen und im Ernstfall einsetzen können. Jeder Tag des Krieges in Spanien hatte Tuchatschewskij in seiner Überzeugung bestärkt, daß die Zukunft der Sowjetunion im Krieg mit Hitler-Deutschland entschieden werde.

Nach seinen in Spanien gewonnenen Erfahrungen schloß er auch nicht mehr aus, daß die Rote Armee den Krieg gegen Hitler gemeinsam mit den Soldaten Großbritanniens und Frankreichs würde führen müssen. Er wußte aber auch, daß der Mann im Kreml anderer Meinung war. Immer öfter bekam er Berichte, die bewiesen, daß Stalin Kontakte nach Berlin, zu Adolf Hitler, suchte. Und nichts war Tuchatschewskijs Überzeugung nach für sein Volk und sein Land gefährlicher als eine mögliche Verständigung der beiden Diktatoren …

Am 30. Juni 1934 erkannte Josef Wissarionowitsch Stalin, daß sein Traum von einem baldigen Sturz Adolf Hitlers sich nicht verwirklichen konnte. Unter den Salven des Hinrichtungskommandos der SS und durch Mörderhand starben Männer, die – wie Stalin gehofft hatte – Adolf Hitler zu Fall hätten bringen können: die »Linke« in der Hitlerpartei, die Führung des braunen Volksheeres der SA mit Stabschef Ernst Röhm, die damals wenig ernst zu nehmenden Gegner Hitlers in der Reichswehr und der Politik. Die »sozialistische Revolution«, die im Chaos eines von Stalin erwarteten und für möglich gehaltenen Röhm-Putsches den Kommunisten in Deutschland den Weg zur Macht ebnen sollte, blieb ein Wunschtraum.

Schon wenige Tage nach der »Nacht der langen Messer«, in der auch Reinhard Heydrich seine Fähigkeiten zur Geltung bringen konnte, hatte Stalin auf die neue Situation in Deutschland reagiert. Der französische Geheimdienst meldete, daß Stalin – trotz seiner Annäherungsversuche an Frankreich und seinem Wunsch, mit den Franzosen einen Freundschaftspakt zu schließen – bereits geheime Fühler nach Berlin ausgestreckt hatte.

Ende Januar 1935 traf in Berlin David Kandelaki als neuer Leiter der sowjetischen Handelsvertretung ein. Daß die Wahl ausgerechnet auf ihn fiel, in Berlin sowjetische Interessen zu vertreten, war keineswegs ein Zufall. Der deutsche Botschafter in Moskau, Graf von der Schulenburg, hatte in einem Bericht an das Auswärtige Amt Kandelakis Einfluß in Moskau als sehr hoch eingeschätzt. »Schon bei der Ernennung Kandelakis zum Handelsvertreter der UdSSR in Berlin«, so der Botschafter, »wurde sowjetischerseits offensichtlich Wert darauf gelegt, bei uns den Eindruck zu erwecken, daß für diesen wichtigen Posten eine Persönlichkeit gewählt worden sei, die über ausgezeichnete Beziehungen zu den Spitzen von Partei und Regierung, insgesondere zu Stalin selbst verfüge. In der Folgezeit hat sich denn auch gezeigt, daß Kandelaki bei seinen verschiedenen Aufenthalten in Moskau von Stalin und Molotow empfangen worden ist. Kandelaki hat bei Fühlungnahmen mit der hiesigen Botschaft hierüber offen gesprochen und mit einer gewissen Selbstverständlichkeit betont, daß Stalin seine Ansichten gebilligt habe. An der Richtigkeit der Äußerungen Kandelakis zu zweifeln besteht kein Anlaß, zumal der Botschaft auch von anderer unterrichteter Seite bestätigt worden ist, daß Kandelaki sich des Vertrauens von Stalin erfreue.«

Am 28. Januar 1935, nur wenige Tage nach der Ankunft des Stalin-Vertrauten Kandelaki in Berlin, hielt auf dem VII. Sowjetkongreß Wjatscheslaw Molotow, der Vorsitzende des Rates der Volkskommissare, eine Grundsatzrede. Dabei legte er auch dar, wie er den Stellenwert der nationalsozialistischen Ideologie und ihre Auswirkung auf das deutsch-sowjetische Verhältnis prinzipiell beurteilte. In der Rassentheorie sah er kein Hindernis für die Entwicklung der deutsch-sowjetischen Beziehungen. Man habe zwar in der Sowjetunion keine hohe Meinung von solchen »Theorien«, versuche aber, sie als eine Reaktion auf die schwierige Lage Deutschlands zu verstehen. Nach wie vor verberge die Sowjetregierung nicht »ihre tiefe Hochachtung vor dem deutschen Volk als einem der bedeutendsten Völker der gegenwärtigen Epoche«. Und weiter: »Für uns können wir sagen, daß wir keinen anderen Wunsch hatten und haben als den, gute Beziehungen mit Deutschland zu unterhalten.«

Zwei Monate nach Molotows Rede kam der britische Außenminister Anthony Eden zu Gesprächen mit der sowjetischen Regierung nach Moskau. Am 29. März 1935 wurde er von Josef Stalin empfangen. Selbstverständlich kam dabei auch das Verhältnis der Sowjetunion zu Deutschland zur Sprache. »Wir bemühen uns nicht um eine Isolierung Deutschlands. Im Gegenteil, wir wollen mit Deutschland ein freundschaftliches Verhältnis haben«, soll nach einer britischen Aufzeichnung der sowjetische Diktator gesagt haben. »Die Deutschen«, so Stalin weiter, »sind ein tapferes Volk. Wir vergessen das niemals. Dieses Volk kann nicht auf Dauer in den Fesseln von Versailles gehalten werden. Früher oder später muß sich das deutsche Volk von den Versailler Fesseln befreien ... Ich wiederhole: Ein solch großes Volk wie die Deutschen muß die Versailler Fesseln sprengen.«

Nur wenige Tage nach Stalins Unterredung mit Eden waren die Verhandlungen David Kandelakis mit Reichsfinanzminister Hjalmar Schacht in Berlin von Erfolg gekrönt. Am 9. April 1935 wurde ein Schlußprotokoll über ein deutsch-sowjetisches Kreditabkommen unterzeichnet. Deutschland gewährte der Sowjetunion einen Kredit in Höhe von 200 Millionen Reichsmark mit einer durchschnittlichen Laufzeit von fünf Jahren. Die Sowjetunion erklärte sich bereit, bis zum 31. Dezember 1935 Aufträge für das laufende Geschäft in Höhe von 60 Millionen Reichsmark an deutsche Firmen zu vergeben. Anfang März, noch bevor das Abkommen unterzeichnet wurde, erhielt das Reichswehrministerium eine Liste über sowjetische Wünsche für die Lieferung von Kriegs- und Rüstungsmaterial. So hofften die Sowjets, von Deutschland Dampfturbinen für Geschwadermaschinen und Torpedoboote, Zielfernrohre für Höhentorpedoschüsse, Kurzwellen- und Geräuschpeilanlagen, Flugzeugfotoapparate, Junkersflugzeugmotoren, Periskope und weiteres kriegswichtiges Material zu erhalten. Noch am 28. Oktober 1935 machte der deutsche Botschafter in Moskau, von der Schulenburg, das Reichskriegsministerium in Berlin auf sowjetische Wünsche nach Lieferungen im »Rahmen des 200-Millionen-Geschäfts« aufmerksam. In einem Vermerk des Gesandtschaftsrates Otto Bräutigam vom 1. November 1935 wurden auch Akkumulatoren für Unterseeboote, Apparate für Fernlenkung von Schiffen und Apparate zur Herstellung von Scheinwerferspiegeln genannt.

Im selben Monat, als in Berlin die deutsch-sowjetische Finanzabmachung unterzeichnet wurde, im April 1935, besuchte Gustav

Hilger von der deutschen Botschaft in Moskau die ukrainische Hauptstadt Kiew, wo der dortige deutsche Konsul Andor Hencke anläßlich seines Besuches einen Empfang gab, an dem hohe Regierungs- und Parteifunktionäre der Ukraine teilnahmen. In einer Unterredung, an der sich der Vorsitzende des Kiewer Gebietsexekutivkomitees, Wassilenko, und der Präsident der Ukrainischen Staatsbank, Pewsner, »führend beteiligten«, erklärten sie – so Hilger –, daß »Deutschland die höchste Achtung der Sowjetunion genieße. Sogar die breiten Volksmassen interessieren sich lebhaft für die Beziehungen zu Deutschland ... Deutschland versuche doch, sich von seinen Bedrückern frei zu machen und die Fesseln des Versailler Vertrages abzuschütteln ... Es sei absurd, daß die Sowjetunion sich mit einem ›degenerierten‹ Staat wie Frankreich verbünde. Nur mit Deutschland zusammen könne der Friede gesichert werden. Rassengesetze spielen dabei keine Rolle.«

Sogar in der Zentrale des NKWD, in der Lubjanka, hatte man mit Befriedigung die staatlichen Kontakte mit Berlin zur Kenntnis genommen. Walter G. Kriwitzkij, der ehemalige Chef des sowjetischen Geheimdienstes in Westeuropa, der sich schon 1937 in den Westen absetzte, erinnert sich an ein Gespräch mit dem Chef der Außenpolitischen Abteilung des Staatssicherheitsdienstes, Artur Artusow, im August 1935. Kriwitzkij: »›Wißt ihr, was der Chef bei der letzten Sitzung des Politbüros sagte?‹ bemerkte Artusow, wobei er die Hand hob. Und er zitierte Stalin: ›Alles schön und gut, aber wie kann Hitler uns den Krieg erklären, wenn er uns solche Anleihen gewährt hat? Das ist unmöglich. Die Wirtschaftskreise sind in Deutschland zu mächtig, und sie sitzen fest im Sattel.‹«

David Kandelaki konnte noch weitere Erfolge für sich verbuchen. Am 29. April 1936 wurde ein kurzfristiges Verrechnungsabkommen zwischen Deutschland und der Sowjetunion unterzeichnet, das erste Abkommen dieser Art zwischen den beiden Staaten. Am 24. Dezember 1936 wurde es bis zum 31. Dezember

1937 verlängert. Und Stalin setzte sein Werben um die Gunst Hitlers fort.

Nur wenige Tage nach der Unterzeichnung des Abkommens im April wurde David Kandelaki von Hermann Göring, dem »zweiten Mann« des Dritten Reiches, empfangen. Göring lobte die sowjetische Haltung, die zum Abschluß des kurzfristigen Wirtschaftsabkommens geführt hatte. Kurz nach dem Gespräch mit Göring fuhr Kandelaki zur Berichterstattung nach Moskau, um eine Äußerung Görings zu überbringen, wonach dieser davon »... überzeugt sei, daß die Zeit reif ist, freundschaftliche Beziehungen zwischen Rußland und Deutschland auf der ganzen Linie, wirtschaftlich und politisch, in die Wege zu leiten«.

Sogar Nikolaj Jeschow, Chef des Staatssicherheitsdienstes und Sprachrohr seines Herrn und Meisters Stalin, hegte zu dieser Zeit keinen Zweifel daran, daß sich eine Epoche der Freundschaft zwischen Moskau und Berlin anbahnte. Als ihm Kriwitzkij bei einem seiner Moskau-Besuche in der Lubjanka Berichte über die Unzufriedenheit in Deutschland und die Möglichkeit eines Aufstandes monarchistischer Gruppen gegen Hitler vorlegte, hatte Jeschow – so Kriwitzkij – »just am selben Tag in seiner Konferenz mit Stalin« das gleiche Thema besprochen. »Seine Worte«, so weiter der Geheimdienstoffizier Kriwitzkij, »waren also eine phonographisch getreue Wiedergabe dessen, was der Chef gesagt hatte: ›Was soll all dieses Geschwätz über die Unzufriedenheit der deutschen Armee mit Hitler?‹ rief er. ›Was braucht es, um eine Armee zufriedenzustellen? Reichliche Rationen? Hitler besorgt sie. Gute Waffen und Ausrüstung? Hitler stellt sie. Ansehen und Ehre? Hitler sorgt dafür. Machtgefühl und Sieg? Hitler gibt auch das. Das Geschwätz über Unruhen im deutschen Heer ist barer Unsinn.‹ Dann kam Jeschow mit einem interessanten Gedanken: ›Deutschland ist stark. Es ist nun die stärkste Macht der Welt. Hitler hat es dazu gemacht ... Für Sowjetrußland gibt es darum nur einen Kurs‹ – und hier zitierte er Stalin –: ›Wir müssen uns mit einer überlegenen Macht wie Nazi-Deutschland vertragen!‹«

Am 29. Januar 1937 – in Moskau standen gerade Pjatakow und Radek vor Gericht – traf sich in Berlin Kandelaki erneut mit Hjalmar Schacht zu einem Gespräch. Schacht sprach sich für eine weitere wirtschaftliche Zusammenarbeit mit der Sowjetunion aus, die auch im politischen Bereich intensiviert werden sollte. Kandelaki gab darauf eine weitreichende Erklärung ab. Im Namen der sowjetischen Partei- und Staatsführung gab er bekannt, daß die Sowjetunion sich nicht gegen deutsche Interessen zu richten gedenke, sondern bereit sei, mit der Reichsregierung über die Verbesserung der beiderseitigen Beziehungen und über den allgemeinen Frieden zu verhandeln.

Die Aktivitäten Stalins blieben Tuchatschewskij nicht verborgen. Der Marschall, der immer wieder vor der Gefahr warnte, die für die Sowjetunion von Hitler-Deutschland ausgehe, zeigte sich besorgt. Er war überzeugt, daß Adolf Hitler früher oder später einen Krieg gegen sein Land entfachen würde und die Sowjetunion aus diesem Krieg nur dann siegreich hervorgehen könnte, wenn sie absolut verläßliche Verbündete hätte. Diese Verbündeten müßten unbedingt Großbritannien und Frankreich sein. London und Paris waren für Tuchatschewskij Garanten der sowjetischen Sicherheit.

Bei jeder nur denkbaren Gelegenheit warnte er eindringlich vor der Gefahr, die von Berlin ausginge. Aber Stalin wollte nicht auf ihn hören. Seit 1935 suchte Tuchatschewskij nach Möglichkeiten, vertrauliche Kontakte mit Militärs und Politikern des Westens aufzunehmen.

Der Tod hat ihm das ermöglicht. Der Tod eines Königs ...

Am 20. Januar 1936 starb im Alter von 71 Jahren auf Schloß Sandringham der englische König Georg V.

Zum erstenmal in der fast zwanzigjährigen Geschichte des Sowjetstaates sollte an dem Begräbnis eines Monarchen auch eine offizielle Delegation der Sowjetunion teilnehmen. Geführt wurde sie vom Volkskommissar für Auswärtige Angelegenheiten, Maxim Litwinow. Mitglied der Delegation war auch der Stellvertretende Volkskommissar für Verteidigung, Marschall der Sowjetunion Michail Nikolajewitsch Tuchatschewskij.

Während Litwinow direkt nach London fuhr, wählte Tuchatschewskij den Weg mit dem Zug über Berlin. Er hoffte, daß er in der Reichshauptstadt Gelegenheit haben würde, auch mit der Spitze der Reichswehr zu sprechen. Vor allem mit Reichskriegsminister General von Blomberg wollte er bei seiner kurzen Zwischenstation zusammentreffen.

Das Gespräch mit von Blomberg kam, trotz einigen anderslautenden Behauptungen, nicht zustande. Der Reichskriegsminister bat Hitler um Erlaubnis, mit dem sowjetischen Gast zusammenzukommen, aber der Führer lehnte ab: Ein Treffen mit Tuchatschewskij, der bereits einige Male öffentlich die Politik des Dritten Reiches scharf angegriffen hatte, mit einem Mitglied seiner Regierung komme nicht in Frage.

Nicht nur Tuchatschewskij war über diese Entscheidung enttäuscht. Auch von Blomberg, der den Marschall schon vor der Machtübernahme Hitlers kennengelernt hatte und ihn hoch schätzte, betrachtete Hitlers Entscheidung als eine Brüskierung. Dennoch respektierte er sie.

Später wurde behauptet, daß sich trotz Hitlers Verbot einige hohe deutsche Militärs mit Tuchatschewskij getroffen hätten. Tuchatschewskij sowie deutsche Generäle haben ein solches Treffen aber niemals bestätigt. Es ist auch eher unwahrscheinlich, denn sowohl der Sicherheitsdienst und die Gestapo als auch die in Berlin stationierten Agenten des sowjetischen Staatssicherheitsdienstes NKWD, die Tuchatschewskij während der wenigen Stunden seines Aufenthaltes in Berlin sicher ständig observierten, haben ein solches Treffen nicht beobachtet.

Während Maxim Litwinow bereits am 26. Januar 1936 in London ankam, traf Marschall Tuchatschewskij in der britischen Hauptstadt vierundzwanzig Stunden später ein. Er wurde von seinem alten Kampfgenossen der Fronten des Bürgerkrieges, Witowt Kasimirowitsch Putna, begrüßt. Kaum war das Trauerzeremoniell für den verstorbenen König beendet, versuchte Tuchatschewskij, Kontakte mit britischen Politikern und der Generalität aufzunehmen, was ihm auch glückte.

Einer seiner wichtigsten Gesprächspartner war der einflußreiche britische konservative Politiker Alfred Duff Cooper, seit 1935 Kriegsminister. Er hatte sich in der Öffentlichkeit als ein scharfer Kritiker der Hitler-Politik hervorgetan. Aber Tuchatschewskij suchte vor allem in der Führung des Generalstabes Unterstützung für seine Anti-Hitler-Politik. Deshalb veranlaßte er die sowjetische Botschaft, die Spitze des britischen Generalstabes zu einem Empfang zu laden. Höhepunkt des Empfangs war die Vorführung eines Films über den Einsatz sowjetischer Luftlandetruppen bei Herbstmanövern des Jahres 1935, der auf die britischen Gäste einen tiefen Eindruck machte. Nach der Filmvorführung kam es zu einer Kontroverse zwischen Tuchatschewskij und General Bell, einem der britischen Generalstabsoffiziere. Er bezeichnete die Massenabsprünge der Luftlandetruppen als eine Erfindung von »Phantasten« und behauptete, sie würden kaum von militärischer Bedeutung sein. Tuchatschewskij widersprach ihm und verwies auf die Kriegsgeschichte. Er führte Beispiele militärischer Operationen an, die sich ganz anders entwickelt hätten, wenn man damals Absprünge aus der Luft gekannt hätte. Nach diesem Gespräch sagte Bell, er sehe sich gezwungen, seine Meinung über die Rote Armee zu revidieren, das Gespräch mit Tuchatschewskij habe ihn überzeugt.

Selbstverständlich blieben der Presse Tuchatschewskijs Kontakte mit hohen englischen Offizieren nicht verborgen. Am 1. Februar 1936 brachte der angesehene »Manchester Guardian« einen ausführlichen Bericht. »Die freundschaftlichen Gespräche, die Tuchatschewskij mit einer Reihe von einflußreichen Persönlichkeiten führte«, so das Blatt, »könnten vielleicht als das Anzeichen einer neuen Periode in den Beziehungen zwischen England und der Sowjetunion gewertet werden.«

Aber der »Manchester Guardian« irrte sich. Tuchatschewskij war keineswegs zufrieden mit der Reaktion der Briten auf seine Angebote, mit der Sowjetunion gemeinsam gegen Hitler-Deutschland vorzugehen. Nicht nur Politiker, auch die Generäle, mit denen er zusammenkam, reagierten zurückhaltend, manchmal ausgesprochen kühl. Dabei unterbreitete der Marschall den Briten Vorschläge, deren Realisierung für die Entwicklung im Europa der zweiten Hälfte der dreißiger Jahre von größter Bedeutung gewesen wäre. So gab er eine verbindliche Erklärung ab, daß die Sowjetunion bereit wäre, die Klauseln des Vertrages mit der Tschechoslowakei zu erfüllen, falls diese in einen militärischen Konflikt mit dem Dritten Reich verwickelt werden würde; dies alles unabhängig vom Ursprung des Konflikts. Sollte die Tschechoslowakei sich selbst in Gefahr glauben und sich deshalb entschließen, einer deutschen Aggression mit einer Präventivaktion zuvorzukommen, dann könnte sie der Hilfe der Sowjetunion gewiß sein. Tuchatschewskij ließ die Briten anhand einer genauen Aufstellung die bewaffneten Streitkräfte wissen, welche die Sowjetunion bei Beginn des Konflikts in den Kampf werfen könnte, sowie die Fristen, die im Rahmen einer eventuellen Generalmobilmachung erforderlich wären. Die Briten erfuhren von ihm die allgemeinen Linien eines strategischen Planes, der vom Obersten Kriegsrat in mehreren Varianten ausgearbeitet worden war und eine Teilnahme Polens am Krieg gegen Hitler-Deutschland ins Auge faßte. Der Marschall ging so weit, die geheimen Zahlen über die Produktion von Flugzeugen, Panzern und Geschützen zu nennen. Er berichtete über sowjetische Pläne, der Tschechoslowakei, falls sie angegriffen würde, mit einer »Luftbrücke« zu Hilfe zu kommen. Dabei machte er die Briten mit Plänen über den Einsatz sowjetischer Luftlandetruppen in der Tschechoslowakei und auch in Ostpreußen vertraut.

Die Briten reagierten äußerst zurückhaltend. Nur wenige glaubten im Januar 1936 an eine von Hitler-Deutschland ausgehende Gefahr für Europa. Die Zahlen über die sowjetische Kriegsproduktion, die ihnen Tuchatschewskij anvertraute, hielten sie für nicht der Realität entsprechend. Sie glaubten, daß der Marschall versuchte, sie durch Übertreibungen zu beeinflussen und für seine Pläne zu gewinnen.

Tuchatschewskij ist mehr als enttäuscht. Als er nach vierzehntägigem Aufenthalt in der britischen Hauptstadt am 9. Februar 1936 Großbritannien verläßt, um nach Paris zu reisen, bleibt ihm als einzige Hoffnung das Verständnis der französischen Militärführung für seine Zukunftsvision.

Die Atmosphäre in der Stadt an der Seine ist eine ganz andere als die im nebligen und regnerischen London. Hier in Paris trifft Tuchatschewskij nicht nur zahlreiche, bis dahin ihm persönlich noch unbekannte Generäle der französischen Armee. Es warten auf ihn auch Begegnungen mit alten Freunden, mit französischen Offizieren, die mit ihm die Zeit der Kriegsgefangenschaft im berüchtigten Fort IX in Ingolstadt geteilt hatten.

Das Treffen mit diesen alten Freunden war wohl das Erfreulichste, was Tuchatschewskij in Paris erlebte. Nur deswegen verschob er seine Abreise aus Paris um einen Tag. Die Möglichkeit, »die Kameraden aus seiner Vergangenheit zu treffen, die ihm teuer waren«, erschien es ihm wert.

Organisiert hatte dieses Treffen General de Goys de Mezeyrac, der Ehrenpräsident des »Freundschaftsverbandes derjenigen vom Fort Nr. IX«. Etwa zwanzig französische Offiziere nahmen an dem Bankett im »Larue« in der Rue Royale teil. Einer von ihnen war der französische Journalist Rémy Roure, der darüber folgende Aufzeichnung machte:

»Und da saß nun Michail, auf dem Gipfel der Militärhierarchie angekommen, stellvertretender Kriegskommissar, am Tisch mit seinen Freunden aus dem Fort IX von Ingolstadt ... Er hatte nicht mehr jenes abgemagerte Gesicht mit dem matten Ton, willensstark und, wenn er lachte, kindlich zugleich, das, wie wir sagten, ein wenig dem Gesicht Bonapartes bei der italienischen Armee ähnelte, sondern ein volleres, bedeutenderes, ein etwas strengeres und auch männlicheres Gesicht.«

Rémy Roure berichtet weiter, daß das Bankett »weniger lustig als in den alten Zeiten im Fort IX, aber keineswegs steif« war. Lange diskutierte Tuchatschewskij mit General Goys über die Fallschirmspringerei. Goys erzählte, er sei in gewissem Sinne verantwortlich dafür, daß sowjetische Luftlandetruppen gebildet wurden. Goys de Mezeyrac: »Mein Freund Tuka kam häufig abends nach der Mahlzeit, setzte sich zu mir aufs Bett, und wir sprachen miteinander. Er begeisterte sich für alles, was die Militärkunst betraf, besonders aber für Flugfragen. Man wußte damals kaum, was ein Fallschirm war, und er fragte sich, was man tun könnte, um die Piloten abgeschossener Flugzeuge zu retten ... Er bombardierte mich geradezu mit Fragen, die meine Waffengattung betrafen. Man spürte bei ihm einen unstillbaren Wissensdurst. Später sollte er die Gedanken, die hier im Gefangenenlager geboren wurden, weiter ausbauen. Er sollte der Begründer neuer Einheiten werden, der ›Fallschirmjägermarschall‹.«

Goys berichtete auch von seinem eigenen Fluchtversuch, bei dem ihn Tuchatschewskij dadurch unterstützte, daß er beim Zählappell an seiner Stelle antwortete. Etwas Unausgesprochenes störte jedoch die freundliche Atmosphäre. Später erinnerte sich der General: »Ich spürte im Verlauf des Abends, daß Tuchatschewskij, mein bester Freund in den langen Tagen der Gefangenschaft, sich mir öffnen wollte. Mehrere Male versuchte er, mit mir allein zu sprechen, als ob ihn irgendein Gedanke quäle. Aber er wurde von zwei sowjetischen Militärs überwacht, die ihn begleitet hatten und die alle seine Versuche, mit mir unter vier Augen zu sprechen, unterliefen. Sogar nach Kaffee, Likör und Zigarren war es uns unmöglich, uns in eine Fensternische zurückzuziehen. Einer der Männer war immer da, vor uns, zwischen uns. Gereizt verließ ich das Restaurant recht früh.«

Aber Tuchatschewskij wollte sich noch mit einigen Freunden amüsieren. Er schlug einen Bummel durch Montmartre vor.

»Wir eilten hastig die schmale Treppe hinunter auf die Place Madeleine und riefen nach einem Taxi«, erinnert sich Rémy Roure. »Aber schon folgte uns, ziemlich außer Atem, der Militärattaché. Er ließ seinen Marschall keinen Moment aus den Augen und brachte ihn gegen vier Uhr morgens in die sowjetische Botschaft zurück.«

Am nächsten Tag traf sich Rémy Roure noch einmal mit Tuchatschewskij, und zwar in der sowjetischen Botschaft in der Rue de Grenelle. Der Marschall gewährte ihm ein Interview für »Le Temps«. Ergiebig war dieses Gespräch allerdings nicht. Roure beschwerte sich: »Was konnte ich ihn in diesem Salon der sowjetischen Botschaft bei der unvermeidlichen Anwesenheit des Militärattachés Wentzow schon Ernsthaftes fragen? Nichts außer dem, was ich dann auch geschrieben habe: ›Guter Eindruck von Frankreich, Notwendigkeit von Kulturaustausch usw.‹ Mich etwas weiter vorwagend, fragte ich ihn nach Gerüchten, die in Paris umliefen, über seine deutschfreundlichen Gefühle. ›Ach, ich weiß es nicht‹, sagte er, ›vielleicht geht es um meine Beziehung zur Reichswehr nach der Konferenz von Rapallo, als das besiegte Deutschland russische Fabriken benützte, um vom Versailler Vertrag verbotene Waffen herzustellen. Was wollen Sie! Wir waren schwach, isoliert, durch den Cordon sanitaire eingeengt. Diese Zeit ist vorbei. Jetzt gibt es Hitler.«

Unter den etwa zwei Dutzend französischer Offiziere, die an der Begegnung mit Tuchatschewskij im »Larue« teilnahmen, war auch Charles de Gaulle. Der Adjutant des Generals, Jean d'Escrienne, berichtet in seinem Buch »De Gaulle von weitem und aus der Nähe«, wie de Gaulle 1966 an der Beisetzung seines Freundes Rémy Roure teilnahm. »Als wir in den Elysée zurückfuhren«, so d'Escrienne, »erzählte er mir auch von Tuchatschewskij, der lange mit seinen französischen Gefangenenkameraden verbunden geblieben war. ›Er ist durch Paris gekommen ... er hat hier einige Tage Station gemacht, und Catroux, Diamant-Berger und ich haben ihn zu einem guten Essen in einem guten Restaurant mitgenommen. Es hat ihn sehr gefreut, aber er hat mir seine Besorgnisse mitgeteilt. Sie waren berechtigt.‹«

Interessant sind tatsächlich Gerüchte, die damals in Paris verbreitet wurden, nach denen Tuchatschewskij sich in seinen Gesprächen als ausgesprochen deutschfreundlich gezeigt habe. Auch die bekannte französische Journalistin der dreißiger Jahre Geneviève Tabouis wollte bei Tuchatschewskij Gefühle »entdeckt« haben, die ihn als deutschfreundlich abstempelten. Bei seinem Parisbesuch hatte sie ihn, zusammen mit einigen französischen Politikern, in ihre Wohnung zu einem Abendessen eingeladen. Dabei soll Tuchatschewskij voll Bewunderung über die Erfolge der deutschen Nationalsozialisten gesprochen haben. »Sie sind schon fast unbesiegbar. Glauben Sie mir, das einzige Erfolgversprechende ist ein Vertrag aller Großmächte mit Hitler-Deutschland.« Und der französische Minister Édouard Herriot soll beim Nachtisch leise bemerkt haben: »Ob wohl alle in Rußland so denken?« Nur – die »Erinnerung« der französischen Journalistin hat einen Fehler: Sie reiht ihr Gespräch mit Tuchatschewskij zeitlich in den April 1937 ein, und da war der Marschall mit Sicherheit nicht in der französischen Hauptstadt.

Der feuchtfröhliche Abend im »Larue« mit seinen französischen Freunden aus der Zeit der Ingolstadter Kriegsgefangenschaft und ein freier Tag, den er für einen Ausflug zum Schloß Fontainebleau sowie zum Besuch des Louvre und des Rodin-Museums nutzte, blieben dem Marschall lange in guter Erinnerung.

Bevor Tuchatschewskij seine Gespräche mit führenden französischen Politikern und Militärs aufnahm, traf er sich in der sowjetischen Botschaft in Paris mit den sowjetischen Militärattachés in Warschau, Prag, Berlin und Paris. Der sowjetische Militärattaché in Warschau, General Semjonow, berichtete über Unterredungen, die er mit Mitarbeitern des Generalinspekteurs der polnischen Armee, Edward Rydz-Śmigly, gehabt hatte. Danach schlossen die

Polen nicht aus, daß Hitler an einen Anschluß Österreichs in naher Zukunft dachte. Falls die Tschechoslowakei und Frankreich auf diese Aktion militärisch reagieren sollten, wäre Polen bereit, sofort den deutsch-polnischen Vertrag von 1934 zu kündigen, in Schlesien einzumarschieren sowie den Danziger Korridor und einen Teil Ostpreußens zu besetzen. Auch in Prag herrschte Anti-Hitler-Stimmung. Nach den Worten des sowjetischen Militärattachés in der Tschechoslowakei soll ihm gegenüber Präsident Beneš erklärt haben: »Sobald Sie im Kriegszustand mit Deutschland sind, wird die tschechoslowakische Armee in das Gebiet des Dritten Reiches einmarschieren.«

Zuversichtlich bereitete sich Tuchatschewskij auf seine Gespräche mit französischen Militärs und Regierungsmitgliedern vor. An einigen dieser Gespräche sollten auch zwei seiner Freunde teilnehmen: der sowjetische Militärattaché in London Witowt Putna, der Tuchatschewskij von London aus in die französische Hauptstadt begleitete, sowie der Kommandeur Ersten Ranges, Chef des Weißrussischen Militärbezirks Ieronim P. Uborewitsch. Dieser war Mitglied der offiziellen sowjetischen Delegation zur Beisetzung des englischen Königs Georg V. und kam nun mit Tuchatschewskij ebenfalls nach Paris.

Im Vordergrund dieser Gespräche standen selbstverständlich militärische Fragen. Zweimal traf sich Tuchatschewskij mit dem Chef des französischen Generalstabes, General Maurice Gamelin. Im Mai 1935 war der sowjetisch-französische Freundschaftsvertrag unterzeichnet worden, und Tuchatschewskij hoffte nun, daß auf dessen Grundlage die Zusammenarbeit mit der französischen Armee vertieft werden könnte. Eindringlich warnte er Gamelin vor der Aggressivität Hitlers und zitierte einige Male aus Hitlers »Mein Kampf«. Aber ähnlich wie in London schien Tuchatschewskij auf taube Ohren zu stoßen. Als er Gamelin Zahlen über die Aufrüstung der Reichswehr nannte, lächelte der Franzose überheblich. Deutschland sei für Frankreich keine ernste Gefahr. Die französische Armee sei gut gerüstet und gegen den Feind hinter dem Rhein gut gewappnet. Er sprach über französische Panzer und Flugzeuge, die den deutschen Waffen weit überlegen seien. Von einem möglichen Präventivkrieg gegen Hitler-Deutschland, den Tuchatschewskij in Erwägung zog, wollte er nichts wissen.

Um die Stärke der französischen Streitkräfte zu demonstrieren, lud Gamelin die sowjetischen Gäste am 12. Februar 1936 zur Besichtigung des französischen Luftwaffenzentrums in Chartres ein. Am 14. Februar fuhr dann der Marschall gemeinsam mit Uborewitsch und Putna zum französischen Marinestützpunkt Le Havre.

Einen Tag nach dem Besuch in Le Havre wurde Tuchatschewskij vom französischen Außenminister Pierre-Étienne Flandin in Paris empfangen, und er hatte eine lange Unterredung mit Marschall Philippe Pétain. Er kam mit dem Minister für Luftfahrt, Marcel Déat, dem Marineminister François Piétri und dem Verteidigungsminister Joseph Maurin zusammen. Und überall das gleiche: Deutschland sei für Frankreich kein ernst zu nehmender Gegner. Es gebe keinen Grund, die Zusammenarbeit mit der Sowjetunion über den bisherigen Rahmen hinaus zu vertiefen. An einen Krieg gegen Hitler zu gegebener Zeit sei überhaupt nicht zu denken. Er würde auch von der französischen Öffentlichkeit nicht verstanden, würde abgelehnt werden.

Am 17. Februar 1936 verließ Marschall Michail Nikolajewitsch Tuchatschewskij die französische Hauptstadt. Zur Verabschiedung auf dem Bahnhof kamen zahlreiche hohe französische Militärs, einige seiner Freunde aus dem Ingolstadter Lager. Tuchatschewskij sprach wenig, in seinem Gesicht konnte man die Enttäuschung lesen.

Ein letzter Händedruck, eine Umarmung mit Putna, der nach London zurückkehrte – dann setzte sich der Zug langsam in Bewegung. Der Marschall stand am Fenster und winkte ...

Vom anderen Bahnsteig wurde das Verabschiedungszeremo-

Tuchatschewskij (rechts) bei seinem Frankreich-Besuch 1936; neben ihm der französische Außenminister Pierre-Étienne Flandin.

niell von einer Gruppe russischsprechender Männer beobachtet. Einer von ihnen: General Nikolaj Skoblin. Zu einer Begegnung zwischen ihm und Tuchatschewskij war es nicht gekommen, auch wenn dies später oft behauptet wurde.

Zwei Tage später traf Michail Nikolajewitsch Tuchatschewskij wieder in Moskau ein. Als ihn der Wagen zu seiner Wohnung fuhr, sah er am Kreml hell die roten Sterne strahlen. Einige Fenster des Gebäudes, das Stalin bewohnte, waren beleuchtet.

Der große Führer schmiedet neue Pläne, dachte der Marschall. Und er irrte sich nicht …

Michail Tuchatschewskij gab nicht auf. Sein einziges Ziel, alle seine Bemühungen galten dem schnellen Aufbau der Roten Armee. Mitte 1936 erreichte sie die Stärke von 1,3 Millionen Mann.

Im November 1936 – in Spanien tobte der Bürgerkrieg – tagte in Moskau das Exekutivkomitee der Sowjetunion. Tuchatschewskij berichtete den Abgeordneten über den gegenwärtigen Stand der Roten Armee. Und wieder warnte er vor der Gefahr, die für die Völker seines Landes von Berlin ausgehe. Adolf Hitler, so der Marschall, bereite einen Angriff auf die Sowjetunion vor.

Fast zur gleichen Zeit, als Tuchatschewskij über die Gefahr sprach, die der Sowjetunion von Adolf Hitler drohe, saßen in einem Pariser persischen Restaurant nahe der Place de l'Opéra der Chef des sowjetischen Geheimdienstes in Westeuropa, Walter Kriwitzkij, und der Leiter der Außenpolitischen Abteilung des NKWD, Abram Slutskij. Kriwitzkij, so berichtete er, fragte Slutskij nach Neuigkeiten der sowjetischen Politik. »Slutskij: ›Wir haben uns auf die baldige Verständigung mit Hitler eingestellt … Die Verhandlungen sind eingeleitet und schreiten günstig vorwärts.‹ ›Trotz allem, was in Spanien geschehen ist?‹ rief ich aus. Denn wenn mich auch Stalins hartnäckige Verfolgung der Idee, mit Deutschland zu einer Verständigung zu kommen, nicht überraschte, so hatte ich doch geglaubt, daß die spanischen Ereignisse alles das weit in den Hintergrund geschoben hätten.«

Slutskij wies Kriwitzkij auch an, die Geheimdienstoperationen in Deutschland allmählich auslaufen zu lassen. Denn es sei »höchstens noch eine Frage von drei, vier Monaten«, bis es zu einer Verständigung mit Hitler komme.

Bis dahin sollte die Sowjetunion auch eine neue Verfassung haben. An ihrer Ausarbeitung waren zahlreiche führende Militärs beteiligt: Tuchatschewskij, Gamarnik, Jakir, Uborewitsch, Eideman, Jegorow. Stalin hatte die neue Verfassung am 5. Dezember 1936 in Moskau feierlich verkündet. »Bei seinem Erscheinen auf der Tribüne«, so eine sowjetische amtliche Publikation, »wird Genosse Stalin ... mit einer anhaltenden stürmischen Ovation begrüßt. Alle Anwesenden erheben sich von ihren Plätzen. Von allen Seiten hört man Rufe: ›Ein Hurra dem Genossen Stalin!‹, ›Es lebe Genosse Stalin!‹, ›Es lebe der große Stalin!‹, ›Dem großen Genius, Genossen Stalin, ein Hurra!‹, ›Vivat!‹, ›Rote Front!‹, ›Ruhm und Ehre dem Genossen Stalin!‹.«

Keiner der Anwesenden – außer dem »großen« Stalin und seinem Helfershelfer Nikolaj Jeschow – weiß in diesem Augenblick, daß vierundzwanzig Stunden später das »Spezbüro« seine Arbeit aufnehmen wird, um den großen Schlag gegen die Führung der Roten Armee mit der für den Staatssicherheitsdienst gewohnten teuflischen Perfektion vorzubereiten.

Ende März 1937 war die Welt für Marschall Michail Nikolajewitsch Tuchatschewskij noch in Ordnung. Am Mittwoch, dem 23. März, lud der Botschafter der Vereinigten Staaten in Moskau, Joseph E. Davies, die höchsten sowjetischen Militärpersönlichkeiten zu einem Empfang ein. In seiner Tagebucheintragung beschreibt Davies die Atmosphäre des Abends, an dem etwa sechzig zur Spitze der Roten Armee gehörende Offiziere – unter ihnen Woroschilow und Tuchatschewskij – teilnahmen. Zur rechten Seite Tuchatschewskijs saß die Tochter des Botschafters, die »recht gut russisch sprach«.

»Tuchatschewskij«, so Davies, »begann sie vorsichtig über

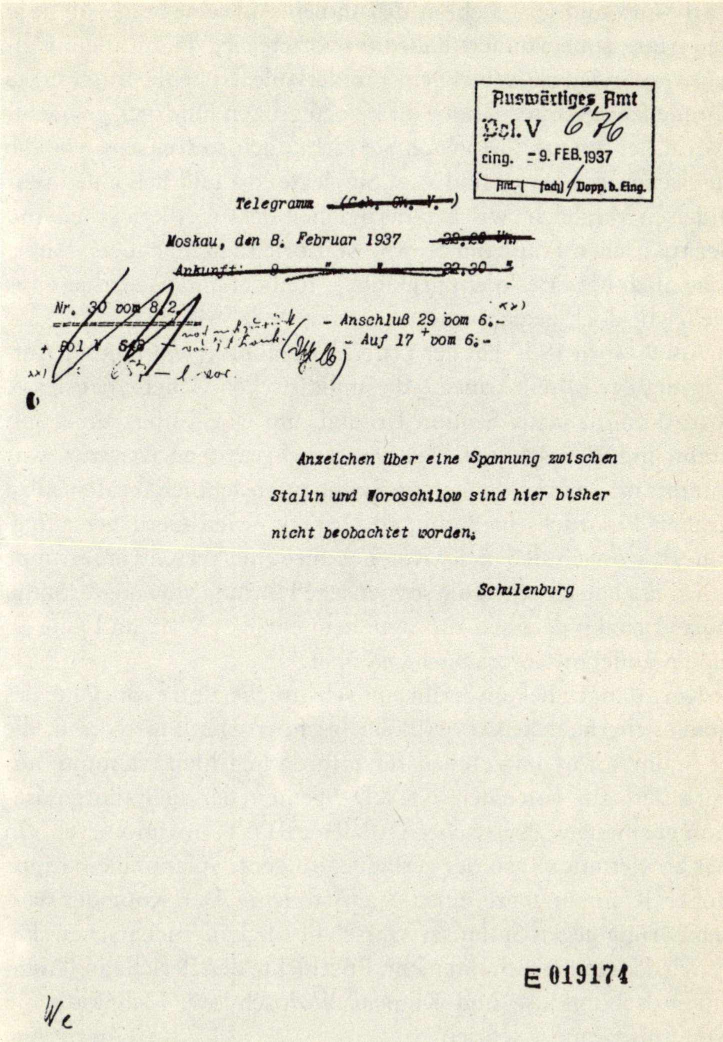

Auswärtiges Amt
Pol. V 676
eing. 9. FEB. 1937
Anl. (fach) / Dopp. d. Eing.

Telegramm ~~(Geh. Ch. V.)~~

Moskau, den 8. Februar 1937 ~~22.20 Uhr~~

~~Ankunft: 9 " " 22.30 "~~

Nr. 30 vom 8.2.

– Anschluß 29 vom 6.–

– Auf 17 vom 6.–

Anzeichen über eine Spannung zwischen Stalin und Woroschilow sind hier bisher nicht beobachtet worden.

Schulenburg

E 019174

We

In einem Telegramm vom 8. Februar 1937 aus Moskau dementiert Botschafter von der Schulenburg, daß es Spannungen zwischen Stalin und Woroschilow gebe.

Karl Marx und seine Lehren auszuholen. Auf seine Frage, ob sie je den Marxismus studiert habe, antwortete sie: ›Ja, auf dem College.‹ – ›Finden Sie es nicht ein wundervolles System?‹ fragte er sie dann. Sie verneinte, es habe ihr keinen großen Eindruck gemacht. Worauf er meinte: ›Möchten Sie nicht auch so frei sein, wie die russischen Frauen es sind?‹ ... Sie ›legte los‹ und ließ einen sehr präzisen Vergleich zwischen der Freiheit der amerikanischen und der russischen Frau vom Stapel. Marjorie sagte nachher: ›Wahrscheinlich hat er es nicht geglaubt – freilich, anderseits hat er es vielleicht doch geglaubt.‹«

Am 9. April 1937 bat der Leiter der Hauptverwaltung für Aufklärung der Roten Armee – des militärischen Geheimdienstes –, Korpskommandeur Semjon Uritzkij, um eine Unterredung mit Stalin und Woroschilow. Das, was er zu berichten hatte, war zwar interessant, machte aber auf Stalin offensichtlich keinen allzu großen Eindruck. In Berlin, so Uritzkij, seien Gerüchte aufgetaucht, wonach sich in der Roten Armee eine Verschwörergruppe auf einen Putsch gegen die sowjetische Führung vorbereite. Stalin hörte Uritzkij gelassen zu, sagte kein einziges Wort und ging zu einem anderen Gesprächsthema über.

Kurz danach bekam Stalin eine schriftliche Notiz vom Chef des Staatssicherheitsdienstes Nikolaj Jeschow. Die Information, die er Stalin sofort mitzuteilen für erforderlich hielt, stammte aus Paris und kam von einem NKWD-Agenten, der die Exilorganisation ehemaliger zaristischer Offiziere, ROVS, ausspionierte. »In der Sowjetunion«, so der verläßliche Agent, »plant eine Gruppe hoher Kommandeure einen Staatsstreich.« Der Kopf der Verschwörung gegen Stalin sei Marschall Michail Tuchatschewskij.

Wieder reagierte Stalin nicht. Er schickte den Bericht an Grigorij Ordschonikidse und Kliment Woroschilow. »Ich bitte um Kenntnisnahme«, schrieb er.

Schon Ende April 1937 gab es in Moskau niemanden in der Führungsspitze der Partei, des Staates oder des Staatssicherheitsdienstes, der nicht etwas über eine angebliche Verschwörung in der Roten Armee gehört hätte. Der Chef des sowjetischen Geheimdienstes in Westeuropa, Kriwitzkij, erinnert sich: »Ende April war es schon ein offenes Geheimnis, daß der Marschall Tuchatschewskij, der Vize-Kriegskommissar Gamarnik und eine Anzahl anderer aktiver Generäle in dem sich immer mehr zusammenziehenden Netz gefangen waren. Diese Führer waren noch auf freiem Fuß und doch schon gebrandmarkte Leute.«

Nur einer schien es nicht zu wissen – Michail Tuchatschewskij. Und das, obwohl der Staatssicherheitsdienst nach einer dreimonatigen Pause wieder mit Verhaftungen von hohen Offizieren begann. Dabei ging es um Männer, die enge Beziehungen zu Tuchatschewskij oder seinen Freunden hatten. Als erster verschwand in der Lubjanka der Befehlshaber des Wehrkreises Ural, Ilja Garkawy, der Schwager Iona Jakirs, ein Ukrainer, der als Leutnant noch in der zaristischen Armee gedient hatte. Als 1917 die bolschewistische Revolution ausbrach, war Garkawy Vorsitzender des Soldatenrates in Kischinjow. Tuchatschewskij noch näher als Garkawy stand der zweite Verhaftete, Anatolij Gekker, ein Deutscher, der in Tiflis geboren wurde. Gekker war für den NKWD und das »Spezbüro« besonders interessant. Der ehemalige sowjetische Militärattaché in China und in der Türkei war Leiter der Abteilung »Auslandskontakte« und unterhielt Beziehungen zu Offizieren in Berlin, London und Paris. Gekker bereitete auch Tuchatschewskijs Auslandsreisen vor. Da er beim Aufenthalt des Marschalls in London und Paris im Februar 1936 auch die Termine mit den zuständigen britischen und französischen Stellen vereinbarte, waren nach seiner Verhaftung die Sicherheitsorgane über Tuchatschewskijs Gesprächspartner, möglicherweise sogar weitgehend über die Themen, die behandelt wurden, genau informiert.

Am 26. April 1937 kam es auf der Prager Burg zu einer stürmischen Auseinandersetzung zwischen dem Präsidenten der Tschechoslowakischen Republik Dr. Edvard Beneš und dem sowjetischen Gesandten in Prag, Sergej Alexandrowskij. Auch zu diesem Gespräch ist bis heute keine von Beneš stammende Notiz gefunden worden, ebensowenig wie in sowjetischen Archiven ein Bericht Alexandrowskijs über sein Gespräch mit Beneš.

Aber aus der Reaktion in Moskau kann man ziemlich genau auf das schließen, worum es auf der Prager Burg ging: Beneš hatte an diesem Tag mit größter Wahrscheinlichkeit Alexandrowskij einen großen Teil der von Heydrichs Sicherheitsdienst gefälschten Dokumente über Tuchatschewskijs Verbindung nach Berlin vorgelegt, jener Dokumente, die seinen Verrat an Stalin belegen sollten. Alexandrowskij, mit Dokumenten konfrontiert, von deren Echtheit der Präsident überzeugt war, mußte nun kapitulieren. Jetzt konnte man nichts mehr leugnen und die früher ausgesprochenen Verdächtigungen als durch nichts zu belegende Spekulationen verharmlosen.

Beneš drängte den sowjetischen Diplomaten, Stalin unverzüglich über die Beweise für den Verrat Tuchatschewskijs und seiner Freunde zu benachrichtigen. Alexandrowskij sagte zu.

Noch am gleichen Abend, spätestens in den frühen Morgenstunden des 27. April übermittelte die sowjetische Gesandtschaft in Prag ein langes, chiffriertes Telegramm nach Moskau. Der Mann, der die Nachricht aus Prag vorgelegt bekommen sollte, der Volkskommissar für Auswärtige Angelegenheiten Litwinow, war allerdings nicht ihr Empfänger. Wenn man den Veröffentlichungen sowjetischer Publizisten, die sich im Frühjahr und Sommer 1989 mit dem Fall Tuchatschewskij befaßt hatten, Glauben schenkt – und es besteht kein Grund, dies nicht zu tun –, ist der Bericht in den Archiven des Volkskommissariats für Auswärtige Angelegenheiten nicht gefunden worden. Der Empfänger jener Botschaft Alexandrowskijs war entweder der Chef des Staatssicherheitsdienstes, Nikolaj Jeschow, oder Josef Stalin persönlich.

Jetzt konnte es auch Tuchatschewskij nicht mehr entgangen sein: Er wurde von Menschen, die sich noch vor wenigen Tagen geehrt fühlten, wenn er sie ansprach, gemieden. Viele versuchten ihm auszuweichen, ihm aus dem Weg zu gehen.

Der sowjetische Rüstungsexperte Alexander Barmin, Mitglied der Waffenexportkommission des Obersten Verteidigungsrates, besuchte in jenen Tagen Tuchatschewskij in seinem Büro. Er berichtet darüber:

»Der Marschall kam mir entgegen, um mich mit der spontanen Liebenswürdigkeit zu begrüßen, die er jüngeren Offizieren gegenüber immer an den Tag legte. Er war etwas massiger geworden, seine Schläfen begannen zu ergrauen, doch er machte immer noch einen jugendlichen, mannhaften Eindruck. Er hatte die gleiche ruhige Selbstsicherheit und die gleiche aufmerksame Art, zuzuhören und zu sprechen, wie früher. Während unserer Unterhaltung läutete das Telefon. Der Marschall nahm gleichmütig den Hörer zur Hand, sprang dann aber hastig auf und sagte in ganz verändertem, ausgesprochen respektvollen Ton: ›Guten Morgen, Kliment Jefremowitsch ... Ganz wie Sie wünschen, Kliment Jefremowitsch ... Wird geschehen, Kliment Jefremowitsch.‹ Auf diese Art nahm er die Befehle Woroschilows entgegen. Der kleine Vorfall machte einen traurigen Eindruck auf mich. Als ich sah, wie ein großer Soldat in dieser unterwürfigen Haltung Befehle entgegennahm, begann ich zu verstehen, warum es Tage dauerte, bis ich auf eine meiner Fragen Antwort erhielt: Selbst ein Tuchatschewskij wagte nicht mehr, Entscheidungen zu treffen. Er führte nur noch Befehle aus.«

Etwas hatte die Mitarbeiter Tuchatschewskijs verwirrt: Wenige Tage vor dem 1. Mai 1937 wurde offiziell bekanntgegeben, daß an den Feierlichkeiten zur Krönung des englischen Königs Georg VI. am 12. Mai Marschall Michail Nikolajewitsch Tuchatschewskij teilnehmen würde. Wenn Stalin Tuchatschewskij nach London fahren ließ, konnte er doch nicht glauben, daß dieser ein Komplott gegen ihn schmiedete?

Aber – sie alle unterschätzten den schlauen Georgier ...

Samstag, 1. Mai 1937.

Die Sonne strahlte vom klaren, blauen Himmel. Der Rote Platz in Moskau, auf dem um zehn Uhr die Maifeierlichkeiten beginnen sollten, war überfüllt.

Einer der Tausende war Walter Kriwitzkij. Kurz vor zehn Uhr stieß ihn einer seiner Freunde aus dem NKWD an: »Da kommt Tuchatschewskij ...!«

Der Marschall ging quer über den Platz. Er war allein. Er hielt die Hände in den Taschen, blieb einen Augenblick lang stehen, schaute über den mit Menschen gefüllten, mit Bannern geschmückten Platz und ging dann auf den freien Raum zu, von dem aus die Generäle der Roten Armee die Parade abzunehmen pflegten. Dort nahm er seinen Platz ein und stand bewegungslos da, die Hände noch immer in den Taschen. Einige Minuten später kam Marschall Jegorow hinzu. Er grüßte Tuchatschewskij nicht, schaute nicht einmal hin, sondern nahm den Platz neben ihm ein, als ob er allein wäre. Ein Augenblick verging, dann trat der Vizekommissar Gamarnik hinzu. Auch er grüßte keinen seiner Kameraden, sondern nahm den nächsten Platz ein, als ob er sie nicht sähe. Bald war die Reihe vollständig.

Alle standen hier, die Blüte der Roten Armee: Tuchatschewskij; Gamarnik; Admiral Orlow; der Chef der Luftwaffe, Alxnis; die Marschälle Budjonnyj und Generalstabschef Jegorow; der Chef der Luftabwehr, Sedjakin; der Befehlshaber des Moskauer Wehrkreises, Below.

Und vor ihnen paradierten die Massen. Sowjetmenschen mit roten Fähnchen und künstlichen Blumen.

Über den Köpfen der Militärs winkte Stalin, umgeben von den Mitgliedern des Politbüros der Partei: Mikojan, Kaganowitsch, Woroschilow, der – wie vielen auffiel – nicht inmitten seiner Marschälle und Generäle stand, sondern bei der Parteiprominenz, bei Kalinin, Molotow sowie Adrejew und Jeschow, den Sekretären des Zentralkomitees.

Nur wenigen Lesern des Parteizentralorgans, der »Prawda«,

mag aufgefallen sein, daß auf dem am 2. Mai 1937 veröffentlichten Foto der Ehrengäste nur die obere Reihe der Tribüne am Mausoleum abgebildet war. Die Militärs waren nicht zu sehen ...

Am 3. Mai 1937 überbrachte dem britischen Konsulat in Moskau ein Bote Unterlagen des Marschalls Tuchatschewskijs für seine geplante Reise nach London zu dem dort bevorstehenden Krönungszeremoniell.

Alles schien in Ordnung zu sein. Tuchatschewskij würde also doch fahren ...

Aber der Schein trog.

Nur vierundzwanzig Stunden später wurde die britische Botschaft informiert, daß in der Zusammensetzung der sowjetischen Delegation eine Änderung stattfinden müsse. Marschall Michail Nikolajewitsch Tuchatschewskij sei plötzlich erkrankt. Statt seiner werde der Befehlshaber der Kriegsflotte, Admiral Wladimir Orlow, die Rote Armee vertreten. Das Linienschiff »Marat«, Flaggschiff der Baltischen Flotte, auf dem Tuchatschewskij nach London reisen sollte, lief aus Leningrad ohne den Marschall aus.

Die Nachricht von der »plötzlichen Erkrankung« Tuchatschewskijs schlug unter den in Moskau akkreditierten Diplomaten wie eine Bombe ein. Auch der deutsche Botschafter Graf von der Schulenburg und sein Militärattaché General Ernst Köstring waren von der Ankündigung, daß der Marschall nicht nach London reisen werde, überrascht. Am 5. Mai 1937 sandten sie gemeinsam die als »Geheim« eingestufte Depesche Nummer 89 an das Auswärtige Amt und das Reichskriegsministerium: »In letzter Stunde ist zu Krönungsfeierlichkeit anstelle von kommandiert gewesenem Tuchatschewski Marinechef Orlow bestimmt. Tuchatschewski angeblich erkrankt, war aber bei Maiparade noch anwesend. Durch diese Ersetzung erhalten Gerüchte, daß Stellung Tuchatschewski erschüttert, neue Nahrung.«

Am späten Nachmittag des 5. Mai 1937 – es war ein Mittwoch

– wurde über das, was soeben aus der sowjetischen Hauptstadt verlautete, auch SS-Gruppenführer Reinhard Heydrich benachrichtigt. Der Chef des Sicherheitsdienstes lächelte zufrieden ...

Dienstag, 11. Mai 1937.

In der »Prawda«, dem Zentralorgan der sowjetischen Kommunisten, erschien auf der letzten Seite eine kleine Meldung mit der unauffälligen Überschrift »Im Volkskommissariat für Verteidigung«. Sie lautete:

»Es wurde durch eine Verordnung des Rates der Volkskommissare als notwendig erkannt, in den Wehrkreisen die Kriegsräte und in den Militäreinheiten, Verwaltungen und den Ämtern der RKKA die Institution der Kriegskommissare zu bilden.«

Die über die Zustände in der Roten Armee besser informierten Leser schreckten auf: Kriegskommissare? So wurden die politischen Offiziere genannt. Erst 1935 war diese Institution praktisch abgeschafft und den Kommandeuren die alleinige Entscheidungsbefugnis überlassen worden. Jetzt wurde also die politische Aufsicht über die Armee wieder eingeführt.

Aber das war nicht alles. Das Volkskommissariat für Verteidigung hatte noch mehr zu berichten:

»Durch Beschluß des Rates der Volkskommissare wurde Marschall A. I. Jegorow zum 1. stellvertretenden Verteidigungskommissar ernannt. Genosse A. I. Jegorow ist seines Amtes als Chef des Generalstabes enthoben worden.

Zum Chef des Generalstabes der Roten Arbeiter- und Bauernarmee ist der Armeekommandeur 1. Ranges Genosse B. M. Schaposchnikow ernannt worden.

Der Armeekommandeur 1. Ranges Genosse I. E. Jakir ist zum Befehlshaber des Leningrader Wehrkreises ernannt worden.

Der Marschall der Sowjetunion M. N. Tuchatschewskij ist zum Befehlshaber des Wolga-Kreises ernannt worden.«

Tuchatschewskij wurde von seiner Amtsenthebung als Erster Stellvertretender Verteidigungskommissar und über die Verset-

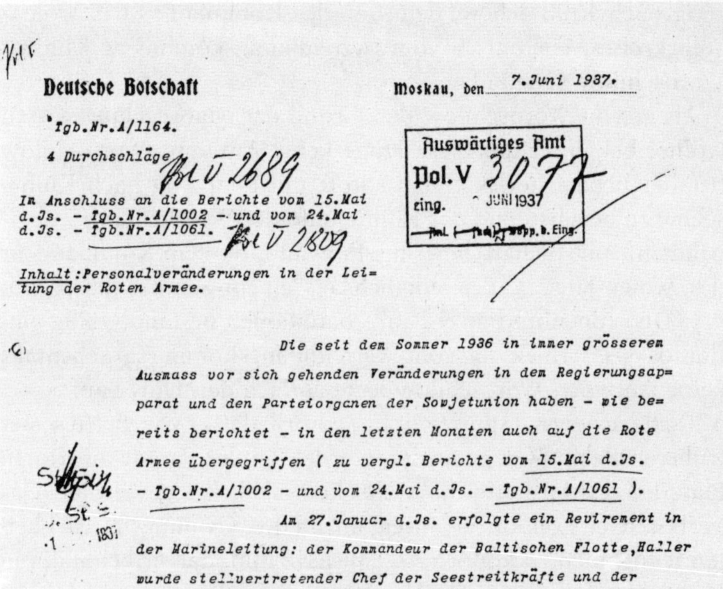

Deutsche Botschaft

Moskau, den 7.Juni 1937.

Tgb.Nr.A/1164.

4 Durchschläge Pol V 2689

Auswärtiges Amt
Pol.V 3077
eing. JUNI 1937

Im Anschluss an die Berichte vom 15.Mai d.Js. – Tgb.Nr.A/1002 – und vom 24.Mai d.Js. – Tgb.Nr.A/1061.

Pol V 2809

Inhalt: Personalveränderungen in der Leitung der Roten Armee.

Die seit dem Sommer 1936 in immer grösserem Ausmass vor sich gehenden Veränderungen in dem Regierungsapparat und den Parteiorganen der Sowjetunion haben – wie bereits berichtet – in den letzten Monaten auch auf die Rote Armee übergegriffen (zu vergl. Berichte vom 15.Mai d.Js. – Tgb.Nr.A/1002 – und vom 24.Mai d.Js. – Tgb.Nr.A/1061).

Am 27.Januar d.Js. erfolgte ein Revirement in der Marineleitung: der Kommandeur der Baltischen Flotte, Haller wurde stellvertretender Chef der Seestreitkräfte und der Stabschef der Baltischen Flotte, Siwkow, Befehlshaber dieser Flotte. Ferner wurde der stellvertretende Befehlshaber der Seestreitkräfte Ludri zum Chef der Kriegsmarine-Akademie ernannt. Stabschef der Baltischen Flotte wurde Issakow, bis dahin Inhaber eines Lehrstuhls an der Kriegsmarine-Akademie.

Am 28.Januar d.Js. wurden der Befehlshaber der Luftwaffe Alksnis und der Befehlshaber der Seestreitkräfte Orlow unter Belassung in ihren Aemtern zu stellvertretenden Verteidigungskommissaren ernannt.

In der Folgezeit haben folgende Veränderungen stattgefunden:

Fernöstliche Armee.

An das
Auswärtige Amt
Berlin

E540793

Erste Seite eines Berichts des Botschafters von der Schulenburg über die im Zusammenhang mit den Verhaftungen in der Roten Armee eingetretenen Personalveränderungen. Dieser erste ausführliche Bericht wurde am 7. Juni 1937 geschrieben, also einige Tage vor Beginn des Prozesses gegen Tuchatschewskij.

zung nach Kuibyschew, dem Sitz des Kommandos des Wolga-Wehrkreises, telefonisch vom Verteidigungskommissar Kliment Woroschilow verständigt.

Als er von Woroschilow den Grund der Maßregelung wissen wollte, bekam er auf diese Frage keine Antwort. Woroschilow befahl Tuchatschewskij, sich sofort mit dem Zug nach Kuibyschew zu begeben und das Kommando des Wehrkreises zu übernehmen. Auf Tuchatschewskijs Einwand, daß ein Kommandeur des Wolga-Kreises, der lediglich aus einem Schützenkorps mit drei Divisionen und zwei Panzerbataillonen bestand, völlig einflußlos sei, erhielt er vom Verteidigungskommissar ebenfalls keine Antwort. Woroschilow legte einfach den Hörer auf.

Tuchatschewskij spürte seit Ende April, daß er von vielen seiner früheren Bekannten gemieden wurde. Bei der Parade am Roten Platz am 1. Mai hatte ihn Stalin keines Blickes gewürdigt. Das Verbot, nach London zu fahren, um an den Krönungsfeierlichkeiten teilnehmen zu können, signalisierte ihm, daß er bei Stalin in Ungnade gefallen war. Die Versetzung auf den völlig unbedeutenden Posten in Kuibyschew war für Tuchatschewskij Höhepunkt der Demütigung.

Sein Fahrer Kurdjawzew, der seit 1918 bei Tuchatschewskij Dienst tat, fragte ihn, weshalb er in der letzten Zeit so traurig sei. Der Marschall nannte als Grund, daß man allerlei dummes Zeug über ihn erfinde. Kurdjawzew: »Schreiben Sie doch an Stalin!« Tuchatschewskij antwortete, dies habe er bereits getan, der Brief liege bei Stalin. Was fehle, sei eine Antwort aus dem Kreml.

Noch am gleichen Tag, am 11. Mai 1937, als die sowjetische Presse die Versetzungen in der Armeespitze bekanntgab, berichtete Botschafter Graf von der Schulenburg dem Auswärtigen Amt in Berlin ausführlich davon. Fast drei des fünf Seiten umfassenden Berichtes widmete der Botschafter der Person Tuchatschewskijs:

»Die Massregelung Tuchatschewskijs hat hier trotz der seit langem umlaufenden Gerüchte über die Erschütterung seiner

Stellung oder gar über seine Verhaftung grosse Überraschung ausgelöst. Das zeitweilige Verschwinden Tuchatschewskijs aus der Öffentlichkeit nach der Verhaftung des sowjetischen Militärattachés in London Putna und nach Nennung seines Namens im letzten Trotzkisten-Prozess hat Anlass zu diesen Gerüchten gegeben ... Die Schwere der Massregelung lässt sich aus der Haltung der Presseabteilung des Aussenkommissariats ermessen, die den ausländischen Journalisten hinsichtlich der Beurteilung völlig freie Hand lässt. Die Zensur hat lediglich aus den telegraphischen Meldungen die Behauptungen herausgestrichen, dass Tuchatschewskij verhaftet gewesen wäre.

Die Massregelung Tuchatschewskijs ist in der Tat sehr plötzlich gekommen. Tuchatschewskij ist der Schöpfer der neuen Felddienstordnung. Noch in jüngster Zeit sind von ihm militärwissenschaftliche, die Felddienstordnung kommentierende Artikel im ›Bolschewik‹ und in der ›Krasnaja Swesda‹ erschienen; desgleichen hat er Vorträge über die Felddienstordnung vor Offizieren der Roten Armee gehalten. An der Parade am 1. Mai hat er in üblicher Weise teilgenommen ... allerdings fiel allen Anwesenden, die ihn kannten, sein ungewöhnlich schlechtes Aussehen auf.«

Dann erinnerte Botschafter von der Schulenburg an die plötzliche Absage von Tuchatschewskijs Reise nach London und ging anschließend auf die Vorgänge um den Marschall in der Woche vor der Bekanntgabe seiner Versetzung ein:

»Was in der Zeit vom 3. Mai bis zum 10. Mai ... geschehen ist, entzieht sich der Kenntnis. Es ist anzunehmen, dass Tuchatschewskij bereits seit einiger Zeit das Vertrauen Stalins verloren hat. Über die Gründe hierfür ist man auf Vermutungen angewiesen. Das Dekret vom 11. Mai enthält insofern einen Fingerzeig, als es gleichzeitig mit der Versetzung Tuchatschewskijs die Institution der Kriegskommissare (= politische Kommissare bei der Truppe) wieder einführt. Die Kriegskommissare haben in den letzten Jahren eine immer geringere Rolle gespielt ... Diese Entwicklung, für die zweifellos Tuchatschewskij verantwortlich ist, scheint nun seitens der leitenden Männer nicht gebilligt zu werden ... Aufschlussreich in dieser Hinsicht ist ein Artikel der ›Prawda‹ vom 28. April, der offensichtlich inspiriert ist und in dem gesagt wird, dass die Rote Armee nicht nur für den äusseren Feind da sei, sondern auch zum Schutz gegen den inneren Feind. Sie müsse ihre Wachsamkeit verstärken ...

Tuchatschewskij war die bedeutendste Persönlichkeit unter den führenden Sowjetmilitärs ... Durch sein Ausscheiden aus der jetzigen Stellung verliert die Leitung der Roten Armee ihren fähigsten Kopf. Ob Tuchatschewskij sich in seiner neuen Stellung als Befehlshaber des Wolgabezirks wird halten können oder ob sie für ihn dasselbe bedeuten wird wie für Jagoda das Postkommissariat, bleibe dahingestellt.«

Der deutsche Botschafter in Moskau, Graf von der Schulenburg, hatte »keine Kenntnis« von dem, was in der Woche zwischen dem 3. und 11. Mai 1937 geschehen und Anlaß für Tuchatschewskijs Maßregelung gewesen war. Ein Mann in Berlin wußte hingegen mit Sicherheit, was von der Schulenburg nur ahnen konnte – Reinhard Heydrich. Er war überzeugt, daß Stalin sich bereits im Besitz der von seiner Fälscherwerkstatt fabrizierten Dokumente befand, die Tuchatschewskijs Verrat und Verschwörung beweisen sollten. Und Heydrich irrte sich nicht ...

Am 7. Mai 1937 erschien bereits zum vierten Mal seit dem 22. April der sowjetische Gesandte in Prag, Sergej Alexandrowskij, zur Audienz bei dem tschechoslowakischen Präsidenten Dr. Edvard Beneš. Er sollte auf direkte Anweisung von Josef Stalin mit dem Präsidenten die Übergabe der Beweise für den Verrat des Marschalls der Roten Armee Michail Nikolajewitsch Tuchatschewskij in die Wege leiten. Gleichzeitig sollte er dem Präsidenten die Gefühle der großen Dankbarkeit Stalins übermitteln, der die Hilfe von Dr. Beneš bei der Entlarvung der Verräterclique in der Roten Armee hoch einschätzte.

Für den eitlen Beneš waren Alexandrowskijs Worte wie Balsam. Er fühlte sich geschmeichelt und war stolz, daß er, das Staatsoberhaupt einer kleinen Republik im Herzen Europas, die große Sowjetunion vor der seit dem Bürgerkrieg schwersten Krise bewahrt hatte.

Die Unterredung war diesmal nur kurz. Alles, was noch zu sagen gewesen wäre, war bereits bei der letzten Begegnung auf der Prager Burg am 26. April gesagt worden. Dem Präsidenten entging selbstverständlich nicht, daß schon seine damaligen Mitteilungen bei Stalin Wirkung zeigten. Die Tatsache, daß Tuchatschewskij nicht nach London fuhr, war sicher eine Reaktion Stalins auf das, was er von Beneš mitgeteilt bekam.

Auf dem runden Konferenztisch lag eine Mappe. Wie gebannt schaute der Gesandte darauf. Er wußte, was Beneš in ihr aufbewahrte: Dokumente. Dokumente, die für einige Männer den Tod bedeuteten.

Der Präsident trank seinen Kaffee aus. Stellte die Tasse auf den Tisch. Griff nach der Mappe.

Als Sergej Alexandrowskij sie entgegennahm, hatte er das Gefühl, heißes Eisen anzufassen.

Er stand auf, verbeugte sich vor dem kleinen Präsidenten. Ein Händedruck. Ein Lächeln auf den Lippen von Dr. Beneš. Eisiger Gesichtsausdruck des Gesandten der Union der Sozialistischen Sowjetrepubliken.

Der Diener öffnete lautlos die hohe weiße Tür.

Beneš beobachtete, wie Alexandrowskij die Bibliothek verließ. Erledigt, dachte der Präsident.

Erledigt, fiel im gleichen Augenblick dem Gesandten ein.

Alexandrowskij meinte damit Michail Nikolajewitsch Tuchatschewskij, den Marschall der Sowjetunion, Helden des Bürgerkrieges, Träger des Lenin-Ordens.

Am übernächsten Tag – es war Sonntag, der 9. Mai 1937 – landete das Flugzeug, an dessen Bord sich auch der Sonderkurier der sowjetischen Gesandtschaft in Prag befand, in Moskau. Nur wenige Meter von der Stelle entfernt, wo die Maschine zum Stehen kam, wartete ein schwarzer Wagen. Zwei Männer entstiegen dem Fond und reichten dem Kurier wortlos die Hand. Der Mann, der soeben aus Prag gekommen war, stieg ein.

Der Weg zur Lubjanka, dem Sitz des sowjetischen Staatssicherheitsdienstes NKWD im Zentrum Moskaus, dauerte genau dreiundzwanzig Minuten.

Die Zeit war reif ...

Die Stunde Michail Frinowskijs und der Männer seiner »Verwaltung für besondere Aufgaben« – des »Spezbüros« – war gekommen.

Der Chef der Frunse-Kriegsakademie in Moskau, Komandarm Zweiten Ranges Awgust I. Kork, ein fünfzig Jahre alter Este, saß in seiner Amtswohnung beim Frühstück, als sie ihn holten. Sie ließen dem »Helden des Bürgerkrieges« nicht einmal Zeit, sich den Mantel anzuziehen.

Auf dem Frühstückstisch blieb neben der Kanne mit heißem Tee die neueste Ausgabe der »Prawda« liegen. Sie trug das Datum 11. Mai 1937. Komandarm Kork hatte die Meldung auf der letzten Seite des Parteiblattes über die Versetzungen in der Führung der Roten Armee und die Wiedereinführung der Kriegskommissare noch nicht gelesen ...

Und dann – dann ließen sich Frinowskijs Schergen einige Tage Zeit. Am 22. Mai 1937 schlugen sie wieder zu.

Der Vorsitzende der paramilitärischen Freiwilligengesellschaft »Ossoawiachim«, der 42jährige Komkor Robert P. Eideman, saß im Präsidium bei einer Parteisitzung, die im Moskauer Gewerkschaftshaus stattfand, als er während der Tagung aus dem Saal gerufen wurde. Im Flur nahmen ihn einige Angehörige des »Spezbüros« in Empfang. Unter dem Vorwand, daß er dem bereits verhafteten Awgust Kork die Parteibürgschaft unterschrieben hatte, wurde er in die Lubjanka abgeführt. Dort, in den Verhörzellen des NKWD-Gebäudes, verschwand der Lette Eideman, Mitbegründer der lettischen Sektion des Sowjetischen Schriftstellerverbandes, Held der Schlacht bei Kachowka, wo er im Herbst 1920 mit Marschall Blücher den Truppen Baron Wrangells die erste große Niederlage bereitete.

Drei Tage vergingen ohne eine weitere Verhaftung.

Dienstag, 25. Mai 1937. Der nun an die Reihe kam, war der Chef der Kaderabteilung der Roten Armee, Komkor Boris M. Feldman, ein langjähriger Freund Michail Tuchatschewskijs. Vor fünf Jahren – 1932 – begleitete der jetzt 47jährige Feldman Michail Tuchatschewskij bei seiner Reise zu den Manövern in Deutschland. Auch ihm reichte damals Reichspräsident von Hindenburg die Hand. Jetzt wurde diese Geste des alten Generalfeldmarschalls als Beweis seiner geheimen Zusammenarbeit mit der deutschen Generalität ausgelegt.

Die Schlinge um Tuchatschewskij zog sich immer mehr zu. Alte Freunde verschwanden; um Tuchatschewskij wurde es leerer.

Einen Tag bevor Feldman verhaftet wurde, verließ Marschall Michail Nikolajewitsch Tuchatschewskij gemeinsam mit seiner Frau Nina Moskau, um in Kuibyschew das Kommando des Wolga-Wehrkreises zu übernehmen. Zur Verabschiedung auf dem Kasan-Bahnhof kamen nur wenige Bekannte.

Ein paar Stunden nach seiner Ankunft in der Stadt an der Wolga eilte Tuchatschewskij zu einer Versammlung der politischen Kommissare seines Wehrkreises. Als er den Saal betrat, erschraken einige der Offiziere, die den Marschall von früher kannten. Der erst 44 Jahre alte Tuchatschewskij war völlig ergraut, sein Gesicht aufgedunsen; er sah müde und erschöpft aus. Er saß am Präsidiumstisch, machte sich Notizen, schien aufmerksam zuzuhören. Am nächsten Tag wollte er in die Diskussion eingreifen, sich aber vorerst mit den Ansichten der Polit-Kommissare vertraut machen.

Am Mittwoch, dem 26. Mai 1937, begann die Beratung um neun Uhr vormittags. Den ganzen Tag verfolgte Tuchatschewskij aufmerksam alles, was im Saal gesprochen wurde. Für die Abendsitzung hatte er seine Rede angemeldet. Auf der Rednertribüne erschien Michail Tuchatschewskij aber nicht mehr.

Auf dem Weg zur Abendsitzung wurde Tuchatschewskij gebeten, im Gebietsparteikomitee »vorbeizukommen«. Er ließ sich mit seiner Frau Nina hinfahren, bat sie dann, im Vorzimmer auf ihn zu warten. Nina Tuchatschewskij erschien seine Abwesenheit unendlich lang. Dann kam totenblaß der Komandarm Zweiten Ranges Pawel Dybenko, Tuchatschewskijs Vorgänger als Kommandeur des Wolga-Wehrkreises, in das Zimmer.

»Michail Nikolajewitsch ist verhaftet worden!«

Noch waren drei Plätze auf der Anklagebank nicht besetzt. Lange sollten sie nicht frei bleiben. Dafür wollte Michail Frinowskij schon sorgen.

Drei Tage nach der Verhaftung Michail Tuchatschewskijs in Kuibyschew tagte in Minsk, der Hauptstadt Weißrußlands, der Rat des Wehrkreises gemeinsam mit örtlichen Parteifunktionären. Selbstverständlich durfte dabei auch der Kommandeur des Kreises, der Komandarm Ersten Ranges Ieronim P. Uborewitsch, nicht fehlen. Seine Truppen waren durch ihre vorbildliche Ausbildung bekannt, Uborewitsch wurde als einer der fähigsten Kommandeure der Roten Armee betrachtet. Noch vor wenigen Monaten, im vergangenen Herbst, befehligte der 41jährige Litauer die Armeeeinheiten bei Manövern, die auf alle Teilnehmer, insbesondere auf ausländische Militärattachés, einen gigantischen Eindruck gemacht hatten. Im Februar 1936 hatte er Tuchatschewskij zum Begräbnis des englischen Königs Georg V. begleitet und danach in Paris auch an einigen Gesprächen des Marschalls mit französischen Politikern und Militärs teilgenommen.

Während der Beratungen brachte ihm sein Adjutant einen Zettel des Inhalts, daß vor wenigen Minuten Verteidigungskommissar Kliment Woroschilow angerufen habe, Uborewitsch solle unverzüglich zu einer Sitzung des Militärrates nach Moskau kommen. Seine Frau Nina und Tochter Mira begleiteten ihn zum Bahnhof. Auf dem Bahnsteig wurde er von Beamten des »Spezbüros« im »Empfang« genommen und in Handschellen nach Moskau gebracht. Bevor der Zug Minsk verließ, konnte Uborewitsch seiner Frau noch zurufen, sie solle sich um ihn keine Sorgen machen.

Der vorletzte war der Befehlshaber des Wehrkreises Kiew, Komandarm Ersten Ranges Iona Jakir, eine der imposantesten Gestalten aus der Zeit des Bürgerkrieges. Da er, Sohn eines Apothekers im bessarabischen Kischinjow, im zaristischen Rußland wegen seiner jüdischen Abstammung keine höhere Schule besuchen durfte, finanzierte ihm sein Onkel ein Chemiestudium in der Schweiz, in Basel. Im April 1917 trat der damals 21 Jahre alte Iona in die bolschewistische Partei ein. Ähnlich wie Tuchatschewskij wurde Jakir von den Bolschewiki als »Feuerwehrmann« an jene Bürgerkriegsfronten geschickt, wo den Roten Garden Niederlagen drohten. Innerhalb eines Jahres – 1919 – erhielt er zweimal den Rotbannerorden; im November 1921 wurde Jakir, gerade erst 25 Jahre alt geworden, zum Befehlshaber des Wehrkreises Kiew ernannt. Mit kurzer Unterbrechung – von 1924 bis 1925 – blieb er es bis zu seiner Verhaftung.

Der Held des Bürgerkrieges Jakir hatte offenbar mit seiner Festnahme gerechnet. Schon kurz nach der Verhaftung Tuchatschewskijs wurde er über die Vorgänge in Kuibyschew informiert. Der stets fröhliche Jakir verlor seine gute Laune, sprach kaum mit seinen Mitarbeitern.

Am 30. Mai 1937 war es dann soweit. Peta Jakir, der Sohn Ionas, schrieb Anfang der siebziger Jahre einen ausführlichen Bericht über das, was an jenem Tag in Kiew geschehen war.

Den 29. Mai 1937 verbrachte die Familie Jakir auf ihrer Datscha in Swjatoscha bei Kiew. Dort erreichte Jakir ein Telefonanruf von Woroschilow. Ähnlich wie Uborewitsch befahl er Jakir, zur Sitzung des Obersten Kriegsrates nach Moskau zu kommen. Da an diesem Tag kein Zug mehr in die Hauptstadt fuhr, bat Jakir um Genehmigung zu fliegen. Woroschilow fand dies nicht nötig.

Peta Jakir: »Am nächsten Tag, mittags um 3 Uhr 15, ging der Zug nach Moskau. Ich begleitete Vater zur Bahn. Er war beunruhigt, denn er wußte von der Verhaftung einer Reihe von Kommandeuren in den letzten Wochen, unter ihnen Michail Nikolajewitsch Tuchatschewskij ... Der Zug fuhr an. Ich sah, wie ein paar NKWD-Männer auf den vorletzten Wagen sprangen. Der Salonwagen, in dem Vater fuhr, war der letzte. Ich ging nach Hause in unsere Kiewer Wohnung. Der Milizionär, der wie üblich vor unserem Hause Posten stand, sagte nichts zu mir ... Ich klingelte. Es dauerte lange, bis jemand an die Tür kam.«

Der Junge wurde nicht eingelassen. Um ein Uhr in der Nacht kehrte er zum Elternhaus zurück:

»Immer noch brannte in allen Zimmern Licht ... Mein Blick fiel auf zwei NKWD-Leute. Ziemlich scharf befahl mir der eine, in Vaters Arbeitszimmer zu gehen. Dort saß hinter dem Schreibtisch ein großer Mensch mit eingeschlagener Nase. Die Abzeichen auf der NKWD-Uniform wiesen ihn als Kommissar im Zweiten Rang aus. Es war Frinowskij, Jeschows Stellvertreter, einer der kaltblütigsten Henker jener Zeit ... Die Hausdurchsuchung dauerte an. Es waren ungefähr 20 NKWD-Leute. Sie klopften die Wände ab, rissen das Parkett auf, gruben an einigen Stellen den Garten um. Gegen Mittag des nächsten Tages waren sie fertig.«

Inzwischen war der Zug mit den NKWD-Angehörigen und Jakir in Moskau eingetroffen. Noch während der Fahrt hatte sich der Befehlshaber des Kiewer Wehrkreises den Haftbefehl vorlegen lassen. In Brjansk war Jakir aus dem Salonwagen in einen Gefangenenwaggon übergeführt worden. Sein Adjutant Sachartschenko durfte aussteigen und nach Kiew zurückkehren – mit einem Gruß Jakirs an seine Frau Saja und seinen Sohn und der Versicherung, daß er unschuldig sei. Wie alle anderen verhafteten

Offiziere brachte man Jakir sofort in die Lubjanka, wo ihm in der Zelle seine Dienstabzeichen und Orden abgerissen wurden.

Am 31. Mai 1937 war der letzte der Verschwörer an der Reihe: Jan Borissowitsch Gamarnik, Armeekommissar Ersten Ranges und höchster politischer Offizier der Roten Armee. Der 53 Jahre alte Gamarnik war seit zehn Jahren Vollmitglied des Zentralkomitees der bolschewistischen Partei sowie des Organisationskomitees, des neben dem Politbüro höchsten Parteigremiums. Mit seinem Rauschebart, ähnlich dem von »Opa Moros«, dem russischen Weihnachtsmann, war der hünenhafte Gamarnik, polnischer Jude aus Shitomir, eine der markantesten Persönlichkeiten an der Spitze der Roten Armee.

In den Abendstunden des 30. Mai hatte Gamarnik, der wegen schweren Diabetes seit einigen Tagen bettlägerig war, den Besuch seines Stellvertreters Anton Bulin bekommen, den ein vorerst nicht identifizierter Offizier begleitete. Erst Jahre später enthüllte Gamarniks Tochter, daß es sich um Marschall Blücher gehandelt hatte. Bulin, der vor drei Tagen als Nachfolger des verhafteten Boris Feldman zum neuen Kaderchef der Roten Armee ernannt worden war, berichtete Gamarnik über die Verhaftungswelle. Der kranke Armeekommissar war bestürzt. Es wurde ihm klar, daß nach seinen Freunden Jakir und Uborewitsch mit größter Wahrscheinlichkeit er das nächste Opfer des NKWD sein würde.

Hierüber sowie über das, was am folgenden Tag, am 31. Mai 1937, geschah, berichtete Gamarniks Tochter:

»Ende Mai wurde mein Vater krank. Entweder fühlte er das Herannahende, oder ihn quälte ein Diabetesanfall. Er wußte, wie mir später meine Mutter (ich war damals zwölf) erzählte, daß am 27. Mai Tuchatschewskij, am 29. Uborewitsch, Jakir (direkt im Zug) und andere Militärführer verhaftet worden waren. Am 30. kam Blücher zu Vater. Sie kannten sich gut vom Fernen Osten. Sie sprachen lange über irgend etwas. Daraufhin erzählte mein Vater meiner Mutter, daß man ihm vorschlage, Mitglied des Gerichts über Tuchatschewskij zu werden. Aber: ›Wie könnte ich das!‹ rief mein Vater aus. ›Ich weiß doch, daß sie keine Feinde haben. Blücher sagte mir, wenn ich ablehnte, könnte man mich verhaften.‹ Am 31. kam Blücher noch einmal für kurze Zeit. Später kamen einige Leute und versiegelten den Safe meines Vaters. Man sagte ihm, daß er von seinem Amt abgelöst sei und daß seine Stellvertreter Owsepjan und Bulin verhaftet worden seien. Meinem Vater befahl man, zu Hause zu bleiben. Sobald die Leute vom NKWD gegangen waren, hörten wir im Zimmer meines Vaters einen Schuß. Als ich und meine Mutter hineilten, war schon alles vorbei. Ich glaube, die Erschießung war seine Antwort auf Stalins Vorschlag, Mitglied des Tribunals gegen seine Kameraden zu werden. Eine Antwort auf die Gesetzlosigkeit.«

Gamarniks Tochter geht in ihrem Bericht über die Ereignisse des 31. Mai 1937 davon aus, daß ihr Vater Selbstmord verübte, um nicht als Richter am Tribunal über seine verhafteten Freunde teilnehmen zu müssen. Es ist nicht ausgeschlossen, daß Stalin diese Möglichkeit erwogen hatte. Aber mit Sicherheit wollte er spätestens nach der Verhaftung Tuchatschewskijs Gamarnik auf der Anklagebank sehen. Einen Tag nach dem Freitod Gamarniks veröffentlichte das Parteiblatt »Prawda« eine kurze Notiz: »Das ehemalige ZK-Mitglied Jan B. Gamarnik hat, in seine Bindungen an die antisowjetischen Elemente verstrickt und anscheinend aus Angst vor der Entlarvung, am 31. Mai sein Leben durch Selbstmord beendet.«

Am Abend des 31. Mai konnte der Leiter des »Spezbüros«, Frinowskij, seinem Chef Jeschow melden, daß – abgesehen von der »Panne« mit Gamarnik – alle »Verschwörer« verhaftet seien.

Witowt K. Putna, der zu den im Mai Festgenommenen gezählt wurde, saß bereits seit September 1936 in der Lubjanka. Der achte im Bunde der »Verschwörer und Verräter«, Komkor Witalij M. Primakow, befand sich ebenfalls schon mehrere Wochen in Haft.

Witowt Putna als Militärattaché in London, um 1935.

Die Zeit der Abrechnung war gekommen. Das von Jeschow vorbereitete Drama konnte beginnen ...

Noch lebten sie – aber schon waren sie so gut wie tot.

Am 24. Mai 1937 – Uborewitsch, Jakir und Tuchatschewskij waren noch nicht verhaftet – tagte das Politbüro der bolschewistischen Partei, um über die Entlarvung der Verräter und Spione in der Führung der Roten Armee zu beraten. Den Vorsitz führte der Generalsekretär der Partei, Josef Wissarionowitsch Stalin.

Über den Verlauf der Tagung gibt es ein Dokument. Da es selbstverständlich nicht für die Öffentlichkeit bestimmt war, enthüllt es Tatsachen, die einen tiefen Einblick in das Denken Stalins ermöglichen, und deckt viele Zusammenhänge seines Vernichtungsfeldzuges gegen Tuchatschewskij und seine Freunde in der Führung der Roten Armee auf.

Stalin gab dem Politbüro einen Bericht über Ereignisse der letzten Tage. Danach kam das Politbüro »zu dem einstimmigen Schluß, daß der Marschall Michail Tuchatschewskij und seine engsten Mitarbeiter, mit den Armeekommandeuren Jakir, Uborewitsch, Putna, Eideman, Kork, Feldman und Primakow an der Spitze, das Vertrauen des Genossen Stalin, der Sowjetregierung, der Partei und der Völker der Sowjetunion schändlich mißbraucht haben und zu gemeinen Verrätern degeneriert sind, die in Verbindung mit dem deutschen Generalstab und mit der Gestapo und mit deren Unterstützung eine antisowjetische Verschwörung geplant haben, um unter der Parole des sogenannten ›nationalen Rußlands‹ den Genossen Stalin und die Sowjetregierung sowie alle Organe der Partei und der Sowjetmacht durch einen Militärputsch zu stürzen und eine antisowjetische, antikommunistische, antirevolutionäre Politik zu betreiben, deren Schwerpunkt eine vertraglich verankerte enge Zusammenarbeit mit Hitler-Deutschland wäre, in dessen Schlepptau sich die verbrecherischen Verschwörer, die sogar Gebietsabtretungen an Deutschland vorbereiteten, begeben wollten.«

Mit diesen Formulierungen war die Anklage für den kommenden Prozeß gegen Tuchatschewskij vorbestimmt. Auch das Urteil war schon vorgegeben: Tod – denn auf »Straftaten«, wie sie Stalin im Politbüro aufzählte, stand im sowjetischen Strafgesetzbuch die Todesstrafe.

Stalin bestätigte dem Politbüro, daß er über die »Verschwörung« Tuchatschewskijs vom tschechoslowakischen Präsidenten Beneš informiert und gewarnt worden war. Im Beschluß des Politbüros ist dies dann so formuliert:

»Das Politbüro stimmt mit dem Genossen Stalin voll und ganz darin überein, daß es das große Verdienst des tschechoslowakischen Präsidenten Beneš, der sowohl persönlich den bevollmächtigten Vertreter der Sowjetunion in Prag, Genossen Alexandrowskij, verständigte als auch den Genossen Stalin in einer dringenden persönlichen Botschaft warnte, ist, daß diese Verschwörung der verräterischen Sowjetgeneralität fast am Vorabend ihrer Auslösung hatte enthüllt und vereitelt werden können.«

Ausführlich wird dann in Stalins Darstellung der Kontakt zwischen Beneš und Moskau geschildert, wobei nicht unerwähnt bleibt, daß es fast zu einer Vertrauenskrise zwischen Prag und Moskau gekommen wäre, denn zunächst betrachtete die Sowjetdiplomatie die Informationen aus Prag als Ausdruck der »antisowjetischen Propaganda«. »Erst die Informationen, die der tschechoslowakische Gesandte in Berlin am 7. April direkt vom Generalobersten Göring erfahren hatte, und die Sondierungen einer Abordnung der tschechoslowakischen Staatspolizei in Deutschland nach dem 20. April verschafften in Prag Klarheit darüber, daß nicht die Sowjetregierung, sondern die ihr gegenüber feindselig eingestellten Verschwörer Kontakte mit Deutschland angeknüpft hatten, um mit dessen tatkräftiger Unterstützung einen Militärumsturz in der Sowjetunion zu verwirklichen. Am 7. Mai legte Präsident Beneš das von dem tschechoslowakischen Nachrichtendienst in Deutschland erworbene Tuchatschewskij und seine Clique belastende und überführende Material dem Genossen Alexandrowskij vor, und am nächsten Tag, dem 8. Mai 1937, übersandte er dieses Material in einer ausführlichen, persönlichen Geheimbotschaft an Genossen Stalin. Dieses Material beweist unwiderlegbar die subversiven Pläne eines Teiles der sowjetischen Armeeführung gegen die Staats- und Parteiführung mit dem Genossen Stalin an der Spitze, die die Verschwörer in einer militärischen Palastrevolte stürzen, die Genossen Stalin, Molotow, Kaganowitsch und Litwinow ermorden, eine Militärdiktatur Tuchatschewskijs mit Marionetten einer antikommunistischen ›nationalen Regierung‹ installieren und eine Allianz mit dem faschistischen Deutschland abschließen wollten, und zwar all dies in engster Zusammenarbeit mit den ›zivilen‹ trotzkistischen Verbrechern vom Schlage eines Bucharin oder Radek.«

Dann ließ sich Stalin die Verhaftung Tuchatschewskijs und seiner sich noch in Freiheit befindlichen Genossen billigen. Aber nicht nur das – er bekam auch einen Freibrief für die Säuberungen in der Armeeführung. Im Beschluß des Politbüros liest es sich so:

»Das Politbüro akzeptiert den Vorschlag des Genossen Stalin und erlegt den Sicherheitsorganen auf, Tuchatschewskij und seine Bande unverzüglich zu verhaften und vor ein Sondergericht zu stellen. Weiterhin verfügt das Politbüro im Sinne des Vorschlages des Genossen Stalin, das Offizierskorps der Roten Armee, insbesondere die Generalität, einer gründlichen Untersuchung zu unterziehen, denn es ist unvorstellbar, daß die Verschwörer unter der Generalität ohne eine breitere Basis unter den höheren Rängen der Roten Armee ihre Wühlarbeit hätten betreiben können.«

Und dann noch einmal Worte des Dankes an Beneš:

»Das Politbüro stimmt mit dem Genossen Stalin auch darin überein, daß die Sowjetregierung und die Parteiführung zu einer besonderen Dankbarkeit gegenüber Präsident Beneš und der tschechoslowakischen Staatsführung verpflichtet sind.«

Für die Hilfe, die Beneš Stalin bei der »Enttarnung« der Verschwörer geleistet hatte, sollte die Tschechoslowakei auch belohnt werden. So schlug Stalin vor, daß »die bevorstehenden Rüstungs- und Schwerindustrielieferungen nicht, wie vorgesehen, in den USA, sondern in der Tschechoslowakei bestellt und insbesondere die Lizenz-Zusammenarbeit mit den Škoda-Werken deutlich erweitert werden« sollte. Der Volkskommissar für Auswärtige Angelegenheiten, Maxim Litwinow, sollte bald die Tschechoslowakei besuchen, der tschechoslowakische Außenminister Dr. Krofta zu einem offiziellen Besuch der Sowjetunion eingeladen werden.

Bemerkenswert ist, wie der Beschluß des Politbüros der sowjetischen Kommunisten bekannt wurde. Der Bericht über die Tagung des höchsten sowjetischen Parteigremiums befindet sich in den Berichten über Tagungen des Politbüros in den Jahren 1934 bis 1937, die der deutsche Botschafter in Wien, Franz von Papen, nach Berlin übermittelte. Seine Quelle hat von Papen niemals genannt; offensichtlich handelte es sich um einen Informanten, der unter den Angehörigen der sowjetischen Gesandtschaft in Wien oder unter den dort akkreditierten sowjetischen Journalisten zu suchen ist. Mit dem Weggang von Papens aus Wien erlosch auch der Nachrichtenfluß aus Moskau. Daß er aber Geheiminformationen aus Moskau erhalten hatte, hat von Papen bei seinen Verhören als Zeuge im Nürnberger Kriegsverbrecherprozeß 1946 bestätigt.

Es gibt jedoch eine »heiße Spur« zu dem geheimnisvollen Informanten. Im Sommer 1938 gab F. W. Bochow seine Stellung als Korrespondent der amtlichen sowjetischen Presseagentur TASS in Wien auf. Für seine Entscheidung nannte der Journalist, der, wie sich später herausstellte, Zugang zum nachrichtendienstlichen und geheimen Parteimaterial gehabt hatte, »weltanschauliche Gründe«. Bochow arbeitete allerdings auch seit längerer Zeit für Heydrichs Sicherheitsdienst, der seine Aktivität hoch zu schätzen wußte.

Bochow oder ein anderer, unbekannter Informant wäre freilich nicht der erste gewesen, der im Westen Berichte aus Sitzungen des Politbüros weitergab. Der tschechische, in West-Berlin lebende Historiker Professor Michal Reiman entdeckte in Unterlagen des Berliner Auswärtigen Amtes Berichte aus Sitzungen des Politbüros, die aus der Zeit von Februar 1932 bis Februar 1933 stammten und vom deutschen militärischen Geheimdienst, der Abwehr, erworben wurden. Der Informant, der an die dreihundert Berichte übergab, nannte sich Stojko. Wer sich hinter dem Decknamen »Stojko« verbarg, ist unbekannt, aber Reiman äußerte den Verdacht, daß es sich um einen ehemaligen sowjetischen Diplomaten handeln könnte. Allerdings – so Reiman – spricht vieles dafür, daß »Stojko« keinen wirklichen Zugang zu Protokollen des Politbüros hatte. Er analysierte Berichte und Nachrichten sowjetischer Zeitungen und Zeitschriften, und auf Grund dieser Analysen fabrizierte er »Berichte aus dem Politbüro«.

Wenn es sich, wie Reiman vermutet, bei den Berichten von

»Stojko« um Falsifikate handelt, kann dann nicht auch das Protokoll der Tagung des Politbüros vom 24. Mai 1937, in dem Stalin über den Fall Tuchatschewskij und über die Hilfe, die der tschechoslowakische Präsident Beneš der Sowjetunion bei der Enthüllung der Verschwörer leistete, erfunden sein?

Den Beweis der Echtheit lieferte erst kürzlich der sowjetische Historiker Professor Dimitri Wolkogonow. In seiner Biographie Josef Stalins – der wohl ersten wirklich fundierten, kritischen Stalin-Biographie aus sowjetischer Feder – veröffentlicht Wolkogonow ein Dokument, das Stalin in seiner Funktion als Sekretär des Zentralkomitees der Bolschewiki den Mitgliedern und Kandidaten des Zentralkomitees im Zusammenhang mit dem Fall Tuchatschewskij zur Abstimmung zugeschickt hatte.

»Auf Grundlage von Fakten«, schreibt Stalin, »die das Mitglied des ZK der KPdSU (B) Rudsutak und den Kandidaten des ZK der KPdSU (B) Tuchatschewskij der Teilnahme am antisowjetischen, trotzkistisch-rechten Verschwörungsblock und an Spionagetätigkeit gegen die UdSSR zugunsten des faschistischen Deutschlands überführen, macht das Politbüro des ZK der KPdSU (B) den Vorschlag, Rudsutak und Tuchatschewskij aus der Partei auszuschließen und ihre Angelegenheit dem NKWD zu übergeben.«

Der Rundbrief trägt das Datum vom 24. Mai 1937, dem Tag, an welchem sich, auch nach dem Bericht aus Wien, das Politbüro – Stalin beruft sich in seinem Rundbrief ausdrücklich auf seine Sitzung – ausführlich mit der »Verschwörerclique« Tuchatschewskijs und der Situation in der Roten Armee beschäftigte. Es gibt also keinen Grund, an der Echtheit und vor allem an dem, was Stalin sagte, zu zweifeln.

Einen Tag nach dem Freitod Gamarniks begann im Kreml die Tagung des Militärrates, an der 120 führende Kommandeure und politische Kommissare sowie das gesamte Politbüro teilnahmen. Bevor die geladenen Gäste den Kremlsaal betraten, wurden sie durchsucht. Waffen durften nicht mitgenommen werden. Als Diskussionsunterlage bekam jeder Teilnehmer eine Mappe mit Material über die »soeben entlarvte und unschädlich gemachte Verräterclique in der Roten Armee«.

Nachdem Verteidigungskommissar Marschall Kliment Woroschilow die verhafteten Offiziere beschimpft hatte, versuchte Stalin in seiner Rede, die Gefahr, die der Partei, dem Staat und der Armee von der »konterrevolutionären militärfaschistischen« Organisation drohte, in den schwärzesten Farben darzustellen.

Vier Tage dauerte die Sitzung, und jeden Tag kamen in den Sitzungssaal demonstrativ NKWD-Offiziere, um Stalin und dem ebenfalls anwesenden NKWD-Chef Jeschow die neuesten Aussagen der Verhafteten zu überbringen.

Stalin genoß die Angst, die er in den Augen der meisten der anwesenden Kommandeure sah. Er forderte sie auf, sich, wenn sie sich einer Schuld bewußt seien, freiwillig zu ihren Vergehen zu bekennen. Die anderen sollten ihre Treue und ihren Gehorsam der Partei gegenüber bekunden und sich von den Verrätern öffentlich distanzieren. Nur wer sich des Vertrauens der Partei und Stalins würdig erweise, könne mit Nachsicht und Vergebung rechnen, sagte der »große Führer« und beobachtete zynisch, wie einer nach dem anderen zum Rednerpult trat, seine ehemaligen Genossen beschimpfte und deren strenge Bestrafung forderte. Dann beschuldigte er einige der Anwesenden, mit den Verhafteten gemeinsame Sache gemacht zu haben. Zwei von ihnen erwähnte er sogar namentlich: den Leiter der Kriegsakademie, Kutschinskij, und den Chef der Luftabwehr, Sedjakin, der Tuchatschewskij bei zwei Auslandsreisen begleitet hatte.

Nur vierundzwanzig Stunden nach der Tagung des Militärrates erschien in der »Prawda« ein Leitartikel, der ein Hohelied auf die Arbeit des Staatssicherheitsdienstes enthielt und zugleich eine Drohung an alle, die es wagen sollten, Stalins Methoden zu kritisieren:

»Das strafende Schwert der proletarischen Diktatur ist weder stumpf noch rostig geworden. Es wird sich auf die Häupter derer herabsenken, die unser schönes Land zerstückeln und unter das Joch des deutsch-japanischen Faschismus bringen wollen.«

Die Lubjanka. Ein grauer, massiver quadratischer Steinbau, bis zur bolschewistischen Revolution im Jahre 1917 Hauptsitz der Allrussischen Versicherungsgesellschaft »Rossija«. Seitdem ein Haus der Angst, der Folter, des Todes.

Eine Seite des geräumigen Innenhofes bildete das Gefängnis. Die Zellen, wo Staatsfeinde verhört wurden, befanden sich in den Kellergeschossen. Nur spärlich beleuchtete, lange Gänge. Eisentüren mit einem Guckloch. Erst wenn der Untersuchungsgefangene bereit war, ein Geständnis abzulegen, wurde er in die Büros im Hauptgebäude geführt. Dann, wenn er die hellgrüngetünchten Gänge durchschritt, wußte er, daß der Prozeßbeginn nicht mehr lange auf sich warten ließ. Daß sich schon bald entscheiden würde, ob er in einem der vielen sibirischen Lager des GULAG oder auf einem »Bau des Sozialismus« im hohen Norden als anonyme Nummer verschwinden oder ob gar das Hinrichtungskommando sein Leben auslöschen würde.

Acht der unterirdischen Zellen waren Ende Mai 1937 mit ehemaligen hohen Offizieren der Roten Armee belegt – mit ihrer Blüte, mit Helden des Bürgerkrieges, Männern, die sich um die Modernisierung der bewaffneten Sowjetmacht verdient gemacht hatten.

Jakir bat, einen Brief an das Politbüro und Stalin schreiben zu dürfen. Es wurde ihm erlaubt. Am 5. Juni 1937 wurde Jakirs Schreiben dem Diktator überbracht.

»Mein ganzes bewußtes Leben«, schrieb Jakir, »habe ich in selbstloser und ehrlicher Arbeit unter den Augen der Partei und ihrer Führer verbracht ... Jedes Wort, das ich sage, ist aufrichtig, und ich werde mit Worten der Liebe für Sie, für die Partei und das Land sterben, mit grenzenlosem Glauben an den Sieg des Kommunismus.«

Die Lubjanka. Das Foto stammt aus den dreißiger Jahren.

Stalin lachte. Er nahm seinen blauen Stift und schrieb an den Rand des Briefes: »Schuft und Hure.« Dann ließ er den Brief Woroschilow zeigen. Der Marschall wollte sich bei seinem Führer einschmeicheln: »Eine völlig zutreffende Bemerkung.« Molotow hatte nichts hinzuzufügen, nur seine Unterschrift. Kaganowitsch ging noch weiter als Stalin: »Für den Verräter, Abschaum und ... [hier folgt, wie Chruschtschow später verriet, ein obszönes Wort] nur *eine* Strafe – das Todesurteil!«

Vier Tage später, am 9. Juni 1937, schrieb Jakir einen Brief an Kliment Woroschilow:

»Ich bitte Sie, eingedenk meiner vielen Jahre ehrlichen Dienstes ... in der Roten Armee, Anweisung zu geben, daß meine Familie, die hilflos und völlig unschuldig ist, versorgt wird und Unterstützung findet. Ich habe die gleiche Bitte an N. I. Jeschow gerichtet.«

Woroschilow erhielt den Brief am 10. Juni. »Ganz allgemein bezweifle ich die Ehrlichkeit eines unehrlichen Menschen. K. Woroschilow«, bemerkte er dazu.

Im Kellergeschoß der Lubjanka warteten acht Männer auf ihren Prozeß. Witowt Putna und Witalij Primakow fast ein Jahr lang, nur wenige Tage der letzte der Festgenommenen, Iona Jakir.

Am 9. Juni tauchte bei Frau Tuchatschewskij in ihrer Moskauer Wohnung ein Beamter des Staatssicherheitsdienstes auf. Er überbrachte ihr einen Zettel mit einer handgeschriebenen Botschaft ihres Mannes, in der er sie bat, für »Iona und mich eine Apfelpirogge« zu backen. Am nächsten Tag lieferte Nina Tuchatschewskij die Pirogge an einer der sechs Lubjanka-Pforten ab.

General Alexander Todorskij berichtet in seinen Erinnerungen, daß Tuchatschewskij während seiner Haftzeit unermüdlich an einer militärstrategischen Studie arbeitete. Er wollte sie noch vor seiner Verurteilung beenden. Neunzehn Jahre später will sie Todorskij gelesen haben. Sie hatte einen Umfang von etwa 300 Seiten. Tuchatschewskij schrieb darin auch prophetische Worte: »Das faschistische Deutschland wird die Sowjetunion im Frühjahr 1941 in einer Stärke von bis zu 200 Divisionen überfallen.«

Am 22. Juni 1941 begann der deutsch-sowjetische Krieg: Auf Befehl Adolf Hitlers überschritten 180 Divisionen die Grenze der Sowjetunion.

Daß Witowt Putna und Witalij Primakow während ihrer Haftzeit den brutalsten Verhörmethoden unterzogen wurden, ist bekannt. Aus dem Schreiben Tuchatschewskijs, in dem er bittet, ihm eine Apfelpirogge in die Lubjanka bringen zu lassen, oder aus der Behauptung Todorskijs, der Marschall habe in der Zelle an seiner Studie gearbeitet, könnte man schließen, daß die sechs im Mai 1937 Verhafteten keinen Mißhandlungen, keiner Folter ausgesetzt wurden. Aussagen einiger in der zweiten Hälfte der fünfziger Jahre verhafteten ehemaligen NKWD-Offiziere, die Mitglieder des berüchtigten »Spezbüros« waren, widerlegen allerdings diese Vermutungen. Einblick in die Methoden des NKWD gibt besonders deutlich die Mitteilung eines der berüchtigtsten Verhöroffiziere des NKWD, S. M. Uschakow:

»Als erster wurde Feldman verhört. Er stritt kategorisch jegliche Teilnahme an der Verschwörung ab, vor allem der gegen Woroschilow ... Ich übernahm die Angelegenheit Feldman, und nach der Durchsicht seiner Akten kam ich zu dem Schluß, daß Feldman mit Tuchatschewskij, Jakir und anderen hohen Kommandeuren durch persönliche Freundschaft verbunden war ... Ich ließ Feldman zu mir ins Arbeitszimmer rufen, schloß mich mit ihm am 19. Mai gegen Abend ein. Er schrieb eine Aussage über eine Verschwörung unter Teilnahme Tuchatschewskijs, Jakirs, Eidemans und anderer ... Daraufhin beauftragte man mich, Tuchatschewskij zu verhören, der bereits am nächsten Tag geständig war. Ich habe kaum geschlafen und habe ihm immer mehr Fakten, mehr Verschwörer entlockt ... Sogar am Tag des Prozesses, früh am Morgen, erhielt ich von Tuchatschewskij ergänzende Aussagen.«

Auch wenn Uschakow aus verständlichen Gründen nicht direkt zugibt, daß er bei den Verhören physische Gewalt anwandte, um Geständnisse der Verhafteten Feldman und Tuchatschewskij zu erpressen, geht diese Tatsache aus seiner Niederschrift klar hervor. Schon die Andeutung, daß er »kaum geschlafen« habe, deutet darauf hin, daß Feldman und Tuchatschewskij zu ihren Aussagen durch Schlafentzug, eine der üblichen Verhörmethoden des NKWD, gezwungen wurden.

Bei einigen Verhören des Marschalls war auch der Chefankläger Andrej Wyschinskij zugegen. Wie ehemalige NKWD-Offiziere bestätigten, zwang er Tuchatschewskij, ein kurzes Schuldbekenntnis zu schreiben: »Ich bekenne mich schuldig, ich habe keine Beschwerden vorzubringen.« Und Dimitri Wolkogonow bestätigt in seiner Stalin-Biographie: »Tuchatschewskij und seine Kameraden hatten eine ›energische‹ Bearbeitung durchlaufen müssen:

Einschüchterung, Bedrohung der Familien, grenzenlose Gewalt. Dann wurde ihnen in der Voruntersuchung eingetrichtert, nur ein Geständnis könnte ihnen das Leben retten.« Und weiter: »Jeder dieser angesehenen sowjetischen Militärführer war physisch auf grausamste Weise gefoltert worden.« Auch ein anderer Stalin-Biograph, Anton Antonow-Owsejenko, berichtet, daß Stalin zu Tuchatschewskij in die Zelle Vertrauensleute – wahrscheinlich ist Wyschinskij gemeint – schickte, die ihm rieten, seine Tat zu bereuen. Stalin wollte sein Opfer auf den Knien sehen …

Freitag, 11. Juni 1937.

Der Nordwind über Moskau brachte etwas Abkühlung. Trotzdem war es noch immer sehr schwül. Grauschwarze Wolken, die am späten Vormittag über der Stadt auftauchten, signalisierten ein nahendes Gewitter.

Der Geheimprozeß im Saal des Obersten Gerichtshofes der Union der Sozialistischen Sowjetrepubliken begann Punkt acht Uhr. Den Vorsitz des Tribunals führte ein berüchtigter Armeerichter, der Pole Wassilij Wassijewitsch Ulrich. Als Richter waren acht hohe Offiziere der Roten Armee bestellt worden, allesamt Kampfgefährten der Männer, die auf der Anklagebank saßen: der Stellvertretende Verteidigungskommissar und Chef der Luftwaffe Jakow Alxnis; die Marschälle der Sowjetunion Semjon Budjonnyj und Wassilij Blücher; Chef des Generalstabes der Roten Armee, Armeekommandeur Ersten Ranges Boris Schaposchnikow; Armeekommandeur Ersten Ranges und Chef des Wehrkreises Weißrußland Iwan Below; Chef des Wehrkreises Leningrad, Armeekommandeur Zweiten Ranges Pawel Dybenko; Chef des Kaukasischen Wehrkreises, Armeekommandeur Zweiten Ranges Nikolaj Kaschirin; schließlich Kommandeur des Sechsten Kavalleriekorps der Kosaken, Divisionskommandeur Jelissej Gorjatschow.

Ihnen gegenüber saßen die Angeklagten: Michail Nikolajewitsch Tuchatschewskij, Iona Jakir, Ieronim Uborewitsch, Awgust Kork, Boris Feldman, Robert Eideman, Witalij Primakow und Witowt Putna. Zwei Russen, zwei Juden, zwei Litauer, ein Lette, ein Este.

Die Atmosphäre im Gerichtssaal war eisig.

Die »Richter« blätterten nervös in ihren Unterlagen, blickten kaum auf die Angeklagten, ihre ehemaligen Freunde und Genossen. Lediglich der Vorsitzende des Gerichtshofes, Ulrich, und Marschall Semjon Budjonnyj griffen in die Verhandlung ein.

In der letzten Reihe des Saales saßen einige Zuhörer. Der Kommissar für Verteidigung Kliment Woroschilow blieb nur wenige Minuten; etwas länger hielt sich der NKWD-Chef Nikolaj Jeschow auf. Die Führung des »Spezbüros« mit Michail Frinowskij an der Spitze verfolgte die gesamte Verhandlung sehr aufmerksam. Für sie war der Auftritt der acht ehemaligen Führer der Roten Armee der Höhepunkt ihrer »Arbeit«. Sie hatten vollbracht, was Stalin und Jeschow von ihnen erwarteten – jetzt waren die Richter und die Männer des Hinrichtungskommandos an der Reihe. Und daß Tuchatschewskij sowie die anderen sieben Angeklagten diesen Tag nicht überleben würden, daran zweifelten die NKWD-Offiziere keine Sekunde.

Schon nach wenigen Minuten fiel auf, daß die Angeklagten nicht sofort auf die Anklage und die Beschuldigungen Ulrichs reagierten. Putna, Primakow, Feldman und Eideman starrten mit leerem Blick das Richterkollegium an, wirkten völlig abwesend, irgendwie kalt. Wenn sie gefragt wurden, ob sie sich schuldig fühlten, nickten sie meistens nur oder antworteten einsilbig.

Tuchatschewskij, Kork, Jakir und Uborewitsch lehnten die Beschuldigung, Verräter und Agenten zu sein, entschieden ab. Als Putna auf die Frage Ulrichs bestätigte, daß Tuchatschewskij in Verbindung mit Trotzkij stand, rief der Marschall dem ehemaligen Militärattaché in London sarkastisch zu: »Haben Sie das alles geträumt?«

Kork und Jakir sprangen während der »Zeugenaussage« von Primakow, Eideman und Putna einige Male erregt auf und beschuldigten sie des Verrats an ihren Freunden. Ulrich griff dann immer sofort ein: »Was heißt hier Verräter? Uns interessieren nicht eure Ansichten über Primakow, Eideman und Putna. Was wir wissen wollen, sind Tatsachen über Verbrechen, die ihr gegen die Partei und das Volk verübt habt!«

Jakir zu Eideman: »Sie sind ja verrückt. Wie habt ihr euch mit ihnen arrangiert?«

Eideman antwortete nicht, sah Jakir mit leerem Blick an.

Ulrich, der spürte, daß seine Zeugen verunsichert waren, fragte Eideman, Putna und Feldman besorgt, ob sie sich gesund fühlten. Alle nickten, hauchten ein »Ja«. Jakir und Tuchatschewskij warfen sich einen Blick zu. Kork schüttelte verständnislos den Kopf.

Jakir bezweifelte sogar noch während der Gerichtsverhandlung, daß es Stalin war, der die Verhaftungen angeordnet hatte. Als er unter den Zuschauern den NKWD-Chef erkannte, war er überzeugt, daß der Prozeß von Jeschow inszeniert wurde. Er verlangte, Stalin als Zeugen vorzuladen.

Noch bevor Ulrich antworten konnte, lachte der sonst apathische Primakow auf: »Iona, ich hab dich immer für einen klugen Menschen gehalten. Wer hat denn das Theater veranstaltet, wenn nicht er?«

Jakir schwieg, Ulrich ging zum nächsten Anklagepunkt über ...

Dann trat, für alle überraschend, als Hauptzeuge der Anklage einer der »Richter« auf: Pawel Dybenko, der Befehlshaber des Leningrader Wehrkreises. Mit gesenktem Kopf stand er vor dem Tribunal und bestätigte mit heiserer Stimme alle von Ulrich vorgebrachten Beschuldigungen, wobei er sie noch mit Einzelheiten über die »Verrätertätigkeit« der Angeklagten ergänzte. Es war Kork, der, als Dybenko über die Rolle Primakows in der Verschwörung sprach, das Verhör des Zeugen Dybenkos mit einem erregten Zwischenruf unterbrach:

»Dybenko, erinnerst du dich an den 3. August?«

Dybenko erbleichte, stotterte etwas Unverständliches. Kork traf ihn an seiner empfindlichsten Stelle: Damals, vor neunzehn

General Awgust I. Kork als Besucher
eines Reichswehr-Manövers in Ostpreußen, 1928.

Jahren im Bürgerkrieg, an dem er an der Seite Primakows teilnahm, hatte ihm Primakow am 3. August das Leben gerettet.

Ulrich versuchte rasch, der Situation ein Ende zu machen:

»Genosse Dybenko, ist Ihnen nicht gut? Wollen Sie sich ausruhen?«

Dybenko nickte, ging gebrochen zur Tür. Verschwand im Flur, von wo alsbald laute Stimmen zu hören waren.

Nach einigen Minuten kam Dybenko zurück. Als er an den Angeklagten vorbeikam, blieb er stehen. »Genossen, Genossen – glaubt ihnen nicht. Glaubt nicht, was ich sage.«

Ulrich unterbrach die Sitzung für zwanzig Minuten.

Nach der Verhandlungspause wurde Dybenko wieder vorgeführt. Ulrich fragte ihn besorgt, ob es ihm schon bessergehe und ob ihn ein Arzt untersucht habe. Dybenko nickte. Dann bat er das

Gericht mit gebrochener Stimme um Entschuldigung für seinen unbeherrschten Ausbruch. Er sei nervös, müde, fühle sich nicht wohl ...

Es war einige Minuten nach elf Uhr vormittags, als der Armeejurist Ulrich sein Schlußwort sprach. In seiner Rede konzentrierte er sich auf drei Punkte.

Erster Punkt: Die Angeklagten, so Ulrich, konspirierten mit reaktionären Generälen des Deutschen Reiches. Zwar behauptete Tuchatschewskij, daß er und auch andere hohe Offiziere seit dem Machtantritt Hitlers im Jahre 1933 keine Kontakte mehr mit der deutschen Generalität gehabt hätten. Seine Aussage sei aber von Primakow entkräftet worden, der die Beschuldigung der Anklage bestätigte.

Zweiter Punkt: Einer der Hauptbeweise Ulrichs für die von den Angeklagten angeblich begangene »Schädlingsarbeit« in der Roten Armee war Tuchatschewskijs Konzept der schnellen Bildung von Panzer- und mechanisierten Verbänden auf Kosten der Kavallerie. Als es um diese Beschuldigungen ging, nahm Semjon Budjonnyj aktiv am Verhör der Angeklagten teil. Für ihn, den Reitermarschall, war diese Absicht Tuchatschewskijs ein »Verschulden«, das er ihm nicht verzeihen konnte.

Dritter Punkt: Ulrich behauptete, daß die Angeklagten die Ermordung des Kommissars für Verteidigung, Marschall Woroschilow, geplant hätten. Mit diesem Mord habe ein Hindernis bei der Verwirklichung der Putschpläne beseitigt werden sollen.

Tuchatschewskij, Kork, Uborewitsch, aber auch Putna widersprachen. Sie gaben zu, gemeinsam mit Gamarnik die Ablösung Woroschilows verlangt zu haben, jedoch aus dem einfachen Grund, daß der Verteidigungskommissar unfähig sei, seine Aufgaben zu meistern.

Dann sprachen die Angeklagten ihr Schlußwort. Jakir, Kork, Uborewitsch beteuerten ihre Ergebenheit dem Volk und der Partei gegenüber. Sie sprachen über ihre Liebe zur Heimat und zur

Roten Armee und versicherten, daß sie Stalin immer die Treue gehalten hätten.

Ähnliche Worte fand auch Michail Tuchatschewskij. Als er aber über Stalin sprach, wurde er erregt: »Sagt Josef Dschugaschwili Stalin, daß er ein Feind des Volkes sei, ein Feind der Roten Armee!« Ulrich sprang auf und unterbrach ihn. Erst nach einer kurzen Pause konnte Tuchatschewskij in seinem Schlußwort fortfahren. Das Gericht, welches über ihn das Urteil sprechen würde, erkannte Tuchatschewskij nicht als rechtmäßig an. Er habe sich mit seinem Schicksal abgefunden und werde sterben, ohne sich einer Schuld bewußt zu sein.

Nur einer der Angeklagten, Witalij Primakow, erklärte sich für schuldig in vollem Umfang der Anklage. Er bat um Milde, weil er während der Voruntersuchung und im Verlauf der Gerichtsverhandlung bewiesen habe, daß er bereit war, bei der Zerschlagung der militärfaschistischen Verschwörung mitzuarbeiten. Der Beweis: Er habe den Beamten des NKWD die Namen von siebzig Verschwörern genannt!

Vor der Urteilsverkündung unterbrach der Vorsitzende des Gerichtshofes, Ulrich, die Sitzung. Zusammen mit Jeschow fuhr er in den Kreml, zu Stalin. Der Generalsekretär wollte über den Verlauf der Verhandlung informiert werden.

Ulrich legte Stalin den Entwurf der Urteilsverkündung vor. Ohne ihn zu lesen, gab Stalin sein Einverständnis. Dann wollte er wissen, was Tuchatschewskij in seinem Schlußwort gesagt habe. Jeschow: »Der Schuft sagte, er sei der Heimat und dem Genossen Stalin ergeben. Er bat um Nachsicht. Es wurde aber schnell klar, daß er sich verstellt und daß er die Waffen nicht abgelegt hat.«

Sogar noch kurz vor der Urteilsverkündung hatte Jeschow nicht den Mut, Stalin offen zu sagen, daß Tuchatschewskij ihn, Stalin, des Verbrechens gegen das Volk und die Partei beschuldigt hatte.

Auch über das Verhalten des Gerichtstribunals wollte Stalin informiert werden. Unzufrieden nahm er zur Kenntnis, daß sich neben Ulrich lediglich Budjonnyj aktiv in die Verhandlung eingeschaltet hatte und daß Alxnis, Blücher und Below nur eine oder zwei Fragen gestellt hatten. Für Stalin war dies ein Beweis, daß die Richter innerlich mit den Angeklagten sympathisierten. »Der NKWD soll sie unter Beobachtung stellen«, ordnete er an.

Kurz vor Mittag ging über Moskau ein Gewitter nieder. Dann schien wieder die Sonne, es war angenehm kühl.

Fast auf die Minute genau um zwölf Uhr mittags am Freitag, dem 11. Juni 1937, verkündete der Armeejurist Wassilij Wassijewitsch Ulrich das Urteil:

Die Angeklagten Tuchatschewskij, Jakir, Uborewitsch, Kork, Eideman, Feldman, Primakow und Putna wurden zum Tode verurteilt. Gegen das Urteil gab es keine Berufung. Die Todesstrafe sollte sofort vollstreckt werden.

Auf dem Innenhof der Lubjanka trat das Hinrichtungskommando des NKWD unter dem Kommando von Leutnant Iwan Serow an.

Dann wurden die Verurteilten vorgeführt.

Marschall Wassilij Konstantinowitsch Blücher, der Held des Krieges im Fernen Osten, erhob seine Hand, in der er ein schneeweißes Taschentuch hielt.

Die Motoren der Lastkraftwagen, die in der rechten Ecke des Innenhofs standen, brüllten auf.

Im gleichen Augenblick, als Blücher die Hand mit dem Taschentuch senkte, schrie Iona Jakir auf: »Es lebe die Partei! Es lebe Stalin!«

Seine Stimme erstickte unter den Gewehrsalven des Kommandos.

Serow, der im gleichen Augenblick zu Blücher aufsah, glaubte in den Augen des Marschalls eine Träne zu sehen ...

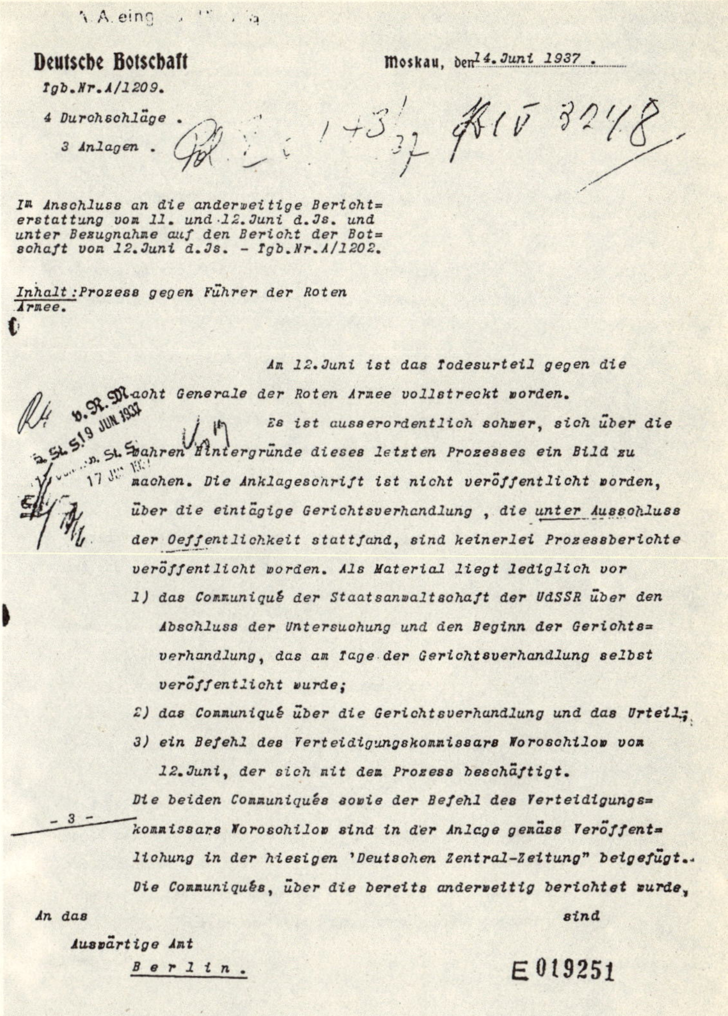

A.A. eing

Deutsche Botschaft Moskau, den 14. Juni 1937.

Tgb.Nr.A/1209.

4 Durchschläge.

3 Anlagen.

Im Anschluss an die anderweitige Bericht= erstattung vom 11. und 12. Juni d.Js. und unter Bezugnahme auf den Bericht der Bot= schaft vom 12. Juni d.Js. - Tgb.Nr.A/1202.

Inhalt: Prozess gegen Führer der Roten Armee.

Am 12. Juni ist das Todesurteil gegen die acht Generale der Roten Armee vollstreckt worden.

Es ist ausserordentlich schwer, sich über die wahren Hintergründe dieses letzten Prozesses ein Bild zu machen. Die Anklageschrift ist nicht veröffentlicht worden, über die eintägige Gerichtsverhandlung, die unter Ausschluss der Oeffentlichkeit stattfand, sind keinerlei Prozessberichte veröffentlicht worden. Als Material liegt lediglich vor

1) das Communiqué der Staatsanwaltschaft der UdSSR über den Abschluss der Untersuchung und den Beginn der Gerichts= verhandlung, das am Tage der Gerichtsverhandlung selbst veröffentlicht wurde;
2) das Communiqué über die Gerichtsverhandlung und das Urteil;
3) ein Befehl des Verteidigungskommissars Woroschilow vom 12. Juni, der sich mit dem Prozess beschäftigt.

Die beiden Communiqués sowie der Befehl des Verteidigungs= kommissars Woroschilow sind in der Anlage gemäss Veröffent= lichung in der hiesigen 'Deutschen Zentral-Zeitung" beigefügt. Die Communiqués, über die bereits anderweitig berichtet wurde, sind

- 3 -

An das
Auswärtige Amt
Berlin.

E019251

Von der Schulenburg berichtet am 14. Juni 1937 dem Auswärtigen Amt in Berlin über den Prozeß gegen Marschall Tuchatschewskij und Genossen sowie über das gegen sie ergangene und am 11. Juni (nicht am 12.) vollstreckte Todesurteil.

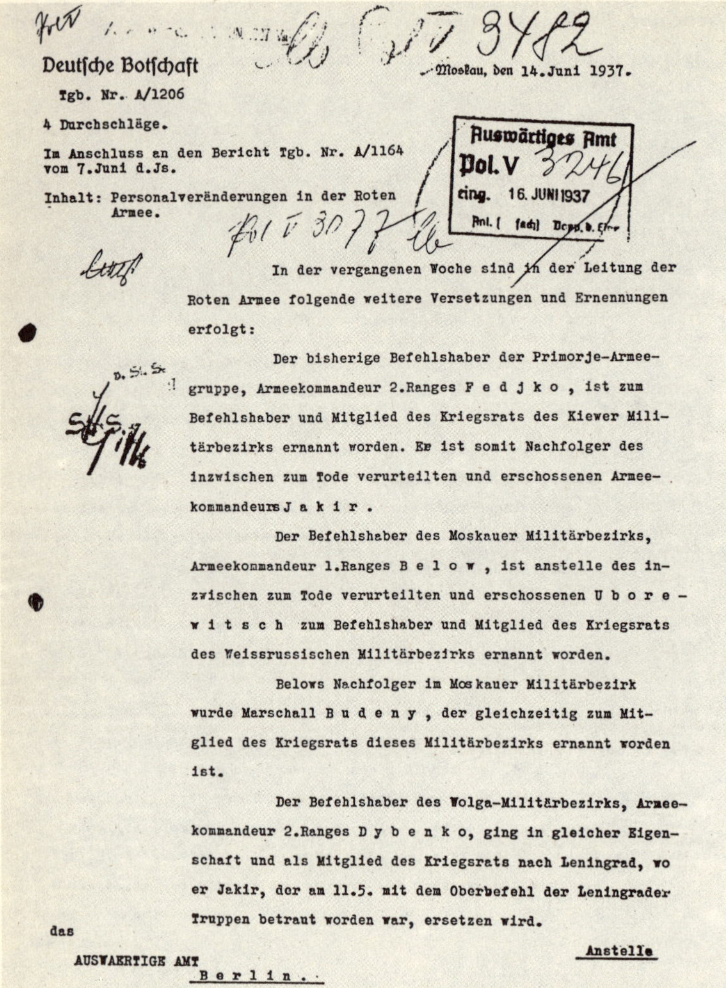

Deutsche Botschaft

Tgb. Nr. A/1206

4 Durchschläge.

Im Anschluss an den Bericht Tgb. Nr. A/1164 vom 7.Juni d.Js.

Inhalt: Personalveränderungen in der Roten Armee.

Moskau, den 14.Juni 1937.

Auswärtiges Amt
Pol.V 3246
eing. 16. JUNI 1937

In der vergangenen Woche sind in der Leitung der Roten Armee folgende weitere Versetzungen und Ernennungen erfolgt:

Der bisherige Befehlshaber der Primorje-Armeegruppe, Armeekommandeur 2.Ranges F e d j k o , ist zum Befehlshaber und Mitglied des Kriegsrats des Kiewer Militärbezirks ernannt worden. Er ist somit Nachfolger des inzwischen zum Tode verurteilten und erschossenen Armeekommandeurs J a k i r .

Der Befehlshaber des Moskauer Militärbezirks, Armeekommandeur 1.Ranges B e l o w , ist anstelle des inzwischen zum Tode verurteilten und erschossenen U b o r e w i t s c h zum Befehlshaber und Mitglied des Kriegsrats des Weissrussischen Militärbezirks ernannt worden.

Belows Nachfolger im Moskauer Militärbezirk wurde Marschall B u d e n y , der gleichzeitig zum Mitglied des Kriegsrats dieses Militärbezirks ernannt worden ist.

Der Befehlshaber des Wolga-Militärbezirks, Armeekommandeur 2.Ranges D y b e n k o, ging in gleicher Eigenschaft und als Mitglied des Kriegsrats nach Leningrad, wo er Jakir, der am 11.5. mit dem Oberbefehl der Leningrader Truppen betraut worden war, ersetzen wird.

Anstelle

das
AUSWAERTIGE AMT
B e r l i n .

Bericht vom 14. Juni 1937 der Deutschen Botschaft in Moskau an das Auswärtige Amt in Berlin über Personalveränderungen innerhalb der Führung der Roten Armee im Zusammenhang mit der Liquidierung Tuchatschewskijs und seiner Mitangeklagten. Der Bericht wurde vom Botschafter von der Schulenburg unterzeichnet.

Epilog

Das, was nun folgte, war ein Massenmord.

Drei von fünf Marschällen, dreizehn von fünfzehn Armeegenerälen, 62 von 85 Korpskommandeuren, 110 von 195 Divisionskommandeuren und 220 von 406 Brigadekommandeuren, drei Viertel der Mitglieder des Obersten Kriegsrates wurden liquidiert.

Verhaftet wurden 65 Prozent der höheren Offiziere – ab dem Rang eines Obersten – und 10 Prozent der niederen Offiziersgrade – insgesamt 20 000 Offiziere. Von den 6000 höheren Offizieren wurden 1500 hingerichtet.

Der Terror machte auch vor den politischen Kommissaren nicht halt, jenen Stützen der Partei in der Roten Armee. Anfang 1938 war nur noch ein Drittel der Planstellen der politischen Kommissare bei den bewaffneten Streitkräften besetzt. Mindestens 20 000 politische Kommissare wurden ermordet. Etwa die Hälfte der 300 000 Mitglieder der bolschewistischen Partei in der Armee war Ende 1938 nicht mehr am Leben.

Stalins Rache kannte keine Grenzen.

Als erste bekamen dies die Verwandten der im Tuchatschewskij-Prozeß Angeklagten zu spüren:

Tuchatschewskijs dritte Frau Nina wurde, zusammen mit den Frauen der »Landesverräter« Uborewitsch, Gamarnik und Kork, zunächst zu acht Jahren Lagerhaft verurteilt. Im Oktober 1941 wurden sie erschossen. Hingerichtet wurden auch Tuchatschewskijs Brüder Alexander und Nikolaj. In GULAG-Lagern kamen ums Leben die Mutter Tuchatschewskijs, Mawra, und seine Schwester Sofja. Besonders tragisch war das Schicksal der jüngsten Tochter des Marschalls, Swetlana. Als man ihre Mutter im gemeinsamen Verbannungsort Astrachan verhaftet hatte, erhängte sich das Mädchen. Swetlana war zwölf Jahre alt. Die beiden geschiedenen Frauen Tuchatschewskijs sowie die Frau Boris Feldmans wurden in ein Arbeitslager an der Potma eingeliefert – ein Lager, mit strenger Disziplin, für »Frauen und Mätressen« – später in das Lager Segeta verlegt. Nur eine Tochter und drei Schwestern Tuchatschewskijs überlebten die Verfolgungen durch den Diktator.

Schwer betroffen war auch die Frau Uborewitschs. Auch sie verschwand in einem der sibirischen Lager. Erst 1956 erfuhr ihre Tochter, die Jahre in verschiedenen Kinderheimen des NKWD verbracht hatte, daß ihre Mutter 1941 hingerichtet worden war. Drei Jahre nach der Hinrichtung von Uborewitsch ereilte die Rache Stalins seine Familie in Litauen, von wo der General stammte. Obwohl sein Bruder mit dem »Verräter« seit 1917 keine Kontakte hatte, wurden er, vier seiner Schwestern und deren Kinder nach Sibirien verbannt. Erst nach fast zehn Jahren durften die Überlebenden dieser Schikanen nach Litauen zurückkehren.

Jakirs Bitte an Stalin und Jeschow, seine Familie zu schonen, wurde selbstverständlich nicht erhört. Kurz nach der Festnahme der Angeklagten aus dem Tuchatschewskij-Prozeß kam Frau Jakir mit Sohn Peta nach Astrachan, wohin die meisten Familienangehörigen der Hingerichteten zwangsumgesiedelt wurden. Am 3. September 1937 verhaftete man die Frauen, mit Ausnahme von Jakirs Frau Saja. Sie wurde elf Tage später von NKWD-Beamten abgeführt und ebenso hingerichtet wie Jakirs Bruder, die Frau eines anderen Bruders und deren Sohn. Eine Kusine Jakirs kam für zehn Jahre ins Gefängnis. Jakirs Sohn Peta verbrachte viele Jahre in GULAG-Lagern in der Arktis; 1961 traf er den damaligen sowjetischen Parteichef Nikita Chruschtschow in Kasachstan. Danach durfte er nach Moskau zurückkehren, wo er einige Jahre lang in der Bürgerrechtsbewegung tätig war.

Nein, Stalin vergaß seine Feinde nicht, vergaß nicht, ihre Familien auszulöschen. Wie er es auch Tuchatschewskijs Richtern nicht verziehen hatte, daß sie nur halbherzig an der Verurteilung der acht Angeklagten mitwirkten.

Als erster der Militärrichter wurde Ende 1937 der Luftwaffenchef Alxnis verhaftet. Der Richter und »Hauptzeuge« Dybenko, nach dem Prozeß aus der Armee entlassen, amtierte eine Zeitlang als stellvertretender Volkskommissar für die Holzindustrie. Im April 1938 nahm ihn der NKWD in Gewahrsam und brachte ihn in die Lubjanka. Iwan Below, der dritte der Richter, wurde Nachfolger Uborewitschs als Kommandeur des Wehrkreises Weißrußland in Minsk. Anfang 1938 wurde er zu einer Beratung nach Moskau eingeladen. Am Bahnhof erwartete ihn eine NKWD-Eskorte. Fast zur gleichen Zeit ereilte das Schicksal Marschall Jegorow. Nach Tiflis versetzt, wo er Kommandeur des Wehrkreises Transkaukasien wurde, nahm man ihn dort fest. Mitte 1938 starb durch Freitod der fünfte der Richter Tuchatschewskijs, Nikolaj Kaschirin. Das Schicksal des sechsten der Richter, des Kommandeurs des 6. Kavalleriekorps Jelissej Gorjatschow, ist unklar. Wahrscheinlich starb er im Zweiten Weltkrieg. Nur zwei Mitglieder des Tribunals sonnten sich in Stalins Gunst: der Reitermarschall Semjon Budjonnyj – er durchlebte seine schwersten Monate, als Stalin für einige Wochen seine Frau wegen Spionageverdachts inhaftieren ließ – und Generalstabschef Boris Schaposchnikow.

Am 27. Juli 1937, knapp sechs Wochen nach der Hinrichtung Tuchatschewskijs, veröffentlichten sowjetische Zeitungen einen Erlaß über die Auszeichnung einer Gruppe von Offizieren des Staatssicherheitsdienstes durch hohe sowjetische Orden. Am gleichen Tag wurden den Geehrten die Orden im Kreml feierlich übergeben. Unter denen, die sich mit ihm schmücken durften, fehlten nicht der Leiter des »Spezbüros«, Michail Frinowskij, der Verhöroffizier Tuchatschewskijs, S. M. Uschakow, sowie Stalins Schwager Redens. Jeschow strahlte, Stalin paffte zufrieden seine Pfeife und prostete den Ausgezeichneten mit klarem Wodka zu.

Aber auch diese Henkershelfer sollten sich nicht lange an Stalins Lob und Dank erfreuen. Michail Frinowskij, bald danach

Bulganin, Schdanow, Stalin, Woroschilow (von links nach rechts) bei einer Tagung des Obersten Sowjets im Jahre 1938.

aus der Lubjanka als Volkskommissar für die Marine abgeschoben, wurde 1939 als Volksfeind erschossen. Vor ihm hatte man die meisten anderen früheren Angehörigen seines »Spezbüros« liquidiert. Überlebt haben nur wenige, darunter der Verhörbeamte S. M. Uschakow.

Der Terror fraß seine Kinder ...

Am 27. Mai 1942 verübten in Prag zwei aus Großbritannien eingeflogene und mit dem Fallschirm abgesetzte Angehörige der tschechoslowakischen Exilarmee, Jan Kubiš und Jozef Gabčík, ein Attentat auf den Stellvertretenden Reichsprotektor Böhmens und Mährens, SS-Obergruppenführer und Chef des Reichssicherheitshauptamtes Reinhard Heydrich. Bei dem Anschlag wurde Heydrich schwer verletzt. Eine Woche später, im Morgengrauen des 4. Juni, erlag er seinen Verletzungen. Der Mann, der für Stalin Dokumente über den vermeintlichen Verrat Tuchatschewskijs fälschen ließ, war tot ...

Hermann Behrends, Heydrichs Komplize bei der Verwirklichung der Intrige gegen Tuchatschewskij, wurde am 15. März 1944 zum Höheren SS- und Polizeiführer für Serbien und Montenegro ernannt, fünf Monate später zum SS-Gruppenführer befördert. Nach dem Zweiten Weltkrieg von amerikanischen Militärbehörden an Jugoslawien ausgeliefert, wurde er von einem Gericht in Belgrad als Kriegsverbrecher zum Tode verurteilt und am 4. Dezember 1948 hingerichtet. Ob man Behrends während seiner Haft auf seine Rolle im Fall Tuchatschewskij befragt hat, konnte nicht geklärt werden.

Der Dritte im Bunde, Alfred Helmut Naujocks, lief im Dezember 1944 in den Ardennen zu den Amerikanern über. Nach dem Krieg wurde er in Nürnberg als Zeuge in mehreren Kriegsverbrecherprozessen vernommen, ausgiebig auch von amerikanischen Geheimdienstangehörigen verhört. Ab 1952 lebte Naujocks als freier Mann in Hamburg. Am 4. April 1966 abends, auf dem Weg von seiner Wohnung nach Harburg, erlitt Naujocks einen Herzanfall. Noch während der Überführung ins Krankenhaus starb er.

General Nikolaj Skoblin ist seit Herbst 1937 spurlos verschwunden. Vorher hatte der Doppelagent, der sowohl für den sowjetischen Staatssicherheitsdienst NKWD als auch für Heydrichs Sicherheitsdienst arbeitete, seinen letzten NKWD-Auftrag ausgeführt: Er war maßgeblich beteiligt an der Entführung von General Jewgenij Miller, dem Leiter der Geheimdienstorganisation ROVS der zaristischen Exiloffiziere in Paris. Am 22. September 1937 wurde General Miller von Skoblin zu einem Treffen an der Ecke der Rue Jasmin und Rue Raffet gelockt und seitdem nicht mehr gesehen. Bevor Miller sein Büro verließ, hinterlegte er eine Notiz, in der er festhielt, daß Skoblin ihn zu dem Treffen veranlaßt hatte. Diese Notiz führte auf die Spur des Verräters. Trotz der Fahndung der französischen Polizei konnte Skoblin untertauchen. Zuletzt wurde er am späten Abend jenes Tages, an dem Miller verschwunden war, im Pariser Hotel »Pax« gesehen. Man vermutete allgemein, daß er nach Le Havre flüchten konnte, wo ihn ein sowjetisches Schiff aufnahm. Wahrscheinlicher ist aber, daß Skoblin nach Spanien flüchtete, sich bei einer der dort tätigen Dienststellen des NKWD meldete und schließlich als unbequemer Zeuge der Intrige gegen Tuchatschewskij liquidiert wurde.

Auch Skoblins letztes Opfer, General Miller, tauchte nicht wieder auf. Sein Schicksal konnte ebenfalls nicht restlos geklärt werden. Wahrscheinlich verschwand er in den Folterkammern im Kellergeschoß der sowjetischen Botschaft in Paris, die 1941 – nach dem deutschen Einmarsch in die Sowjetunion – von deutschen Sicherheitsbehörden entdeckt und der Öffentlichkeit zur Besichtigung freigegeben wurden.

Skoblins Frau, die Sängerin Nadeschda Plewitskaja, die den General für die Mitarbeit gewonnen hatte, wurde 1938 von französischen Sicherheitsbehörden als Agentin des sowjetischen Staatssicherheitsdienstes NKWD verhaftet. Vom 5. bis 14. Dezember 1938 stand sie vor dem Pariser Schwurgericht, das sie für schuldig befand und zu zwanzig Jahren Haft verurteilte. Im Jahre 1940 starb die Plewitskaja im Gefängnis von Rennes.

Der tschechoslowakische Präsident Dr. Edvard Beneš kehrte nach dem Zweiten Weltkrieg aus seinem Londoner Exil in die Tschechoslowakei zurück. Im Februar 1948 übernahmen in Prag die tschechoslowakischen Kommunisten die Macht. Beneš dankte im Juni 1948 ab, schwer krank, gebrochen und verlassen. Am 3. September 1948 starb er auf seinem Landsitz in Südböhmen. »Stalin hat mich im Stich gelassen«, gestand er seinen wenigen Freunden kurz vor seinem Tod.

In die Welt der Phantasie gehören Gerüchte, die nach dem Zweiten Weltkrieg verbreitet wurden, wonach die von Heydrichs Sicherheitsdienst gefälschten Dokumente zum Fall Tuchatschewskij auf einem anderen Weg als dem über Beneš in die Hände Stalins gelangt. Diese Gerüchte gingen auf zwei ranghohe Offiziere des Sicherheitsdienstes zurück: Walter Schellenberg und Walter Hagen-Höttl. Nach Schellenbergs Version hatte zwar Beneš Stalin über die in Berlin aufgetauchten Tuchatschewskij belastenden Dokumente informiert, war aber von dem sowjetischen Diktator gebeten worden, sich in dieser Frage mit einem Angehörigen der sowjetischen Botschaft in Berlin in Verbindung zu setzen. Nachdem dies geschehen war, flog der Diplomat – offensichtlich ein Offizier des NKWD – nach Moskau. Mitte Mai 1937 kehrte er mit einem Beauftragten Stalins, der sich durch ein Begleitschreiben des NKWD-Chefs Nikolaj Jeschow ausgewiesen hatte, in die Reichshauptstadt zurück. Dann wurden die Dokumente den Russen vom Beauftragten des Sicherheitsdienstes übergeben.

Hagen-Höttl liefert eine andere Version der Übergabe der Dokumente an die Sowjets. Ursprünglich war von Heydrich geplant – so Hagen-Höttl –, die gefälschten Dokumente über den tschechischen Generalstab, dessen enge Beziehungen zu den Sowjets bekannt waren, nach Moskau zu leiten. Durch einen Agenten wurde der Kontakt mit Prag hergestellt. Dann fuhr Behrends unter falschem Namen in die Tschechoslowakei, um in Prag mit tschechoslowakischen Vertrauensleuten vorbereitende Gespräche zu führen. Plötzlich fiel aber Heydrich ein, daß der Weg über Prag zu unsicher sein könnte. Die Tschechen sollten sich nämlich geweigert haben, die Modalitäten der Übergabe der Dokumente an die Sowjets den Deutschen bekanntzugeben. Unter diesen Umständen hatte Heydrich keine Garantie, daß das Material tatsächlich in die Hände Stalins gelangen würde. Er befürchtete sogar, es könnte von einem Vertrauten Tuchatschewskijs abgefangen werden. Darum setzte sich Heydrich mit einem Angehörigen der sowjetischen Botschaft in Berlin in Verbindung, der nach sicheren Informationen der Geheimen Staatspolizei ein Offizier des sowjetischen Staatssicherheitsdienstes war. Nachdem man den Russen mit dem Inhalt der Dokumente vertraut gemacht hatte, begab er sich sofort nach Moskau zur Berichterstattung. Kurz danach kehrte er mit einem persönlichen Beauftragten des NKWD-Chefs Jeschow nach Berlin zurück. Die eigentlichen Verhandlungen über die Übergabe des Tuchatschewskij belastenden Materials führte dann der persönliche Abgesandte Jeschows. Die Gespräche verliefen für beide Seiten zufriedenstellend, so daß der Russe nach wenigen Tagen mit den Dokumenten nach Moskau zurückkehren konnte.

Schellenberg wie auch Hagen-Höttl schmücken ihre Version noch mit einem anderen effektvollen Detail aus. Beide berichten, Stalin habe sich das Material, das Tuchatschewskij das Genick brechen sollte, auch viel kosten lassen. Hagen-Höttl behauptet, daß die Sowjets Heydrich für das Material drei Millionen Rubel angeboten hätten. Heydrich informierte über das Angebot sofort Adolf Hitler. Der Führer billigte das »Geschäft«. Am nächsten Tag lieferte »Behrends die Mappe mit dem gefälschten Material an den Abgesandten Jeschows ab und erhielt dafür drei Millionen Rubel in einem umfangreichen Paket«.

Walter Schellenbergs Version unterscheidet sich von der Hagen-Höttls insofern, als es Reinhard Heydrich war, der eine Bezahlung für die angebotenen Dokumente forderte. Hagen-Höttl stimmt mit Schellenberg allerdings in der Summe überein, welche die Russen für sie bezahlt haben: drei Millionen Goldrubel. »Der Betrag wurde Zug um Zug gegen Übergabe des von dem Sonderbeauftragten Stalins nur flüchtig durchgesehenen Materials gezahlt.«

Die drei Millionen Rubel wollte Heydrich, so Hagen-Höttl, dem antisowjetischen Geheimdienst zur Verfügung stellen. »Aber zufälligerweise wurden drei deutsche Agenten, die auf russischem Boden damit Zahlungen machten, von der GPU verhaftet. Man mußte annehmen, daß die Russen entweder mit gefälschten Rubelnoten bezahlt oder aber die echten Banknoten besonders gekennzeichnet hatten, so daß ihr Auftauchen im russischen Verkehr sofort festgestellt werden konnte; die Ausgabe des Geldes an Agenten wurde daraufhin eingestellt. Daß die Russen das gefälschte Material mit gefälschten Banknoten bezahlt hatten, ärgerte Heydrich noch jahrelang.«

Bemerkenswert an dieser von Schellenberg und Hagen-Höttl verbreiteten Legende ist, daß sie sogar noch im Herbst 1989 in sowjetischen Berichten über die Tuchatschewskij-Affäre als glaubwürdige Tatsache übernommen wurde. Zugleich beweist dies, daß auch in der Zeit der von Michail Gorbatschow verkündeten »Glasnost« sowjetische Historiker und Publizisten zu dem Tuchatschewskij-Material in sowjetischen Geheimarchiven noch immer keinen Zugang haben.

In einem Beitrag über den Fall Tuchatschewskij in der Oktoberausgabe 1989 der sowjetischen, in deutscher Sprache herausgegebenen Zeitschrift »Sputnik« wird zwar berichtet, daß es Beneš war, der Stalin über den »Verrat« Tuchatschewskijs informierte. Wie Schellenberg und Hagen-Höttl behauptet auch »Sputnik«, das Material sei dem Abgesandten Heydrichs von einem Sonderbeauftragten Moskaus abgekauft worden, allerdings nicht für Rubel. »Die genannte Summe von 500 000 Mark wurde auch prompt bezahlt«, heißt es im »Sputnik«.

Wurde Reinhard Heydrich von Schellenberg und Hagen-Höttl zum gerissenen Händler mit gefälschten Dokumenten hochstilisiert, der mit den Bevollmächtigten Stalins um ihren Verkaufspreis feilschte, so war nach anderen Meinungen Heydrich gar nicht der eigentliche Initiator der Tuchatschewskij-Affäre. Einer, der dies glaubt, ist Hans Bernd Gisevius, der zu dem Kreis der Verschwörer gegen Adolf Hitler vom 20. Juli 1944 gehörte. Seine Vermutung bringt er in Zusammenhang mit den Auswirkungen der blutigen Ereignisse des 30. Juni 1934. Keiner, so Gisevius, trug »so sichtbar das Kainszeichen des 30. Juni 1934 auf der Stirn wie Heydrich«. Heydrichs Anteil an der Liquidierung der Hitler-Gegner in der »Nacht der langen Messer«, in der nicht nur die Führung der SA um Ernst Röhm, sondern auch zahlreiche politische Gegner Hitlers durch Mordkommandos der SS getötet wurden, lähmte angeblich für längere Zeit seine, Heydrichs, Aktivitäten. Gisevius: »Darum ist es unwahrscheinlich, daß sich dieser von Lebensangst gepeinigte Heydrich aus eigenen Stücken ausgerechnet in jener Zeit der anbefohlenen Zurückhaltung an eine Großaktion seines SD herantrauen sollte, deren weitreichende Folgen ihm nicht verborgen sein können.«

Hans Bernd Gisevius erwähnt zwar das Intrigenspiel um Tuchatschewskij, spricht über Fälschungen, die den Marschall zum Verräter gestempelt hatten, und wiederholt sogar die Erfindung über die Lieferung des Tuchatschewskij-Dossiers »gegen Bezahlung nach Moskau«. Aber: »Viel spricht ... dafür, daß der eigentliche Drahtzieher bei der Tuchatschewskij-Affäre in der Reichskanzlei sitzt.« Bei allem Verständnis für den Widerstandskämpfer Gisevius: Hitler zum einzigen Hauptverantwortlichen für den deutschen Anteil an der Liquidierung Michail Tuchatschewskijs zu machen, ist ein Irrtum. Die Initiative, im Fall Tuchatschewskij den Sicherheitsdienst und seine Fälscherwerkstätte einzuschalten, ging einwandfrei von dem mit dem »Kainszeichen« behafteten Reinhard Heydrich aus.

War für Hans Bernd Gisevius Reinhard Heydrich lediglich ein Vollstrecker der Weisungen und Befehle Adolf Hitlers, so behauptet Generalmajor Dr. Karl Spalcke – zur Zeit der Tuchatschewskij-Affäre Rußlandreferent in der Generalstabsabteilung »Fremde Heere« T 3 – sogar, Heydrich und sein Sicherheitsdienst hätten mit der Verurteilung Tuchatschewskijs und seiner Genossen überhaupt nichts zu tun gehabt.

Nach seiner Rückkehr aus sowjetischer Gefangenschaft veröffentlichte Spalcke 1958 eine Studie zum Fall Tuchatschewskij. Darin berichtet er, wie er im Sommer 1937 gefragt wurde, ob er wüßte, daß »Heydrich sich rühme, es sei sein Verdienst, wenn die Rote Armee jetzt ihrer wichtigsten Persönlichkeiten beraubt sei«. Spalckes Antwort: »Diese Version ist mir völlig neu.« Er war aber nicht überrascht, »denn die Partei würde sich wohl nicht die

Gelegenheit entgehen lassen, die ›Enthauptung der Roten Armee‹ dem Führer als ureigenstes Verdienst zu Füßen zu legen«. Nach Spalcke handelte es sich um »reine Angeberei«. »In meinem Urteil wurde ich bestärkt durch Vorträge bei Blomberg, Beck und Canaris und durch Gespräche mit Stülpnagel und Köstring. Sie alle wußten von der phantastischen Staatsaktion nicht das geringste, und ich glaube nicht, daß es in dieser Angelegenheit besser informierte Männer gegeben hat.«

Wenn Spalckes Behauptung, die von ihm genannten Persönlichkeiten der Reichswehr hätten von der Aktion Heydrichs gegen Tuchatschewskij »nicht das geringste« geahnt, stimmen sollte, dann bestätigt dies nur, daß die Spitze der Wehrmacht über Vorgänge im Apparat der NSDAP und im Sicherheitsdienst Heydrichs nur ungenügend informiert war. Keineswegs widerlegt dies aber die Tatsache, daß Heydrich an der Beseitigung Tuchatschewskijs beteiligt war.

Spalcke wirft in seinem Tuchatschewskij-Beitrag allerdings eine andere interessante Frage auf. Er berichtet, wie er während seiner Haft nach dem Ende des Zweiten Weltkrieges in der Moskauer Lubjanka von einem verhörenden Offizier des sowjetischen Staatssicherheitsdienstes immer wieder über Tuchatschewskij befragt wurde. Bei einem dieser Verhöre im Herbst 1951 gab Spalcke an, daß er bei seinem Moskau-Besuch im Jahre 1936 General Below, den damaligen Befehlshaber des Weißrussischen Militärbezirks, getroffen hatte. Spalcke: »Bei diesem Namen fiel mir der Oberst gleich ins Wort. ›Aha, mit diesem englischen Spion haben Sie auch zu tun gehabt!‹ Ich antwortete, mir sei völlig neu, daß die liquidierten Tuchatschewskij-Leute mit England in Verbindung gebracht würden, denn bisher hätte ich immer nur gehört, daß sie mit ›Faschisten‹ in Verbindung gestanden hätten.«

Die Behauptung des Verhöroffiziers des sowjetischen Staatssicherheitsdienstes gegenüber Generalmajor Karl Spalcke im Herbst 1951, daß der Tuchatschewskij-Kreis in den Diensten des britischen Geheimdienstes gestanden habe, ist nicht neu. Die Vermutung, Tuchatschewskij habe den Briten bei seinen Gesprächen in London 1936 mehr verraten, als ihm als Erstem Stellvertretenden Kriegskommissar erlaubt war, äußerte bereits vor dem Zweiten Weltkrieg Admiral Wilhelm Canaris, Chef des Amtes Ausland/Abwehr des Militärgeheimdienstes der deutschen Wehrmacht. In einem Gespräch mit einem seiner Mitarbeiter, dem Leiter der Abteilung II – Sabotage und Zersetzung – Oberst Erwin Lahousen, erzählte Canaris, daß er aus London und Paris Berichte erhalte, wonach Tuchatschewskij bei seinen Bemühungen, Großbritannien und Frankreich für eine enge militärische Zusammenarbeit gegen Hitler-Deutschland zu gewinnen, genaue Angaben über Truppenstärke und Ausrüstung der Roten Armee sowie über Herstellung moderner Waffensysteme preisgab. Dies, so Canaris, sei Hochverrat, und in jedem Staat würde der mit dem Tode bestraft. Trotz aller seiner Bemühungen und Überredungskünste habe Tuchatschewskij, so Canaris weiter, sein Ziel nicht erreicht: Da seine Angaben mit denen des britischen Geheimdienstes nicht übereinstimmten, hätten ihm seine englischen Gesprächspartner seine Argumente und Angaben nicht abgenommen.

Dem, was der Admiral seinem Mitarbeiter Lahousen mitgeteilt hatte, widersprechen zugängliche Unterlagen über Gespräche Tuchatschewskijs mit Vertretern der britischen Generalität. Es gibt kein Indiz dafür, daß der Marschall strenggeheime Informationen über die Rote Armee verraten hatte, wohl aber eine einfache Erklärung dafür, weshalb Offiziere des sowjetischen Staatssicherheitsdienstes davon überzeugt waren, daß Tuchatschewskij in britischen Diensten stand. Nach dem Zweiten Weltkrieg fielen den Sowjets zahlreiche Dokumente des Amtes Ausland/Abwehr in die Hände, darunter möglicherweise auch Berichte an Canaris aus London. Auf Grund dieser Information wurde dann Tuchatschewskij verdächtigt, mit den Briten zusammengearbeitet zu haben.

Aber auch eine andere Annahme des Abwehr-Chefs Wilhelm Canaris über Tuchatschewskijs Aktivitäten in London, die sein Biograph Karl Heinz Abshagen wiedergibt, ist absurd. Canaris – so Abshagen – soll 1936 verläßliche Informationen erhalten haben, nach denen der rote Marschall in London »mit Abgesandten des an der Spitze der russischen Emigration in Paris stehenden Generals Miller verhandelt hatte«. Eine solche Begegnung fand niemals statt ...

War Marschall Michail Nikolajewitsch Tuchatschewskij ein Verräter? Hatten er und seine Genossen einen Staatsstreich geplant? Stand er im Dienste ausländischer Geheimdienste?

Fragen, die noch heute die Welt beschäftigen ...

In dem nur vierundzwanzig Stunden nach der Hinrichtung Tuchatschewskijs und seiner sieben Mitangeklagten veröffentlichten Befehl Nummer 96 des Volkskommissars für Landesverteidigung, der vom Marschall der Sowjetunion Kliment Woroschilow unterzeichnet wurde, heißt es:

»Sie alle erwiesen sich als Abtrünnige, Spione, Verräter ihrer Heimat ... Das Endziel dieser Bande war ..., das Sowjetsystem um jeden Preis und mit allen Mitteln in unserem Lande zu liquidieren, die Sowjetmacht in unserem Lande zu vernichten, die Arbeiter- und Bauernregierung zu stürzen.«

Dann macht Woroschilow Andeutungen, mit wem sich die »entlarvten Verräter« verbunden hätten, um ihre Ziele zu erreichen. Sie standen, so Woroschilow, »unmittelbar mit den Generalstäben der bürgerlichen faschistischen Länder in Verbindung«. Und: »Sie erwarteten Hilfe von ihren Herren, den militärfaschistischen Kreisen eines ausländischen Staates, und waren bereit, für diese Hilfe die Sowjetukraine herzugeben, unser Land zu zerstükkeln.« Mit keinem Wort wurde hier als »Auftraggeber« der Hingerichteten offen das Dritte Reich genannt.

Daß aber mit den »militärfaschistischen Kreisen eines ausländischen Staates« Deutschland gemeint war, bestätigte der Verlauf des dritten großen Schauprozesses gegen den »antisowjetischen Block der Rechten und Trotzkisten«, der in Moskau vom 2. bis zum 13. März 1938 stattfand. Auf der Anklagebank saßen 22 prominente Vertreter der rechten Opposition in der bolschewistischen Partei, mit Nikolaj Bucharin und Alexej Rykow an der Spitze. Am 4. März 1938 sagte im Kreuzverhör durch den Ankläger Andrej Wyschinskij der Angeklagte Rosengoltz über ein angebliches Gespräch des »Verschwörers« Krestinskij mit dem Sohn Trotzkijs, Lew Sedow, aus.

Rosengoltz: »Ferner sprach Sedow viel über die Notwendigkeit einer maximalen, nach Möglichkeiten noch engeren Verbindung mit Tuchatschewskij, insoweit nach der Ansicht Trotzkijs Tuchatschewskij und die Militärgruppe die entscheidende Kraft in der konterrevolutionären Aktion bilden müßten.«

Der Angeklagte Rosengoltz gab auch zu, daß bereits nach dem Prozeß gegen Radek und Pjatakow (im Januar 1937) Trotzkij auf eine Zusammenarbeit der Konterrevolutionäre mit Tuchatschewskij drängte. Rosengoltz wörtlich: »Bereits nach dem Prozeß gegen Pjatakow traf ein Brief von Trotzkij ein, in dem die Frage der Notwendigkeit der maximalen Beschleunigung des militärischen Umsturzes durch Tuchatschewskij gestellt wurde.«

Die Verschwörer, so Rosengoltz weiter, benötigten für die Verwirklichung ihrer Pläne aber auch Geld. Dieses sollten sie von Berlin erhalten haben. Bei einem ebenfalls am 4. März 1938 stattgefundenen Verhör gab dies ein anderer Angeklagter zu: der langjährige Botschafter Moskaus in Berlin, Nikolaj Krestinskij. Das Geld stammte angeblich von General von Seeckt.

Wyschinskij: »Vielleicht sagen Sie, wieviel Geld im ganzen empfangen wurde?«

Krestinskij: »Vom Jahre 1923 bis 1930 erhielten wir jährlich 250 000 deutsche Goldmark.«

Wyschinskij: »Das macht für die Jahre 1923 bis 1930 etwa zwei Millionen Goldmark aus.«

Krestinskij: »Ja, etwa zwei Millionen Goldmark.«

Stalin war aber mit diesen das Deutsche Reich belastenden Aussagen nicht zufrieden. Im Jahre 1938 griff er darum selber zur Feder. In der von ihm redigierten und zum großen Teil auch verfaßten »Geschichte der Kommunistischen Partei der Sowjetunion (Bolschewiki)«, die bis zu Stalins Tod im Jahre 1953 als offizielle Darstellung der historischen Entwicklung der Bolschewiki galt, setzte er sich mit den »Verrätern« auf seine Art auseinander. Seine vulgären Beschimpfungen der Hingerichteten bestätigen am überzeugendsten die Autorschaft des Diktators:

»Das Jahr 1937 erbrachte neue Beweise gegen die Scheusale aus der bucharinschen-trotzkistischen Bande ... Die Prozesse zeigten, daß dieser Abschaum der Menschheit gemeinsam mit den Volksfeinden Trotzkij, Sinowjew und Kamenew bereits seit den ersten Tagen der Sozialistischen Oktoberrevolution in einer Verschwörung gegen Lenin, gegen die Partei, gegen die Sowjetunion gestanden haben ... Die Prozesse stellten klar, daß sich die ... Scheusale in Erfüllung des Willens ihrer Auftraggeber – ausländischer bürgerlicher Spionagedienste – das Ziel gesteckt hatten, die Partei und den Sowjetstaat zu zerstören, die Landesverteidigung zu untergraben, die auswärtige militärische Intervention zu erleichtern, eine Niederlage der Roten Armee vorzubereiten, die Sowjetunion zu zerstückeln, an die Japaner das fernöstliche Küstengebiet der Sowjetunion, an die Polen das sowjetische Bjelorußland, an die Deutschen die Sowjetukraine auszuliefern, die Errungenschaften der Arbeiter und Kollektivbauern zunichte zu machen, die kapitalistische Sklaverei in der Sowjetunion wiederherzustellen. Diese weißgardischen Wichte, dieses weißgardische Gezücht, diese nichtswürdige Lakeien der Faschisten vergaßen, daß das Sowjetvolk nur einen Finger zu rühren brauchte, damit von ihnen nicht einmal eine Spur übrigbleibe ... Das Volkskommissariat für Innere Angelegenheiten vollstreckte das Urteil.«

In Woroschilows Befehl Nummer 96 vom 12. Juni 1937 wurden Tuchatschewskij und seine Genossen beschuldigt, bereit gewesen zu sein, »die Sowjetukraine herzugeben«. Den Staat, dem die Ukraine im Falle eines Erfolges der Militärverschwörer zufallen sollte, nannte Woroschilow nicht, auch wenn hinter seinen Andeutungen der »militärfaschistischen Kreise« schon damals das Deutsche Reich vermutet wurde. Ein Jahr nach dem Tod Tuchatschewskijs sprach Stalin den Namen der »Auftraggeber« Tuchatschewskijs offen aus: Die Sowjetukraine, so Stalin im Abriß der Geschichte der Bolschewiki, sollte an die Deutschen, an Hitler, ausgeliefert werden.

Eine lächerliche Beschuldigung, wenn man bedenkt, daß unter den acht Hingerichteten der angeblichen Verschwörergruppe Tuchatschewskijs zwei Juden waren. Feldman und Jakir, rote Generäle jüdischer Herkunft, sollen sich nach Stalins Behauptungen mit dem Judenhasser Adolf Hitler verbunden haben ...

Die bereits wenige Stunden nach der Hinrichtung Tuchatschewskijs ausgesprochene Andeutung und seit 1938 dann offene Beschuldigung, der Marschall und seine Genossen hätten im Dienste des Deutschen Reiches gestanden, fand ihren Widerhall auch in Berichten des deutschen Botschafters in Moskau, Graf von der Schulenburg, an das Auswärtige Amt. »Im hiesigen diplomatischen Corps«, schreibt der Botschafter in seinem Bericht vom 14. Juni 1937, »glaubt niemand an die Wahrheit der Anklage und des Urteils. Ueber die wirklichen Gründe der Erschiessung werden die verschiedensten Vermutungen ausgesprochen. So wird die Ansicht vertreten, daß Tuchatschewskij und die anderen Offiziere deutschfreundlich eingestellt waren, die Entwicklung des deutsch-sowjetischen Verhältnisses bedauert und kritisiert hätten und sich dadurch den Unwillen Stalins zugezogen hätten. Andere glauben, daß Tuchatschewskij und sein Kreis die Armee möglichst von der Politik fernzuhalten suchten und darüber in Konflikt mit Jeshow [sic!], dem Handlanger Stalins, gerieten. Eine andere These meint, daß Stalin selbständige Führerpersönlichkeiten in der Armee als mögliche Kristallisierungspunkte der Unzufriedenheit oder etwa vorhandenen Ehrgeizes fürchtet und daher rechtzeitig auszuschalten sucht, wie er dies bereits bei Politikern getan hat. Die Angst Stalins vor selbständigen Führerpersönlichkeiten sei seit dem Kirow-Attentat krankhaft geworden und von Jeshow, dem Leiter des Innenkommissariats, verstärkt und auch gegen die Armee gerichtet worden. Hervorgehoben zu werden verdient, daß die Tätigkeit Jeshows bei der Aufdeckung der Tuchatschewskij-Gruppe in sämtlichen Leitartikeln rühmend hervorgehoben wird und in keiner der vielen Resolutionen eine Huldigung an seine Adresse fehlt.«

Auch in der ausländischen Presse erschienen schon wenige Tage nach dem Tod Tuchatschewskijs Artikel mit Andeutungen über eine mögliche Verstrickung der Hingerichteten mit deutschen Generälen. Das Warschauer Abendblatt »Wiadomosci Warszawskie« veröffentlichte am 15. Juni 1937 eine Meldung aus Moskau, wonach der französische Botschafter in Moskau, Robert Coulondre, beim Außenkommissar Litwinow im Zusammenhang mit den gegen Tuchatschewskij ausgesprochenen Anschuldigungen vorstellig geworden sei. Der Botschafter habe Beweise gefordert, daß Tuchatschewskij tatsächlich ein deutscher Spion gewesen sei. Der Diplomat habe darauf hingewiesen, daß Tuchatschewskij vor zwei Jahren in Paris gewesen sei und damals von französischen militärischen Stellen eine ganze Reihe von geheimen Mitteilungen erhalten habe. Und die »Sensation« der Warschauer Abendzeitung: Außenkommissar Litwinow habe dem Botschafter erklärt, daß im Schreibtisch Tuchatschewskijs unter anderen Briefe des Generalobersten von Fritsch gefunden worden seien, die die Hauptgrundlage für die Anklage gegen Tuchatschewskij gebildet haben.

Mit dem Bericht aus Warschau beschäftigte sich auch das Berliner Reichskriegsministerium. In einem vertraulichen Bericht vom 23. Juni 1937 an die Deutsche Botschaft in Moskau wird erklärt, daß sich möglicherweise »bei Tuchatschewskij noch Briefe befunden haben, jedoch können diese nicht aus den letzten Jahren, sondern nur aus der Zeit der Zusammenarbeit der deutschen und russischen Militärs stammen«. Gleichzeitig teilte das Reichskriegsministerium der Botschaft mit, es lege keinen Wert auf ein Dementi, schon um Befürchtungen der Franzosen nicht zu zerstreuen.

Bei sowjetischen Stellen wurden die Berichte über einen Briefkontakt zwischen Tuchatschewskij und von Fritsch nicht dementiert, aber wie aus einem Bericht vom 27. Juni 1937 an das Auswärtige Amt hervorgeht, sprachen deutsche Diplomaten in Moskau in dieser Angelegenheit direkt ihre französischen Kollegen an. »Ich habe den hiesigen französischen Botschaftsrat auf die betreffenden Veröffentlichungen der polnischen Zeitungen angesprochen«, kabelte von Tipperskirch nach Berlin. »Er stellte die Angaben als abwegig entschieden in Abrede und bemerkte, die polnische Veröffentlichung sei eine plaisanterie.«

Als westliche Geheimdienste im Zweiten Weltkrieg herausfanden, daß einer der früheren Adjutanten Tuchatschewskijs, Oberst Wladimir Bojarskij, sich nach seiner Gefangennahme an der Ostfront in den Dienst des Deutschen Reiches gestellt hatte, lebten die von Stalin verbreiteten Behauptungen, Tuchatschewskij sei ein Agent der Deutschen gewesen, wieder auf. Der Werdegang Bojarskijs, der nach der Hinrichtung Tuchatschewskijs ein fanatischer Antikommunist wurde, schien indirekt diese Beschuldigungen zu bestätigen. Am 1. September 1942 übernahm Bojarskij nämlich das Kommando über rund achttausend Mann der »Russischen Nationalen Volksarmee« (RNNA), die bereit waren, an der Seite der Deutschen Wehrmacht gegen Stalin zu kämpfen. Im Herbst 1943 wurde dann die RNNA in die »Russische Befreiungsarmee« (ROA) eingegliedert und unter das Kommando von Generalleutnant Andrej Wlassow gestellt.

Reinhard Heydrich hatte sich zu seiner Rolle bei der Verurteilung Tuchatschewskijs niemals öffentlich geäußert. Adolf Hitler, ohne dessen Zustimmung Heydrich die Aktion gegen den roten Marschall niemals gestartet hätte, griff allerdings einige Male die Affäre Tuchatschewskij auf. Am 21. Juli 1942 führte Adolf Hitler beim Abendessen im Führerhauptquartier »Werwolf«, das sich in der ukrainischen Stadt Winniza befand, einen seiner üblichen Monologe. Diesmal ging es um Gegensätze zwischen Stalin und Tuchatschewskij. Dr. Henry Picker, der die »Tischgespräche« sorgfältig notiert hatte, machte Anmerkungen auch über Hitlers Ansichten zu diesem Thema.

Picker berichtet in seinen »Tischgesprächen«, wie sich Hitler einige Male sehr positiv über Stalin geäußert hatte. »Wie ich von einem seiner Sekretäre weiß«, schreibt er, »schätzte Stalin Hitler ebenso wie Hitler ihn. So wurde Hitler bei Tisch immer ärgerlich, wenn einer von unserem Führer-Hauptquartier-Team Stalin einen ehemaligen ›Bankräuber‹ nannte. Hitler verteidigte Stalin dann sofort mit der Erklärung, daß Stalin seine Bank-Einbrüche nicht als Privatmann und nicht zugunsten seiner eigenen Tasche begangen habe, sondern als Revolutionär und zur Finanzierung seiner kommunistischen Bewegung.«

Als Hitler am 21. Juli 1942 abends über die Auseinandersetzung zwischen Stalin und Tuchatschewskij sprach, erwähnte er mit keinem Wort die deutsche Beteiligung an der Liquidierung des Marschalls. Allerdings äußerte er die interessante Ansicht, daß »Stalin von diesem Kreis seine Umbringung habe befürchten müssen«. Picker zitiert dann Hitler weiter: »Die Welten Stalins und des früheren zaristischen Offiziers Tuchatschewskij seien zu weit auseinandergeklafft. Der ›geniale‹ Stalin sei sich bewußt gewesen, daß er mit seinen Weltrevolutionsplänen und seinem beabsichtigten Überfall auf Mittel- und Westeuropa der Nutznießer der Tatsache werden könne, daß die Umstellung des Christlichen vom Metaphysischen aufs Materielle zu Ende des 19. beziehungsweise zu Anfang des 20. Jahrhunderts nicht gelungen sei.«

Hitlers Verständnis für die Liquidierung Tuchatschewskijs kam noch klarer nach dem mißlungenen Attentat vom 20. Juli 1944 zum Ausdruck. Der Ständige Vertreter des Auswärtigen Amtes im Führerhauptquartier, Dr. Franz von Sonnleithner, notierte Hitlers Aussage nur wenige Minuten nach der Explosion der von Oberst Graf Schenk von Stauffenberg gelegten Bombe: »Stalin wußte genau, was er tat, als er Tuchatschewskij ausschaltete.«

Und noch im Februar 1945 erwähnte er in einem Gespräch mit seiner »grauen Eminenz«, Reichsleiter Martin Bormann, die Affäre des roten Marschalls im Juni 1937. Hitler soll – wie sein persönlicher Diener Heinz Linge 1979 dem Historiker Werner Maser mitteilte – bedauert haben, daß er sich nach seiner Machtübernahme mit den Generälen der Reichswehr gegen den Chef des Stabes der SA, Ernst Röhm, verbündete und ihn erschießen ließ. Und: »Stalin hat es 1937 richtig gemacht, als er Tuchatschewskij und mit ihm zusammen die Marschälle, Armeebefehlshaber, Admirale, Kommandierenden Generale, Kommandeure, Verteidigungskommissare, den Obersten Kriegsrat und über 30 000 Offiziere liquidierte, auf die er sich nicht verlassen konnte.«

Alle diese Äußerungen Hitlers sagen nichts darüber aus, ob er mehr über die Hintergründe der Affäre wußte. Sie sind aber ein Beweis, daß ihn der Fall Tuchatschewskij jahrelang beschäftigte und er auch eine nachträgliche Begründung dafür suchte, warum er sich im Dezember 1936 für Stalin und gegen Tuchatschewskij entschied – wobei der braune Diktator niemals ahnen konnte, daß ihn auch in diesem Fall der rote Diktator reingelegt hatte. Denn auch ohne die von Heydrichs Sicherheitsdienst gefälschten Dokumente war er entschlossen gewesen, Tuchatschewskij und seine Genossen beseitigen zu lassen.

Es gibt lediglich eine Quelle, wo vage darauf hingewiesen wird, daß Hitler seinen Anteil an der Liquidierung Tuchatschewskijs zugab. Nach einem Bericht des an der Verschwörung vom 20. Juli 1944 beteiligten Oberst Wessel Freiherr von Freytag-Loringhoven soll sich Hitler bei einer Lagebesprechung während des Krieges gebrüstet haben, daß er es gewesen sei, der die roten Generäle Stalin ans Messer geliefert habe.

Und schließlich der neben Hitler und Heydrich dritte Eingeweihte, der Reichsführer SS Heinrich Himmler: Hat er sich jemals zum Fall Tuchatschewskij geäußert?

Himmler schien noch verschwiegener als Hitler gewesen zu sein. Nur einmal war er auf den Fall Tuchatschewskij eingegangen. In einem Gespräch mit General Andrej Wlassow im September 1944 – also nach dem gescheiterten Attentat auf Hitler vom 20. Juli 1944 – wollte Himmler von ihm wissen, ob er über die Putschpläne gegen den Führer informiert gewesen sei. Dabei fragte er ihn auch, aus welchen Gründen die »Verschwörung« Tuchatschewskijs gegen Stalin gescheitert sei. Wlassows Antwort: Tuchatschewskij habe den gleichen Fehler gemacht wie die Attentäter am 20. Juli: Er habe das Gesetz der Masse nicht beachtet.

Warum fürchtete Stalin den roten Marschall, die Generäle der Roten Armee?

War Stalins Angst vor Tuchatschewskij begründet? Wollte der Marschall in der Sowjetunion eine Militärdiktatur errichten?

Der Botschafter des Deutschen Reiches in Moskau, Graf von der Schulenburg, hatte in seinem kurz nach der Hinrichtung Tuchatschewskijs und dessen sieben Genossen verfaßten Bericht nicht unbegründet auf Stalins wachsendes Mißtrauen gegenüber den Führern der bolschewistischen Partei und der Roten Armee hingewiesen. Seit dem bis heute ungeklärten Mord an Sergej Kirow im Dezember 1935 waren auf Stalins Geheiß die Aktionen des Staatssicherheitsdienstes – zunächst unter Jagoda, später mit Jeschow an der Spitze – gegen seine im In- und im Ausland lebenden tatsächlichen oder vermeintlichen Feinde ständig gesteigert worden.

Es war nur eine Frage der Zeit, bis auch Michail Nikolajewitsch Tuchatschewskij in die Schußlinie des Diktators geriet. Stalin haßte Tuchatschewskij, seitdem er 1920 von Lenin und Trotzkij für die Niederlagen der Roten Armee an der Weichsel verantwortlich gemacht worden war. Andererseits hatte Tuchatschewskij niemals etwas unternommen, um Stalin von der Schuld an dieser Katastrophe reinzuwaschen. Im Gegenteil: Immer, wenn er sich mit der an der Westfront im Jahre 1920 gegebenen militärpolitischen Situation beschäftigte, vergaß er nicht, direkt oder indirekt auf das Versagen Stalins und Budjonnyjs hinzuweisen.

Der 1931 beginnende, fast kometenhafte Aufstieg Tuchatschewskijs in der Roten Armee, seine Erfolge bei ihrer Modernisierung, seine internationale Anerkennung als Militärtheoretiker von Weltrang hatten Stalins Ehrgeiz tief verletzt. Und noch etwas schürte seinen Haß auf den ehemaligen zaristischen Gardeleutnant. Was ihn an Tuchatschewskij fast genauso störte wie dessen Erfolge in der Welt des Militärs, waren seine Kenntnisse der Weltliteratur, der Musik – seine Freundschaft mit dem Komponisten Schostakowitsch war bekannt –, sein offener Umgang mit Intellektuellen, aber auch Tuchatschewskijs Erfolge bei Frauen. Seine drei Eheschließungen, seine vielen Frauenaffären – in Offizierskreisen oft ein beliebtes Gesprächsthema – hatten den damals streng puritanisch lebenden Stalin in rasende Wut versetzt.

Michail Tuchatschewskij wurde in Stalins Vorstellungen eine ständig wachsende potentielle Gefahr für die Verwirklichung seines Ziels, in naher Zukunft Alleinherrscher im Kreml zu sein, und deshalb mußte er beseitigt werden. Hierin bestärkten Stalin auch Berichte, die er aus dem Ausland erhielt. Sowohl sein Erzfeind Lew Trotzkij als auch Repräsentanten der zaristischen Emigration sahen in den Kommandeuren der Roten Armee ihre natürlichen Verbündeten. In zahlreichen Veröffentlichungen versuchten sie, vermeintliche oder auch tatsächliche Gegensätze zwischen Stalin und der Führung der Roten Armee zu dramatisieren und hochzuspielen. Vor allem Tuchatschewskij wurde als Stalins wichtigster und gefährlichster Gegenspieler genannt, der – getrieben auch durch seine bonapartistischen Neigungen – über alle Voraussetzungen verfüge, Stalin zu beseitigen und in der Sowjetunion ein neues, antistalinistisches Regime zu errichten. Diese Propaganda mußte Stalins Absicht untermauern, Tuchatschewskij auszuschalten und die Führung der Roten Armee von allen seinen wirklichen und vermuteten Gegnern zu säubern.

War aber Tuchatschewskij tatsächlich der große Verschwörer, der Stalin entmachten wollte, um sich selber an die Spitze des Sowjetstaates zu stellen?

Dafür, daß der Marschall seine eigenen Fähigkeiten schon immer hoch einschätzte, ja vielleicht überschätzte, gibt es ein interessantes Zeugnis. Es vermittelt einen Einblick in Tuchatschewskijs Denkweise bereits in seiner Jugend. Hans von Herwarth, in den Jahren 1931 bis 1939 an der deutschen Botschaft in Moskau tätig, erinnert sich an ein Erlebnis, das er 1939 nach dem Ende des Polenfeldzugs hatte. Sein Regiment lag in der Nähe von Garwolin, einem Städtchen nördlich von Warschau. Eines Abends lud ein polnischer Schwadronenchef zu einem Hauskonzert, bei dem Deutsche gemeinsam mit Polen musizieren sollten. Nach dem Essen sprach die Frau des Hauses von Herwarth auf seine Zeit an der Botschaft in Moskau an. Sie wollte wissen, ob er dort auch Tuchatschewskij begegnet sei. Herwarth: »Daraufhin erzählte mir unsere Gastgeberin, während des Ersten Weltkrieges sei Tuchatschewskij, damals Leutnant im Semjonowsky-Garderegiment, bei ihren Eltern einquartiert gewesen. Sie hätte sich in ihn verliebt und sich schließlich mit ihm verlobt. Danach sei er in deutsche Kriegsgefangenschaft geraten und habe ihr regelmäßig geschrieben. Sie wolle mir einen dieser Briefe zeigen ... Ich traute meinen Augen nicht, als ich die Zeilen las, in denen Tuchatschewskij seiner Braut versicherte, er habe eine große Zukunft vor sich und werde einst als ›roter Bonaparte‹ in die Geschichte eingehen. Mein erster Eindruck bestätigte sich, daß Tuchatschewskij von höchstem Ehrgeiz erfüllt war. Stalin hatte wohl guten Grund, ihn zu fürchten.«

Die Schilderung von Herwarths wirft ein interessantes Licht auf Tuchatschewskij. Unklar ist allerdings, wann der Brief geschrieben worden war. Da er von sich als zukünftigem »roten Bonaparte« sprach, müßte der Kriegsgefangene Tuchatschewskij den Brief nach dem Ausbruch der Oktoberrevolution der Bolschewiki geschrieben haben. Nur: Tuchatschewskijs Entscheidung, sich den Bolschewiki anzuschließen, fiel erst nach seiner Rückkehr nach Rußland Ende 1917. Vielleicht stammte der Brief aber aus dem Jahr 1920: Auch damals befand sich der rote Marschall in der Nähe von Warschau. Und 1920 – nach seinen Erfolgen im Bürgerkrieg – wäre auch sein Traum, ein »roter Bonaparte« zu werden, verständlicher gewesen.

Trotz dieser Überraschung, die Hans von Herwarth in Polen erlebte, änderte er nicht seine Meinung, daß »alle Mitglieder der Deutschen Botschaft im Augenblick der Verhaftung der Generäle überzeugt waren, daß es keinen konkreten Anlaß für Stalins Vorgehen gab«. Aber nicht nur deutsche Diplomaten zweifelten an einer Verschwörung Tuchatschewskijs und seiner Genossen gegen Stalin. Sowohl der damalige französische Botschafter in Moskau, Robert Coulondre, als auch der Botschafter der Vereinigten Staaten, Joseph E. Davies – der übrigens bei allen anderen von Stalin inszenierten Schauprozessen überzeugt war, daß auf der Anklagebank wirkliche Verräter säßen –, glaubten nicht, daß die Führer der Roten Armee, wenn sie überhaupt einen Putsch erwogen hätten, Stalin beseitigen wollten.

Coulondre meint, daß »diese Militärverschwörung ... eine ziemlich ungeklärte Angelegenheit« sei, die »zweifellos so bald nicht aufgedeckt werden dürfte«. Dann berichtet er, was ihm der litauische Gesandte, der mit mehreren führenden Bolschewiki befreundet war, erzählt hatte. Der Marschall, verärgert über die Hindernisse, welche die Kommunistische Partei der Entwicklung einer russischen Militärmacht und vor allem einer sachgemäßen Heeresorganisation in den Weg legte, habe sich tatsächlich an die Spitze einer Bewegung gestellt, die die Partei entmachten und eine Militärdiktatur errichten wollte. Aber: Stalin sollte an der Macht bleiben, die sozialen Errungenschaften der Revolution sollten beibehalten werden.

In ähnlichem Sinn äußerte sich Davies. Am 28. Juni 1937 schrieb er einen Brief an Sumner Welles, den damaligen Geschäftsführenden Staatssekretär im State Departement der Vereinigten Staaten. Dabei ging er auch auf die Hinrichtung Tuchatschewskijs ein. »Die Urteilsfähigen«, so Davies, »glauben offenbar, daß aller Wahrscheinlichkeit nach eine ausgesprochene Verschwörung mit dem Ziel eines Staatsstreichs durch die Armee im Werden war – nicht notwendigerweise gegen Stalin, aber auf Entpolitisierung und gegen die Partei gerichtet – und daß Stalin mit charakteristischer Schnelligkeit, Kühnheit und Stärke zugeschlagen hat.«

Also nicht Stalin sollte das Opfer der Verschwörung werden. Aber warum hat er dann mit einer solchen »Schnelligkeit, Kühnheit und Stärke zugeschlagen«?

Eine Antwort auf diese Frage versucht Alexander Orlow zu geben, der ehemalige sowjetische Diplomat und führende Offizier des sowjetischen Staatssicherheitsdienstes. Ein Offizier des sowjetischen Staatssicherheitsdienstes habe bei der Durchsicht der Unterlagen des stellvertretenden Direktors der zaristischen Geheimpolizei »Ochrana«, Wissarionow, eine Akte gefunden, die Stalin betraf, und zwar seien es Berichte gewesen, die Stalins geheime Kontakte mit der zaristischen »Ochrana« belegten. Es gab – so Orlow – keinen Zweifel: Bis mindestens 1913 hatte Stalin als Agent für die »Ochrana« gearbeitet und seine Genossen in der bolschewistischen Partei denunziert. Diese belastenden Dokumente soll Tuchatschewskij in die Hand bekommen haben, und es sei seine Absicht gewesen, sie gegen den Diktator zu benutzen. Als Stalin erfahren habe, daß Tuchatschewskij ihn erpressen könnte, sei er entschlossen gewesen, den Marschall und seine wahrscheinlich ebenfalls eingeweihten Freunde zu liquidieren.

Orlows Behauptung, so dramatisch sie auch wirkt, hat allerdings einen Fehler: Sie läßt sich nicht beweisen. Stalin war zwar, wie ihn 1989 der sowjetische Historiker Jurij Afanasjew bezeichnete, der »größte Massenmörder der Geschichte«. Ein Agent und Spitzel der zaristischen »Ochrana« war er aber mit Sicherheit nicht.

Selbstverständlich gab es auch Verteidiger der Verschwörertheorie. Isaac Deutscher gibt in seiner Stalin-Biographie zwar zu, daß die »genauen Umstände der Verschwörung Tuchatschewskijs und des Zusammenbruchs dieser Aktion« bis heute nicht bekanntgeworden seien, schildert dann jedoch sehr eindrucksvoll, was nach seinem Dafürhalten Tuchatschewskij und die anderen Kommandeure der Roten Armee im Sinne hatten: Die Generäle planten einen Staatsstreich, standen aber nicht – wie von Stalin behauptet – im Dienste einer fremden Macht. Der Hauptakt sollte eine Palastrevolution im Kreml sein, bei der Stalin ermordet werden sollte. Außerhalb des Kremls sollte ein militärischer Schlag erfolgen. Unter anderem war die Besetzung des Hauptquartiers des Staatssicherheitsdienstes vorgesehen. »Tuchatschewskij war die treibende Kraft dieser Verschwörung ... Er war von allen Männern jener Zeit, Soldaten und Zivilisten, der einzige, der in vieler Hinsicht dem jungen Bonaparte ähnelte, und er wäre auch der Mann dazu gewesen, die Rolle des Ersten Konsuls in der russischen Republik zu spielen ... General Jakir, der Platzkommandant von Leningrad, war sich seiner Truppen sicher.«

Wie weit Deutscher die Phantasie spielen läßt, zeigt seine Schilderung der Verhaftung Tuchatschewskijs. Nach Deutschers Angaben wurde der Marschall dabei verwundet und deshalb auf einer Tragbahre vor Stalin gebracht, mit dem er einen langen und heftigen Wortwechsel hatte. Danach wurde der Marschall der Roten Armee in das Gefängnis zurückgeschafft.

Auch hier: Das, was Deutscher behauptet, hört sich zwar gut an, entspricht aber nicht den Tatsachen. Selbstverständlich wurde Tuchatschewskij bei seiner Verhaftung nicht verwundet. Ebenso fand niemals ein Gespräch zwischen Stalin und dem auf einer Bahre liegenden Marschall statt. Und Jakir konnte sich der Truppen in Leningrad nicht sicher sein. Er war nämlich Kommandeur des Wehrkreises in Kiew ...

Es ist nicht sehr schwierig, der Quelle nachzugehen, aus welcher Isaac Deutscher seine »Informationen« über die antistalinistische Verschwörung in der Roten Armee bezogen hatte. In der Ausgabe vom 27. Oktober 1938 der Zeitschrift für Wehrmacht und Wehrpolitik »Deutsche Wehr« wurde unter dem Titel »Die Sowjetunion auf dem Wege zum Bonapartismus?« ein Beitrag von A. Agricola veröffentlicht. Der Autor behauptet darin, daß Tuchatschewskij – »wie wir jetzt zuverlässig wissen« – bereits 1935 Vorbereitungen zu seinem Putsch begonnen habe. »Der genaue Umsturztermin war schon im Dezember 1936 für den Mai 1937 festgesetzt, als die Sache im letzten Augenblick durch Verrat scheiterte.«

In dem Artikel finden sich übrigens zwei bemerkenswerte Angaben. Erstens behauptet der Autor, daß als »Umsturztermin« der Dezember 1936 festgesetzt worden sei. Im Dezember kam die Lawine tatsächlich ins Rollen; ausgelöst wurde sie allerdings nicht von Tuchatschewskij, sondern von Stalin und Heydrich. Auf Stalins Befehl wurde im Dezember die »Spezabteilung« Frinowskijs für die Verfolgung der Kommandeure der Roten Armee gegründet. Und im gleichen Monat gab Reinhard Heydrich die Anweisung, gefälschte Dokumente über eine Zusammenarbeit Tuchatschewskijs und seiner Genossen mit deutschen Generälen zu fabrizieren.

Die größte Überraschung ist allerdings, daß der Autor des Beitrags in der »Deutschen Wehr« den Mann nennt, der maßgeblich an der Intrige Stalins und Heydrichs gegen Tuchatschewskij beteiligt war: General Nikolaj Skoblin. Die »Deutsche Wehr« wörtlich: »Der in Paris lebende berüchtigte General Skoblin ... war der Verräter!«

Hier drängt sich die Frage auf, ob der Artikel nicht hauptsächlich dazu bestimmt war, der Öffentlichkeit den Namen des Doppelagenten Skoblin preiszugeben und ihn damit vor der Welt zu entlarven. Denn alles spricht dafür, daß hinter Agricolas Beitrag das Amt Ausland/Abwehr des Admirals Wilhelm Canaris stand, des Rivalen Reinhard Heydrichs.

Von einer Verschwörung Michail Tuchatschewskijs gegen Stalin waren merkwürdigerweise offenbar nur diejenigen fest überzeugt, die am besten wissen mußten, daß der Marschall keine Palastrevolution gegen Stalin vorbereitete: Angehörige der »Spezabteilung« Michail Frinowskijs.

Der hohe sowjetische Staatssicherheitsdienstoffizier Walter G. Kriwitzkij, der sich 1938 in den Westen abgesetzt hatte, erinnert sich an seinen letzten Besuch in der Lubjanka im Mai 1937, also kurz nach der Verhaftung des »Verschwörerkreises« um Michail Tuchatschewskij. Kriwitzkij: »Ich ging unmittelbar zu Michail Frinowsky ..., der zusammen mit Jeschow die große Säuberung für Stalin durchführte. ›Sagen Sie mir, was ist los? Was geht da im Land vor?‹ fragte ich Frinowsky ... ›Eine Verschwörung!‹ rief Frinowsky, ›wir haben soeben eine gigantische Verschwörung in der Armee entdeckt, eine Verschwörung, wie sie die Weltgeschichte noch nicht gesehen hat ... Wir haben sie alle gefaßt! Wir haben alles in der Hand!‹«

Nein, es gab keine Verschwörung!

Marschall Michail Tuchatschewskij und die sieben hohen Offiziere der Roten Armee, die am 11. Juni 1937 im Hof der Lubjanka hingerichtet wurden, hatten keinen Putsch geplant.

In der Geschichte der Staatsstreiche, Putsche, Verschwörungen gibt es keine so naiven »Verschwörer«, wie es Marschall Tuchatschewskij und seine Freunde angeblich waren. Ohne Widerstand zu leisten, ließen sie sich der Reihe nach verhaften. Kein einziger von ihnen versuchte ins Ausland zu fliehen. Wie schon im einzelnen erwähnt, widerlegt die Chronik der Verhaftungen der acht angeblichen Verräter in der Führung der Roten Armee die Lüge von einer Verschwörung.

Michail Nikolajewitsch Tuchatschewskij und seine sieben Genossen mußten nicht sterben, weil sie Verräter und Verschwörer waren. Sie starben, weil sie Josef Wissarionowitsch Stalin im Wege standen.

Anhang

Nachwort

Vor mehr als fünfundzwanzig Jahren begann meine Suche nach der Lösung des rätselvollen Falles Tuchatschewskij. Anfang der sechziger Jahre ging ich in Prag den Spuren der Männer nach, die an dem 1942 verübten Attentat auf den stellvertretenden Reichsprotektor von Böhmen und Mähren, Reinhard Heydrich, beteiligt waren. Es ging mir dabei zugleich um einen der wichtigsten Agenten der Alliierten im Zweiten Weltkrieg, Paul Thümmel, den Heydrich kurz vor seinem Tod hatte entlarven können. Ich lernte damals einige der noch lebenden Offiziere der Zweiten Abteilung des tschechoslowakischen Generalstabes – des militärischen Nachrichtendienstes – aus der Zeit vor dem Zweiten Weltkrieg kennen. Es waren Angehörige der legendären »Elfer«-Mannschaft des Geheimdienstes, die nur wenige Stunden vor dem Einmarsch deutscher Truppen in Prag am 15. März 1939 mit allen wichtigen Dokumenten der Zweiten Abteilung an Bord eines niederländischen Flugzeugs nach London flüchteten. Bei stundenlangen Gesprächen mit dem Chef der Gegenspionage, Oberst Emil Strankmüller, sowie den Majoren František Fryč und Alois Frank, später dann auch mit dem Leiter der Operationsabteilung, General Josef Bartík, fiel auch der Name des sowjetischen Marschalls Michail N. Tuchatschewskij. Einige Male sprach ich über die Affäre Tuchatschewskij 1967 auch mit Armeegeneral Ludvík Svoboda, dem späteren Präsidenten der Tschechoslowakischen Sozialistischen Republik.

Daß bei der Liquidierung des Marschalls der tschechoslowakische Präsident Dr. Edvard Beneš eine wichtige Rolle gespielt hatte, war in eingeweihten Kreisen bekannt. Was aber immer Fragen aufwarf, war der Weg der vom Sicherheitsdienst Reinhard Heydrichs gefälschten Dokumente von Berlin zu Beneš und dann nach Moskau. Die Geheimdienstoffiziere versicherten mir, die Dokumente seien nicht über ihre Abteilung auf die Burg gelangt. Sie machten mich darauf aufmerksam, daß die Tschechoslowakei vor dem Zweiten Weltkrieg drei verschiedene Nachrichtendienste hatte. Für die Klärung des Tuchatschewskij-Rätsels belanglos sei der Nachrichtendienst des Innenministeriums gewesen. Da die Dokumente nicht über den wichtigsten der tschechoslowakischen Geheimdienste – den militärischen Nachrichtendienst – zu Beneš gelangt waren, habe ohne Zweifel der Nachrichtendienst des Außenministeriums seine Hände im Spiel gehabt. Diese Spur erwies sich schließlich als die richtige. Bald wurde mir klar, daß in Berlin nur *ein* Mann sowohl die Fähigkeiten als auch die Möglichkeiten besaß, Koordinator des Nachrichtendienstes des Ministeriums zu sein: der langjährige hochintelligente und erfahrene Presseattaché der tschechoslowakischen Gesandtschaft in Berlin, Dr. Camill Hoffmann. Bereits in den zwanziger Jahren war Hoffmann am Ausbau des Netzes von Korrespondenten der »Prager Presse« beteiligt, einer halboffiziösen deutschsprachigen Tageszeitung, die als Sprachrohr des Außenministeriums diente. Daß die meisten Auslandskorrespondenten auch zu den wichtigsten Informanten des Außenministeriums gehörten, war nur ein weiteres Indiz, daß Hoffmanns Position in Berlin nicht nur in der eines Presseattachés bestand. Und so fügte sich in den darauffolgenden Jahren ein Mosaiksteinchen zum anderen, bis schließlich der wahrscheinlich wichtigste Aspekt der Tuchatschewskij-Affäre geklärt werden konnte.

Meine Arbeit am Fall Tuchatschewskij wurde durch die Ereignisse des Jahres 1968 in der Tschechoslowakei und meine erzwungene Flucht aus Prag für Jahre unterbrochen; erst in den achtziger Jahren habe ich sie wieder aufnehmen können. Der Kreis derjenigen, die aus persönlicher Erfahrung Zeugnis ablegen konnten, wurde immer kleiner. Ich nenne hier den langjährigen persönlichen Sekretär des tschechoslowakischen Präsidenten, Prof. Eduard Táborský (Austin, USA), sowie den Sekretär des tschechoslowakischen Außenministers, Dr. Jan Smutný (London). Hilfreiche Angaben machten auch Offiziere des Amtes Ausland/Abwehr, und zwar Oberst a. D. Otto Wagner, Oberst a. D. K. Freud und Oberstleutnant Hans-Jochen Rudloff, sowie einige Mitarbeiter des Reichssicherheitshauptamtes, u. a. Walter Hagen (Wilhelm Höttl).

Eine große Hilfe beim Studium britischer Dokumente und Unterlagen waren mir mein langjähriger, verstorbener Freund Dr. Karel Kornell und seine Frau Margaret.

In der Tschechoslowakei standen mir mit Rat und Hilfe die Historiker Dr. Bohumil Černý und Dr. Jaroslav Valenta zur Seite. Bei der Materialsuche zu der Problematik half mir dort auch mein Bruder, Dipl. Ing. Josef Ströbinger. Wertvoll war mir die Zusammenarbeit mit dem Historiker und Kollegen Dr. Ivan Pfaff, der in der Bundesrepublik eine neue Heimat gefunden hatte.

Für Informationen, Hinweise, Unterlagen und Rat habe ich außerdem zu danken: Alvar Alsterdal; Theodor Arnold; dem fundierten Kenner der russischen Emigration, Štefan Auský; dem Freund Camill Hoffmanns, J. W. Brügel; Dr. Hermann Dieterich; V. N. Duben; Dr. Friedrich-Wilhelm Eickhoff; Hans Hermans; Dr. Bernhard Horstmann; Dr. Martin Hrabík; Hans von Herwarth; Dr. Otto John; Karel Kaplan; Botho Kirsch; Dr. Helmut König; Dr. Antonín Kratochvíl; Dr. Alexej Kusák; Hans Lindemann; Frau Helena Nešverová-Šedová; Dr. Volker Neugebauer; Dr. Ján Minarík; Dietrich Paul; Prof. Michal Reiman; Jürgen Rühle; Emil Strankmüller jr.; Dr. Gerd Treffer und Karel Veselý.

Schließlich möchte ich für das Verständnis und die Hilfe danken, die mir bei der Arbeit an diesem Buch meine Tochter Věra und meine Frau zukommen ließen. Ohne sie hätte es nicht geschrieben werden können.

Mein Dank für Mühe und Geduld, die sie mit dem Autor hatten, gehört auch den Mitarbeitern der Deutschen Verlags-Anstalt in Stuttgart.

R. S.

Quellenverzeichnis

Im vorliegenden Buch wird aus zahlreichen Dokumenten zitiert. Die Zitate aus deutschen Dokumenten sind ohne stilistische oder orthographische Bearbeitung, also originaltreu wiedergegeben; von tschechischen und russischen Dokumenten und Berichten wurde eine Übersetzung angefertigt. Wie bei den Dokumenten, wurden Zitate aus Büchern und Briefen im Originaltext übernommen.

Im Buch werden Dokumente und Unterlagen aus folgenden Archiven zitiert:
Politisches Archiv des Auswärtigen Amtes, Bonn;
Bundesarchiv – Kriegsarchiv, Freiburg i. Br.;
Archiv des Instituts für Zeitgeschichte, München;
Bayerisches Staatsarchiv – Kriegsarchiv, München;
Archiv des Britischen Museums, London;
Public Record Office, London;
Archiv des Nationalmuseums Prag;
Archiv des Ministeriums für Auswärtige Angelegenheiten, Prag.

An dieser Stelle möchte ich den Mitarbeitern der Archive der »Frankfurter Allgemeinen Zeitung«, der »Süddeutschen Zeitung« und der »Neuen Zürcher Zeitung« für ihre Hilfe danken.

Literaturverzeichnis

Abshagen, Karl Heinz: Canaris. Patriot und Weltbürger. Stuttgart 1959
Agabekov, G. S.: GPU – Zapiski Tschekista. Berlin 1933
Alexandrow, Viktor: Der Herrenklub des Kreml. Frankfurt/M. 1955
–: Der Marschall stand im Wege. Bonn 1962
Allilujewa, Swetlana: Zwanzig Briefe an einen Freund. Wien 1967
Altrichter, Helmut (Hrsg.): Die Sowjetunion, Band I. Stuttgart 1986
Antonow-Owsejenko, Anton: Stalin – Porträt einer Tyrannei. München 1983
Bailey, Geoffrey: Verschwörer um Rußland. München 1961

Barron, John: KGB. Bern–München 1974
Beneš, Edvard: Paměti. Prag 1947
Bim, Ruth Bettina: Die Höheren SS- und Polizeiführer. Düsseldorf 1986
Bittman, Ladislav: Špionážní oprátky. Toronto 1981
–: Zum Tode verurteilt. Memoiren eines Spions. München 1981
Borcke, Astrid von: KGB – Die Macht im Untergrund. Neuhausen–Stuttgart 1987
–: Unsichtbare Weltmacht KGB. Neuhausen–Stuttgart 1989
Brandes, Detlef: Großbritannien und seine osteuropäischen Alliierten 1939–1943. München 1988
Brissaud, André: Canaris. Frankfurt/M. 1976
–: Die SD-Story. Zürich 1975
Bücheler, Heinrich: Karl-Heinrich von Stülpnagel. Soldat – Philosoph – Verschwörer. Berlin 1989
Buchheit, Gerd: Der deutsche Geheimdienst. München 1966
Butson, T. G.: The Tsar's Lieutnant – The Soviet Marshall. New York 1984
Carmichael, Joel: Säuberungen. Frankfurt/M.–Berlin 1961
Carr, Edward: Berlin – Moskau 1919–1939. Stuttgart 1954
Churchill, Winston: Der Zweite Weltkrieg, Band I. Berlin 1985
Cílek, Roman: Prst na spústi mal Naujocks. Preßburg 1972
Conquest, Robert: Am Anfang starb Genosse Kirow. Düsseldorf 1970
–: Ernte des Todes. München 1988
–: Inside Stalins Secret Police. Hampshire 1985
Coulondre, Robert: Von Moskau nach Berlin. Bonn 1950
Černý, Bohumil: Most k novému životu. Prag 1967
Černý, Václav: Paměti. Toronto 1983
Davies, Joseph E.: Als US-Botschafter in Moskau. Zürich 1943
Deacon, Richard: A History of the Russian Secret Service. London 1972
Delarue Jacques: Geschichte der Gestapo. Königstein/Ts. 1979
Deschner, Günther: Reinhard Heydrich. Eßlingen 1977
Deutscher, Isaac: Stalin. Stuttgart 1951
Dziak, John J.: Chekisty. Lexington 1988
Erickson, John: The Soviet High Command. London 1962
Fabry, Philipp W.: Die Sowjetunion und das Dritte Reich. Stuttgart 1971
Feierabend, Ladislav: Soumrak československé demokracie. London 1986
Fierlinger, Zdeněk: Ve službách ČSR. Prag 1951
Fleischhauer, Ingeborg: Die Chance des Sonderfriedens. Berlin 1986
François-Poncet, André: Botschafter in Berlin 1931–1938. Berlin–Mainz 1962

Frederik, Hans: Das Ende einer Legende. München 1971
Fröhlich, Sergej: General Wlassow. Köln 1987
Gaucher, Roland: Opposition in the U.S.S.R. 1917–1967. New York 1969
Gisevius, Hans Bernd: Adolf Hitler. Düsseldorf 1963
Goliath-Gorovsky, Karel: Zápisky ze stalinských koncentráků. Köln 1986
Gosztony, Peter (Hrsg.): Aufstände unter dem roten Stern. Bonn 1979
–: Die Rote Armee. München 1983
Grigorenko, Pjotr: Der sowjetische Zusammenbruch 1941. Frankfurt/M. 1969
Guderian, Heinz: Erinnerungen eines Soldaten. Heidelberg 1951
Haffner, Sebastian: Der Teufelspakt. Reinbek 1968
Hagen, Walter (Wilhelm Höttl): Die geheime Front. Linz 1950
Heller, Michail, Nekritsch, Alexander: Geschichte der Sowjetunion. Königstein/Ts. 1981
Herwarth, Hans von: Zwischen Hitler und Stalin. Erlebte Zeitgeschichte 1931 bis 1945. Frankfurt/M.–Berlin–Wien 1982
Hilger, Gustav: Wir und der Kreml. Frankfurt/M.–Bonn 1964
Hingley, Ronald: Die Russische Geheimpolizei. Bayreuth 1972
Höhne, Heinz: Canaris. München 1976
–: Der Krieg im Dunkeln. München 1985
Irving, David: Der Feind hört mit. Kiel 1989
Ivanov, Miroslav: Atentát na Reinharda Heydricha. Prag 1979
Jakir, Peter: Kindheit in Gefangenschaft. Frankfurt/M. 1972
Jesser, Franz: Volkstumskampf und Ausgleich im Herzen Europas. Nürnberg, o.J.
Kalinow, Kyrill D.: Sowjetmarschälle haben das Wort. Hamburg 1950
Kapferer, Reinhard: Charles de Gaulle. Stuttgart 1985
Krivitsky [Kriwitzkij], W. G.: Ich war in Stalins Dienst! Amsterdam 1940
Krummacher, F. A., Lange, H.: Krieg und Frieden. München–Eßlingen 1970
Kvaček, Robert: Nad Evropou zataženo. Prag 1966
Legett, G.: The Cheka. London 1981
Lewytzkij, Boris: Die rote Inquisition. Frankfurt/M. 1967
Mackenzie, Montague Compton: Dr. Beneš. Prag 1947
Masaryk, T. G.: Die Weltrevolution. Berlin 1927
Maser, Werner: Adolf Hitler. Düsseldorf 1980
Matlok, Siegfried (Hrsg.) Dänemark in Hitlers Hand. Husum 1989
McMurry, Dean Scott: Deutschland und die Sowjetunion 1933–1936. Köln–Wien 1979

Medwedjew, Roy: Die Wahrheit ist unsere Stärke. Frankfurt/M. 1973
Moravec, František: Špion, jemuž nevěřili. Toronto 1977
Morozow, Michael: Die Falken des Kremls. München–Wien 1982
Murr, Stefan: Die Nacht vor Barbarossa. München 1986
Nikulin, Lew: Tragédia maršala Tuchačevského. Preßburg 1965
Nikulin, Lew, Gorbatow, Alexander W.: Geköpfte Armee. Berlin 1965
Nolte, Ernst: Der europäische Bürgerkrieg 1917–1945. Berlin 1987
Nord, Lidija: Marshal M.N. Tuchachewskii. Paris 1978
Orlow, Alexander: Kreml-Geheimnisse. Würzburg 1954
Paloczi-Horvath, George: Stalin. Gütersloh, o.J.
Payne, Robert: Stalin – Macht und Tyrannei. Stuttgart 1978
Picker, Henry: Hitlers Tischgespräche im Führerhauptquartier. Wiesbaden 1983
Pietrow, Bianka: Stalinismus – Sicherheit – Offensive. Melsungen 1983
Pilsudski, Jozef, Tuchaczewski, Michail: Rok 1920 – Pochód za Wisle. Lodz 1989
Pirker, Theodor: Die Moskauer Schauprozesse 1936–1938, München 1963
Rakowskij, Leontij: Michail Tuchacevskij. Leningrad 1967
Rapoport, Witalij, Alexejew, Jurij: Izmena Rodine. London 1988
Rauch, Georg von: Geschichte des bolschewistischen Rußland. Wiesbaden 1962
Reile, Oskar: Der deutsche Geheimdienst im II. Weltkrieg – Ostfront. Augsburg 1989
Richelson, Jeffrey T.: Sword and Shield. Cambridge (Mass.) 1986
Ripka, Hubert: Munich. Before and After. London 1939
Rokossowskij, K. K.: Soldatenpflicht. Berlin (Ost) 1973
Roos, Hans: Geschichte der polnischen Nation 1918–1978. Stuttgart 1979
Ruland, Bernd: Deutsche Botschaft Moskau. Bayreuth 1964
Sayers, Michael, Kahn, Albert E.: Velké spiknutí. Prag 1951
Shapiro, Leonard: Die Geschichte der Kommunistischen Partei der Sowjetunion. Frankfurt/M. 1962
Scheffer, Paul: Augenzeuge im Staate Lenins. München 1972
Schellenberg, Walter: Memoiren. Köln 1959
Schröder, Hans-Henning: Die Lehren von 1941. Köln 1988
–: Geschichte und Struktur der sowjetischen Streitkräfte. Köln 1986
Seliger, Kurt: Das verhängnisvolle Feindbild. Rundfunkfeature. Köln 1983
Shub, David: Lenin. Wiesbaden 1958
Simpkin, Richard: Deep Battle – The Brainchild of Marshall Tukhachevskii. London 1987

Sonnleithner, Franz von: Als Diplomat im »Führerhauptquartier«. München 1989
Strik-Strikfeld, Wilfried: Gegen Hitler und Stalin. Mainz 1970
Ströbinger, Rudolf: Das Attentat von Prag. Bergisch Gladbach 1979
–: Die unheimliche Jagd. Landshut 1977
–: Schicksalsjahre an der Moldau. Gernsbach 1988
–: Stopa vede k Renému. Prag 1965
Suworow, Viktor: Der Eisbrecher. Stuttgart 1989
Svoboda, Ludvík: Cestami života. Prag 1971
Tabouis, Geneviève: Předehra k tragédii. Prag 1971
Teske, Hermann (Hrsg.): General Ernst Köstring. Frankfurt/M. 1966
Thunig-Nittner, Gerburg: Die Tschechoslowakische Legion in Rußland. Wiesbaden 1970
Treffer, Gerd: Ingolstadt. Bamberg 1985
Trotzkij, Lew D.: Stalin. Reinbek 1971
Tuchatschewskij, M. N.: Izbrannye Proivedenija. Moskau 1964
Tuchel, Johannes, Schattenfroh, Reinhold: Zentrale des Terrors. Berlin 1987
Uhlíř, Dušan: Anály ze Spálené ulice. Prag 1976
Ulam, Adam B.: Die Bolschewiki. Köln 1967
–: Stalin. Eßlingen 1977
Volkmann, Ernest: Warrior of the Night. New York 1985
Werth, Alexander: Rußland im Krieg. München 1962
Wheeler-Bennet, John W.: Die Nemesis der Macht. Königstein/Ts.–Düsseldorf 1981
Wolkogonow, Dimitri: Stalin. Düsseldorf 1989
Wysczelski, Lech: Polska mysl Wojskowa 1914–1939. Warschau 1989
Zeutschel, Walter: Im Dienst der kommunistischen Terror-Organisation. Berlin 1931

Chruschtschow gegen Stalin. Seine Rede auf dem XX. Parteitag der KPdSU am 25. 2. 1956. Wiesbaden 1956
Dějiny Všesvazové komunistické strany (bolševiků). Prag 1950
Fenomen Stalina. Warschau 1988
Geschichte der Kommunistischen Partei der Sowjetunion. Berlin (Ost) 1955

Personenregister

Kursiv gesetzte Seitenzahlen verweisen auf Abbildungen

Bildnachweis

bildarchiv preussischer kulturbesitz, Berlin: 17, 208, 284.
Bilderdienst Süddeutscher Verlag, München: 11, 38, 39, 44, 124, 128, 177, 186, 221, 238, 269.
Ullstein Bilderdienst, Berlin: 49, 61, 110, 133, 146, 149, 153, 172, 261, 275.

Sommaire

* Les références des fables vous permettent de retrouver plus facilement les textes originaux. Dans les fables de ces *malices*, le texte écrit **en noir** est celui de **La Fontaine**, les mots **en bleu** sont des modifications du *Kangourou* proposant des exercices.

Le Loup et l'Agneau

La raison du plus **bête** est parfois la meilleure ;
Nous l'allons montrer tout à l'heure.
Un Agneau se désaltérait
Dans le courant d'une onde pure.
Un Loup survient à jeun qui cherchait aventure,
Et que la faim en ces lieux attirait.
Qui te rend si hardi de troubler mon breuvage ?
Dit cet animal plein de rage :
Tu seras châtié de ta témérité.
Sire, répond l'Agneau, que Votre Majesté
Ne se mette pas en colère ;
Mais plutôt qu'elle considère
Que je me vais désaltérant
Dans le courant
Juste vingt pas au-dessus d'Elle.
S'écoulant calmement, l'onde
Parcourt un pas en deux secondes.
Or voici plus d'une minute
Qu'avec Elle ici je discute.
Un calcul simple et sans appel
Lui dira qu'en nulle façon
Je ne puis troubler sa boisson.
Tu la troubles reprit cette bête cruelle,
Parce qu'à l'école hélas, je ne suis pas allé
J'ai toujours ignoré l'art de multiplier.
En posant ce calcul, tu veux m'humilier.
Agneau bien trop savant, tu seras avalé.
C'est chose dite, il faut que je me venge.
Là-dessus, au fond des forêts
Le Loup l'emporte et puis le mange,
Sans autre forme de procès.

Pour comprendre la fable

tout à l'heure : sur l'heure, maintenant.

se désaltérait : buvait.

au-dessus d'Elle : au-dessus de Votre Majesté, c'est-à-dire du Loup.

onde : eau qui court.

à jeun : qui n'avait pas mangé depuis un moment.

châtié : puni.

témérité : audace, imprudence.

m'humilier : me rendre ridicule.

sans autre forme de procès : sans plus de discussions.

Les rébus de l'agneau

Chaque ligne cache un mot de la fable.
À toi de le découvrir.

1.

2.

3.

Le calcul de l'agneau

Voici le calcul que l'agneau propose de faire au loup.
L'agneau explique que l'eau parcourt une distance égale à un pas toutes les deux secondes. Or, voilà une minute qu'il a cessé de boire pour parler avec le loup. En une minute, c'est-à-dire en 60 secondes (2×30 secondes), une goutte d'eau de la rivière parcourt donc 30 pas. Or le loup se trouve seulement 20 pas plus bas. Les dernières gouttes d'eau que l'agneau pourrait avoir troublées en buvant ont donc déjà dépassé l'endroit où le loup s'apprête à boire.

Le commentaire du Kangourou

Le Kangourou n'est absolument pas d'accord avec la morale de cette fable : l'intelligence et le raisonnement finissent toujours par triompher de la bêtise et de la force brutale. Mais cela prend parfois longtemps et certains ont laissé leur vie dans leur combat pour le triomphe de la vérité scientifique.

La poursuite

Après l'agneau, le loup voudrait s'attaquer au Kangourou.
Heureusement, le Kangourou a commencé à s'enfuir et a pris 100 mètres d'avance.
Malheureusement, le loup réussit à faire 3 sauts de 5 mètres chacun pendant que le Kangourou fait un saut de 10 mètres.
Le loup est capable de faire ainsi 50 sauts avant d'abandonner la poursuite, épuisé.
Le loup va-t-il réussir à rattraper le Kangourou ?

Les charades du loup

1 Mon premier est un animal têtu très buté.
Mon deuxième est la lettre « t » en anglais.
Mon troisième est le contraire de déplier.
Mon tout est un art qui serait bien utile au loup.

2 Mon premier est ce que l'on dit aux chevaux pour qu'ils avancent.
Mon second se trouve dans le pain.
Mon troisième est synonyme d'attacher.
Le loup pense que l'agneau veut mon tout.

3 Mon premier est mienne.
Mon deuxième est une boisson répandue partout dans le monde.
Mon troisième est indispensable au voilier.
Mon quatrième se lie à « tac » pour compter les secondes.
Mon tout est une activité qui plaît plus à l'agneau qu'au loup.

4 Mon premier questionne le temps ou le moment.
Mon deuxième est l'un des cinq sens.
Mon troisième est un accessoire qui permet aux brouettes d'avancer.
Mon tout est un animal australien.

Le reflet du loup

L'onde n'était peut-être pas aussi pure que ne le dit la fable.

La preuve, c'est que le reflet n'est pas exactement le même que l'image initiale.

Recherche les différences ; il y en a 5.

Le Petit Poisson et le Pêcheur

Petit poisson deviendra grand,
Pourvu que Dieu lui prête vie.
Mais le lâcher en attendant,
Je tiens pour moi que c'est folie ;
Car de le rattraper il n'est pas trop certain.

Un Carpeau qui n'était encore que fretin
Fut pris par un pêcheur au bord d'une rivière.
Tout fait nombre, dit l'homme, en voyant son butin ;
Voilà commencement de chère et de festin :
Mettons-le en notre gibecière.
Le pauvre Carpillon lui dit en sa manière:
Que ferez-vous de moi ? je ne saurais fournir
Au plus qu'une demi-bouchée ;
Laissez-moi Carpe devenir :
Je serai par vous repêchée.
Demain me voit déjà le double d'aujourd'hui
Et chaque jour de plus doublera le plat cuit.
Rendez-vous dans une semaine :
Je quitterai là mon domaine
Avec plus de cent fois ma taille,
Vous offrant là un plat qui vaille.
Un plat qui vaille ? Holà, repartit le Pêcheur ;
Poisson mon bel ami qui faites le Prêcheur
Vous irez dans la poêle ; et vous avez beau dire,
Dès ce soir on vous fera frire.

Vérifie ici mon ami,
Que le Poisson n'a pas menti.
Que le calcul fut juste ou pas,
Un tien vaut, ce dit-on, mieux que deux tu l'auras :
L'un est sûr, l'autre ne l'est pas.

Pour comprendre la fable

un carpeau, un carpillon : une petite carpe (la carpe est un poisson d'eau douce).

fretin : poisson trop petit pour être mangé et généralement rejeté à l'eau par les pêcheurs.

Tout fait nombre : tout ce qu'on attrape compte pour remplir son panier, et ensuite son estomac.

de chère : de nourriture.

gibecière : sac du pêcheur et du chasseur.

qui faites le prêcheur : qui faites la morale aux autres.

un tien vaut mieux que deux tu l'auras : il vaut mieux avoir quelque chose que d'espérer en obtenir plus. (La Fontaine a écrit « tien » ; aujourd'hui, on trouve souvent écrit « tiens », du verbe tenir.)

Le filet du pêcheur

Le pêcheur ne s'est pas risqué à attendre que les petits poissons grossissent. Il les a entassés dans l'ordre où il les a pêchés. **Combien a-t-il de poissons dans son filet et dans quel ordre les a-t-il pêchés ?** Un conseil : regarde le poisson qui est au-dessus de tous les autres, et ainsi de suite…

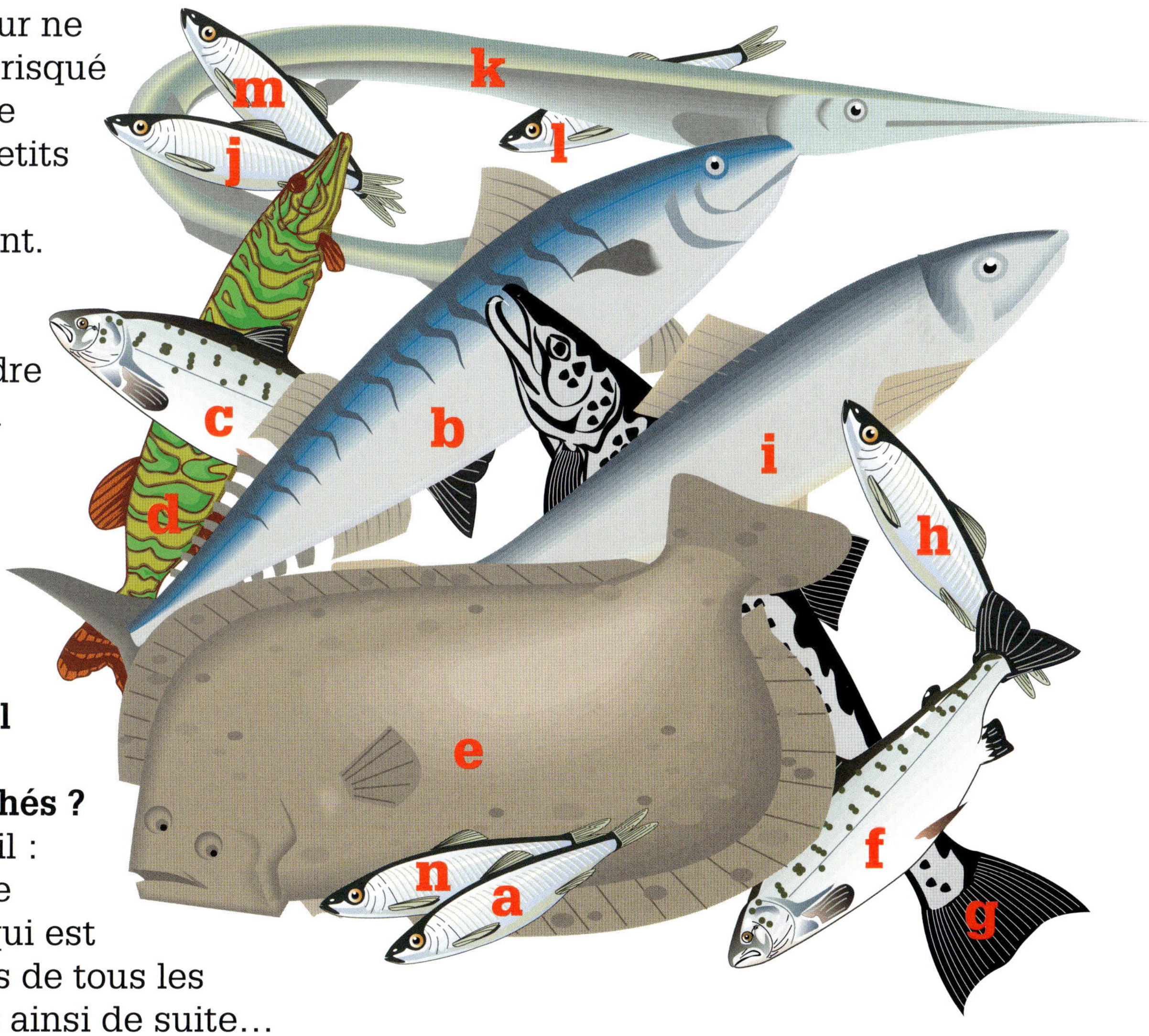

Le calcul du poisson

Si le poisson double chaque jour sa taille. En une semaine (c'est-à-dire 7 jours), elle aura donc été multipliée par $2 \times 2 \times 2 \times 2 \times 2 \times 2 \times 2$.
Or le produit $2 \times 2 \times 2 \times 2 \times 2 \times 2 \times 2$ vaut exactement 128. Le poisson ne ment pas quand il affirme au pêcheur qu'il sera cent fois plus gros la semaine prochaine (à condition, toutefois, qu'il double bien de taille chaque jour !).

Le commentaire du Kangourou

Les nombres obtenus en multipliant plusieurs fois un nombre par lui-même s'appellent les "puissances" de ce nombre.
Ainsi, les premières puissances du nombre deux sont :

2 ;
$2 \times 2 = 4$;
$2 \times 2 \times 2 = 8$;
$2 \times 2 \times 2 \times 2 = 16$;
$2 \times 2 \times 2 \times 2 \times 2 = 32$;
$2 \times 2 \times 2 \times 2 \times 2 \times 2 = 64$;
$2 \times 2 \times 2 \times 2 \times 2 \times 2 \times 2 = 128$;
$2 \times 2 \times 2 \times 2 \times 2 \times 2 \times 2 \times 2 = 256$.

Petit poisson deviendra gros

Ce poisson peut se dessiner facilement à partir de 9 points, ici marqués en rouge :

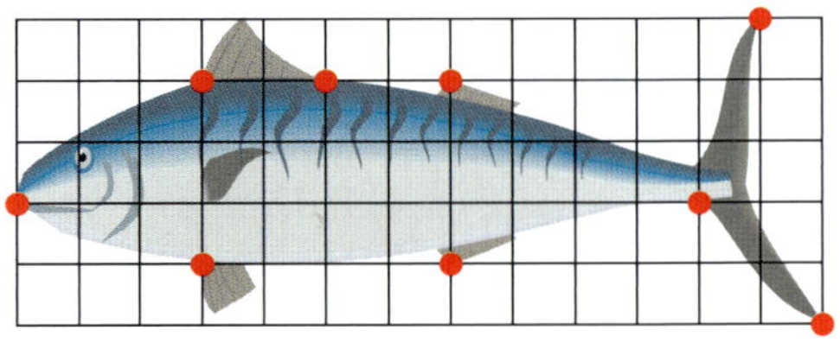

Sur le quadrillage ci-dessous nous avons marqué les mêmes 9 points (en doublant toutes les longueurs). **Dessine le gros poisson**.

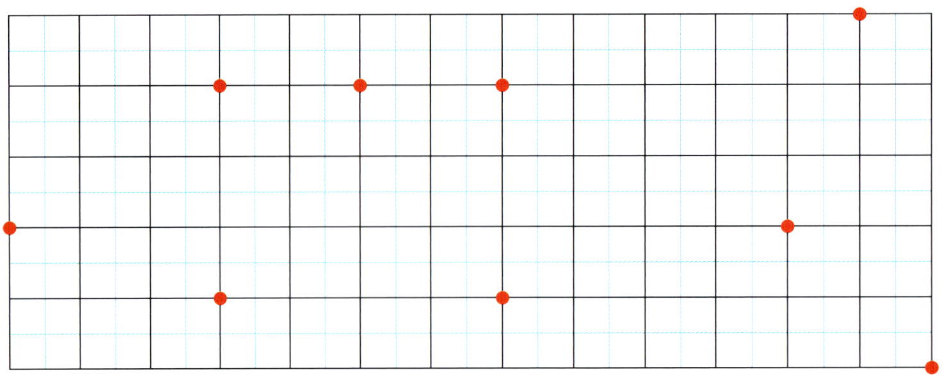

Les arêtes du poisson

Matériel : deux feuilles de papier fort (de couleurs différentes), une paire de ciseaux, un crayon à papier et un peu d'imagination.

Par pliage et découpage, tu vas fabriquer si tu le souhaites, toute une petite famille de poissons bicolores.

1. Prends les feuilles de papier fort (de couleurs différentes).
2. Assemble-les par collage sur toute leur surface.
3. Plie en deux l'ensemble.
4. Reproduis le contour du demi-poisson.
5. Découpe la forme du poisson sans oublier la queue. Maintenant, attention aux arêtes !

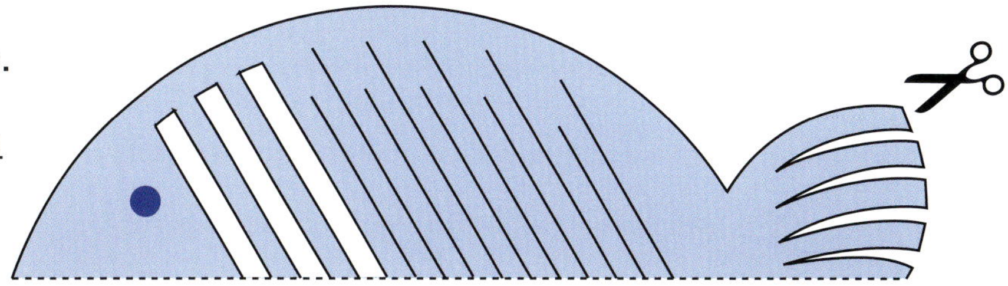

figure 1

6. Découpe complètement les trois premières arêtes en partant de la tête.
7. Coupe ensuite des fentes le long des traits marqués (figure 1).
8. Ouvre la forme obtenue : tu as entre les mains un poisson symétrique (figure 2).

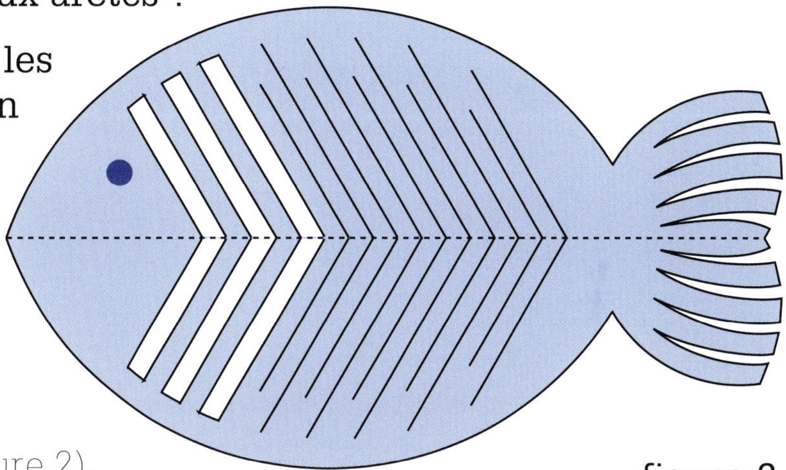

figure 2

9. Replie vers l'avant les arêtes découpées.
10. Glisse les arêtes les unes sous les autres (figure 3).

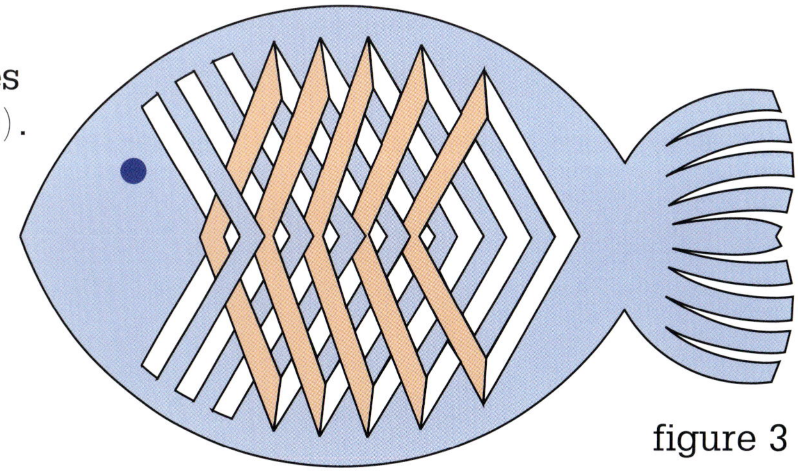

figure 3

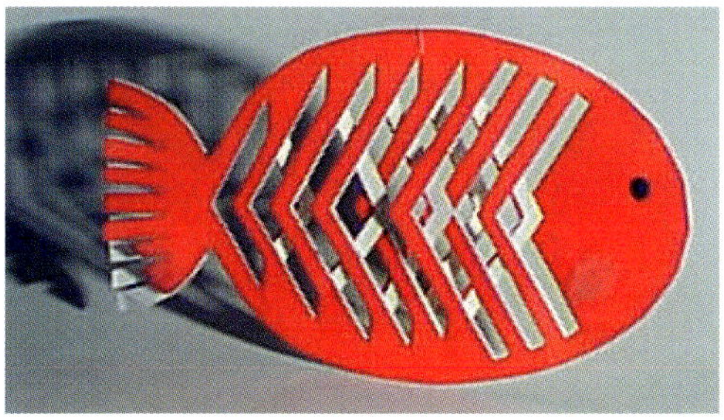

Le Lièvre et la Tortue

Rien ne sert de courir
pour qui calcule à point :
Le Lièvre et la Tortue en sont
un témoignage.
Gageons, dit celle-ci, que vous
n'atteindrez point
Si tôt que moi ce but. Si tôt !
Êtes-vous sage ?
Repartit l'Animal léger.
Ma commère, il vous faut purger
Avec quatre grains d'ellébore.
Sage ou non, je parie encore.
Ainsi fut fait, et de tous deux
On mit près du but les enjeux :
Savoir quoi, ce n'est pas l'affaire ;
Ni de quel juge l'on convint.
Notre Lièvre n'avait
que vingt bons sauts à faire.
Douze pas de tortue font
un seul saut de lièvre
Et si en trois secondes,
elle avance d'un pas,
Notre Jeannot Lapin ne réussit-il pas
En juste une seconde, deux sauts,
sans trop de fièvre ?
Ayant, dis-je, du temps de reste
pour brouter,
Pour dormir, et pour écouter
D'où vient le vent, il laisse la Tortue
Aller son train de sénateur.
Elle part, elle s'évertue,
Elle se hâte avec lenteur.
Lui cependant **calcule en vue**
de sa victoire
Le handicap pour avec gloire
Rattraper la Tortue sans peine
En partant tard. Il broute,
il se repose,
Il s'amuse à toute autre chose
Qu'à la gageure. **Tout soudain**
quand il vit
Que l'autre n'avait plus que
quatre pas à faire
Il partit comme un trait ;
et les élans qu'il fit
furent **gagnants** : la Tortue arriva
la **dernière**.
Eh bien lui cria-t-il,
n'avais-je pas raison ?
En calculant avec justesse
Pour l'emporter, j'ai, ma Princesse
Pu dépasser votre maison.

Pour comprendre la fable

si tôt que moi : avant moi.

l'animal léger : le lièvre.

vous purger : vous soigner grâce à un médicament qui nettoie l'estomac.

l'ellébore : plante utilisée pour guérir certaines maladies.

les enjeux : les prix destinés à celui qui gagnera le pari.

son train de sénateur : son allure lente ; les sénateurs sont des élus de la nation, qui sont souvent âgés et dignes dans leur démarche.

la gageure : le pari.

pu dépasser votre maison : pu vous dépasser; la tortue porte sa « maison » sur son dos.

Le commentaire du Kangourou

La fable du Kangourou ne se termine pas comme celle de La Fontaine ; mais la morale du Kangourou c'est que celui qui connaît les mathématiques se sort de situations parfois difficiles…

Le calcul du lièvre

Le problème pour le lièvre est de calculer le temps qu'il peut laisser à la tortue avant de démarrer lui-même. Pour cela, il a calculé combien la tortue fait de pas lorsqu'il parcourt, lui, toute la distance.

La distance totale est de 20 sauts de lièvre.
Or, il fait 2 sauts en 1 seconde. Il lui faut donc 10 secondes pour parcourir toute la distance. Puisque la tortue met 3 secondes pour parcourir 1 pas, elle met 9 secondes pour parcourir 3 pas, et 12 secondes pour parcourir 4 pas.
Si le lièvre part alors que la tortue a encore 4 pas à faire, il atteindra l'arrivée deux secondes avant elle et il gagnera.

L'animal caché

1 Sur le quadrillage ci-dessous, tu peux repérer les points par deux nombres : par exemple, le point W est repéré par les deux nombres (3 ; 2).

2 Place les points repérés par les nombres du tableau ci-contre.

3 Relie les points, de A à T, dans l'ordre alphabétique.

4 Trace les segments : [TA] ; [CU] ; [UD] ; [GV] ; [VH].

A (4 ; 5)	**B (3 ; 6)**
C (4 ; 10)	**D (6 ; 13)**
E (7 ; 11)	**F (8 ; 11)**
G (9 ; 13)	**H (11 ; 10)**
I (12 ; 6)	**J (11 ; 5)**
K (10 ; 5)	**L (9 ; 4)**
M (9 ; 1)	**N (8 ; 1)**
O (8 ; 3)	**P (7 ; 3)**
Q (7 ; 1)	**R (6 ; 1)**
S (6 ; 4)	**T (5 ; 5)**
U (5 ; 16)	**V (10 ; 16).**

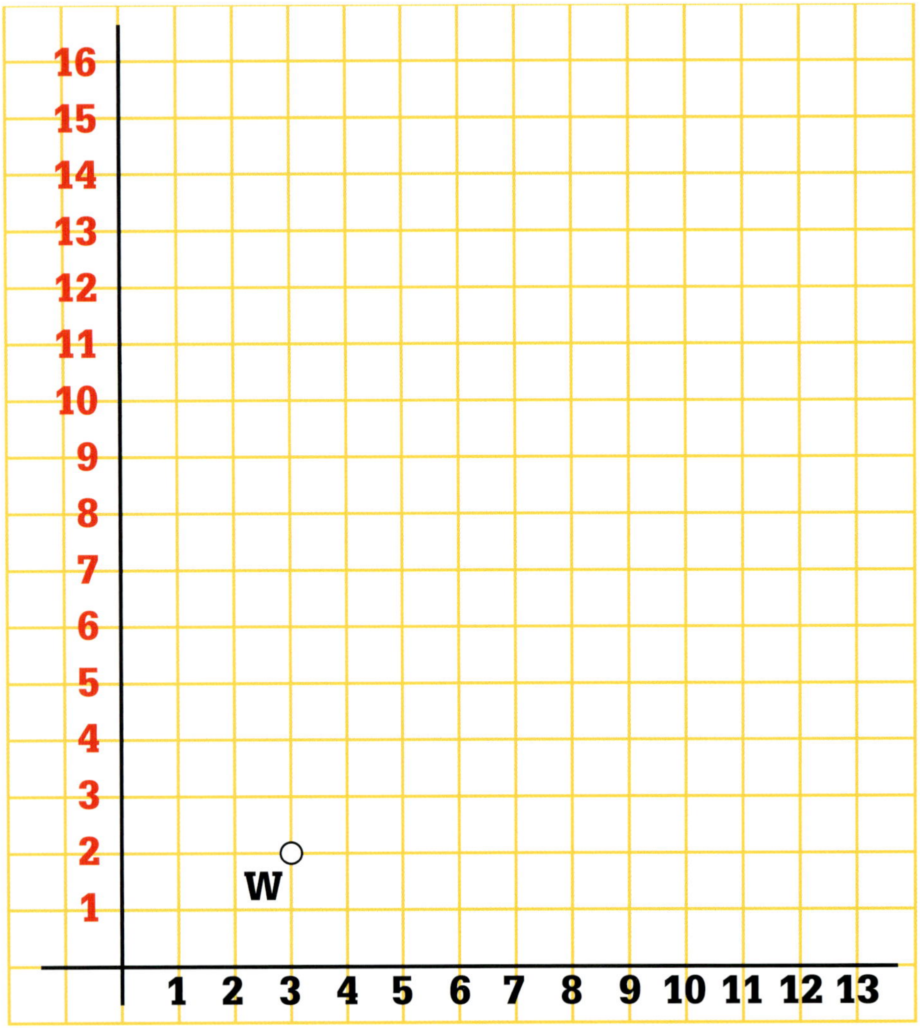

Maintenant que tu as découvert l'animal caché, rajoute-lui des yeux et des moustaches pour le rendre plus sympathique.

Le pavage de la tortue

Matériel : une enveloppe 11 x 22, des ciseaux, un tableau.

Pour réaliser le pavage ci-dessous, tu dois d'abord construire un gabarit.

Pour cela :

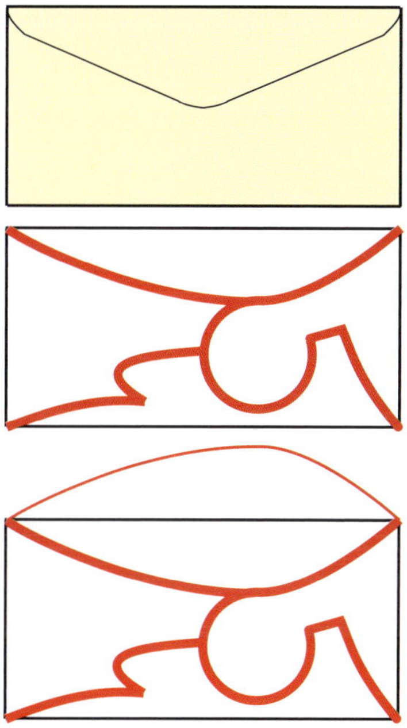

1 Prend une enveloppe (format 11 x 22) et ferme-la bien.

2 Reproduis (à peu près) ce dessin sur le côté adresse.

3 Glisse les ciseaux par un coin de l'enveloppe, entre les deux épaisseurs.

4 Découpe en suivant les traits pour mettre à plat la forme (en ne découpant qu'une seule épaisseur de l'enveloppe).

5 Mets la forme à plat :
tu as alors ton gabarit, en forme de tortue.

6 Pour que ce soit plus joli, complète la physionomie de la tortue (œil, bouche, écailles).

Déplace (lentement mais sûrement) le gabarit de la tortue sur tout le tableau et dessine, à la craie, le contour de chaque tortue. *Tu obtiendras le pavage proposé ci-dessus.*

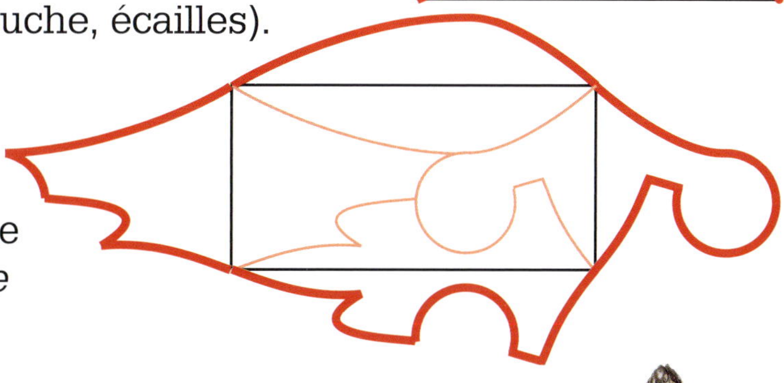

Le Laboureur et ses Enfants

Calculez, prenez de la peine :
C'est le fonds qui manque le moins.

Un riche Laboureur, sentant sa mort prochaine
Fit venir ses enfants, leur parla sans témoins.
Gardez-vous, leur dit-il, de vendre l'héritage
Que nous ont laissé nos parents.
Un trésor est caché dedans.
Dans le grand champ triangulaire,
Bordé de trois chemins égaux
Où souvent nous passons l'araire
Se situe le point qu'il vous faut.
Je ne sais pas l'endroit.
Mais je sais qu'en allant tout droit
Vers chacun de ces trois chemins
Et que tous vos pas ajoutant
Vous trouverez cent trente exactement.
Faites de ce champ le dessin ;
Tracez et mesurez : ne laissez nulle place
Où l'esprit ne passe et repasse.
Les frères réunis se mettent à l'ouvrage ;
Ils cherchent le problème,
Et tu feras de même…
Le trésor est partout, découvrent les trois frères !
Le père mort, les fils vous retournent le champ
Deçà, delà, partout ; si bien qu'au bout de l'an
Il en rapporta davantage.
D'argent, point de caché. Mais le père fut sage
De leur montrer, avant sa mort,
Que le travail est un trésor.

Pour comprendre la fable

fonds : le fonds est un vieux mot pour désigner ce que l'on possède. (Attention au « s » même au singulier.)

c'est le fonds qui manque le moins : la peine, l'application, le travail ne risquent pas de manquer aux courageux.

l'araire : la charrue.

Le champ du laboureur

Voici dessiné un plan du champ. Chacun des quatre fils a choisi un point dans le champ ; l'un est entouré de rouge, un autre de vert, un autre de bleu et le quatrième de violet).

1 Mesure les trois distances du point entouré de rouge à chacun des trois chemins (en millimètres). Calcule leur somme.

2 Fais pareil pour les points entourés de bleu, de violet et de vert.

3 Fais pareil pour le point entouré d'orange.

Comprends-tu maintenant la phrase écrite en rouge dans la fable ?

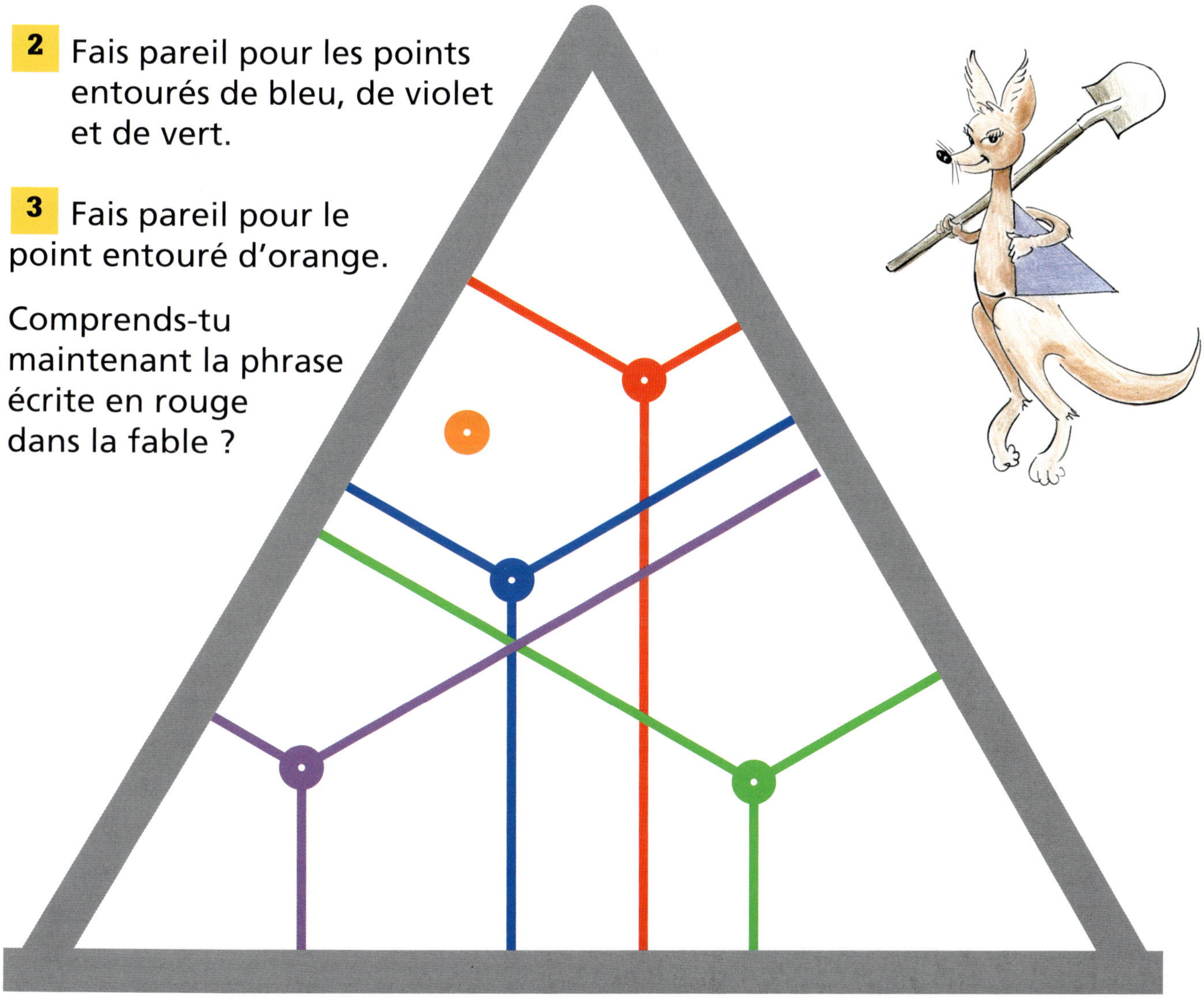

La découverte des frères

Le champ triangulaire bordé de chemins tous égaux que décrit le père est un triangle équilatéral.
Le point où se trouve le trésor est tel que la somme des distances aux trois côtés du triangle est de 130 pas.
Ce qu'ont découvert les trois frères, c'est que, si l'on choisit des points à l'intérieur d'un triangle équilatéral et que l'on calcule la somme des distances aux côtés du triangle, on trouve toujours le même résultat.
C'est ce que tu as aussi découvert en faisant l'exercice précédent : en ajoutant les trois distances d'un point (choisi au hasard) à chacun des trois côtés du triangle, tu as toujours trouvé 130 mm.

Le commentaire du Kangourou

Le Kangourou te recommande de faire tienne la morale de cette fable. En mathématiques comme ailleurs, le travail finit toujours par être récompensé.

Le défi du laboureur

Notre laboureur avait aussi un autre champ, de 12 ares, assez biscornu :

Les quatre fils souhaitent se partager ce champ en quatre morceaux ayant exactement la même forme et la même surfaces de 3 ares.
Peux-tu leur proposer un tel partage ?

Une ribambelle de laboureurs !

Matériel :
- une paire de ciseaux,
- une bande de papier rectangulaire de 9 cm de largeur,
- un crayon à papier.

Le travail est un trésor mais plus on est nombreux et moins il est pénible !

1 Prépare une bande de papier, pas trop épaisse, rectangulaire, de 9 cm de large.

2 Plie-la en accordéon tous les 3 cm.

3 Reproduis le motif proposé ci-contre sur la première face de l'accordéon.

4 Découpe soigneusement les contours du dessin avec les ciseaux, en prenant toutes les épaisseurs.

5 Déplie l'ensemble.

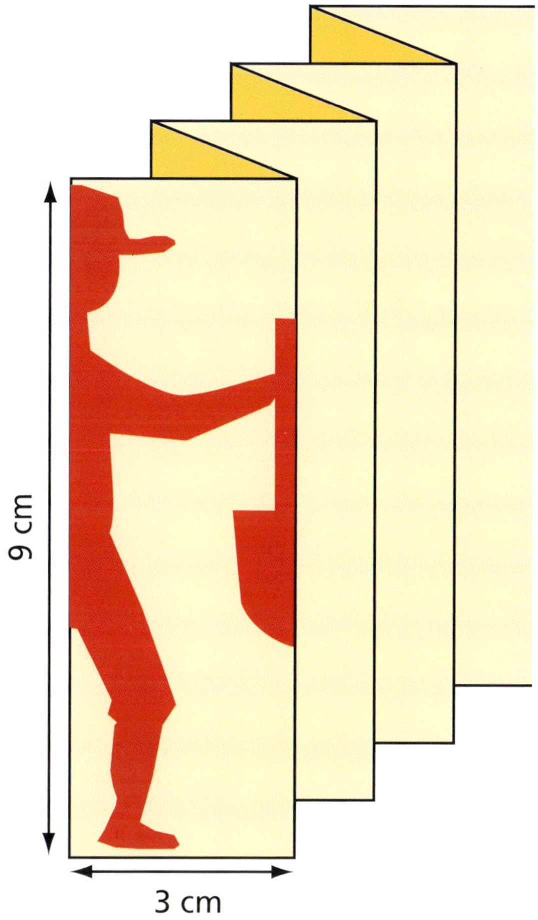

Pour obtenir une très grande quantité de laboureurs avec leurs pelles, place plusieurs ribambelles les unes à la suite des autres et fixe-les sur l'envers.

Tu peux réaliser toutes sortes de modèles sur ce principe.

La Cigale et la Fourmi

La Cigale, ayant chanté
Tout l'été,
Se trouva fort dépourvue
Quand la bise fut venue.
Pas un seul petit morceau
De mouche ou de vermisseau.
Elle alla crier famine
Chez la Fourmi sa voisine ;
La priant de lui prêter
Cinq cents grains pour subsister
Jusqu'à la saison nouvelle.
Cinq cents grains, répondit-elle
Vous me rembourserez ce prêt,
Avec trois pour cent d'intérêt
En surplus du capital
Avant l'août, **pauvre** animal !
La Fourmi n'est pas prêteuse ;
C'est là son moindre défaut.
Que faisiez-vous au temps chaud ?
Dit-elle à cette emprunteuse.
Nuit et jour à tout venant
Je chantais, ne vous déplaise.
Vous chantiez, j'en suis fort aise :
Eh bien ! **Comptez** maintenant.

Pour comprendre la fable

dépourvue : n'ayant pas, manquant (de nourriture).

la bise : le vent froid qui souffle en hiver.

crier famine : dire qu'elle mourait de faim.

pour subsister : pour pouvoir continuer à vivre.

emprunteuse : une personne qui demande qu'on lui prête quelque chose.

j'en suis fort aise : j'en suis bien contente.

intérêt : lorsqu'on emprunte de l'argent, on doit payer, à la personne qui prête, le service qu'elle rend à l'emprunteur. C'est ce qu'on appelle l'intérêt.

le capital : c'est la somme empruntée dans un prêt.

Les mots cachés

La cigale a caché des mots de la fable. Ils sont écrits, chacun, dans l'une des huit directions de cette grille (←↖↑↗→↘↙↓). Une même lettre peut être utilisée dans plusieurs mots. **Retrouve et barre tous les mots cachés. En assemblant alors les huit lettres restantes, tu trouveras ce que cette emprunteuse devait payer.**

E	L	A	M	I	N	A	R
S	N	I	A	R	G	I	E
U	F	E	C	I	N	T	S
E	O	F	H	E	S	R	R
T	R	O	A	C	N	E	U
N	T	U	N	D	U	E	O
U	N	R	T	E	I	O	B
R	E	M	S	F	T	T	M
P	C	I	G	A	L	E	E
M	B	S	T	U	O	A	R
E	S	U	E	T	E	R	P

Liste des mots cachés

animal

grains

prêteuse

rembourser

défaut

fourmi

aise

chant

cent

août

emprunteuse

cigale

bise

mouche

fort

nuit

Le calcul de la cigale

Un prêt de « trois pour cent d'intérêts » signifie que l'on doit rendre, en plus de la quantité de grains empruntés, trois grains pour cent grains empruntés.

Pour 500 grains empruntés, il y a donc un intérêt de 5 × 3 grains en plus.
La cigale devra donc rembourser 15 grains en plus des 500 grains empruntés.
La cigale devra donc rendre finalement 500 + 15 grains : 515 grains.

Le commentaire du Kangourou

La Fontaine est un fabuliste, ce n'est pas un spécialiste des insectes. Jean-Henri Fabre, qui a passé presque tout le XIXe siècle à les étudier, nous rappelle que, dans la réalité, c'est la fourmi qui vient voler la cigale.
Lorsque celle-ci perce le rameau d'un arbuste et que la sève sucrée en jaillit, les fourmis viennent en profiter…
Surtout, la cigale ne vit qu'en été et ne mange ni mouche, ni vermisseau.
Elle pond ses larves à l'automne dans la terre où elles passent l'hiver enfouies !

La tirelire de la fourmi

Matériel : un crayon, une gomme, une paire de ciseaux, un cutter et du carton (type bristol)

La fourmi décide de construire une tirelire pour y placer ses économies. Munie de tout le nécessaire, *elle suit les instructions suivantes*.

1 Trace une figure à 5 côtés (pentagone régulier) en reproduisant le modèle ci-contre. Découpe-la pour en faire un gabarit.

2 Dessine les contours du gabarit pour obtenir les deux patrons ci-contre.

3 Découpe les patrons puis marque les plis le long des pointillés.

4 Trace la fente et demande à un adulte de la découper au cutter.

5 Colle les deux patrons a et b ensemble l'un contre l'autre pour former un solide à 12 faces.

patron a

patron b

Et maintenant à toi d'être fourmi et de cacher tes économies dans ce que les matheux appellent un "dodécaèdre".

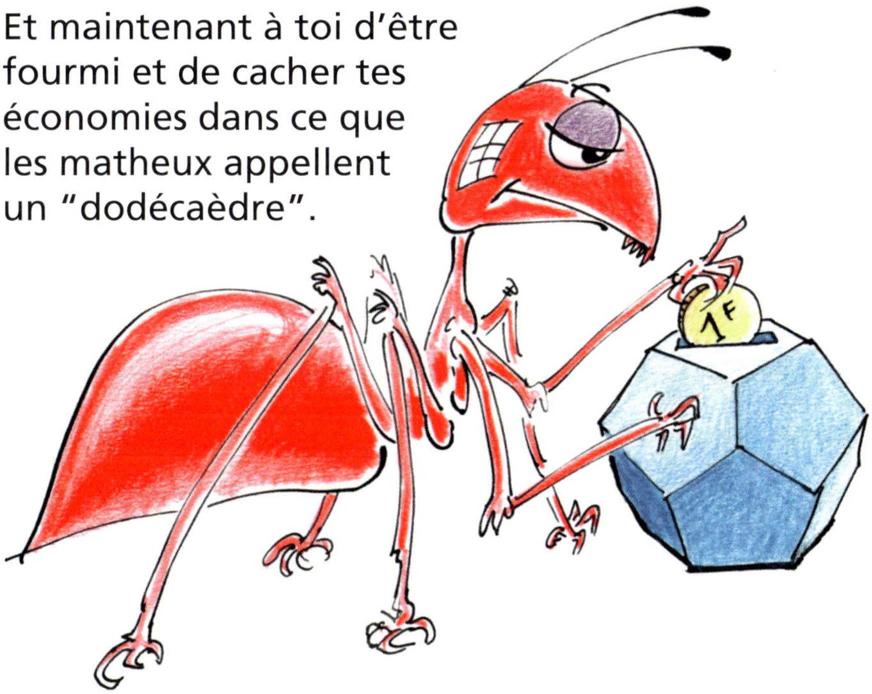

Les grains cachés de la fourmi

La fourmi cache une grande quantité des grains qu'elle a récolté.
Pour fêter Mardi-gras, elle veut retrouver ces grains.
Mais elle a oublié où ils sont !
Aide-la à retrouver son magot sous un des nombres de ce quadrillage.

- Pars du 5.
- Déplace-toi dans la grille horizontalement ou verticalement, en passant d'une case à une case voisine, contenant :
  - soit le double du nombre de la case où tu es,
  - soit 2 de moins que le nombre de la case où tu es.

Attention, certaines routes sont des impasses.

- Tu seras arrivé *à la cache de la fourmi* quand tu seras dans la partie rouge du quadrillage et que tu ne pourras plus avancer.

Le nombre écrit dans cette case te dévoilera trois nombres :
- trouve le premier en divisant le nombre de la case par 30,
- trouve le deuxième en divisant le nombre de la case par 5,
- trouve le troisième en divisant le nombre de la case par 12.

Remplace alors chaque nombre par une lettre selon le code suivant :

A=1, B=2, C=3, D=4, E=5, F=6, G=7, H=8, I=9, J=10, K=11, L=12, …, Z = 26.

Tu sais maintenant **quelle est la céréale cachée par la fourmi !**

5	**10**	**18**	**19**	**9**	**6**	**12**	**10**
9	**8**	**16**	**14**	**12**	**10**	**5**	**80**
18	**24**	**34**	**28**	**27**	**43**	**26**	**64**
36	**38**	**24**	**26**	**24**	**22**	**20**	**40**
34	**40**	**48**	**96**	**192**	**394**	**392**	**36**
32	**42**	**46**	**44**	**42**	**74**	**56**	**38**
30	**92**	**82**	**48**	**40**	**38**	**36**	**34**
28	**96**	**42**	**40**	**20**	**60**	**30**	**32**

Le Corbeau et le Renard

Maître Corbeau, sur un arbre perché,
Tenait en son bec un fromage.
Maître Renard, par l'odeur alléché,
Lui tint à peu près ce langage :
« Hé ! bonjour, Monsieur du Corbeau,
Que vous êtes joli ! que vous me semblez beau !
Sans mentir, si votre ramage
Se rapporte à votre plumage,
Vous êtes le Phénix des hôtes de ces bois. »
À ces mots le Corbeau ne se sent pas de joie,
Et pour montrer sa belle voix,
Il ouvre un large bec, laisse tomber sa proie.
Le Renard s'en saisit et dit : « Mon bon Monsieur,
Apprenez que tout flatteur
Vit aux dépens de celui qui l'écoute :
Cette leçon vaut bien un fromage, sans doute.
Fromage carré quoi qu'il en soit,
Large de douze et haut de trois,
En centimètres ; il est à moi. »
Le Corbeau, honteux et confus,
Calcula, mais un peu tard, **le volume perdu**.

Pour comprendre la fable

alléché : attiré et mis en appétit.

votre ramage : votre chant. Ce mot, qui n'est plus très employé, désignait les chants d'oiseaux dans les rameaux des arbres.

se rapporte à votre plumage : est aussi beau que votre plumage. C'est une flatterie : le renard ne pense pas vraiment que les corbeaux ont un beau plumage.

le phénix : le phénix était un oiseau fabuleux, unique en son genre et capable de renaître de ses cendres. Par extension, cette expression désigne quelqu'un d'unique en son genre, de supérieur aux autres.

laisse tomber sa proie : d'habitude, le mot proie désigne plutôt un animal que l'on a capturé et non un objet que l'on a attrapé. Ici, il désigne le fromage dont le corbeau s'était emparé.

Le labyrinthe

Le renard est farceur… mais pas méchant. Il a déposé le fromage de notre ami corbeau au centre de ce labyrinthe. *Aide notre volatile noir à retrouver le chemin vers son fromage.*

Pour cela, tu peux essayer de tracer son chemin mais tu risques de te perdre… Alors utilise un crayon à papier et une gomme pour faire tes recherches de cheminement.

Le calcul du volume

Le volume d'un pavé s'obtient en multipliant trois mesures : sa hauteur, la largeur et la longueur de sa base.
Ici $3 \times 12 \times 12 = 3 \times 144 = 432$.
Le volume du fromage est de 432 centimètres cubes.

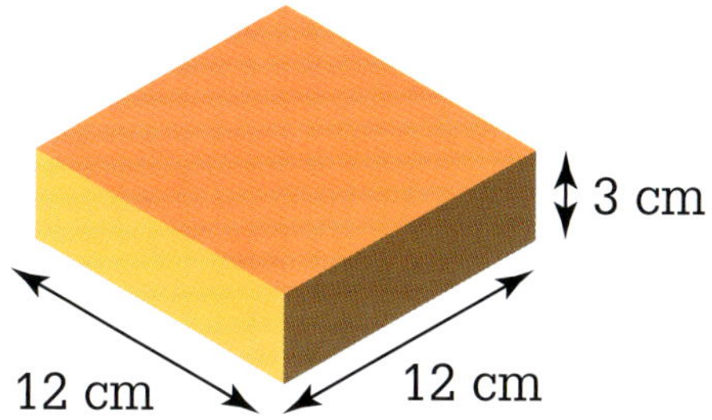

Le commentaire du Kangourou

La Fontaine ne le savait peut-être pas : les corbeaux sont des animaux ayant de grandes capacités à compter. Cela a été prouvé par une expérience simple. Des observateurs se sont cachés dans un abri près d'un nid de corbeaux. Tant qu'il y a un homme dans l'abri, les corbeaux se refusent à sortir. En faisant entrer tous ensemble, puis sortir un par un les observateurs de la cachette, on a pu voir que jusqu'à cinq, les corbeaux savaient "compter" et attendaient la sortie du dernier caché.

Les animaux cachés

Pour échapper à un chasseur bien mal intentionné, les corbeaux et les renards se sont cachés derrière une palissade. On peut juste compter les pattes et les têtes.
66 pattes et 19 têtes…

Combien cela fait-il de corbeaux et de renards ?

Le pavage d'oiseaux

Matériel : calque, feuille cartonnée (type bristol), feuille blanche

Voici un pavage réalisé avec 8 oiseaux identiques.
À toi de réaliser un pavage semblable mais beaucoup plus grand.

Voici ce qu'il te faut faire :

1 Décalque un des oiseaux et reproduis-le sur une feuille cartonnée.

2 Découpe l'oiseau que tu as tracé sur ta feuille cartonnée. Tu obtiens ainsi le gabarit de l'oiseau.

3 À l'aide de ce gabarit, tu peux reproduire le pavage ci-dessus en traçant le contour de ta forme. Fais attention à bien positionner ton gabarit.

4 Tu peux maintenant prolonger le pavage. Il ne doit pas y avoir de trous…
Agence les oiseaux de manière à ce qu'ils s'encastrent tous les uns dans les autres.

5 Pour finir, tu peux colorier ton pavage avec différentes couleurs.

La Grenouille qui veut se faire aussi grosse que le Bœuf

Une Grenouille vit un Bœuf
Qui lui sembla de belle taille.
Elle qui n'était pas grosse en tout comme un œuf,
Envieuse s'étend, et s'enfle, et se travaille,
Pour égaler l'animal en grosseur ;
Disant : Regardez bien, ma sœur,
Je double mon côté, mon volume a doublé !
Nenni. A-t-il triplé ? Point du tout ! Quadruplé ?
Vous n'en approchez point. La chétive pécore
S'enfla si bien qu'elle creva.

Le monde est plein de gens qui ne sont pas plus sages :
Qui doublant le côté croient doubler le volume.
Ô toi qui vois ici le produit de ma plume,
D'une règle plus juste énonce-nous l'usage.

Pour comprendre la fable

s'étend, s'enfle et se travaille : la grenouille essaye de se gonfler, de se grossir au maximum.

chétive : petite et maigre, de faible constitution.

pécore : au temps de La Fontaine, ce mot désignait simplement un animal. De nos jours, il désigne aussi une femme sotte et prétentieuse.

La grenouille s'éclate

La grenouille s'enfla si bien qu'elle en éclata !

Quelles sont les pièces de puzzle qui sont nécessaires pour reconstituer notre malheureuse grenouille ? Lesquelles sont en trop ?

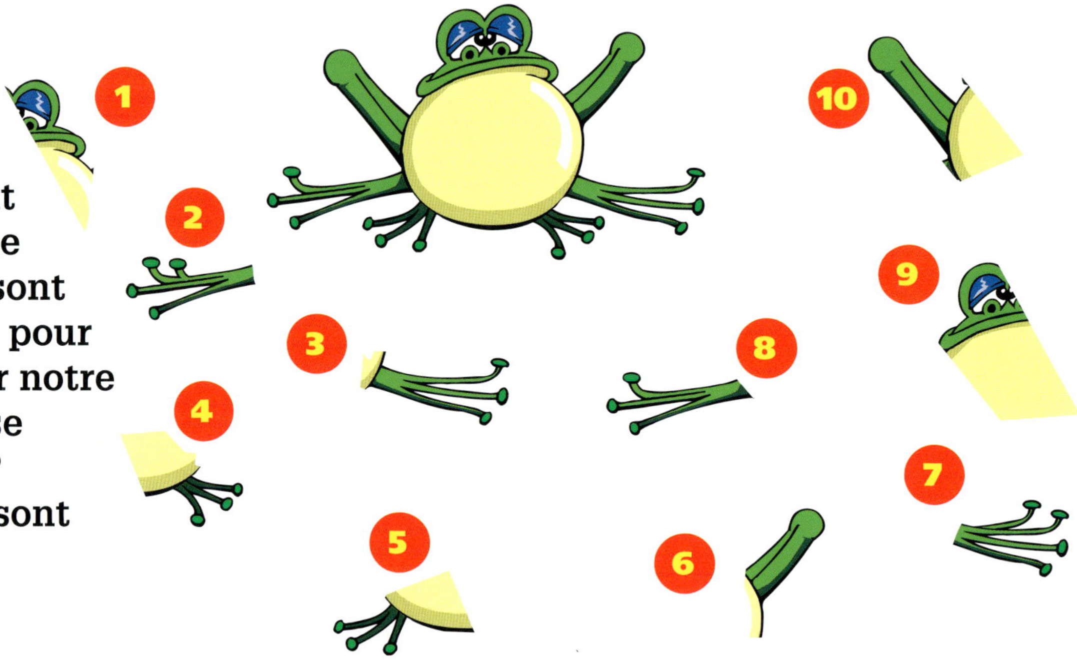

La supériorité du bœuf

Trouve le nombre caché dans chaque étiquette. Chaque nombre t'indique une lettre de l'alphabet (*a* = 1, *b* = 2, etc.). En mettant un peu d'ordre dans ces lettres, tu pourras découvrir la cause de la supériorité du bœuf.

Le multiple de 11 qui annonce la police

Les jours en 3 semaines

La moitié des jours d'Avril

Porte-bonheur du vendredi

Les mois de l'année

Un quart de vingt

L'erreur de la grenouille

La grenouille pense qu'en doublant ses dimensions, cela fait doubler son volume. Elle se trompe : en multipliant par deux tous les côtés d'une figure, on multiplie son aire par quatre et s'il s'agit d'un volume, **on multiplie son volume par huit !**

Pour le comprendre, il suffit de prendre des objets simples, le carré et le cube par exemple.

- En doublant le côté d'un carré, on multiplie sa surface par 4.
- En doublant le côté d'un cube, on multiplie son volume par 8.

Le commentaire du Kangourou

C'est un piège classique dans lequel est tombée la grenouille. Le Kangourou aime bien utiliser ce piège dans son jeu car il attrape beaucoup de gens ! Quant à l'affaire d'une grenouille qui se gonfle volontairement jusqu'à éclater, elle est peu crédible. Mais elle est à rapprocher de la curieuse propriété du système respiratoire des batraciens, lesquels, dénués de muscles thoraciques (ceux qui permettent de gonfler ou comprimer les poumons) sont obligés d'aspirer l'air en contractant leur gorge. La Fontaine ne savait sans doute pas à son époque que sans les batraciens, nous, humains, ne serions peut-être jamais apparus sur la terre : les charmantes bébêtes gluantes sont en effet parmi les premiers vertébrés à être sortis de l'eau pour coloniser le milieu terrestre, il y a environ trois cent millions d'années.

Über etwas nachdenken, eine eigene Meinung bilden und gemeinsam Probleme lösen

Operator	Was genau musst du tun?	Was dir helfen kann
beurteile	Du ▸ *bewertest* einen bestimmten historischen Sachverhalt. Dabei achtest du genau auf die Fakten und Umstände (= Sachurteil).	**Beispiel:** *Die schlechten Wohnverhältnisse wirkten sich auf das Familienleben aus, weil …*
bewerte, nimm Stellung	Du beziehst wie bei ▸ *beurteile* Stellung zu einem historischen Sachverhalt. Bei „bewerte" sollst du aber auch deine eigene Vorstellung berücksichtigen (= Werturteil).	**Beispiel:** *Die Reaktionen auf die Umweltbelastungen waren damals und heute unzureichend, weil …*
diskutiere	Du nimmst zu einer bestimmten Aussage eine bestimmte Position ein. Damit du einen Leser oder Zuhörer überzeugen kannst, musst du Argumente entwickeln.	**Beispiel:** *Ich finde, dass die Urbanisierung auch Probleme löste, da sie …*
erörtere, setze dich auseinander	Du entwickelst schriftlich und wie bei ▸ *diskutiere* eine Argumentation, indem du Thesen mit Beispielen bildest.	Erörtern hat einen ausgeprägten Sachbezug, sodass die historische Fragestellung noch stärker in den Mittelpunkt der Betrachtung rückt als bei ▸ *diskutiere*.
interpretiere, deute	Du ▸ *untersuchst* die Aussagen eines Textes, eines Bildes, einer Statistik oder eines Schaubildes und stellst fest, was der Verfasser bzw. Urheber damit bewirken wollte. Du kannst bei der Interpretation deine Aussagen selbst gewichten. Berücksichtige dabei die Ergebnisse, die du durch die vorausgehende Beschreibung und Untersuchung gewonnen hast. Es geht also nicht um eine bloße Einschätzung oder Vermutung.	• *Der Verfasser möchte mit seinem Text (wahrscheinlich) erreichen, dass …* • *Der Künstler will dem Betrachter zeigen, dass …* • *Der Statistiker will belegen, dass …* Vergiss im Anschluss an die Behauptung nicht, deine Deutung mithilfe der Beschreibung und Untersuchung zu belegen! • *Das kann man daran erkennen, dass …* • *Folgende Bildelemente sprechen dafür, dass …*
prüfe, überprüfe	Du ▸ *untersuchst*, ob eine Aussage stimmig ist, und formulierst ein überzeugendes Ergebnis zu deinen Überlegungen. Vorher musst du ein Material aber ▸ *untersuchen* oder ▸ *auswerten*.	**Tipp:** Berücksichtige beim Überprüfen die Informationen zu ▸ *beurteile*, ▸ *bewerte* und ▸ *diskutiere*.
vergleiche, stelle gegenüber, unterscheide	Du stellst zwei Aussagen oder Materialien gegenüber und suchst mithilfe bestimmter Vergleichspunkte nach Gemeinsamkeiten und Unterschieden. Abschließend formulierst du ein Ergebnis der Gegenüberstellung.	**Tipp:** Zur Vorbereitung deiner Antwort kann eine Tabelle mit Spalten hilfreich sein. <table><tr><td>Vergleichsmerkmal</td><td>Material 1</td><td>Material 2</td></tr><tr><td>…</td><td>…</td><td>…</td></tr></table>

DAS WAREN ZEITEN

3

herausgegeben von
Dieter Brückner
und Josef Koller

C.C.Buchner

Das waren Zeiten – Bayern

Unterrichtswerk für Geschichte an Gymnasien

Band 3 für die Jahrgangsstufe 8:
Das lange 19. Jahrhundert

Herausgegeben von Dieter Brückner und Josef Koller

Bearbeitet von Volker Bräu, Dieter Brückner, Judith Bruniecki, Marcus Gerber, Klaus Dieter Hein-Mooren, Josef Koller, Sven Pflefka, Ernst Schütz, Andreas Weindl unter Mitarbeit von Stefan Schuch

Dieser Titel ist auch als digitale Ausgabe **click & study** unter www.ccbuchner.de erhältlich.

Die Mediencodes des Werkes enthalten zusätzliche Unterrichtsmaterialien, die der Verlag in eigener Verantwortung zur Verfügung stellt.

1. Auflage, 1. Druck 2020
Alle Drucke dieser Auflage sind, weil untereinander unverändert, nebeneinander benutzbar.

Dieses Werk folgt der reformierten Rechtschreibung und Zeichensetzung. Ausnahmen bilden Texte, bei denen künstlerische, philologische und lizenzrechtliche Gründe einer Änderung entgegenstehen.

An keiner Stelle im Schülerbuch dürfen Eintragungen vorgenommen werden.

Redaktion: Klaus Dieter Hein-Mooren
Korrektorat: Kerstin Schulbert
Layout, Satz und Grafik: ARTBOX Grafik & Satz GmbH, Bremen
Karten: ARTBOX Grafik & Satz GmbH, Bremen; KÄMMER-Kartographie, Berlin; mr-Karthographie, Gotha; Peter Palm, Berlin
Umschlag: ARTBOX Grafik & Satz GmbH, Bremen (Motiv: siehe S. 141, M1)
Druck und Bindung: Mohn Media Mohndruck GmbH, Gütersloh

www.ccbuchner.de

ISBN: 978-3-661-**31063**-3

Inhalt

Alle mit * gekennzeichneten Kapitel sind nicht verbindlich.

3 Bayern – Identität, Staatsgebiet und kulturelles Erbe

4 Industrialisierung und Soziale Frage

5 Das Deutsche Kaiserreich

Alle mit * gekennzeichneten Kapitel sind nicht verbindlich.

6 Imperialismus und Erster Weltkrieg

Anhang

Zusätzliches Kartenmaterial

Mit diesem Geschichtsbuch arbeiten und lernen

Das waren Zeiten wird euch durch dieses Schuljahr begleiten. Es ist ein Lern- und Arbeitsbuch. Die folgenden Erklärungen stellen die verschiedenen Teile des Werkes vor. Sie geben an, wie ihr mit dem Buch gut arbeiten und lernen könnt.

Der Auftakt

Am Beginn eines jeden Großkapitels zeigt ein großes Bild, wo oder wie wir der Geschichte begegnen können. Kurze Erläuterungen und erste Aufgaben sollen euch zum Nachfragen und Nachdenken über das Thema und die Zeit anregen.

Orientierung in Raum und Zeit

Auf dieser Doppelseite gibt euch ein kurzer Einführungstext erste Hinweise, wieso es sich lohnt, sich mit dem Thema des Großkapitels zu beschäftigen. Sogenannte Leitfragen am Ende dieses Textes führen in das Thema ein. Wenn ihr das Kapitel bearbeitet habt, seid ihr in der Lage, diese Fragen zu beantworten.
Mit **M** und einer Ziffer sind alle Materialien (Bilder und Texte) gekennzeichnet. Sie vertiefen die Einführung. Eine Karte und eine Zeitleiste zeigen euch, wie die Materialien in Raum und Zeit einzuordnen sind.
Erste Arbeitsvorschläge schließen die Seiten ab. Tipps zur Bearbeitung aller Aufgaben findet ihr vorne im Buch unter Aufgaben begreifen und richtig bearbeiten.

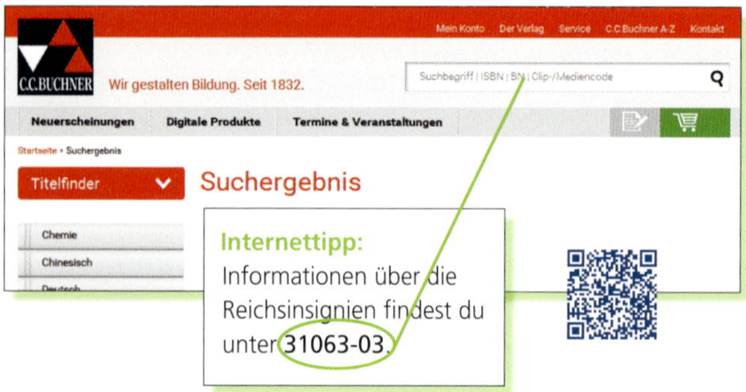

Medientipps

Zu dem einen oder anderen Thema haben wir in den Randspalten **Lese-, Karten- und Medientipps** angegeben. Wenn ihr die Tipps einsehen wollt, müsst ihr nur unsere Homepage *www.ccbuchner.de* aufrufen und in das Suchfeld oben rechts den **Mediencode** eingeben. Besondere Inhalte könnt ihr auch direkt über einen QR-Code aufrufen.

Teilkapitel

Die Lernbereiche sind in Teilkapitel gegliedert, die in der Regel eine Doppelseite umfassen. Sie enthalten die von uns Schulbuchautoren verfassten **INFOS** und ausgewählte Materialien. Die **INFOS** berücksichtigen alle vom Lehrplan vorgegebenen **Grundlegenden Daten und Begriffe** (GDB). Sie sind am fetten Druck erkennbar. Die GDB des vorhergehenden Jahrgangs oder Kapitels sind mit einem * gekennzeichnet. Sonstige Fachbegriffe und Fremdwörter haben wir in den Randspalten oder unter den Texten erklärt. Auf jeder Doppelseite befindet sich eine Zeitleiste, die euch hilft, die Inhalte zeitlich einzuordnen.
Vielfältige Lern- und Übungsaufgaben unterstützen eure Arbeit. Zu allen mit (H) oder (F) markierten Aufgaben geben wir euch Tipps zur Bearbeitung (**H**elfen) und zur Vertiefung (**F**ordern) im Anhang des Buches.
Einige Teilkapitel sind als **Lernaufgaben** ausgewiesen. Materialien, **INFOS** und Arbeitsvorschläge berücksichtigen dann einen bestimmten Lernweg.

Schritt für Schritt

Unter dieser Überschrift lernt ihr nach und nach Arbeitsmethoden kennen und anzuwenden, die für das Fach Geschichte wichtig sind.

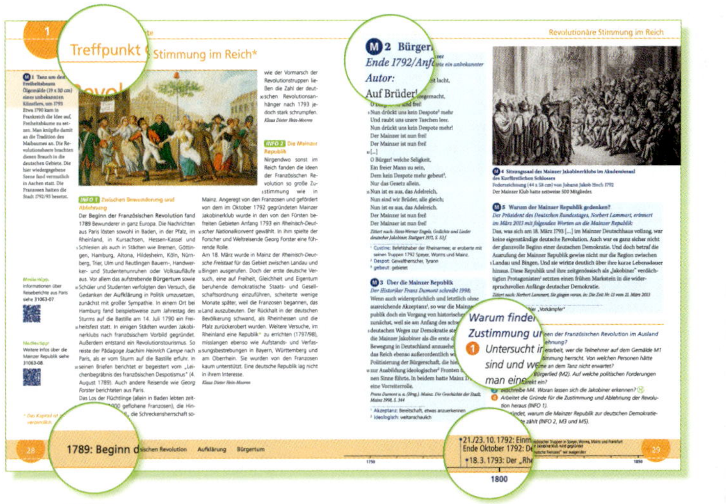

Treffpunkt Geschichte

Diese Doppelseiten findet ihr in jedem Großkapitel. Hier könnt ihr in Partner- oder Gruppenarbeit Materialien zu einem besonderen Themenbereich bearbeiten.

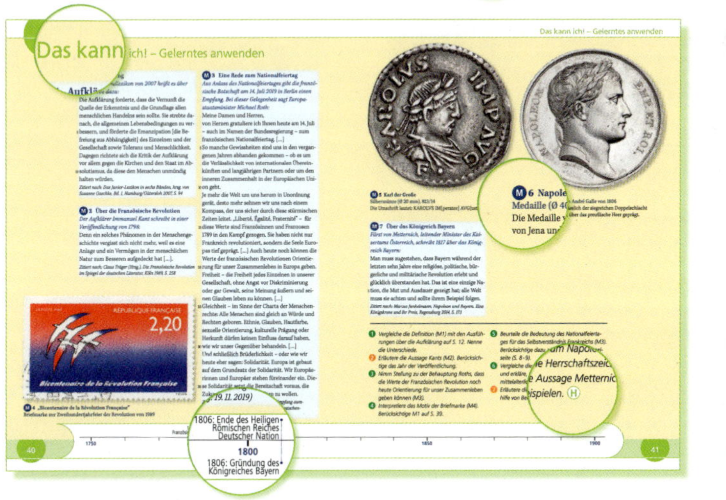

Das weiß ich – das kann ich!

Zum Schluss haben wir den ganzen Inhalt des Großkapitels knapp zusammengefasst und dazu noch weitere Materialien abgedruckt. Damit könnt ihr die Leitfragen von der Orientierungsseite beantworten, die **Grundlegenden Daten und Begriffe** wiederholen und noch einmal zeigen, wie gut ihr die erlernten Arbeitsmethoden anwenden könnt.

Anhang

Am Ende eures Geschichtsbuches findet ihr alle **Grundlegenden Daten und Begriffe** übersichtlich zusammengestellt, die Tipps und Anregungen für die mit (H) oder (F) gekennzeichneten Aufgaben und die Zusammenfassung der Arbeitsmethoden **Schritt für Schritt**.
Sach- und Personenregister helfen euch bei der gezielten Suche nach Informationen. Nutzt sie!

1

Aufklärung, Französische Revolution und Napoleon

Am 14. Juli wird in ganz Frankreich gefeiert – mit politischen Reden, Militärparaden und Volksfesten. Der Feiertag geht auf zwei Ereignisse zurück. Zum einen auf die gewaltsame Erstürmung der Bastille in Paris vom 14. Juli 1789 und auf die Überwindung der absolutistischen Herrschaftsordnung und zum anderen auf ein großes „Verbrüderungsfest" vom 14. Juli 1790, auf dem die Truppen aus allen Landesteilen Frankreichs in Paris einen Eid auf die „Nation, das Gesetz und den König" ablegten. Das erste Datum galt als der Beginn der eigentlichen Revolution und besaß Signalwirkung für das ganze Land und Europa, das zweite beschwor den Zusammenhalt aller Franzosen. Zwei Gründe, die 1880 für die Einführung des Nationalfeiertages unter der Devise „Freiheit, Gleichheit und Brüderlichkeit" sprachen – und die noch heute Anlass für die feierliche Beschwörung der gemeinsamen Geschichte und Zukunft der Nation sind.

1 *Nenne die Motive für die Einführung des französischen Nationalfeiertages.*

2 *Recherchiert in Partnerarbeit die Nationalfeiertage in Polen, Deutschland und in den USA. Woran erinnern sie?*

M 1 Truppenparade auf der Avenue des Champs-Élysées in Paris am Nationalfeiertag
Foto vom 14. Juli 2019
Seit 1980 findet alljährlich am 14. Juli eine Truppenparade auf der Avenue des Champs-Élysées statt. Im Hintergrund der von Napoleon 1806 angeregte „Arc de Triomphe". Nebenbei: Seit 1994 nehmen Streitkräfte aus ganz Europa, das „Eurokorps", an der Militärparade teil.

Orientierung in Raum und Zeit

M1 Die Bastille wird gestürmt
Aquarell (50,5 x 37,8 cm) von Jean-Pierre Houël, 1789
Die Bastille war eine im 14. Jh. errichtete Festung, die seit Mitte des 17. Jhs. als Gefängnis und seit Ende des 18. Jhs. als Waffenlager genutzt wurde. Am 14. Juli 1789 stürmten Aufständische die Festung, um die Gefangenen zu befreien. In ihren Augen waren sie Opfer der Willkür der absolutistischen Herrschaft. Unter dem Druck der Massen wurde die Bastille geöffnet. Sieben Häftlinge kamen frei. Etwa 100 Menschen starben. Die „Eroberung der Bastille" wurde zum Zeichen für die Befreiung von den „Ketten der Knechtschaft" – und später zum Nationalfeiertag der Franzosen erklärt.

Ein Epochenumbruch

Dass wir unsere Meinung frei äußern und demonstrieren gehen können, dass wir vor dem Gesetz gleich sind und politisch mitreden dürfen, verdanken wir Veränderungen, die vor rund 250 Jahren begannen. In der Epoche der **Aufklärung** wurden rationale, d.h. durch den Verstand erklär- und begründbare Entscheidungen gesucht und jahrhundertealte göttliche Weisheiten infrage gestellt. Dadurch gerieten der Absolutismus* und die Ständegesellschaft zunehmend in die Kritik, zumal sie nicht mehr in der Lage waren, die gesellschaftlichen, wirtschaftlichen und sozialen Probleme der Zeit zu lösen.

1789 begann ein tief greifender Umbruch, der in verhältnismäßig kurzer Zeit Politik, Gesellschaft, Wirtschaft und Kultur veränderte: die **Französische Revolution**. Erstmals in Europa wurden **Menschenrechte** verkündet und Freiheit und Gleichheit zum Maßstab politischen Handelns. Die Revolution entwickelte sich als politisches Experimentierfeld. Terror und Kriege zählten dazu. Nach zehn Jahren erklärte General **Napoleon** Bonaparte die Revolution für beendet. Er übernahm die Macht, krönte sich 1804 selbst zum Kaiser* und machte Frankreich vorübergehend zur Hegemonialmacht Europas (Hegemonie*).

Volker Bräu und Klaus Dieter Hein-Mooren

Das folgende Großkapitel behandelt die Ideen der Aufklärung und die Französische Revolution. Darüber hinaus erfährst du, wie Napoleon die Revolution beendete und vorübergehend eine Führungsrolle in Europa übernahm. Du kannst dann Antwort auf diese Fragen geben:

- *Welche Veränderungen brachte die Aufklärung*?*
- *Warum kam es 1789* zur Revolution?*
- *Wer löste sie aus?*
- *Wie veränderten sich die Regierungsformen im Laufe der Revolution?*
- *Wer war Napoleon*?*
- *Warum konnte er aufsteigen?*
- *Wie veränderte Napoleon Frankreich, Europa und auch Bayern?*
- *Welche Veränderungen haben Bestand bis in die Gegenwart?*

1750 — 1800

1789: Beginn der Französischen Revolution

1806: Ende des Heiligen Römischen Reiches Deutscher Nation

1806: Gründung des Königreiches Bayern

M 2 Europa unter französischer Vorherrschaft, um 1812
Zum Rheinbund siehe S. 35. Eine detaillierte Karte zum Thema „Europa zur Zeit Napoleon I. 1804-1815" findest du auf S. 228.

M 3 Kokarde
Bandschleife in Form einer Rosette, die in der Regel am Hut getragen wurde, um 1789
Zur Entstehung so viel: Drei Tage nach dem Sturm auf die Bastille (M1) steckte sich der König eine blau-rote (die Farben von Paris) Kokarde an den Hut, als er die neue Stadtverwaltung anerkannte. Daraufhin führte der Militärausschuss von Paris eine Kokarde ein, die aus einem weißen (die Farbe der Monarchie), mit blauer und roter Borte eingefassten Band bestand. Das machte sie zur Vorlage für die im Oktober 1790 eingeführte *Trikolore*: die blau-weiß-rote Nationalfahne. Nebenbei: 1792/93 wurde es zeitweise zur Pflicht, die Kokarde zu tragen.

M 4 Obelisk auf dem Münchner Karolinenplatz
Luftbildaufnahme, um 2017
Von dem Karolinenplatz gehen u. a. die Barer und die Brienner Straße ab.

1. *Erläutere, warum die „Eroberung der Bastille" (M1) für die Aufständischen eine Befreiung aus den „Ketten der Knechtschaft" war.*
2. *Erstelle mithilfe der Karte (M2) und einer aktuellen Europakarte eine Liste der Staaten, die 1812 von Napoleon* abhängig waren.*
3. *Beschreibe Herkunft und Bedeutung der Trikolore (M3). Recherchiere dazu, welche europäischen Staaten dreifarbige Nationalfahnen haben. Berichte in der Klasse, ob sie auf die Französische Revolution zurückgehen.*
4. *Informiere dich, warum es in München eine „Brienner Straße" und eine „Barer Straße" gibt (M4). Was haben die Namen mit Napoleon* und Bayern zu tun?*

1850 1900

Selbst denken! Die Aufklärung

M 1 „Aufklärung"
Nachträglich kolorierte Radierung (8,7 x 5,1 cm) von Daniel Chodowiecki, 1791
Übrigens: Die Epochenbezeichnung „Aufklärung" heißt auf Englisch „Age of Enlightenment", auf Französisch „Âge des Lumières" und auf Niederländisch „De eeuw va de verlichting".

Medientipp:
Zum Zeitalter der Aufklärung siehe auch **31063-01**.

INFO 1 Was ist Aufklärung?

Die bis heute gültige Antwort auf die Frage hat der Philosoph *Immanuel Kant* 1784 gegeben. Für ihn war **Aufklärung** „der Ausgang des Menschen aus seiner selbstverschuldeten Unmündigkeit". Er forderte jeden Einzelnen auf, sich seines „eigenen Verstandes zu bedienen" und „Faulheit und Feigheit" zu überwinden, um nicht unmündig zu bleiben.

Kant stand nicht am Anfang der Aufklärung. Seit dem 17. Jh. hatte sich in England und Frankreich eine neue Geisteshaltung entwickelt, die beinahe alle Lebensbereiche betraf. Die Aufklärer waren überzeugt,

- dass der Wert eines Menschen nicht auf Herkunft und Stand, sondern auf seiner angeborenen Würde und seiner Leistung beruhe, also darauf, wie er seine natürlichen Fähigkeiten ausbildet;
- dass der Mensch sich nur in Freiheit entfalten könne;
- dass es nicht nur eine einzige „wahre" Religion gebe, sondern dass in jeder Religion ein „vernünftiger" Kern stecke und
- dass es Sache der Herrscher sei, die Aufklärung in der Gesellschaft zu verbreiten.

Doch die Aufklärung änderte das Verhalten der Bevölkerung nur allmählich. Weiterhin glaubten noch viele Menschen an Wahrsager, fanden große Hexenprozesse statt, wurden Frauen benachteiligt, Afrikaner millionenfach versklavt und Minderheiten verfolgt.

Klaus Dieter Hein-Mooren

INFO 2 Wie soll regiert werden?

Nach den vielen Religions- und Bürgerkriegen des 16. und 17. Jhs. suchten Aufklärer mehr denn je Antworten auf die Frage nach dem besten Staat. Insbesondere die Frage, wie gerechte Herrschaft aussehen soll, beschäftigte die aufgeklärten Staatsdenker. Während die Lehre des Absolutismus* die Herrschaft der Fürsten über ein Volk auf Gottes Willen zurückführte (*Gottesgnadentum*), sahen die Aufklärer die Grundlage eines Staates in einem freiwilligen Zusammenschluss der Menschen mit einem König* als Oberhaupt. Dieses Staatsverständnis hatte auch der Engländer *John Locke*. Er verwies darauf, dass ein Monarch nicht alleiniger Gesetzgeber sein solle und dass ein Herrscher, der sich nicht an vereinbarte Gesetze hält, vom Volk abgesetzt werden könne.

Der französische Rechtsgelehrte und Schriftsteller *Charles de Montesquieu* führte Lockes Überlegungen weiter. Er forderte die Kontrolle der Staatsmacht durch ihre Aufteilung in drei Teilgewalten: die *Legislative* (gesetzgebende Gewalt: Ständeversammlung oder Parlament), die *Exekutive* (vollziehende Gewalt: König und Regierung) und die *Judikative* (richterliche Gewalt: Gerichte). Nur diese **Gewaltenteilung** könne den Machtmissbrauch eines Herrschers verhindern.

Zuletzt entwickelte der aus Genf stammende, aber in Frankreich lebende *Jean-Jacques Rousseau* eine neue Vorstellung eines Gesellschaftsvertrages. Demnach sei ein gerechtes Zusammenleben nur möglich, wenn sich alle Mitglieder einer Gemeinschaft freiwillig einem übergeordneten Gesamtwillen unterwerfen. Anders ausgedrückt: Die Herrschaft (Staatsgewalt) müsse, wie im alten Athen, vom Volk ausgehen (**Volkssouveränität**).

Bei allen Überlegungen spielten Freiheit und Rechte jedes Menschen die entscheidende Rolle.

Klaus Dieter Hein-Mooren

M 2 Recht auf Widerstand

Der englische Arzt, Naturwissenschaftler und Staatsdenker John Locke geht in einem 1690 anonym veröffentlichten Werk auch der Frage nach, ob es ein Widerstandsrecht gibt.

Wer also die […] höchste Gewalt eines Staatswesens besitzt, ist verpflichtet, nach feststehenden, gehörig bekanntgemachten und vom Volk anerkannten Gesetzen zu regieren und nicht nach Beschlüssen des Augenblicks […].

Jeder, der in seiner Autorität über die ihm gesetzlich eingeräumte Macht hinausgeht und von der Gewalt, über die er verfügt, Gebrauch macht, den Untertanen das aufzuzwingen, was das Gesetz nicht gestattet, hört in dieser Beziehung auf, Obrigkeit zu sein; und da er ohne Autorität handelt, darf ihm Widerstand geleistet werden, wie jedem anderen, der mit Gewalt in das Recht eines anderen eingreift.

Zitiert nach: Arnold Bergstraesser und Dieter Oberndörfer (Hrsg.), Klassiker der Staatsphilosophie, Stuttgart [2]1975, S. 193 und 209 f.

M 3 Geteilte Gewalten im Staat

Charles-Louis de Secondat de Montesquieu, Schriftsteller und Staatsdenker, schreibt in seinem Buch „Vom Geist der Gesetze" („De l'esprit des loix") von 1748:

Es gibt in jedem Staat drei Arten von Vollmacht: die legislative[1] Gewalt, die exekutive[2] Gewalt in Sachen, die vom Völkerrecht abhängen, und die exekutive Befugnis in Sachen, die vom Zivilrecht[3] abhängen.

Aufgrund der ersteren schafft der Herrscher oder Magistrat Gesetze auf Zeit oder für die Dauer, ändert geltende Gesetze oder schafft sie ab. Aufgrund der zweiten stiftet er Frieden oder Krieg, sendet oder empfängt Botschaften, stellt die Sicherheit her, sorgt gegen Einfälle vor. Aufgrund der dritten bestraft er Verbrechen oder sitzt zu Gericht über die Streitfälle der Einzelpersonen. […]

Sobald in ein und derselben Person oder derselben Beamtenschaft die legislative Befugnis mit der exekutiven verbunden ist, gibt es keine Freiheit. Es wäre nämlich zu befürchten, dass derselbe Monarch oder derselbe Senat[4] tyrannische Gesetze erließe und dann tyrannisch durchführte.

Freiheit gibt es auch nicht, wenn die richterliche Befugnis nicht von der legislativen und von der exekutiven Befugnis geschieden wird. […]

Alles wäre verloren, wenn ein und derselbe Mann beziehungsweise die gleiche Körperschaft entweder der Mächtigsten oder der Adligen oder des Volkes folgende drei Machtvollkommenheiten ausübte: Gesetze erlassen, öffentliche Beschlüsse in die Tat umsetzen, Verbrechen und private Streitfälle aburteilen.

Montesquieu, Vom Geist der Gesetze. Eingeleitet, ausgewählt und übersetzt von Kurt Weigand, Stuttgart 1994, S. 216 f.

M 4 Vom Gesellschaftsvertrag

In seinem 1762 in Amsterdam veröffentlichten politischen Hauptwerk „Vom Gesellschaftsvertrag oder Prinzipien des politischen Rechtes" („Du contrat social ou principes du droit politique"), das in Frankreich, den Niederlanden, in Genf und Bern sofort verboten wird, erklärt der Schriftsteller Jean-Jacques Rousseau:

Der Mensch wird frei geboren, und überall ist er in Ketten. […] Solange ein Volk gezwungen wird zu gehorchen und es gehorcht, tut es gut daran. Sobald es das Joch abschütteln kann und es tatsächlich abschüttelt, tut es noch besser daran […]. Die gesellschaftliche Ordnung aber ist ein heiliges Recht, das allen anderen zugrunde liegt. Dennoch kommt dieses Recht nicht von der Natur; es beruht folglich auf Übereinkünften.

Jean-Jacques Rousseau, Kulturkritische und politische Schriften, hrsg. von Martin Fontius, Bd. 1, Berlin 1989, S. 382 f. (übersetzt von Karlheinz Barck u. a.)

1 **Legislative**: gesetzgebende Gewalt (Gesetzgebung)
2 **Exekutive**: vollziehende Gewalt (Regierung)
3 **Zivilrecht**: bürgerliches Recht
4 **Senat**: Staatsrat

Wie sollen Menschen in einem Staat leben?

1. *Erkläre, inwiefern der Titel „Aufklärung" zu dem Bild (M1) passt.*
2. *Erläutere Kants Verständnis der Aufklärung* (INFO 1). Inwiefern ist es politisch und eine Kampfansage an die alte Ständeordnung?*
3. *Erkläre die Aufgabe der Gesetze im Staat (INFO 2 und M2).*
4. *Arbeite heraus, warum nach Montesquieu die Staatsgewalt geteilt werden muss (M3).*
5. *Diskutiert, ob Rousseaus Vorstellungen mit einer Monarchie* vereinbar waren (INFO 2 und M4).*
6. *Diskutiert in Kleingruppen, welche staatstheoretischen Ideen der Aufklärung* noch heute eine besondere Rolle in der Politik spielen.* (H)

1689-1755: Charles de Montesquieu
1724-1804: Immanuel Kant
1632-1704: John Locke
1712-1778: Jean-Jacques Rousseau
1600 1650 1700 1750 1800 1850

Frankreich vor der Revolution

M1 „Man muss hoffen, dass dieses Spiel bald vorbei ist"
Radierung eines unbekannten Künstlers, 1789

Das Bild wurde als Flugblatt verbreitet. Auf dem aus der Hose hängenden Taschentuch der unteren Person steht „Salz- und Tabaksteuer, Grundsteuer, Zehnt, Frondienst, Militärdienst"; auf dem Säbel seht „gerötet von Blut", auf der Hacke „mit Tränen getränkt". Das dunkle Gewand (Soutane), die Halsbinde („Beffchen") und das Kreuz am Hals kennzeichnen die Zugehörigkeit der Person zu einem bestimmten Stand.

Schritt für Schritt:
Karikaturen entschlüsseln

Karikaturen sind gezeichnete Kommentare zu Politik, Gesellschaft und Kultur. Sie vereinfachen und verzerren die Wirklichkeit, um etwas zu verdeutlichen, indem sie z. B. Eigenschaften einer Person oder Zustände bzw. Entwicklungen stark übertrieben wiedergeben; oft haben sie erläuternde Textelemente. Um eine Karikatur zu entschlüsseln, solltest du mit folgenden Fragen an sie herangehen:

1. Wie lauten Titel und Thema der Karikatur?
2. In welchem historischen Zusammenhang ist sie entstanden?
3. Woher stammt sie?
4. An wen wendet sie sich?
5. Wer oder was ist wie dargestellt? Werden Symbole verwendet?
6. Welche Aussageabsicht wird verfolgt?

INFO 1 Die französische Gesellschaft

Frankreichs Bevölkerung war von 1715 bis 1789 von 18 auf rund 28 Millionen gestiegen. Mit 600 000 Einwohnern war Paris die größte Stadt Frankreichs – und des Kontinents. 85 Prozent der Franzosen lebten aber auf dem Lande.

Klerus und Adel*, die beiden ersten Stände*, hatten Vorrechte und waren von Abgaben befreit. Aber zwischen Bischöfen und einfachen Priestern sowie zwischen Hofadel und verarmtem Adel gab es große Unterschiede. Zum Dritten Stand zählten Bauern und Bürger. Nur wenige Großbauern waren unabhängig, die meisten Kleinbauern hatten noch Abgaben und Dienste an ihre Grundherren zu leisten (Grundherrschaft*). Auch das **Bürgertum** war in sich stark verschieden. Zur kleinen Oberschicht gehörte das Großbürgertum. Es bestand aus Großkaufleuten, Bankiers und Unternehmern und orientierte sich an der adligen Lebensweise. Die Mittelschicht des Bürgertums bildeten Anwälte, Ärzte, Beamte, Kaufleute, Künstler und Schriftsteller. Zum sogenannten Kleinbürgertum gehörten Ladenbesitzer, Gastwirte und die noch in Zünften organisierten Handwerker. Zur Unterschicht zählten sodann die Arbeiter, Dienstboten, Tagelöhner und Erwerbslosen. Ihre Zahl stieg nach Missernten und bei Hungersnöten stark an.

Klaus Dieter Hein-Mooren

INFO 2 Krisen

1787 und 1788 waren die Ernten schlecht. Die Brotpreise stiegen. Hungerunruhen und Plünderungen von Bäckereien waren die Folge. Dazu drohte Frankreich wegen der anhaltend hohen Staatsausgaben der Staatsbankrott[1]. Zwar hatte der König immer wieder versucht, die Steuern zu erhöhen, doch Adel* und Klerus forderten hierzu die Einberufung der Generalstände.

Klaus Dieter Hein-Mooren

[1] **Staatsbankrott**: Unfähigkeit eines Staates, seine Schulden zu bezahlen.

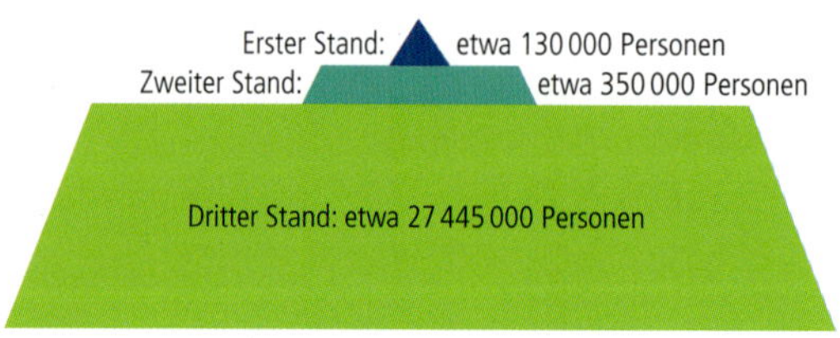

M2 Die Einteilung der französischen Bevölkerung um 1788/89
Grafik: Stefan Schuch

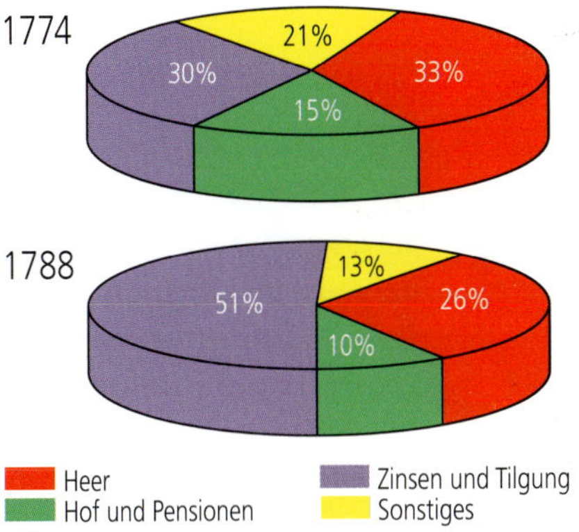

M 3 Die Entwicklung der Staatsausgaben
Zinsen: Gebühren für Kredite; **Tilgung**: Ausgaben für die Rückzahlung von Krediten; **Pensionen**: Gehälter für Beamte

INFO 3 Einberufung der Generalstände

Die Generalstände waren die gemeinsame Vertretung der drei Stände*. Sie hatte seit 1614 nicht mehr getagt. Dass *Ludwig XVI.* sie Anfang August 1788 für den 1. Mai 1789 widerwillig einberief, galt als ein Zeichen der Schwäche und läutete für manche Geschichtsschreiber das Ende des Absolutismus* in Frankreich ein.

Alle Männer über 25 Jahren wurden aufgefordert, getrennt nach Ständen, je 300 Abgeordnete zu wählen und dem König Wünsche und Beschwerden mitzuteilen. Zugleich hob Ludwig XVI. die Zensur der Presse auf. Das nutzten die Vertreter des Dritten Standes, um gegen die zahlenmäßige Überlegenheit der beiden ersten Stände zu protestieren. Sie erreichten eine Verdoppelung ihrer Abgeordnetenzahl.

Klaus Dieter Hein-Mooren

M 4 Was Bauern fordern

Mit den Wahlen zu den Generalständen werden die Bürger 1789 aufgefordert, ihre Beschwerden aufzuschreiben. So entstehen nahezu 60 000 Beschwerdehefte („Cahiers de Doléances"). Hier ein Auszug aus einem Heft der Bauern aus Gyancourt:

Die Einwohner dieser Gemeinde fordern:
1. dass alle Steuern von den drei Ständen ohne irgendwelche Ausnahme gezahlt werden, von jedem Stand gemäß seinen Kräften;
2. das gleiche Gesetz und Recht im ganzen Königreich;
3. die völlige Aufhebung der Sondersteuern und der Salzsteuer;
4. die Abgabenfreiheit aller Messen und Märkte und die Abschaffung aller Wegegelder;
5. die völlige Beseitigung jeglicher Art von Zehnten in Naturalien; […]
8. dass die Eigentumsrechte heilig und unverletzlich sind;
9. dass rascher und mit weniger Parteilichkeit Recht gesprochen wird;
10. dass alle Frondienste, welcher Art sie auch seien, beseitigt werden;
11. dass die Einziehung zum Heeresdienst nur in den dringenden Fällen erfolgt und dass in diesem Fall alle Stände ohne irgendwelche Ausnahme oder Befreiung hierzu beitragen; […]
17. dass alle Pfarrer verpflichtet sind, alle ihre Amtspflichten zu erfüllen, ohne dafür irgendeine Bezahlung zu fordern.

Zitiert nach: Irmgard und Paul Hartig, Die Französische Revolution, Stuttgart 1985, S. 34 f.

M 5 Was Frauen fordern

Beschwerdeschrift von Frauen des Dritten Standes vom 1. Januar 1789 an den König:

Wir bitten um Ausbildung und Beruf, nicht um die Befugnisse der Männer anzueignen, sondern, um höher von ihnen geachtet zu werden, und damit wir imstande sind, vor dem Elend geschützt zu leben. […] Wir bitten Sie inständig […], kostenlose Schulen einzurichten, wo wir unsere Sprache von Grund auf erlernen können, die Religion und die geistigen und sittlichen Werte […].

Wir glauben, dass es den Frauen, den Witwen und Töchtern, die Ländereien oder anderes Vermögen besitzen, billigerweise gestattet sein muss, dem Thron ihre Beschwerden zu Füßen zu legen, und dass es ebenso nur gerecht ist, ihre Stimmen zu zählen, da sie doch, wie die Männer, dazu verpflichtet sind, die königlichen Abgaben zu zahlen […].

Zitiert nach: Geschichte auch für Mädchen, hrsg. von der Parlamentarischen Staatssekretärin für die Gleichstellung von Mann und Frau beim Ministerpräsidenten des Landes Nordrhein-Westfalen, Düsseldorf 1989, S. 20 f.

Warum kommt es im absolutistischen Ständestaat zur Krise?

1. *Erkläre, welche Missstände M1 anprangert. Berücksichtige die Methode „Schritt für Schritt".*
2. *Ordne den Ständen* in der Grafik (M2) bestimmte Gruppen zu wie Bankiers, Priester, Unternehmer, Bauern, Bischöfe, Handwerker und Dienstboten.*
3. *Beschreibe die Entwicklung der Staatsausgaben (M3) und erläutere, warum sie zu einem Problem wurden (INFO 2 und 3).*
4. *Ordne die Forderungen in einer Tabelle nach folgenden Kategorien: Steuer und Finanzen – Persönliche Freiheit und Besitz – Rechtsgleichheit – Staat und Verfassung (M4 und M5).* (H)
5. *Erkläre, worin sich die Forderungen der Frauen von denen der Bauern unterscheiden (M4 und M5).*
6. *Diskutiert, welche der Forderungen des Dritten Standes bei den anderen Ständen* wohl auf den meisten Widerstand stießen.*

Die Revolution beginnt

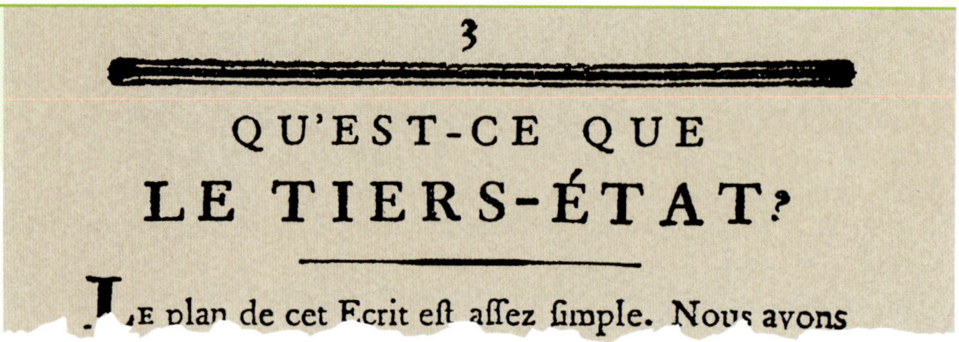
3

QU'EST-CE QUE
LE TIERS-ÉTAT?

LE plan de cet Ecrit eſt aſſez ſimple. Nous avons

M1 „Qu'est-ce que le Tiers État?“
Überschrift des ersten Kapitels der 1788 verfassten und im Januar 1789 anonym veröffentlichten Kampfschrift „Was ist der Dritte Stand?“. Sie beeinflusst den Verlauf der am 5. Mai 1789 eröffneten Generalstände.

INFO 1 Die Ständevertreter revoltieren

Als die 1 200 gewählten Vertreter der Generalstände am 5. Mai 1789 in Versailles zusammentraten, forderte der Dritte Stand eine Änderung der Abstimmungsmethode: Die Vertreter der jeweiligen Stände* sollten nicht mehr getrennt, sondern alle drei gemeinsam abstimmen. Fortschrittlich gesinnte Abgeordnete aus Adel* und Klerus unterstützten den Antrag.

Am 17. Juni 1789 erklärten die Vertreter des Dritten Standes sich zur Nationalversammlung. Sie begründeten diesen Schritt damit, dass der Dritte Stand 98 Prozent der französischen Bevölkerung vertrete – und damit den politischen Willen der gesamten **Nation** repräsentiere. Drei Tage später schworen die Abgeordneten, sich nicht mehr zu trennen „bis die Verfassung des Königreiches ausgearbeitet ist und auf festen Grundlagen ruht“. Mit diesem Schwur im königlichen Ballhaus (Sporthalle) hatte die **Revolution** ihren ersten Höhepunkt. Die Abgeordneten verstanden sich nun als Vertreter einer Nation. Die den Ideen der **Aufklärung** folgenden Männer lehnten Ständestaat und Absolutismus* ab und forderten eine **konstitutionelle Monarchie**. Die Macht des Monarchen sollte durch eine Verfassung* (Konstitution), die eine **Gewaltenteilung** festschrieb, eingeschränkt werden. Ludwig XVI. ging widerwillig darauf ein. Er erlaubte, dass die Abgeordneten aller drei Stände am 9. Juli 1789 eine Verfassunggebende Nationalversammlung bildeten, zugleich ließ er in Paris Truppen zusammenziehen.

Klaus Dieter Hein-Mooren

M2 Drei Fragen zur Nation

Verfasser der Schrift (M1) ist der Geistliche Emmanuel Joseph Sieyès. Er wird vom Dritten Stand, nicht vom Klerus, in die Generalstände gewählt. In seiner Schrift heißt es:

Der Plan dieser Schrift ist sehr einfach. Wir haben uns drei Fragen vorzulegen.

1. Was ist der Dritte Stand? ALLES.
2. Was ist er bis jetzt in der politischen Ordnung gewesen? NICHTS.
3. Was verlangt er? ETWAS ZU SEIN.

[...]

Wer wagte es also zu sagen, dass der Dritte Stand nicht alles in sich besitzt, was nötig ist, um eine vollständige Nation zu bilden? Er ist der starke und kraftvolle Mann, der an einem Arm noch angekettet ist. Wenn man den privilegierten Stand wegnähme, wäre die Nation nicht etwas weniger, sondern etwas mehr. Also, was ist der Dritte Stand? Alles, aber ein gefesseltes und unterdrücktes Alles. Was wäre er ohne den privilegierten Stand? Alles, aber ein freies und blühendes Alles. Nichts kann ohne ihn gehen; alles ginge unendlich viel besser ohne die anderen. [...]

§ I. Erste Forderung
Dass die Vertreter des Dritten Standes nur unter den Bürgern, die wirklich zum Dritten Stand gehören, gewählt werden.

§ II. Zweite Forderung des Dritten Standes
Dass seine Abgeordneten denen der beiden privilegierten Stände an der Zahl gleich sind.

§ III. Dritte und letzte Forderung des Dritten Standes
Dass die Generalstände nicht nach Ständen, sondern nach Köpfen abstimmen.

Zitiert nach: Eberhard Schmitt und Rolf Reichardt (Hrsg.), Emmanuel Joseph Sieyès. Politische Schriften 1788-1790, München ²1981, S. 119, 123, 134, 139 und 144

Medientipp:
Zur Französischen Revolution siehe **31063-02**.

Lesetipps:
- Inge Ott, Freiheit! Sechs Freunde in den Wirren der Französischen Revolution, Stuttgart ²2012
- Harald Parigger, Die Französische Revolution oder der Preis der Freiheit, Würzburg 2012

1789: Beginn der Französischen Revolution   Gewaltenteilung
konstitutionelle Monarchie   Nation   Aufklärung

INFO 2 Revolution auf der Straße

Die Einwohner von Paris befürchteten eine gewaltsame Auflösung der Nationalversammlung. Gerüchte verstärkten ihre Ängste. Zeitungsartikel und öffentliche Reden heizten die Stimmung an. Zollstationen wurden gestürmt und erste Straßenkämpfe geführt. Zur Sicherheit vor den regulären Truppen und zum Schutz ihres Eigentums bildeten die Bürger eine Nationalgarde. Sie konnte die Lage aber nicht wirklich beruhigen. Am 14. Juli 1789 stürmten etwa 7 000 bewaffnete Frauen und Männer das berüchtigte Gefängnis: die Bastille.[1] Auch in anderen Städten gingen die Menschen auf die Straßen.

Klaus Dieter Hein-Mooren

[1] Siehe dazu die Abbildung auf S. 10.

M3 Die Bastille ist genommen

Der englische Arzt Dr. Edward Rigby schreibt am 14. Juli 1789 seiner Familie aus Paris:

Die [...] Kunde von diesem außerordentlichen Ereignis brachte einen in der Tat unbeschreiblichen Eindruck auf die Menge hervor. Auf einen Schlag brach der tollste Jubel los; jede erdenkliche Art, in der sich die entzücktesten Freudengefühle äußern können, waren allenthalben zu sehen und zu hören. Rufe und Schreie, Springen und Umarmen, Lachen und Weinen, jeder Ton und jede Geste [...] offenbarten in der bunt durcheinandergemischten Menge ein so augenblickliches und einstimmiges Aufwallen äußerster Freude, wie es, sollte ich meinen, nie zuvor von Menschenkindern erlebt worden ist.

Zitiert nach: Ulrich Friedrich Müller (Hrsg.), Die Französische Revolution. Ein Lesebuch, München 1988, S. 49

M4 Über den 14. Juli 1789

Der englische Botschafter Lord Dorset berichtet am 16. Juli 1789 aus Paris:

Von nun an können wir Frankreich als ein freies Land ansehen; der König ist hinsichtlich seiner Macht sehr eingeschränkt, und die Stellung des Adels ist soweit herabgesetzt, dass er sich auf gleichem Rang mit dem Rest der Nation befindet.

Zitiert nach: Johannes Willms, Tugend und Terror. Geschichte der Französischen Revolution, München 2014, S. 162

M5 Ländlicher Aufruhr
Anonymer Kupferstich, um 1789

INFO 3 Revolution auf dem Lande

Auch auf dem Land begannen Bauern gegen den Adel* zu revoltieren, da ihre Beschwerden ungehört geblieben waren. Sie weigerten sich, Steuern zu zahlen. Aufgrund von Gerüchten und aus Furcht vor Verschwörungen stürmten Bauern und Tagelöhner Schlösser und Klöster*. Sie plünderten, steckten Rathäuser in Brand und vernichteten Urkunden, die ihre Abhängigkeiten dokumentierten. In der Nacht vom 4. auf den 5. August 1789 beschloss daraufhin die Nationalversammlung das Ende der Leibeigenschaft. Die Grundherren durften nicht mehr über ihre Hörigen richten und die Bauern sollten sich von den Abgaben freikaufen können. Dazu wurden Steuerbefreiungen und Ämterkäuflichkeit abgeschafft.

Klaus Dieter Hein-Mooren

Geschichte erzählt:
Die Erzählung „Was Marc-Antoine am 14. Juli 1789 machte" findest du unter **31063-03**.

Wie verläuft die erste Phase der Französischen Revolution?

1. *Erläutere, inwieweit die Schrift von Sieyés bei der Bildung der Nation* eine Rolle spielte (M1, M2 und INFO 1).*
2. *Nenne Gründe, warum die Revolution gewaltsam ablief (INFO 2 und 3).*
3. *Beurteile die Reaktionen auf die Eroberung der Bastille (M3 und M4).*
4. *Erläutere die mit den „Augustbeschlüssen" verbundenen Ziele (INFO 3).*

5.5.1789: Eröffnung der Generalstände
9.7.1789: Bildung der Verfassunggebenden Nationalversammlung
14.7.1789: Sturm auf die Bastille
Juli/August 1789: Unruhen auf dem Lande

1750 | 1800 | 1850

Lern-aufgabe

Die Erklärung der Menschen- und Bürgerrechte

M1 „Déclaration des droits de l'homme et du citoyen" (Erklärung der Menschen- und Bürgerrechte)
Ölgemälde (71 x 56 cm) von Jean-Jacques-François Le Barbier, 1789/90

Die beiden Frauengestalten symbolisieren „Frankreich" und das „Gesetz". Das „Auge der Vernunft" wacht über sie. Die beiden Schrifttafeln erinnern an die Gesetzestafeln von Moses mit den zehn Geboten. Auf der Pike (Spieß des Fußvolkes) ist eine rote Mütze abgebildet, ein Zeichen für die Wehrhaftigkeit der Bürger. Sie ist eine Anspielung auf die Kopfbedeckung der freigelassenen Sklaven im alten Rom. Das Rutenbündel darunter ist ein Verweis auf die Strafgewalt der römischen Beamten.

Medientipp:
Den vollständigen Text der „Erklärung der Rechte der Menschen und Bürger" findest du unter **31063-04**.

M2 Die Erklärung der Rechte der Menschen und Bürger

Am 26. August 1789 verkündet die Nationalversammlung die Erklärung. Sie wird der Verfassung vom 3. September 1791 vorangestellt.

Da die Vertreter des französischen Volkes, als Nationalversammlung eingesetzt, erwogen haben, dass die Unkenntnis, das Vergessen oder die Verachtung der Menschenrechte die einzigen Ursachen des öffentlichen Unglücks und der Verderbtheit der Regierung sind, haben sie beschlossen, die natürlichen und unveräußerlichen und heiligen Rechte der Menschen in einer feierlichen Erklärung darzulegen [...]. [...]

Art. 1: Die Menschen sind und bleiben von Geburt frei und gleich an Rechten. [...]

Art. 2: Das Ziel jeder politischen Vereinigung ist die Erhaltung der natürlichen und unveräußerlichen Menschenrechte. Diese Rechte sind Freiheit, Eigentum, Sicherheit und Widerstand gegen Unterdrückung. [...]

Art. 4: Die Freiheit besteht darin, alles tun zu können, was anderen nicht schadet. [...]

Art. 6: Das Gesetz ist der Ausdruck des allgemeinen Willens. Alle Bürger haben das Recht, persönlich oder durch ihre Vertreter an seiner Formung mitzuwirken. Es soll für alle gleich sein [...]. [...]

Art. 7: Jeder Mensch kann nur in den durch das Gesetz bestimmten Fällen und in den Formen, die es vorschreibt, angeklagt, verhaftet und gefangengehalten werden. [...]

Art: 11: Die freie Mitteilung der Gedanken und Meinungen ist eines der kostbarsten Menschenrechte. Jeder Bürger kann also frei schreiben, reden und drucken unter Vorbehalt der Verantwortlichkeit für den Missbrauch dieser Freiheit in den durch das Gesetz bestimmten Fällen.

Zitiert nach: Günther Franz (Hrsg.), Staatsverfassungen. Eine Sammlung wichtiger Verfassungen der Vergangenheit und Gegenwart in Urtext und Übersetzung, München ²1964, S. 303 - 307

INFO Forderungen werden umgesetzt

Schon vor dem Sturm auf die Bastille hatte die Nationalversammlung an einer „Erklärung der Rechte der Menschen und Bürger" gearbeitet. Sie wurde bereits vor Fertigstellung der Verfassung* am 26. August 1789 verkündet und beendete alle bisherigen Sonderrechte. Die Abgeordneten orientierten sich an der amerikanischen Unabhängigkeitserklärung von 1776. Anders als diese wandten sich die Franzosen aber mit ihrer Erklärung an die gesamte Menschheit.

Der Text zählt bis heute zu den wichtigsten Dokumenten der **Französischen Revolution**, obwohl er weder die Frauen noch die Sklaven in den Kolonien berücksichtigte – eine Ungerechtigkeit, die damals nur von wenigen gesehen wurde.

Ludwig XVI. erkannte die **Menschenrechte** erst nach einer großen Demonstration an. Am 5. Oktober waren über 6000 bewaffnete Frauen zunächst vor das Pariser Rathaus und dann zusammen mit der Nationalgarde nach Versailles gezogen, um gegen die unzureichende Brotversorgung von Paris zu protestieren. Es kam zu Gewalt und Leibwachen des Königs wurden getötet. Noch am Abend des 5. Oktobers ging der König auf die Forderungen der Demonstranten ein: Er versprach zum einen eine bessere Lebensmittelversorgung in Paris und zum anderen die Annahme der Erklärung der Menschenrechte. Als Zeichen der besonderen Fürsorge für das Volk zogen die königliche Familie und die Nationalversammlung von Versailles nach Paris.

Klaus Dieter Hein-Mooren

M4 Zug der Pariser Marktfrauen nach Versailles, Oktober 1789
Zeichnung von 1789

M3 Bürgerrechte auch für Frauen

Das französische Wort „homme" in der „Erklärung der Menschen- und Bürgerrechte" (siehe S. 18, M1) kann sowohl mit „Mensch" als auch mit „Mann" übersetzt werden. Die Schriftstellerin Olympe de Gouges legt daher der Nationalversammlung 1791 eine „Erklärung der Rechte der Frau und Bürgerin" vor. Sie bleibt zwar von den Zeitgenossen unbeachtet, wirkt aber bis heute.

Wir, die Mütter, Töchter, Schwestern, Vertreterinnen der Nation, verlangen, in die Nationalversammlung aufgenommen zu werden [...].

Art. 1: Die Frau ist frei geboren und bleibt dem Manne gleich in allen Rechten [...].

Art. 2: Ziel und Zweck jedes politischen Zusammenschlusses ist der Schutz der natürlichen und unveräußerlichen Rechte sowohl der Frau als auch des Mannes. Diese Rechte sind: Freiheit, Sicherheit, das Recht auf Eigentum und besonders das Recht auf Widerstand gegen Unterdrückung [...].

Art. 6: Das Gesetz sollte Ausdruck des allgemeinen Willens sein. Alle Bürgerinnen und Bürger sollen persönlich oder durch ihre Vertreter an seiner Gestaltung mitwirken. Es muss für alle das Gleiche sein [...].

Zitiert nach: Ute Gerhard, Menschenrechte – Frauenrechte 1789, in: Viktoria Schmidt-Linsenhoff (Hrsg.), Sklavin oder Bürgerin? Französische Revolution und Neue Weiblichkeit, Frankfurt am Main 1989, S. 68 ff.

Medientipp:
Den Text der Grundrechte unseres Grundgesetzes findest du unter **31063-05**.

Erstellt in Partnerarbeit eine digitale Präsentation zur Bedeutung der „Menschen- und Bürgerrechte* – 1789* und heute".

1. *Untersucht M1. Was soll die im Bild verwendete Symbolik deutlich machen?*
2. *Erklärt, wie die Menschen- und Bürgerrechte begründet werden (M2).*
3. *Beschreibt die Umstände, die die Annahme der Menschenrechte beförderten (INFO und M4).*
4. *Vergleicht M2 mit M3 und begründet, warum Olympe de Gouges ihre Erklärung verfasst hat.*
5. *Vergleicht M2 mit den Artikeln 1-5 des Grundgesetzes. Nutze dazu den Medientipp.*
6. *Präsentiert eure Ergebnisse und diskutiert mit der Klasse, welche Bedeutung die Menschenrechte für euch haben.* (H)

14.7.1789: Sturm auf die Bastille
26.8.1789: Verkündung der Menschen- und Bürgerrechte
5.10.1789: Zug der Marktfrauen nach Versailles; die König nimmt die Menschenrechte an

1750 | 1800 | 1850

Frankreich wird konstitutionelle Monarchie

M 1 „La Fête de la Fédération au Champ de Mars, le 14 juillet 1790“
Gemälde (127 cm x 183 cm) von Charles Thévenin, um 1790
Anlässlich des ersten Jahrestages des Sturms auf die Bastille fand am 14. Juli 1790 ein „Verbrüderungsfest“ auf dem Marsfeld statt, dem Truppenübungsplatz von Paris. Etwa 400 000 Zuschauer kamen. Demonstrativ vereinten sich hier rund 60 000 Soldaten der Nationalgarde und der regulären Truppen aus allen Teilen des Landes. Gemeinsam wurde unter Führung des Oberbefehlshabers der Nationalgarde, Marquis de Lafayette, ein Bürgereid auf die „Nation, das Gesetz und den König“ abgelegt. Auch der König beschwor öffentlich die Nation und das Gesetz.

INFO 1 Eine neue politische Kultur

Nach Einberufung der Generalstände waren politische Klubs entstanden, in denen sich Abgeordnete und Bürger trafen, um wichtige Themen zu diskutieren und Aktionen zu planen. Zur einflussreichsten Vereinigung entwickelte sich der *Jakobinerklub*, benannt nach dem Kloster* Saint-Jacques in Paris. Ihm gelang es im Laufe der folgenden Jahre, ein breites Netzwerk von Tochtergesellschaften im ganzen Land an sich zu binden. Der Jakobinerklub spaltete sich in einen gemäßigten und einen radikalen Flügel. Weitere politische Vereine entstanden, darunter auch Frauenklubs. Mit ihren Zeitungen, Flugblättern, Plakaten, Liedern und Tänzen unter den „Freiheitsbäumen“[1] beeinflussten sie die öffentliche Meinung und Stimmung.

Eine Besonderheit der neuen politischen Kultur wurden nationale Revolutionsfeiern. Die erste und größte war das Verbrüderungsfest am 14. Juli 1790 in Paris. Erstmals gab man hier die Losung „Freiheit, Gleichheit, Brüderlichkeit“ (franz.: *liberté, égalité, fraternité*) aus. Sie wurde aber erst 90 Jahre später zur amtlichen Devise Frankreichs.

Klaus Dieter Hein-Mooren

INFO 2 Vom Untertan zum Staatsbürger

Die Diskussion über die Verfassung* wurde beeinflusst von dem verhinderten Versuch Ludwigs XVI., mit seiner Familie im Juni 1791 ins Ausland zu fliehen. Viele Franzosen sahen seitdem in dem König einen Landesverräter und forderten das Ende der Monarchie*. Trotzdem beschloss die Nationalversammlung am 3. September 1791 die Verfassung. 11 Tage später leistete der König* seinen Eid auf die Konstitution – Frankreich war **konstitutionelle Monarchie**.

Der König vertrat das Land nach außen, war oberster Kriegsherr und stand einer von ihm gebildeten Regierung vor (Exekutive). Seine Macht musste er gemäß **Gewaltenteilung** mit der Nationalversammlung (Legislative) und den Gerichten (Judikative) teilen. Nur die Bürger mit Einkommen erhielten das Recht, Abgeordnete zu wählen. Die Legislative war für die Gesetze und die Steuern zuständig. Unabhängige Gerichte hatten öffentlich zu tagen. Die Verfassung von 1791 hatte aus Untertanen Staatsbürger gemacht.

Klaus Dieter Hein-Mooren

[1] Siehe Seite 28, M1.

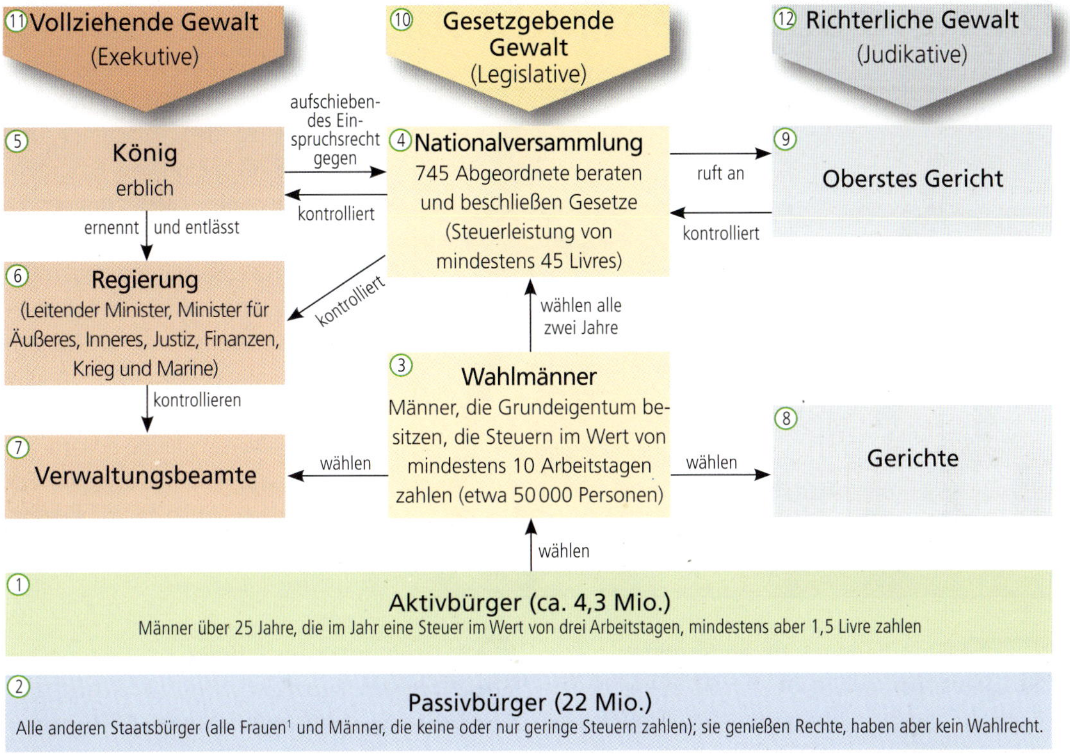

M2 Die Verfassung von 1791

Medientipp:
Den vollständigen Text der Verfassung siehe unter **31063-06**.

[1] Das Frauenwahlrecht wurde in Frankreich 1946 eingeführt.

Schritt für Schritt:
Verfassungsschemata auswerten

Ein Verfassungsschema stellt grafisch dar, wie ein Staat aufgebaut ist, welche Institutionen er hat, wie sie zusammenarbeiten und welche Rechte die Bewohner haben.
Folgende Leitfragen können dir bei der Auswertung einer solchen Grafik helfen:

1. Wer hat die Verfassung ausgearbeitet und beschlossen?
2. Welche Teile der Bevölkerung werden genannt?
3. Wer darf wählen (aktives Wahlrecht) und wer darf gewählt werden (passives Wahlrecht)?
4. Wer ist von Wahlen ausgeschlossen?
5. Welche Ämter und Einrichtungen werden genannt?
6. Wer hat welche Aufgaben, Rechte oder Pflichten?
7. Wer arbeitet mit wem zusammen?
8. Wer hat wie viel Macht? Wer ist ausgeschlossen?
9. Wie wird ein Machtmissbrauch der Exekutive verhindert? Besteht eine Gewaltenteilung?

Wie funktioniert die konstitutionelle Monarchie?*

1. *Erläutere die Absichten, die mit dem „Verbrüderungsfest" verfolgt wurden (M1 und INFO 1).*
2. *Untersuche, welche der genannten Medien heute noch der politischen Meinungsbildung dienen (INFO 1). Welche gab es damals noch nicht?*
3. *Erklärt in Partnerarbeit, wie die Verfassung* von 1791 aufgebaut war und wie die Gewaltenteilung* funktionierte (M2). Berücksichtigt die Leitfragen in „Schritt für Schritt". (H)*
4. *Diskutiert, ob die Verfassung von 1791 (M2) aus „Untertanen" „Staatsbürger" machte. Berücksichtigt dabei den Absolutismus*.*
5. *Die Verfassung* von 1791 war die Grundlage der konstitutionellen Monarchie*. Vergleiche die politische Ordnung mit dem Absolutismus* (INFO 2 und M2). Präsentiere das Ergebnis in einer Gegenüberstellung als Tabelle.*

Die Revolution steht nicht still

M1 Die Einführung neuer Maße
Kupferstich nach J.-P. Delion, um 1800 (Ausschnitt)
Am 26. März 1791 beschloss die Nationalversammlung auf Vorschlag der „Académie des siences" die Einführung einer universellen Längeneinheit. Die Umsetzung der Idee dauerte bis zum 1. August 1793. An dem Tag wurden Maß- und Währungseinheiten (Meter, Gramm, Liter, Franc) mit Wirkung vom 1. Juli 1794 eingeführt.

INFO 1 Grundlegende Veränderungen

Die Nationalversammlung beschloss in kurzer Zeit zahlreiche Gesetze, die Staat, Gesellschaft und Wirtschaft grundlegend und nachhaltig veränderten. Frankreich wurde in 83 etwa gleich große Verwaltungsbezirke (*Départements*) eingeteilt, die die historisch gewachsenen Provinzen ablösten. Die Adelstitel schaffte man ab. Das gesamte Kirchenvermögen wurde dem Staat übertragen, um die Staatsfinanzen zu sanieren. Klöster* und Orden wurden aufgelöst, Staat und Kirche getrennt. Ehen schloss man nicht mehr in der Kirche, sondern im Rathaus. Darüber hinaus wurden Verwaltung und Gerichtswesen geändert, Binnenzölle abgeschafft und die Zunft- und Gewerbefreiheit eingeführt. Während die Veränderungen manchen Bürgern nicht weit genug gingen, nahm die Zahl der Adligen, Priester, Mönche und Nonnen zu, die ins Ausland flohen.

Klaus Dieter Hein-Mooren

INFO 2 „Friede den Hütten, Krieg den Palästen!"

Motiviert vom französischen Hochadel drohten Österreich und Preußen seit August 1791 mit einem Krieg, um die absolutistische Ordnung in Frankreich wieder herzustellen. Ein Teil der politischen Führung in Paris wollte dem Ausland zuvorkommen und von Problemen im Lande ablenken. Sie verkündete die Parole „Friede den Hütten, Krieg den Palästen!" und wollte die revolutionären Errungenschaften in andere Länder bringen.
Am 20. April 1792 stimmte Ludwig XVI. einer Kriegserklärung gegen Österreich zu. Er erhoffte eine Niederlage der Revolutionsarmee, um danach die vorrevolutionären Verhältnisse wiederherstellen zu können.
Die Nationalversammlung erklärte am 11. Juli „Das Vaterland ist in Gefahr!" und begann, eine Revolutionsarmee aufzubauen.

Klaus Dieter Hein-Mooren

M2 Drohungen aus Pillnitz

Kaiser Leopold II. und der preußische König Friedrich Wilhelm II. treffen sich am 27. August 1791 in Schloss Pillnitz unweit von Dresden. Sie veröffentlichen folgende Erklärung:

Der Kaiser und der König von Preußen haben die Wünsche und Vorstellungen [...] des ältesten Bruders des Königs von Frankreich und des Grafen Artois[1] vernommen und erklären gemeinschaftlich die Situation, in der sich der König von Frankreich gegenwärtig befindet, als ein gemeinsames Interesse für alle Könige Europas. Sie hoffen [...], dass sie sich in der Folge nicht weigern werden, gemeinschaftlich mit den unterzeichneten Majestäten, gemäß ihren Kräften, die wirksamsten Mittel anzuwenden, um den König in den Stand zu setzen, in größter Freiheit die Grundlagen eines monarchischen Regiments zu festigen, die gleichermaßen den Rechten der Souveräne und dem Wohl der französischen Nation entsprechen. [...] In der Voraussetzung werden sie ihren Truppen die geeigneten Befehle erteilen, um sie in den Stand zu setzen, einzuschreiten.

Zitiert nach: Walter Grab (Hrsg.), Die Französische Revolution. Eine Dokumentation, München 1973, S. 59 f.

[1] **Charles Philippe Graf D'Artois**: Bruder von Ludwig XVI.; er war am 15./17. Juli 1789 aus Frankreich geflohen und plante vom Exil aus gegenrevolutionäre Aktionen.

M 3 Keine Revolution ohne Krieg

Der Journalist Jacques-Pierre Brissot empfiehlt am 16. Dezember 1791:

Die Kraft der Überlegung und der Tatsachen hat mich davon überzeugt, dass ein Volk, das nach 10 Jahrhunderten der Sklaverei die Freiheit errungen hat, Krieg führen muss. Es muss Krieg führen, um die Freiheit auf unerschütterliche Grundlagen zu stellen; es muss Krieg führen, um die Freiheit von den Lastern des Despotismus[1] reinzuwaschen, und es muss schließlich Krieg führen, um aus seinem Schoß jene Männer zu entfernen, die die Freiheit verderben könnten.

Zitiert nach: Walter Markov, Revolution im Zeugenstand. Frankreich 1789-1799, Bd. 2, Leipzig 1986, S. 198 f.

[1] **Despotismus**: Herrschaftsform, in der gesetzlos und gewalttätig regiert wird

M 4 Kriegserklärung

Am 20. April 1792 beschließt die Nationalversammlung, dass Ludwig XVI. Österreich den Krieg mit folgenden Worten erklären muss:

In Anbetracht, dass der Wiener Hof [...] nicht aufgehört hat, aufrührerischen Franzosen unverhüllten Schutz zu gewähren und gemeinsam mit mehreren europäischen Mächten ein Bündnis gegen die Unabhängigkeit und Sicherheit der französischen Nation geschmiedet und geschlossen hat [...], beschließt die Nationalversammlung, dass die Angelegenheit keinen Aufschub duldet. Die Nationalversammlung erklärt, dass die französische Nation, den durch die Verfassung geheiligten Grundsätzen getreu, keinen auf Eroberungen gerichteten Krieg zu unternehmen und zu keiner Zeit ihre Streitkräfte gegen die Freiheit irgendeines Volkes einzusetzen, die Waffen einzig und allein ergreift, um ihre Freiheit und Unabhängigkeit zu bewahren [...].

Zitiert nach: Walter Markov, Revolution im Zeugenstand, Frankreich 1789-1799, Bd. 2, Leipzig 1986, S. 234-235

M 5 „Unité – Indivisibilité de la République. Liberté – Égalité – Fraternité ou la Mort“

Plakat (61,5 x 45 cm), Herbst 1793

Solche Plakate wurden 1793/94 in großer Zahl und in hohen Auflagen hergestellt und billig verkauft.

Zum Text und zur Symbolik des Plakats: Die mit einem Eichenkranz (seit der Antike Zeichen für Macht und Treue) eingefasste Devise „Einheit und Unteilbarkeit der Republik. Freiheit, Gleichheit, Brüderlichkeit oder Tod“ entstand im Krieg gegen die vorrückenden Truppen Österreichs und Preußens. Die beiden Piken sind mit den Nationalfarben geschmückt (siehe S. 11, M3). Zu den Spießen, dem Rutenbündel und der roten Mütze siehe S. 18, M1. Der Hahn war zwischen 1789 und 1804 französisches Wappentier und symbolisierte die errungenen Freiheiten.

Warum steht die Revolution nach 1789 nicht still?*

1. *Nenne die Bereiche, die grundlegend verändert wurden (M1 und INFO 1). Wer hatte einen Nutzen, wer einen Nachteil von den Veränderungen?*
2. *Erarbeitet in Gruppenarbeit, wie der Krieg begründet und mit welcher Zielsetzung er geführt werden sollte (INFO 2, M2 bis M4).*
3. *Erläutere die Funktion des Plakats (M5).*

Von der Monarchie zur Republik

M1 Hinrichtung Ludwigs XVI. am 21. Januar 1793
Kupferstich von 1793
Die Hinrichtung mit dem Fallbeil (Guillotine) fand vor großem Publikum auf dem größten Platz von Paris statt: die „Place de la Révolution" (seit 1830 „Place de la Concorde" = Platz der Eintracht). Zehn Monate später, am 16. Oktober 1793, wurde auch die Frau Ludwigs XVI., Marie Antoinette aus dem Hause Habsburg, geköpft.

INFO 1 Die Zweite Revolution

Die schlecht ausgerüstete Revolutionsarmee verlor die ersten Gefechte. Als dann noch der Befehlshaber der preußisch-österreichischen Truppen im Juli 1792 drohte, Paris zu vernichten, falls Ludwig XVI. und seiner Familie Gewalt zugefügt würde, brach in Paris ein Aufstand aus. Unter Führung radikaler Abgeordneter erstürmten Sansculotten[1] am 10. August 1792 das Stadtschloss. Sie nahmen den König und seine Familie gefangen, entmachteten den Monarchen und forderten eine neue Volksvertretung.

Aus Furcht vor einer Gegenrevolution und aus Panik vor anrückenden feindlichen Truppen drangen Sansculotten Anfang September 1792 in die Pariser Gefängnisse ein. Sie töten über 1 500 Männer, Frauen und Kinder, darunter viele Priester, die den geforderten Eid auf die Verfassung* verweigert hatten. Der Terror hatte begonnen.

Klaus Dieter Hein-Mooren

[1] **Sansculotten** (franz. sans culottes: ohne Kniehosen) Damit grenzten sich die Männer der radikalen städtischen Volksbewegung bewusst von den Kniehosen und Seidenstrümpfen des Adels und des Großbürgertums ab. Zu ihnen zählten Handwerker, Krämer, Gastwirte, Tagelöhner, Marktfrauen und Wäscherinnen. Ihre Anführer waren Rechtsanwälte und Journalisten. Die Sansculotten traten für ein allgemeines Wahlrecht ein.

INFO 2 Frankreich wird Republik

In diesem gewalttätigen Klima fanden die Wahlen zum Nationalkonvent, so die neue Bezeichnung für die Nationalversammlung, statt. Erstmals durften alle Männer ab dem 21. Lebensjahr unabhängig von ihrem Einkommen wählen. Aber nur sechs bis zehn Prozent der Wahlberechtigten gingen zur Wahl. Am 21. September 1792 traten die Abgeordneten zusammen, schufen die **konstitutionelle Monarchie** ab und verkündeten die „einheitliche und unteilbare Republik".

Der Nationalkonvent erarbeitete eine demokratische Verfassung*. Sie verwirklichte die **Volkssouveränität**, in der alle Gewalt vom Volke ausgeht. Darüber hinaus wurden die **Menschenrechte** um soziale Grundrechte wie das Recht auf Unterstützung in Not erweitert. Der Nationalkonvent beschloss weitere Gesetze. Darüber hinaus versuchte die Regierung alles, um den Einfluss der Kirche bzw. des Christentums* auf die Bevölkerung zu beseitigen. In dem Zusammenhang wurden im Oktober 1793 die christliche Zeitrechnung abgeschafft und ein republikanischer Kalender eingeführt. Rückwirkend wurde der 22. September 1792 zum Beginn des Jahres I erklärt.

Klaus Dieter Hein-Mooren

INFO 3 Der König wird hingerichtet

Im Winter 1792/1793 führten die Abgeordneten des Nationalkonvents den Prozess gegen den König – nicht die Richter eines unabhängigen Gerichts. Ludwig XVI., den man inzwischen nur noch „Bürger Capet" nannte, wurde „der Verschwörung gegen die Freiheit der **Nation**" überführt und zum Tode verurteilt. Das Urteil wurde erst nach einer weiteren Abstimmung im Nationalkonvent vollstreckt. 387 Abgeordnete hatten zuletzt für und 334 gegen die Hinrichtung gestimmt. Am 21. Januar 1793 wurde Ludwig XVI. hingerichtet. In ganz Europa – nicht nur in den Fürstenhäusern – waren viele Menschen darüber entsetzt. Das gewaltsame Ende der **konstitutionellen Monarchie** schadete dem Ansehen der Republik*. Im In- und Ausland stieg die Zahl ihrer Gegner.

Klaus Dieter Hein-Mooren

konstitutionelle Monarchie   Menschenrechte   Nation   Volkssouveränität

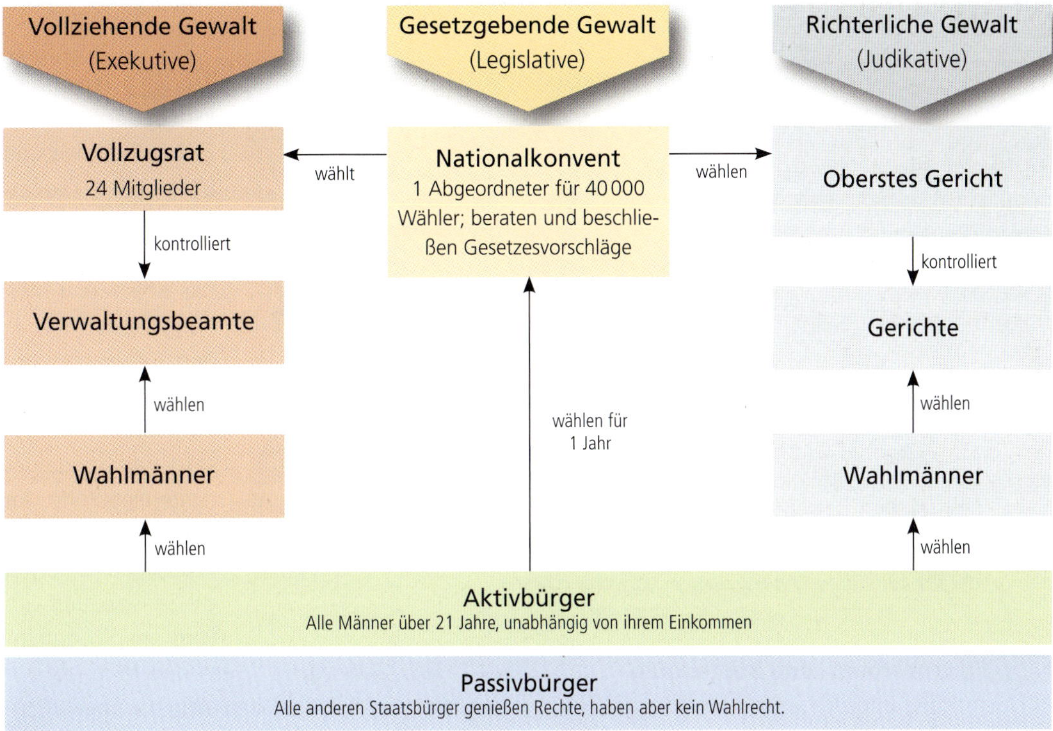

M 2 Die Verfassung von 1793

Der Nationalkonvent verabschiedete die Verfassung am 24. Juni 1793. Sie wurde durch einen Volksentscheid am 10. August 1793 bestätigt, trat aber wegen des Krieges nicht in Kraft.

M 3 „Es lebe die Republik!"

Georg Wilhelm Böhmer, der vor der Revolution Lehrer am evangelischen Gymnasium in Worms gewesen ist, berichtet am 21. Januar 1793 aus Paris nach Mainz:

Er [Ludwig XVI.] stieg […] allein aufs Blutgerüst […]. Seine Kleidung war ein weißes Kamisol[1], Hals und Brust waren unbedeckt. […] Mit herzhafter Miene und emporgehobenem Haupt näherte er sich dem Werkzeug seines Todes, sah umher von der Rechten zur Linken und sagte mit starker Stimme: „Franken! Ich sterbe unschuldig; ich verzeihe meinen Feinden, ich wünsche, dass mein Tod dem Volke nützlich sei." – Man führte ihn hierauf näher zur Köpfmaschine[2], um ihm die gehörige Stellung zu geben, wobei er noch die Worte aussprach: „Ich befehle meinen Geist in die Hand Gottes." Wenige Augenblicke darauf fiel das Haupt desjenigen, um dessentwillen schon Tausende derer fielen, die er stolz seine Untertanen nannte. Damals war es 10 Uhr 24 Minuten. Die Exekution dauerte nur einige Sekunden. Noch immer herrschte die größte Stille, aber in dem Augenblick, wo einer von den drei Scharfrichtern Ludwigs Kopf nahm und ihn den Zuschauern zeigte, erscholl ein allgemeines Geschrei: „Es lebe die Nation! Es lebe die Republik!", und alle Hüte wurden auf Bajonetten und Piken in die Höhe gehoben.

Zitiert nach: Walter Markov, Revolution im Zeugenstand. Frankreich 1789-1799, Bd. 2: Gesprochenes und Geschriebenes, Leipzig 1986, S. 348ff.

[1] **Karmisol**: eine Art Unterjacke

[2] **Köpfmaschine**: Gemeint ist die Guillotine. Das nach dem Arzt und Politiker Joseph Ignace Guillotin benannte Fallbeil wurde seit April 1792 bei Hinrichtungen verwendet.

Warum wird Frankreich 1792 zur Republik?*

1. *Fasst in Partnerarbeit zusammen, wie Frankreich zur Republik wurde (INFO 1 und 2).*
2. *Arbeite die zentralen Unterschiede zwischen den Verfassungen* von 1791 (siehe S. 21, M2) und von 1793 (M2) heraus.* Ⓗ
3. *Nimm Stellung dazu, wie Böhmer die Hinrichtung Ludwigs XVI. beurteilt.*

27.8.1791: Erklärung von Pillnitz • 20.4.792: Kriegserklärung Frankreichs an Österreich – 10.8.1792: Gefangennahme der königlichen Familie – 22.9.1792: Ausrufung der Republik
21.1.1793: Hinrichtung Ludwigs XVI.
1750 1800 1850

Krieg und Terror

M 1 „Marseillaise“
Kolorierter Kupferstich, um 1792

Im April 1792 dichtete der Offizier Claude-Joseph Rouget de Lisle das „Kriegslied für die Rheinarmee“. Es überzeugte die Armee und wurde als „Marseillaise“ 1795 (endgültig 1879) zur Nationalhymne Frankreichs erklärt. Die „Marseillaise“ hat sieben Strophen. Jede schließt mit folgendem Refrain: „Zu den Waffen, Bürger! Formt eure Reihen. Marschieren wir, marschieren wir! Bis unreines Blut unserer Äcker Furchen tränkt!“

INFO 1 Eroberungs- und Bürgerkrieg

Mit dem Krieg und den ersten Niederlagen hatte eine Radikalisierung der Revolution begonnen. Entgegen der Kriegserklärung vom 20. April 1792[1] zogen die Revolutionstruppen über Speyer, Worms und Mainz nach Norden, um die österreichischen Niederlande, das heutige Belgien, anzugreifen und die benachbarten Staaten von den Fürsten zu befreien.

England, Holland und Spanien schlossen sich daraufhin dem Bündnis Österreichs und Preußens gegen Frankreich an. In der Lage beschloss der Konvent am 23. August 1793 die allgemeine Wehrpflicht (*„Levée en masse“*), um das Vaterland vor den äußeren und inneren Feinden zu retten. Die zum Teil erzwungene Aushebung von rund 300 000 (später bis zu 900 000) Soldaten aus allen Teilen des Landes vergrößerte vor allem die Unzufriedenheit der ländlichen Bevölkerung. Aus Widerstand gegen die Maßnahmen der Regierung wurde ein Bürgerkrieg. Er fand vor allem in der Vendée statt. Ihm fielen zwischen 150 000 und 200 000 Menschen zum Opfer.

Klaus Dieter Hein-Mooren

[1] Siehe S. 23, M4.

INFO 2 Terror als Mittel der Politik

Eroberungskrieg und Bürgerkrieg ließen die Republik* nicht zur Ruhe kommen. Die Presse- und Meinungsfreiheit wurden aufgehoben, Löhne und Lebensmittelpreise festgesetzt und Sondergerichte eingeführt. Im Kampf gegen die Wucherer forderten die Sansculotten von Paris am 5. September 1793: „Gesetzgeber! Setzt den Terror auf die Tagesordnung!" Ratlos überließen die Abgeordneten des Nationalkonvents den radikalen Kräften um die Jakobiner *Maximilien de Robespierre, Georges Danton* und *Jean Paul Marat* die Macht. Sie richteten eine neue Regierung, den Wohlfahrts- und Sicherheitsausschuss, mit unbeschränkter Macht ein und übten nach der Devise „Wer nicht für uns ist, ist gegen uns" eine Schreckensherrschaft (*La terreur*) aus. Die Terrorwelle machte zuletzt nicht einmal halt vor den Revolutionsführern. Als beispielsweise Danton das brutale Vorgehen der Ausschüsse kritisierte, wurde er im April 1794 hingerichtet.

Klaus Dieter Hein-Mooren

INFO 3 Rückkehr zur „alten Ordnung“

Erst nach dem Sieg der französischen Truppen über die gegnerischen Heere fand die Mehrheit des Nationalkonvents den Mut, sich gegen die Schreckensherrschaft auszusprechen. Am 27. Juli 1794 wurde Robespierre gestürzt. Er und weitere 105 Jakobiner wurden ohne Prozess hingerichtet. Anschließend löste man die Sondergerichte auf und ließ alle Jakobinerklubs schließen.

1795 erhielt Frankreich die dritte Verfassung*. Fünf Direktoren übernahmen die Macht.

Klaus Dieter Hein-Mooren

M2 „Seien wir schrecklich …“

Am 10. März 1793 fordert der Jakobiner Georges Danton im Nationalkonvent:

Die Feinde der Freiheit erheben kühn die Stirn. In alles mischen sie sich ein, überall wirken sie aufreizend. […]
Lasst uns aus den Fehlern unserer Vorgänger lernen. Tun wir, was die Gesetzgebende Versammlung versäumt hat: Seien wir schrecklich, damit das Volk es nicht zu sein braucht! Lasst uns einen Gerichtshof zusammenstellen […], auf dass das Volk wisse, dass das Schwert des Gesetzes über den Häuptern all seiner Feinde schwebt.

Zitiert nach: Walter Markov, Revolution im Zeugenstand, Bd. 2, Leipzig 1986, S. 367

M3 Tugend und Terror

Am 5. Februar 1794 sagt Robespierre vor dem Nationalkonvent:

Man muss die inneren und äußeren Feinde der Republik beseitigen oder mit ihr untergehen. Deshalb sei in der gegenwärtigen Lage der erste Grundsatz eurer Politik, das Volk durch Vernunft und die Volksfeinde durch Terror zu lenken.
Wenn in friedlichen Zeiten der Kraftquell der Volksregierung die Tugend ist, so sind es in Zeiten der Revolution Tugend und Terror zusammen.

Maximilien Robespierre, Ausgewählte Texte. Deutsch von Manfred Unruh, Hamburg 1971, S. 587 und S. 594

M4 Opfer der Schreckensherrschaft

Der Historiker Dieter Langewiesche fasst 2019 die Opferzahlen wie folgt zusammen:

Insgesamt sind dem „gesetzlichen“ Terror ca. 165 000 Menschen zum Opfer gefallen, die von (Sonder-)Gerichten verurteilt und hingerichtet wurden; die Zahl der in Haft Umgekommenen und ohne Prozess Getöteten hat man auf 25 000 bis 40 000 geschätzt; rund 500 000 Menschen sind wohl zeitweise verhaftet worden.

Dieter Langewiesche, Der gewaltsame Lehrer. Europas Kriege in der Moderne, München 2019, S. 189

M5 „Robespierre als Henker des Henkers“
Radierung (13,8 x 8,3 cm) eines unbekannten Künstlers, Ende 1794
Die Blätter rechts unten symbolisieren die Verfassungen von 1791 und 1793. Unter der Guillotine liegt ein Henker. Die Inschrift auf der Grabpyramide lautet: „Hier ruht ganz Frankreich“.

Wie kommt es nach 1789 zur Radikalisierung der Revolution?*

1. *Nenne Gründe, warum die „Marseillaise“ zur Nationalhymne Frankreichs wurde (M1 und INFO 1).*
2. *Nimm Stellung dazu, wie Robespierre den Terror begründet (M3). Berücksichtige die Konsequenzen (M4).*
3. *Untersuche die Zeichnung (M5). Erläutere die Absicht des Zeichners.*
4. *Diskutiert in Kleingruppen den Zusammenhang von Revolution, Krieg und Terror (INFO 2 und 3).*

1.8.1791: Nationalkonvent beschließt die Vernichtung der Vendée
23.8.1793: Einführung der allgemeinen Wehrpflicht
17.9.1793: „Gesetz über die Verdächtigen“
10.6.1794: Die „Terrorgesetze“ werden verschärft – 27.7.1794: Robespierre und seine Anhänger werden gestürzt; Ende der „Schreckensherrschaft“

1750 | 1800 | 1850

Revolutionäre Stimmung im Reich*

M1 Tanz um den Freiheitsbaum
Ölgemälde (19 x 30 cm) eines unbekannten Künstlers, um 1793
Etwa 1790 kam in Frankreich die Idee auf, Freiheitsbäume zu setzen. Man knüpfte damit an die Tradition des Maibaumes an. Die Revolutionsheere brachten diesen Brauch in die deutschen Gebiete. Die hier wiedergegebene Szene fand vermutlich in Aachen statt. Die Franzosen hatten die Stadt 1792/93 besetzt.

INFO 1 Zwischen Bewunderung und Ablehnung

Der **Beginn der Französischen Revolution** fand **1789** Bewunderer in ganz Europa. Die Nachrichten aus Paris lösten sowohl in Baden, in der Pfalz, im Rheinland, in Kursachsen, Hessen-Kassel und Schlesien als auch in Städten wie Bremen, Göttingen, Hamburg, Altona, Hildesheim, Köln, Nürnberg, Trier, Ulm und Reutlingen Bauern-, Handwerker- und Studentenunruhen oder Volksaufläufe aus. Vor allem das aufstrebende **Bürgertum** sowie Schüler und Studenten verfolgten den Versuch, die Gedanken der **Aufklärung** in Politik umzusetzen, zunächst mit großer Sympathie. In einem Ort bei Hamburg fand beispielsweise zum Jahrestag des Sturms auf die Bastille am 14. Juli 1790 ein Freiheitsfest statt. In einigen Städten wurden Jakobinerklubs nach französischem Vorbild gegründet. Außerdem entstand ein Revolutionstourismus. So reiste der Pädagoge *Joachim Heinrich Campe* nach Paris, als er vom Sturm auf die Bastille erfuhr. In seinen Briefen berichtet er begeistert vom „Leichenbegräbnis des französischen Despotismus" (4. August 1789). Auch andere Reisende wie *Georg Forster* berichteten aus Paris.

Das Los der Flüchtlinge (allein in Baden lebten zeitweise fast 10 000 geflohene Franzosen), die Hinrichtung Ludwigs XVI., die Schreckensherrschaft sowie der Vormarsch der Revolutionstruppen ließen die Zahl der deutschen Revolutionsanhänger nach 1793 jedoch stark schrumpfen.

Klaus Dieter Hein-Mooren

INFO 2 Die Mainzer Republik

Nirgendwo sonst im Reich fanden die Ideen der Französischen Revolution so große Zustimmung wie in Mainz. Angeregt von den Franzosen und gefördert von dem im Oktober 1792 gegründeten Mainzer Jakobinerklub wurde in den von den Fürsten befreiten Gebieten Anfang 1793 ein *Rheinisch-Deutscher Nationalkonvent* gewählt. In ihm spielte der Forscher und Weltreisende Georg Forster eine führende Rolle.

Am 18. März wurde in Mainz der *Rheinisch-Deutsche Freistaat* für das Gebiet zwischen Landau und Bingen ausgerufen. Doch der erste deutsche Versuch, eine auf Freiheit, Gleichheit und Eigentum beruhende demokratische Staats- und Gesellschaftsordnung einzuführen, scheiterte wenige Monate später, weil die Franzosen begannen, das Land auszubeuten. Der Rückhalt in der deutschen Bevölkerung schwand, als Rheinhessen und die Pfalz zurückerobert wurden. Weitere Versuche, im Rheinland eine Republik* zu errichten (1797/98), misslangen ebenso wie Aufstands- und Verfassungsbestrebungen in Bayern, Württemberg und am Oberrhein. Sie wurden von den Franzosen kaum unterstützt. Eine deutsche Republik lag nicht in ihrem Interesse.

Klaus Dieter Hein-Mooren

Medientipp:
Informationen über Reiseberichte aus Paris siehe **31063-07**.

Medientipp:
Weitere Infos über die Mainzer Republik siehe **31063-08**.

** Das Kapitel ist nicht verbindlich.*

M 2 Bürgerlied der Mainzer

Ende 1792/Anfang 1793 dichtete ein unbekannter Autor:

Auf Brüder! auf! Die Freiheit lacht,
Die Ketten sind entzwei.
Uns hat sie Custine[1] losgemacht,
O Bürger, wir sind frei!
Nun drückt uns kein Despote[2] mehr
Und raubt uns unsre Taschen leer.
Nun drückt uns kein Despote mehr!
Der Mainzer ist nun frei!
Der Mainzer ist nun frei!
[...]
O Bürger! welche Seligkeit,
Ein freier Mann zu sein,
Dem kein Despote mehr gebeut[3],
Nur das Gesetz allein.
Nun ist es aus, das Adelreich,
Nun sind wir Brüder, alle gleich;
Nun ist es aus, das Adelreich.
Der Mainzer ist nun frei!
Der Mainzer ist nun frei!

Zitiert nach: Hans-Werner Engels, Gedichte und Lieder deutscher Jakobiner, Stuttgart 1971, S. 53 f.

[1] **Custine**: Befehlshaber der Rheinarmee; er eroberte mit seinen Truppen 1792 Speyer, Worms und Mainz.
[2] **Despot**: Gewaltherrscher, Tyrann
[3] **gebeut**: gebietet

M 3 Über die Mainzer Republik

Der Historiker Franz Dumont schreibt 1998:

Wenn auch widersprüchlich und letztlich ohne ausreichende Akzeptanz[1], so war die Mainzer Republik doch ein Vorgang von historischem Rang: zunächst, weil sie am Anfang des schwierigen deutschen Weges zur Demokratie steht und weil die Mainzer Jakobiner als die erste demokratische Bewegung in Deutschland anzusehen sind. Für das Reich ebenso außerordentlich war die breite Politisierung der Bürgerschaft, die hier erstmals zur Ausbildung ideologischer[2] Fronten im modernen Sinne führte. In beidem hatte Mainz 1792/93 eine Vorreiterrolle.

Franz Dumont u. a. (Hrsg.), Mainz. Die Geschichte der Stadt, Mainz 1998, S. 344

[1] **Akzeptanz**: Bereitschaft, etwas anzuerkennen
[2] **ideologisch**: weltanschaulich

M 4 Sitzungssaal des Mainzer Jakobinerklubs im Akademiesaal des Kurfürstlichen Schlosses
Federzeichnung (44 x 58 cm) von Johann Jakob Hoch 1792
Der Mainzer Klub hatte zeitweise 500 Mitglieder.

M 5 Warum der Mainzer Republik gedenken?

Der Präsident des Deutschen Bundestages, Norbert Lammert, erinnert im März 2013 mit folgenden Worten an die Mainzer Republik:

Das, was sich am 18. März 1793 [...] im Mainzer Deutschhaus vollzog, war keine eigenständige deutsche Revolution. Auch war es ganz sicher nicht der glanzvolle Beginn einer deutschen Demokratie. Und doch betraf die Ausrufung der Mainzer Republik gewiss nicht nur die Region zwischen Landau und Bingen. Und sie wirkte deutlich über ihre kurze Lebensdauer hinaus. Diese Republik und ihre zeitgenössisch als „Jakobiner" verdächtigten Protagonisten[1] setzten einen frühen Markstein in die widerspruchsvollen Anfänge deutscher Demokratie.

Zitiert nach: Norbert Lammert, Sie gingen voran, in: Die Zeit Nr. 13 vom 21. März 2013

[1] **Protagonisten**: hier „Vorkämpfer"

Warum finden die Ideen der Französischen Revolution im Ausland Zustimmung und Ablehnung?

1. *Untersucht in Partnerarbeit, wer die Teilnehmer auf dem Gemälde M1 sind und welche Stimmung herrscht. Von welchen Personen hätte man eine Teilnahme an dem Tanz nicht erwartet?*
2. *Analysiert das Bürgerlied (M2). Auf welche politischen Forderungen geht es indirekt ein?*
3. *Beschreibe M4. Woran lassen sich die Jakobiner erkennen?* (H)
4. *Arbeitet die Gründe für die Zustimmung und Ablehnung der Revolution heraus (INFO 1).*
5. *Begründet, warum die Mainzer Republik zur Geschichte der deutschen Demokratie* zählt (INFO 2, M3 und M5).*

21./23. 10. 1792: Einmarsch französischer Truppen in Speyer, Worms, Mainz und Frankfurt
Ende Oktober 1792: Der Mainzer Jakobinerklub wird gegründet
18. 3. 1793: Der „Rheinisch-Deutsche Freistaat" wir ausgerufen

1750 — 1800 — 1850

Napoleon – vom General zum Kaiser

M1 „Bonaparte auf der Brücke von Arcole …"
Gemälde (94 x 130 cm) von Antonie-Jean Gros, 1796
Der Künstler hat folgende Episode des Italienfeldzuges dargestellt: Napoleon Bonaparte eilt mit wehender Fahne seinen Soldaten voraus, nachdem er diese an der Brücke von Arcole von einem tödlich verwundeten Soldaten ergriffen hat. Die Wirklichkeit sah etwas anders aus: In der Schlacht bei Arcole (15. bis 17. November 1796) wurde Napoleons Einheit zunächst besiegt. Er selbst fiel in einen Wassergraben, bevor er die Fahne übernehmen konnte. Das Gefecht endete erst nach drei Tagen mit einem Sieg für Frankreich.

INFO 1 Eine steile Karriere

Napoleon[1] wurde 1769 auf der Insel Korsika geboren. Während der **Französischen Revolution** machte er schnell Karriere. Schon mit 24 Jahren wurde er General. Seine großen militärischen Erfolge aus den Jahren 1796 bis 1799 machten ihn zum bewunderten Helden. Geschickte Propaganda[2] vergrößerte sein Ansehen. Obwohl Napoleon in Ägypten erfolglos gegen England zog, kehrte er 1799 erhobenen Hauptes nach Frankreich zurück. Sein Ziel war es, als Heerführer alleiniger Machthaber in Frankreich zu werden.

Nach den Aufständen und Kriegen der letzten Jahre sehnte sich vor allem das Bürgertum* nach Ruhe und Ordnung und einem Ende der Wirtschaftskrise. Diese Stimmung nutzte Napoleon. Am 9. November 1799 setzte er in einem Staatsstreich[3] die unbeliebte fünfköpfige Regierung ab und übernahm die Staatsführung. Danach verkündete Napoleon das Ende der Revolution, verkündete eine neue Verfassung* und ließ die autoritäre[4] Staatsordnung durch eine Volksabstimmung bestätigen.

Volker Bräu

INFO 2 Wie Napoleon seine Macht sichert

Napoleons Machtübernahme bedeutete nicht das Ende der Revolutionskriege. Mit seinen Truppen siegte er über Österreich und das Heilige Römische Reich. Der *Friede von Lunéville* (1801) löste Österreich als stärkste europäische Macht ab. Im selben Jahr schloss Napoleon Frieden mit England und Russland. Damit sicherte er Frankreich die Vormachtstellung (Hegemonie*) auf dem Kontinent.

Die außenpolitischen Erfolge stärkten Napoleons innenpolitische Macht. Mit Reformen und Zugeständnissen, aber auch mit Gewalt, brachte er seine Gegner zum Schweigen. Er ließ die Adelstitel wieder zu und versöhnte das Land mit der Kirche bzw. dem Papst. Das von ihm 1804 eingeführte – und später für viele Staaten vorbildliche – Gesetzbuch, der *Code civil*, garantierte bürgerliche Rechte, machte aber zugleich die begonnene rechtliche Gleichstellung der Frauen wieder rückgängig. Unterdessen erholte sich die Wirtschaft allmählich. Die Vorteile der Herrschaft Napoleons überwogen für viele Franzosen deren Nachteile. Sie kritisierten z. B. Einschränkungen der Presse- und Meinungsfreiheit nicht.

Volker Bräu

INFO 3 Vom Ersten Konsul zum Kaiser

Als 1803 ein Attentatsversuch auf Napoleon aufgedeckt wurde, nutzte er die Situation, seine Stellung und die seiner Familie dauerhaft zu verändern. Am 2. Dezember 1804 krönte er sich in Anwesenheit des Papstes zuerst selbst zum „Kaiser der Franzosen" und anschließend seine Frau *Joséphine* zur Kaiserin. Seine Kaiserwürde rechtfertigte er mit Verweisen auf antike und mittelalterliche Herrscher. Auch sie seien weder durch ihre Abstammung aus einer Herrscherfamilie (Dynastie) noch durch Gottesgnaden-

[1] **Napoleon**: Der vollständige Name lautet Napoleon Bonaparte; erst mit der Kaiserkrönung von 1804 wird er zu Napoleon (I.).
[2] **Propaganda**: der Versuch, das Denken, Handeln und Fühlen von Menschen gezielt zu beeinflussen
[3] **Staatsstreich**: gewaltsamer Aufstand einer kleinen Gruppe, um eine bestehende Regierung zu stürzen und eine neue Staatsordnung einzuführen
[4] **autoritär**: diktatorisch, unbedingten Gehorsam fordernd

Medientipp:
Zu Napoleon siehe auch **31063-09**.

Lesetipp:
Harald Parigger, Napoleon. Der unersättliche Kaiser, Würzburg 2013

tum Kaiser geworden, sondern durch ihre besonderen militärischen und zivilen Leistungen für das Volk. Aber anders als Karl der Große*, der das weströmische Kaisertum 800* erneuert hatte, ließ Napoleon sich nicht vom Papst krönen. Nicht die Kirche, sondern die Verfassung und das Volk sollten seine Stellung rechtfertigen. Das spiegelte dann auch sein Titel wider: „Napoleon, von Gottes Gnaden und aufgrund der Verfassung der Republik, Kaiser der Franzosen". Nach der Krönung ließ Napoleon sich daher auch die erbliche Kaiserwürde per Volksentscheid bestätigen. In ganz Europa wurde das fasziniert oder ablehnend zur Kenntnis genommen.

Volker Bräu

M2 Der Eid des Kaisers

Nach der Krönungszeremonie legt Napoleon I. am 18. Mai 1804 folgenden Eid ab:

Ich schwöre, die Unversehrtheit des Staatsgebietes der Republik zu erhalten, die [...] Glaubensfreiheit, die Gleichheit vor dem Gesetz, die politische und bürgerliche Freiheit [...] zu respektieren und [...] Steuern und Abgaben nur kraft Gesetzes zu erheben [...] und nur unter dem Gesichtspunkt des Interesses, des Glücks und des Ruhmes des französischen Volks zu herrschen.

Zitiert nach: Jean Tulard, Napoleon oder der Mythos des Retters, Berlin 1982, S. 193

Welches Herrschaftsverständnis hat Napoleon?*

1. *Beschreibe das Gemälde (M1) und erkläre seine mögliche Wirkung auf den Betrachter (INFO 1).* Ⓗ
2. *Skizziere anhand von INFO 2, wie Napoleon seine Macht innenpolitisch und außenpolitisch sicherte.*
3. *Arbeite heraus, welche Errungenschaften der Revolution Napoleon beibehielt (M2).*
4. *Napoleon hat seine Kaiserwürde mit Verweisen auf römische und mittelalterliche Kaiser* wie Karl den Großen* gerechtfertigt. Nenne und erläutere Übereinstimmungen und Unterschiede (INFO 3 und M3).*
5. *Beurteile, wie Napoleons Bekenntnis zur Republik* und sein Kaisertitel zusammenpassen (INFO 3 und M2).*

M3 „Napoleon I. im Krönungsornat"
Gemälde (223 x 143 cm) von François Gérard, 1805
Die Darstellung des Kaisers ist voller Symbolik. Die Lorbeerkrone auf dem Kopf und das Adlerzepter in der rechten Hand sind Herrschaftszeichen des römischen Kaisertums. Um den Hals trägt Napoleon einen Orden der Ehrenlegion, den er 1802 ins Leben gerufen hat und der bis heute die ranghöchste Auszeichnung Frankreichs ist. Das unter dem Mantel hervorschauende Schwert sowie der Reichsapfel auf dem Hocker verweisen auf Karl den Großen. Der fränkische Herrscher hatte im Jahre 800 mithilfe des Papstes das weströmische Kaisertum erneuert. Die ebenfalls auf dem Hocker liegende „Hand der Gerechtigkeit" spielt an auf die Gerichtshoheit der französischen Könige.

1799: Staatsstreich Napoleons; Napoleon verkündet das Ende der Revolution
1804: Der Code civil und eine neue Verfassung treten in Kraft; Napoleon krönt sich zum Kaiser
1750 — 1800 — 1850

Napoleon und Europa – ein Überblick

M 1 „Stufenleiter der Größe und des Sturzes Napoleons“
Radierung (19,5 x 33,4 cm) eines unbekannten deutschen Künstlers, 1814
Auf den Schildern steht: Corsischer Knabe – Militär-Schüler – Glücksritter zu Paris – General – Erster Consul – Kaiser der Franzosen – Abzug aus Spanien – Rückreise von Moskau – Abschied von Deutschland – Ende[1]

Schritt für Schritt:
Geschichtskarten analysieren (1)

Wie du mit Karten arbeiten kannst, hast du bereits gelernt (siehe die Arbeitsmethode auf S. 205 f). Auf den Seiten 11 und 229 befinden sich Karten, die Europa zur Zeit Napoleons zeigen. Mithilfe dieser Karten können politische und territoriale Veränderungen festgestellt und beurteilt werden. Folgende Fragen helfen dir dabei:

1. In welchen historischen Zusammenhang müssen die Karten eingeordnet werden?
2. Sagen sie etwas über die Veränderung der Herrschaftsverhältnisse aus?
3. Was sagen sie über den Einfluss eines Staates über andere aus?

M 2 Frankreichs neue Rolle

Am 2. Januar 1806 steht in der „Gazette de France“:

[V]on nun an [wird] eine einzige überwiegende Macht alles um sich her in Frieden halten, eine Macht, in ihrer Stärke jedem Angriff überlegen, in ihrer Größe erhaben über jedes Ausdehnungsbedürfnis […]. Von nun an wird Frankreich der Stützpunkt sein, auf dem ganz Europa ruht.

Zitiert nach: Denis de Rougemont, Europa. Vom Mythos zur Wirklichkeit, München 1962, S. 188 (übersetzt von Hjalmar Pehrsson und Renate Bieber)

INFO 1 „Frankreich zuerst!“

Von 1792 bis 1815 befand sich Frankreich fast durchgehend im Krieg mit den europäischen Mächten. Das militärische und diplomatische Geschick **Napoleons** und der Einsatz vieler Soldaten, die für „ihren“ Kaiser kämpften, aber auch die Uneinigkeit seiner Gegner machten Frankreich zur Vormacht auf dem europäischen Kontinent.

Napoleon nutzte diese Hegemonie* aus. Er vergrößerte das Territorium Frankreichs, indem er verschiedene Teile angrenzender Herrschaften besetzte und in sein Reich integrierte.

Um seine Macht zu sichern, machte Napoleon – ähnlich wie alle großen Herrscherfamilien – Mitglieder seiner Familie zu Monarchen der besetzten Gebiete. Die Familie Bonaparte herrschte bald über Neapel, Holland, Westphalen, Italien und andere Gebiete. Napoleons Angehörige hatten aber zu befolgen, was er in einem Brief an seinen Stiefsohn *Eugène de Beauharnais*, den Vizekönig von Italien, einmal als Devise ausgegeben hatte: „Frankreich zuerst!“ Seinen krönenden Abschluss erfuhr das familiäre Herrschaftssystem 1810 durch die zweite Heirat Napoleons mit *Marie-Louise*, der Tochter des österreichischen Kaisers *Franz I.*[2]

Volker Bräu

[1] Zu den letzten Stufen und zum Sturz Napoleons siehe auch S. 46 ff.

[2] Kaiser Franz I. aus dem Hause Habsburg begründete 1804 das Kaisertum Österreich. Von 1792 bis 1806 war er als Franz II. auch Kaiser des Heiligen Römischen Reiches Deutscher Nation.

INFO 2 Kontinentalsperre

Nachdem alle kontinentalen Gegner immer wieder besiegt waren, blieb nur Großbritannien als Feind **Napoleons**. Das Königreich leistete anhaltenden Widerstand. Um das Inselreich in die Knie zu zwingen, errichtete Napoleon ein Handelsverbot für britische Waren auf dem Kontinent: die *Kontinentalsperre*. Alle von ihm besiegten und abhängigen Staaten mussten sie einhalten. Als sich daraus schwere Handelseinbußen für das russische Kaiserreich ergaben, widersetzte sich Zar *Alexander I.*

Volker Bräu

INFO 3 Russlandfeldzug

Napoleon reagierte und marschierte mit einer Armee von 650 000 Mann in Russland ein. Obwohl er die russische Hauptstadt Moskau eroberte, gingen seine Truppen im russischen Winter von 1812/13 unter. Der Abstieg Napoleons begann. Es dauerte aber noch bis 1815 bis seine Truppen endgültig geschlagen wurden und er nach St. Helena verbannt wurde. Die Zahl der Toten seiner Kriege wurde auf 3,5 bis fünf Millionen geschätzt.

Volker Bräu

M 3 Feigheit vor dem Feind?

Im Jahr 1812 muss der Bauernsohn Jakob Wimmer aus Katzwalchen (Landkreis Traunstein) als Soldat des „Königlich-Bayerischen 1. Linieninfanterieregiments" mit der „Grande Armée" nach Russland ziehen. Er hat folgenden Erlebnisbericht von einer Schlacht hinterlassen:

Als wir am 20. Oktober uns zurückziehend die Düna[1] verlassen, sprengten zwischen 5 und 6 Uhr abends Kosacken an, wir sprangen auf einen Pulverwagen und sagten, nicht zu schießen; jedoch schoss einer von uns einen Kosacken vom Pferde; jetzt erst sprengten sie in voller Menge auf uns ein; ich versteckte mich unter den Pulverwagen, wo noch ein schwer Verwundeter lag; ich wickelte mich in einen Mantel und schaute bloß mit dem Gesicht welches ich mit Blut bestrich heraus. Etwa hundert Schritte rückten die Russen noch vor; dann kam unser großes Geschütz, die Russen mussten zurück, und ich gieng wieder zu den Unserigen.

Zitiert nach: www.sueddeutsche.de/bayern/erinnerungen-von-1812-blechernes-kriegstagebuch-1.1634544 (Zugriff: 12.06.2020)

M 4 „Der Huber Hans auch in Russland geblieben. 1825"
Erinnerungstafel (31,8 x 22 cm) für den bayerischen Soldaten Hans Huber, der 1812 im Russlandfeldzug starb
Das Symbol des Auges im oberen Bildabschnitt steht für Gott, der alles sieht.

Medientipp:
Hinweise auf Erinnerungsorte der Napoleonischen Zeit in Bayern findest du unter **31063-11**.

[1] **Düna**: Fluss in Weißrussland; Wimmers Einheit nahm an der zweiten Schlacht von Polozk teil. Sie endete mit einem russischen Sieg. Zwischen 16 000 und 20 000 Soldaten starben.

Wie verläuft Napoleons Herrschaft über Europa?*

1. *Unter Napoleon gewinnt Frankreich die Hegemonie* über Europa (INFO 1). Erkläre die Aussage mithilfe der Karten auf Seite 11 bzw. Seite 229. Berücksichtige dazu den Methodentipp „Schritt für Schritt".*
2. *Fasse zusammen, mit welchen Mitteln Napoleon seine Hegemonialpolitik umsetzte (INFO 1).*
3. *Erläutere den Einfluss der Kontinentalsperre auf die Herrschaft Napoleons über den Kontinent (INFO 2 und Seite 229, M2).*
4. *Erkläre, warum der Widerstand gegen die Kontinentalsperre vor allem aus Russland kam (INFO 2). Berücksichtige M1.*
5. *Nimm Stellung zum Verhalten Jakob Wimmers. Berücksichtige INFO 3.*
6. *In vielen Kirchen und Gemeinden Bayerns finden sich Erinnerungstafeln für in Russland gefallene Soldaten (INFO 3 und M4). Suche in deinem Schul- oder Wohnort nach solchen Erinnerungsstücken und berichte. Siehe dazu auch den Medientipp.*

1792 bis 1815: Frankreich führt zahlreiche Kriege auf dem Kontinent
1801: Friede von Lunéville
1805: Schlacht von Austerlitz
1806 - 1813: Kontinentalsperre
1812: Russlandfeldzug – 1815: Niederlage Napoleons und Ende seiner Herrschaft
1800
1850

Napoleon und das Ende des Alten Reiches

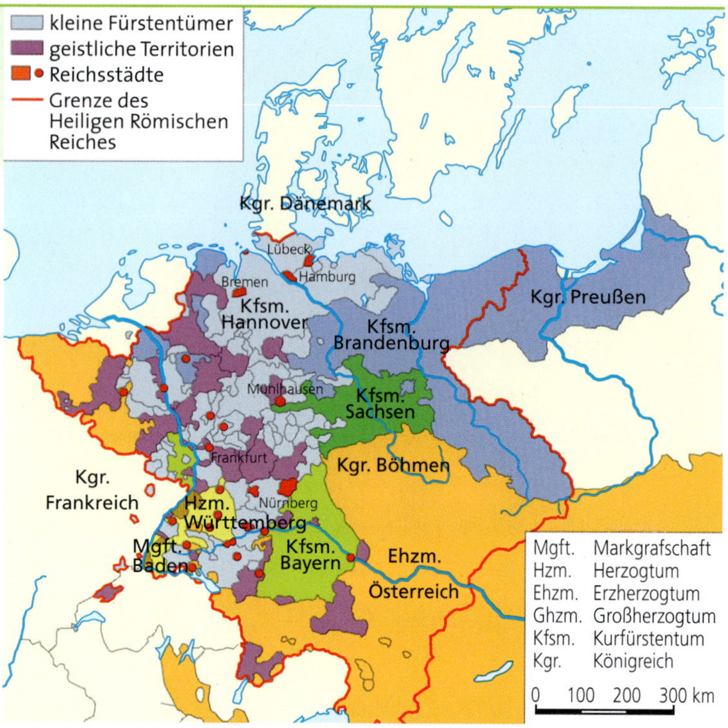

M 1 Die deutschen Territorien um 1789

M 2 Die deutschen Territorien um 1806

INFO 1 Verlust und Gewinn

Der Rhein als Ostgrenze Frankreichs war seit Jahrhunderten Ziel der französischen Außenpolitik. Im Frieden von Lunéville 1801 setzte **Napoleon** diese durch. Dadurch verloren Fürsten des Heiligen Römischen Reiches Deutscher Nation links vom Rhein gelegene Gebiete. Mit Napoleon verbündete Fürsten wurden mit rechtsrheinischen Gebieten entschädigt. Sie konnten so ihre Herrschaftsbereiche zum Teil stark vergrößern. Dazu wurden 1802/03 über 100 Reichsstände[1] aufgelöst und ihre Territorien neu verteilt. Die Umverteilung der geistlichen Fürstentümer auf die übrigen Herrscher sowie die Enteignung und Verstaatlichung von Kirchengut (u. a. von Klöstern*, Ländereien und Kunstschätzen) wurde unter dem Begriff der **Säkularisation** bekannt.

Darüber hinaus verloren viele kleinere weltliche Reichsstände ihre Eigenständigkeit, dies bezeichnete der Begriff *Mediatisierung*.

Volker Bräu

[1] **Reichsstände**: dem Kaiser direkt unterstellte geistliche und weltliche Herrscher, die über Territorien verfügten, sowie die freien Reichsstädte. Die Reichsstände hatten Sitz und Stimme im Immerwährenden Reichstag in Regensburg und tagten in drei Kollegien (Kurien): dem Kurfürstenrat, dem Reichsfürstenrat und dem Rat der Reichsstädte.

Schritt für Schritt:
Geschichtskarten analysieren (2)

Um die Entwicklung Europas oder Deutschlands zu Beginn des 19. Jhs. auf Karten beurteilen zu können, musst du u. a. folgende Fragen beantworten:

1. In welchen historischen Zusammenhang müssen die Karten eingeordnet werden?
2. Was sagen die Karten über den Einfluss eines Staates über andere aus?

INFO 2 Der Rheinbund und das Ende des alten Reiches

Am 2. Dezember 1805 feierte **Napoleon** in der *Schlacht von Austerlitz* seinen größten Sieg gegen Österreich und Russland. Da er mit Preußen bereits einen Friedensvertrag abgeschlossen hatte, schien Frankreich die Hegemonie* über den Kontinent sicher. Um seinen Einfluss zu sichern, hatte Napoleon sich mit einem Netz aus Staaten umgeben, die alle mehr oder weniger direkt von ihm abhängig waren. In dem Zusammenhang entstand auf sein Betreiben hin 1806 ein neuer Staatenbund: der *Rheinbund*. Die neu ernannten Könige* von Bayern, Württemberg, Sachsen und Westphalen sowie zwölf weitere deutsche Fürsten unterstellten sich dem Schutz Napoleons, verpflichteten sich zu Militärhilfe und traten aus dem fast 1 000 Jahre alten Verband des Heiligen Römischen Reiches aus. Dies bedeutete **1806** das **Ende des Heiligen Römischen Reiches Deutscher Nation**.

Volker Bräu

M3 Aus der Rheinbundakte

Frankreichs Außenminister Talleyrand und die Bevollmächtigten der deutschen Fürsten unterzeichneten am 12. Juli 1806 in Paris die „Rheinbundakte"; sie enthält folgende Punkte:

Art. 1. Die Staaten [Bayern, Württemberg, Baden und die weiteren Mitglieder] werden für immer vom deutschen Reichsgebiete abgesondert, und unter sich durch eine besondere Konföderation[1] unter dem Namen: rheinische Bundesstaaten vereinigt. […]

Art. 6. Die gemeinschaftlichen Interessen der Bundesstaaten werden auf dem Bundestage verhandelt, der zu Frankfurt seinen Sitz hat […]. […]

Art. 9. Alle Streitigkeiten, welche sich unter den Bundesstaaten ergeben dürften, werden von der Bundesversammlung zu Frankfurt entschieden. […]

Art. 12. Se. Majestät der Kaiser der Franzosen wird als Protektor[2] des rheinischen Bundes ausgerufen […].

Zitiert nach: www.documentarchiv.de/nzjh/1806/rheinbundsakte.html (leicht bearbeitet; Zugriff: 26. 11. 2019)

[1] **Konföderation**: Staatenbund
[2] **Protektor**: Schutzherr

M4 Der Rheinbund (1808)

Welche Veränderungen führen 1806 zum Untergang des Heiligen Römischen Reiches?*

1. *Arbeite aus den Karten M1 und M2 die Veränderungen der Fürstentümer und Reichsstädte heraus.*
2. *Vergleiche die Karten M1 und M2 und erläutere, warum die Veränderungen als „Flurbereinigung" bezeichnet wurden.* (H)
3. *Die Säkularisation* hat den „Flickenteppich des alten Reiches" beseitigt. Erläutere mithilfe von INFO 1, M1 und M2 die Aussage. Berücksichtige auch die Karten auf den Seiten 228 und 229.*
4. *Prüfe, wie souverän die Staaten des Rheinbundes nach 1805 waren (INFO 2 und M3).*
5. *Die Karte M4 weist eine Reihe von Schlachten in Bayern nach 1805 aus. Recherchiert in Partnerarbeit, welche Streitkräfte dort warum kämpften.*

1792 bis 1815: Frankreich führt zahlreiche Kriege auf dem Kontinent
1801: Friede von Lunéville
1805: Schlacht von Austerlitz
1806: Gründung des Rheinbunds – Ende des Heiligen Römischen Reichs – Kontinentalsperre
1812: Russlandfeldzug – 1815: Niederlage Napoleons und Ende seiner Herrschaft
1800 1850

Das moderne Bayern entsteht

M1 „Gallia schützt Bavaria“
Ölgemälde (71,5 x 58,5 cm) von Marianne Kürzinger, 1805
In der Bildmitte flüchtet sich ein Mädchen in die Arme einer Frau. Diese trägt ein Schild mit dem Buchstaben „N“ und einen mit einem Adler geschmückten Helm. Der Buchstabe „N“ und der Adler verweisen auf Napoleon, die weiß-blaue Schärpe und der Löwe auf Bayern.

INFO 1 Der Kurfürst wird König

Der seit 1799 regierende Kurfürst* *Max IV. Joseph* machte seinen Mitarbeiter *Maximilian Joseph von Montgelas* zu seinem wichtigsten Berater. Beide waren von der Aufklärung* und von den positiven Errungenschaften der Französischen Revolution geprägt. Zusammen wollten sie aus dem überschuldeten und von Österreich bedrohten Kurfürstentum ein modernes und unabhängiges Bayern schaffen.

Als 1805 österreichische Truppen in Bayern einmarschierten, verbündete sich Max IV. Joseph mit **Napoleon**, von dessen Politik er bereits durch die **Säkularisation** und Mediatisierung profitiert hatte.[1] Der französische Kaiser willigte in das Bündnis ein, da es seine europäische Vormachtstellung untermauerte. Nach Frankreichs Triumph über Österreich in der *Schlacht bei Austerlitz* (2. Dezember 1805) nahm der bayerische Kurfürst mit Einwilligung Napoleons den Königstitel an. Aus Kurfürst Max IV. Joseph wurde am 1. Januar **1806** König *Max I. Joseph* und damit aus **Bayern** ein **Königreich**. Gemeinsam mit 15 weiteren deutschen Fürsten trat der bayerische Monarch dem Rheinbund bei.[2]

Volker Bräu

INFO 2 Grundlagen für eine bürgerliche Gesellschaft

Zur Sicherung der Herrschaft war es Max I. Joseph wichtig, die neuen und alten Territorien zu modernisieren und zu einem einheitlichen Staat zusammenzufügen. Mit Unterstützung seines Leitenden Staatsministers Montgelas kam es zu einer „Revolution von oben“. Die Zünfte wurden aufgelöst, die Vorrechte des Adels* und der Geistlichkeit abgeschafft und das **Bürgertum** gestärkt. Zugleich wurde die Gesetzgebung nach dem Vorbild des französischen Code civil reformiert und eine zentrale, straffe und einheitliche Staatsverwaltung aufgebaut. Gut ausgebildete Beamte, die dem Staat, nicht dem Monarchen dienten, stützten die Verwaltung. Der König* stand nicht mehr über dem Gesetz. Seine Herrschaft war an eine Konstitution, eine Verfassung*, gebunden. Alle Untertanen waren vor dem Gesetz gleich und eine Volksvertretung („National-Repräsentation“) sollte den Bürgern Mitsprache im neuen Königreich garantieren. Alle diese Reformen wurden in der „Constitution“ von 1808 zusammengefasst. Sie legte die Grundlagen für die **konstitutionelle Monarchie** in Bayern. Nach dem Ende Napoleons erließ der bayerische König 1818 eine überarbeitete Verfassung, die bis 1918 gültig blieb.[2] Bayern war somit lange vor Preußen und Österreich ein Verfassungsstaat und damit eine der fortschrittlichsten Monarchien Europas.

Volker Bräu

[1] Zum Rheinbund siehe S. 35.
[2] Siehe dazu S. 88.

M 2 Ein Reformprogramm

Montgelas verfasst 1796 in der Residenzstadt Ansbach für seinen Dienstherrn ein umfangreiches Programm für den Umbau des Kurfürstentums Bayern, darin heißt es:

Die Schulen in den Städten und auf dem Land werden noch schlechter geführt [als die Universitäten]. [...] Die Bauern weigern sich, ihre Kinder in die Schule zu schicken; die meisten können weder lesen noch schreiben. [...] Die religiöse Toleranz zieht Fremde ins Innere des Staates, die nutzbringend sind aufgrund ihrer Betriebsamkeit, sie begünstigt den Fortschritt in der Industrie sowie der Bildung und regt den Wettbewerb an. Dort, wo sie in größerer Anzahl ansässig sind, stellt die Toleranz eine absolute Verpflichtung gegenüber den Untertanen einer anderen Religion dar. [...] Es ist heute erwiesen, dass es die grobe Unwissenheit der Völker ist und nicht die vernünftige und dem Stand eines jeden entsprechende Bildung, die man ihnen vermittelt, welche Revolutionen hervorruft und Reiche umstürzt. Je aufgeklärter die Menschen sind, umso mehr lieben sie ihre Pflichten und umso mehr halten sie an einer Regierung fest, die sich wirklich um ihr Glück kümmert.

Das „Ansbacher Mémoire“ vom 30. September 1796; zitiert nach: www.hdbg.de/montgelas/pages/memoire.pdf (übersetzt von Oliver Zeidler; Zugriff: 11. 06. 2020)

INFO 3 Ein teures Bündnis

Als Verbündeter Napoleons erhielt Bayern nach jedem erfolgreichen Feldzug Gebiete. Für diese Erweiterungen zahlte Bayern aber einen hohen Preis: Rund 30 000 bayerische Soldaten mussten an der Seite Frankreichs kämpfen und nur 3 000 Mann kehrten in die Heimat zurück.

Fast alle Feldzüge Napoleons führten durch Bayern. Die Bevölkerung musste ständig Krieg, Seuchen und Überfälle ertragen. Als im Jahr 1813 ein entscheidendes Bündnis (Allianz) gegen Napoleon geschmiedet wurde, entschied sich Max I. Joseph für einen Bündniswechsel und schloss sich der Koalition unter der Führung Österreichs an. Die neuen Verbündeten garantierten Bayern seine Souveränität und Max I. Joseph den Königstitel.

Volker Bräu

M 3 Aus der ersten Verfassung des Königreiches Bayern

Zentrale Artikel der Verfassung („Constitution“) vom 1. Mai 1808 lauten:

§ 1. Das Königreich Bayern bildet einen Theil der rheinischen Föderation.

§ 2. Alle besonderen Verfassungen, Privilegien, Erbämter und landschaftlichen Corporationen[1] der einzelnen Provinzen sind aufgehoben. Das ganze Königreich wird durch eine Nationalrepräsentation[2] vertreten, nach gleichen Gesetzen gerichtet, und nach gleichen Grundsätzen verwaltet; dem zu Folge soll ein und dasselbe Steuersystem für das ganze Königreich seyn.

§ 3. Die Leibeigenschaft wird da, wo sie noch besteht, aufgehoben. [...]

§ 5. Der Adel behält seine Titel und, wie jeder Gutseigenthümer, seine gutsherrlichen Rechte nach den gesetzlichen Bestimmungen; übrigens aber wird er in Rücksicht auf die Staatslasten, wie sie dermal bestehen oder noch eingeführt werden mögen, den übrigen Staatsbürgern ganz gleich behandelt. [...] Eben so wenig wird ihm ein ausschließliches Recht auf Staatsämter, Staatswürden, Staatspfründen[3] zugestanden.

§ 7. Der Staat gewährt allen Staatsbürgern Sicherheit der Person und des Eigenthums – vollkommene Gewissensfreiheit – Preßfreiheit nach dem Censuredict vom 13. Juni 1803 und den [...] 1806 erlassenen Verordnungen. Nur Eingeborne, oder im Staate Begüterte, können Staatsämter bekleiden. [...]

https://de.wikisource.org/wiki/Constitution_vom_1._Mai_1808 (Zugriff: 27. 04. 2020)

M 4 Joseph Graf von Montgelas
Aluminiumstandbild (Höhe 6,20 m) nach historischen Vorlagen von Karin Sander, 2003-2005
Foto vom Juni 2015
Das Kunstwerk steht in München auf dem Promenadeplatz.

[1] **Corporation**: Zusammenschluss von bestimmten Funktionsträgern
[2] Eine Nationalrepräsentation trat bis 1818 nicht zusammen.
[3] **Staatspfründe**: Staatseinkünfte

Wie entsteht das moderne Bayern?

1. *Beschreibe mithilfe des Gemäldes (M1) und INFO 1 das Verhältnis Bayerns zu Frankreich im Jahre 1805.*
2. *Arbeite die Motive für die Reformvorschläge Montgelas' heraus (INFO 2 und M2). Inwiefern waren sie von der Aufklärung* geprägt?*
3. *Erstelle eine Liste die wichtigsten Reformen Montgelas' und Max IV. Josephs (INFO 2 und M3).*
4. *Begründe, warum mit diesen Reformen ein „modernes Bayern“ entsteht und die Aufstellung des Standbilds (M4) gerechtfertigt ist.*
5. *Beurteile die Bedeutung der „Revolution von oben“ für die Entstehung der bürgerlichen Gesellschaft in Bayern (M3 und INFO 2). Berücksichtige dabei auch INFO 3.*

1805: Schlacht bei Austerlitz
1806: Ende des Heiligen Römischen Reichs und Gründung des Königreichs Bayern
1808: Bayern bekommt eine Verfassung
1812: Kriegszug Frankreichs mit seinen Verbündeten gegen Russland

1750 1800 1850

Das weiß ich! – Gelerntes sichern

Liberté • Égalité • Fraternité
RÉPUBLIQUE FRANÇAISE

M 1 „Liberté, Égalité, Fraternité“
Die Devise steht heute auf dem offiziellen Logo der Französischen Republik.

Auf einen Blick: Aufklärung, Französische Revolution und Napoleon

Die Staatslehren der **Aufklärung** betonten die Freiheit und Gleichheit der Menschen und stellten den Absolutismus* infrage. Sie forderten eine **Gewaltenteilung** im Staat, um jede Herrscherwillkür zu verhindern. Letztlich solle, so die Vorstellung von der **Volkssouveränität**, alle Staatsgewalt vom Volke ausgehen.

Die französische Monarchie* befand sich in den 1780er-Jahren in einer Krise. Ein Staatsbankrott drohte. Adel* und Klerus verweigerten aber Reformen, die ihre Steuervorteile beschneiden sollten. Missernten und Hungerunruhen vergrößerten die sozialen und gesellschaftlichen Probleme.

1789 begann die **Französische Revolution**. Am Anfang stand die Einberufung der Generalstände durch den König*. Dort erklärte der Dritte Stand, er vertrete die **Nation**, da ihm 98 Prozent aller Franzosen angehörten. Eine Nationalversammlung wurde einberufen, die die Sonderrechte der Stände* abschaffen und Reformen einleiten sollte. Der Sturm auf die Bastille am 14. Juli 1789 in Paris sowie Aufstände auf dem Lande vertieften die Revolution. Anfang August 1789 wurde die Abschaffung der Privilegien von Adel und Klerus beschlossen und die auf Freiheit und Gleichheit beruhenden **Menschenrechte** verkündet. Es folgten weitere Gesetze, die Staat, Gesellschaft und Wirtschaft von Grund auf veränderten. 1791 leistete der König seinen Eid auf die Verfassung*. Sie machte aus Frankreich eine **konstitutionelle Monarchie**.

Als Preußen und Österreich mit Krieg drohten, um die absolutistische Ordnung in Frankreich wieder herzustellen, begann Frankreich einen Krieg, um die revolutionären Errungenschaften zu verbreiten. Ludwig XVI. wurde abgesetzt, die konstitutionelle Monarchie abgeschafft und eine Republik* errichtet. Krieg und Bürgerkrieg prägten die Republik. Sie stand zunächst unter dem Einfluss des **Bürgertums**, dann unter dem der städtischen Volksbewegung, den Sansculotten. Der Nationalkonvent verurteilte Ludwig XVI. und ließ ihn am 21. Januar 1793 hinrichten. Im selben Jahr übernahm ein „Wohlfahrts- und Sicherheitsausschuss“ unter Robespierre die Regierung. Er und seine Anhänger ließen alle Feinde der Republik, ob echte oder nur vermeintliche, verfolgen und hinrichten. Erst der Sturz Robespierres im Juli 1794 beendete die Diktatur und Schreckensherrschaft. Ein Direktorium aus fünf Männern übernahm daraufhin die Regierungsgeschäfte und erließ eine neue Verfassung.

Frankreich kam trotzdem nicht zur Ruhe. 1799 übernahm General **Napoleon** Bonaparte in einem Staatsstreich die Macht. Innenpolitisch erklärte er die Revolution für beendet und versöhnte sich mit der Kirche, dem Adel und dem Bürgertum. Dazu trug das 1804 erlassene Gesetzbuch, der Code civil, bei. Es versprach die Freiheit des Einzelnen und des Eigentums sowie die Gleichheit vor dem Gesetz. 1804 krönte sich Napoleon selbst zum Kaiser. Außenpolitisch bestand seine Politik aus Eroberungs- und Bündnispolitik. Er besetzte 1801 die linksrheinischen Gebiete des Heiligen Römischen Reiches. Seine Verbündeten entschädigte er für ihre linksrheinischen Verluste mit Gebieten aus den zwischenzeitlich aufgelösten geistlichen Fürstentümern (**Säkularisation**).

Napoleon machte Frankreich zur Vormacht auf dem Kontinent. Auf seine Initiative hin schlossen sich zahlreiche deutsche Fürsten zum Rheinbund zusammen. Das führte **1806** zum **Ende des Heiligen Römischen Reiches** – und zur **Gründung des Königreiches Bayern**.

Der bayerische König Max I. Joseph hatte schon als Kurfürst* begonnen, sein Reich mithilfe seines Leitenden Ministers Montgelas zu modernisieren. 1808 erließ er eine Verfassung und zählte damit zu den ersten deutschen Fürsten, die eine konstitutionelle Monarchie errichteten.

Volker Bräu und Klaus Dieter Hein-Mooren

1750 — 1800

1789: Beginn der Französischen Revolution

1806: Ende des Heiligen Römischen Reiches Deutscher Nation

1806: Gründung des Königreiches Bayern

M 2 Stimmt – stimmt nicht

1. Die Aufklärer wollten den Menschen die Augen öffnen.
2. Wenn die Staatsgewalt vom Volk ausgeht, spricht man nicht mehr von einem absolutistischen System.
3. Ludwig XVI. herrschte bis zu seinem Tod als absolutistischer König.
4. Die Menschenrechte wurden für alle Franzosen eingeführt.
5. Die Nationalversammlung hat die Gewaltenteilung durchgesetzt.
6. Die Französische Revolution beginnt 1789.
7. Mit der Verfassung von 1791 wurde Frankreich eine Demokratie.
8. Napoleon beseitigte die Ständegesellschaft.
9. Aus dem Herzogtum Bayern wurde 1806 ein Kurfürstentum.

M 3 „Rasch, rasch, rasch! …"
Kolorierter Kupferstich (18,1 x 18,6 cm), 1790
Auf dem Amboss liegt die „Neue Verfassung". Dazu die Aufforderung: „Rasch, rasch, rasch! Schmiedet das Eisen heiß! Rasch, rasch, rasch! Nur guten Mut, man muss beherzt zu Werke gehen."

	richtig	falsch
1. Die Menschen- und Bürgerrechte wurden 1791 verkündet.	Ü	A
2. Der 14. Juli ist Nationalfeiertag der Franzosen.	U	S
3. Die Revolutionäre kämpften für Freiheit und Gleichheit.	F	G
4. In Frankreich herrschte seit 1788 das Prinzip der Volkssouveränität.	P	K
5. Napoleon kam 1799 durch einen Staatsstreich an die Macht.	L	E
6. Frankreich übernahm nach 1801 die Hegemonie über den Kontinent.	Ä	N
7. Der Code civil war Napoleon nicht besonders wichtig.	O	R
8. Die Säkularisation veränderte die Ordnung des Heiligen Römischen Reiches.	U	K
9. 1804 krönte der Papst Napoleon zum Kaiser.	S	N
10. 1806 endete auf Druck Napoleons das Heilige Römische Reich.	G	T

M 4 Wer weiß was? Ein Expertenquiz

1. *Erläutere die Entstehung der Nationalfarben Frankreichs und den Hintergrund der Devise „Liberté, Égalité, Fraternité" (M1).*
2. *Überprüfe die Aussagen in M2. Welche sind falsch, welche richtig? Begründe deine Antworten.*
3. *Beschreibe und deute M3. Verwende dabei die Begriffe Stände*, Menschenrechte*, Verfassung* und konstitutionelle Monarchie*.*
4. *Notiere dir die richtigen Antworten aus M4 in dein Arbeitsheft. Das Lösungswort verrät dir, ob du ein Experte bist.*

1850 1900

Das kann ich! – Gelerntes anwenden

M1 Aufklärung

In einem Jugendlexikon von 2007 heißt es über die Epoche dazu:

Die Aufklärung forderte, dass die Vernunft die Quelle der Erkenntnis und die Grundlage allen menschlichen Handelns sein sollte. Sie strebte danach, die allgemeinen Lebensbedingungen zu verbessern, und förderte die Emanzipation [die Befreiung aus Abhängigkeit] des Einzelnen und der Gesellschaft sowie Toleranz und Menschlichkeit. Dagegen richtete sich die Kritik der Aufklärung vor allem gegen die Kirchen und den Staat im Absolutismus, da diese den Menschen unmündig halten würden.

Zitiert nach: Das Junior-Lexikon in sechs Bänden, hrsg. von Susanne Gaschke, Bd. 1, Hamburg/Gütersloh 2007, S. 94

M2 Über die Französische Revolution

Der Aufklärer Immanuel Kant schreibt in einer Veröffentlichung von 1798:

Denn ein solches Phänomen in der Menschengeschichte vergisst sich nicht mehr, weil es eine Anlage und ein Vermögen in der menschlichen Natur zum Besseren aufgedeckt hat […].

Zitiert nach: Claus Träger (Hrsg.), Die Französische Revolution im Spiegel der deutschen Literatur, Köln 1989, S. 258

M4 „Bicentenaire de la Révolution Française"
Briefmarke zur Zweihundertjahrfeier der Revolution von 1989

M3 Eine Rede zum Nationalfeiertag

Aus Anlass des Nationalfeiertages gibt die französische Botschaft am 14. Juli 2019 in Berlin einen Empfang. Bei dieser Gelegenheit sagt Europastaatsminister Michael Roth:

Meine Damen und Herren,
von Herzen gratuliere ich Ihnen heute am 14. Juli – auch im Namen der Bundesregierung – zum französischen Nationalfeiertag. […]

So manche Gewissheiten sind uns in den vergangenen Jahren abhanden gekommen – ob es um die Verlässlichkeit von internationalen Übereinkünften und langjährigen Partnern oder um den inneren Zusammenhalt in der Europäischen Union geht.

Je mehr die Welt um uns herum in Unordnung gerät, desto mehr sehnen wir uns nach einem Kompass, der uns sicher durch diese stürmischen Zeiten leitet. „Liberté, Égalité, Fraternité" – für diese Werte sind Französinnen und Franzosen 1789 in den Kampf gezogen. Sie haben nicht nur Frankreich revolutioniert, sondern die Seele Europas tief geprägt. […] Auch heute noch können die Werte der französischen Revolutionen Orientierung für unser Zusammenleben in Europa geben.

Freiheit – die Freiheit jedes Einzelnen in unserer Gesellschaft, ohne Angst vor Diskriminierung oder gar Gewalt, seine Meinung äußern und seinen Glauben leben zu können. […]

Gleichheit – im Sinne der Charta der Menschenrechte: Alle Menschen sind gleich an Würde und Rechten geboren. Ethnie, Glauben, Hautfarbe, sexuelle Orientierung, kulturelle Prägung oder Herkunft dürfen keinen Einfluss darauf haben, wie wir unser Gegenüber behandeln. […]

Und schließlich Brüderlichkeit – oder wie wir heute eher sagen: Solidarität. Europa ist gebaut auf dem Grundsatz der Solidarität. Wir Europäerinnen und Europäer stehen füreinander ein. Diese Solidarität setzt die Bereitschaft voraus, die Zukunft miteinander gestalten zu wollen.

Zitiert nach: https://de.ambafrance.org/Empfang-zum-franzosischen-Nationalfeiertag-in-der-Franzosischen-Botschaft-in (Zugriff: 19. 11. 2019)

M 5 Karl der Große
Silbermünze (Ø 20 mm), 813/14
Die Umschrift lautet: KAROLVS IM[perator] AVG[ustus]

M 6 Napoleon
Medaille (Ø 40 mm) von André Galle von 1806
Die Medaille wurde anlässlich der siegreichen Doppelschlacht von Jena und Auerstedt über das preußische Heer geprägt.

M 7 Über das Königreich Bayern

Fürst von Metternich, leitender Minister des Kaisertums Österreich, schreibt 1817 über das Königreich Bayern:

Man muss zugestehen, dass Bayern während der letzten zehn Jahre eine religiöse, politische, bürgerliche und militärische Revolution erlebt und glücklich überstanden hat. Das ist eine einzige Nation, die Mut und Ausdauer gezeigt hat; alle Welt muss sie achten und sollte ihrem Beispiel folgen.

Zitiert nach: Marcus Junkelmann, Napoleon und Bayern. Eine Königskrone und ihr Preis, Regensburg 2014, S. 173

1. *Vergleiche die Definition (M1) mit den Ausführungen über die Aufklärung* auf S. 12. Nenne die Unterschiede.*
2. *Erläutere die Aussage Kants (M2). Berücksichtige das Jahr der Veröffentlichung.*
3. *Nimm Stellung zu der Behauptung Roths, dass die Werte der Französischen Revolution noch heute Orientierung für unser Zusammenleben geben können (M3).*
4. *Interpretiere das Motiv der Briefmarke (M4). Berücksichtige M1 auf S. 39.*
5. *Beurteile die Bedeutung des Nationalfeiertages für das Selbstverständnis Frankreichs (M3). Berücksichtige dazu auch die Auftaktdoppelseite (S. 8-9).*
6. *Vergleiche die beiden Medaillen (M5 und M6) und erkläre, warum Napoleon* auf antike bzw. mittelalterliche Herrschaftszeichen zurückgriff.*
7. *Erläutere die Aussage Metternichs (M7) mithilfe von Beispielen.* Ⓗ

1850 1900

2

Einigkeit und Freiheit?

Deutschland zwischen 1815 und 1848/49

Über 170 000 Menschen besuchen jährlich das Hambacher Schloss bei Neustadt an der Weinstraße. Hier informieren sie sich in einer Ausstellung über die Anfänge der deutschen Nation im 19. Jh. und diskutieren über Gegenwart und Zukunft unserer Demokratie. Und warum gerade im Hambacher Schloss? Weil dort am 27. Mai 1832 etwa 30 000 Männer und Frauen zusammenkamen, um für die deutsche Einheit, für Gewährung von Grundrechten und für die Völkerverständigung zu demonstrieren. Damals richtete sich die Kundgebung gegen die herrschende Ordnung der Fürsten. Heute können wir uns dort fragen, ob die Forderungen von damals inzwischen erfüllt worden sind und wie wir unsere politischen Aufgaben der Gegenwart demokratisch lösen wollen.

1 *Manche Themen, die damals im Raum standen, sind noch heute aktuell: Welche Rechte braucht der Mensch, um sich frei entfalten zu können? Wie sieht Mitbestimmung in Politik und Gesellschaft aus? Wann ist es Zeit, für die Demokratie und für den Staat einzustehen? Diskutiert diese Themen in der Klasse.*

M 1 „Hambacher Fest der Jugend"
Foto vom 19. Juni 2007
Aus Anlass des 175. Jubiläums des „Hambacher Festes" zogen Tausende Schüler zu dem historischen Ort, um an die erste Massenkundgebung für ein einiges und freies Deutschland zu erinnern.

Orientierung in Raum und Zeit

M 1 Fahne der Jenaer Urburschenschaft von 1816
Sie war ein Geschenk von Jenaer Frauen und enthielt – wie die Uniform der „Lützower Jäger“ (siehe S. 47, M4) die Farben Rot, Schwarz und Gold.

M 2 Fußballfans auf der Fanmeile am Brandenburger Tor in Berlin
Foto vom 17. Juni 2012
Europameisterschaftsspiel Dänemark gegen Deutschland (1:2).

Filmtipp:
Deutschland auf dem Weg zum Nationalstaat 1815-1871. Ein Film von Carola Hoffmann und Anne Roerkohl, 2010

Deutschland zwischen Restauration und Revolution

Hast du dich schon einmal gefragt, warum unsere Nationalfahne schwarz-rot-gold ist und wann unsere Nationalhymne gedichtet wurde? Flagge und Hymne haben ihren Ursprung in der ersten Hälfte des 19. Jhs., als es ein einheitliches Deutschland noch gar nicht gab. Schon seit der Aufklärung* und der Französischen Revolution sowie mit Napoleons* Hegemonie* über den europäischen Kontinent entstand die Forderung nach Freiheit und Einheit, nach einer starken und mächtigen deutschen Nation* (lat. *natio:* Herkunft, Abstammung).

Doch nach dem Sieg über Napoleon wurde **1815** auf dem **Wiener Kongress** anstelle des 1806* untergegangenen Heiligen Römischen Reiches Deutscher Nation der **Deutsche Bund** gegründet. Er enttäuschte die Anhänger der nationalen Bewegung. Sie stritten weiter für Einheit und Freiheit und wurden deswegen verfolgt und überwacht. Doch der Kampf um „Einigkeit und Freiheit“ ging – wie das **Hambacher Fest von 1832** beweist – weiter. **1848** kam es auch in den Staaten des Deutschen Bundes zu **Revolutionen**. Mit Nachdruck forderten Menschen aus allen gesellschaftlichen Schichten nationale, rechtliche und soziale Veränderungen. Doch der Versuch, die politischen Verhältnisse grundlegend zu ändern, scheiterte bereits ein Jahr später.

Judith Bruniecki

In diesem Großkapitel kannst du erschließen, warum sich in der ersten Hälfte des 19. Jhs. immer mehr Menschen für einen einheitlichen und freiheitlichen deutschen Staat einsetzten. Du wirst erkennen, dass die Auseinandersetzung mit den Kräften, die die alten Herrschaftsstrukturen bewahren wollten, die Zeit prägte.

Folgende Fragen kannst du danach beantworten:

- *Wie wurde Europa nach dem Sieg über Napoleon* neu geordnet?*
- *Welche Ziele verfolgten Nationalismus* und Liberalismus*?*
- *Wie reagierten die Fürsten auf diese politischen Bewegungen?*
- *Welche Möglichkeiten und Grenzen freier Meinungsäußerung gab es?*
- *Wie sind die Errungenschaften der Revolution von 1848/49* in Deutschland vor dem Hintergrund ihres Scheiterns zu beurteilen?*
- *Welche Bedeutung hat bürgerschaftliches Engagement für die moderne Demokratie*?*

1750 – 1800

1789: Beginn der Französischen Revolution

1806: Ende des Heiligen Römischen Reiches Deutscher Nation

1815: Wiener Kongress

M3 „Was ist des Deutschen Vaterland?“

Im März 1813 verfasst der Historiker und Schriftsteller Ernst Moritz Arndt im ostpreußischen Königsberg (heute Kaliningrad / Russland) folgendes Gedicht, das sehr populär wurde:

Was ist des Deutschen Vaterland?
Ist's Preußenland, ist's Schwabenland?
Ist's, wo am Rhein die Rebe blüht?
Ist's, wo am Belt[1] die Möwe zieht?
O nein! nein! nein!
Sein Vaterland muss größer sein!
[...]
Was ist des Deutschen Vaterland?
So nenne endlich mir das Land!
So weit die deutsche Zunge klingt
Und Gott im Himmel Lieder singt,
Das soll es sein!
Das, wackrer Deutscher, nenne dein!
[...]
Das ist des Deutschen Vaterland,
Wo Zorn vertilgt den welschen[2] Tand[3],
Wo jeder Franzmann[4] heißet Feind,
Wo jeder Deutsche heißet Freund –
Das soll es sein!
Das ganze Deutschland soll es sein!
[...]

Zitiert nach: Hans-Bernd Spies (Hrsg.), Die Erhebung gegen Napoleon 1806-1814/15, Darmstadt 1981, S. 256

1 **Belt**: Meerengen um Dänemark
2 **welsch**: französisch
3 **Tand**: wertloses Zeug
4 **Franzmann**: Franzosen

M4 Deutscher Bund

34 Fürstentümer und vier „freye Städte“ gründeten auf dem Wiener Kongress 1815 den Deutschen Bund. Er zählte etwa 300 Mio. Einwohner. Ihm gehörten neben den deutschen Fürsten der britische König mit Hannover, der dänische König mit Holstein und Lauenburg und der niederländische König mit Luxemburg und Limburg an. Der Deutsche Bund bestand bis 1866.

M5 Was ist eine Nation?

In der Zusammenfassung eines Vortrags, den der Staatsrechtler Ernst-Wolfgang Böckenförde 1995 zum Thema „Nation“ gehalten hat, heißt es:

In Frankreich [...] wurde die Nation als „politische Bekenntnisgemeinschaft“ verstanden. Ähnlich bestimmten im Einwanderungsland die Vereinigten Staaten universale Ziele wie Freiheit, Demokratie, Rechtsgleichheit den Begriff Nation. [...] Ganz anders Deutschland und die Länder Ost- und Mitteleuropas, deren Nationbegriff sich in einer Zeit bildete, da sie noch keinen eigenen Staat hatten. Sie griffen daher auf eher natürliche Kriterien wie Sprache, Abstammung, Geschichte, Kultur zurück.

Zitiert nach: Renate Schostack, Ein einig Volk aus was für Brüdern?, in: Frankfurter Allgemeine Zeitung vom 9. Mai 1995, S. 39

---

1. *Diskutiert, warum Nationalmannschaften „nationale“ Begeisterungen auslösen können. Berücksichtigt M2.*
2. *Erläutere die Besonderheit der Grenzen des Deutschen Bundes* (M4). Berücksichtige besonders den Verlauf der Grenzen Österreichs und Preußens.*
3. *Erkläre mithilfe des Gedichts (M3), warum der Deutsche Bund* (M4) für Ernst Moritz Arndt und seine Anhänger unbefriedigend war.*
4. *Arbeite heraus, wie unterschiedlich im 19. Jh. Nation* definiert wurde (M5). Ordne den Definitionen die Begriffe „Staatsnation“ und „Kulturnation“ zu.*
5. *Diskutiert, warum eine moderne Demokratie* das Engagement der Bürgerinnen und Bürger braucht.*

1832: Hambacher Fest
1848/49: Revolution in Deutschland
1850
1900

Gegen die Fremdherrschaft und für die Nation?

M1 „Der 3. Mai 1808 in Madrid. Die Erschießung der Aufständischen auf der Montan del Principio Pio“
Ölgemälde (266 x 345 cm) von Francisco de Goya, 1814
Am 2. Mai 1808 hatte sich die Bevölkerung von Madrid gegen die französischen Soldaten erhoben. Einen Tag danach wurden auf Befehl eines französischen Generals 800 spanische Freiheitskämpfer zur Vergeltung hingerichtet.

Lesetipps:
- Sabine Ebert, 1813 – Kriegsfeuer. Roman, München 2014
- Klaus Kordon, Joss oder der Preis der Freiheit. Historischer Abenteuerroman, Weinheim 2017

M2 Überall gärt es

Am 5. Dezember 1811 informiert Jérôme Bonaparte, der König von Westphalen, seinen Bruder Napoleon über die Stimmung in Deutschland; er schreibt:

Die Gärung ist auf dem höchsten Grad angelangt. [....] Der Hauptgrund dieser gefährlichen Bewegungen ist nicht nur der Hass gegen die Franzosen und die Ungeduld, das fremde Joch abzuschütteln; es ist vielmehr im Unglück der Zeiten begründet, in dem völligen Ruin aller Klassen, in der Vermehrung der Steuern und Kriegsbeiträge, dem Unterhalt der Truppen, dem Durchmarsch der Soldaten und der ständigen Wiederkehr von einer Unzahl von Plackereien aller Art. Die Verzweiflung der Völker, die nichts mehr zu verlieren haben, da ihnen alles genommen wurde, ist zu fürchten.

Zitiert nach: Eckart Kleßmann (Hrsg.), Deutschland unter Napoleon in Augenzeugenberichten, München 1976, S. 380 f. (übersetzt von Friedrich M. Kircheisen)

INFO Gegen fremde Herrschaft

Nicht nur in Spanien, Österreich und Tirol wurde versucht, die napoleonische Fremdherrschaft abzuschütteln, auch in den deutschen Staaten. Neben Wehrpflichtigen zogen Freiwillige in die „Befreiungskriege“ (auch „Freiheitskriege“ genannt), um für Freiheit und Einigkeit Deutschlands zu kämpfen. Dabei hofften die einen, dass nach einem Sieg über Napoleon* ihre Fürsten Verfassungen* erlassen würden, und die anderen, dass das 1806* untergegangene Heilige Römische Reich Deutscher Nation wiedererrichtet würde. Sie alle meinten, durch ihre Opferbereitschaft ein Recht auf Freiheit und Einheit erworben zu haben.

Die Entscheidung über die Vorherrschaft (Hegemonie*) über den Kontinent fiel Mitte Oktober 1813 in der *Völkerschlacht bei Leipzig*. Etwa 530 000 Soldaten kämpften drei Tage lang in der bis dahin blutigsten Schlacht der Weltgeschichte. Zwischen 90 000 und 120 000 Menschen starben an den Kriegshandlungen und -folgen.

Nach der Niederlage Frankreichs zerfiel der Rheinbund[1]. Im März 1814 wurde Paris erobert und Napoleon musste abdanken. Mit Spannung blickte man auf den **Wiener Kongress**, auf dem auch über das weitere Schicksal der deutschen Länder entschieden werden sollte. Würde das 1806 untergegangen Heilige Römische Reich Deutscher Nation wiederhergestellt werden? Oder würde ein deutscher Nationalstaat errichtet werden?

Judith Bruniecki

[1] **Rheinbund**: Siehe S. 35.

Medientipp:
Informationen über die Völkerschlacht bei Leipzig siehe **31063-12**.

Welche Bedeutung haben die „Befreiungskriege“ für die deutsche Nationalidee?

1. *Fasse die Situation in Europa um 1812 zusammen. Benenne die Ursachen (M1, M2 und INFO).*
2. *Beschreibe das Gemälde (M1) und erläutere, welche Haltung der Maler zu den Geschehnissen einnimmt.*

M3 „An mein Volk!“

Am 17. März 1813 erklärt Preußen Frankreich den Krieg und noch am selben Tag wendet sich der preußische König Friedrich Wilhelm III. mit folgendem Aufruf an die Bevölkerung:

Jetzt ist der Augenblick gekommen, wo alle Täuschung über unsern Zustand aufhört. – Brandenburger, Preußen, Schlesier, Pommern, Litauer! Ihr wisst, was ihr seit sieben Jahren erduldet habt, ihr wisst, was euer trauriges Los ist, wenn wir den beginnenden Kampf nicht ehrenvoll enden […]. […]

Große Opfer werden von allen Ständen gefordert werden, denn unser Beginnen ist groß, und nicht gering die Zahl und die Mittel unserer Feinde. Ihr werdet jene lieber bringen für das Vaterland, für euren angeborenen König, als für einen fremden Herrscher […]. Aber welche Opfer auch von Einzelnen gefordert werden mögen, sie wiegen die heiligen Güter nicht auf, für die wir sie hingeben, für die wir streiten und siegen müssen, wenn wir nicht aufhören wollen, Preußen und Deutsche zu sein. Es ist der letzte entscheidende Kampf, den wir bestehen, für unsere Existenz, unsere Unabhängigkeit, unsern Wohlstand. Keinen andern Ausweg gibt es, als einen ehrenvollen Frieden, oder einen ruhmvollen Untergang.

Zitiert nach: Hans-Bernd Spies (Hrsg.), Die Erhebung gegen Napoleon 1806-1814/15, Darmstadt 1981, S. 255 (vereinfacht)

M5 „Lützows Jagd“

Undatiertes Gemälde von Richard Knötel

Die Schlachtenbilder des Historienmalers Knötel wurden um 1900 auch als Postkarten verbreitet.
Zum Bild: Der preußische Offizier Adolf Freiherr von Lützow stellte 1813 außerhalb Preußens eine Truppe aus Freiwilligen für den Kampf gegen die napoleonischen Truppen auf. Die etwa 3 800 Männer kamen aus allen deutschen Gebieten und Gesellschaftsschichten. Unsere Nationalfarben gehen auf die Uniform der „Lützower Jäger“ zurück. Eine rote Borte schloss den Kragen ihrer schwarzen Uniformröcke ab und die Messingknöpfe und Schulterstücke glänzten golden.

M4 Der Mythos von „Lützows wilder, verwegener Jagd“

Die Geschichtswissenschaft hat festgestellt, dass die Mehrheit der Soldaten in den „Befreiungskriegen“ nicht freiwillig in den Krieg zog. Auch die große Teilnahme von studentischen Freiwilligen hat sich als Mythos erwiesen. Studenten stellten lediglich rund fünf Prozent der etwa 25 000 Freiwilligen. Die Klagenfurter Historikerin Alexandra Bleyer schreibt 2013 dazu:

Das überlieferte Bild der deutschen Befreiungskriege ist geprägt von jungen Männern, die sich freiwillig und begeistert in Kampf und Heldentod stürzten. Das erklärt sich teils daraus, dass überproportional viele Verfasser von Erinnerungsliteratur und Gedichten selbst Freiwillige waren. Bei den Lützowern waren es beispielsweise Turnvater Jahn, Joseph Freiherr von Eichendorff und Theodor Körner, wobei Letzterer den Mythos von „Lützows wilder, verwegener Jagd“[1] schuf und nach seinem Tod im August 1813 zum Prototypen des „teutschen Heldenjünglings“ erhoben wurde. So gering der militärische Beitrag der Freiwilligen am Befreiungskrieg auch gewesen sein mochte, propagandistisch wirkte er bis weit ins 19. Jahrhundert hinein und erhob die Freiheitskriege zur nationalen Bewegung.

Alexandra Bleyer, Auf gegen Napoleon! Mythos Volkskriege, Darmstadt 2013, S. 197

[1] **„Lützows wilde, verwegene Jagd“**: Nach dem Gedicht „Was glänzt dort vom Walde im Sonnenschein?“ von Theodor Körner. Es entstand am 24. April 1813 im Zuge der „Befreiungskriege“ in Leipzig und wurde noch im gleichen Jahr veröffentlicht.

3. *Analysiere den Aufruf des preußischen Königs (M3). Arbeite den Aufbau des Aufrufs heraus und benenne die Gefühle, Werte und Ziele, die er anspricht.*
4. *Fasse zusammen, was man unter dem Mythos von den „Lützower Jägern“ versteht, und erkläre seine Bedeutung (M4 und M5).*
5. *Beurteile, ob um 1815 ein deutsches Identitätsgefühl bestand und welche Rolle die „Befreiungskriege“ in diesem Zusammenhang spielten.* (H)

1806: Ende des Heiligen Römischen Reiches Deutscher Nation
1812/13: Russlandfeldzug Napoleons
1813-1815: „Befreiungskriege“ gegen Napoleon
1800 | 1810 | 1820 | 1830 | 1840 | 1850

Lern-aufgabe

Die Neuordnung Europas auf dem Wiener Kongress

M1 Europa nach dem Wiener Kongress

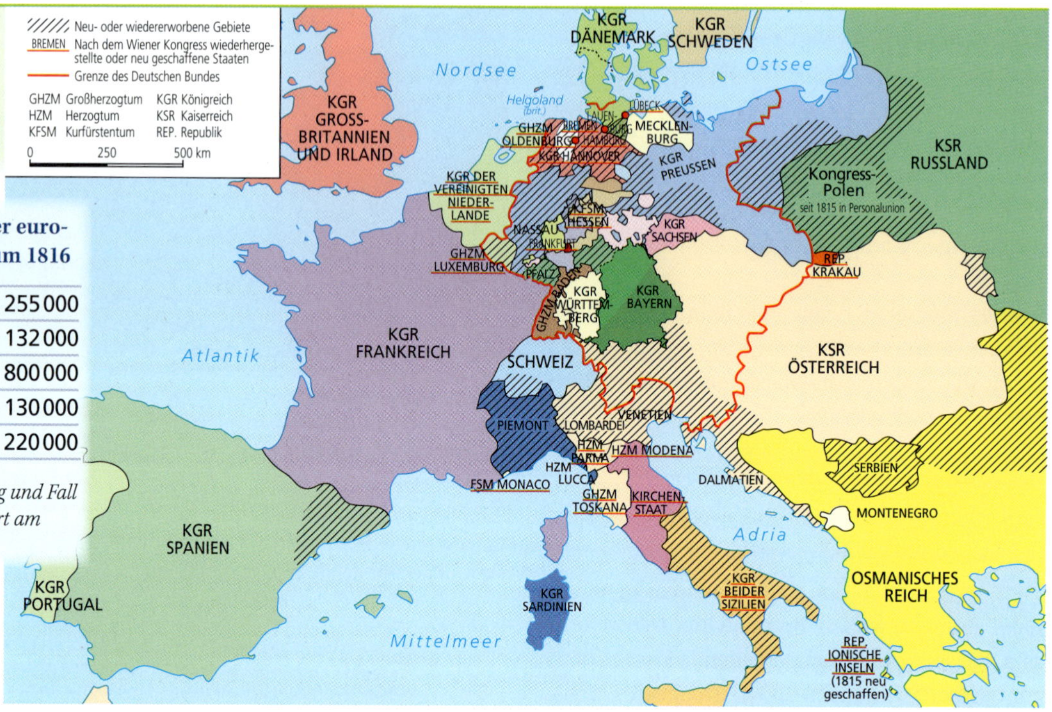

M2 Truppenstärke der europäischen Großmächte um 1816

Großbritannien	255 000
Frankreich	132 000
Russland	800 000
Preußen/Deutschland	130 000
Habsburger Reich	220 000

Nach: Paul Kennedy, Aufstieg und Fall der großen Mächte, Frankfurt am Main [6]2000, S. 244

Kartentipp:
Eine animierte Karte zum Wiener Kongress findest du unter **31063-14**.

Schritt für Schritt:
Geschichtskarten analysieren (3)

Wie mit Karten gearbeitet wird, hast du bereits gelernt (siehe die Arbeitsmethode auf S. 205 f.). Weitere Tipps zur Analyse von Geschichtskarten haben wir dir auf S. 32 und 34 gegeben. Um die territorialen Veränderungen in Mitteleuropa nach dem Wiener Kongress beschreiben und Rückschlüsse auf die machtpolitischen Verhältnisse ziehen zu können, musst du weitere Arbeitsschritte berücksichtigen:

1. Welche Aussagen über die territorialen Veränderungen zeigt die Karte?
2. Welche Rückschlüsse können aufgrund der Informationen für das Thema gezogen werden?
3. Fehlen Informationen, die für die Interpretation der Karte noch wichtig wären? Wo kannst du diese Angaben recherchieren?
4. Lassen sich die Untersuchungsergebnisse zu einer Gesamtaussage zusammenfassen?

INFO 1 Eine neue Ordnung für Europa?

Nach fast einem Vierteljahrhundert der Kriege und des Wandels wollten die Sieger 1814/15 auf diplomatischem Wege eine neue europäische Ordnung errichten. Von September 1814 bis Juni **1815** versammelten sich auf dem **Wiener Kongress** 15 Kaiser und Könige und rund 200 Fürsten mit ihren Gesandten (Diplomaten[1]). Hinzu kamen zahlreiche Standesherren sowie Abgesandte der Städte, die nach 1803 ihre Selbstständigkeit verloren hatten. Großbritannien, Russland, Österreich und Preußen bestimmten als Siegermächte die Verhandlungen, doch räumte man auch dem besiegten Frankreich einen Platz am Verhandlungstisch ein.

Judith Bruniecki

[1] **Diplomat**: jemand, der im Auftrag der Regierung sein Land im Ausland vertritt; Diplomatie: „Kunst der Verhandlung"

INFO 2 Restauration und Legitimität

Trotz der unterschiedlichen Interessen stand ein Ziel im Vordergrund der Verhandlungen: Nie wieder sollte ein Staat die Hegemonie* auf dem Kontinent übernehmen können. Die Gründung von Nationalstaaten oder die Wiederherstellung des 1806* untergegangenen Heiligen Römischen Reiches Deutscher Nation wurden abgelehnt. Aber auch die durch Mediatisierung und Säkularisierung*[1] entstandenen territorialen Veränderungen sollten nicht rückgängig gemacht werden, um keine neuen Unruhen oder Kriege zu provozieren. Stattdessen akzeptierten die Großmächte auf dem Wiener Kongress die Gründung des **Deutschen Bundes**.[2] Er trat an die Stelle des Heiligen Römischen Reiches und knüpfte an den zerschlagenen Rheinbund[3] an.

Grundsätzlich sollte mit dem Wiener Kongress die monarchische Ordnung wiederhergestellt werden (*Restauration*). Nie wieder sollte eine Revolution die Herrschaft der Monarchen erschüttern. Nur die alten Fürstenhäuser (*Dynastien*) seien berechtigt, in Europa zu herrschen (*Legitimität*). Dabei beriefen sich die Fürsten auf ihr Gottesgnadentum. Entsprechend hatten die entmachteten Herrscherfamilien wieder ihren Rang eingenommen, z. B. die Bourbonen in Frankreich (*Ludwig XVIII.*) und Spanien (*Ferdinand VII.*). Zugleich wollten aber auch alle von Napoleon* geförderten Fürsten, ihre Rangerhöhungen und Gebietsvergrößerungen beibehalten.

Judith Bruniecki

INFO 3 Solidarität

Angesichts der beginnenden Kritik der nationalen Bewegungen an den Beschlüssen des **Wiener Kongresses**, verpflichteten sich die Monarchen von Russland, Preußen und Österreich im September **1815** in einem Vertrag gegenseitig, überall da einzugreifen, wo die monarchische Ordnung in Gefahr ist (*Solidarität*). Dieser „Heiligen Allianz" traten fast alle europäischen Herrscherhäuser bei.

Judith Bruniecki

[1] Siehe S. 33.
[2] Siehe dazu auch die Karte auf S. 45 und das folgende Kapitel.
[3] Zum Rheinbund siehe S. 35.

M3 „Le Congrès"
Kolorierter Kupferstich (18 x 27 cm) von 1815
Das Motiv des Bildes ist eine Anspielung auf die scherzhafte Äußerung des österreichischen Diplomaten Charles Joseph Fürst de Ligne: „Der Kongress schreitet nicht vor, sondern er tanzt." Auf der linken Seite des Bildes sind der französische Außenminister Talleyrand und sein englischer Amtskollege Castlereagh zu sehen, in der Mitte tanzen der österreichische Kaiser Franz I., der russische Zar Alexander I. und der preußische König Friedrich Wilhelm III. Der sächsische König Friedrich August I. bemüht sich, seine Krone festzuhalten. Ganz rechts eine Personifikation der Republik Genua, die 1815 an das Königreich Sardinien-Piemont fiel.

Geschichte erzählt:
Die Erzählung „Der Kongress hat getanzt" findest du unter **31063-13**.

Wie wird Europa territorial und machtpolitisch 1815* auf dem Wiener Kongress geordnet? Erarbeite einen Kurzvortrag.

1. *Werte die Karte M1 mithilfe der Arbeitsmethode „Schritt für Schritt" aus. Berücksichtige auch die vollständige Fassung der Methode (siehe S. 205).*
2. *Beschreibe die territorialen und machtpolitischen Verhältnisse in Europa (M1 und M2). Ziehe dazu auch vergleichend die Karte auf Seite 229 heran.*
3. *Die europäische Ordnung sollte durch ein „Gleichgewicht der Mächte" (Balance of power) eine erneute Hegemonie* verhindern. Beurteile, inwiefern dieses Ziel erreicht wurde (M1 und M2). Berücksichtige auch die geografische Lage des Deutschen Bundes*.*
4. *Arbeite die Zielsetzung des Kongresses heraus. Begründe, warum das besiegte Frankreich in Wien mitverhandeln durfte (INFO 1 und 2).*
5. *Erkläre die Motive für die Gründung der „Heiligen Allianz" (INFO 3).*
6. *Fasse deine Ergebnisse in einem Kurzvortrag zusammen. Nimm dabei auch Stellung zu der Zeichnung (M3). Beurteile, ob von einer Neuordnung oder von einer Restauration (Wiederherstellung) Europas gesprochen werden muss.*

1806: Ende des Heiligen Römischen Reiches Deutscher Nation
1815: Wiener Kongress

1800 1810 1820 1830 1840 1850

Triumph der Fürsten – der Deutsche Bund

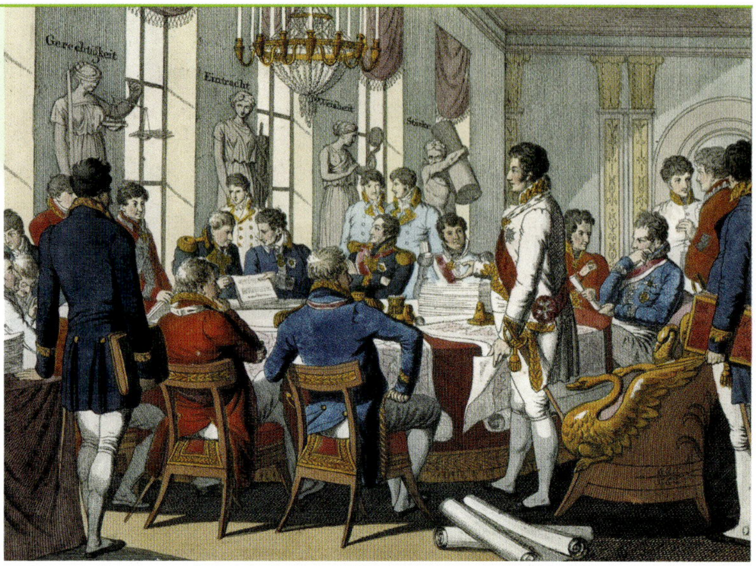

M 1 „Deutschlands Hoffnung"
Radierung von 1816
Dargestellt ist eine Versammlung der von den Fürsten bevollmächtigten Gesandten am „Runden Tisch" in Frankfurt am Main. Die Skulpturen im Hintergrund stellen die Gerechtigkeit, Eintracht, Weisheit und Stärke dar. Die Bundesversammlung konnte unter dem Vorsitz Österreichs in zwei Gremien zusammentreten: Im „Engeren Rat" und im – sehr selten tagenden – Plenum. Von den 17 Stimmen im „Engeren Rat" führten die elf großen Staaten je eine Stimme, die 23 kleineren Länder und vier freien Städte teilten sich sechs Stimmen.

INFO Ein Staatenbund
Der **Deutsche Bund** hatte kein gemeinsames Staatsoberhaupt, keine gemeinsame Regierung und keine gemeinsame Armee. Die einzige gesamtdeutsche Einrichtung war ein ständiger Gesandtenkongress, der in Frankfurt am Main tagte: die *Bundesversammlung* (auch *Bundestag* genannt). Gemeinsam sollten politische und wirtschaftliche Probleme diplomatisch gelöst und Bundesgesetze beschlossen werden. Ein mit Zwei-Drittel-Mehrheit beschlossenes Bundesgesetz war für alle bindend. Aus dem Bund austreten konnten die Mitglieder nicht. Trotzdem blieben sie unabhängig. Sie konnten in ihren Territorien Gesetze erlassen, Zölle und Steuern nach ihren Vorstellungen erheben, Bündnisse schließen und Krieg führen, allerdings nicht gegen ihre Bundespartner. Insofern war der Deutsche Bund ein Zusammenschluss souveräner Einzelstaaten.
Judith Bruniecki

M 2 Aus der Deutschen Bundesakte

Am 8. Juni 1815 wird während des Wiener Kongresses der Vertrag zwischen den deutschen Staaten über die Gründung eines Staatenbundes geschlossen. Die beiden ersten Artikel der allgemeinen Bestimmungen lauten:

Art. 1. Die souveränen Fürsten und freien Städte Deutschlands [...] vereinigen sich zu einem beständigen Bunde, welcher der deutsche Bund heißen soll. [...]
Art. 2. Der Zweck desselben ist Erhaltung der äußeren und inneren Sicherheit Deutschlands und der Unabhängigkeit und Unverletzbarkeit der einzelnen deutschen Staaten. [...]
Art. 13. In allen Bundesstaaten wird eine Landständische Verfassung[1] stattfinden.

Zitiert nach: Wolfgang Hardtwig und Helmut Hinze (Hrsg.), Vom Deutschen Bund zum Deutschen Reich 1815 - 1871, Stuttgart 1997, S. 37 (vereinfacht)

[1] Vertretung der Stände (Adel, Geistlichkeit, Bürger und Bauern) bzw. der Gesamtbevölkerung; wie diese Verfassung ausgestaltet sein sollte blieb offen

M 3 Aus der Wiener Schlussakte

Die Deutsche Bundesakte (M2) wird, wie 1815 beschlossen, auf mehreren Konferenzen in Wien ausgestaltet. Das Ergebnis ist die Wiener Schlussakte von 1820. Sie legt gemeinsam mit der Bundesakte die verfassungsrechtliche Ordnung des Deutschen Bundes fest:

Art. 18 Da Eintracht und Friede unter den Bundes-Gliedern ungestört aufrechterhalten werden soll, so hat die Bundes-Versammlung, wenn die innere Ruhe und Sicherheit des Bundes auf irgendeine Weise bedroht oder gestört ist, über Erhaltung oder Wiederherstellung derselben Rat zu pflegen und die geeigneten Beschlüsse [...] zu fassen. [...]
Art. 25 Die Aufrechterhaltung der inneren Ruhe und Ordnung in den Bundesstaaten steht den Regierungen allein zu. Als Ausnahme kann jedoch [...] die Mitwirkung der Gesamtheit zur Erhaltung oder Wiederherstellung der Ruhe im Fall einer Widersetzlichkeit der Untertanen gegen die Regierung, eines offenen Aufruhrs oder →

gefährlicher Bewegungen in mehreren Bundesstaaten stattfinden.

Art. 26 Wenn in einem Bundesstaate durch Widersetzlichkeit der Untertanen gegen die Obrigkeit die innere Ruhe unmittelbar gefährdet und eine Verbreitung aufrührerischer Bewegungen zu fürchten oder ein wirklicher Aufruhr zum Ausbruch gekommen ist und die Regierung selbst [...] den Beistand des Bundes anruft, so liegt der Bundesversammlung ob, die schleunigste Hilfe zur Wiederherstellung der Ordnung zu veranlassen.

Zitiert nach: Wolfgang Hardtwig und Helmut Hinze (Hrsg.), Vom Deutschen Bund zum Deutschen Reich 1815 - 1871, Stuttgart 1997, S. 49 f. und 54 (vereinfacht)

M 4 Kritik an der „Bundesverfassung“

Noch vor der Verabschiedung der „Bundesverfassung“ steht am 7. Mai 1815 in dem von Joseph Görres, einem katholischen Gymnasiallehrer aus Koblenz, herausgegebenen „Rheinischen Merkur“:

Es ist endlich bekannt geworden, welche Verfassung man dem Bunde geben will [...]. Man hat die Völker bei seiner Errichtung nicht um Rat gefragt; man scheint auf sie und ihre Stimme nicht hören zu wollen. [...] Dennoch ist es unsere Pflicht, uns zu erheben gegen das Verderbliche, damit wir ohne Schuld sind an des Vaterlandes Unglück. [...] Man wird zur Vermutung gezwungen, dass man Deutschland nicht als organisches Ganzes, als einen Staat betrachte, sondern nur als einen Staatenbund [...]. Aber man höre doch nur den Ruf aller deutschen Volksstämme. Einmütig erklären sie: „Wir wollen nicht länger bloß Preußen, Hannoveraner, Hessen bleiben, wir wollen Deutsche werden!“ Der künstliche Bund aber, der nicht gestützt ist auf die Liebe und den Gemeingeist des deutschen Volkes, wird bald durch seine eigene Schwäche zusammenfallen! [...]

Anmerkung: Es könnte gut sein, wenn die deutschen Vereine und Städte Unterschriften sammelten zu einer Bittschrift um Einführung deutscher Reichsstände. Die Stimme des Volkes dringt so schwer durch zu den Ohren der Fürsten: Vielleicht war dies der Grund, dass so mancher billiger Wunsch der Deutschen unerfüllt blieb.

Rheinischer Merkur Nr. 234 vom 7. Mai 1815 (vereinfacht)

M 5 Hauptgrund des Deutschen Bundes

In einer Denkschrift vom 30. September 1816 legt der Gelehrte und Staatsmann Wilhelm von Humboldt dem preußischen Staatskanzler Karl August Freiherr von Hardenberg seine Auffassung über den Deutschen Bund dar:

Man wird Deutschland nie hindern können, auf irgendeine Weise Ein Staat und Eine Nation sein zu wollen; die Neigung, wenn nicht nach Einheit, wenigstens doch nach irgendeinem Verbande, liegt [...] in allen Köpfen und Gemütern [...]. Ein allgemeiner Deutscher Bund war demnach die einzige politische Form, durch welche sich die ungleichartige Masse großer und kleiner Fürsten, welche Deutschland umfasst, in Gestalt bringen ließ [...]. Die Notwendigkeit, Deutschland und dadurch Europa [...] zu sichern, ist ein Hauptgrund der Stiftung des Deutschen Bundes, auch bei den fremden Mächten, gewesen. [...] Denn wenn der Bund sich auch nicht so nützlich erproben sollte, die Macht Deutschlands gegen außen hin wirklich zu verstärken, so befördert er negativ die Ruhe, indem er die unglücklichen politischen Folgen, welche ohne ihn unfehlbar das Dasein so vieler kleiner Fürsten mitten unter Mächtigeren im Herzen haben müsste, aufhebet oder doch mindert. [...]

Sieht man [...] auf die besondere Natur des Bundes, so gibt es, meiner Meinung nach, die wichtigsten Gründe, alle Tätigkeit des Bundes als eigenen Gesamtstaat so viel nur immer möglich zu beschränken.

Wilhelm von Humboldt, Schriften zur Politik und zum Bildungswesen, Darmstadt [4]1993, S. 347 - 417, Zitate S. 351, 353 f. und 391

M 6 Wappen des Deutschen Bundes

Das Wappenschild griff auf Symbol und Farben des Reichsbanners des Heiligen Römischen Reiches zurück.

Wie wird der Deutsche Bund von den Zeitgenossen bewertet?*

1. *Fasst in Gruppenarbeit die Zielsetzungen des Deutschen Bundes zusammen und erklärt, warum der Deutsche Bund kein Nationalstaat war (INFO, M1 bis M3).*
2. *Erläutere, inwiefern der „Runde Tisch“ die Verteilung der Macht im „Engeren Rat“ der Bundesversammlung darstellen sollte (M1).*
3. *Erarbeitet in zwei Gruppen die Positionen von Görres (M4) und von Humboldt (M5). Erkläre ihre Positionen.*
4. *Beschreibe das Wappen (M6) und suche eine Erklärung, warum sich die Fürsten dafür entschieden haben.* (F)

1806: Ende des Heiligen Römischen Reiches Deutscher Nation

1815: Wiener Kongress; Gründung des Deutschen Bundes

1800 1810 1820 1830 1840 1850

Forderung nach Einheit und Freiheit

M 1 Das Wartburgfest von 1817
Holzstich, um 1880
Auf Einladung der 1815 gegründeten Jenaer Burschenschaft trafen sich am 18./19. Oktober 1817 an die 500 Studenten aus zwölf deutschen Universitäten (u. a. auch aus Würzburg und Erlangen) im thüringischen Eisennach. Sie gedachten auf der Wartburg der Reformation von 1517 und der siegreichen Leipziger Völkerschlacht von 1813. Nach der eigentlichen Feier zog man auf den Wartenberg (nicht auf die Wartburg). Dort wurden symbolisch 25 bis 30 als deutschfeindlich eingestufte Bücher (beschriftete Altpapierballen) verbrannt und drei Kennzeichen des absolutistischen Militärs: Schnürleib, Prügelstock und Perückenzopf. In Preußen und Österreich sahen die Regierenden durch diese Aktion die politische Ordnung bedroht.

INFO 1 Nationale Forderungen

Nach dem gemeinsamen Kampf gegen Frankreichs Hegemonie* schlossen sich vaterländisch gesinnte Studenten in Jena zur *Allgemeinen Deutschen Burschenschaft* zusammen. Die Burschenschaftler waren überzeugt, dass alle Deutschen aufgrund ihrer gemeinsamen Herkunft, Sprache und Kultur eine Nation* bildeten. Den **Deutschen Bund** lehnten sie ab.

Die Burschenschaften prägten die Anfänge des deutschen **Nationalismus**. Ihre Anhänger hatten aber keine einheitlichen Vorstellungen davon, wer zum deutschen Nationalstaat gehören sollte. Die einen setzten auf eine enge Verbindung von Christentum* und Staat – und grenzten damit bewusst Juden aus, andere lehnten fremde Sprachen und Sitten ab und stellten die eigene Nation über andere Völker. Wieder andere sprachen sich für die Verständigung zwischen den Religionen und Völkern aus. Nur ein kleiner Teil der Nationalbewegung war radikal und wollte mit Gewalt die politischen Verhältnisse verändern.

Judith Bruniecki

INFO 2 Politische Strömungen

Die politische Ordnung des **Deutschen Bundes** hatte auch viele von der Aufklärung* beeinflusste Bürger in den Einzelstaaten enttäuscht. Sie wollten nicht mehr Untertanen sein, sondern freie Staatsbürger. Ihre Haltung wurde als **Liberalismus** bezeichnet. Die Liberalen forderten „Constitutionen" (Verfassungen*), in denen die Macht der Fürsten begrenzt und Grundrechte (z. B. Presse- und Versammlungsfreiheit, Rechtsgleichheit, Schutz des Eigentums) festgehalten werden sollten. „Volksvertretungen" (**Parlamente**) sollten an der Gesetzgebung mitwirken und beim Haushalt mitsprechen dürfen.

Eine kleine Gruppe von *Republikanern*, auch *Demokraten* genannt, ging weiter als die Liberalen. Sie wollten die Macht der Fürsten beseitigen sowie eine Republik* einführen. Die Regierungsgewalt sollte nur durch Wahl und auf bestimmte Zeit übertragen werden. Neben den Liberalen und den Republikanern gab es auch weiterhin Anhänger des Absolutismus* und der Ständegesellschaft, das waren die *Konservativen*.

Unter allen politischen Strömungen gab es Anhänger der nationalen Einheitsbewegung.

Judith Bruniecki

M 2 „Was ist euer Ziel?"

Der 1799 in Bayreuth geborene Heinrich von Gagern hat das Wartburgfest mitorganisiert. Am 17. Juni 1818 schreibt er an seinen Vater:

Wir [die Burschenschaftler] wünschen unter den einzelnen Staaten Deutschlands größeren Gemeinsinn, größere Einheit in ihrer Politik [...]; keine eigne Politik der einzelnen Staaten, sondern das engste Bundesverhältnis; überhaupt, wir wünschen, dass Deutschland als ein Land und das deutsche Volk als ein Volk angesehen werden könne. [...] Wir wünschen eine Verfassung für das Volk nach dem Zeitgeiste und nach der Aufklärung desselben, nicht, dass jeder Fürst seinem Volke gibt, was er Lust hat und wie es seinem Privatinteresse dienlich ist.

Heinrich von Gagern, Deutscher Liberalismus im Vormärz. Briefe und Reden 1815-1848, hrsg. vom Bundesarchiv und der Hessischen Historischen Kommission Darmstadt, bearb. von Paul Wentzcke und Wolfgang Klötzer, Göttingen / Berlin / Frankfurt am Main 1959, S. 59 f.

Medientipp:
Die Texte der „Karlsbader Beschlüsse" findest du unter **31063-15**.

M 3 Attentat auf August von Kotzebue
Kolorierter Einblattdruck (19 x 26 cm), gedruckt in Nürnberg, um 1820
Der Theologiestudent und Burschenschaftler Carl Ludwig Sand aus Jena ermordete am 23. März 1819 in Mannheim den Schriftsteller und russischen Staatsrat August von Kotzebue, weil er die nationalen Ideen immer wieder verspottet hatte.

M 4 „An alle die Meinigen"

In einem Anfang März 1819 verfassten – aber nicht abgeschickten – Schreiben erklärt Carl Ludwig Sand seinen Freunden, warum er ein Attentat auf August von Kotzebue verüben wollte.

Viele der ruchlosesten[1] Verführer treiben ungeahndet, bis aufs völlige Verderben unseres Volkes hin, bei uns ihr Spiel. Unter ihnen ist Kotzebue der feinste und boshafteste, das wahre Sprachwerkzeug für alles Schlechte in unserer Zeit [...]. [...] [U]m das gemeinsame Vaterland, Deutschland, den immer noch zerrissenen und entwürdigten Staatenbund, aus der nahen großen Gefahr zu erretten, möchte ich Schrecken über die Bösen und Feigen, Mut über die Guten verbreiten! Schriften und Reden wirken nicht, – nur die Tat kann einen, – möchte ich wenigstens einen Brand schleudern in die jetzige Schlaffheit, und die Flamme des Volksgefühls, das schöne Streben für Gottes Sache in der Menschheit, das seit 1813 unter uns aufgeregt ist, unterhalten, mehren helfen!

Carl Ludwig Sand, dargestellt durch seine Tagebücher und Briefe von einigen seiner Freunde, Altenburg 1821, S. 191-198,

[1] **ruchlos**: gemein und skrupellos

M 5 Nutzen aus der Sache ziehen

Der österreichische Staatskanzler Klemens Fürst von Metternich ist Vorsitzender der Bundesversammlung des Deutschen Bundes. Am 9. April 1819 schreibt er einem Vertrauten:

Ich habe die Nachricht von der Ermordung Kotzebues mit allen vorläufigen Details erhalten. [...] Ich für meinen Teil hege keinen Zweifel, dass der Mörder nicht aus eigenem Antriebe, sondern infolge eines geheimen Bundes handelte. [...] Meine Sorge geht dahin, der Sache die beste Folge zu geben, [...] und in dieser Sorge werde ich nicht lau vorgehen.

Zitiert nach: Wolfgang Hardtwig und Helmut Hinze (Hrsg.), Vom Deutschen Bund zum Kaiserreich 1815-1871, Stuttgart 1997, S. 70

INFO 3 Karlsbader Beschlüsse

Die Ermordung des konservativen Schriftstellers *August von Kotzebue* lieferte den Anlass, umfassend gegen die nationale Bewegung vorzugehen. Auf einer Konferenz im böhmischen Karlsbad (heute Tschechische Republik) wurden am 20. September 1819 folgende Bundesgesetze beschlossen:

- Alle Druckerzeugnisse unter 16 Bogen (= 320 Seiten) Umfang unterlagen jetzt der Zensur. Sie mussten vor ihrer Veröffentlichung staatlich genehmigt werden.
- Die Versammlungsfreiheit wurde eingeschränkt.
- An den Universitäten wurden die Burschenschaften verboten.

Dazu richtete man in Mainz eine zentrale Behörde ein, die alle „revolutionären Umtriebe" aufdecken sollte. Die Wortführer der nationalen und liberalen Bewegung wurden als *Demagogen* (Volksaufrührer) verfolgt. Sie erhielten Berufsverbote, Haftstrafen oder wurden aus dem Land gewiesen. Das Bürgertum* suchte fortan sein Glück in der Familie und widmete sich religiösen, wissenschaftlichen oder kulturellen Themen. Später wurde diese Kultur als *Biedermeier* bezeichnet. Doch das Bild täuscht. Immer mehr Bürger organisierten sich in Gesangs-, Turn-, Schützen- und Wohltätigkeitsvereinen oder wissenschaftlichen Vereinigungen. Dort fanden sie Mittel und Wege, sich auch politisch zu informieren und zu äußern.

Judith Bruniecki

Wie reagiert der Deutsche Bund* auf die nationale und liberale Bewegung?

1. *Nimm Stellung zu den Aktionen auf dem Wartburgfest (M1).*
2. *Erkläre, was die Anhänger des Nationalismus* anstrebten und warum sie den Deutschen Bund ablehnten (INFO 1).*
3. *Arbeite die Kennzeichen der politischen Strömungen heraus (INFO 2).*
4. *Beschreibe die Reaktionen auf das Attentat (M5 und INFO 3) und beurteile, ob sie angemessen waren.*
5. *Beurteile die Möglichkeiten der politischen Meinungsäußerung nach 1819 (INFO 3).*

1815: Gründung des Deutschen Bundes
1817: Wartburgfest
23. 3. 1819: Attentat Carl Ludwig Sands – „Karlsbader Beschlüsse"
1800 1810 1820 1830 1840 1850

Der nationale Durchbruch?

M 1 „Die Freiheit führt das Volk" (28. Juli 1830)
Ölgemälde (260 x 325 cm) von Eugène Delacroix, 1830/31

INFO 1 Aufstände – Freiheitskämpfe und die Julirevolution

Aufstände in Italien, Spanien und Portugal sowie der Freiheitskampf in Griechenland 1821 gegen die türkische Fremdherrschaft zeigten, dass es in ganz Europa rumorte. Im Juli 1830 kam es erneut zu einer Revolution in Frankreich. König *Karl X.* wurde nach heftigen Kämpfen gestürzt, weil er das **Parlament** auflösen und dem Adel* wieder mehr Macht erteilen wollte. Ein Verwandter des abgesetzten Königs kam auf den Thron, der sogenannte „Bürgerkönig" *Louis-Philippe I.*

Alle diese Ereignisse hatten europaweite Auswirkungen. Auch im **Deutschen Bund** kam es zu Unruhen. In Braunschweig, Hannover, Kurhessen und Sachsen wurden verbesserte Verfassungen* erlassen. Preußen und Österreich unterdrückten dagegen die Aufstände militärisch. Im selben Jahr erhoben sich die Polen gegen die russische Herrschaft, die Engländer reformierten ihr Parlament und die Belgier gründeten einen Staat mit einer liberalen Verfassung.

Judith Bruniecki

Kartentipp:
Eine animierte Karte mit den Aufständen in Europa zwischen 1815 und 1848 findest du unter **31063-16**.

INFO 2 Das Hambacher Fest

Ein Zeichen der politischen Unzufriedenheit im **Deutschen Bund** war das **Hambacher Fest** vom 27. bis 30. Mai **1832** in dem kleinen Weinort Neustadt, der damals zum bayerischen Rheinkreis (Rheinpfalz) gehörte.

Da politische Kundgebungen verboten waren, hatten die Veranstalter einfach zu einem „Volksfest" eingeladen – und etwa 30 000 Männer und Frauen „jedes Standes" aus allen deutschen Regionen kamen. Eingeladen waren auch Gäste aus Frankreich, England und Polen. Die Veranstaltung wuchs zur größten politischen Massenkundgebung der damaligen Zeit. Über 30 Ansprachen wurden gehalten, in denen über die politischen und sozialen Zustände in Deutschland und Europa geklagt und für einen deutschen und polnischen Nationalstaat, für Volkssouveränität*, für Pressefreiheit und für Völkerverständigung demonstriert wurde.

Nach der Veranstaltung gingen die bayerische Regierung und der Deutsche Bund mit aller Schärfe gegen die Organisatoren und Teilnehmer des Hambacher Festes vor. Sie wurden verfolgt, verhaftet und vor Gericht gestellt. Zugleich verschärfte man die Zensur und die Überwachungsmaßnahmen. All das konnte aber nicht verhindern, dass am 3. April 1833 etwa 100 radikale Burschenschaftler und Bürger die Frankfurter Hauptwache stürmten, um eine allgemeine Revolution in Deutschland auszulösen. Der Versuch scheiterte, erregte aber große öffentliche Aufmerksamkeit.

Judith Bruniecki

Medientipps:
Informationen zum Hambacher Fest findest du unter **31063-17**.

M2 Zug auf das Hambacher Schloss am 27. Mai 1832

Kolorierte Lithografie (22,0 x 26,7 cm) von 1832

In den Staaten des Deutschen Bundes fanden 1832 rund 30 ähnliche, aber bedeutend kleinere Veranstaltungen statt. So z. B. auch im fränkischen Gaibach bei Würzburg (siehe S. 83).

M3 „Vaterland – Freiheit – ja!“

Der 43-jährige Jurist und Journalist Philipp Jacob Siebenpfeiffer, ein entlassener bayerischer Beamter, eröffnet am 27. Mai 1832 das Hambacher Fest mit folgenden Worten:

Vaterland – Freiheit – ja! Ein freies deutsches Vaterland – dies ist der Sinn des heutigen Festes […]. Und es wird kommen der Tag, […] wo der Deutsche vom Alpengebirge und der Nordsee, vom Rhein, der Donau und der Elbe den Bruder im Bruder umarmt, wo die Zollstöcke und die Schlagbäume, wo alle Hoheitszeichen der Trennung […] und Bedrückung verschwinden […]. Es wird kommen der Tag […], wo das deutsche Weib, nicht mehr die dienstpflichtige Magd des herrschenden Mannes [sein wird], sondern die freie Genossin des freien Bürgers […]; wo der Bürger nicht in höriger Untertänigkeit den Launen des Herrschers und seiner knechtischen Diener, sondern dem Gesetze gehorcht, und auf den Tafeln des Gesetzes den eigenen Willen liest, und im Richter den freierwählten Mann seines Vertrauens erblickt […].

Wir selbst wollen, wir selbst müssen vollenden das Werk, und, ich ahne, bald, bald muss es geschehen, soll die deutsche, soll die europäische Freiheit nicht erdrosselt werden von den Mörderhänden der Aristokraten […].

Es lebe das freie, das einige Deutschland!

Hoch leben die Polen, der Deutschen Verbündete! Hoch leben die Franken[1], der Deutschen Brüder, die unsere Nationalität und Selbstständigkeit achten! […]

Vaterland – Volkshoheit – Völkerbund hoch!

Zitiert nach: Johann Georg August Wirth, Das Nationalfest der Deutschen zu Hambach, Neustadt an der Haard 1832, Nachdruck der Original-Ausgabe, Neustadt a. d. W. 1981, S. 33, 37-39 und 40 f.

[1] **Franken**: Gemeint sind hier die Franzosen.

M4 Gegen die „Unruhestifter“

Die bayerische Regierung reagierte auf das Fest und schickte 8 500 Soldaten in die Pfalz. Sie sollten für „Ruhe und Ordnung“ sorgen. Generalfeldmarschall Carl Philipp Fürst von Wrede schreibt 1833 dem österreichischen Staatskanzler Metternich:

Ich bin ja doch wohl kein harter grausamer Mann, aber ich wiederhole, lieber Fürst, ohne Galgen und Rad wird man der Umtriebe in Deutschland nicht Meister. Allein ich versichere, es werden keine drei aufgehängt oder erschossen, und es ist Ruhe.

Zitiert nach: Hellmut G. Haasis, Volksfest, Sozialer Protest und Verschwörung. 150 Jahre Hambacher Fest, Heidelberg 1981, S. 168

Welche Ereignisse und Forderungen kennzeichnen den Durchbruch der nationalen Bewegung?

1. *Untersucht in Partnerarbeit das Historiengemälde (INFO 1 und M1). Was macht es zu einem zeitlosen Symbol für Revolution, Freiheit und Demokratie*? (H)*
2. *Erkläre, warum es 1832 zum Hambacher Fest kam und welche Bedeutung dieses für die liberale Nationalbewegung hatte (INFO 2, M2).*
3. *Arbeite die politischen Forderungen Siebenpfeiffers heraus, und interpretiere seine Rede (M3). (H)*
4. *Beurteile die staatlichen Reaktionen auf das Hambacher Fest (INFO 2 und M4).*
5. *Schreibe eine eigene Rede: Hatte Siebenpfeiffer aus heutiger Sicht Recht damit, dass der Tag kommen wird, an dem die Forderungen eingelöst sind? Verwende dabei die Begriffe Deutscher Bund*, Liberalismus*, Nation* und Parlament*.*

1830: Julirevolution in Frankreich
27.5.1832: Hambacher Fest
3.4.1833: Frankfurter Wachensturm

1820 | 1830 | 1840 | 1850

Lern-aufgabe

Presse- und Meinungsfreiheit – damals und heute

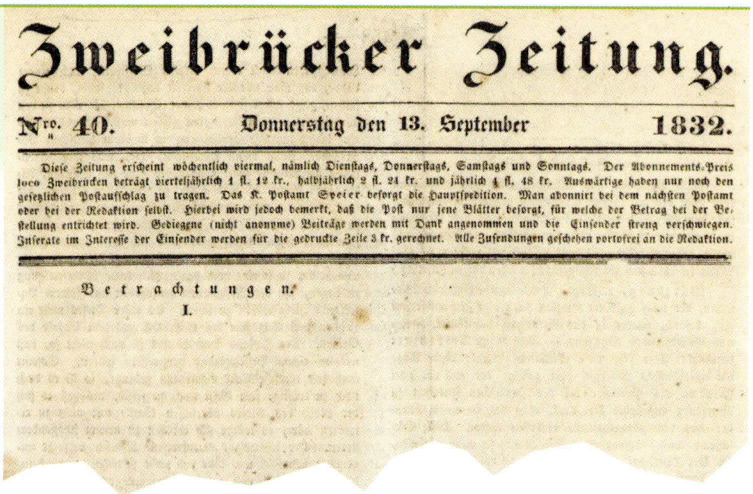

Zweibrücker Zeitung.

Nro. 40. Donnerstag den 13. September 1832.

Diese Zeitung erscheint wöchentlich viermal, nämlich Dienstags, Donnerstags, Samstags und Sonntags. Der Abonnements-Preis loco Zweibrücken beträgt vierteljährlich 1 fl. 12 kr., halbjährlich 2 fl. 24 kr. und jährlich 4 fl. 48 kr. Auswärtige haben nur noch den gesetzlichen Postaufschlag zu tragen. Das K. Postamt Speier besorgt die Hauptspedition. Man abonnirt bei dem nächsten Postamt oder bei der Redaktion selbst. Hierbei wird jedoch bemerkt, daß die Post nur jene Blätter besorgt, für welche der Betrag bei der Bestellung entrichtet wird. Gediegne (nicht anonyme) Beiträge werden mit Dank angenommen und die Einsender streng verschwiegen. Inserate im Interesse der Einsender werden für die gedruckte Zeile 3 kr. gerechnet. Alle Zusendungen geschehen portofrei an die Redaktion.

Betrachtungen.

I.

M1 Zweibrücker Zeitung vom 13. September 1832
Freibleibende Seiten oder Gedankenstriche zeigten dem Leser die Eingriffe der Zensur.

M2 Gegen die Presse- und Meinungsfreiheit

Aus den „Zehn Artikeln" der Bundesversammlung des Deutschen Bundes vom 5. Juli 1832:

Art. 1. Keine […] Druckschrift politischen Inhalts darf in einem Bundesstaate ohne vorgängige Genehmigung der Regierung zugelassen und ausgegeben werden […].

Art. 2. Alle Vereine, welche politische Zwecke haben, […] sind […] zu verbieten und ist gegen deren Urheber und die Teilnehmer an denselben mit angemessener Strafe vorzuschreiten. […]

Art. 3. Außerordentliche Volksversammlungen und Volksfeste […] dürfen […] in keinem Bundesstaate ohne vorausgegangene Genehmigung […] stattfinden.

Aus den „Wiener Beschlüssen" vom 12. Juni 1834:

Art. 29. Von den Nachteilen einer übermäßigen Anzahl politischer Tagblätter überzeugt, werden die Regierungen auf eine allmählich herbeizuführende Verminderung solcher Blätter […] Bedacht nehmen.

Art. 30. Kraft der ihnen zustehenden oberpolizeilichen Aufsicht werden die Regierungen die Herausgabe neuer politischer Tageblätter ohne die vorgängige Erwirkung einer diesfälligen Konzession[1] nicht gestatten.

Zitiert nach: Ernst Rudolf Huber (Hrsg.), Dokumente zur deutschen Verfassungsgeschichte, Bd. 1, Stuttgart ³1988, S. 134 und 143 (vereinfacht)

M3 „Warnung"

Das folgende Gedicht ist von Heinrich Heine. Der Dichter hat Deutschland 1831 bereits verlassen und lebt in Paris. Im Jahr 1835 erhält Heine per Bundestagsbeschluss ein Publikationsverbot. Trotzdem veröffentlichen Verleger seine Arbeiten. Das Gedicht „Warnung" erscheint 1844 in einer Sammlung seiner Gedichte in Hamburg

Solche Bücher lässt du drucken!
Teurer Freund, du bist verloren!
Willst du Geld und Ehre haben,
Musst du dich gehörig ducken.

Nimmer hätt ich dir geraten,
So zu sprechen vor dem Volke,
So zu sprechen von den Pfaffen[3]
Und von hohen Potentaten[4]!

Teurer Freund, du bist verloren!
Fürsten haben lange Arme,
Pfaffen haben lange Zungen,
Und das Volk hat lange Ohren!

Zitiert nach: https://de.wikisource.org/wiki/Warnung_(Heine) (Zugriff: 28.05.2020)

INFO 1 Gegen die Zensur

Zu den einflussreichsten Schriftstellern und Dichtern des Vormärz[2] zählen *Georg Büchner, August Heinrich von Fallersleben, Ferdinand Freiligrath* und *Heinrich Heine*. Mit ihren Schriften machten sie auch auf politische und soziale Missstände aufmerksam. Um der Zensur und der Verfolgung zu entgehen, ließen sie Texte geheim oder im Ausland drucken und als Flugblätter oder -schriften verbreiten.

Klaus Dieter Hein-Mooren

Medientipps:
Zur Presse- und Meinungsfreiheit siehe **31063-18**.

Welche Bedeutung haben Presse- und Meinungsfreiheit für eine freie Gesellschaft? Verfasst dazu in einen Artikel für die Schülerzeitung.

1 *Beschreibt die Maßnahmen (M2) und prüft, ob sie gegenüber den Karlsbader Beschlüssen (siehe S. 53) noch verschärft wurden.*

---

1 **Konzession**: Zulassung
2 **Vormärz**: Bezeichnung für die Zeit vor der Märzrevolution von 1848; zur Revolution von 1848/49 siehe Seite 60 ff.
1 **Pfaffen**: Priester
2 **Potentaten**: Herrscher

M4 „Der Hessische Landbote“

Darmstadt, im Juli 1834

Die acht Seiten umfassende Flugschrift wird im Juli 1834 in Offenbach in einer Auflage von etwa 1 200 bis 1 500 Exemplaren gedruckt und heimlich im Großherzogtum Hessen-Darmstadt verteilt. Sie erscheint ohne die Nennung der Autoren und ist eine „Gemeinschaftsarbeit“ des 21-jährigen Medizinstudenten und Dichters Georg Büchner und des 43-jährigen Lehrers und Pfarrers Friedrich Ludwig Weidig. Hier ein Auszug aus der „Ersten Botschaft“:

Vorbericht.

Dieses Blatt soll dem hessischen Lande die Wahrheit melden, aber wer die Wahrheit sagt, wird gehenkt; ja sogar der, welcher die Wahrheit liest, wird durch meineidige Richter vielleicht gestraft. Darum haben die, welchen dies Blatt zukommt, Folgendes zu beobachten:

1) Sie müssen das Blatt sorgfältig außerhalb ihres Hauses vor der Polizei verwahren;
2) sie dürfen es nur an treue Freunde mitteilen;
3) denen, welchen sie nicht trauen wie sich selbst, dürfen sie es nur heimlich hinlegen; […]

„Friede den Hütten! Krieg den Palästen!“

Im Jahr 1834 sieht es aus, als würde die Bibel Lügen gestraft. Es sieht aus, als hätte Gott die Bauern und Handwerker am 5ten Tage, und die Fürsten und Vornehmen am 6ten gemacht, und als hätte der Herr zu diesen gesagt: Herrschet über alles Getier, das auf Erden kriecht, und hätte die Bauern und Bürger zum Gewürm gezählt. Das Leben der Vornehmen ist ein langer Sonntag; sie wohnen in schönen Häusern, sie tragen zierliche Kleider, sie haben feiste Gesichter und reden eine eigene Sprache; das Volk aber liegt vor ihnen wie Dünger auf dem Acker. […]
Hebt die Augen auf und zählt das Häuflein eurer Presser, die nur stark sind durch das Blut, das sie euch aussaugen, und durch eure Arme, die ihr ihnen willenlos leiht. Ihrer sind vielleicht 10 000 im Großherzogtum und eurer sind es 700 000, und also verhält sich die Zahl des Volkes zu seinen Pressern auch im übrigen Deutschland. Wohl drohen sie mit dem Rüstzeug und den Reisigen der Könige, aber ich sage euch: Wer das Schwert erhebt gegen das Volk, der wird durch das Schwert des Volkes umkommen.

Georg Büchner, Werke und Briefe, München 1965, S. 133 und 142 (vereinfacht)

M5 Georg Büchner
Bleistiftzeichnung von 1833/34

Schritt für Schritt:
Flugblätter und -schriften untersuchen

Du hast bereits in der letzten Jahrgangsstufe Flugblätter als Quellen* untersucht. Zu den schon vorgestellten Kriterien sind für die Analyse von Flugblättern folgende Fragen hilfreich:

1. Von wem ist der Text?
2. An wen richtete sich der Text?
3. Unter welchen Umständen wurde der Text veröffentlicht?
4. Was ist die zentrale Aussage?
5. Welche sprachlichen Mittel werden häufig verwendet?
6. Welche Wirkung geht von dem Text aus – damals und heute?

---

2 *Analysiert die Titelseite (M1). Beurteilt die mögliche Wirkung auf die Bevölkerung.*

3 *Informiert euch über die in INFO 1 genannten Autoren und erstellt kurze Lebensläufe.*

4 *Beurteilt, ob Heines „Warnung“ (M3) gerechtfertigt war. Nehmt Stellung, inwiefern das Gedicht als historische Quelle* für die Zeitumstände gesehen werden kann.*

5 *Untersucht M4 mithilfe der Methode „Schritt für Schritt“. Berücksichtigt die Funktion des „Vorberichts“ und arbeitet die Form der Argumentation und die Absichten heraus.*

6 *Verwendet in eurem Artikel auch den Begriff Demokratie*.*

1819: Karlsbader Beschlüsse
1832: Hambacher Fest
1832/34: Weitere Einschränkungen der Presse- und Meinungsfreiheit
1834: „Hessischer Landbote“
1830 bis 1848: Vormärz

1810 – 1820 – 1830 – 1840 – 1850

M6 Eine Gewissensfrage

1837 wird der 66-jährige britische Prinz Ernst August König von Hannover. Er setzt kurz danach das erst vier Jahre zuvor erlassene Staatsgrundgesetz (Verfassung) außer Kraft. Daraufhin senden sieben Professoren der Universität Göttingen am 18. November 1837 an ihre Universitätsdienststelle folgendes Schreiben:

Die Unterzeichneten könnten sich bei aller schuldigen Ehrfurcht vor dem Königlichen Wort in ihrem Gewissen nicht davon überzeugen, dass das Staatsgrundgesetz [...] ungültig sei [...]. [...] Wenn daher die untertänigst Unterzeichneten sich nach ernster Erwägung der Wichtigkeit des Falles nicht anders überzeugen können, als dass das Staatsgrundgesetz [von 1834] seiner Errichtung und seinem Inhalte nach gültig sei, so können sie auch, ohne ihr Gewissen zu verletzen, es nicht stillschweigend geschehen lassen, dass dasselbe [...] allein auf dem Wege der Macht zugrunde gehe. Ihre unabweisliche Pflicht vielmehr bleibt, wie sie hiermit tun, offen zu erklären, dass sie sich durch ihren auf das Staatsgrundgesetz geleisteten Eid fortwährend verpflichtet halten müssen [...].

Zitiert nach: Sieben gegen den König. Texte und Materialien zum Hannoverschen Verfassungskonflikt von 1837, Hannover 2007, S. 45

INFO 2 Reaktionen

Die Veröffentlichung ihres Protestschreibens war nicht geplant. Eine Kopie geriet aber in die Hände eines Studenten, der sie umgehend Freunden diktierte, die wiederum im Schneeballsystem zahlreiche Kopien herstellten. Im Laufe weniger Tage kamen so mehrere Tausend Abschriften zustande. Kopien wurden auch an Zeitungsredaktionen geschickt, die die „Protestation" veröffentlichten.

Der König von Hannover sah vor allem in der Veröffentlichung des Schreibens einen Beleg für ein „revolutionäres" Verhalten. Er entließ die Professoren aus dem Dienst. Drei verwies er sogar des Landes. In nationalen und liberalen Kreisen erhielten die „Göttinger Sieben" jedoch viel Zuspruch.

Judith Bruniecki

M7 175 Jahre Göttinger Sieben

Sonderbriefmarke der Deutschen Post, 2012

In der Begründung für die Veröffentlichung der Marke heißt es: „Durch ihre mutige Tat trugen die Göttinger Sieben [...] entscheidend zur Entstehung einer bürgerlichen Zivilgesellschaft und zur Schaffung einer Demokratie in Deutschland bei."

M8 Presse- und Meinungsfreiheit heute

In Artikel 5 unseres Grundgesetzes heißt es:

Jeder hat das Recht, seine Meinung in Wort, Schrift und Bild frei zu äußern und zu verbreiten und sich aus allgemein zugänglichen Quellen ungehindert zu unterrichten. Die Pressefreiheit und die Freiheit der Berichterstattung durch Rundfunk und Film werden gewährleistet. Eine Zensur findet nicht statt.

Zitiert nach: www.gesetze-im-internet.de/gg/art_5.html (Zugriff: 04. 08. 2019)

M9 Die Pressefreiheit ist in Gefahr

Die Vorstandssprecherin der Organisation „Reporter ohne Grenzen", Katja Gloger, über die Lage der Pressefreiheit auf der Welt im Jahre 2018:

Demokratien leben von öffentlicher Debatte und Kritik. Wer gegen unbequeme Journalistinnen und Journalisten polemisiert oder gar hetzt und die Glaubwürdigkeit der Medien pauschal in Zweifel zieht, zerstört bewusst die Grundlagen einer demokratischen Gesellschaft. [...] Leider erleben wir das zunehmend auch in Mitgliedstaaten der Europäischen Union.

Zitiert nach: www.reporter-ohne-grenzen.de/rangliste/2018/ (Zugriff: 08. 02. 2019)

---

6 *Erarbeitet den Anlass des Schreibens der sieben Professoren (M6). Beurteilt ihr Anliegen, die Form des Schreibens und die Reaktionen (INFO 2).*

7 *Begründet, warum der Protest der Göttinger Sieben noch heute als Vorbild für bürgerliches Engagement gilt. Bezieht auch M7 mit ein.*

8 *Vergleicht Artikel 5 unseres Grundgesetzes (M8) mit der damaligen Situation.*

9 *Recherchiert Beispiele, wo und wie Meinungs- und Pressefreiheit heutzutage eingeschränkt werden (M9 und Medientipp auf S. 56).*

10 *Geht in eurem Artikel über die Meinungs- und Pressefreiheit auch auf deren Bedeutung für die moderne Demokratie* ein.*

Eine Hymne für die Deutschen*

M1 „Das Lied der Deutschen“

August Heinrich Hoffmann von Fallersleben dichtet das Lied im August 1841 auf der damals noch britischen Nordseeinsel Helgoland. Er verkauft den Text am 27. August an den Hamburger Verleger Julius Campe. Wenige Tage später erscheint das Lied als Vierblattdruck, begleitet von den Noten der „Kaiser-Hymne“ von Joseph Haydn. Öffentlich gesungen wird das Lied zum ersten Mal am 5. Oktober 1841 auf einem Turnfest in Hamburg.

Deutschland, Deutschland über alles,
Über alles in der Welt,
Wenn es stets zu Schutz und Trutze
Brüderlich zusammenhält.
Von der Maas bis an die Memel,
Von der Etsch bis an den Belt[1] –
Deutschland, Deutschland über alles,
Über alles in der Welt!

Deutsche Frauen, deutsche Treue,
Deutscher Wein und deutscher Sang
Sollen in der Welt behalten
Ihren alten schönen Klang,
Uns zu edler Tat begeistern
Unser ganzes Leben lang.
Deutsche Frauen, deutsche Treue,
Deutscher Wein und deutscher Sang!

Einigkeit und Recht und Freiheit
Für das deutsche Vaterland!
Danach lasst uns alle streben
Brüderlich mit Herz und Hand!
Einigkeit und Recht und Freiheit
Sind des Glückes Unterpfand[2] –
Blüh im Glanze dieses Glückes,
Blühe deutsches Vaterland!

Zitiert nach: https://als.wikipedia.org/wiki/Text:Deutschlandlied (Zugriff: 27. 01. 2019)

[1] **Belt**: Meerengen um Dänemark
[2] **Unterpfand**: Garantie für etwas

M2 August Heinrich Hoffmann von Fallersleben
Stich von Christian Hoffmeister nach einer Zeichnung von Ernst Fröhlich, um 1850 (Ausschnitt)
Hoffmann von Fallersleben war Professor für Sprache und Literatur in Breslau. Seine Karriere endete, als er 1840 seine „Unpolitischen Lieder“ veröffentlichte, in denen er die politischen und gesellschaftlichen Zustände im Deutschen Bund kritisch darstellte. Die preußische Regierung verbot den Gedichtband, entzog ihm 1842 erst die Professur und ein Jahr später sogar die Staatsbürgerschaft. Erst nach 1848 verbesserte sich seine Lage wieder.

INFO Rheinkrise und nationale Begeisterung

Im Herbst 1840 drohte als Folge einer Krise im Nahen Osten ein europäischer Krieg. Französische Zeitungen forderten, die Grenze Frankreichs solle wie zur Zeit Napoleons* der Rhein sein. In deutschen Zeitungen wurde dagegen mit Artikeln protestiert. Dichter wie *Nikolaus Becker* aus Bonn beschworen den „freien deutschen Rhein“. Das Gefühl der Zusammengehörigkeit aller Deutschen wuchs. Selbst einige Fürsten, die bis dahin alle gesamtdeutschen Ziele abgelehnt hatten, unterstützten hier die nationale Begeisterung.

Klaus Dieter Hein-Mooren

Medientipp:
Informationen über die Nationalhymne findest du unter **31063-19**.

„Das Lied der Deutschen“ – Wie entstand die deutsche Nationalhymne?

1. *Fasse den Inhalt und die Aussage des Liedes (M1) zusammen. An welcher Stelle wird deutlich, dass es ursprünglich als Trinklied geschrieben wurde? Welche Passagen verweisen auf die politischen Positionen des Dichters?*
2. *Beurteile den Text des Liedes vor dem Hintergrund der Zeit und der Biografie des Dichters (M1, M2 und INFO).*
3. *Recherchiere, warum nur die dritte Strophe zur Nationalhymne der Bundesrepublik Deutschland wurde.*
4. *Diskutiert, ob die dritte Strophe des Deutschlandliedes noch zeitgemäß ist.*

** Das Kapitel ist nicht verbindlich.*

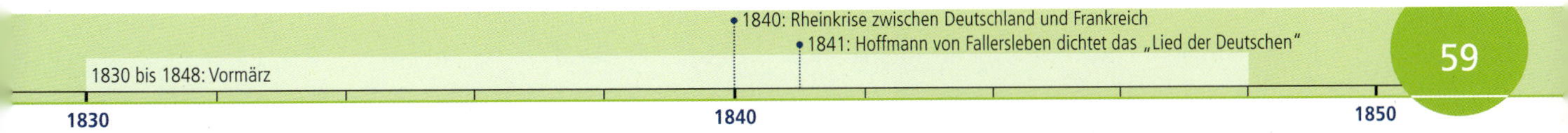

Die „Märzrevolution" beginnt

M1 Sturm auf die Kartoffelstände in Berlin
Zeitgenössische Lithografie von Vinzenz Katzler
Eine um 1845 einsetzende Agrarkrise führte in vielen deutschen Ländern zu Missernten, Teuerungen und Elend. Unruhen waren die Folge. Am 21./22. April 1847 kam es in Berlin zur sogenannten „Kartoffel-Revolution", an der sich zwischen 5 000 und 10 000 Menschen beteiligten.

M2 „Ich fürchte sehr …"

Der Hofmaler Wilhelm von Kügelgen schreibt am 21. April 1847 seinem Bruder Gerhard:

Mein Herz ist mir voll Trauer, denn wir leben in einer bösen Zeit. Ich trage mit mir das Gefühl eines Propheten herum, der in eine schwarze Zukunft blickt. Jetzt haben wir Hungersnoth – thun wir noch eine Missernte, so handelt es sich nicht mehr darum, sondern um eine gewaltsame Umgestaltung aller Verhältniße. Ich fürchte sehr, daß Deutschland am Vorabend seiner Revolution steht, wie England und Frankreich sie schon überstanden haben.

Im Februar 1848 wird in Frankreich der König gestürzt und in ganz Europa setzt eine Revolutionswelle ein. Kügelgen schreibt am 4. März 1848:

Was! Was, was ist nicht alles geschehen […] Ungeheures! In Sizilien, in Neapel, Sardinien, in ganz Italien, – endlich in Frankreich! Ob für Frankreich diese Umwandlung ein Glück [ist], muss sich zeigen. Für Deutschland ist sie es gewiss. Freilich werden wir Krieg bekommen, […] und am Rhein wird er ausgefochten werden, aber das schadet uns nicht, sondern wird uns fördern in unsrem einheitlichen Nationalleben.

Wilhelm von Kügelgen, Bürgerleben. Die Briefe an den Bruder Gerhard 1840-1867, hrsg. von Walther Killy, München 1990, S. 303 f. und 336

M3 „Hohe zweite Kammer!"

In Mannheim halten am 27. Februar zwischen 2 500 und 4 000 Männer und Frauen aus dem Bürgertum eine Volksversammlung ab. Sie verfassen eine Bittschrift (Petition) an den Präsidenten der badischen Abgeordnetenkammer mit den Forderungen des Volkes:

Das alte System wankt und zerfällt in Trümmer. Allerorten haben die Völker mit kräftiger Hand die Rechte sich selbst genommen, welche ihre Machthaber ihnen vorenthielten. Deutschland darf nicht länger geduldig zusehen, wie es mit Füßen getreten wird. Das deutsche Volk hat das Recht zu verlangen:
Wohlstand, Bildung und Freiheit für alle Klassen der Gesellschaft, ohne Unterschied der Geburt und des Standes.
Die Zeit ist vorüber, die Mittel zu diesen Zwecken lange zu beraten. […] Aus der großen Zahl von Maßregeln, durch deren Ergreifung allein das deutsche Volk gerettet werden kann, heben wir hervor:

1. Volksbewaffnung mit freien Wahlen der Offiziere,
2. unbedingte Pressefreiheit[1],
3. Schwurgerichte[2] nach dem Vorbilde Englands,
4. sofortige Herstellung eines deutschen Parlaments.

Diese vier Forderungen sind so dringend, dass mit deren Erfüllung nicht länger gezögert werden kann und darf.

Zitiert nach: Hans Fenske (Hrsg.), Vormärz und Revolution 1840-1849, Darmstadt 1976, S. 264 f.

M4 Entwicklung der Presse 1847 und 1849

Zahl der Zeitungen, Intelligenz- und Volksblätter (Auswahl)

Nach: Wolfram Siemann, Die deutsche Revolution von 1848/49, Frankfurt am Main [10]2012, S. 117 (Auswahl)

	1847	1849
Preußen	404	622
Österreich	79	215
Sachsen	153	183
Bayern	110	127
Württemberg	60	67
Baden	63	55

[1] **unbedingte Pressefreiheit**: keine Zensur
[2] **Schwurgericht**: Gericht zur Aburteilung schwerer Straftaten, in dem neben Berufsrichtern rechtlich nicht vorgebildete ehrenamtliche Richter (früher „Geschworene", heute „Schöffen") mitwirken.

Kartentipp
Eine animierte Karte zu den Revolutionen von 1848 siehe **31063-20**.

INFO 1 Das Volk steht auf

„Märzforderungen" wie die aus Mannheim verbreiteten sich in Windeseile im **Deutschen Bund**. Demokraten und Liberale, Unternehmer, Handwerker, Bauern und Arbeiter forderten nationale und soziale Veränderungen. Flugblätter und Zeitungsartikel mobilisierten Männer und Frauen. In den Städten und auf dem Lande wurde demonstriert. Dank der neuen Eisenbahnen fanden schnell überregionale Versammlungen statt. In einigen Städten brachen blutige Aufstände aus. Am 13. März 1848 floh der verhasste Fürst *Metternich* aus Wien, am 18. März 1848 kam es in Berlin zu blutigen Kämpfen und einen Tag später legte der bayerische König *Ludwig I.* in München sein Amt nieder.

Judith Bruniecki

INFO 2 Halt „vor den Thronen"

Viele Fürsten leiteten Reformen ein, beriefen liberale Minister, gewährten Pressefreiheit und versprachen – wo sie noch fehlten – Verfassungen* und Wahlen. Das stellte die bürgerliche Mehrheit zufrieden. Sie fürchtete eine Ausweitung der Gewalt wie in der Französischen Revolution. Damit machte die Revolution „vor den Thronen" halt und überließ den Fürsten die Macht über das Heer, die Verwaltung und die Polizei.

Ende März 1848 trafen sich rund 570 ehemalige und aktive Mitglieder der Landtage der Staaten des Deutschen Bundes in einem Vorparlament, um eine Nationalversammlung vorzubereiten. Während die Mehrheit ein aus freien Wahlen hervorgegangenes gesamtdeutsches **Parlament** forderte, das eine Verfassung für Deutschland ausarbeiten sollte, wollte eine radikalere Minderheit sofort handeln und eine Republik* errichten. Ein von den angesehenen Rechtsanwälten *Friedrich Hecker* und *Gustav Struve* angeführter Aufstand in Baden fand aber keine große Unterstützung. Er wurde Ende April durch die alten Gewalten niedergeschlagen.

Judith Bruniecki

M5 Der Antrag Struves

Vom 31. März bis zum 3. April 1848 tagt in Frankfurt ein Vorparlament. Es soll die Wahlen zur Nationalversammlung und die Verfassung vorbereiten. Am ersten Sitzungstag des Vorparlaments erklärt der Rechtsanwalt und Journalist Gustav Struve aus dem Großherzogtum Baden:

Eine lange Zeit tiefster Erniedrigung lastet auf Deutschland. Sie lässt sich bezeichnen durch die Worte: Knechtung, Verdummung und Aussaugung des Volkes. [...] Die Not des Volkes ist unerträglich geworden. Sie hat sich in Oberschlesien bis zur Hungersnot gesteigert. Daher haben sich alle Bande gelöst, welche das deutsche Volk an die bisherige sogenannte Ordnung der Dinge geknüpft hatten, und es ist die Aufgabe der Versammlung, [...] neue Bande vorzubereiten, mit denen das gesamte deutsche Volk zu einem freien und großen Ganzen umschlungen werden soll. Sicherheit des Eigentums und der Person, Wohlstand, Bildung und Freiheit für alle, ohne Unterschied der Geburt, des Standes und des Glaubens, ist das Ziel, nach welchem das deutsche Volk strebt. [...]

Sodann stellt Struve 15 konkrete Forderungen; die letzte lautet:

Aufhebung der erblichen Monarchie (Einherrschaft) und Ersetzung derselben durch frei gewählte Parlamente, an deren Spitze frei gewählte Präsidenten stehen, alle vereint in der föderativen[1] Bundesverfassung nach dem Muster der nordamerikanischen Freistaaten.

Zitiert nach: Hans Fenske (Hrsg.), Vormärz und Revolution 1840-1849, Darmstadt 1976, S. 276-278

[1] **föderativ**: Siehe S. 132, M2, Anm. 1

Filmtipp:
Die Revolution von 1848, Film von Joachim Meißner u. a., 2012

Lesetipps:
- Dietlof Reiche, Zeit der Freiheit, Weinheim 2003
- Klaus Kordon, 1848. Die Geschichte von Jette und Frieder, Weinheim [11]2016

Was ist kennzeichnend für den Beginn der 48er-Revolution in Deutschland?

1. *Nenne Ursachen für den Ausbruch der 48er-Revolution in Deutschland (M1 und M2).*
2. *Erkläre die „Märzforderungen" und ihr Zustandekommen (M3).*
3. *Die Ereignisse von 1848 werden auch als „Kommunikationsrevolution" bezeichnet. Erläutere die Sichtweise mithilfe von M4 und INFO 1.*
4. *Nimm Stellung zu der Frage, ob die Revolution am Ziel war (INFO 2 und M5).*

1845-1847: Agrar- und Gewerbekrise in vielen deutschen Gebieten
22.-24.2.1848: Revolution in Paris
27.2.1848: Mannheimer Volksversammlung
3.3.1848: Abschaffung der Zensur im Deutschen Bund
1845 … 1850

Die „Märzrevolution“ in Bayern*

M1 „Gedenkblatt an die ewig denkwürdigen Tage in München am 4. und 6. März 1848“
Anonyme Lithografie (46,9 x 40,5 cm), 1848 (oben)
Untertitel: „4. März. Erstürmung des bürgl. Zeughauses durch das aufgeregte Volk, welches auch zugleich in der Peterskirche Sturm läuten ließ.“

** Das Kapitel ist nicht verbindlich.*

M2 Die vierzehn „Bamberger Artikel“

Am 4. März 1848 nimmt eine öffentliche Volksversammlung in Bamberg folgende Forderungen an:

Wir verlangen unmittelbare Wahlen und jährliche Versammlung der Volksvertreter.

Wir verlangen ferner gleich dem Brudervolk in Baden:

Art. 1. vollkommene Pressefreiheit; das unveräußerliche Recht des menschlichen Geistes, seine Gedanken unverstümmelt mitzuteilen, darf uns nicht länger vorenthalten werden.

Art. 2. Wir verlangen Gewissens- und Lehrfreiheit. [...]

Art. 3. Ein Gesetz über Verantwortlichkeit der Minister.

Art. 4. Wir verlangen Beeidigung des Militärs auf die Verfassung. [...]

Art. 5. Aufhebung aller feudalen Lasten.

Art. 6. Wir verlangen persönliche Freiheit. [...] [D]as Recht des Volkes sich zu versammeln und zu reden [...] seien hinfüro ungestört.

Art. 7. Wir verlangen Vertretung des Volkes beim Deutschen Bunde. [...]

Art. 8. Wir verlangen eine volkstümliche Wehrverfassung. [...]

Art. 9. Wir verlangen eine gerechte Besteuerung. [...]

Art. 10. Wir verlangen, dass die Bildung durch Unterricht allen gleich zugänglich werde. [...]

Art. 11. Wir verlangen Ausgleichung des Missverhältnisses zwischen Arbeit und Kapital. [...]

Art. 12. Wir verlangen Gesetze, die freien Bürgern würdig sind, und deren Anwendung durch Geschworenengerichte. [...]

Art. 13. Wir verlangen eine volkstümliche Staatsverwaltung. [...]

Art. 14. Wir verlangen Abschaffung aller Vorrechte.

Zitiert nach: Stefan Kestler und Kai Uwe Tapken, Bamberg und die Revolution von 1848/49. Begleitband zur Ausstellung im Stadtarchiv Bamberg 1998, S. 27

M3 „Königliche Proklamation“

Plakate und Zeitungen verbreiten folgende Erklärung des bayerischen Königs Ludwig I. vom 6. März 1848:

Ich habe mich entschlossen, die Stände Meines Reiches um Mich zu versammeln [...].

Die Wünsche Meines Volkes haben in Meinem Herzen jederzeit vollen Widerhall gefunden.

An die Stände des Reiches werden ungesäumt Gesetz-Vorlagen gelangen, unter anderem: über die verfassungsmäßige Verantwortlichkeit der Minister; über vollständige Pressfreiheit; über Verbesserung der Stände-Wahl-Ordnung; über Einführung der Öffentlichkeit und Mündlichkeit in die Rechtspflege mit Schwur-Gerichten [...]; über Verbesserung der Verhältnisse der Israeliten[1]. [...]

Ferner ordne Ich in diesem Augenblicke die schleunige Abfassung eines Polizei-Gesetz-Buches an, ebenso befehle Ich die unverzügliche Beeidigung Meines Heeres auf die Verfassung [...].

Ernst ist die Lage Deutschlands. Wie Ich für deutsche Sache denke und fühle, davon zeugt Mein ganzes Leben.

Deutschlands Einheit durch wirksame Maßnahmen zu stärken [...], wird Ziel Meines Strebens bleiben. [...] Bayerns König ist stolz darauf, ein deutscher Mann zu sein. Bayern! [...]

Alles für Mein Volk! Alles für Deutschland!

Zitiert nach: www.hdbg.eu/koenigreich/index.php/objekte/xzoom/herrscher_id/2/id/687 (Zugriff: 19.04.2019)

[1] **Israeliten**: Juden

INFO König Ludwig I. dankt ab

Auch in Bayern hatte es nach Missernten und hohen Lebensmittelpreisen seit Beginn des Jahres 1848 vielerorts Unruhen und Proteste gegeben. Dazu hatte das Ansehen von König *Ludwig I.* in der Bevölkerung wegen seiner Affäre mit der Tänzerin *Lola Montez* schweren Schaden genommen. In dieser Situation traf die Nachricht von der Februarrevolution in Paris ein. Die Kundgebungen in München, Augsburg und Nürnberg brachen nicht mehr ab. Am 3. März 1848 unterschrieben tausende Bürger im Münchener Rathaus eine Petition mit ihren Forderungen.

Am 6. März gab der König ein Reformprogramm bekannt (*Märzproklamation*). Lola Montez musste das Land verlassen. „Mir macht das ganze Regieren keine Freude mehr“, soll Ludwig I. bei Unterzeichnung des Ausweisungsdekrets gesagt haben. Am 19. März dankte er frustriert ab und übergab seinem Sohn die Regentschaft. *Maximilian II.* setzte erste Reformen um. Der Landtag bekam mehr Mitbestimmung, die Befreiung der Bauern und eine weitere Emanzipation der jüdischen Bevölkerung wurden durchgesetzt.[1] Gerichte und Strafrecht wurden reformiert, das Wahlrecht verbessert und Pressefreiheit garantiert.

Judith Bruniecki

M4 „Heil unserem König Heil“

Das „Tag-Blatt der Stadt Bamberg“ berichtet am 9. März 1848 aus Nürnberg:

Ich kann Ihnen den Jubel des gestrigen Tages nicht beschreiben, welcher der Ankunft der königlichen Proklamation folgte. Man rief sich die frohe Nachricht zu, drückte sich die Hände, viele umarmten sich. – Auf der Hauptwache wurde beim Beginn der Parade das „Heil unserem König Heil“ von dem versammelten Volke dringend verlangt und […] mit lautem Jubel und stürmischen Hoch auf […] den König begrüßt. […] Ähnlicher Jubel wie in Nürnberg, gab sich allenthalben kund, vor allem aber in der Hauptstadt München selbst, in Augsburg, Erlangen und selbst in kleineren Orten wie Lauf.

Tag-Blatt der Stadt Bamberg, Nr. 69 vom 9. März 1848

M5 „Gedenkblatt an die ewig denkwürdigen Tage in München am 4. und 6. März 1848“
Anonyme Lithografie (46,9 x 40,5 cm), 1848 (unten)
Untertitel: „6. März. Feierliche Beeidigung des gesammten Militärs zur Staats-Verfaßung auf dem Maximilians-Platze.“

M6 „Freiheit – Gesetz – Ordnung!“

Am 14. März 1848 veröffentlichen in Bamberg zwölf Bürger folgenden Aufruf:

Im Interesse der Volkssache, im Interesse der Volksfreiheit, deren Verwirklichung wir erstreben, wenden wir uns an alle Freunde des Volkes und des Vaterlandes mit der dringenden Bitte, von jeder Störung der öffentlichen Ordnung abzumahnen und jedem Versuch zu derartigen Freveln durch kräftiges Zusammenwirken nachdrücklich entgegenzutreten. Mitbürger! Nur mit den Waffen des Gesetzes erringt Ihr eine bessere Zukunft. Ausbrüche der rohen Gewalt sind die gefährlichsten Gegner der Freiheit, unserer eigenen, unserer gemeinschaftlichen Sache. Judenverfolgung, gewaltsame Angriffe auf Personen und Eigentum gehören einer barbarischen, längst versunkenen Zeit an […].
Freiheit – Gesetz – Ordnung! sei, wie immer, unser Wahlspruch.

Zitiert nach einer Vorlage aus dem Stadtarchiv Bamberg.

[1] **Emanzipation der Juden**: rechtliche Gleichstellung der Juden; Aufhebung aller Einschränkungen der bürgerlichen und staatsbürgerlichen Rechte

Sind die „Märzereignisse“ in Bayern eine Revolution?

1. *Vergleiche die „Bamberger Artikel“ (M2) mit den Mannheimer Forderungen (S. 60, M4). Inwiefern waren sie „radikal“?*
2. *Vergleiche M2 mit der Erklärung Ludwigs I. (M3). Welche Forderungen wurden erfüllt, welche blieben unberücksichtigt? Berücksichtige auch den INFO-Text.*
3. *Arbeitet mithilfe von M4 und M6 die Reaktionen der Bevölkerung auf die Ereignisse heraus. Nehmt Stellung dazu.*
4. *Vergleiche die Szenen des Gedenkblattes (M1 und M5). Welche Haltung zu den Ereignissen wird hier gezeigt?*
5. *Diskutiert in der Klasse, ob die Ereignisse in Bayern als Revolution bezeichnet werden können.*

3.-6.3.1848: Unruhen Bayern
3.3.1848: Märzforderungen der Bürger Münchens
6.3.1848: Märzproklamation Ludwigs I.
20.3.1848: Rücktritt Ludwigs I.

1845 … 1850

Der 18. März in Berlin

M1 „Erinnerung an den Befreiungskampf in der verhängnisvollen Nacht vom 18.-19. März 1848“
Kolorierte Lithografie aus Berlin, nach 1848
Dargestellt ist der Barrikadenkampf in der Breiten Straße. Am 18./19. März waren in Berlin knapp tausend Barrikaden errichtet worden.

Medientipps:
Zur Märzrevolution in Berlin siehe **31063-21**.

Geschichte erzählt:
Einen Auszug aus dem Buch „1848. Die Geschichte von Jette und Frieder“ von Klaus Kordon siehe unter **31063-22**.

M2 Ein Augenzeuge berichtet

Der preußische König Friedrich Wilhelm IV. reagiert auf die Märzunruhen: Er verspricht, die Zensur aufzuheben und den preußischen Landtag einzuberufen. Am 18. März versammeln sich die Bürger Berlins auf dem Schlosshof zu einer Danksagung. Doch die Situation eskaliert. Der 26-jährige Arzt Rudolf Virchow berichtet am 19. März 1848 in einem Brief an seinen Vater:

Alles sammelte sich vor dem Schloss, jubelte und rief, der König erschien und man schrie ihm Hurras zu. Die Bürger hatten nur noch einen Wunsch, dass das Militär zurückgezogen würde. Das war dem König zu viel. Er sagte dem General Möllendorf, er möchte ihm Ruhe verschaffen; der Prinz von Preußen gab den Befehl zum Angriff, und plötzlich wurde das nichtsahnende Volk von den Dragonern[1] mit Säbelhieben auseinandergetrieben. [...]

Von diesem Moment an begann die Revolution. Alles schrie Verrat und Rache. In wenigen Stunden war ganz Berlin unter Barrikaden[2], und wer Waffen bekommen konnte, rüstete sich. [...] Gegen 4 Uhr standen in Berlin etwa 25 000 Mann Militär unter den Waffen[3] [...]. Die Zahl der kämpfenden Bürger lässt sich nicht angeben. Der Kampf begann, ich weiß gar nicht mehr genau wann, es mag gegen 5 Uhr gewesen sein. Zum ersten Mal seit der Französischen Revolution des vorherigen Jahrhunderts, zum ersten Mal seit dem Beginn der deutschen Geschichte ist es vorgekommen, dass ein Landesfürst auf seine Untertanen mit Kanonen hat schießen lassen; das Kleingewehrfeuer genügte nicht – nein Kartäschen[4] und Granaten ließ er in das Volk schleudern [...].

Grausamkeiten vonseiten des Volkes sind nicht bekannt, während von den Soldaten die brutalsten Dinge gemacht worden sind.

Rudolf Virchow, Briefe an seine Eltern 1839 bis 1864, hrsg. von Marie Rabl, Leipzig [2]1907, S. 134 und 137

1 **Dragoner**: berittene Soldaten
2 **Barrikade** (aus dem Französischen „barrique: Fass): Schutzwall im Straßenkampf, der aus Gegenständen des Alltagslebens rasch zusammengestellt wird
3 Andere Quellen nennen 12 500 Soldaten.
4 **Kartäsche**: mit Bleikugeln gefülltes Geschoss

M 3 „Aufbahrung der Märzgefallenen“
Unvollendetes Ölgemälde (45 x 63 cm) von Adolph Menzel, 1848
Bei den Barrikadenkämpfen starben am 18./19. März 277 Zivilisten, darunter elf Frauen. Die Opfer kamen vor allem aus den Unterschichten. Sie wurden am 19. März im Schlosshof aufgebahrt. Dort folgte der König der Aufforderung der trauernden Menge, seine Kopfbedeckung vor den Leichen der Barrikadenkämpfer zu ziehen. Drei Tage später fand die von Menzel im Bild festgehaltene große Trauerfeier statt. Sie zeigt die auf den Stufen des Deutschen Domes am Gendarmenmarkt stehenden über 180 Särge der „Märzgefallenen“. Einem Freund schilderte Menzel seine Eindrücke wie folgt: „Das war ein traurig feierlicher Tag, dergleichen in Berlin zu erleben, man nicht gedacht hätte.“

M 4 „An Mein Volk ...“
Der preußische König Friedrich Wilhelm IV. verkündet am 21. März 1848:

Mit Vertrauen spreche Ich heute, im Augenblicke, wo das Vaterland in höchster Gefahr schwebt, zu der Deutschen Nation, unter dessen edelste Stämme Mein Volk sich mit Stolz rechnen darf. Deutschland ist von innerer Gärung ergriffen und kann durch äußere Gefahr von mehr als einer Seite bedroht werden. Rettung aus dieser doppelten dringenden Gefahr kann nur aus der innigsten Vereinigung der deutschen Fürsten und Völker unter einer Leitung hervorgehen.

Ich übernehme heute diese Leitung für die Tage der Gefahr. Mein Volk, das die Gefahr nicht scheut, wird Mich nicht verlassen und Deutschland wird sich Mir mit Vertrauen anschließen. Ich habe heute die alten deutschen Farben angenommen und Mich und Mein Volk unter das ehrwürdige Banner des deutschen Reiches gestellt. Preußen geht fortan in Deutschland auf.

Zitiert nach: www.documentarchiv.de/nzjh/preussen/1848/friedrich-wilhelmIV-volk-dt-nation_prkla.html (Zugriff: 08. 02. 2019)

M 5 Ein neuer Straßenname in Berlin
Foto vom 19. Juni 2000
Angeregt durch die Bürgerinitiative „Aktion 18. März“ wurde der „Platz vor dem Brandenburger Tor“ in „Platz des 18. März“ umbenannt. Die „Aktion 18. März“ ist eine Bürgerinitiative, die sich dafür einsetzt, dass der 18. März zum nationalen Gedenktag ernannt wird.

Welche historische Bedeutung hat der 18. März 1848?

1. *Beschreibt mithilfe von M1 bis M3 die „Märzereignisse“ in Berlin.*
2. *Informiert euch in Partnerarbeit über die „Märzgefallenen“ (siehe Medientipp) und analysiert deren biografische Daten (Alter, Geschlecht, Herkunft und Beruf).*
3. *Erklärt die Zielsetzung der Proklamation König Friedrich Wilhelms IV. vom 21. März 1848 (M4). Stelle eine Hypothese auf, wie die Worte des Monarchen bei den verschiedenen Bevölkerungsgruppen (Arbeiter, Handwerker, Unternehmer, Bildungsbürger, Adel) aufgenommen wurden.*
4. *Informiert euch über die „Aktion 18. März“ (M5) und diskutiert in der Klasse sowohl den Straßennamen als auch die Frage, ob der 18. März zum nationalen Gedenktag erklärt werden sollte.*

Medientipp:
Informationen über die Märzgefallenen siehe unter **31063-23**.

21./22.4.1847: „Kartoffel-Revolution“ in Berlin
18./19.3.1848: Barrikadenkämpfe in Berlin
22.3.1848: Verfassungsversprechen des preußischen Königs

1845 1850

Die Nationalversammlung tagt

M1 „Verfassunggebende deutsche Nationalversammlung in der Paulskirche zu Frankfurt a. M.“
Lithografie (29 x 40,5 cm) von C. A. Lill, 1848
Die Nationalversammlung sollte in der Stadt tagen, in der auch die Bundesversammlung des Deutschen Bundes tagte: Frankfurt am Main. Da kein Saal in der Stadt groß genug war, um die Abgeordneten aufzunehmen, wurde die protestantische Hauptkirche zum Tagungsort gewählt. Sie bot Platz für die über 500 Abgeordneten und etwa 2000 Zuhörerinnen und Zuhörer. Das Parlament tagte hier vom 18. Mai 1848 bis Anfang Juni 1849. Zum Bild: Hinter dem Präsidenten der Reichsadler (wie heute im Bundestag der Bundesadler). Darüber ein großes Transparent mit der Germania, dem Sinnbild Deutschlands (siehe auch S. 72, M1), das die Orgel verdeckt. *Nebenbei:* Schon am 9. März 1848 hatte die Bundesversammlung Schwarz-Rot-Gold zu den Farben des Deutschen Bundes erklärt.

INFO 1 Große Erwartungen

Während in Baden Truppen des **Deutschen Bundes** den Aufstand der Republikaner niederwarfen, fanden Ende April bis Anfang Mai 1848 in allen deutschen Bundesstaaten Wahlen zur Nationalversammlung statt. Wahlberechtigt waren etwa 80 Prozent der „selbstständigen" Männer über 20 Jahre. Gewählt wurde nach dem gleichen Stimmrecht. Die Wahlbeteiligung lag zwischen 40 Prozent in Sachsen und 80 Prozent in Württemberg. Am 18. Mai 1848 zogen dann fast 400 Abgeordnete unter Salutschüssen und Glockengeläut in die Frankfurter Paulskirche ein. Das öffentliche Interesse war groß. Das **Parlament** sollte in einer Verfassung* die Staatsform der Nation* ebenso festlegen wie die Grenzen des neuen Deutschen Reiches sowie die Grundrechte der Bevölkerung (Menschenrechte*). Darüber hinaus suchte es Lösungen für die drängenden sozialen und wirtschaftlichen Probleme.

Judith Bruniecki

M2 Zusammensetzung des Parlaments

Das Parlament zählte für die Gesamtzeit seines Bestehens vom 18. Mai 1848 bis zum 18. Juni 1849 insgesamt 812 Mitglieder. Sie lassen sich folgenden Berufsgruppen zuordnen:

Staatsdiener (höhere Beamte, Richter, Bürgermeister, Offiziere, Hochschullehrer u. a.)	436
Geistliche	39
Freiberufliche Intelligenz (Rechtsanwälte, Ärzte, Schriftsteller, Journalisten)	149
Wirtschaftsbürgertum (Kaufleute, Fabrikanten u. a.)	56
Landwirte	46
Handwerker	4
Sonstige und nicht ermittelte Berufe	82

Nach: Wolfram Siemann, Die deutsche Revolution von 1848/49, Frankfurt am Main [5]1993, S. 126 (vereinfacht)

M3 Fraktionen in der Nationalversammlung
Stand: Oktober 1848
An den Abstimmungen in der Nationalversammlung beteiligten sich in der Regel zwischen 400 und 540 Abgeordnete.
Nach: Wolfram Siemann, a. a. O., S. 130 (vereinfacht)

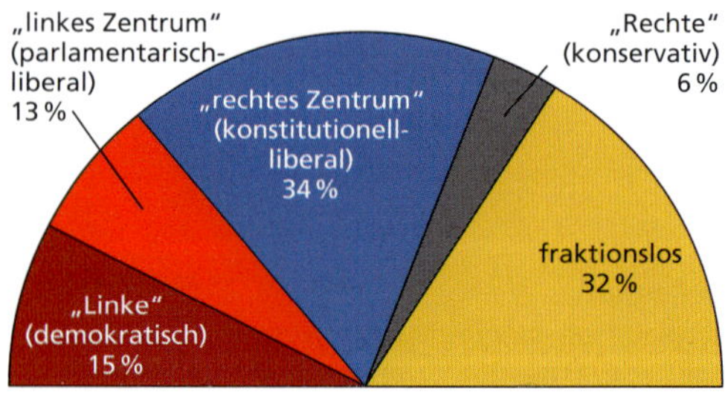

M 4 Welche Gebiete soll die Nation umfassen?
1848/49 wurden in der Frankfurter Nationalversammlung folgende Vorstellungen diskutiert: „kleindeutsche Lösung" (links), „großdeutsche Lösung" (Mitte) und „großösterreichische Lösung" (rechts).

INFO 2 Parteien entstehen

Um ihre Arbeit im **Parlament** vorzubereiten, trafen sich Abgeordnete mit ähnlichen politischen Zielen in Frankfurter Gasthöfen. Daraus entstanden Fraktionen (lat. *fractio*: Bruch), deren Mitglieder in der Nationalversammlung geschlossen abstimmten. Die Fraktionen suchten Unterstützung in ihren Wohn- oder Wahlorten, gründeten Zeitungen und verfassten Programme und Bittschriften (Petitionen). Aus diesen Aktivitäten gingen später die konservativen, liberalen, katholischen und sozialistischen Parteien hervor.

Klaus Dieter Hein-Mooren

INFO 3 Eine machtlose Regierung

Die Nationalversammlung bestimmte am 28. Juni 1848 eine provisorische Zentralgewalt (Regierung). Sie war aber machtlos, da sie über keine ausreichende Verwaltung verfügte und die Fürsten sich weigerten, den Oberbefehl über ihre Armeen an einen Reichskriegsminister abzutreten.

Im März 1848 hatte Dänemark das Herzogtum Schleswig, in dem Deutsche und Dänen lebten, in ihr Königreich eingegliedert. Dagegen ging die Bundesversammlung des **Deutschen Bundes** vor, ohne die Nationalversammlung in ihre Entscheidungen einzubeziehen. Preußische Truppen marschierten in Jütland ein. Auf Druck der europäischen Großmächte wurde Ende August in Malmö ein Waffenstillstand ausgehandelt. Wieder stellte man die Abgeordneten vor vollendete Tatsachen. In Frankfurt und anderen Städten führte der „nationale Verrat" zu Unruhen. Sie konnten nur mithilfe von preußischen und österreichischen Truppen niedergeschlagen werden.

Klaus Dieter Hein-Mooren

INFO 4 Welche Grenze soll die Nation haben?

Die Mehrheit der Abgeordneten wollte zunächst die Grenzen des **Deutschen Bundes** beibehalten. Dagegen richteten sich aber die Regierungen in Wien und Berlin. Wien dachte an eine großösterreichische Lösung: den Zusammenschluss der deutschen Einzelstaaten mit dem gesamten Vielvölkerreich, also einschließlich nichtdeutsche Völker. Für Berlin war dagegen eine „kleindeutsche Lösung" ohne Beteiligung Österreichs möglich. In der Paulskirche schloss man sich letztlich den preußischen Vorstellungen an, wobei die Möglichkeit offen gehalten wurde, später einen Bund mit Österreich zu schließen.

Klaus Dieter Hein-Mooren

Welche Aufgaben hat die Nationalversammlung zu lösen?

1. *Beschreibe den Tagungsort (M1). Berücksichtige die Fahnen und das Transparent, die Öffentlichkeit der Sitzungen und die Aufgaben des Parlaments* (INFO 1).*
2. *Untersuche die Zusammensetzung der Nationalversammlung (M2, M3). Ziehe daraus Rückschlüsse auf die zu erwartenden Entscheidungen. Berücksichtige dabei INFO 2.*
3. *Diskutiert, welche Argumente für und gegen die drei „Lösungen" für die künftigen Grenzen Deutschlands sprachen (INFO 4 und M4).*

31.3. – 3.4.1848: Beratungen des Vorparlaments
18.3.1848: Eröffnung der Nationalversammlung
28.6.1848: Einführung einer provisorischen Zentralgewalt
1845
1850

Medientipp:
Den vollständigen Verfassungstext findest du unter **31063-24**.

M5 Aus den Grundrechten von 1848

Am 27. Dezember 1848 treten die Grundrechte (Menschenrechte) in Kraft. Entgegen den Forderungen der „Linken" enthalten sie keine sozialen Rechte wie das Recht auf Arbeit.

§ 130 Dem deutschen Volke sollen die nachstehenden Grundrechte gewährleistet sein. [...]

§ 137 Vor dem Gesetze gilt kein Unterschied der Stände. Der Adel als Stand ist aufgehoben. Alle Standesvorrechte sind abgeschafft. Die Deutschen sind vor dem Gesetze gleich. [...]

§ 138 Die Freiheit der Person ist unverletzlich. [...]

§ 139 Die Todesstrafe [...] sowie die Strafen des Prangers, der Brandmarkung und der körperlichen Züchtigung sind abgeschafft. [...]

§ 142 Das Briefgeheimnis ist gewährleistet. [...]

§ 143 Jeder Deutsche hat das Recht, durch Wort, Schrift, Druck und bildliche Darstellung seine Meinung frei zu äußern. Die Pressefreiheit darf unter keinen Umständen [...] aufgehoben werden.

§ 144 Jeder Deutsche hat volle Glaubens- und Gewissensfreiheit. [...]

§ 152 Die Wissenschaft und ihre Lehre sind frei. [...]

§ 161 Die Deutschen haben das Recht, sich friedlich und ohne Waffen zu versammeln [...]. [...]

§ 164 Das Eigentum ist unverletzlich.

Zitiert nach: www.verfassungen.de/de06-66/verfassung48-i.htm (Zugriff: 10. 09. 2019)

M6 Die Reichsverfassung der Paulskirche

Die Verfassung wurde am 27. März 1849 vom Parlament verabschiedet, einen Tag später verkündet und am 28. April 1849 im Reichsgesetzblatt veröffentlicht.

Der Herrschertitel Kaiser hat seit Napoleon mit dem Kaisertum der Antike und dem Mittelalter nichts mehr zu tun. Weder eine Wahl durch Kurfürsten noch eine Krönung bzw. Salbung durch den Papst waren vorgesehen.

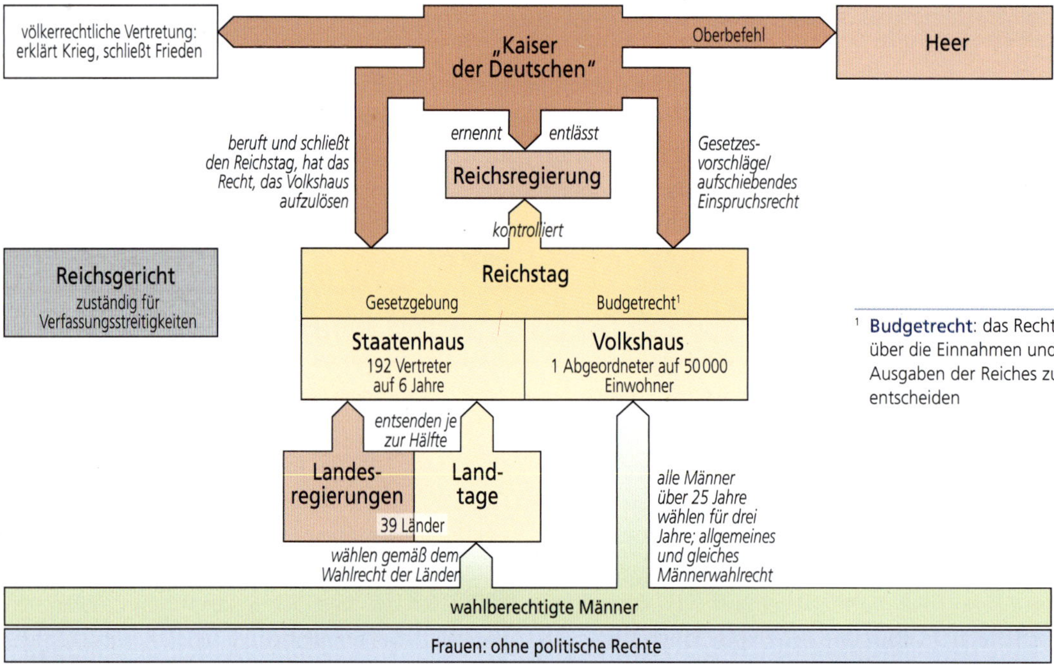

[1] **Budgetrecht**: das Recht, über die Einnahmen und Ausgaben der Reiches zu entscheiden

INFO 5 Die Reichsverfassung

Im Oktober 1848 begannen die Beratungen der Reichsverfassung. Am 27. Dezember wurden die Grundrechte (Menschenrechte*) vorab in Kraft gesetzt. Sie wurden Teil der am 27. März 1849 vom **Parlament** verabschiedeten Reichsverfassung. Das vereinte Deutschland sollte eine konstitutionelle Monarchie* sein. Ein erblicher „Kaiser der Deutschen" sollte an der Spitze eines föderativen Einheitsstaates stehen.

Klaus Dieter Hein-Mooren

4. *Vergleicht in Partnerarbeit die in M5 genannten Grundrechte mit den Artikeln 2, 3, 4, 5, 8, 10 und 14 unseres Grundgesetzes.*
5. *Beurteile die Mitbestimmungsrechte des Volkes in der konstitutionellen Monarchie* (M6 und INFO 5).* (H)
6. *Diskutiert in der Klasse, welche Ziele der Revolution erreicht wurden. Welche Erwartungen wurden enttäuscht?* (F)

Frauen in der 48er-Revolution*

M 1 „Erste Sitzung des Dienstmädchenvereins zu Leipzig im April 1848"
Lithografie (27,2 x 34,6 cm) von 1848
An dem Pult steht Louise Auguste Schrödter, die Präsidentin des Dienstmädchenvereins. Zu den auf der Versammlung gestellten Forderungen zählten: Erhöhung des Lohnes, keine Schlafstätte „fünf Treppen hoch unterm Dach", mindestens freitags und sonnabends „eine kräftige Suppe", sich um 22:00 Uhr „zu Bette legen zu dürfen" und alle vier Wochen einmal Ausgeherlaubnis.

INFO Frauen machen mit

Auch wenn sie nicht wählen durften bzw. gewählt werden konnten: Zahlreiche Frauen verfolgten die Sitzungen in den Landesparlamenten und in der Nationalversammlung von den Zuschauertribünen aus. Sie gründeten Vereine und Zeitschriften, forderten Rechte für ihr Geschlecht, verfassten Bittschriften (Petitionen) und wurden so zu einem aktiven Bestandteil der politischen Öffentlichkeit. Es gab auch Frauen wie *Amalie Struve*, die an der Seite ihrer Männer für die Republik* kämpften.

Judith Bruniecki

M 2 „Die Frauen und ihre Beziehung zur Politik"

Am 4. Oktober 1848 erscheint in der „Fürstlich Reuß-Geraischen Zeitung" folgender Artikel. Der Autor ist anonym, vermutlich ist es Adolph Hofmeister, der Verleger der Zeitung.

Die Welt der Frau ist das Haus. Da soll sie wirken und walten; das öffentliche Leben gehört dem Manne an. Die Emanzipation der Frauen bezieht sich daher [...] nur auf ihre Selbstständigkeit in rechtlicher persönlicher Beziehung, nicht auf ihre Teilnahme an den Staatsangelegenheiten; diese sollen sie den Männern überlassen. Wohl können aber die Frauen auch mittelbar auf die Wohlfahrt des Staates einwirken, aber immer nur im Kreise ihrer vorgeschriebenen Pflichten, wenn sie ihre Bestimmung erfüllen als Gattinnen und Mütter.

Zitiert nach: Stefan Gerber (Hrsg.), Quellen zur Geschichte Thüringens. Revolution von 1848/49, Erfurt 2000, S. 202 f.

M 3 „Wohl auf denn, Schwestern, vereinigt Euch mit mir"

Louise Otto gründet 1849 in Meißen die erste deutsche „Frauen-Zeitung". Drei Jahre später muss die Zeitung ihr Erscheinen einstellen. Frauen wurde verboten, als Redakteurinnen tätig zu sein. In der ersten Ausgabe vom 21. April 1849 schreibt Louise Otto:

Die Geschichte aller Zeiten, und die heutige ganz besonders, lehrt: dass diejenigen auch vergessen wurden, welche an sich selbst zu denken vergaßen! – Das schrieb ich im Mai des Jahres 1848 hinaus in die Welt, als ich zunächst meine Worte an die Männer richtete, die sich in Sachsen mit der Frage der Arbeit beschäftigten – ich mahnte sie damit an die armen Arbeiterinnen, indem ich für meine Schwestern das Wort ergriff, auf dass sie nicht vergessen wurden! [...]
Wohlauf denn, meine Schwestern, vereinigt Euch mit mir, damit wir nicht zurückbleiben, wo alle und alles um uns und neben uns vorwärtsdrängt und kämpft. Wir wollen auch unser Teil fordern und verdienen an der großen Welterlösung, welche der ganzen Menschheit, deren eine Hälfte wir sind, endlich werden muss. Wir wollen unser Teil fordern: das Recht, das Rein-Menschliche in uns in freier Entwicklung aller unserer Kräfte auszubilden, und das Recht der Mündigkeit und Selbstständigkeit im Staat.

Zitiert nach: Renate Möhrmann (Hrsg.), Frauenemanzipation im deutschen Vormärz, Stuttgart 1978, S. 203 f.

Inwiefern werden Frauen 1848/49 politisch aktiv?*

1. *Beschreibe M1. Inwiefern belegt das Bild eine Politisierung der Frauen (INFO)?*
2. *Vergleicht die Positionen der Zeitungsartikel (M2 und M3). Inszeniert dazu ein Streitgespräch.* (H)
3. *Beurteile die damaligen politischen Möglichkeiten von Frauen. Nimm Stellung dazu.* (F)

** Das Kapitel ist nicht verbindlich.*

Das bittere Ende

M1 Erschießung Robert Blums am 9. November 1848 auf der Brigittenau bei Wien
Ölgemälde (30 x 43,5 cm) von Carl Constantin Heinrich Steffeck, 1848/49

Blum war einer der führenden Köpfe der Nationalversammlung. Er leitete die „Demokratische Linke" und setzte sich für die Einführung der Republik ein. Im Oktober 1848 reiste Blum mit weiteren Abgeordneten nach Wien, um die Aufständischen zu unterstützen. Obwohl er als Abgeordneter strafrechtlich gar nicht verfolgt werden durfte, wurde er von einem Sondergericht am 8. November 1848 zum Tode verurteilt und einen Tag später hingerichtet.

Lesetipp:
Harald Parigger, 1848 – Robert Blum und die Revolution der vergessenen Demokraten, Würzburg 2011

M2 In Wien entscheidet sich das Schicksal

Am 20. Oktober 1849 schreibt Robert Blum (siehe M1) seiner Frau Jenny:

Besonders die Arbeiter sind bewunderungswert; für die Bourgeoisie[1], die ihnen nie etwas gab oder gönnte, stehen sie bereit, in den Tod zu gehen. Nein, es ist doch für etwas Höheres, denn in Wien entscheidet sich das Schicksal Deutschlands, vielleicht Europas. Siegt die Revolution hier, so beginnt sie von Neuem ihren Kreislauf; erliegt sie, dann ist wenigstens für eine Zeitlang Kirchhofsruhe in Deutschland.

Zitiert nach: Hans Jessen (Hrsg.), Die Deutsche Revolution 1848/49 in Augenzeugenberichten, Düsseldorf 1968, S. 244

[1] **Bourgeoisie**: wohlhabendes Bürgertum, Unternehmer, Fabrikbesitzer, Bankiers, Kaufleute etc.

INFO 1 Rückkehr der alten Mächte

Während die Abgeordneten in Frankfurt debattierten, gewannen die alten Mächte ihren Einfluss zurück. Ende Oktober 1848 ging das Militär in Wien gegen aufständische Bürger, Studenten und Arbeiter vor, die den Freiheitskampf der Ungarn unterstützten. Zum Entsetzen der Liberalen und Demokraten wurden am 9. November 1848 *Robert Blum* und weitere 22 Männer hingerichtet, weil sie sich am Aufstand beteiligt hatten. Auch der preußische König hatte seine Haltung geändert. Er löste am 5. Dezember 1848 in Berlin die Volksvertretung auf und erließ für Preußen ohne Zustimmung der Abgeordneten eine Verfassung*. Drei Monate später folgte der österreichische Kaiser dem preußischen Beispiel. Trotzdem wählte die Frankfurter Nationalversammlung mit der Verkündung der Verfassung am 28. März 1849 den preußischen König zum Reichsoberhaupt. Daraufhin reisten im April 32 Mitglieder des **Parlaments** nach Berlin, um *Friedrich Wilhelm IV.* aus dem Hause der Hohenzollern die erbliche Kaiserkrone anzubieten.

Judith Bruniecki

M3 „Aber, Meine Herren ..."

Auf das Angebot der Kaiserkrone antwortet der preußische König Friedrich Wilhelm IV. am 3. April 1849:

In dem Beschluss der deutschen Nationalversammlung, welchen Sie, Meine Herren, Mir überbringen, erkenne Ich die Stimme der Vertreter des deutschen Volkes. Dieser Ruf gibt Mir ein Anrecht, dessen Wert Ich zu schätzen weiß [...]. Aber, Meine Herren, Ich würde Ihr Vertrauen nicht rechtfertigen, Ich würde dem Sinne des deutschen Volkes nicht entsprechen, Ich würde Deutschlands Einheit nicht aufrichten, wollte Ich [...] ohne das freie Einverständnis der gekrönten Häupter, der Fürsten und freien Städte Deutschlands eine Entschließung fassen, welche für sie und für die von ihnen regierten deutschen Stämme die entschiedensten Folgen haben muss.

Zitiert nach: Ernst Rudolf Huber (Hrsg.), Dokumente zur deutschen Verfassungsgeschichte, Bd. 1, Stuttgart ³1988, S. 402 f.

M4 „Zum Abschied die Wahrheit"

Nach dem Empfang der Deputation schreibt der preußische König dem preußischen Gesandten in London, Freiherr von Bunsen, in einem vertraulichen Brief:

Des Bescheides Sinn ist: Ich kann Euch weder ja, noch nein antworten. Man nimmt nur an und schlägt nur aus eine Sache, die geboten werden kann, – und Ihr da habt gar nichts zu bieten: Das mach' ich mit meines Gleichen ab; jedoch zum Abschied die Wahrheit: Gegen Demokraten helfen nur Soldaten.

Zitiert nach: Wolfram Siemann, Die deutsche Revolution von 1848/49, Frankfurt am Main ⁵1993, S. 203

INFO 2 Für die Reichsverfasung

Friedrich Wilhelm IV., der im März 1848 versprochen hatte, dass Preußen in Deutschland aufgehen solle, lehnte die Kaiserkrone im April 1849 ab. Er verachtete nicht nur die gewählten Volksvertreter, sondern konnte sich auch nicht sicher sein, dass die Großmächte England, Frankreich und Russland das neue Deutsche Reich akzeptieren würden, da es ja das europäische Mächtegleichgewicht verändern würde.

Unabhängig davon bemühte sich die Nationalversammlung in den deutschen Staaten weiter um die Anerkennung der Reichsverfassung. 28 von 39 einzelstaatliche Regierungen erkannten die Verfassung am 14. April 1849 bedingungslos an. Preußen, Österreich und Bayern waren neben Hannover, Sachsen und Württemberg nicht dabei. Dort brachen erneut Unruhen aus. Dazu entstand eine von allen Volksschichten unterstützte „Reichsverfassungskampagne". Mit Volksversammlungen, Petitionen oder Steuerverweigerung wollte man die Durchsetzung der Verfassung erzwingen. Aufstände in Sachsen, im Rheinland, in der Rheinpfalz und in Franken wurden mit preußischen Truppen niedergeworfen.

Die Nationalversammlung zeigte sich in dieser schweren Krise machtlos und innerlich gespalten. Viele Fürsten schränkten die Presse- und Versammlungsfreiheit wieder ein, lösten ihre Länderparlamente auf und riefen die Abgeordneten der Nationalversammlung aus Frankfurt zurück. Das nun von der „demokratischen Linken" dominierte „Rumpfparlament" musste vor preußischen Truppen nach Stuttgart ausweichen. Dort wurde es am 18. Juni 1849 vom württembergischen Militär endgültig aufgelöst. Letzten Widerstand leisteten Aufständische in Baden, die eine demokratische und soziale Republik* errichten wollten. Am 23. Juli 1849 kapitulierten sie in der Festung Rastatt. Rund 10 000 Menschen wurden verhaftet. Ein brutales Strafgericht unter preußischer Führung folgte. Zahllose Aufständische flohen daraufhin ins Ausland.[1]

Judith Bruniecki

[1] Etwa 6 000 politische Flüchtlinge sollen nach 1849 in die Vereinigten Staaten ausgewandert sein.

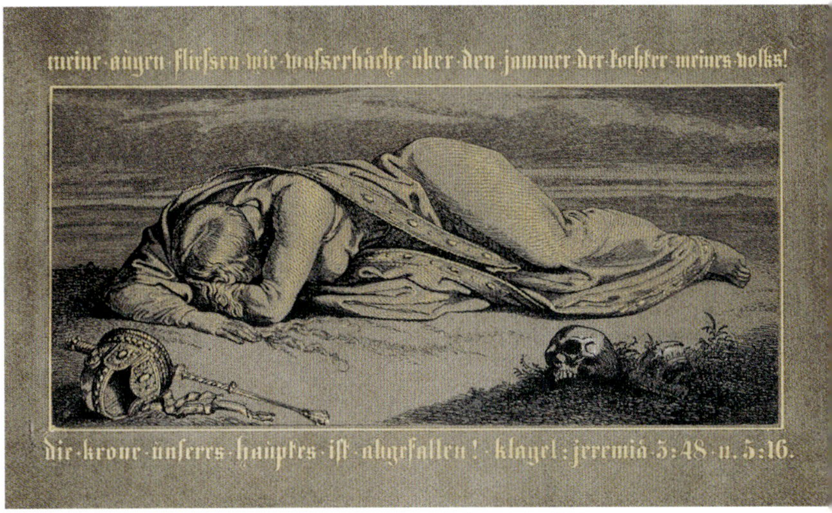

M 5 „Germania 1850"
Radierung (16,8 x 8,6 cm) von Julius Hübner, 1850 (Ausschnitt)
Der Text oberhalb und unterhalb des Bildes lautet: „Meine Augen fließen wie Wasserbäche über den Jammer der Tochter meines Volks! Die Krone unseres Hauptes ist abgefallen!" Das Zitat stammt aus den Klageliedern des Jeremia, die im Alten Testament der Bibel stehen.

INFO 3 Trotz alledem

Das Ziel der **Revolution von 1848/49 in Deutschland** war die Gründung eines Nationalstaates auf der Basis einer liberalen Verfassung. Dieser Vorsatz war gescheitert. Trotz alledem hatte sich einiges geändert. Nach der umfassenden Politisierung der Männer und Frauen war eine vollständige Rückkehr zu den alten Verhältnissen nicht mehr möglich. Und einige soziale Reformen (z. B. für die Bauern) blieben ebenso bestehen wie der Grundsatz, nicht mehr ohne eine Verfassung regieren zu können.

Klaus Dieter Hein-Mooren

Wie sind die Errungenschaften der Revolution von 1848/49* zu beurteilen? Ist sie gescheitert?

1. *Analysiere das Gemälde (M1). Inwiefern steht es für das Ende der Revolution? Berücksichtige dazu M2 und INFO 1.*
2. *Arbeitet in Gruppenarbeit die Gründe für die Ablehnung der Kaiserkrone heraus und bewertet diese (M3 und M4).*
3. *Nenne die Staatsform, für die sich die Bevölkerung in der „Reichsverfassungskampagne" einsetzte (INFO 2).* (H)
4. *Analysiere und interpretiere M5. Vergleiche dazu die Darstellung der „Germania" auf dem Transparent (S. 66, M1, und S. 72, M1).*
5. *Fasse die Ursachen des Scheiterns der Revolution zusammen (INFO 1 und 2). Nimm Stellung, ob das Scheitern unabwendbar war.*
6. *Verfasse eine Rede, in der du auf Errungenschaften und Folgen der Revolution eingehst. Nimm Stellung dazu, ob sie umsonst gewesen ist (INFO 3).*

28. 3. 1849: Wahl Friedrich Wilhelms IV. zum Kaiser der Deutschen
14. 4. 1849: 28 von 39 deutschen Staaten erkennen die Reichsverfassung und die Kaiserwahl an
18. 6. 1849: Auflösung des „Rumpfparlaments"
April bis Juli 1849: „Reichsverfassungskampagne" und Aufstände

1840 1850

Das weiß ich! – Gelerntes sichern

M1 „Germania"
Malerei auf Baumwollgewebe (482 x 320 cm) von Philipp Veit (?), 1848
Der Maler hat die „Germania" wie eine Freiheitsstatue gemalt. Ein Doppeladler ziert ihr Gewand. Auf dem Kopf trägt sie einen Siegeskranz aus Eichenlaub. In der rechten Hand hält sie das Reichsschwert und in der linken die schwarz-rot-goldene Fahne. Das Transparent hing in der Frankfurter Paulskirche (siehe S. 66, M1) und befindet sich heute im Germanischen Nationalmuseum in Nürnberg.

Auf einen Blick: Deutschland zwischen Restauration und Revolution

Was ist Deutschland? Diese Frage stellten sich in der ersten Hälfte des 19. Jhs. viele. Deutschland war Anfang des 19. Jh. noch kein Nationalstaat. Es war in viele kleine und mittlere Staaten unterteilt. Mit den „Befreiungskriegen" gegen Napoleon* entstand der Wunsch nach einem politischen Neuanfang, nach einer politischen Einheit aller Deutschen.

Auf dem Wiener Kongress* 1815 stellten die Monarchen und Fürsten aber klar heraus, dass sie die unter Napoleon entstandene Ordnung beibehalten wollten. Um einen dauerhaften Frieden in Europa zu gewähren, sollte für die Zukunft ein Gleichgewicht der Mächte geschaffen werden. Statt eines deutschen Nationalstaates wurde der **Deutsche Bund** als loser Staatenbund gegründet.

Die Fürsten des Deutschen Bundes solidarisierten sich gegen den **Liberalismus** und **Nationalismus**. Diese neuen politischen Vorstellungen hatten die Französische Revolution* sowie der Abwehrkampf gegen die napoleonische Fremdherrschaft geprägt. Vertreten wurden sie vor allem von Studenten und Teilen des Bürgertums*. Neben der Forderung nach einer deutschen Nation* ging es ihnen um politische Mitsprache und die Gewährung von Grundrechten (Menschenrechten*) wie der Meinungs- und Pressefreiheit.

Die Fürsten ließen die Anhänger der nationalen und liberalen Bewegung verfolgen. Universitäten wurden überwacht, Verdächtige inhaftiert und die Presse wurde zensiert. Mancher Bürger zog sich aus dem politischen Leben zurück. Aber immer wieder schafften es kritische Schriftsteller und Journalisten, ihren Unmut über die nationalen, sozialen und politischen Verhältnisse zu veröffentlichen. Höhepunkt der nationalen und demokratischen Freiheitsbewegung wurde dann **1832** das **Hambacher Fest**.

Zunehmende soziale und wirtschaftliche Probleme verschärften die politische Stimmung, nicht nur im Deutschen Bund, sondern in ganz Europa. Beeinflusst von einer erneuten Revolution in Frankreich begann im März die **Revolution in Deutschland von 1848/49**. Sie hatte das Ziel, einen Nationalstaat auf der Basis einer liberalen Verfassung* zu begründen. Soziale Aufstände sowohl auf dem Land als auch in den Städten sowie Volksversammlungen und Straßenkämpfe bildeten den Anfang. Aus allen gesellschaftlichen Schichten wurden nationale, politische und soziale Änderungen gefordert. Überrascht gaben die Fürsten den „Märzforderungen" nach, um ihre Macht nicht zu verlieren. Überall wurde die Zensur aufgehoben, wurden neue Regierungen berufen und Reformen eingeleitet. Darüber hinaus durften in allen Staaten des Deutschen Bundes alle selbstständigen volljährigen Männer zum ersten Mal in freien und gleichen Wahlen Abgeordnete für die Nationalversammlung wählen. Am 18. Mai 1848 begann das **Parlament** in der Frankfurter Paulskirche seine Arbeit. Eine einheitliche Vorstellung, wie eine künftige deutsche Nation aussehen sollte, gab es nicht: Mit oder ohne Österreich, mit einem Kaiser an der Spitze oder als Republik*? Schließlich wurden die Grundrechte erarbeitet und eine „kleindeutsche" Reichsverfassung verabschiedet. Als der preußische König die ihm angebotene Kaiserkrone ablehnte und mit ihm noch weitere Fürsten die Annahme der Reichsverfassung verweigerten, kam es zu einer breiten Protestbewegung: der „Reichsverfassungskampagne". Die Nationalversammlung erwies sich als machtlos und die von Republikanern geführten Aufstände wurden militärisch niedergeschlagen. Auch wenn die Revolution an ihren Zielen scheiterte, sie hatte einen tief greifenden politischen Wandel zur Folge.

Judith Bruniecki

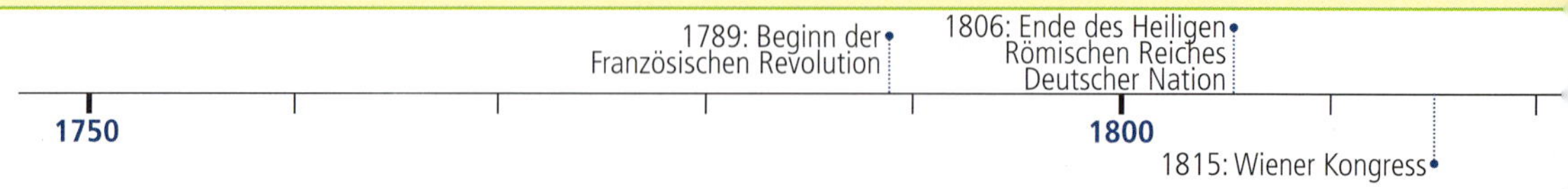

M 2 „Der Denker-Club. Auch eine neue deutsche Gesellschaft“
Anonyme Radierung (24,5 x 38,0 cm), um 1820
Der Titel spielt auf die damals verbreitete Klub- und Vereinskultur an. Auf dem linken Schild steht: „Wichtige Frage welche in heutiger Sitzung bedacht wird: Wie lange mochte uns das Denken wohl noch erlaubt bleiben? […]“ Auf dem rechten Schild steht: „I. Der Präsident eröffnet präcise 8 Uhr die Sitzung. II. Schweigen ist das erste Gesetz dieser gelehrten Gesellschaft. III. Auf dass kein Mitglied in Versuchung geraten möge, seiner Zunge freien Lauf zu lassen, so werden beim Eintritt Maulkörbe ausgeteilt. […]“

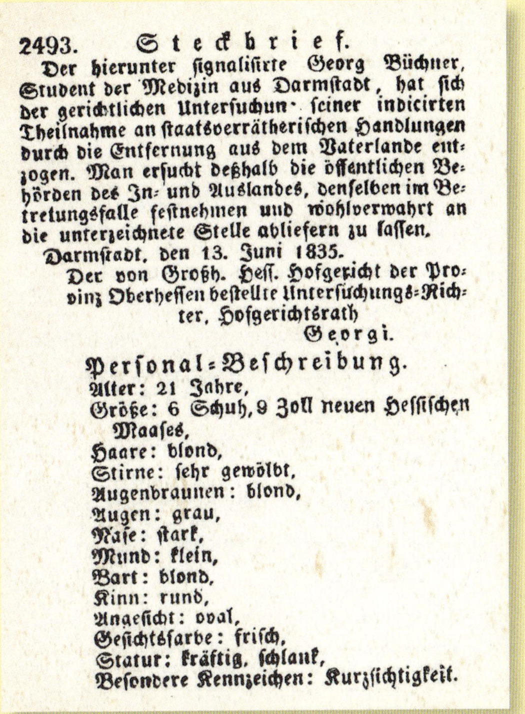
2493. Steckbrief.
Der hierunter signalisirte Georg Büchner, Student der Medizin aus Darmstadt, hat sich der gerichtlichen Untersuchun seiner indicirten Theilnahme an staatsverrätherischen Handlungen durch die Entfernung aus dem Vaterlande entzogen. Man ersucht deßhalb die öffentlichen Behörden des In- und Auslandes, denselben im Betretungsfalle festnehmen und wohlverwahrt an die unterzeichnete Stelle abliefern zu lassen.
Darmstadt, den 13. Juni 1835.
Der von Großh. Hess. Hofgericht der Provinz Oberhessen bestellte Untersuchungs-Richter, Hofgerichtsrath
Georgi.

Personal-Beschreibung.
Alter: 21 Jahre,
Größe: 6 Schuh, 9 Zoll neuen Hessischen Maases,
Haare: blond,
Stirne: sehr gewölbt,
Augenbraunen: blond,
Augen: grau,
Nase: stark,
Mund: klein,
Bart: blond,
Kinn: rund,
Angesicht: oval,
Gesichtsfarbe: frisch,
Statur: kräftig, schlank,
Besondere Kennzeichen: Kurzsichtigkeit.

M 3 Büchners „Steckbrief“
Großherzoglich-Hessische Zeitung Nr. 167 vom 18. Juni 1835

M 4 Kokarde
Solche Abzeichen (Ø 4 cm) trugen 1832 Besucher des Hambacher Festes. Die „Zehn Artikel“ vom 5. Juli 1832 (siehe S. 56, M2) verboten auch das „öffentliche Tragen von Abzeichen in Bändern, Kokarden oder dergleichen“ (*Art. 4*).

1815: Wiener Kongress	Parlament
1848/49: Revolution in Deutschland	
Liberalismus	1832: Hambacher Fest
Deutscher Bund	Nationalismus

M 5 Grundlegende Daten und Begriffe

1. *Analysiere das Transparent (M1) und erkläre dessen Botschaft.*
2. *Ordne die Karikatur (M2) in den historischen Kontext ein und erläutere die Aussage. Was passiert mit einer Gesellschaft, in der die Meinungsfreiheit nicht gegeben ist?*
3. *Fasse zusammen, welche staatlichen Maßnahmen ergriffen wurden, um Flugschriften zu unterdrücken. Berücksichtige M3.*
4. *Nimm Stellung zum Verbot des Tragens der Kokarde (M4). War dies eine Einschränkung der Meinungsfreiheit?*
5. *Erstelle mit den in M5 genannten Daten und Begriffen ein Tafelbild zum Thema „Einigkeit und Freiheit! Deutschland zwischen Restauration und Revolution.“ Berücksichtige die Definitionen der Begriffe.*

•1832: Hambacher Fest
•1848/49: Revolution in Deutschland
1850 — 1900

Das kann ich! – Gelerntes anwenden

M1 „Deutschlands Wiedergeburt“
Nachbildung (Replik) der Fahne (145 x 168 cm) von 1832
Auf dem Hambacher Fest wurden die Farben Schwarz-Rot-Gold wahrscheinlich erstmals als Trikolore (dreifarbige Flagge) zusammengestellt. Die Reihenfolge der Farben war noch nicht festgelegt (siehe S. 55, M2).

Medientipp:
Zur Geschichte des Liedes „Die Gedanken sind frei“ siehe **31063-25**.

M2 Patriot oder Nationalist?

Am 23. Mai 1999, dem 50. Jahrestag der Verkündung des Grundgesetzes, sagt der damalige Bundpräsident Johannes Rau:

Ich will nie ein Nationalist sein, aber ein Patriot wohl. Ein Patriot ist jemand, der sein Vaterland liebt, ein Nationalist ist jemand, der die Vaterländer der anderen verachtet. Wir aber wollen ein Volk der guten Nachbarn sein, in Europa und in der Welt.

Zitiert nach: www.bundespraesident.de/SharedDocs/Zitate/DE/Johannes-Rau/1999/05/19990523_Zitat3.html (Zugriff: 29.01.2019)

M3 Bundeswehr-Gelöbnis am Hambacher Schloss
Foto vom 23. Mai 2019

M4 „Die Gedanken sind frei“

Hoffmann von Fallersleben (siehe S. 59) veröffentlicht das Lied 1842 in seiner Sammlung „Schlesische Volkslieder“. Das Thema ist alt und der Dichter unbekannt. Eine Fassung des Textes wurde um 1780 zum ersten Mal auf einem Flugblatt gedruckt und verbreitet. Die Melodie kam erst ein halbes Jahrhundert später dazu, auch hier blieb der Komponist unbekannt. Das Lied hat fünf Strophen, hier die erste und die vierte Strophe:

Die Gedanken sind frei,
wer kann sie erraten,
sie fliehen[1] vorbei,
wie nächtliche Schatten.
Kein Mensch kann sie wissen,
kein Jäger erschießen.
Es bleibet dabei:
Die Gedanken sind frei.
[...]
Und sperrt man mich ein
im finsteren Kerker,
das alles sind rein
vergebliche Werke;
denn meine Gedanken
zerreißen die Schranken
und Mauern entzwei:
Die Gedanken sind frei.
[...]

Zitiert nach: www.lieder-archiv.de/die_gedanken_sind_frei-notenblatt_300470.html (Zugriff: 12.08.2019)

[1] **fliehen** = fliegen

1750 – 1789: Beginn der Französischen Revolution – 1800 – 1806: Ende des Heiligen Römischen Reiches Deutscher Nation – 1815: Wiener Kongress

M5 Weder Blut noch Tränen sind vergeblich vergossen

Der Berliner Schriftsteller Adolf Streckfuß schließt sich während der Revolution dem „Verein für Volksrechte" an und wird dessen Vorsitzender. In seinem Roman „Die Demokraten" von 1850 verteidigt er seine politischen Grundüberzeugungen. Die preußische Zensur untersagt ihm die Veröffentlichung. In folgender Romanszene kommt es zu einem Gespräch, in dem Hugo seinem alten Freund, Major von Arnow, sagt:

Sie irren, Freund, weder Blut noch Tränen sind vergeblich vergossen, denn sie haben den Keim gelegt zur Freiheit in das Gemüt des Volkes. Und wenn auch jetzt die Demokratie durch falsche Maßregeln, durch Unerfahrenheit und Leichtsinn sich selbst für den Augenblick ruiniert, so ist der göttliche Funke in den Lehren der Demokratie doch bei Weitem zu mächtig, als dass er durch einige unsinnige Unternehmungen der Führer ausgelöscht werden könnte. Freilich beschwört man den Absolutismus wieder herauf am politischen Horizont, freilich arbeitet man, ohne es zu wollen, der Reaktion[1] in die Hände und gibt ihr die Macht, sich täglich zu verstärken, sich immer kühner wieder zu erheben. Aber es tut das nichts, unsere Demokratie ist noch nicht reif zur Herrschaft, sie muss erst wieder ein Stadium der Unterdrückung durchmachen, sie muss erst die Schlacken von sich abstreifen, den Schmutz, der ihr im gegenwärtigen Augenblick noch anklebt. Andere Männer als die, welche jetzt das große Wort in den Klubs führen [...], müssen das Volk leiten und die Demokratie vertreten, ehe sie segenreich zu wirken vermag. – Ob auch Jahre darüber vergehen, Verehrtester, es ist ja gleichgültig – was sind denn Jahre in der Weltgeschichte?

Adolf Streckfuß, Die Demokraten. Politischer Roman aus dem Sommer 1848, Berlin 1850, S. 252 (vereinfacht)

[1] **Reaktion**: hier demokratiefeindlich

M6 1848 - eine „Wendemarke"

Anlässlich der Veranstaltung „150 Jahre Revolution von 1848/49" sagt der damalige Bundespräsident Roman Herzog in der Paulskirche zu Frankfurt am Main am 18. Mai 1998:

1848 begann in Deutschland eine neue Zeit. Auch wenn es danach schwere Rückschläge gab: Was hier begann, war auf die Dauer nicht mehr rückgängig zu machen. Das Jahr 1848 war nicht nur der bleibende Anfang der deutschen Demokratiegeschichte – es war auch eine entscheidende Wendemarke auf dem Weg zum modernen, demokratischen Europa. [...]

Damals sind die Prinzipien formuliert worden, die noch heute die Grundlagen unserer staatlichen Existenz ausmachen: Das Bekenntnis zu Menschenrechten und Demokratie und der gemeinsame Wille, die verschiedenen Regionen und Strömungen in unserem Land zu einem freien Gemeinwesen zu vereinigen. [...]

Die Paulskirchen-Verfassung war nicht nur eines der fortschrittlichsten Verfassungsdokumente ihrer Zeit. Sie wurde auch zur Urahnin aller nachfolgenden deutschen Verfassungen.

Zitiert nach: www.bundespraesident.de/SharedDocs/Reden/DE/Roman-Herzog/Reden/1998/05/19980518_Rede.html;jsessionid=F9CA5D26CCECB71CDBFFC3ACBD06C05E.2_cid371 (Zugriff: 12. 08. 2019)

---

1. *Erläutere, warum die Inschrift „Deutschlands Wiedergeburt" sowohl auf die Vergangenheit als auch auf die Zukunft verweisen konnte (M1).*
2. *Erkläre mit eigenen Worten den Unterschied zwischen „Patriot" und „Nationalist" (M2).*
3. *Vergleiche das Auftaktbild des Kapitels (S. 42-43, M1) mit M3 und verfasse eine mögliche Begründung dafür, weshalb an dem Ort heute öffentlich gefeiert wird.* (F)
4. *Begründe, warum es vor und nach der Revolution von 1848/49 genügend Gründe gab, das Lied zu singen (M4).*
5. *Arbeite die Haltung von Adolf Streckfuß heraus (M5). Waren die Errungenschaften der Revolution von 1848 umsonst? Nimm Stellung zu dieser Frage.*
6. *Beurteile, inwieweit die Ereignisse von 1848/49 als identitätsstiftend für unsere heutige Demokratie* gesehen werden können. Berücksichtige dabei M3 und M6.*

1832: Hambacher Fest
1848/49: Revolution in Deutschland
1850
1900

3

Bayern – Identität, Staatsgebiet und kulturelles Erbe

Wie kaum ein anderes Bundesland präsentiert sich der Freistaat Bayern gerne als eigenwillig, bodenständig und in seiner Geschichte verwurzelt. Innerhalb wie außerhalb Deutschlands gelten die Schlösser des „Märchenkönigs“ als Symbole bayerischer Kultur und Eigenstaatlichkeit. Jahr für Jahr besuchen hunderttausende Menschen das Neue Schloss Herrenchiemsee, wo im Jahr 2011 die bislang erfolgreichste bayerische Landesausstellung unter dem Titel „Götterdämmerung. König Ludwig II. und seine Zeit“ stattfand.

1. *Recherchiert im Internet, wann das „Neue Schloss“ errichtet wurde.*
2. *Vergleicht das Schloss mit Bauwerken, die ihr im letzten Schuljahr im Zusammenhang mit der Epoche des Absolutismus* kennengelernt habt.*
3. *Nennt mögliche Gründe dafür, weshalb so viele Einheimische und Touristen Herrenchiemsee besuchen.*

M 1 Neues Schloss Herrenchiemsee
Foto von Norbert Neuhofer vom 9. Juli 2019
Schülerinnen und Schüler des Robert-Koch-Gymnasiums in Deggendorf besichtigen das „Bayerische Versailles“ auf der Herreninsel.

Orientierung in Raum und Zeit

M1 Die „Bavaria“ an der Münchner Theresienwiese
Undatiertes Foto
Die „Bavaria“ ist eine in Bronze gegossene Allegorie (Personifizierung) des Königreichs Bayern. Die Statue wurde im Auftrag Ludwigs I. in den Jahren 1843 bis 1850 errichtet, ist 18,52 m hoch und steht oberhalb der nach der Gemahlin Ludwigs I. benannten Theresienwiese in München. Hinter der „Bavaria“ ist die zur etwa selben Zeit gebaute „Ruhmeshalle“ zu sehen. Hier ließ Ludwig I. Büsten von „Landeskindern“ aus den vergangenen Jahrhunderten aufstellen, die nach seiner Meinung Bedeutendes geleistet oder sich große Verdienste um ihre bayerische Heimat erworben hatten.

Was ist „bayerisch“?

Bayern beruft sich auf eine über 1000-jährige Geschichte. Sie begann bereits, als nach dem Ende des Römischen Reiches das Volk der „Baiuwaren“ entstand und sich ein Stammesherzogtum Bayern bildete. Seitdem veränderten sich die Grenzen Bayerns immer wieder. Gebiete kamen dazu oder gingen verloren. Dementsprechend wandelte sich auch die Zusammensetzung der Bevölkerung.

Erst nach 1806* fand Bayern die staatliche Einheit, die seinem heutigen Selbstverständnis entspricht. Verfassung*, Wirtschaft und Handel sowie Architektur, Kunst und Kultur trugen dazu bei, dass aus locker oder gar nicht miteinander verbundenen Regionen ein einheitlicher Staat entstand – die „bayerische Nation“. In ihr werden verschiedene Dialekte gesprochen und unterschiedliche Traditionen gepflegt. Für die aktuelle Politik sind sie heute weniger bedeutsam als früher. Für die Kultur Bayerns aber bleiben sie bis heute wichtig.

Ernst Schütz

Am Ende dieses Längsschnitts kannst du vor dem Hintergrund des vielfältigen historischen und kulturellen Erbes Bayerns diskutieren, ob es eine bayerische Identität gibt, und bist in der Lage, folgende Fragen zu beantworten:

- *Wie gestaltete sich die territoriale Entwicklung Bayerns in ihren Grundzügen vom 8. bis ins 20. Jh.?*
- *Inwiefern lässt sich deine Lebensregion innerhalb der verschiedenen bayerischen Landschaften verorten?*
- *Wie prägen Städtebau und Architektur das kulturelle Erbe Bayerns?*
- *Welche Bedeutung hat der Denkmalschutz in einem Kulturstaat?*
- *Welche Bevölkerungsgruppen leben im heutigen Bayern und inwieweit spiegelt das bayerische Staatswappen die heutige Bevölkerungsstruktur Bayerns wider?*

Mittelalter
1618-1648: Dreißigjähriger Krieg
750 | 800 | 1500 | 1600
800: Kaiserkrönung Karls des Großen

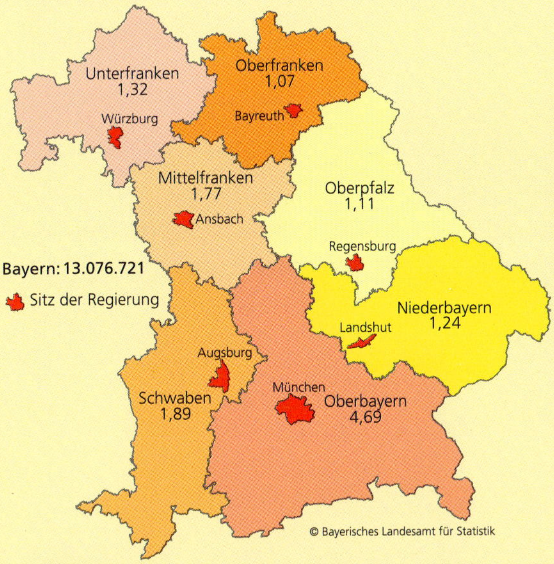

M 2 Der Freistaat Bayern mit seinen Regierungsbezirken und -sitzen sowie Einwohnerzahlen
Einwohnerzahl Bayerns: 13,08 Mio. (Stand: 2018)

M 4 Trachtenumzug zum Oktoberfest
Foto von 2018
Das alljährliche Münchner Oktoberfest geht auf ein Pferderennen zurück, das im Jahr 1810 anlässlich der Hochzeit des damaligen Kronprinzen und späteren Königs Ludwig I. mit Prinzessin Therese veranstaltet wurde. Zum Auftakt des heute größten Volksfestes der Welt zieht ein langer Umzug von Trachtengruppen und Blaskapellen durch die Münchner Innenstadt zur Theresienwiese.
Nebenbei: Das Dirndl, das heute als fester Bestandteil der bayerischen Tracht gilt, ist erst im späten 19. Jh. für die Städterinnen in der Sommerfrische entstanden.

M 3 „Bayerns Geschichte aus der Vogelschau"

Der Historiker Friedrich Prinz schreibt in seiner Geschichte Bayerns von 1997:

Bayern ist innerhalb der Bundesrepublik das Land mit dem stärksten Eigencharakter […]. Ein Land, das sich in seinem heutigen Umfang unter der Herausforderung Napoleons, des großen Umgestalters, am Beginn des 19. Jahrhunderts zu moderner Staatlichkeit zusammenschloss […]. Die großen, ethnisch-kulturellen Bausteine [waren]: Altbayern, Franken und Bayerisch-Schwaben […]. Es entstand eine reich gegliederte Welt vom Fichtelgebirge und den Mainlanden bis zum Alpenkamm, von der Welt fränkischer und schwäbischer Adelsterritorien und Reichsstädte bis zum Böhmerwald und der Dreiflüssestadt Passau. Bayern ist aus vielen Landschaften, aus Stadtrepubliken wie Nürnberg und Augsburg, aus geistlichen und weltlichen Ländereien zusammengewachsen. Und wenn auch Altbayern, Schwaben und Franken mit Recht darauf bedacht sind, ihre Eigenart zu bewahren, so gibt es doch diesen stimmigen Dreiklang dreier Großstämme [Volksgruppen], ohne die weder bayerische noch deutsche Geschichte gedacht werden kann. Der Lauf der Zeitgeschichte hat es mit sich gebracht, dass dieser Dreiklang seit 1945 durch mehr als zwei Millionen Flüchtlinge und Vertriebene variiert[1] wurde […].

Friedrich Prinz, Die Geschichte Bayerns, München – Zürich [5]2006, S. 13

[1] **variieren**: verändern

1. *Sammelt in Partnerarbeit Stichwörter zu folgender Frage: Was ist „typisch bayerisch"?*
2. *Diskutiert, was eine Person auszeichnen sollte, um in die „Ruhmeshalle" (M1) aufgenommen zu werden.*
3. *Prüfe mithilfe von M2, ob die vier in M3 genannten „ethnisch-kulturellen Bausteine" bestimmten Regierungsbezirken zuzuordnen sind.*
4. *Diskutiert, inwieweit das Zusammenwachsen der in M3 genannten Gebiete und Volksgruppen eine neue „bayerische" Identität begründet hat – und welche der angesprochenen „Eigenarten" innerhalb Bayerns vielleicht bis heute fortbestehen.*
5. *Informiere dich über Trachten in deiner Heimatregion (M4). Zu welchen Anlässen werden sie heute getragen?*

1700 – 1800 – 1900 – 2000
- 1806: Ende des Heiligen Römischen Reiches
- 1806: Gründung des Königreiches Bayern
- 1815: Wiener Kongress
- 1914-1918: Erster Weltkrieg
- 1918: Bayern wird Freistaat (Republik)
- 1939-1945: Zweiter Weltkrieg

Lern-aufgabe

Grenzen im Wandel

M 1 Das bayerische Stammesherzogtum 788

Schritt für Schritt:

Karten im Geschichtsatlas finden und auswerten

Im Lauf der Geschichte verändern sich die Herrschaftsbereiche der Fürsten durch Kriege, Vererbung, Heirat, Tausch und Kauf immer wieder. Dauerhafte Grenzen zwischen selbstständigen Staaten gab es erst viel später. Mithilfe von Karten in einem Geschichtsatlas lassen sich Zustände analysieren und Veränderungen nachvollziehen. Anders als in deinem Geschichtsbuch, musst du diese Karten aber erst im Geschichtsatlas suchen.

1. Das Inhaltsverzeichnis ist nach Epochen und Themen gegliedert. Es zeigt z. B. an, wo Karten zur bayerischen Geschichte abgedruckt sind.
2. Im Kartenregister findest du in alphabetischer Reihenfolge Namen von Orten und Ländern, die auf den Karten auftauchen sowie Hinweise, in welchem thematischen Zusammenhang dies geschieht.
3. Der Geschichtsatlas erleichtert dir die Orientierung dadurch, dass auf allen Karten jedem Herrschaftsgebiet konsequent immer dieselbe Farbe zugeordnet ist.
4. Die „Kartenschule“ des Geschichtsatlas liefert eine ausführliche Anleitung zur Interpretation von Geschichtskarten. Siehe auch hier die Tipps in „Schritt für Schritt: Mit Karten arbeiten“ auf S. 205 f.

Wie haben sich die Grenzen Bayerns im Laufe seiner Geschichte verändert? Bereitet dazu ein Kurzreferat vor.

Vorbemerkungen zur Bearbeitung der Aufgaben mit dem Geschichtsatlas:

- Bearbeitet die folgenden Aufgaben in Partnerarbeit.
- Übertragt die Tabelle (siehe S. 81) in euer Geschichtsheft und füllt die offenen Stellen in knapper Form aus.
- Hintergrundwissen liefern dir der INFO-Text und die Grundlegenden Daten und Begriffe (siehe S. 197 ff.).

Kartentipp:
Karten, die die Territorialentwicklung Bayerns zeigen, findest du unter 31063-27.

INFO **Aus der Geschichte Bayerns**

Die bayerischen Stammesherzöge beherrschten im 8. Jh. ein großes Gebiet und betrieben eine eigenständige Politik. Damit wurden sie zu Rivalen des aufstrebenden Frankenreichs. **Karl der Große**, der **800** vom Papst zum Kaiser* gekrönt wurde, hatte zwölf Jahre zuvor den Herrschaftsbereich der *Agilolfinger* in das Reich der Franken eingegliedert. Nach dem Zerfall des Karolingerreiches entstand das bayerische Stammesherzogtum neu. Als Gefolgsleute und Lehnsmänner Kaiser *Ottos des Großen* konnten seine Herzöge ihren Herrschaftsbereich im 10. Jh. weit ausdehnen. Konflikte führten jedoch zum Entzug von Lehen, Verlust von Gebieten und Änderungen der Herrschaftsbereiche.

Seit 1180 kamen die Herzöge aus der Familie der *Wittelsbacher*. Sie weiteten ihr Herrschaftsgebiet aus und begannen im späten **Mittelalter** ihr Herzogtum zu einem Territorialstaat auszubauen. Im **Dreißigjährigen Krieg (1618-1648)** unterstützte Herzog *Maximilian I.* den Kaiser und seine katholischen Verbündeten. Dafür wurde er zum Kurfürsten* erhoben. Bayern wurde auch im Norden seines Territoriums dauerhaft vergrößert.

Weitere Gebietsveränderungen brachten die napoleonischen Kriege. Als Verbündeter **Napoleons** trat der bayerische Kurfürst dem Rheinbund[1] bei. Er musste zwar zunächst auf Besitzungen beiderseits des Rheins verzichten, wurde dann aber im Rahmen der **Säkularisation** mit anderen Gebieten reichlich entschädigt. **1806** endete das **Heilige Römische Reich**. Im selben Jahr wurde auch mithilfe Napoleons das **Königreich Bayern** gegründet und aus Kurfürst *Max IV. Joseph* wurde König *Max I. Joseph*. Da Bayern kurz vor der endgültigen Niederlage Napoleons die Seiten wechselte, zählte es zu den Siegermächten. Auf dem **Wiener Kongress 1815** wurde das Königreich bestätigt und Mitglied des Deutschen Bundes*. Darüber hinaus wurden Bayerns Grenzen neu festgelegt, sie sind – bis auf den Rheinkreis (Rheinpfalz), der 1946 an Rheinland-Pfalz ging – weitgehend identisch mit denen des heutigen Freistaates Bayern.[2]

Dieter Brückner

[1] Siehe dazu S. 35.
[2] Siehe dazu auch die Karten auf S. 230.

Zeitpunkt	Gebietsveränderung	geschichtlicher Hintergrund
	Auflösung des Stammesherzogtums Bayern	*Rivalität mit dem Frankenreich*
bis 976	*größte Ausdehnung des neu gegründeten Stammesherzogtums*	
nach 976		
Dreißigjähriger Krieg		
Zeitalter des Absolutismus		
1806 – 1815/19		
bis in die Gegenwart		

1. *Arbeitet heraus, wie das, was im INFO-Text über das Stammesherzogtum Bayern und Karl den Großen berichtet wird, im Geschichtsatlas dargestellt wird.*
2. *Beschreibt die Ausdehnung des Stammesherzogtums vom 8. bis zum 11. Jh. mit M1 und dem Geschichtsatlas.* (H)
3. *Vergleicht im Geschichtsatlas die Ausdehnung des Herzogtums Bayern im Jahr 1450 mit der im 10. Jh. und nennt die heutigen Regierungsbezirke, die das Herzogtum Bayern um 1450 in etwa umfasste.*
4. *Benennt mithilfe des Geschichtsatlas das Gebiet, das Bayern während des Dreißigjährigen Krieges dauerhaft hinzugewann, und das Jahr dieser Gebietsvergrößerung.*
5. *Sucht im Geschichtsatlas die Karte „Mitteleuropa zur Zeit des Absolutismus" und arbeitet heraus, aus welchen Teilen das Herrschaftsgebiet des Hauses Wittelsbach vor der Französischen Revolution bestand und wo diese Teile geografisch lagen.*
6. *Sucht eine Karte, die die Verhältnisse in Europa oder in Mitteleuropa ab dem Jahr 1815 zeigt, und beschreibt mit ihrer Hilfe, wie sich das Herrschaftsgebiet der Wittelsbacher am Ende der napoleonischen Zeit im Vergleich zum Jahr 1789 verändert hatte.*
7. *Benennt mithilfe des Geschichtsatlas die Veränderungen des bayerischen Staatsgebietes zwischen 1819 und der Gegenwart.*
8. *Recherchiert, wann euer Wohn- oder Schulort zu Bayern kam und in wessen Herrschaftsbereich er zuvor lag. Tragt die Ergebnisse eurer Arbeit mit dem Geschichtsatlas in einem Kurzreferat vor.*

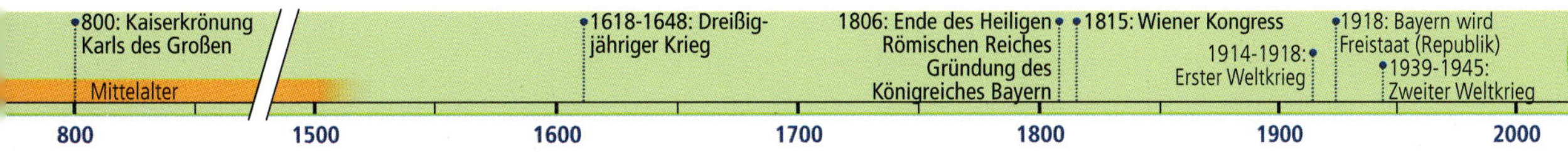

Bayern entwickelt (s)eine Identität

M 1 König Max I. Joseph von Bayern
Gemälde (260 x 194 cm) von Moritz Kellerhoven, wohl 1818
Das Herrscherporträt war für den Saal der Ständeversammlung bestimmt.

Medientipp:
Einen Überblick über Feste und Festspiele in Bayern siehe **31063-28**.

INFO 1 Bausteine für eine „bayerische Nation" – Teil I

Die nach **1806** dem **Königreich Bayern** angegliederten und vorher selbstständigen fränkischen und schwäbischen Herrschaftsgebiete hatten alle ihre eigene Geschichte, ihre eigenen Traditionen, einige von ihnen waren, im Gegensatz zur Mehrheit der Altbayern und dem Königshaus, evangelisch. Sie fühlten sich daher keineswegs als Bayern, viele trauerten ihrer alten Unabhängigkeit und ihren früheren Herren nach.

König *Max I. Joseph* erkannte, dass das Gemeinschaftsgefühl gestärkt werden musste. Franken und Schwaben sollten sich mit Bayern und seinem Königshaus identifizieren, also eine nationale Identität entwickeln. Diesem Zweck dienten bereits die durch *Montgelas* durchgeführten Reformen.[1] Demselben Zweck dienten die von Max I. Joseph erlassenen Verfassungen* von 1808 und 1818, die das Königreich zur konstitutionellen Monarchie* machten. Sie garantierten den Bürgern aus allen Teilen Bayerns gleiche Rechte und erste Möglichkeiten der Mitwirkung an der Gesetzgebung und Steuerpolitik.

Die Identifikation der evangelischen Bürger aus Franken und Schwaben mit dem Königreich Bayern förderte sein Sohn, König *Ludwig I.*, indem er den Aufbau einer evangelischen Landeskirche unterstützte. Er ließ aber auch über 130 im Zuge der **Säkularisation** aufgelöste katholische Klöster* neu gründen.

Ihm war es weiterhin wichtig, die Teile seines Königreiches verkehrstechnisch besser miteinander zu verbinden. Ludwig I. förderte den Bau des Donau-Main-Kanals und setzte sich spät für den Ausbau des Eisenbahnnetzes ein.

Dieter Brückner

INFO 2 Bausteine für eine „bayerische Nation" – Teil II

Um Unzufriedenheit in den Regionen und Revolutionen zu verhindern, sollten alle Volksgruppen stärker als bisher mit der königlichen Herrschaft verbunden werden. Erwünscht war ein geschichtliches Bewusstsein sowohl für die eigenen Regionen als auch für den Gesamtstaat Bayern. Es wurden Vereine gegründet, die die regionale Geschichte erforschten, Brauchtum und Trachten wurden gepflegt und Volksfeste angeregt. Es wurden aber auch „Vaterlandskunde" in der Schule unterrichtet und nationale Denkmäler und Bauwerke errichtet. König *Maximilian II.* gründete in München das Bayerische Nationalmuseum, in dem Beispiele aus Kunst und Kunsthandwerk aus allen Regionen Bayerns gesammelt, erhalten und ausgestellt wurden.

Diese Maßnahmen erreichten ihr Ziel: Sie entwickelten eine bayerische Identität dadurch, dass Kultur und Geschichte sowohl der einzelnen Regionen als auch des alle Regionen umfassenden Herrscherhauses der Wittelsbacher gleichermaßen geschätzt, erforscht und präsentiert wurden.

Dieter Brückner

[1] Siehe dazu S. 36.

M 2 Der „Grundstein zu einem neuen Altar“

Kronprinz Ludwig anlässlich der Grundsteinlegung der Konstitutionssäule am 26. Mai 1821:

In diesem Augenblicke wird uns der Grundstein zu einem Altar. An ihm reiche ich die Hand den Reichsräten und Abgeordneten, so wie künftig und für alle Zeiten diese Verfassung die Stände des Landes vereinigen möge mit dem Thron des Reiches. An dieser Stätte rufe ich mit heiligem Ernste: Treue dem Könige und der Verfassung, auf Leben und Tod!

Zitiert nach: Rainer Leng, Die Grundsteinlegung der Gaibacher Konstitutionssäule 1821, hrsg. vom Museum für Franken in Würzburg, Würzburg 2018, S. 29f.

M 3 Mit der Vergangenheit in die Zukunft?

König Ludwig I. verordnet am 29. November 1837 eine Neueinteilung der seit 1808 nach Flüssen benannten Kreise des Königreiches:

Die göttliche Vorsehung hat unter Unserem Scepter mehrere der edelsten teutschen Volksstämme vereiniget, deren Vergangenheit reich an den erhabensten Vorbildern jeder Tugend und jeglichen Ruhmes ist.

In der Absicht, die Erinnerung an diese erhebende Vergangenheit mit der Gegenwart durch fortlebende Bande enger zu verknüpfen, die alten, geschichtlich geheiligten Marken der Uns untergebenen Lande möglichst wieder herzustellen, die Eintheilung Unseres Reiches und die Benennung der einzelnen Haupt-Landestheile auf die ehrwürdige Grundlage der Geschichte zurückzuführen, und so die durch alle Zeiten bewährte treue Anhänglichkeit Unserer Unterthanen an Thron und Vaterland, die Volksthümlichkeit und das Nationalgefühl zu erhalten und immer mehr zu befestigen, haben Wir beschlossen, und verordnen, was folgt: [...]

Art. II: Die acht Kreise des Königreiches nehmen folgende Benennungen an:
I. Oberbayern, II. Niederbayern, III. Pfalz, IV. Oberpfalz und Regensburg, V. Oberfranken, VI. Mittelfranken, VII. Unterfranken und Aschaffenburg, VIII. Schwaben und Neuburg.

Regierungs-Blatt für das Königreich Bayern, Nr. 58 vom Mittwoch, den 29. November 1837

M 4 Bürgerfest an der Gaibacher Verfassungssäule
Foto von Anton Hötzelsperger vom 17. Mai 2018

Franz Graf Erwein von Schönborn-Wiesentheid, ein durch den Anschluss seiner Grafschaft zu Bayern zählender Adeliger und Angehöriger der Kammer der Reichsräte, setzte der Verfassung von 1818[1] auf eigene Kosten ein Denkmal, welches in seiner Form an die Trajanssäule in Rom erinnert. Die Grundsteinlegung fand am 26. Mai 1821 in Gaibach (Lkr. Kitzingen) in Gegenwart des Kronprinzen Ludwig und zahlreicher Ehrengäste statt. Bei der Einweihung am 22. August 1828 zählte Ludwig I., nunmehr als König, wieder zu den Ehrengästen. Den Höhepunkt bildete der Auftritt von je acht in ihrer Landestracht gekleideten Knaben und Mädchen, die die einzelnen Kreise des Königreiches symbolisierten und „Nationaltänze“ aufführten.

[1] Laut Verfassung von 1818 bestand die „Nationalrepräsentation“ aus zwei Kammern. Sie hatten Anteil an der Gesetzgebung, nicht aber an der Ausübung der Regierungsgewalt. Die Abgeordneten der Zweiten Kammer wurden gewählt. Über ein aktives Wahlrecht verfügten aber nur sechs Prozent der Bürger.

Wie entsteht im 19. Jh. die „bayerische Nation“?

1. *Untersuche und deute das Gemälde (M1). Inwiefern verdeutlicht es die konstitutionelle Monarchie*? Vergleiche das Gemälde mit dem Herrscherbild Napoleons auf S. 31.* (H)
2. *Ein Jurist, der für die königliche Regierung arbeitete, schrieb nach 1818: „Erst mit der Verfassung hat sich unser König Ansbach, Bayreuth, Würzburg und Bamberg und alle anderen fränkischen Lande erobert.“ Erkläre diese Stellungnahme mithilfe von INFO 1, M2 bis M4.*
3. *Recherchiere mithilfe des Medientipps, ob es in eurer Region ein historisches Fest oder ein Festspiel gibt und welche historische Wurzel es hat. Überlege, was es zu einer regionalen oder bayerischen Identität beiträgt (INFO 2).*

Ein Königreich stellt sich dar: Ludwig I. und seine Denkmäler

M1 Die Eröffnung der Walhalla
Nachträglich kolorierte Lithografie (28,3 x 45,5 cm) von Gustav Kraus, 1842
Die Idee für die nationale Gedenkstätte hatte König Ludwig I. von Bayern. Architekt war der aus Norddeutschland stammende Leo von Klenze.

Medientipp:
Informationen über die Walhalla findest du unter **31063-29**.

INFO 1 Die Erfindung des Denkmalschutzes

Das vom König geförderte neue Geschichtsbewusstsein sollte auch im Alltag sichtbar und erlebbar gemacht werden. Ludwig I., der seit 1825 regierte, verfügte deshalb 1835 die Errichtung einer *General-Inspection der plastischen Denkmäler des Reiches behufs [wegen] Herstellung eines vollständigen, durch Pläne und Zeichnungen belegten Verzeichnisses aller in künstlerischer und geschichtlicher Rücksicht denkwürdiger Gebäude, Monumente, Statuen, Schnitzwerke etc.*, um diese vor ihrem Verfall zu schützen und in die Selbstdarstellung Bayerns einbeziehen zu können. Es war die Geburtsstunde des Denkmalschutzes und der Denkmalpflege.[1] Erstmals ließ ein Monarch Bauwerke, welche man zuvor noch als unnütz bezeichnet und abgerissen hätte (z. B. das Münchener Isartor), gezielt instand setzen sowie unvollendet gebliebene Gebäude zu Ende führen (z. B. den Regensburger Dom).

Ernst Schütz

[1] Zum Denkmalschutz in Bayern siehe S. 90.

INFO 2 Neues mit Altem verbinden

Ludwig I. wollte außerdem ein Schöpfer von neuen Baudenkmälern und ein Förderer der Künste sein. Von 1842 bis 1863 ließ er die *Befreiungshalle* bei Kelheim errichten, ein Monument für die Befreiungskriege von 1813 bis 1815. Die *Walhalla* in Donaustauf bei Regensburg wurde 1842 fertiggestellt und präsentiert sich als eine Gedenkstätte für bedeutende Männer (sowie einige wenige Frauen) „teutscher Zunge", deren Büsten in ihrem Innern aufgestellt sind. In diesem Gebäude vereint sich die Suche nach Vorbildern für eine deutsche Nationsbildung mit einer Huldigung an die griechische Nation*, die sich wenige Jahre zuvor mit *Prinz Otto von Bayern* einen Sohn Ludwigs I. zum König erwählt hatte.

Ernst Schütz

M2 Die Walhalla als bayerisches Aushängeschild

Der Bildungsreisende Alphonse Desforget aus Libourne in Frankreich berichtet seinen Eltern von einer Reise auf der Donau im Juli 1845:

Wir passierten ein kleines Dorf an den Ufern der Donau, nahe jenem berühmten Monument namens Walhalla, das dort vor zwei Jahren auf der Spitze eines Berges zu Ehren deutscher Berühmtheiten errichtet wurde. Es stellt einen Tempel im Stile des Athener Parthenon dar, sein Inneres ist ganz aus Marmor und auf das Schönste und Reichste ausgeschmückt – ein Denkmal, das Bayern 90 Millionen Francs gekostet hat und das man, unter allen Sehenswürdigkeiten der Welt, gesehen haben muss. Deshalb wollten auch wir nicht vorbeifahren, ohne es zu besichtigen.

Original im Privatarchiv von Ernst Schütz

INFO 3 **Ludwig und das „Isar-Athen"**

Den Ruhm als Bauherr und Künstler versuchte Ludwig I. vor allem in seiner Hauptstadt unter Beweis zu stellen. Wegen seiner Bauwerke auf dem Königsplatz wurde München bald als „Isar-Athen" gerühmt; weitere Bauwerke im römischen, byzantinischen, gotischen und im mittelalterlich-italienischen Stil sowie im Stil der italienischen Renaissance* wurden in rascher Reihenfolge errichtet. Den Höhepunkt bildete die monumentale, nach dem Monarchen selbst benannte Ludwigstraße.

Ernst Schütz

M 3 Gigantische Bauvorhaben

Der preußische Gesandte in München berichtet am 17. November 1842 nach Berlin über König Ludwigs Baupläne:

Das Budget[1] an sich wird nicht angefochten werden, wohl aber wird es an bitteren Bemerkungen über die gigantischen Bauvorhaben des Königs nicht fehlen. Die Gebäude, die Seine Majestät bis dahin bauen ließ und die aus München eine der schönsten Städte Europas machen, hatten immer einen Nützlichkeitszweck, welcher Art er auch sein mochte, zum Ziel oder zumindest zum Vorwand. Aber die Öffentlichkeit findet keinen in der Mehrzahl der neuen Bauten, die geplant oder zur Zeit begonnen sind, wie z. B. die Befreiungshalle bei Kelheim, deren Kostenvoranschlag sich auf zweieinhalb Millionen Gulden beläuft, wie die Feldherrnhalle in München, die Ruhmeshalle auf der Theresienwiese und schließlich das Siegestor, das am Anfang der Ludwigstraße nach dem Modell des Triumphbogens des Septimius Severus in Rom errichtet werden wird. Es steht fest, dass diese Denkmäler auf Kosten der Privatkasse des Königs errichtet werden und in keiner Weise den Staat belasten. Ihre Errichtung gibt vielen Händen Arbeit, lässt die Künste aufblühen und zieht die Fremden an. Aber das verhindert nicht, dass die Öffentlichkeit nur schwer zu der Überzeugung kommt, dass die Staatskasse damit nichts zu tun hat […].

Zitiert nach: Helmut Christmann und Franz Dobmann, Quellen zur bayerischen Geschichte, Bonn 1966, S. 65 f.

[1] **Budget**: Staatshaushalt

M 4 Die Ludwigstraße beim Einzug der Prinzessin Marie von Preußen 1842
Lithografie von Gustav Kraus, 1842

Die Blickrichtung geht zum Odeonsplatz; im Hintergrund ist die Feldherrnhalle sichtbar.

Den Ausbau dieser schönsten Prachtstraße Münchens prägte Ludwig I. Er hatte schon um 1812 – also noch vor seiner Regierungsübernahme – die Leitung der Bauangelegenheiten in Bayern von seinem Vater übertragen bekommen. Die Ludwigstraße ist exakt einen Kilometer lang und spiegelt in ihrem Architekturstil die italienische Neurenaissance und Neuromanik wider. Mit der Gesamtplanung beginnt der Architekt Leo von Klenze 1816, er wird 1827 durch Friedrich von Gärtner abgelöst. Auf der Ludwigstraße befinden sich die „tragenden Säulen" des Staates: die St. Ludwigskirche (christlicher Glaube und Gottesgnadentum), die Universität und Staatsbibliothek (Wissenschaft), das Odeon (Kunst und Musik) sowie die Feldherrnhalle und das Siegestor (Militär).

Medientipp:
Informationen über Kunst und Kultur unter Ludwig I. findest du unter **31063-30**.

Wie kann Neues und Altes der königlichen Selbstdarstellung dienen?

1. *Recherchiert im Internet, was der Begriff „Walhalla" bedeutet und welche Personen „deutscher Zunge" Ludwig I. für würdig befand, in der Walhalla mit einer Büste geehrt zu werden. Berücksichtigt M1 und INFO 2. Diskutiert abschließend, welche Personen der deutschen Geschichte ihr dort aufnehmen würdet.* (H)
2. *Werte M2 aus. Welche Wirkung ging von der „Walhalla" aus?*
3. *Forscht mithilfe des Medientipps nach weiteren Bauten Ludwigs I. Stellt sie in einer Liste zusammen und erklärt, welche Ziele der König mit seiner Baupolitik verfolgte (INFO 1 bis 3).*
4. *Erläutere die Kritik, die in M3 geäußert wird, und beurteile, welchen Nutzen sich der König von der Gestaltung der Ludwigstraße versprach (M4).*

1806: Gründung des Königreichs Bayern
1816: Gesamtplanung der Ludwigstraße beginnt
1825-1848: König Ludwig I. von Bayern regiert
1842: Eröffnung der Walhalla

1800 | 1810 | 1820 | 1830 | 1840 | 1850

Ludwig II. und seine Schlösser*

M1 „Unser unvergesslicher König Ludwig II."
Postkarte (9 x 14 cm), nach 1911
Die Karte war 2011 auf der Bayerischen Landesausstellung „Götterdämmerung. König Ludwig II." im Neuen Schloss Herrenchiemsee zu sehen.

INFO Ludwig II. – Märchenkönig und Technikfreak

Obwohl *Ludwig II.*, ein Enkel König Ludwigs I., kein „unpolitischer" Monarch war, stellte die Reichsgründung des Jahres 1871[1] für ihn einen Einschnitt dar: Er zog sich zunehmend in seine eigene Welt zurück, in welcher er anstelle von Soldaten ganze Armeen von Bauarbeitern beschäftigte.

Im südöstlichen bayerischen Allgäu ließ er ab 1869 Schloss Neuschwanstein „im echten Styl der alten deutschen Ritterburgen" errichten. Der Sängersaal entstand nach dem Vorbild des Festsaals der Wartburg bei Eisenach, der Thronsaal symbolisiert das Gottesgnadentum. Ludwig vermengte dabei verschiedene historische Baustile mit neuesten technischen Innovationen.

Das nach dem Vorbild von Schloss Versailles 1878 eröffnete „Neue Schloss" auf der Insel Herrenchiemsee war als ein „Tempel des Ruhmes" für König *Ludwig XIV.* von Frankreich gedacht, womit sein Erbauer der absoluten Herrschaftsidee ein Denkmal setzen ließ. Ludwig ließ außerdem Schloss Linderhof in den Ammergauer Alpen erbauen, welches er vollenden und selbst bewohnen konnte, ebenso wie das Familienschloss Berg am Starnberger See.

Allen diesen Baulichkeiten gemeinsam war ihre Rolle als Zufluchtsort für den König. Wohl gerade deshalb fanden sie bei vielen Zeitgenossen reges Interesse.

Auf der Weltausstellung in Chicago (1893) war der „German Pavillion" mit einem Raum im Stile des „famous conceit of King Ludwig, of Bavaria" ausgestattet, womit bereits damals die ganze Welt Anteil am kulturellen Erbe des Königs hatte.

Ernst Schütz

M2 „König-Ludwig II.-Apparat"
Fernsprechwandstation aus Neuschwanstein von 1885
In Neuschwanstein soll die erste Telefonanlage Bayerns in Betrieb gegangen sein.

[1] Reichsgründung von 1871: Siehe S. 128 f.

* Das Kapitel ist nicht verbindlich.

M3 Nicht für die Öffentlichkeit gedacht

Der Kunsthistoriker Hans Ottomeyer schreibt in einem Katalogbeitrag über Ludwigs II. Schlossbauten:

Entscheidend ist, dass die Schlösser ohne Publikum und Öffentlichkeit blieben. Sie konnten nicht besucht werden; niemand vermochte sich dort unter irgendeinem Vorwand Zutritt zu verschaffen. Es waren vielmehr Gedankengebäude, die nur der König selbst und einige wenige Vertraute sahen, die er gelegentlich durch die Räume führte, oder Interne, die sich einige Stunden oder Tage dort aufhalten durften. [...] Er [Ludwig II.] entzog die Schlösser und Räume von Anfang an einer gesellschaftlichen Nutzung durch seine Familie, die höfische Gesellschaft, Freundeskreise oder gar den Staat.

Und zuletzt und vor allem: Es sind keine Konstrukte der Anciennität[1] und der Legitimation der Herrschaft, sie enthalten an keiner Stelle Verweise auf die Dynastie der Wittelsbacher oder der verwandten Habsburger und Hohenzollern, sondern sie bleiben bestimmt von historischen und literarischen Welten, Romanen, Theaterstücken, Erzählungen, welche die Fantasie und das Augenmerk des Königs fesselten.

Hans Ottomeyer, Alter Adel, neues Geld – europäischer Schlossbau als Legitimationsstrategie, in: Peter Wolf u. a. (Hrsg.), Götterdämmerung. König Ludwig II. und seine Zeit. Aufsätze, Augsburg 2011, S. 163 - 170, hier S. 170

[1] **Anciennität**: Rangfolge

M4 Publikumsmagneten

Der Mythos Ludwigs II. ist ohne seine Schlösser sicherlich nicht zu erklären. Seine Schlösser sind seit seinem Tode 1886 für die Öffentlichkeit zugänglich.

	Neuschwanstein	Herrenchiemsee
1886	18 000	–
1930	50 000	62 733
1950	174 473	170 568
1970	569 975	464 783
1990	1 425 149	708 126
2010	1 341 897	417 660
2018	1 486 685	371 791

Nach: Haus der Bayerischen Geschichte, Unterrichtsmaterialien in Themenpaketen: Mythos Ludwig II., www.hdbg.de/ludwig/ludwigii_lehrerinfos-003.php, sowie Bayerische Schlösserverwaltung (für 2018)

M5 Baustelle „Märchenschloss"

Am 17. Januar 2019 berichtet der Bayerische Rundfunk:

Nach der aufwändigen Außensanierung von Schloss Neuschwanstein wird das Märchenschloss jetzt für 20 Millionen Euro innen saniert. Der Besucherbetrieb läuft aber weiter.

Für die Bayerische Schlösserverwaltung ist es eine der größten und komplexesten Restaurierungsarbeiten in ihrer Geschichte.

Nach den Vorarbeiten in den vergangenen Monaten ist die Sanierung inzwischen in den Prunkräumen und damit im Herz des Schlosses angekommen. [..]

Ein großes, bedrucktes Transparent zeigt den Besuchern die prächtigen Gemälde, die durch das Gerüst verstellt sind. Gleichzeitig ermöglicht der halbdurchsichtige Stoff aber auch einen Blick auf die Restaurierungsarbeiten. [...] Mehr als 2 300 Einzelstücke müssen restauriert werden – von Gemälden über Möbel, Textilien, kunsthandwerkliche Objekte und Holzbauteile bis hin zu Fenstern und Türen.

Zitiert nach: www.br.de/nachrichten/bayern/baustelle-maerchenschloss-neuschwanstein-wird-saniert,RFKeaHP (Zugriff: 31. 08. 2019)

M6 „Ein Sonntag im Königsschlosse auf Herrenchiemsee"
Titelblatt der in Leipzig und Berlin erscheinenden „Illustrirten Zeitung" vom 16. August 1887 (Ausschnitt)

Medientipp:
Informationen über Ludwig II. und seine Schlösser findest du unter **31063-31**.

Wozu die vielen Schlösser?

1. *Stellt Gründe für den Besuch von Schlossanlagen Ludwigs II. zusammen (INFO, M1 und M2). Informiert euch dazu im Internet über die genannten Anlagen (siehe auch den Medientipp).* (H)
2. *Untersucht, worin sich das Denkmal-Verständnis Ludwigs II. (INFO und M3) von demjenigen Ludwigs I. (siehe S. 84 f.) unterscheidet.* (F)
3. *Vergleicht die Entwicklung der Besucherzahlen (M4). Wie erklärst du dir die Entwicklung?*
4. *Diskutiert über die Entscheidung, viel Geld für die Sanierung Neuschwansteins auszugeben (M5). Berücksichtigt dazu auch S. 90.*

Bayern seit 1918: Kontinuität und Wandel

M1 Massendemonstration auf der Theresienwiese in München
Foto vom 7. November 1918 (Ausschnitt)
Die Friedensdemonstration wurde zum Ausgangspunkt für den revolutionären Umsturz in Bayern – aus dem Königreich Bayern wurde der Freistaat Bayern.

M2 „Fremder – ‚Gastarbeiter' – Deggendorfer"
DVD-Cover von 2013
Deutsche Nachbarn zu Besuch bei den Kindern der „Gastarbeiterfamilie" Yasinoğlu, um 1975

INFO 1 Bayern bleibt Bayern?

Mit dem Ende des Ersten Weltkrieges (1914-1918) begann eine Zeit des Umbruchs. König *Ludwig III.* dankte ab – ebenso wie der Kaiser in Berlin und alle anderen Fürsten des Deutschen Reiches. Bayern war nun ein „Freistaat", eine Republik*, innerhalb eines demokratischen Deutschlands.

Nach dem Scheitern der Weimarer Republik (1918-1933), den Verbrechen des „Dritten Reiches" (1933-1945) und den Zerstörungen des Zweiten Weltkrieges (1939-1945) war ein Neuanfang notwendig. 1949 entstand die Bundesrepublik Deutschland, deren Grundgesetz den Ländern besondere Rechte einräumte. Eine große Herausforderung für Bayern, das 1946 eine neue Verfassung* erhalten hatte, war die Integration von rund zwei Millionen (von etwa zwölf Millionen) Flüchtlingen und Vertriebenen, die ihre Heimat in den Ostgebieten des Reiches, im Sudetenland (heute Tschechische Republik) oder in anderen ost- bzw. südosteuropäischen Staaten verloren hatten. Trotz der anfänglichen Ablehnung durch die Einheimischen unterstützten die neuen Mitbürger das Wirtschaftswachstum und halfen beim Aufbau der Industrie entscheidend mit. Bayern erklärte die Volksgruppe der Sudetendeutschen 1954 neben den Altbayern, den Franken und den Schwaben zu seinem „vierten Stamm".

Ernst Schütz

INFO 2 Eine vielfältige Gesellschaft

Als zur Zeit des „Wirtschaftswunders" in Westdeutschland Arbeitskräfte fehlten, schloss die Bundesrepublik ab 1955 Anwerbeabkommen mit einer Reihe vor allem südeuropäischer Staaten sowie im Jahr 1961 mit der Türkei. Bis zum „Anwerbestopp" des Jahres 1973 trafen von dort über 800 000 Menschen in Deutschland ein, welche ursprünglich nur vorübergehend bleiben sollten und als „Gastarbeiter" bezeichnet wurden. Viele von ihnen ließen sich jedoch auf Dauer nieder. Alleine in Bayern liegt heute die Anzahl türkischer bzw. türkischstämmiger Mitbürger bei etwa 200 000.

Seit dem Zerfall der Sowjetunion im Jahr 1991 kamen außerdem immer mehr Spätaussiedler nach Bayern. Als Nachfahren deutscher Auswanderer, die sich vor dem 20. Jh. in Osteuropa (v. a. Rumänien und Russland) angesiedelt hatten, nutzten sie ihr Recht auf Rückkehr, um sich hier mit ihren Familien eine neue Existenz aufzubauen. Daneben war die innerdeutsche Migration* nach Bayern seit jeher bedeutend, ebenso wie die Binnenmigration von Bürgern aus Staaten der Europäischen Union. So zogen im Laufe der letzten Jahrzehnte mehrere Millionen Menschen in den Freistaat zu. An die Stelle eines vermeintlich „typisch bayerischen" Traditionalismus trat das Konzept des Pluralismus, d. h. einer vielfältigen Gesellschaft, die mit ihren verschiedenen Traditionssträngen umzugehen weiß.

Ernst Schütz

M3 Wer ist bayerischer Staatsbürger?

Artikel 7 der Verfassung des Freistaates Bayern:

(1) Staatsbürger ist ohne Unterschied der Geburt, der Rasse, des Geschlechts, des Glaubens und des Berufs jeder Staatsangehörige, der das 18. Lebensjahr vollendet hat.

Zitiert nach: www.gesetze-bayern.de/Content/Document/BayVerf-7 (Zugriff: 26. 02. 2019)

M4 Keine statische Gesellschaft

In einem Zeitungsartikel vom 1. August 2018 werden folgende Daten genannt:

Mit 23,8 Prozent hat der Anteil der Bevölkerung mit Migrationshintergrund[1] im vergangenen Jahr in Bayern einen neuen Höchststand erreicht, wie aus […] veröffentlichten Daten des Statistischen Bundesamts in Wiesbaden hervorgeht. „Erstmals stieg die Zahl auf mehr als drei Millionen", sagte ein Sprecher. Von diesen knapp 3,1 Millionen hatten 335 000 türkische Wurzeln, damit ist die Türkei noch immer das größte Herkunftsland. In ganz Deutschland lag der Anteil der Menschen mit ausländischen Wurzeln im Jahr 2017 mit 23,6 Prozent etwas unter dem Wert in Bayern. In absoluten Zahlen waren das rund 19,3 Millionen Menschen – auch das waren so viele wie noch nie zuvor. […] Mit rund 1,4 Millionen besaß fast die Hälfte der Migranten in Bayern die deutsche Staatsangehörigkeit.

Zitiert nach: www.merkur.de/politik/zahl-menschen-mit-migrationshintergrund-erreicht-hoechststand-in-bayern-10081693.html (Zugriff: 30. 01. 2020)

[1] Eine Person hat einen Migrationshintergrund, wenn sie selbst oder mindestens ein Elternteil nicht mit deutscher Staatsangehörigkeit geboren wurde.

M5 Und immer wieder: Integration

Der Passauer Politikwissenschaftler Heinrich Oberreuter zieht ein vorläufiges Fazit zum politisch-kulturellen Wandel Bayerns nach 1945:

Die Bevölkerung erfuhr zunächst einen Zustrom von zwei Millionen entwurzelten Heimatvertriebenen, allein die Hälfte davon aus dem Sudetengau. Das bedeutete zusammen mit 576 000 Evakuierten und Ausländern ein plötzliches Wachstum von 26,5 Prozent. Die Zuwanderung hielt an. Heute hat Bayern 1,8 Millionen ausländische Mitbürgerinnen und Mitbürger. Oft übersehen wird dabei die innerdeutsche Nord-Süd-Migration, die über die Jahrzehnte in mehrfacher Millionenhöhe liegt, bei einem Bilanzgewinn von zum Beispiel 2016 rund 100 000 Menschen. Bei dieser von neun Millionen Einwohnerinnen und Einwohnern 1950 auf 13 Millionen 2018 gewachsenen Bevölkerung haben Staat und Gesellschaft in Bayern eine bemerkenswerte Integrationsleistung vollbracht, wobei die Nachkriegsflüchtlinge wie die später Zugewanderten deutlich zum wirtschaftlichen Aufschwung des Freistaats beigetragen haben.

Heinrich Oberreuter, Neujustierung? Spurenelemente politisch-kulturellen Wandels in Bayern – Essay, in: Aus Politik und Zeitgeschichte vom 14. Dezember 2018, S. 35-38, hier S. 36

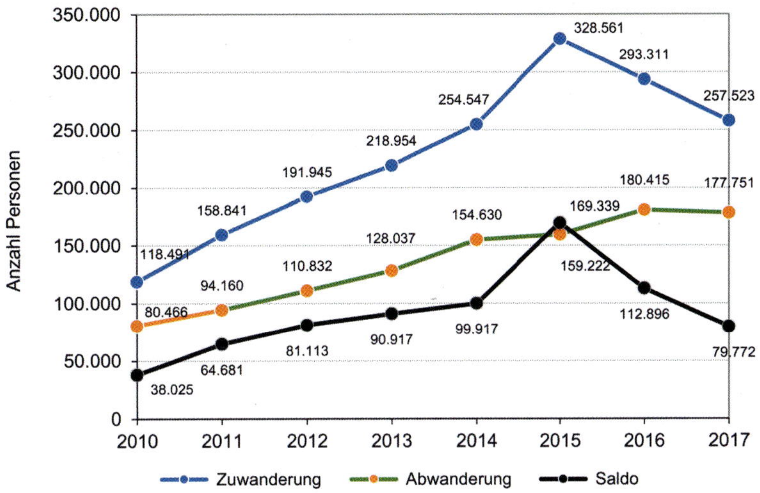

M6 Zuwanderung und Abwanderung aus dem Ausland nach Bayern von Personen ohne deutsche Staatsangehörigkeit in den Jahren 2010 bis 2017

Medientipp:
Im „Virtuellen Migrationsmuseum" kannst du an Einzelbeispielen nachvollziehen, wie Migration den Alltag in Deutschland bzw. in Bayern während der letzten 100 Jahre prägte – und immer noch prägt, siehe **31063-32**.

Welche Folgen haben politische Veränderungen und Migrationsbewegungen für eine „bayerische Identität"?

1. *Diskutiert, wie sich der Wandel von der Monarchie* zur Republik* für die Identität der Bayern ausgewirkt haben könnte (M1 und INFO 1).*
2. *Beschreibe das Ausmaß der Migration* nach Bayern (INFO 2, M4 bis M6).* (H)
3. *Diskutiert, was die Angaben (M4) für die Frage nach einer bayerischen „Identität" bedeuten können. Berücksichtigt auch M3 und INFO 2.*

Ein Erbe, das verpflichtet

M1 Wohnhaus – vor der Restaurierung
Foto aus Bamberg von 1989

M2 Wohnhaus – nach der Restaurierung
Foto aus Bamberg von 2010

Medientipp:
Im bayerischen Denkmal-Atlas kannst du die Baudenkmäler Bayerns recherchieren, siehe **31063-33**.

INFO Ein reiches kulturelles Erbe

Bayern hat ein reiches kulturelles und historisches Erbe, das uns überall im Land umgibt. Schlösser, Burgen, Klöster*, Kirchen, Festungsanlagen, Stadtmauern, Plätze, einzelne Gebäude, ganze Straßenzüge oder gar Stadtteile sind architektonische oder städtebauliche Hinterlassenschaften der bayerischen Geschichte. Sie zu schützen und zu erhalten sind Aufgaben des Denkmalschutzes. Das schreibt seit 1984 auch ein Zusatz des Artikels 3 der bayerischen Verfassung* fest; er lautet: „Der Staat schützt die natürlichen Lebensgrundlagen und die kulturelle Überlieferung."

Dieter Brückner

M3 Alles, was Recht ist

Das 1973 verabschiedete Bayerische Denkmalschutzgesetz (DSchG) hält fest:

Artikel 1: Begriffsbestimmung
Denkmäler sind von Menschen geschaffene Sachen oder Teile davon aus vergangener Zeit, deren Erhaltung wegen ihrer geschichtlichen, künstlerischen, städtebaulichen, wissenschaftlichen oder volkskundlichen Bedeutung im Interesse der Allgemeinheit liegt. […]

Artikel. 2: Denkmalliste
(1) Die Baudenkmäler und die Bodendenkmäler sollen nachrichtlich in ein Verzeichnis (Denkmalliste) aufgenommen werden. […]

Artikel 6: Maßnahmen an Baudenkmälern
(1) Wer […] Baudenkmäler beseitigen, verändern oder an einen anderen Ort verbringen […] will, bedarf der Erlaubnis. […]
(2) Die Erlaubnis kann […] versagt werden, soweit gewichtige Gründe des Denkmalschutzes für die unveränderte Beibehaltung des bisherigen Zustands sprechen.

Zitiert nach: www.geodaten.bayern.de/bayernatlas/custom/content/denkmal/BayDSchG.pdf (Zugriff: 31. 08. 2019)

M4 Denkmalschutz geht vor

Ein Verwaltungsgericht entscheidet über den Einspruch einer Frau, die dagegen Klage erhoben hat, dass das Landesamt für Denkmalschutz ihr verboten hat, eine Voltaikanlage auf ihrem Dach zu installieren.

Bei dem Gebäude […] handelt es sich […] um ein Denkmal i. S. von Art. 1 DSchG. […] Die Erteilung der denkmalschutzrechtlichen Erlaubnis konnte vorliegend auch versagt werden, weil gewichtige Gründe des Denkmalschutzes für die unveränderte Beibehaltung des bisherigen Zustands sprechen (Art. 6 Abs. 2 Satz 1 DSchG). […]

Zitiert nach: www.gesetze-bayern.de/Content/Document/Y-300-Z-BECKRS-B-2014-N-56017?hl=true (Zugriff: 28. 08. 2019)

Was macht einen „Kulturstaat" aus?

1. *Beschreibe die Fotos (M1 und M2). Inwiefern sind sie Belege für den Denkmalschutz?*
2. *Begründe die in M4 angeführte Entscheidung mithilfe von M3.*
3. *Untersuche, welche Baudenkmäler deiner Heimat- oder Schulstadt im Bayerischen Denkmal-Atlas genannt werden (siehe Medientipp). Welche Rolle spielen sie im kulturellen Erbe deiner Heimatregion?*
4. *In Artikel 3 der Bayerischen Verfassung von 1946 wird festgehalten, dass Bayern ein „Kulturstaat" ist. Diskutiert die Rolle des Denkmalschutzes in einem „Kulturstaat".*

Ein Wappen für alle Bayern?

M 1 Das Wappen des Königreiches Bayern von 1806

M 2 Das Wappen des Königreiches Bayern von 1835-1918/23

M 3 Das Wappen des Freistaates Bayern seit 1950

M 4 Zur Bedeutung des Bayerischen Staatswappens

Staatswappen sind Symbole für einen Staat. Wappen kennzeichnen den jeweiligen Staat und seine durch Gesetze festgelegte öffentliche Gewalt. Darüber hinaus sind sie Mittel der staatlichen Selbstdarstellung und nationalen Identifikation. Das heute verwendete „große bayerische Staatswappen" (M3) wurde am 5. Juni 1950 per Gesetz eingeführt. Seine Elemente haben folgende historische Bedeutung:

- Das schwarze Feld oben links zeigt einen goldenen Löwen. Er war ursprünglich das Symbol der Pfalzgrafen bei Rhein und steht heute für den Regierungsbezirk Oberpfalz.
- Das zweite Feld zeigt in Rot drei weiße (silberne) Spitzen. Dieser „Fränkische Rechen" erschien um 1350 als Wappen einiger Orte des Hochstifts Würzburg und seit 1410 auch in den Siegeln der Fürstbischöfe. Heute steht er für die fränkischen Regierungsbezirke Oberfranken, Mittelfranken und Unterfranken.
- Vorne unten zeigt sich ein aufgerichteter, blauer, goldbewehrter Panther auf silbernem (weißem) Grund. Ursprünglich wurde er im Wappen der in Niederbayern ansässigen Pfalzgrafen von Ortenburg geführt. Später übernahmen ihn die Wittelsbacher. Das Feld vertritt die altbayerischen Regierungsbezirke Niederbayern und Oberbayern.
- Im vierten Feld sind auf Gold drei schwarze, rotbewehrte Löwen (eigentlich Leoparden) dargestellt. Sie sind dem alten Wappen der Staufer, der einstigen Herzöge von Schwaben, entnommen. Im Staatswappen repräsentieren diese drei Löwen den Regierungsbezirk Schwaben.
- Der weiß-blaue Herzschild ist in Weiß (Silber) und Blau schräg gerautet. Früher war es das Wappen der Grafen von Bogen. Nach deren Aussterben im Jahr 1242 behielten die Wittelsbacher ihr Lehen ein und übernahmen ihr Wappen. Der weiß-blaue Herzschild wird auch als kleines Staatswappen und Flagge des Freistaates Bayern verwendet.
- Auf dem Schild liegt ein mit Steinen geschmückter Reif. Er bezeichnet nach dem Ende der Monarchie die Volkssouveränität.
- Die beiden Löwen rechts und links sind sogenannte „Schildhalter". Der Löwe als Wappentier symbolisiert Mut und Macht (Löwe = „König der Tiere").

Klaus Dieter Hein-Mooren

Medientipp:
Für weitere Informationen über die bayerischen Wappen siehe **31063-34**.

Welches Staatswappen passt zum Freistaat Bayern?

1. *Arbeite heraus, nach welchen Gesichtspunkten und mit welcher Absicht die drei bayerischen Wappen gestaltet wurden (M1 bis M4).* (H)
2. *Diskutiert, ob das aktuelle Bayerische Staatswappen (M3) die heutige Bevölkerung Bayerns widerspiegelt.*
3. *Bildet Gruppen und überlegt, wie ein Staatswappen aussehen könnte, das die größten Bevölkerungsgruppen, die in Bayern leben, repräsentiert. Bezieht M4 in eure Überlegungen ein. Gestaltet einen eigenen Entwurf.*

Das weiß ich – das kann ich!

M1 Das Kulturkabinett „Heimat im Kleinformat"
Foto mit Schülerinnen und Schülern des Robert-Koch-Gymnasiums aus Deggendorf im „Kulturkabinett" des neu eröffneten „Hauses der Bayerischen Geschichte – Museum" in Regensburg, Mai 2019
Das Museum behandelt auf 2 500 m² schwerpunktmäßig die Geschichte Bayerns seit der Gründung des Königreiches. Es thematisiert auch die Geschichte der Demokratie des Landes bis heute. Im Mittelpunkt stehen „die Menschen in Bayern, alle Stämme und auch die Zugezogenen von weit her, die ihre Heimat hier gefunden haben".
In dem „Kulturkabinett" können die Schülerinnen und Schüler auf Tablets den großen „Bayerntisch" abscannen, um nach Ortschaften zu suchen (z. B. ihrem Geburts- oder Heimatort). Durch Antippen tauchen sie in die Geschichte ihrer Heimat ein – vorhanden sind Informationen über alle 2 056 bayerischen Gemeinden. Sie finden Erläuterungen zum Gemeindewappen, historisches Kartenmaterial, frühe Schwarzweißfotografien, Luftbilder sowie Statistiken zur Einwohnerschaft. Einige der eingespeisten Materialien stammen aus Schülerprojekten, die in Zusammenarbeit mit dem Haus der Bayerischen Geschichte durchgeführt wurden. Auch künftig können Schulen dieses „Kulturkabinett" mitgestalten. Unter dem Motto „Heimat im Kleinformat" wird darüber hinaus ein umfangreiches Online-Portal umgesetzt.

Medientipp:
Informationen über das „Haus der Bayerischen Geschichte – Museum" in Regensburg findest du unter **31063-35**.

Auf einen Blick: Bayern – Identität, Staatsgebiet und kulturelles Erbe

1806 wurde das **Ende des Heiligen Römischen Reiches** durch **Napoleon** eingeleitet und die **Gründung des Königreiches Bayern** verkündet. Aus dem einstigen Stammesherzogtum des frühen **Mittelalters**, welches im Laufe des **Dreißigjährigen Krieges 1618-1648** zum Kurfürstentum geworden war, wurde ein souveräner Staat der Altbayern, Franken, Schwaben und Pfälzer mit einer gemeinsamen Identität. Die **Säkularisation** und der **Wiener Kongress** von **1815** bestimmten Bayerns territoriale Entwicklung. 1946 wurde die Pfalz gegen heftigen Widerstand Bayerns in das Bundesland Rheinland-Pfalz eingegliedert.

Durch die Arbeit mit dem Geschichtsatlas kannst du erkennen, seit wann und aufgrund welcher Entwicklungen dein Heimatort zum heutigen Freistaat gehört. Dies mag schon zu Zeiten der **Kaiserkrönung Karls des Großen** um **800** der Fall gewesen sein, vielleicht aber auch erst seit 1920, als sich zuletzt der Freistaat Coburg dem Freistaat Bayern anschloss.

Den Zusammenhalt der Bevölkerung versuchte das Königshaus der Wittelsbacher durch die Einführung einer einheitlichen Verfassung*, eines vereinheitlichten Verkehrsnetzes und nicht zuletzt durch eine staatlich verordnete Geschichtspolitik zu gewährleisten. König Ludwig I. strebte eine engere Bindung der Alt- und Neubayern an die Krone durch eine „historische Rückbenennung" der Kreise und ein neues Staatswappen an.

Als bedeutend für das kulturelle Erbe Bayerns erweisen sich seit Ludwig I. auch der historische sowie der zeitgenössische Städtebau und die Architektur. Der König hat bedeutende Gebäude in Auftrag gegeben und gilt als Pionier der Denkmalpflege. Denkmalschutz und Denkmalpflege bilden bis heute einen wesentlichen Bestandteil der Verfassung des Freistaates Bayern, der sich unter anderem als „Kulturstaat" definiert (*Art. 3*).

Bayerns Staatswappen soll die Bevölkerungsstruktur widerspiegeln, doch hat sich diese seit dem Ende des Zweiten Weltkrieges (1945) nachhaltig weiterentwickelt. Neben den Sudetendeutschen als neuer „vierter Stamm" haben sich viele „Gastarbeiter", Spätaussiedler, Zugezogene aus anderen Teilen Deutschlands und der Welt dazugesellt und bilden heute einen wesentlichen Teil unserer Gesellschaft.

Ernst Schütz

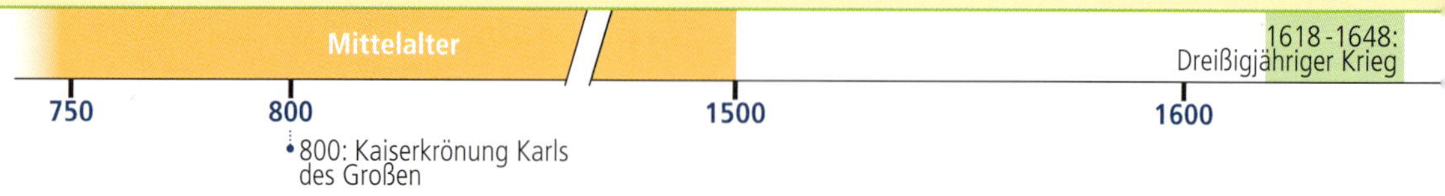

M2 Aus der Verfassung des Freistaates Bayern von 1946

Über den Aufbau und die Aufgaben des Staates heißt es:

Artikel 1

(1) Bayern ist ein Freistaat.

(2) Die Landesfarben sind Weiß und Blau.

(3) Das Landeswappen wird durch Gesetz bestimmt.

Artikel 2

(1) Bayern ist ein Volksstaat. Träger der Staatsgewalt ist das Volk.

(2) Das Volk tut seinen Willen durch Wahlen und Abstimmung kund. Mehrheit entscheidet.

Artikel 3

(1) Bayern ist ein Rechts-, Kultur- und Sozialstaat. Er dient dem Gemeinwohl.

Zitiert nach: www.verfassungen.de/by/verf46-i.htm (Zugriff: 29. 01. 2019)

M3 „Bayern, deine Stämme"

In einem Zeitungsartikel vom 10. Februar 2010 werden Gedanken von Martin Neumeyer, Integrationsbeauftragter der bayerischen Staatsregierung von 2009 bis 2017, vorgestellt:

Was den Sudetendeutschen zugestanden worden ist, muss auch für andere Migranten gelten, sagt der bayerische Integrationsbeauftragte Martin Neumeyer und fordert, diese zum fünften bajuwarischen Stamm zu erheben, sofern sie die deutsche Staatsbürgerschaft annehmen. „Wenn ihr zu uns gehören wollt", verlautet aus Neumeyers Büro, „müssen wir auch die Hand ausstrecken." Die Willkommenskultur sei „gerade auch in Bayern" ausbaufähig. Schließlich kann sich nur integrieren, wer von den eingesessenen Stammesangehörigen mit offenen Armen aufgenommen wird. „So verschieden sie sein mögen", eine diese Menschen doch die Erfahrung einer fremden Herkunft. „Wer sich in dieser emotional schwierigen Lage für Deutschland und Bayern entscheidet, verdient unsere Anerkennung", sagt der Integrationsbeauftragte. Schließlich prägen diese Menschen das Land unterm weißblauen Himmel heute mehr oder weniger genauso wie die Alteingesessenen – in München oder Nürnberg mehr, in Huglfing oder Truchtlaching eher weniger. Gleichwohl: Diese Menschen verbinde der Wille, sagt Neumeyer, „durch ihr Bekenntnis zu unserem Staat und unserer Gesellschaft Bayern zu werden".

Zitiert nach: www.tagblatt.de/Nachrichten/Bayern-deine-Staemme-71313.html (Zugriff. 12. 08. 2019)

M4 Logo der Integrationsbeauftragten der Bayerischen Landesregierung

Das 2009 eingerichtete Amt unterstützt die Staatsregierung in Fragen der Integrations-, Asyl- und Migrationspolitik.

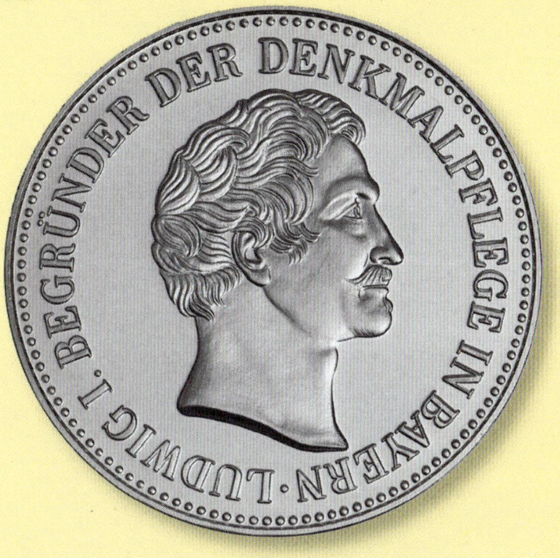

M5 Denkmalschutzmedaille von 2019

Auf der Vorderseite der Kopf König Ludwigs I. Mit der Denkmalschutzmedaille würdigt der Freistaat Bayern seit 1978 jährlich herausragende Leistungen im Bereich der Denkmalpflege. Die Preisträger haben Gebäude instand gesetzt und engagieren sich ehrenamtlich für die Erhaltung und Pflege von Bau- und Bodendenkmälern.

1. *Erarbeitet in Gruppenarbeit Informationen über euren Schulort, der in dem Kulturkabinett (M1) berücksichtigt werden sollte.*
2. *Erkläre folgende Begriffe aus den zitierten Stellen der Verfassung (M2): „Freistaat", „Landeswappen" und „Kulturstaat".*
3. *Interpretiere das Logo (M4). Berücksichtige dazu M3.*
4. *Nimm Stellung zur Funktion der Denkmalschutzmedaille (M5).*

1700 – 1800 – 1900 – 2000

- 1806: Ende des Heiligen Römischen Reiches
- 1806: Gründung des Königreiches Bayern
- 1815: Wiener Kongress
- 1914-1918: Erster Weltkrieg
- 1918: Bayern wird Freistaat (Republik)
- 1939-1945: Zweiter Weltkrieg

4

Industrialisierung und Soziale Frage

Noch vor 50 Jahren lebten in der Bundesrepublik Deutschland etwa zwei Millionen Menschen von der Steinkohle. 600 000 Bergleute fuhren Ende der 1960er-Jahre täglich hinab ins Erdreich, um Kohle zu fördern und ihren Lebensunterhalt zu verdienen. Am 21. Dezember 2018 schloss die letzte Zeche im Ruhrgebiet. Der Strukturwandel betraf nicht nur den Bergbau. Er veränderte die ganze Region – und betraf Millionen Menschen. Mit dem Bergbau ging zugleich ein bedeutender Abschnitt des Industriezeitalters zu Ende. Alte Zechen- und Industrieanlagen wurden abgerissen oder zu Gewerbe- und Freizeitparks oder Museen umgestaltet.

1 *Diskutiert über den Umgang mit bedeutenden Zeugnissen des Industriezeitalters an dem Beispiel der Zeche Zollverein (M1). Recherchiert weitere Beispiele der Industriekultur.*

M1 „ExtraSchicht. Die Nacht der Industriekultur"
Foto von Jochen Tack vom 21. Juni 2015
Zu sehen ist die Zeche Zollverein in Essen in der „Nacht der Industriekultur". Das Steinkohlebergwerk war von 1851 bis 1986 aktiv, seit 2001 ist es Welterbe der UNESCO. Heute ist die Zeche Zollverein ein zentraler Ort der „Europäischen Route der Industriekultur" und Standort verschiedener Kultureinrichtungen.

Orientierung in Raum und Zeit

M 1 Die Zeche Vollmond
Foto aus Bochum (Langendreer/Werne), um 1900
Zu sehen sind Förderturm, Maschinenhalle, Werkshallen und Arbeiterwohnhäuser.
Im Jahre 1907 erreichte man eine Förderung von 290 000 Tonnen Steinkohle bei 1 260 Beschäftigten.

Ein grundlegender Wandel

Seit 2001 findet jährlich in zahlreichen Städten des Ruhrgebietes ein Kulturfestival unter dem Motto „ExtraSchicht" statt. Es will das industrielle Erbe der Region deutlich machen – und kann doch kaum zeigen, was die industrielle Welt des 19. Jhs. für die betroffenen Männer, Frauen und Kinder bedeutete.

In der vorindustriellen Zeit lebten die meisten Menschen in Europa auf dem Land und arbeiteten in der Landwirtschaft. In den noch kleinen Städten überwogen Handwerk und Handel. Erst mit der in England einsetzenden **Industrialisierung** kam es zu tief greifenden Veränderungen der Arbeitsverhältnisse durch den Einsatz von neu erfundenen Maschinen. Immer mehr Menschen zogen vom Land in die Industrieregionen. Sie arbeiteten nicht mehr zu Hause oder in Werkstätten, sondern in Fabriken. Die mit Dampf angetriebenen Maschinen ersetzten mehr und mehr die Handarbeit. Eisenbahnen, Dampfschiffe und Telegrafenleitungen verbanden die Welt. Die Wirtschaftsleistung wuchs enorm, aber nicht alle profitierten davon. Neue Belastungen für Mensch und Umwelt entstanden.

Die Entwicklung stand seitdem nicht mehr still. Seit Anfang des 20. Jhs. veränderten Elektrizität, Motoren und Fließbandarbeit die Arbeits- und Lebenswelt erneut umfassend. In den 1970er-Jahren begann mit der Einführung von Computern ein weiterer großer Wandel der Arbeitswelt. Und heute sind es computergestützte Roboter und die Digitalisierung, die tief greifende Auswirkungen auf unsere Arbeits- und Lebenswelt haben.

Marcus Gerber

Am Ende dieses Großkapitels kannst du beurteilen, warum die Industrialisierung als grundlegender Einschnitt in der Menschheitsgeschichte gilt. Du bist in der Lage, Statistiken und Diagramme auszuwerten oder selbst zu erstellen. Die INFO-Texte und Bild- und Textquellen der folgenden Teilkapitel geben dir Antworten auf folgende Fragen:

- *Warum ging die Industrialisierung* von England aus? Was waren ihre Merkmale?*
- *Warum begann die Industrialisierung in Deutschland erst später? Wie verlief sie in Bayern?*
- *Wie veränderten sich die Lebens- und Arbeitsbedingungen der Menschen?*
- *Warum entstand mit der Industrialisierung die Soziale Frage*? Welche Lösungen wurden gefunden?*
- *Kann uns die Beschäftigung mit der Geschichte der Industrialisierung helfen, die aktuellen Veränderungen durch die Digitalisierung besser zu verstehen und zu gestalten?*

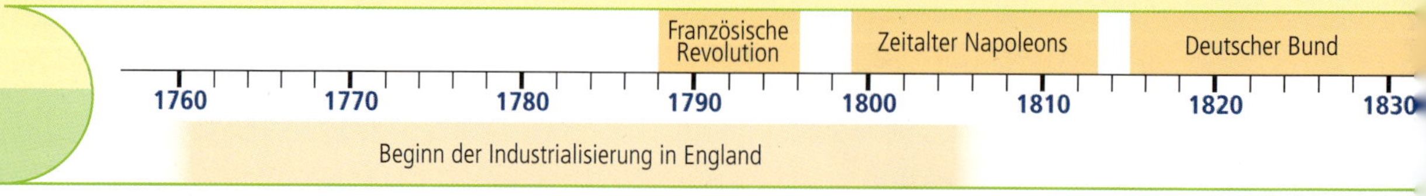

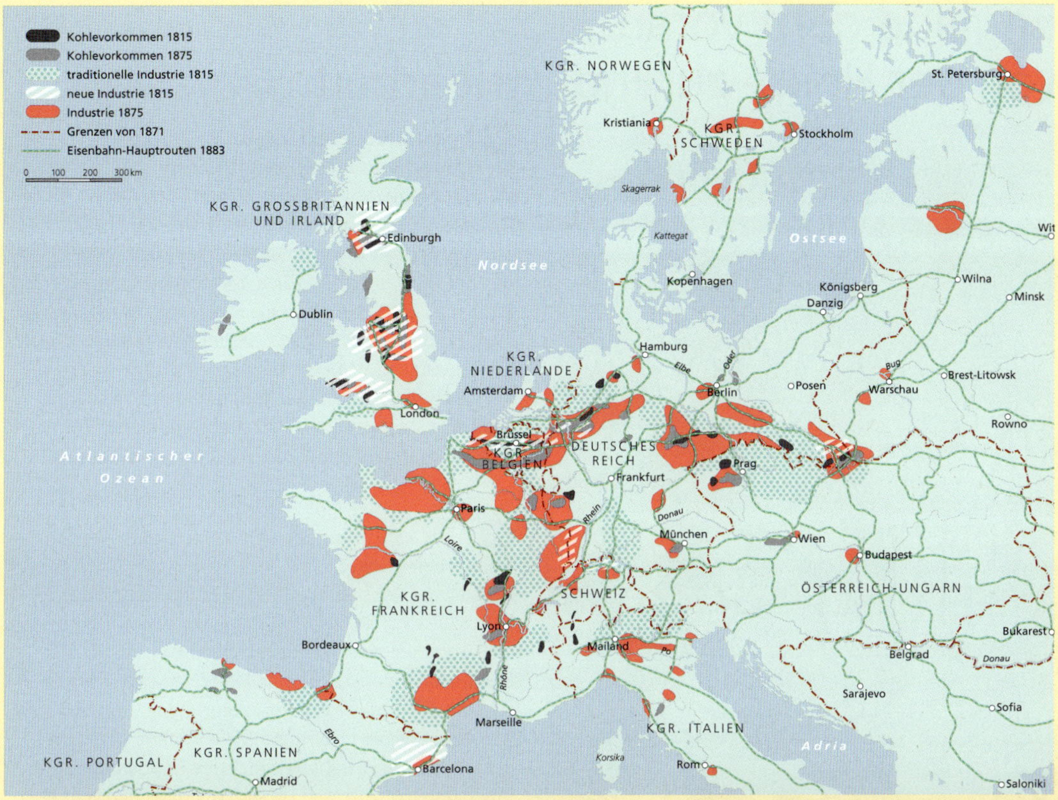

M 2 Wirtschaft Europas 1815-1875
Karte mit Kohle, Industrie und Eisenbahnlinien

M 3 Fabrikhalle zur Zeit der Hochindustrialisierung
Foto aus Augsburg, 1915

M 4 Industrieroboter in der Automontage
Foto von 2019

1. *Erarbeite mithilfe der Karte (M2), welche Regionen West- und Mitteleuropas um 1875 industrialisiert waren. Stelle Vermutungen an, warum gerade in diesen Regionen Industriebetriebe entstanden.*
2. *Untersuche das Streckennetz der Eisenbahn und nenne Gründe für den Linienverlauf dieses im 19. Jh. noch neuen Verkehrsmittels (M2).*
3. *Stelle mithilfe der Abbildungen M3 und M4 den Wandel der industriellen Arbeitswelt dar.*
4. *Im 19. Jh. sprach man von einer „industriellen Revolution", heute sprechen wir davon, eine „digitale Revolution" zu erleben. Diskutiert, ob euch die Verwendung des Revolutionsbegriffs treffend erscheint.*

1840 | 1850 | 1860 | 1870 | 1880 | 1890 | 1900 | 1910

Beginn der Industrialisierung in einzelnen deutschen Regionen — Hochindustrialisierung

England geht voran – von der Heim- zur Industriearbeit

M 1 Spinnräder im Einsatz
Illustration aus einem Jugendbuch von 1991
Handbetriebene Spinnräder kamen Ende des 12. Jhs. aus Asien nach Europa. Mit ihrer Hilfe wurden aus Flachs- und Hanffasern sowie aus Schur- oder Baumwolle Garne zum Weben von Textilien gesponnen. Spinnräder befanden sich im 19. Jh. in Haushalten und Manufakturen. Der Mann mit Zylinder soll einen Unternehmer („Verleger") darstellen. Verleger vergaben Aufträge, lieferten z. B. die Rohwolle, stellten Spinnräder zur Verfügung, zahlten festgelegte Preise für die gesponnenen Garne und übernahmen den Verkauf auf eigene Rechnung.

M 2 Die „Spinning Jenny"
Kolorierter Stich, 19. Jh.
1764 erfand der Baumwollweber James Hargreaves in Lancashire im Nordwesten Englands eine Maschine, die acht Spindeln gleichzeitig betreiben konnte. Die Herkunft des Namens „Spinning Jenny" ist unklar. Wahrscheinlich wurde er von „Spinning engine" abgeleitet. *Nebenbei*: Als die Leistungsfähigkeit seiner Maschine bekannt wurde, fürchteten mehrere Handspinner um ihre Existenz, stürmten Hargreaves Haus und schlugen die „Spinning Jenny" kurz und klein.

M 3 Saal einer Baumwollspinnerei in England
Stich nach einer Zeichnung (12 x 19 cm) von Thomas Allom, um 1834
Die Spindelwagen der zwei gegenübergestellten doppelten Spinnmaschinen liefen auf Schienen und bewegten sich während eines Arbeitstages rund 5 000-mal hin und her. Spindeln und Laufwägen wurden anfangs mit Wasserkraft und später mit Dampfmaschinen angetrieben. Ein Spinnmeister steuert den Bewegungsablauf. Rechts im Vordergrund knüpft eine Frau die gerissenen Fäden zusammen, vorne rechts unter den Fäden werden Baumwollreste vom Boden weggefegt.

INFO 1 England geht voran

Ende des 18. Jhs. setzte in ganz Europa ein umfassender Wandel ein. Die Bevölkerung wuchs schneller als zuvor[1], Wirtschaft, Technik und Verkehr veränderten alle Bereiche des Zusammenlebens so grundlegend und – gemessen am früheren Wandel – so schnell, dass die Zeitgenossen diese Entwicklung als „Industrielle Revolution" bezeichneten.
Eine Vorreiterrolle übernahm England bzw. das „Vereinigte Königreich". Hier war das Bürgertum* seit dem Ende des 17. Jhs. im Parlament* vertreten und bestimmte die Politik mit. Adlige und Bürger waren als Landwirte, Unternehmer, Händler und Bankiers tätig. Grundherrschaft* und Zunftzwang waren gelockert oder abgeschafft worden. Zollschranken und Binnenzölle behinderten den Handel im Lande nicht. Darüber hinaus besaß das „Vereinigte Königreich" zahlreiche Kolonien, aus denen Rohstoffe billig eingeführt und Fertigwaren teuer ausgeführt werden konnten.

Marcus Gerber

[1] Siehe S. 100, M4.

INFO 2 Aus Heimarbeit wird Fabrikarbeit

Ausgangspunkt für die **Industrialisierung** Englands wurde das Textilgewerbe. Mit dem Bevölkerungswachstum war die Nachfrage nach billigen Textilien gestiegen. Die traditionellen Spinnräder und Webstühle konnten aber nicht genug Garne und Textilien herstellen. Das änderte sich mit der Erfindung größerer Spinnmaschinen und mechanischer Webstühle. Die Produktion von Garnen und Textilien wurde in Fabriken verlagert, in denen hunderte Frauen, Männer und Kinder arbeiteten. Aus Heimarbeit wurde Fabrikarbeit.

Marcus Gerber

INFO 3 Träger des Wandels

Windmühlen und Wasserräder reichten bald nicht mehr aus, um die vielen Riemen, Zahnräder, Hebel und Spindeln der neuen Spinnmaschinen und Webstühle anzutreiben. Das Problem wurde durch die Dampfmaschine gelöst. Als ihr Erfinder gilt der an der Universität Glasgow arbeitende Feinmechaniker *James Watt*. Er hatte aus verschiedenen Vorläufermodellen, die vor allem im Bergbau Grundwasser abpumpten, eine vielseitig verwendbare Dampfmaschine entwickelt. Sie wurde 1785 erstmals in einer Baumwollfabrik eingesetzt. Die Einfuhr von Baumwolle aus den Kolonien und den Vereinigten Staaten, in denen zigtausende Sklaven arbeiteten, stieg damit ebenso sprunghaft an wie die Ausfuhr von Textilien. „King Cotton" verwandelte Großbritannien in den ersten Industriestaat der Welt.

Marcus Gerber

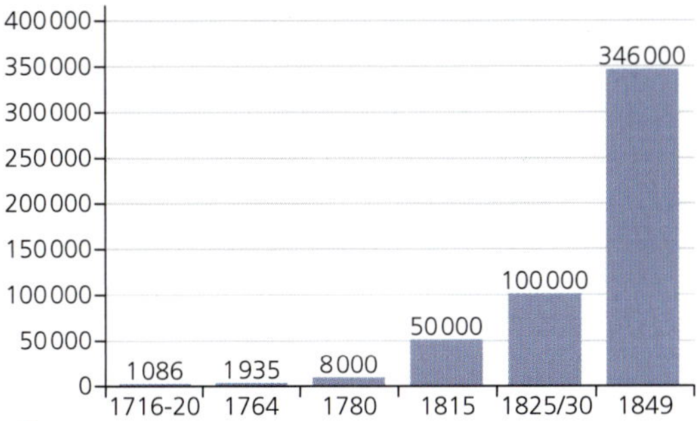

M 4 Einfuhr von Rohbaumwolle nach Großbritannien
in Tonnen

Nach: Wilhelm Treue und Karl-Heinz Manegold, Quellen zur Geschichte der industriellen Revolution, Göttingen ²1979, S. 108

INFO 4 Der Wandel geht weiter

Mit der Dampfmaschine nahm auch der Bedarf an Kohle und Eisen zu. Es entstanden neue Bergwerke und Hütten. 1784 gelang es dem Engländer *Henry Cort*, Eisen zu Stahl weiterzuverarbeiten. Er wurde im Maschinen-, Schiffs- und Kanonenbau ebenso wie in der Architektur bald unentbehrlich. Anfang des 19. Jhs. trat ein neues, kostengünstiges Transportmittel seinen Siegeszug an: die Dampfeisenbahn. Dies alles veränderte Großbritannien, Europa und die Welt.

Marcus Gerber

M 5 Lokomotive „Rocket" mit Tender von 1829
Modell
Diese von George und Robert Stephenson zwischen 1814 und 1829 entwickelte Dampfeisenbahn war der „Urahn" aller Lokomotiven. Sie wurde in der 1823 von George Stephenson in Newcastle gegründeten ersten Lokomotivfabrik der Welt gebaut. Die „Rocket" erreichte 46,5 km/h.

Wie entwickelt sich die Industrialisierung in England?*

1. *Beschreibe, wie sich die Herstellung von Garn mit der Industrialisierung veränderte (M1 bis M3).* (F)
2. *Verfasse ein Gespräch zwischen einer der Frauen an den Handspinnmaschine (M1 oder M2) und der Arbeiterin in der Baumwollspinnerei über ihre Tätigkeit (M3, INFO 1).* (H)
3. *Fasse die Bedeutung der Textilindustrie für die Industrialisierung Englands zusammen. Berücksichtige M2 und INFO 3.*
4. *Stellt in Partnerarbeit die Voraussetzungen der Industrialisierung in einem Schaubild dar (INFO 1).* (H)
5. *Beurteilt, welche Faktoren für die Industrialisierung Englands besonders wichtig waren (INFO 1 bis 4).*

1762-1782: James Watt verbessert die Dampfmaschine
1764: „Spinning Jenny"
1814-1829: George und Robert Stephenson entwickeln die Dampfeisenbahn
1780 bis 1900: Industrialisierung in England
1750 | 1800 | 1850 | 1900

Lern-aufgabe

Neue Arbeits- und Lebensbedingungen

M1 Baumwollspinnerei in Manchester
Skizze aus dem Reisetagebuch des preußischen Architekten und Malers Karl Friedrich von Schinkel, 1826
In den Fabriken arbeiteten Männer, Frauen und Kinder. Die Maschinen wurden statt mit Wind- und Wasserkraft mit Dampfmaschinen angetrieben.

M2 Besuch einer Spinnerei in Manchester

Die Schriftstellerin Johanna Schopenhauer bereist zwischen 1803 und 1805 Großbritannien. Sie schildert die Arbeit in einer Baumwollspinnerei in Manchester:

Eine im Souterrain[1] angebrachte Dampfmaschine setzte alle die fast unzähligen, in vielen übereinandergetürmten Stockwerken angebrachten Räder und Spindeln in Bewegung. Uns schwindelte in diesen großen Sälen bei dem Anblick des mechanischen Lebens ohne Ende. […] Alles wird hier auf die leichteste Weise durch Maschinen bewirkt, deren jede uns ein Wunder der Industrie erschien. […] Alles in der Fabrik, auch das Geringste, […] geschieht mit bewunderungswerter Genauigkeit und Zierlichkeit, dabei mit Blitzesschnelle. Am Ende schien es uns, als wären alle diese Räder das eigentlich Lebendige und die darum beschäftigten Menschen die Maschinen.

Johanna Schopenhauer, Reise durch England und Schottland, Stuttgart 1965, S. 52f.

INFO Blick in die veränderte Welt

Die **Industrialisierung** Englands brachte den erfolgreichen Unternehmern Gewinne, dem Staat größere Steuereinnahmen und der wachsenden Bevölkerung neue Verdienstmöglichkeiten. Daran waren auch die Regierungen und Geschäftsleute der übrigen europäischen Staaten interessiert. Sie schickten ihre Experten in die Regionen des industriellen Umbruchs. Auch Privatleute, Wissenschaftler und Unternehmer kamen nach England, um sich ein Bild von den technischen und gesellschaftlichen Veränderungen zu machen. Einige der Englandreisenden versuchten, die Funktionsweise neuer Maschinen und Produktionsverfahren auszuspähen. Die Reiseberichte liefern einen Einblick in den tief greifenden Wandel der Arbeits- und Lebensbedingungen in England. Die von Statistikern erhobenen Daten zeigen Ausschnitte über das Ausmaß der beginnenden Industrialisierung Englands.[2]

Marcus Gerber

M3 Bevölkerungsentwicklung in England/Wales

1780	8 Mio.
1800	9 Mio.
1825	14 Mio.
1850	18 Mio.

Nach: Bundeszentrale für politische Bildung (Hrsg.) 1848-1949. Ein Jahrhundert der deutschen Geschichte, Mannheim 1997 (CD-ROM)

Geschichte erzählt:
Die Erzählung „Erschöpft und todmüde" findest du unter **31063-36**.

M4 Wachstum britischer Industriestädte

	1801	1861
in Tausend		
Birmingham	74	296
Liverpool	80	444
London	959	2804
Manchester	90	338

Nach: https://en.wikipedia.org/wiki/List_of_towns_and_cities_in_England_by_historical_population#Rankings_by_year_2 (Zugriff: 28.09.2019)

M5 Beschäftigte in Großbritannien

	um 1800	um 1850
Angaben in Prozent		
Landwirtschaft	40	22
Industrie/Handwerk	30	48
Dienstleistungen	30	30

Nach: Christoph Buchheim, Industrielle Revolutionen, München 1994, S. 33

[1] **Souterrain**: Untergeschoss
[2] Zum Umgang mit Statistiken siehe S. 103.

M 6 Über Manchester in den 1840er-Jahren

Friedrich Engels kommt mit 22 Jahren nach Manchester und arbeitet dort zwischen 1842 und 1844 in der Baumwollspinnerei seines Vaters. Zu diesem Zeitpunkt interessiert er sich bereits sehr für die Situation der Arbeiterschaft in den neuen Industriebetrieben. Über die Altstadt von Manchester schreibt er in einem erstmals 1845 in Leipzig veröffentlichten Buch:

Wenn man sehen will, wie wenig Raum der Mensch zum Bewegen, wie wenig Luft – und welche Luft! – er zum Atmen im Notfall zu haben braucht, mit wie wenig Zivilisation er existieren kann, dann hat man nur hierher zu kommen. Es ist freilich die Altstadt – und darauf berufen sich die Leute hier, wenn man ihnen von dem scheußlichen Zustande dieser Hölle auf Erden spricht –, aber was will das sagen? Alles, was unsren Abscheu und unsre Indignation[1] hier am heftigsten erregt, ist neueren Ursprungs, gehört der industriellen Epoche an. Die paar hundert Häuser, die dem alten Manchester angehören, sind von ihren ursprünglichen Bewohnern längst verlassen; nur die Industrie hat sie mit den Scharen von Arbeitern vollgepfropft, die jetzt in ihnen beherbergt werden; nur die Industrie hat jedes Fleckchen zwischen diesen alten Häusern verbaut, um Obdach zu gewinnen für die Massen, die sie sich aus den Ackerbaugegenden und aus Irland verschrieb; nur die Industrie gestattet es den Besitzern dieser Viehställe, sie an Menschen für hohe Miete zur Wohnung zu überlassen, die Armut der Arbeiter auszubeuten, die Gesundheit von Tausenden zu untergraben, damit nur sie sich bereichern; nur die Industrie hat es möglich gemacht, dass der kaum aus der Leibeigenschaft befreite Arbeiter wieder als ein bloßes Material, als Sache gebraucht werden konnte […]. Das hat nur die Industrie getan, die ohne diese Arbeiter, ohne die Armut und Knechtschaft dieser Arbeiter nicht hätte leben können.

Zitiert nach: Friedrich Engels, Die Lage der arbeitenden Klasse in England, http://gutenberg.spiegel.de/buch/die-lage-der-arbeitenden-klasse-in-england-5095/5 (Zugriff: 10.03.2019)

[1] **Indignation**: Entrüstung

M 7 Soziale Wirkungen der Dampfmaschine

Der Technikhistoriker Conrad Matschoss äußert sich Anfang des 20. Jhs. zu den Folgen des technologischen Umbruchs:

Die Dampfkraft trat ihren Siegeszug an, sie drang ein in alle Gebiete, sie vernichtete alte Gewerbe oder gestaltete sie von Grund auf um, sie riss die Menschen hinweg von der Arbeit, die sie erlernt, die ihre Väter und Großväter ausgeübt hatten, und führte sie zu einer neuen, ihnen ungewohnten Tätigkeit. Die mühsam erworbene Arbeitsgeschicklichkeit, ihr einziges Kapital, wurde wertlos. Gewaltig waren die Arbeitsverschiebungen, von denen oft ganze Bevölkerungsklassen betroffen wurden. Aus dem Zusammenhang der Familie trieb die neue Maschine die Menschen in große Fabriken, sie zerriss die Fäden, die jahrhundertelang den Menschen mit seiner Arbeit verbunden hatten, und überließ es ihnen, neue zu knüpfen.

Zitiert nach: Wilhelm Treue und Karl-Heinz Manegold, Quellen zur Geschichte der industriellen Revolution, Göttingen ²1979, S. 146

M 8 Friedrich Engels, Die Lage der arbeitenden Klasse in England. Nach eigner Anschauung und authentischen Quellen
Umschlag der Erstausgabe, Leipzig 1845

Die Industrialisierung – ein allgemeiner Fortschritt? Bereitet zu dieser Frage eine Podiumsdiskussion vor.*

1. *Bilder mit qualmenden Schornsteinen (M1) waren damals keine Anklage gegen die Umweltverschmutzung. Erklärt, was sie stattdessen zeigen sollten.*
2. *Untersucht, ob Johanna Schopenhauer bezüglich des technischen Fortschritts Faszination oder Kritik äußert (M2).*
3. *Beschreibt mithilfe der Statistiken M3 bis M5 die Veränderungen. Erklärt Zusammenhänge zwischen den Statistiken.* (H)
4. *Vergleicht, welche Eindrücke von der Industrialisierung in den beiden Berichten (M2 und M6) vermittelt werden.* (H)
5. *Erarbeitet weitere Auswirkungen der Industrialisierung (M7).*
6. *Stellt aus den beiden Kapiteln über England (S. 98-101) positive und negative Entwicklungen der Industrialisierung in England zusammen. Führt nun die Podiumsdiskussion zu der Leitfrage.*

Lern-aufgabe

Deutschland – ein rückständiges Land?

M1 Die erste Produktionsstätte der Firma Koenig & Bauer im Kloster Oberzell am Main
Stich von 1830

Das im 12. Jh. gegründet Kloster Oberzell wurde 1802 aufgelöst. 1817 erwarben die Unternehmer Friedrich Koenig und Andreas Bauer die Gebäude, um eine Fabrik für Schnelldruckmaschinen zu errichten. Es war die erste bayerische Maschinenfabrik und die älteste Druckmaschinenfabrik der Welt.

M2 Aller Anfang ist schwer

Der Unternehmer Friedrich Koenig (siehe M1) berichtet um 1820 in einem Brief an einen Kunden:

Hierzulande befinden sich die Geschäfte noch in einem Zustande, in welchem sie in England vor 70 oder 100 Jahren waren […]. Die Gesellen […] wandern im Land umher, von einem kleinen Meister zum anderen. Wir hatten im vorigen Jahr deren eine Anzahl zusammengebracht, aber nachdem wir zehnmal mehr Unverschämtheit, Einbildung, Verkehrtheit und Pfuscherei hatten über uns ergehen lassen, als sich irgendein englischer Meister gefallen lassen würde […], haben wir zu Anfang dieses Jahres alle an die Luft gesetzt. Nur unser englischer Werkführer und ein Schmied sind geblieben. […] In nächster Nähe […] befindet sich ein großes Dorf mit 1200 Einwohnern, und aus diesem nehmen wir jetzt die jungen Leute, um ihnen unser Geschäft zu lehren […]. Herr Bauer unterrichtet von früh bis spät in den Werkstätten gleich einem Schulmeister, wenn aber unsere Arbeit bei Ihnen eintreffen wird, werden Sie uns Ihren Beifall nicht versagen dafür, dass es möglich gewesen ist, mit solchen Leuten Derartiges zu schaffen – wir müssen Schlachten schlagen mit Rekruten[1]!

Zitiert nach: Bernward Deneke (Hrsg.), Geschichte Bayerns im Industriezeitalter in Texten und Bildern, Stuttgart 1987, S. 112 (bearbeitet)

[1] **Rekruten**: Soldaten in der Ausbildungszeit; hier Berufsanfänger

M3 Bevölkerungsentwicklung in Deutschland

1780	21 Mio.
1800	23 Mio.
1825	28 Mio.
1850	35 Mio.

Nach: Bundeszentrale für politische Bildung (Hrsg.), 1848 – 1949. Ein Jahrhundert der deutschen Geschichte, Mannheim 1997 (CD-ROM)

M4 Hindernisse

In einer Bittschrift wendet sich der Wirtschaftswissenschaftler, Politiker und Journalist Friedrich List am 20. April 1819 als Bevollmächtigter des „Allgemeinen Deutschen Handels- und Gewerbevereins" an die Bundesversammlung des Deutschen Bundes in Frankfurt:

Achtunddreißig Zoll- und Mautlinien[1] in Deutschland lähmen den Verkehr im Innern und bringen ungefähr dieselbe Wirkung hervor, wie wenn jedes Glied des menschlichen Körpers unterbunden wird, damit das Blut ja nicht in ein anderes überfließe. Um von Hamburg nach Österreich, von Berlin in die Schweiz zu handeln, hat man zehn Staaten zu durchschneiden, zehn Zoll- und Mautordnungen zu studieren, zehn Mal Durchgangszoll zu bezahlen. Wer aber das Unglück hat, auf einer Grenze zu wohnen, wo drei oder vier Staaten zusammenstoßen, der verlebt sein ganzes Leben mitten unter feindlich gesinnten Zöllnern und Mautnern, der hat kein Vaterland. […]

Die alleruntertänigst Unterzeichneten […] wagen es demnach, einer hohen Bundesversammlung die alleruntertänigste Bitte vorzutragen:

1. dass die Zölle und Mauten im Innern Deutschlands aufgehoben, dagegen aber
2. ein auf dem Grundsatz der Retorsion[2] beruhendes Zollsystem gegen fremde Nationen aufgestellt werden möchte, bis auch sie den Grundsatz der europäischen Handelsfreiheit anerkennen.

Zitiert nach: Manfred Görtemaker, Deutschland im 19. Jahrhundert. Entwicklungslinien, Leverkusen ^{3}1989, S. 166

[1] Anspielung auf die Grenzen der 34 Fürstentümer und vier freien Städte, die 1815 den Deutschen Bund gründeten

[2] **Retorsion**: Vergeltung, Sanktion

M5 Industrialisierungsgrad Großbritanniens und Deutschlands

Die Statistik beruht auf Berechnungen von Statistikern. Zugrunde liegen Daten über alle industriell hergestellten und vertriebenen Produkte – vom Bettlaken bis zur Lokomotive. Um einen Vergleich zwischen den Staaten und in Bezug auf Europa zu ermöglichen, wurde hier der Wert der Industrieproduktion in Großbritannien für das Jahr 1900 mit 100 gleichgesetzt (Indexzahl).

	1750	1800	1830	1860	1880	1900
Großbritannien	10	16	25	64	87	[100]
Deutsche Staaten/Deutschland	8	8	9	15	25	52
Gesamteuropa	8	8	11	16	24	35

Daten nach: Peer Vries, Ursprünge des modernen Wirtschaftswachstums, Göttingen 2013, S. 21 (bearbeitet)

M6 Beschäftigte in Deutschland nach Wirtschaftsbereichen

	1800	1855
Angaben in Prozent		
Land-/Forstwirtschaft	61,8	53,9
Industrie/Gewerbe	21,3	25,4
Dienstleistungen	16,9	20,6

Nach: Toni Pierenkemper, Umstrittene Revolutionen. Die Industrialisierung im 19. Jahrhundert, Frankfurt am Main 1996, S. 95

INFO Deutschland im Rückstand

Um 1800 lebte die deutsche Bevölkerung vor allem von der Landwirtschaft. In den Städten stellten Handwerker ihre Produkte unter Aufsicht von Zünften für den lokalen Markt her. Textilien wurden oft in ländlicher Heimarbeit hergestellt. Auch in den Manufakturen überwog die Handarbeit. Maschinen wurden noch mit Wasser, Wind oder mit Tierkraft angetrieben. Allerdings bestanden in bestimmten Regionen Sachsens, Schlesiens, Badens, Westphalens und des Rheinlands gute Voraussetzungen für einen industriellen Aufbruch. Hier gab es Bodenschätze, natürliche Verkehrswege und handwerklich geschulte Arbeitskräfte.

Angeregt durch das englische Vorbild bemühten sich einzelne Unternehmer und Regierungen um die **Industrialisierung**: 1783 wurde in Ratingen im Rheinland eine mit Wasserkraft betriebene Baumwollspinnerei als erste Fabrik auf dem europäischen Festland errichtet. Zwei Jahre später nahm man in Sachsen die erste Dampfmaschine Watt'scher Bauart in Betrieb.

Marcus Gerber

Schritt für Schritt:
Statistiken auswerten

In der Darstellung wirtschaftlicher Themen finden sich häufig Diagramme, Statistiken und Tabellen. Sie stellen Zustände und Entwicklungen dar und lassen Vergleiche zu.[1] Folgende Fragen sind zu beachten:

1. Worüber informiert die Statistik (Thema)?
2. Auf welche Gebiete und Zeiträume beziehen sich die Angaben?
3. Wie entwickeln sich die Angaben? (Hilfreiche Begriffe sind z. B.: Zunahme, Abnahme, Verdoppelung, Verdreifachung, steigend, sinkend …)
4. In welchem Verhältnis stehen die Angaben zueinander? Was zeigt ein Vergleich der Entwicklungen? Wie verläuft er? (Skizziere dazu bei Bedarf auf der Grundlage der Daten ein Liniendiagramm.)
5. Lassen die Angaben begründete Vorhersagen (Prognosen) zur weiteren Entwicklung zu?
6. Welche Aussageabsicht lässt sich der Statistik entnehmen?

[1] Siehe auch „Schritt für Schritt: Diagramme erstellen und deuten" auf S. 208.

Erstellt in Gruppenarbeit eine Präsentation zum Thema „Warum begann die Industrialisierung in Deutschland später als in England?"*

1. *Beschreibt M1 und beurteilt, welchen Eindruck das Bild vom Stand der Industrialisierung vermittelt.*
2. *Prüft, inwiefern M3 und M6 Aussagen über den Stand der deutschen Industrialisierung liefern. Vergleicht sie mit den Daten M3 und M5 auf S. 100, indem ihr geeignete Diagramme erstellt.* (H)
3. *Vergleicht den Industrialisierungsgrad Deutschlands mit dem von Großbritannien (M5) mithilfe der Methode „Schritt für Schritt: Statistiken auswerten".* (H)
4. *Präsentiert die Ergebnisse eurer Untersuchung. Beurteilt abschließend den Stand der deutschen Industrialisierung Mitte des 19. Jh.* (H)

Mit Volldampf voran! – Die Industrialisierung in Deutschland

M 1 Eine Verkehrsrevolution
Gemälde (357 x 272 cm) von Paul Meyerheim, 1873/76 (Ausschnitt)
Das Bild zeigt eine in den Berliner Borsig-Werken hergestellte Lokomotive und die ebenfalls von Borsig gebaute Eisenbahnbrücke über den Rhein bei Ehrenbreitstein (heute ein Stadtteil von Koblenz).

Medientipp:
Zur Geschichte der Eisenbahn siehe **31063-37**.

M 2 Vorteile der Eisenbahn

Berichte über die Entwicklung von Eisenbahnen in England veranlassen 1825 den rheinischen Unternehmer Friedrich Harkort zu folgenden Überlegungen:

Durch die rasche und billige Fortschaffung der Güter wird der Wohlstand eines Landes bedeutend vermehrt, welches Kanäle, schiffbare Ströme und gute Landstraßen hinlänglich beweisen [...]. Größere Vorteile als die bisherigen Mittel scheinen Eisenbahnen zu bieten [...]. Alle Zechen an der Ruhr würden durch eine Eisenbahn den unschätzbaren Vorteil eines raschen, regelmäßigen Absatzes unter großen Frachtersparungen erhalten. Innerhalb von zehn Stunden könnten 1 000 Zentner von Duisburg nach Arnheim geschafft werden [...]. Die Eisenbahnen werden manche Revolutionen in der Handelswelt hervorbringen.

Zitiert nach: Wilhelm Treue und Karl-Heinz Manegold, Quellen zur Geschichte der industriellen Revolution, Göttingen [2]1979, S. 69 (bearbeitet)

M 3 Folgen der Eisenbahnen

Der württembergische Staatsrechtler und Politiker Robert von Mohl meint in den 1840er-Jahren:

Die waagrechte Ebene der Bahn, die glatte Oberfläche der Schienen und die Anwendbarkeit der Dampfkraft erlauben eine Geschwindigkeit, welche auf den gewöhnlichen Straßen mit den größten Anstrengungen und Kosten lange nicht zu erringen ist. [...] Die Folgen der [...] Leistungen der Eisenbahnen sind [...] von der höchsten Bedeutung [...]. Es entstehen neue Verhältnisse aller Art, deren allseitige Entwicklung noch völlig unabsehbar ist [...]. Die arbeitende Klasse vermag ihre Dienste in weit größeren Kreisen anzubieten [...]. Die Versetzung großer Truppenmassen an bedrohte Punkte ist in wenigen Stunden möglich [...]. Die Märkte der großen Städte können aus großer Entfernung mit allen Lebensmitteln, namentlich auch mit Vieh, im besten Zustande versehen, leicht verderbliche Erzeugnisse an früher ganz unzugängliche Absatzorte befördert, mangelnde Waren in kürzester Zeit erlangt, somit die Zinsen großer Vorräte erspart werden. Es werden Kulturen und Gewerbe [...] auch an entfernten Plätzen bei billigen Arbeitslöhnen, Rohstoffen und bewegenden Kräften ausführbar.

Zitiert nach: Wilhelm Treue und Karl-Heinz Manegold, Quellen zur Geschichte der industriellen Revolution, a. a. O., S. 86 f.

INFO 1 Der industrielle Aufbruch beginnt

In den ersten Jahrzehnten des 19. Jhs. verbesserte zuerst Preußen die wirtschaftlichen Rahmenbedingungen: Die Zünfte wurden abgeschafft und alle Beschränkungen für eine freie Betätigung in Handwerk und Gewerbe fielen weg. Darüber hinaus verbesserte man das Straßennetz und baute Kanäle und Binnenhäfen an Rhein und Ruhr aus. Ab 1816 richtete die preußische Regierung ein technisches Ausbildungswesen ein und förderte den technischen Fortschritt. Dazu betrieb man Industriespionage in England, umging britische Ausfuhrverbote und warb englische Techniker an. Andere deutsche Staaten folgten dem preußischen Vorbild.

Marcus Gerber

M4 Entwicklung der Eisenbahn in Deutschland

	Streckenlänge (in km)	Beschäftigte (Eisenbahnbetrieb ohne Eisenbahnbau)	Zahl der Lokomotiven[1]	Personenverkehr (in Mio. pkm[2])	Güterverkehr (in Mio. tkm[3])
1840	469	1600	245[4]	62	3
1850	5856	26100	1084[5]	783	303
1860	11089	85600	keine Angaben	1733	1675
1870	18667	161000	5500	4447	5876
1880	30125	272800[6]	10900	6479	13039

[1] Etwa ein Drittel der Lokomotiven kam bis 1850 aus England und anderen Staaten, bis 1871 ging der Anteil der ausländischen Lokomotiven auf 3,8 Prozent zurück. [2] **pkm**: Personenkilometer [3] **tkm**: Tonnenkilometer
[4] Zahl für 1842/43 [5] Zahl für 1851 [6] Angabe für 1879

Zusammengestellt nach: Dieter Ziegler, Die Industrielle Revolution, Darmstadt ^{3}2012, S. 53, Hubert Kiesewetter, Industrielle Revolution in Deutschland, Stuttgart 2004, S. 205, und Christopher Kopper, Verkehr und Kommunikation, in: Thomas Rahlf (Hrsg.), Deutschland in Daten, Bonn 2015, S. 226

M5 Fahrzeiten

km	Strecke	Reisedauer in Stunden Schnellpost (1841)	Eisenbahn (1851)
290	Berlin-Hamburg	$31\frac{1}{2}$	8
320	Berlin-Hannover	32	6
174	Berlin-Dresden	17	$5\frac{1}{2}$
215	Berlin-Leipzig	$17\frac{1}{4}$	7
85	Halle-Magdeburg	6	$2\frac{1}{2}$
35	Halle-Leipzig	$6\frac{1}{2}$	1
175	Frankfurt-Kassel	20 (1845)	7 (1845)
75	Augsburg-München	$6\frac{1}{2}$ (1845)	$2\frac{1}{2}$ (1845)
26	Düsseldorf-Elberfeld	$3\frac{1}{2}$ (1845)	$1\frac{1}{8}$ (845)

Nach: Klaus Hermann, Die Personenbeförderung bei Post und Eisenbahn ..., in: Scripta Mercatura, 2/1977, S. 10 (ergänzt)

INFO 2 Die Eisenbahn stellt die Weichen

Die Lockerung von Regeln für den Handel und das Gewerbe sowie die Gründung des Deutschen Zollvereins[1] waren wichtige Voraussetzungen dafür, dass um 1840 die **Industrialisierung** in einigen deutschen Regionen begann.

Zur „Lokomotive" für den industriellen Aufbruch wurde der Eisenbahnbau. Das Startzeichen gab 1835 die erste deutsche Eisenbahnstrecke zwischen Nürnberg und Fürth.[2] Da sie sich als gewinnbringend erwies, setzte bald ein stürmischer Eisenbahnbau ein. Das deutsche Streckennetz wuchs rasant, wobei zunächst die Handelsstädte mit den alten Gewerberegionen verbunden wurden.

In der Anfangsphase waren es oft Privatunternehmer, die den Eisenbahnbau vorantrieben. Die von ihnen gegründeten Aktiengesellschaften[3] versprachen Anlegern hohe Gewinne. Nach und nach erkannten die deutschen Staaten die wirtschaftliche und militärische Bedeutung des neuen Verkehrsmittels. Sie investierten auch dort in das Streckennetz, wo es für private Unternehmer unrentabel war. Somit bestanden anfangs Privat- und Staatsbahnen nebeneinander. Eine gemeinsame Planung fand erst nach der Gründung des Deutschen Reiches 1871 statt.

Marcus Gerber

[1] Zum Zollverein siehe S. 106.
[2] Siehe S. 108.
[3] **Aktiengesellschaften**: Mehrere Kapitalgeber finanzieren durch den Kauf von Anteilsscheinen (Aktien) den Bau von Eisenbahnen, Zechen und Fabriken. Die Aktionäre sind am Gewinn und Verlust der Aktiengesellschaft beteiligt.

Welche Bedeutung hat die Eisenbahn für den industriellen Aufbruch in Deutschland?

1. *Nenne Rahmenbedingungen für die deutsche Industrialisierung* (INFO 1). Berücksichtige dabei die Begriffe Deutscher Bund*, Stände* und Bürgertum*.*
2. *Fasst in Gruppenarbeit die in M2, M3 und M5 genannten Vorteile und Folgen der Eisenbahn zusammen.*
3. *Untersucht in Partnerarbeit mithilfe der Statistik M4 die Auswirkungen des Eisenbahnbaus.* (H)
4. *Beschreibt das Gemälde M1 und diskutiert, ob die Bildüberschrift zum Thema passt.*

1835: Erste Eisenbahn zwischen Nürnberg und Fürth
1834: Deutscher Zollverein
ab 1840: Die Industrialisierung einzelner deutscher Regionen beginnt
1800 – 1850 – 1900

Wirtschaftsräume und Industriezentren

M 1 Der Deutsche Zollverein

Der Deutsche Zollverein war ein Zusammenschluss von Staaten des Deutschen Bundes für den Bereich der Zoll- und Handelspolitik. Der Zollvereinigungsvertrag wurde am 22. März 1833 unterzeichnet und trat am 1. Januar 1834 in Kraft. 1870 stellte das Gebiet des Deutschen Zollvereins nach Großbritannien und den Vereinigten Staaten die drittgrößte Industriemacht der Welt dar.

INFO 1 Ein neuer Wirtschaftsraum entsteht

Ein wichtiger Impuls für die deutsche **Industrialisierung** ging nach 1833 von der schrittweisen Bildung eines gemeinsamen Zoll- und Handelsraumes unter preußischer Führung durch den Deutschen Zollverein aus.

Durch den Eisenbahnbau erhöhte sich die Nachfrage auch in anderen Bereichen der Industrie: Für Lokomotiven, Eisenbahnwagen und Schienen benötigte man Stahl, Steinkohle und Dampfmaschinen. Die Erz- und Steinkohleförderung für die Produktion von Stahl erforderte Förderanlagen und Pumpen. Als billiges Transportmittel zwischen den einzelnen Branchen diente wiederum die Eisenbahn. Zudem glich sie die Standortnachteile marktferner Orte aus. Mit der Anbindung des Streckennetzes an die Nachbarländer erschloss man weitere Absatzgebiete für deutsche Waren.

Der ständig wachsende Bedarf an Kohle und Erz trug zur Industrialisierung Oberschlesiens, des Saarlandes und der Oberpfalz bei. Zum größten europäischen Wirtschaftsraum aber wurde im Laufe des 19. Jhs. das Ruhrgebiet.

Marcus Gerber

M 2 Steinkohleförderung und Roheisenproduktion in Deutschland

Jahr	Steinkohleförderung *(in Klammern = Ruhrgebiet)*	Roheisenproduktion
	Tonnen	*Tonnen*
1840	3 200 000 (956 000)	173 000
1850	5 200 000 (1 960 000)	212 000
1860	12 300 000 (4 300 000)	545 000
1870	26 400 000 (11 600 000)	1 400 000

Nach: Richard Tilly, Kapital, Staat und sozialer Protest in der deutschen Industrialisierung, Gesammelte Aufsätze, Göttingen 1980, S. 30 (gekürzt; die Angaben wurden ab- bzw. aufgerundet und beziehen sich in der Regel auf Deutschland in den Grenzen von 1871); Zahlen für das Ruhrgebiet: Gerhard Gebhardt, Ruhrbergbau. Geschichte, Aufbau und Verflechtung seiner Gesellschaften und Organisationen, Essen 1957, S. 492

M 3 Die Gussstahlfabrik Friedrich Krupp in Essen aus der Vogelschau
Farbdruck nach einem Holzstich von Jakob Scheiner, 1879

M 4 Optimale Voraussetzungen

Der Industrielle Carl Overweg aus Lethmate (heute ein Stadtteil von Iserlohn) schreibt 1851 an die preußische Regierung:

Es ist der hohen Staats-Regierung bekannt geworden, dass in Bochum, neben den längst bekannten reichen Kohlelagern, kürzlich eine große Menge Eisenerz erschlossen wurde. Das gleichzeitige mächtige Vorkommen von Kohlen und Eisenerzen ist in Deutschland neu. In der Regel waren Steinkohlen 20 bis 30 Stunden von den Eisenerzen entfernt. Dagegen kennt England seit langer Zeit einen ungewöhnlichen Reichtum an nebeneinander lagernden Erzen und Kohlen – und an vorzüglichen Verkehrsmitteln.
Wir bezwecken eine Aktien-Gesellschaft ins Leben zu rufen, um eine großartige Hochofenanlage und ein großartiges Puddlingswerk[1] in einer Hand zu vereinen und so ein ebenso hohen Gewinn versprechendes, als national-ökonomisch bedeutendes industrielles Etablissement[2] zu gründen.

Zitiert nach Karl-Peter Ellerbrock, Aufbruch ins Revier. Die Familie Hoesch und ihre Unternehmungen, in: Praxis Geschichte 5/2000, S. 13-16, hier S. 15 (stark bearbeitet)

[1] **Puddlingswerk**: Werk zur Herstellung von hochwertigem Schmiedeeisen durch Luftzufuhr
[2] **Etablissement**: hier Fabrik

INFO 2 Die Hochindustrialisierungsphase

In einer zweiten Phase der **Industrialisierung** seit den 1870er-Jahren gewannen in Deutschland neben der Montanindustrie[1], dem Eisenbahn- und Schiffsbau die Chemie- und Elektroindustrie immer größere Bedeutung. Unternehmen wie BASF (Badische Anilin- & Soda-Fabrik) oder Siemens erlangten weltweite Geltung.
Wissenschaftliche Lehre und Forschung an neu errichteten Technischen Hochschulen sowie Erfindungen trugen zum Erfolg dieser Industrien bei. Die Weiterentwicklung von Verbrennungsmotoren durch *Gottfried Daimler* und *Carl Friedrich Benz* beschleunigte die Verkehrsrevolution. Die Herkunftsbezeichnung „Made in Germany" – ursprünglich ein britischer Hinweis auf minderwertige Produkte – wurde Ende des 19. Jhs. weltweit zum Gütesiegel für Qualitätswaren aus Deutschland.

Marcus Gerber

Medientipp:
Weitere Informationen zur Industrialisierung Deutschlands findest du unter **31063-38**.

[1] **Montanindustrie**: Bergbau und rohstoffverarbeitende Eisen- und Stahlindustrie

Was kennzeichnet den Erfolg der deutschen Industrialisierung?*

1. *Vergleiche den Wirtschaftsraum des Deutschen Zollvereins (M1) mit den deutschen Industrieregionen (siehe S. 97, M2).*
2. *Gestaltet in Partnerarbeit ein Schaubild, aus dem der Zusammenhang zwischen dem Eisenbahnbau und der Entwicklung in anderen Bereichen der Wirtschaft hervorgeht. Nutzt dafür INFO 1 und M2. Vergleicht anschließend eure Produkte.* (H)
3. *Nenne Gründe, weshalb das Ruhrgebiet für Unternehmer besonders attraktiv war und welche Veränderungen die Industrialisierung brachte (M3 und M4).*
4. *Recherchiert Erfindungen und Produkte aus der Hochphase der Industrialisierung am Ende des 19. Jhs. und stellt sie in der Klasse vor.*

1835: Erste Eisenbahn zwischen Nürnberg und Fürth
1834: Deutscher Zollverein
ab 1840: Die Industrialisierung einzelner deutscher Regionen beginnt
1800 — 1850 — 1900

Die Industrialisierung in Bayern – ein Sonderfall?

M 1 Der „Adler" kommt
Kolorierter Kupferstich nach einem Gemälde von Carl Alexander Heideloff, um 1835
Am 7. Dezember 1835 fuhr zwischen Nürnberg und Fürth auf einer Strecke von etwa sieben Kilometern Deutschlands erste Eisenbahn. Die Fahrt dauerte neun Minuten. Der Dampflokomotive hatte man den Namen „Adler" gegeben. Sie stammte aus der englischen Fabrik Stephenson und wurde von einem Briten mit einer Höchstgeschwindigkeit von 35 km/h gefahren.

M 2 Es geht los ...

Das Stuttgarter „Morgenblatt für gebildete Stände" berichtet am 8. Dezember 1835:

Ein Kanonenschuss verkündete den Abgang des ersten Zuges. Alle neun Wagen waren angefüllt und mochten etwa 200 Personen fassen. [...] Der Wagenlenker ließ nach und nach die Kraft des Dampfes in Wirksamkeit treten. Aus dem Schlot [der Lokomotive] fuhren nun die Dampfwolken in gewaltigen Stößen, die sich mit dem schnaubenden Ausatmen eines riesenhaften [...] Stieres vergleichen lassen. Die neun Wagen [...] fingen an, sich langsam zu bewegen ...

Zitiert nach: Wilhelm Treue und Karl-Heinz Manegold, Quellen zur Geschichte der industriellen Revolution, Göttingen ²1979, S. 72 f.

INFO 1 Hemmnisse

Trotz bedeutender alter Gewerbestandorte wie Nürnberg und Augsburg verlief die Industrialisierung in Bayern langsamer als im Ruhrgebiet oder in Sachsen. Da die Kohle- oder Eisenvorkommen gering waren, entwickelte sich keine nennenswerte Schwerindustrie. Die Entfernungen zu Industrieregionen und Märkten außerhalb Bayerns waren groß. Ein für den Gütertransport geeignetes Verkehrsnetz aus Straßen, Schienen und Kanälen entstand erst allmählich. Die Regierung und Teile der Bevölkerung blieben lange skeptisch gegenüber der Industrialisierung. Aus England kamen Berichte, wonach dort viele Fabrikarbeiter und ihre Familien in Not gerieten. Die eigene Bevölkerung sollte vor diesen negativen Folgen der Industrialisierung bewahrt werden, auch aus Sorge vor sozialen Unruhen. Handwerker und Händler forderten staatlichen Schutz vor der Fabrikkonkurrenz. Die schon von Anfang des 19. Jh. angeregte Gewerbefreiheit wurde erst 1868 eingeführt. Bayern blieb deshalb bis zum Ende des 19. Jh. stark landwirtschaftlich geprägt.

Marcus Gerber

M 3 Entwicklung des Eisenbahnnetzes in Preußen und Bayern – ein Vergleich

	1839	1850	1870	1900
in km				
Preußen	84	3550	10821	29967
Bayern	28	609	2756	6720
Deutschland	240	5856	18667	49878

Nach: Kurt Kiesewetter, Industrielle Revolution in Deutschland 1815-1914, Stuttgart 2004, S. 241 (Angaben auf- bzw. abgerundet)

M 4 Steinkohleförderung und Eisenerzproduktion in Preußen und Bayern

	1855/56		1895/96	
in 1000 t	Preußen	Bayern	Preußen	Bayern
Steinkohle	7926	186	72622	973
Eisenerz	1181	87	4053	163

Nach: Kurt Kiesewetter, Industrielle Revolution in Deutschland 1815-1914, Stuttgart 2004, S. 192 und 218, und Dirk Götschmann, Wirtschaftsgeschichte Bayerns. 19. und 20. Jahrhundert, Regensburg 2010, S. 196 (Angaben auf- bzw. abgerundet)

Exkursionstipp:
DB-Museum in Nürnberg

M 5 Polytechnische Schule Augsburg

Radierung von 1840

1833 erließ König Ludwig I. eine Verordnung zur Einrichtung weiterführender Schulen. Eine dieser 22 neuen Gewerbeschulen wurde noch im selben Jahr im ehemaligen Katharinenkloster in Augsburg gegründet. An den Gewerbeschulen erwarben die Schüler berufsbezogene Kenntnisse. Unterrichtet wurden vor allem Mathematik, Physik, Chemie und technisches Zeichnen.

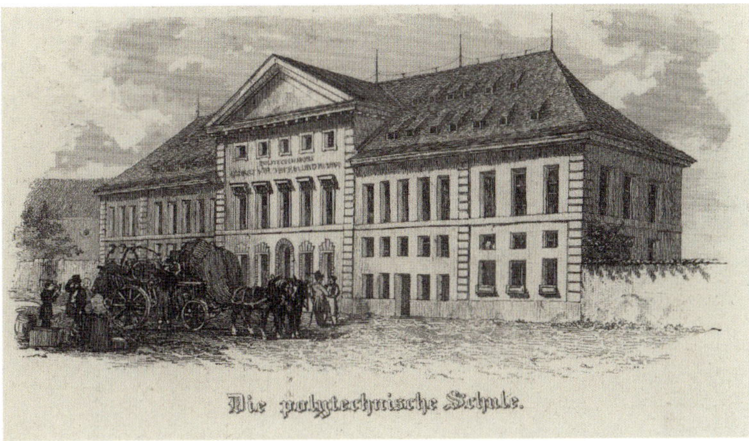

M 6 Ein nachdenklicher König

König Ludwig I. notiert vom 3. Februar 1847:

Geeignete Fürsorge soll [vom Staat] für die Betriebsamkeit [industrie] getroffen werden, Landbau aber die Hauptsache bleiben. England, und es nicht allein, zeigt abschreckendes Beispiel, wenn es anders gehalten wird.

Im selben Jahr bittet ein Augsburger Textilunternehmer, seine Fabrik erweitern zu dürfen. Ludwig I. vermerkt dazu:

Diesen Antrag genehmigen. Traurig aber zu sehen, dass Gewerbe, die früher viele Familien nährten, jetzt auf viel weniger sich beschränken, somit die Zahl der Proletarier sich vergrößert […].

Zitiert nach: Andreas Kraus (Hrsg.), Signate König Ludwig I., Bd. 6: 1845-1848, München 1994, S. 380

M 7 Beispiele für frühe Industriebetriebe in Bayern

1809	Feinmechanisches Institut Joseph von Utzschneider und Josef von Fraunhofer (Spezialgläser, Präzisionsmessgeräte)
1817	Maschinenfabrik Koenig & Bauer in Kloster Oberzell bei Würzburg (siehe S. 102, M1)
1836/37	Augsburger-Kammgarn-Spinnerei / Mechanische Baumwoll-Spinnerei und Weberei in Augsburg Maschinenfabrik Klett in Nürnberg
1839	Maschinenfabrik Maffei in München (Dampfmaschinen, Lokomotiven) …

Zusammengestellt nach: Gerhard Bott (Hrsg.), Leben und Arbeiten im Industriezeitalter. Eine Ausstellung zur Wirtschafts- und Sozialgeschichte Bayerns seit 1850, Stuttgart 1985, S. 3ff., sowie Hans-Liudger Dienel und Helmut Hilz, Bayerns Weg in das technische Zeitalter, München 1993, S. 19-30 (ergänzt)

INFO 2 Antriebskräfte

Die bayerische Regierung beschränkte sich anfangs auf einige Maßnahmen zur Verbesserung der Rahmenbedingungen für die Industrie: 1834 erfolgte der Beitritt zum Deutschen Zollverein[1]. Die Verwaltung und Justiz wurden verbessert, die Gründung von Banken und Versicherungen unterstützt, das Bildungswesen ausgebaut und modernisiert. Bedeutender aber waren die Initiativen von risikobereiten Unternehmern und fortschrittlichen Handwerkern. Der zollfreie Binnenmarkt und die verbesserten Transportwege erhöhten ihre Bereitschaft, Geld zu investieren. Dem Mangel an Rohstoffen und der Marktferne begegneten sie durch die Spezialisierung auf technisch anspruchsvollere Produkte. Der Aufschwung der deutschen Wirtschaft seit den 1880er-Jahren führte schließlich auch in Bayern zu einer deutlichen Beschleunigung der **Industrialisierung**. Sie blieb aber punktuell auf bestimmte Städte und Regionen begrenzt.

Marcus Gerber

[1] Siehe S. 106, M1.

Welche Besonderheiten gibt es bei der Industrialisierung* in Bayern?

1. *Beschreibt, was den Zeichner und den Zeitungsreporter an der Eröffnungsfahrt beeindruckte.*
2. *Das Ereignis vom 7. Dezember 1835 (M1) legt die Vermutung nah, dass die Industrialisierung in Bayern besonders erfolgreich verlief. Überprüft diese Vermutung anhand von M3 und M4.*
3. *Erarbeitet Gründe für den verzögerten Beginn der Industrialisierung in Bayern (INFO 1, M6).*
4. *Erklärt, welche Bedeutung Gewerbeschulen für die Beschleunigung der Industrialisierung in Bayern hatten (M5, INFO 2). Was müsste an solchen Schulen heute unterrichtet werden, um die Wirtschaft zu fördern?*
5. *Nennt Gründe, warum einige bayerische Unternehmen besonders erfolgreich waren (INFO 2). Ergänzt die Tabelle M7 um eigene Beispiele, die ihr recherchiert, z. B. Lorenz Hutschenreuther AG – Rosenthal-Porzellan – Carl von Linde – Schuckertwerke.*
6. *Nehmt Stellung zu der Überschrift „Die Industrialisierung in Bayern – ein Sonderfall?“* (H)

1835: Erste Eisenbahn zwischen Nürnberg und Fürth
1834: Deutscher Zollverein
ab 1840: Die Industrialisierung einzelner deutscher Regionen beginnt
1800 – 1850 – 1900

Fabrik und Stadt verändern den Alltag

M1 Heimarbeit in einer Web- und Spinnstube
Radierung von Georg Michael Kirn, um 1835

M2 Arbeiter in der Berliner Kleinmotorenfabrik der „Allgemeinen Elektricitäts-Gesellschaft" (AEG)
Foto, um 1900 (Ausschnitt)

INFO 1 Industriearbeit

In vorindustrieller Zeit wurden die Arbeitsabläufe in Heimwerkstätten oder auf Bauernhöfen von Faktoren wie Jahreszeiten oder privaten Lebensumständen mitbestimmt. Die **Industrialisierung** veränderte den Alltag: In den Fabriken gaben Maschinen die Arbeitsschritte und das Tempo vor. Da die Fabrikanlagen Investitionen erforderten, die Unternehmer miteinander konkurrierten und Gewinne machen wollten, galten für die Arbeitenden strenge Regeln, die von Vorgesetzten kontrolliert wurden. Das Überangebot an Arbeitskräften hielt dazu den Lohn niedrig. Die Fabrikarbeiter bildeten eine neue Unterschicht: das *Proletariat*[1].

Weil das Einkommen des Mannes in den Arbeiterfamilien für Ernährung, Miete und Kleidung nicht ausreichte, mussten Kinder und Frauen mitarbeiten. Das galt zwar auch für die traditionelle Arbeit in Landwirtschaft, Handwerk und Heimgewerbe. Neu an der Fabrikarbeit war aber die Trennung von Wohnen und Arbeiten.

Marcus Gerber

[1] **Proletariat**: Im alten Rom nannte man die Armen, deren einziger Reichtum ihre Kinder waren, Proletarier (lat. proles: Nachkommen). Seit dem 19. Jh. wird die besitzlose Masse der Industriearbeiterschaft so bezeichnet.

M3 Fabrikordnung

Der Direktor der Augsburger Kammgarn-Spinnerei erlässt 1846 eine Fabrikordnung in 26 Punkten; hier ein Auszug:

1. Jeder Arbeiter, welcher in der Fabrik aufgenommen wird, ist nach einer Probezeit von 14 Tagen [...] verpflichtet, sechs Monate, vom Tage seiner Ankunft an gerechnet, in der Fabrik zu arbeiten. [...]
Dagegen bleibt es den Fabrikherrn unbenommen, den Arbeiter wegen schlechter Aufführung [...] jederzeit zu verabschieden. [...]
2. Außer an den Sonntagen und hohen Festtagen, wird alle Tage gearbeitet. Jede Abwesenheit an einem andern Tag [...] wird mit einer Geldbuße bestraft [...].
3. Die Arbeitsstunden sind im Sommer von 5 Uhr morgens bis abends 7 Uhr, im Winter von 6 Uhr bis abends 8 Uhr. [...]
4. Eine Glocke wird des Morgens, eine halbe Stunde vor dem Anfange der Arbeit, die Öffnung der Fabrik ankündigen, das zweite eine halbe Stunde später erfolgende Läuten [...] verkündet das Beginnen der Geschäfte. Eine viertel Stunde später wird der Pförtner das Tor verschließen [...]. Diejenigen, welche später kommen, werden nicht mehr eingelassen [...]. →

9. Jeder Arbeiter ist für die ihm anvertrauten Gegenstände verantwortlich; wenn er dieselben bei Nachfrage nicht gleich vorweisen kann, werden sie auf seine Kosten durch neue ersetzt. [...]
11. Der Arbeiter, welcher schlechte Arbeit liefert, verfällt in eine dem Fehler angemessene Strafe.

Zitiert nach: Bernward Deneke (Hrsg.), Geschichte Bayerns im Industriezeitalter in Texten und Bildern, Stuttgart 1987, S. 115 f.

M 4 Wie lange arbeiten?

Tägliche Arbeitszeit in Handwerk und Industrie im 19. Jh.

1800-1820	10-13 Stunden
1820-1840	11-15 Stunden
1840-1860	12-16 Stunden
1860-1870	12-14 Stunden
1870-1890	11-13 Stunden
1890-1910	10-11 Stunden

Nach: Jürgen Kocka, Arbeitsverhältnisse und Arbeiterexistenzen, Bonn 1990, S. 486

M 5 Morgen einer Arbeiterin

Der Tagesablauf einer Arbeiterin beginnt um 1900 etwa so:

Je nach der Entfernung der Wohnung von der Fabrik, nach dem Beginn der Fabrikarbeit und je nach dem Arbeitsbeginn des Mannes steht die Frau um 3 ½, 4, 4 ½ oder 5 Uhr auf [...]. Dann wird das Frühstück für Mann, Frau und Kinder zubereitet und genossen, das abends vorher schon vorbereitete und angekochte Essen aufs Feuer gebracht und – wenn Mann und Frau oder eines von ihnen mittags nicht heimkehren kann – für diese in Blechtöpfe gefüllt, für die Kinder zum Wärmen hergerichtet. Die Kinder werden dann angekleidet, wenn sie größer sind, schulfertig gemacht, wenn kleiner und der Aufsicht [...] bedürftig, genährt und zur Hütfrau getragen; wo eine Krippe vorhanden ist oder eine Bewahrschule, werden die Kleinen und Kleinsten diesen viel billigeren Anstalten anvertraut. Von da geht es zur Fabrik. Entfernungen von 2 - 3 km gelten als nahe, es gibt aber zahlreiche Arbeiterinnen, welche täglich 10 - 12 km auf ihren Fabrikwegen zu Fuße zurücklegen müssen.

Zitiert nach: Ingeborg Weber-Kellermann, Frauenleben im 19. Jahrhundert, München 1983, S. 165

INFO 2 Wohnungselend und soziale Not

Bevölkerungswachstum und **Industrialisierung** trugen zum schnellen Wachstum der Städte bei.[1] Da billige Wohnungen fehlten, hauste das Proletariat in menschenunwürdigen Behelfsbauten, feuchten Kellerwohnungen oder „Mietskasernen" mit dunklen Hinterhöfen und schlechten sanitären Einrichtungen. Mehrere Familien teilten sich eine Toilette und einen Wasserhahn auf dem Flur. In Berlin wohnten beispielsweise noch um 1910 etwa 600 000 Menschen in Wohnungen, in denen jedes Zimmer mit fünf und mehr Personen belegt war. Dazu kamen „Schlafgänger": Junge Arbeiter und Arbeiterinnen mit geringem Lohn mieteten sich eine Schlafstelle bei einer Familie und schliefen dann in den Betten der Personen, die gerade nicht anwesend waren. Diese Wohnverhältnisse führten zu Krankheiten und zerstörten häufig das Familienleben. Viele Männer zogen das Wirtshaus den engen Wohnungen vor. Alkoholismus vergrößerte die Not und Ausweglosigkeit in den Familien. Gewalt gegen Frauen und Kinder war eine häufige Folge.

Marcus Gerber

M 6 Berliner „Mietskaserne"
Foto von 1910

[1] Siehe dazu die Statistiken auf S. 102, M3 und S. 146, M2.

Wie verändern Fabrikarbeit und Stadtleben die Arbeits- und Lebensbedingungen der Arbeiter?

1. *Stelle mithilfe von M1 und M2 Unterschiede vorindustrieller und industrieller Arbeitswelten in einer Tabelle gegenüber.* (H)
2. *Erarbeitet in Gruppenarbeit wesentliche Bestimmungen der Fabrikordnung (M3). Verfasst ein Streitgespräch zwischen einem Arbeiter und einem Unternehmer über die Notwendigkeit bzw. Gerechtigkeit der Bestimmungen zur Anwesenheit und Pünktlichkeit (M3 und INFO 1).*
3. *Untersuche den Einfluss der Industrie auf die Entwicklung der Arbeitszeit (M4).*
4. *Setze die Beschreibung des Tagesablaufs fort (M5). Du kannst davon ausgehen, dass der Arbeitstag der Arbeiterin nicht vor 21:00 Uhr endete.*
5. *Beurteile mögliche Auswirkungen der Wohnverhältnisse der Industriearbeiter auf das Familienleben und die Situation von Kindern und Jugendlichen (M6 und INFO 2).*

1815: 25 Mio. Einwohner in den Grenzen des Deutschen Reiches von 1871
ab 1840: Die Industrialisierung einzelner deutscher Regionen beginnt
ab 1880: Hochindustrialisierung und Verstädterung (Urbanisierung)
1895: 52 Mio. Einwohner im Deutschen Reich

1800 — 1850 — 1900

Umweltkonflikte – damals und heute

M 1 „Pfui Deifel“
Skizze von Heinrich Kley, um 1905
Der Zeichner und Maler Heinrich Kley illustrierte auch Firmenfestschriften für die Friedrich Krupp AG in Essen.

M 2 Der erste große deutsche Umweltkonflikt

Der Bamberger Unternehmer Joseph Ernst Strüpf will 1802 unmittelbar vor der Stadt eine „modern“ mit Kohle gefeuerte Glashütte betreiben. Sein Antrag findet Widerspruch und führt zum ersten großen deutschen Umweltkonflikt. Die zuständige Regierung genehmigt zwar die Fabrik, verfügt aber die Verlagerung an einen anderen Ort. Zu der Entscheidung beigetragen hat die Streitschrift „Das Schädliche der projektierten Glas-Hütte in der Weiden zu Bamberg“ des Bamberger Medizinprofessors Anton Dorn vom Sommer 1802; darin heißt es:

Überall, wo man Glashütten antrifft, sie mögen mit Holz oder mit Steinkohlen gefeuert werden, findet man solche isoliert, von Städten und Dörfern entfernt – in waldige oder sonst öde und unfruchtbare Gegenden verwiesen. – Nur bei uns soll das Gegenteil geschehen – nur bei uns soll eine Glashütte und zwar mit hiesigen Steinkohlen gefeuert, in einer unserer schönsten Gegenden, in der Nähe der Stadt selbst rauchen? [...] Die Steinkohlen verzehren durch den Prozess des Verbrennens die Lebensluft der Atmosphäre, und entwickeln dagegen andere Gasarten wie Stickgas, kohlensaures Gas, brennbares oder Wasserstoffgas, und wenn die Steinkohlen Schwefelsäure enthalten, auch schweflichsaures Gas. [...]

Das Erste, was einem jeden sogleich dabei in die Augen, oder vielmehr in die Nase fallen muss, ist das Unangenehme dieses immerwährenden stinkenden Rauchwerks für die Stadt und die Weiden. [...] Nicht so auffallend ist freilich der Nachteil für das Leben und die Gesundheit [...]. Aber doch entstehen [...] bei Ungewöhnten und Schwächlingen auf der Brust allerlei Übelbefinden von größerer oder geringerer Bedeutung, als Kopfwehe, Schwindel, Betäubung, allgemeine Ermattung, Schläfrigkeit, Zittern, Übelkeit und Erbrechen, Brustbeklemmung, Heiserkeit, ein lästig kitzelnder Husten, Blutspeien und dergleichen. [...] Wie man nun unter diesen Umständen die Gesundheit der nahen Bewohner von allem Nachteile freisprechen könnte, dies begreife ich nicht. [...] Sollte es wohl eine hohe Landesregierung billig und gerecht finden, dass eine ganze Gegend zugrunde gerichtet werde, damit sich ein einziger Spekulant bereichere?

Zitiert nach: Franz-Josef Brüggemeier und Michael Toyka-Seid (Hrsg.), Industrie-Natur. Lesebuch zur Geschichte der Umwelt im 19. Jahrhundert, Frankfurt am Main 1995, S. 29 ff.

INFO Mensch und Umwelt leiden

Industrialisierung, Verstädterung, das immer dichter werdende Eisenbahnnetz und der zunehmende Einsatz von Kunstdünger veränderten die Lebensbedingungen der Menschen sowie die Tier- und Pflanzenwelt.

Es gab von Anfang an Klagen über die Belästigung durch Dämpfe, Gerüche, Rauch, Ruß, Wärme, Geräusche und giftige Abwässer. Die betroffenen Menschen beschwerten sich über Beeinträchtigungen, Schädigungen und Gefährdungen, die von den Dampfmaschinen, der Verbrennung von Kohle, der Bearbeitung von Stahl, der Verhüttung von Erzen und der Herstellung von Chemikalien ausgingen. Aber ein ökologisches Bewusstsein, wie wir es heute kennen, gab es noch nicht.

Behörden und Unternehmer reagierten daher auf die Umweltprobleme kaum. Für viele waren Rauch und Gestank notwendige „Culturübel“. Für die Fabrikanten war die Verminderung der Umweltbelastungen vor allem eine Kostenfrage. Sie verlagerten ihre Unternehmen in andere Regionen, wenn die Auflagen der Behörden zu teuer wurden. Der Versuch, durch höhere Schornsteine die Abgase zu mindern, half wenig: Die Schadstoffe wurden dadurch nur über ein größeres Gebiet verteilt.

Klaus Dieter Hein-Mooren

M 3 „Fridays For Future“-Demonstration in München
Foto vom 20. September 2019
Am Anfang der Protestbewegung stand die schwedische Schülerin Greta Thunberg (geb. 2003). Sie demonstriert seit August 2018 unter dem Motto „Schulstreik für das Klima“ in Stockholm. Aus ihrem Protest entwickelte sich die weltweite „Fridays For Future“-Bewegung. Seit Anfang 2019 gehen Schülerinnen und Schüler jeden Freitag auf die Straße, um für einen besseren und vor allem raschen Klimaschutz zu demonstrieren. In München waren es am 20. September 2019 etwa 40 000.

M 4 „Unsere Forderungen an die Politik“
Die Homepage der Bewegung nennt im November 2019 folgende Forderungen:

Die Klimakrise stellt […] für Millionen von Menschen eine existenzielle Bedrohung dar. Eine ungebremste Erderwärmung ist eine enorme Gefahr für Frieden und Wohlstand weltweit.
Seit Beginn der Industrialisierung hat sich die Erde […] bereits um circa ein Grad Celsius erwärmt. Es bleibt daher wenig Zeit, den Klimawandel aufzuhalten und so zu verhindern, dass die Kipppunkte [1] im Klimasystem überschritten werden.
Tun wir das nicht, werden die verursachten Schäden weit höhere Kosten mit sich bringen als alle Investitionen in konkrete Maßnahmen zur Vermeidung der Klimakatastrophe.
[…]
Fridays For Future Deutschland fordert die Regierungen auf Kommunal-, Landes- und Bundesebene auf, die Klimakrise als solche zu benennen und sofortige Handlungsinitiative auf allen Ebenen zu ergreifen. Noch haben wir die Chance und damit die Verantwortung, eine Klimakatastrophe abzuwenden. Für den notwendigen Wandel müssen sektorübergreifend grundlegende Veränderungen stattfinden. Vor allem in den Sektoren Energieerzeugung, Wohnen und Bauen, Industrie, Transport und Verkehr sowie Landwirtschaft sind enorme Anstrengungen nötig. Das wirtschaftliche Handeln darf nicht weiterhin planetare Grenzen überschreiten.
Die Verwirklichung dieser Forderungen […] darf keinesfalls einseitig zulasten von Menschen mit geringem Einkommen gehen. […]
Es darf nicht die alleinige Aufgabe der Jugend sein, Verantwortung für die Priorisierung[2] des Klimaschutzes zu übernehmen. Da die Politik diese kaum wahrnimmt, sehen wir uns gezwungen, weiter zu streiken, bis gehandelt wird!

Zitiert nach: https://fridaysforfuture.de/forderungen/ (Zugriff: 12. 11. 2019)

[1] **Kipppunkte**: Klimaforscher verwenden den Begriff, um auf unumkehrbare Folgen des Klimawandels für die Menschheit zu verweisen, die u. a. durch das Abschmelzens des arktischen Meereises, das Auftauen der Dauerfrostböden und die Zerstörung des Amazonas-Regenwaldes entstehen können. Für sie ist die Gefahr einer Katastrophe real, doch wo und wann es dazu kommt, lässt sich nicht genau vorhersagen.
[2] **Priorisierung**: Gewichtung, Bewertung

Welche Folgen hat die Industrialisierung für Mensch und Umwelt im 19. Jh. und heute?*

1. *Beschreibe den Zusammenhang von M1 und M2.*
2. *Stelle die Kritikpunkte Anton Dorns an der geplanten Glashütte zusammen (M2).*
3. *Bewerte die Reaktionen auf die Umweltbelastungen aus damaliger und heutiger Sicht.*
4. *Vergleiche die damaligen Umweltprobleme mit den heutigen (M4).*
5. *Diskutiert, warum die Menschen im 19. Jh. nicht wie heute auf die Straße gingen (M3).*

Wer löst die Soziale Frage?

M 1 Am Eingang einer Berliner Suppenküche
Holzstich von I. G. Füllhaas, 1863
Öffentliche Einrichtungen zur Armenspeisung gab es in europäischen Großstädten seit dem Ende des 18. Jhs. Arme erhielten hier ein nahrhaftes, warmes Eintopfgericht aus einfachen Zutaten. Suppenküchen öffneten anfangs im Winter und bei Hungersnot nach Missernten, später gab es sie ganzjährig.

INFO 1 Soziales Elend

In der Ständegesellschaft besaßen die Menschen kaum persönliche Freiheiten. Auf dem Lande ergab sich aus der Grundherrschaft* ein gewisser Schutz vor Armut und Not. Mit der Auflösung der alten Gesellschafts- und Wirtschaftsordnung im ersten Drittel des 19. Jhs. fiel dieser Schutz weg. Das starke Bevölkerungswachstum vergrößerte das Risiko, in Not zu geraten. Gleichzeitig begann die **Industrialisierung** die Lebensbedingungen erheblich zu verändern, ohne schon genügend Arbeitsplätze und Wohnungen zu schaffen. Auch das Handwerk geriet durch die industrielle Konkurrenz unter Druck. Materielle Not, stark belastende Arbeitsbedingungen, Krankheit und Armut im Alter prägten das Leben vieler Menschen. Zeitgenossen bezeichneten das soziale Elend auf dem Land und in den neu entstandenen Industriegebieten als Pauperismus (lat. *pauper*: arm) und die Suche nach Lösungen der Probleme als **Soziale Frage**.

Marcus Gerber

INFO 2 Christliches Engagement

Die Kirchen reagierten auf die neuen Formen des sozialen Elends zunächst zurückhaltend. Manche Seelsorger sahen die Ursachen für die Armut in der Abkehr der Arbeiter und Unternehmer vom Glauben. Konkrete Hilfe kam von einzelnen Geistlichen: Der protestantische Pfarrer *Johann Hinrich Wichern* regte 1833 das „Rauhe Haus" in Hamburg an. Hier wurden Waisenkinder erzogen und ausgebildet. Der katholische Priester *Adolph Kolping* gründete Gesellenvereine, die jungen Handwerkern Unterkunft sowie Freizeit- und Weiterbildungsmöglichkeiten boten. Der erste Kolping-Verein entstand 1846 in Elberfeld, 1879 gab es rund 420 Vereine mit etwa 70 000 Mitgliedern. Bischof *Wilhelm Emmanuel Freiherr von Ketteler* aus Mainz förderte katholische Arbeitervereine, befürwortete Genossenschaften und billigte Streiks, um soziale Forderungen durchzusetzen. In einem Schreiben forderte der Papst 1891 vom Staat und den Unternehmern, die Lage der Schwächeren zu verbessern.

Marcus Gerber

M 2 Forderungen Kettelers

1869 hält Bischof Wilhelm Emmanuel von Ketteler auf der Liebfrauenheide bei Offenbach eine Rede, die seither als das „Grundgesetz" der christlichen Arbeiterbewegung gilt; darin sagt er:

Die erste Forderung des Arbeiterstandes ist eine dem wahren Wert der Arbeit entsprechende Erhöhung des Arbeiterlohnes. Diese Forderung ist [...] höchst billig[1]; auch die Religion fordert, dass die menschliche Arbeit nicht wie eine Ware behandelt und lediglich durch An- und Abgebot abgeschätzt werde. [...] Die zweite Forderung des Arbeiterstands ist die Verkürzung der Arbeitszeit. Die dritte Forderung [...] ist die Gewährung von Ruhetagen. Die vierte Forderung [...] ist das Verbot der Arbeit der Kinder in den Fabriken für die Zeit, in der sie noch schulpflichtig sind.

Zitiert nach: Geschichte der christlich-demokratischen und christlich-sozialen Bewegungen in Deutschland. Im Auftrag der Konrad-Adenauer-Stiftung hrsg. von Günther Rüther, Bonn 1984, Teil II, S. 206

[1] **billig**: angemessen, berechtigt

INFO 3 Was tun Unternehmer?

Auch einige Fabrikanten bemühten sich, die sozialen Probleme ihrer Arbeiter zu lindern. Unternehmer wie *Friedrich Krupp* oder *Werner von Siemens* ließen für ihre Arbeiter Werkswohnungen bauen. Dazu gründeten sie Unterstützungskassen für Krankheit und Invalidität für ihre Beschäftigten. Wie das kirchliche brachte auch das unternehmerische Engagement einige Erfolge, doch zur Lösung der **Sozialen Frage** reichte es nicht.

Marcus Gerber

M3 Vorteile einer Pensionskasse

Der Unternehmer und Erfinder Werner von Siemens in einem Brief vom 1. Dezember 1872:

Es ist aber [...] von höchster Wichtigkeit, einen festen Arbeiterstamm zu schaffen, und zwar umso mehr, je weiter die Arbeitsteilung und die Maschinenarbeit entwickelt werden. Dies soll nun wesentlich durch unsere Pensionskasse bewirkt werden. [...] Die Arbeiter rechnen sich infolgedessen schon jetzt aus, dass für jeden ca. 100 Taler Kapital vorhanden sind, die derjenige aufgibt, welcher fortgeht. Steht bei ihnen erst die Überzeugung unwandelbar fest, dass denen, die bei uns bleiben, die Sorge für ihr Alter und ihre Familien genommen ist, so werden sie dadurch fest an das Geschäft geknüpft, sie [...] werden sich Streiks widersetzen und haben eigenes Interesse am Gedeihen des Geschäftes. Namentlich die Frauen werden in diesem Sinne auf sie einwirken.

Werner von Siemens, Briefe. Aus einem reichen Leben, hrsg. von Friedrich Heintzenberg, Stuttgart 1953, S. 248ff.

M4 Krupp'sche Arbeiterkolonie Alt-Westend in Essen
Foto, um 1870
Die Wohnhäuser wurden ab 1863 gebaut. Die Wohnungen bestanden aus einer Wohnküche und einem Schlafraum, die Familien im Ober- und Untergeschoss teilten sich eine Toilette.

INFO 4 Was tut der Staat?

Mit dem sozialen Elend stieg die Eigentumskriminalität. Heimarbeiter wehrten sich gegen die schlechte Bezahlung ihrer Arbeit. Besonders bekannt wurde der Aufstand der schlesischen Weber von 1844, an dem sich Tausende Männer und Frauen beteiligten. Die preußische Regierung griff zur Gewalt: Soldaten schlugen die Aufstände nieder.

Unter dem Druck der Öffentlichkeit und aus Sorge vor sozialen Unruhen versuchten die Regierungen, große Missstände durch Gesetze und staatliche Kontrollen zu beseitigen. In Krisenzeiten linderten sie die Not durch Arbeitsbeschaffungsmaßnahmen im Schienen- und Straßenbau. Bis in die 1880er-Jahre sah der Staat in der Sozialpolitik keine seiner dauerhaften Aufgaben.[1] Die Fürsorge für Notleidende lag bei Städten und Gemeinden, die dafür jedoch nur geringe Mittel besaßen.

Marcus Gerber

[1] Zur Sozialpolitik Bismarcks und die Einführung der Kranken-, Unfall-, Invaliden- und Altersversicherung siehe S. 142f.

Was versteht man unter der Sozialen Frage und wer versucht sie wie zu lösen?*

1. *Beschreibe die verschiedenen Gruppen der Wartenden am Eingang der Berliner Suppenküche (M1) und informiere dich über die Gründe ihrer Not (INFO 1).*
2. *Nenne die Motive, weshalb sich Ketteler und Kolping in der Sozialen Frage engagierten (INFO 2 und M2).*
3. *Begründe, warum Unternehmer Pensionskassen (M3) einrichteten und Wohnungen (M4) für ihre Mitarbeiter bauten (INFO 3).*
4. *Vergleiche die Ansätze zur Lösung der Sozialen Frage von Kirchen und Unternehmern. Formuliere ein Gesamturteil.* (H)
5. *Beurteile, wie der Staat anfangs auf die Soziale Frage reagierte (INFO 4).*
6. *Recherchiere, was der Staat heute bei sozialen Problemen tut. Berichte in der Klasse.* (H)

Die Arbeiter helfen sich selbst

Lern-aufgabe

M 1 „Der Streik“
Ölgemälde (181 x 275 cm) von Robert Koehler, vor 1886
Im Streik, also der gemeinsamen Arbeitsniederlegung, sahen viele Arbeiter eine Möglichkeit, ihre Forderungen gegenüber den Unternehmern durchzusetzen.

INFO 1 „Proletarier aller Länder, vereinigt euch!“

Unter dem Eindruck der ausweglos erscheinenden Verhältnisse der Arbeiter zu Beginn der **Industrialisierung** veröffentlichten *Karl Marx* und *Friedrich Engels* 1848 ihr politisches Programm: das „Kommunistische Manifest“. Sie beschrieben die „Geschichte aller bisherigen Gesellschaften“ als eine „Geschichte von Klassenkämpfen“. Immer schon gab es einen Kampf zwischen der Klasse (lat. *classis*: Gruppe) der „Ausgebeuteten“ und der Klasse der „Ausbeuter“. Aktuell sahen Marx und Engels einen sich verschärfenden „Klassenkampf“ zwischen den Kapitalisten[1] und dem Proletariat, der besitzlosen Masse der Bevölkerung, in vollem Gang. Sie behaupteten, dass eine im Verlauf der Geschichte vorherbestimmte Revolution mit dem Sieg des Proletariats enden würde. Zusammen könne man die Klassengesellschaft überwinden und eine gleichmäßige Besitzverteilung im **Sozialismus** erreichen. Das gesellschaftliche Ziel sei der **Kommunismus**: eine klassenlose Gesellschaft, in der alle Produktionsmittel staatlich sind. Erst dann würde es keine Ausbeutung mehr geben und Frieden und Gerechtigkeit herrschen.

Marcus Gerber

INFO 2 Interessen gemeinsam vertreten

Um ihre Lebens- und Arbeitsbedingungen zu verbessern und sich gegen Ausbeutung zu wehren, schlossen sich Fabrikarbeiter in den deutschen Staaten schon in der ersten Hälfte des 19. Jhs. zu Arbeiterbildungs- und Unterstützungsvereinen zusammen. Wegen der Vereins- und Versammlungsverbote hatten ihre Zusammenschlüsse nach 1849 kaum Bestand. Erst als Liberale, Demokraten und Kirchenvertreter in den 1860er-Jahren Arbeitervereine wegen der **Sozialen Frage** förderten, entstanden nach britischem Vorbild einzelne Berufsverbände der Drucker, Zigarrenarbeiter oder der Metall-, Holz- und Bergarbeiter. Sie forderten gerechte Löhne, den Zehn-Stunden-Arbeitstag und Versicherungsschutz bei Krankheit, Unfall und Arbeitslosigkeit. Aus diesen Anfängen entstanden Gewerkschaften, die sich Ende der 1860er-Jahre als überregionale Verbände organisierten. Wichtigstes Mittel, um ihren Forderungen gegenüber den Fabrikherren durchzusetzen, waren Streiks. Obwohl die Gewerkschaften zeitweise verboten waren, hatten die freien, sozialistischen Gewerkschaften die meisten Mitglieder, daneben gab es aber auch christliche und liberale Gewerkschaften. In unmittelbarer Auseinandersetzung mit den Unternehmern erreichten die Gewerkschaften nach und nach eine Verbesserung der sozialen Lage der Arbeiter.

Marcus Gerber

---

[1] **Kapitalisten**: Unternehmer, die Kapital (Maschinen, Fabrikhallen, Geld, Fahrzeuge etc.) besitzen; sie wurden auch „Bourgeoisie“ bezeichnet (siehe S. 70, M2, Anm. 1). Im Kapitalismus bestimmen sie nicht nur Angebot und Nachfrage von Produkten, sondern die gesamte Wirtschafts- und Gesellschaftsordnung.

Lesetipp:
Hans-Christoph Liess, Karl Marx und der Fluch des Geldes, Würzburg 2017

M2 „Organisieren Sie sich …“

Ferdinand Lasalle fordert am 1. März 1863:

Der Arbeiterstand muss sich als selbständige politische Partei konstituieren[1] […]. […] Organisieren Sie sich als ein Allgemeiner deutscher Arbeiterverein zu dem Zweck einer gesetzlichen und friedlichen, aber unermüdlichen, unablässigen Agitation[2] für die Einführung des allgemeinen und direkten Wahlrechts in allen deutschen Ländern. Von dem Augenblicke an, wo dieser Verein auch nur 100 000 deutsche Arbeiter umfasst, wird er bereits eine Macht sein, mit welcher jeder rechnen muss.

Zitiert nach: www.gewerkschaftsgeschichte.de/downloads/e_01_dok_12_antwort.pdf (Zugriff: 03. 11. 2019)

[1] **konstituieren**: gründen, ins Leben rufen
[2] **Agitation**: politische Aufklärungsarbeit

INFO 3 Von den Arbeitervereinen zur SPD

Innerhalb der Arbeiterbewegung gab es Stimmen, die den **Sozialismus** auf revolutionäre und/oder demokratische Weise durchsetzen wollten. Der Journalist *Ferdinand Lassalle* sorgte dafür, dass die sozialistische Arbeiterbewegung in den 1860er-Jahren in Deutschland zu einer Partei wurde. Er setzte sich für Demokratie* und für den Aufbau staatlich organisierter Genossenschaften ein. Unter seiner Führung entstand 1863 in Leipzig der *Allgemeine Deutsche Arbeiterverein* (ADAV). Sechs Jahre später gründeten der Drechsler *August Bebel* und der Journalist *Wilhelm Liebknecht* in Eisenach die *Sozialdemokratische Arbeiterpartei* (SDAP). 1875 schlossen sich ADAV und SDAP in Gotha zur *Sozialistischen Arbeiterpartei Deutschlands* zusammen, die seit 1890 *Sozialdemokratische Partei Deutschlands* (SPD) heißt. Die Arbeiterbewegung wurde von Teilen des Bürgertums* verachtet und gefürchtet und vom Staat zwischen 1878 und 1890 verfolgt und unterdrückt.[1] Marx und Engels kritisierten die Sozialdemokraten als zu wenig klassenbewusst und kämpferisch.

Marcus Gerber

[1] Lies dazu S. 138 f.

M3 Das Gothaer Programm

Auf dem Gründungsparteitag der Sozialistischen Arbeiterpartei Deutschlands von 1875 werden u. a. folgende Forderungen beschlossen:

I. Die Arbeit ist die Quelle allen Reichtums und aller Kultur, und da allgemein nutzbringende Arbeit nur durch die Gesellschaft möglich ist, so gehört der Gesellschaft, das heißt allen ihren Gliedern, das gesamte Arbeitsprodukt, bei allgemeiner Arbeitspflicht, nach gleichem Recht, jedem nach seinen vernunftgemäßen Bedürfnissen.
In der heutigen Gesellschaft sind die Arbeitsmittel Monopol der Kapitalistenklasse […]. Die Befreiung der Arbeit erfordert die Verwandlung der Arbeitsmittel in Gemeineigentum der Gesellschaft. […]
Die sozialistische Arbeiterpartei Deutschlands fordert als Grundlagen des Staates:
1. Allgemeines, gleiches, direktes Wahl- und Stimmrecht […]
2. Direkte Gesetzgebung durch das Volk. […]
5. Verbot der Kinderarbeit und aller die Gesundheit und Sittlichkeit schädigenden Frauenarbeit.
[…]
6. Schutzgesetze für Leben und Gesundheit der Arbeiter.

Zitiert nach: www.spd-trier-mitte.de/dl/Das_Gothaer_Programm.pdf (Zugriff: 03. 11. 2019)

Was unternimmt die Industriearbeiterschaft, um ihre Lage zu verbessern? Verfasst unterschiedliche Artikel für eine Arbeiterzeitung und eine konservative Zeitung.

1. *Beschreibt die dargestellte Stimmung auf dem Bild (M1). Nennt mögliche Ursachen für den Streik.* (H)
2. *Erarbeitet die wesentlichen Schritte, die nach Marx und Engels zum Kommunismus* führen (INFO 1), und stellt sie in einem Schaubild dar.*
3. *Erklärt, wie Lasalle die Macht der Arbeiter im Unterschied zu den Gewerkschaften stärken will (M2 und INFO 3).*
4. *Diskutiert, inwieweit die Sorge des Bürgertums* und der Regierungen vor der Sozialdemokratie begründet erschien (M3 und INFO 3). Welche Rolle spielten dabei der Sozialismus* und der Kommunismus*?* (H)
5. *Verfasst nun einen Artikel für eine Arbeiterzeitung mit dem Titel „Arbeiter, helft euch selbst!“ oder für eine konservative Zeitung mit dem Titel „Die Gefahr durch die Arbeiter wächst!“. Vergleicht eure Texte und prüft, ob sie sich für die jeweiligen Leser eignen.* (H)

1840er-Jahre: Anfänge der deutschen Arbeiterbewegung
1863: Allgemeiner Deutscher Arbeiterverein
1869: Sozialdemokratische Arbeiterpartei
1875: Sozialistische Arbeiterpartei Deutschlands
1890: Sozialdemokratische Partei Deutschlands
1800 1850 1900

Kinderarbeit – damals und heute

M1 In einer Baumwollspinnerei
Stich von 1840

M2 Kinderarbeit: In der Fabrik …

Der Direktor des öffentlichen Unterrichts am Niederrhein, Karl August Friedrich Grashoff, berichtet 1815 über die Lage von Fabrikkindern in Preußen:

Kinder von sechs Jahren werden bereits hinter die Maschinen gestellt, um dort selbst zur Maschine zu werden. Sechs Tage lang in jeder Woche, wenn nicht ein eintretender Feiertag eine Ausnahme macht, und auch wohl bei dringender Arbeit – sieben Tage, und jeden Tag von früh morgens bis spät abends bewegt der Knabe in derselben Stellung dieselben Maschinen unaufhörlich zu demselben Geschäft. […] Dass diese […] Kinder keine Schule besuchen, liegt in der Natur der Sache. Wann sollen sie die Zeit dazu gewinnen?

Zitiert nach: Siegfried Quandt (Hrsg.), Kinderarbeit und Kinderschutz in Deutschland 1783 - 1976. Quellen und Anmerkungen, Paderborn 1978, S. 21

M3 … und auf dem Land

Der württembergische Wirtschaftspolitiker Moritz Mohl schreibt 1828 über die Situation von Kindern in armen ländlichen Gebieten:

Bei dem kleinen Grundbesitz ihrer Eltern […] müssen sie Sommers mühselig Futter für Vieh an Straßen und Hecken, Winters Brennmaterial in Feld und Wald sammeln, vielleicht stehlen und wehe ihnen, wenn sie mit leeren Händen zurückkehrten! Noch unerwachsen müssen Knaben in Weingegenden Bütten voll Erde den Berg hinan, […] kleine Mädchen schon Futterbündel und andere Lasten schleppen und häufig zeigen ein verkrüppelter Körperbau und bleibende körperliche Verletzungen die schädlichen Folgen einer solchen der Entwicklung der Kräfte unangemessenen Anstrengung.

Zitiert nach: Siegfried Quandt (Hrsg.), a.a.O., S. 34f.

INFO Wo bleibt der Kinderschutz?

Heute dürfen Kinder in Deutschland unter 16 Jahren mit wenigen Ausnahmen nicht arbeiten. In vorindustrieller Zeit galt ein Kind nur etwa bis zum siebten Lebensjahr als besonders hilfebedürftig. Erst in der Aufklärung* verbreitete sich der Gedanke, dass die Kindheit eine längere Phase ist, in der sich Kinder besonders geschützt entwickeln sollen. Allerdings setzte sich diese Idee nur langsam durch – und fand im Verlauf der **Industrialisierung** kaum Beachtung.

Die Beschäftigung von Kindern brachte Unternehmern große Vorteile: Sie waren billiger und geschickter als Erwachsene. 1819 wurde in England die Anstellung von Kindern unter neun Jahren in Baumwollfabriken verboten und die Arbeitszeit von unter Sechzehnjährigen auf zehn Stunden täglich begrenzt. In Deutschland ging Preußen 1839 mit einem Fabrikgesetz zum Schutz von Kindern voran. Bayern folgte mit ähnlichen Bestimmungen ein Jahr später. So durften Kinder erst nach dem 9. Lebensjahr in Fabriken arbeiten und bis zum 12. Lebensjahr sollte die tägliche Arbeitszeit maximal zehn Stunden betragen. Unternehmer und Betroffene verstießen gegen die Bestimmungen. Die einen, um Gewinne zu machen, die anderen, um ihr Überleben zu sichern.

1891 verbot im Deutschen Reich das Arbeitsschutzgesetz die Beschäftigung von Kindern unter 13 Jahren in Fabriken. In anderen Bereichen blieb die Beschäftigung von Kindern aber noch lange üblich.

Marcus Gerber

Lesetipp:
Manfred Mai, Das verkaufte Glück. Der lange Weg der Schwabenkinder, Ravensburg [4]2015

Medientipps:
Informationen über Kinderarbeit heute findest du unter **31063-39**.

M 4 Warum arbeiten Kinder heute?

Das Kinderhilfswerk „terres des hommes" nennt u. a. folgende Ursachen:

Materielle Armut ist eine Ursache für ausbeuterische Kinderarbeit.[1] Kinderarbeit ist allerdings auch eine Ursache für Armut: Wer von klein auf schuftet und niemals zur Schule geht, wird sein Leben als Tagelöhner fristen. Hinter dem Begriff der Armut verbergen sich politische, soziale und ökonomische Faktoren, die auch Kinderarbeit verursachen:

- Regierungen vernachlässigen Bildungssysteme. Es gibt keine Grundschule in erreichbarer Nähe. [...] Schulgebühren oder Kosten für Bücher oder Uniformen schließen Kinder aus armen Familien aus.
- [...] [D]ie Elterngeneration erkrankt und stirbt. Staatliche oder private Hilfe ist nicht vorhanden oder unzureichend. Kinder sind auf sich allein gestellt. [...]
- Erwachsene sind arbeitslos. Arbeitgeber zahlen keine Existenz sichernden Löhne.
- Frauen und Mädchen werden als minderwertig angesehen. Als Folge wird dem Schulbesuch von Mädchen kein Wert beigemessen, sie gelten von klein auf als Arbeitskraft ohne Rechte und ohne Stimme.

Zitiert nach: www.tdh.de/was-wir-tun/arbeitsfelder/kinderarbeit/warum-arbeiten-kinder (Zugriff: 04. 11. 2019)

[1] Unter ausbeuterischer Kinderarbeit wird verstanden: Arbeit von Kindern unter 13 Jahren, illegale Tätigkeiten, die die Gesundheit, die Sicherheit oder Sittlichkeit gefährden, Sklaverei, Zwangsarbeit, Kinderprostitution und Einsatz von Kindern als Soldaten.

M 5 Was ist Kinderarbeit, was ist Ausbeutung?

Auf der Homepage des Kinderhilfswerks „terres des hommes" heißt es dazu:

Kinderarbeit ist nicht grundsätzlich ausbeuterisch: Mädchen und Jungen arbeiten mit und lernen dabei zum Beispiel durch Mithilfe im elterlichen Haushalt, auf dem Hof oder im Handwerksbetrieb. Durch Mithilfe und Arbeit werden wichtige gesellschaftliche Werte vermittelt wie zum Beispiel Zusammenarbeit und Einsatz für die Gemeinschaft. [...]

Ausbeuterische Kinderarbeit hingegen verletzt die Rechte eines Kindes. Viele Kinder verlieren sogar ihr Leben durch Arbeit: Nach Angaben der IAO[1] sterben jedes Jahr etwa 22 000 Kinder und Jugendliche bei Arbeitsunfällen. Nach der Erfahrung von *terre des hommes* gilt: Je weniger Rechte ein einzelnes Kind in seiner Familie oder Bevölkerungsgruppe hat, desto größer ist die Gefahr, dass es ausgebeutet wird.

Zitiert nach: www.tdh.de/was-wir-tun/arbeitsfelder/kinderarbeit/was-ist-ausbeutung (Zugriff: 04. 11. 2019)

[1] **IAO**: Internationale Arbeitsorganisation

Wo Kinder und Jugendliche zwischen fünf und 17 Jahren als KinderarbeiterInnen tätig sind

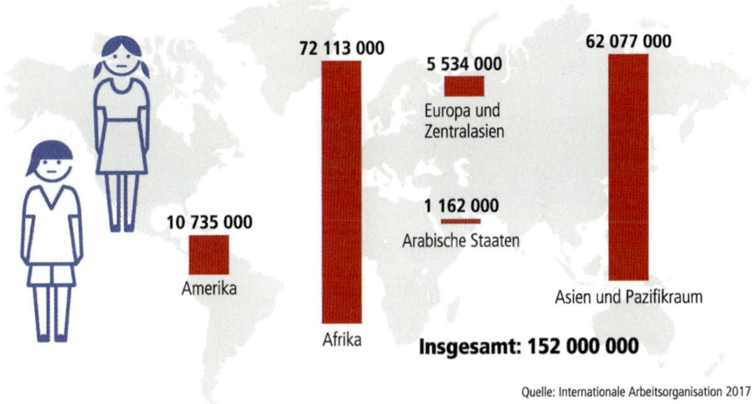

Quelle: Internationale Arbeitsorganisation 2017

M 6 Kinderarbeit heute – weltweit

218 Millionen Kinder sind in Beschäftigung; darunter sind 152 Millionen Opfer von Kinderarbeit. Fast die Hälfte, 73 Millionen, arbeiten unter gefährlichen Bedingungen. Kinderarbeit wird hauptsächlich dem landwirtschaftlichen Sektor zugeschrieben (71 Prozent), 17 Prozent dem Dienstleistungssektor und 12 Prozent dem industriellen Sektor. Fast die Hälfte der 152 Millionen Kinder in Kinderarbeit sind im Alter von 5 bis 11.

Nach: www.humanium.org/de/kinderarbeit-definition (Zugriff: 04. 11. 2019)

Welche Ursachen und Folgen hatte die Fabrikarbeit von Kindern früher, welche hat sie heute? Bedeutete die Industrialisierung eine Verschlechterung der Lage der Kinder?*

1. *Beschreibe die in M1 dargestellte Situation und verfasse ein Gespräch zwischen den beiden Kindern im Vordergrund.* (H)
2. *Vergleiche die Situation von Kindern, die in der Fabrik oder in der Landwirtschaft arbeiten mussten (M2 und M3).*
3. *Beurteile die staatlichen Regelungen zur Kinderfabrikarbeit (INFO).*
4. *Zeige auf, welche Gründe es für die Arbeit von Kindern im 19. Jh. gab (INFO). Vergleiche mit der Kinderarbeit heute (M4 bis M6).*
5. *Diskutiert, was heute gegen ausbeuterische Kinderarbeit unternommen werden kann. Welche Bedeutung kommt dabei dem internationalen Gedenktag gegen Kinderarbeit am 12. Juni zu?*

Das weiß ich! – Gelerntes sichern

M 1 Fahne der Sozialdemokraten
Die Traditionsfahne der Sozialdemokraten entstand um 1870 und misst 185 x 169 cm.

Auf einen Blick: Industrialisierung und Soziale Frage

Die von England ausgehende **Industrialisierung** brachte im 19. Jh. tief greifende Veränderungen der Arbeitsverhältnisse und der Gesellschaft durch den Einsatz von Maschinen. Die Gründe für den Beginn der Industrialisierung in England waren vielfältig: Persönliche Freiheitsrechte, Rechtssicherheit und ein großer Binnenmarkt ohne Zollschranken erleichterten es Unternehmern, wirtschaftlich aktiv zu werden. Der Ausbau von Häfen, Kanälen und Straßen sowie die Erfindungen beschleunigten und verbilligten die Produktion und den Transport von Waren. Dazu besaß England Eisenerz- und Steinkohlevorkommen für die Herstellung von Industriegütern sowie Kolonien für den Bezug von Rohstoffen (z. B. Baumwolle) und den Absatz von Fertigwaren (z. B. Textilien). Eine wachsende Bevölkerung stellte Arbeitskräfte für die neuen Fabriken zur Verfügung und beförderte die Nachfrage nach Konsumgütern. Davon profitierte zunächst vor allem die Textilindustrie, in der es viele technische Neuerungen gab. Zur Schlüsseltechnologie der Industrialisierung wurde die Dampfmaschine, die Maschinen und Werkzeuge antrieb. Das Zusammenwirken der Faktoren führte zu einem enormen Wirtschaftswachstum.

In den meisten deutschen Staaten setzte die Industrialisierung erst um die Mitte des 19. Jh. ein. Das lag an den zum Teil rückständigen politischen, wirtschaftlichen und sozialen Verhältnissen. Auslöser für den wirtschaftlichen Aufbruch waren hier Reformen wie die Abschaffung der Zünfte und die Gewährung der Gewerbefreiheit. Eine zentrale Rolle spielte der Eisenbahnbau. Wie in England blieb die Industrialisierung zunächst auf die Regionen mit reichhaltigen Kohle- und Eisenerzvorkommen beschränkt. Das waren neben dem Ruhrgebiet Gebiete in Oberschlesien und an der Saar. Der Mangel an Rohstoffen und die Zurückhaltung der Regierung gegenüber schnellen Veränderungen trugen dazu bei, dass in Bayern die Industrialisierung zunächst zurückblieb. Ausnahmen waren Städte wie Nürnberg, Augsburg oder München, in denen große Industriebetriebe entstanden.

Lange Arbeitszeiten, Hitze, Lärm, Schmutz und die Gefahren durch die Maschinen bestimmten die Fabrikarbeit. Die Löhne waren niedrig. Vor allem Frauen und Kinder galten als billige Arbeitskräfte. Durch die Industrialisierung entstanden soziale Probleme wie Wohnungsnot. Kinderarbeit und mangelnde soziale Absicherung bei Krankheit und im Alter führten zur **Sozialen Frage**. Die Regierungen griffen kaum in die Arbeitswelt ein. Sie schränkten lediglich die Kinderarbeit und die tägliche Arbeitszeit ein. In den Kirchen boten Geistliche wie Kolping und Wichern jungen Arbeitern Hilfe an. Unternehmer wie Krupp oder Siemens richteten Unterstützungskassen ein und bauten Wohnungen für ihre Arbeiter. Für die Mehrheit der Fabrikarbeiter änderte sich dadurch kaum etwas. Sie begannen, sich selbst zu organisieren, gründeten Gewerkschaften und Arbeitervereine, aus denen die Sozialdemokratische Partei Deutschlands hervorging. Führende Vertreter der Arbeiterbewegung wie Karl Marx und Friedrich Engels erwarteten eine Revolution, die zum **Sozialismus** und **Kommunismus** führen sollte.

Marcus Gerber

Französische Revolution | Zeitalter Napoleons | Deutscher Bund

1760 | 1770 | 1780 | 1790 | 1800 | 1810 | 1820 | 1830

Beginn der Industrialisierung in England

M2 Merkmale der Industrialisierung in England – Aussagen kombinieren

Technische Neuerungen wie die „Spinning Jenny" oder der mechanische Webstuhl ...	... weil sie dauerhaft und gleichmäßig Antriebskraft liefern konnten.
In Fabriken kamen Dampfmaschinen zum Einsatz, ...	... versorgte die Industrie mit billigen Arbeitskräften.
Die Industriebetriebe ließen sich dort nieder, ...	... erhöhte die Nachfrage nach Eisenerz und Kohle.
Die neuen Transportmittel Eisenbahn und Dampfschiff ...	... verbreiteten sich schnell und führten zu einer Erhöhung der Produktion.
Die wachsende Bevölkerung ...	... wo es Eisenerze und Kohlevorkommen gab.
Der Bau von Maschinen, Fabrikgebäuden, Brücken und Schienenstrecken ...	... verbilligten und beschleunigten den Transport von Rohstoffen und Waren.

M3 Soziale und politische Folgen der Industrialisierung erklären – Gruppenarbeit

- Fabrik
- Kinderarbeit
- Gewerkschaft
- Verstädterung
- Kolpingverein
- Streik
- Soziale Frage*
- Werkswohnung
- Sozialismus*
- Arbeiterbewegung
- Bourgeoisie[1] und Proletariat

[1] **Bourgeoisie**: Siehe S. 70, M2, Anm. 1.

---

❶ *In der Mitte der Fahne (M1) sind Hände zu sehen. Informiere dich über die symbolische Bedeutung des Händedrucks und berichte, was sie mit der Arbeiterbewegung zu tun haben.*

❷ *Die Aussagen zu den Merkmalen der Industrialisierung* in England in der linken Tabellenhälfte von M2 sind unvollständig. Bestimme die passenden Ergänzungen rechts.*

❸ *Bildet Gruppen mit vier bis fünf Schülern. Jede Gruppe notiert die Begriffe aus M3 auf Karteikarten. Formuliert in eurer Gruppe Erklärungen zu den Begriffen. Sucht euch eine zweite Gruppe und befragt euch nun gegenseitig. Dazu zieht jedes Mitglied aus einer Gruppe verdeckt einen Begriff aus dem Stapel der anderen Gruppe und versucht ihn zu erklären. Gelingt das, erhält die Gruppe einen Punkt. Kann der Schüler oder die Schülerin den Begriff nicht richtig erklären, darf er oder sie jemanden aus der anderen Gruppe bestimmen, der ihn erklären muss. Erst wenn das gelingt, erhält diese Gruppe den Punkt.*

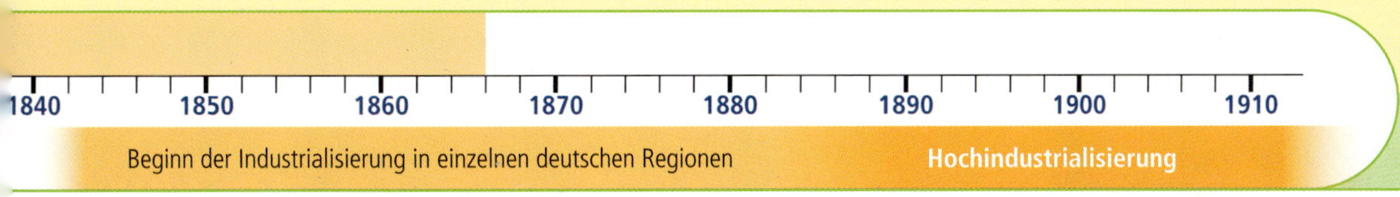

Das kann ich! – Geberntes anwenden

M1 „Ein Gespenst geht um …“

Karl Marx und Friedrich Engels veröffentlichen 1848 das „Manifest der Kommunistischen Partei“. Es wird aber erst seit den 1870er-Jahren durch die Sozialdemokraten stark verbreitet; hier einige Auszüge:

Ein Gespenst geht um in Europa – das Gespenst des Kommunismus […].

Unsere Epoche, die Epoche der Bourgeoisie[1], zeichnet sich […] dadurch aus, dass sie die Klassengegensätze vereinfacht hat. Die ganze Gesellschaft spaltet sich mehr und mehr in zwei große feindliche Lager […]: Bourgeoisie und Proletariat […].

Die Arbeiter beginnen damit, Koalitionen gegen die Bourgeoisie zu bilden; sie treten zusammen zur Behauptung ihres Arbeitslohns. Sie stiften selbst dauernde Assoziationen[2], um sich für diese gelegentlichen Empörungen zu verproviantieren[3] […].

[Der] erste Schritt in der Arbeiterrevolution [ist] die Erhebung des Proletariats zur herrschenden Klasse, die Erkämpfung der Demokratie […]. Das Proletariat wird seine politische Herrschaft dazu benutzen, der Bourgeoisie nach und nach alles Kapital zu entreißen […]. Es kann dies natürlich zunächst nur geschehen vermittels despotischer[4] Eingriffe in das Eigentumsrecht und in die bürgerlichen Produktionsverhältnisse […].

Mögen die herrschenden Klassen vor einer kommunistischen Revolution zittern. Die Proletarier haben nichts in ihr zu verlieren als ihre Ketten. Sie haben eine Welt zu gewinnen. Proletarier aller Länder, vereinigt euch!

Zitiert nach: Theo Stammen und Alexander Classen (Hrsg.), Karl Marx. Das Manifest der kommunistischen Partei, Paderborn 2009, S. 66 f., 74, 84 und 96

[1] **Bourgeoisie**: Siehe S. 70, M2, Anm. 1.
[2] **Assoziation**: Vereinigung
[3] **verproviantieren**: mit Proviant (Vorräten etc.) versorgen
[4] **despotisch**: rücksichtslos

M2 Die Firma Krupp und Essen

Die Firma Krupp war führend in der Stahlindustrie, sie stellte Schienen, Achsen, Walzen, nahtlose Eisenbahnreifen, Kanonen, Geschützrohre und andere Rüstungsgüter her.

Jahr	Belegschaft der Firma	Einwohner der Stadt
1830	8	5457
1840	60	6325
1850	241	8734
1860	1785	18435
1870	7172	43528
1915	69447	ca. 360000

Ulrich Borsdorf/Sigrid Schneider, Ein gewaltiger Betrieb: Fabrik und Stadt auf den Krupp'schen Fotografien, in: Klaus Tenfelde (Hrsg.), Bilder von Krupp. Fotografie und Geschichte im Industriezeitalter, München 1994, S. 123 (Auszug)

M3 Ausgaben einer Berliner Facharbeiterfamilie um 1889

Das Einkommen der Facharbeiterfamilie (Ehepaar und zwei Kinder) betrug 1 700 Mark im Jahr. Sie wohnte zur Miete in einem Zimmer mit Küche.

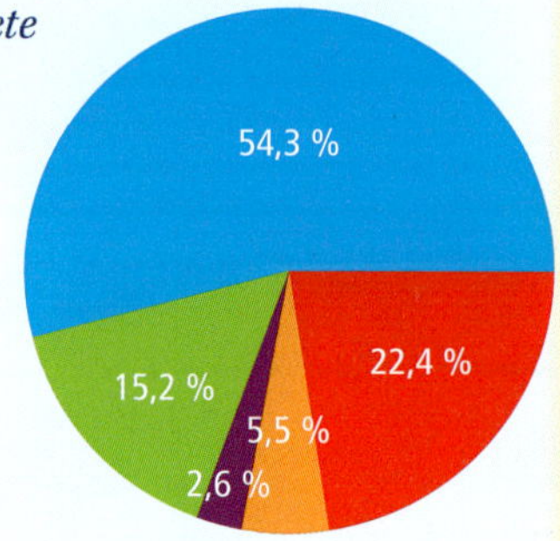

Nach: Hans J. Teuteberg und Clemens Wischermann, Wohnalltag in Deutschland, 1850-1914, Münster 1985, S. 150

M4 Konsumausgaben privater Haushalte 2017

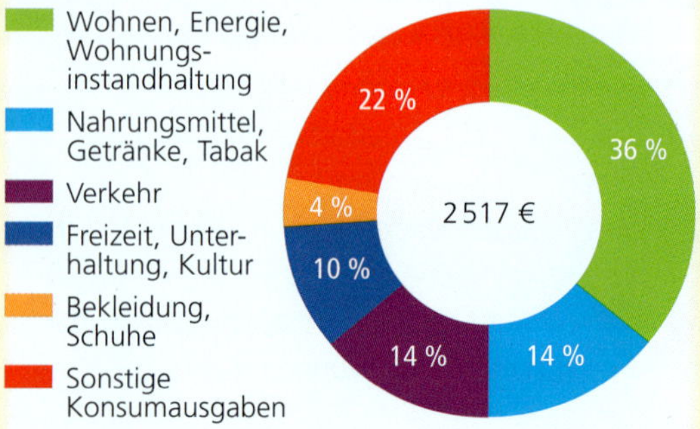

Statistisches Bundesamt (Destatis), 2018

M5 Gibt es eine „Neue Soziale Frage“?

In einem aktuellen Politik-Lexikon heißt es dazu:

In den letzten Jahren hört man öfters den Begriff „Neue Soziale Frage“. Damit sind die sozialen Probleme gemeint, die unsere heutige Gesellschaft kennzeichnen. Dazu zählen neue Formen der Armut, die Ausgrenzung bestimmter Gruppen der Gesellschaft oder auch die Schwierigkeiten, die alte Menschen oder alleinstehende Mütter haben.

Zitiert nach: https://www.hanisauland.de/lexikon/s/soziale_frage.html (Zugriff: 18. 11. 2019)

M6 Was geschieht, wenn die Roboter kommen?

In einem Artikel der Wochenzeitung „DIE ZEIT“ vom 26. April 2018 heißt es:

Jack Ma, Chef des chinesischen E-Commerce-Konzerns Alibaba, erwartet, dass Computermaschinen in den nächsten drei Jahrzehnten bis zu 800 Millionen Jobs weltweit überflüssig machen. Und das Global Institute von McKinsey sagt, bis zu einem Drittel der deutschen Berufstätigen müsse bald eine neue Beschäftigung finden. Zu einem noch radikaleren Ergebnis kam ein viel gelesener Wirtschaftstheoretiker: Karl Marx. Im Maschinenfragment sagte der Vater des Kommunismus voraus, die unausweichliche Automation werde alle menschliche Arbeitskraft ersetzen – und damit zum Zusammenbruch des Kapitalismus[1] führen. Niemand weiß, welche Prognose zutrifft. Bislang hat die Digitalisierung […] noch alle Gewissheiten aufgelöst. Das führt zu Unruhe, zu Sorgen und Skepsis, die bis ins Politische reicht. Der Umbruch aber läuft.

Zitiert nach: Uwe Jean Heuser u. a., Was machen wir morgen?, in: Die Zeit vom 26. April 2018

[1] **Kapitalismus**: Siehe S. 116, Anm. 1

M7 Warteschlange vor der Ausgabestelle einer „Tafel“
Foto aus Augsburg von 2015
„Tafeln“ sind gemeinnützige Hilfsorganisationen, die Lebensmittel, welche im Wirtschaftskreislauf nicht mehr verwendet und ansonsten vernichtet werden würden, an Bedürftige verteilen oder gegen geringes Entgelt abgeben. Die erste „Tafel“ wurde 1993 in Berlin gegründet. Im Jahr 2019 betrug ihre Zahl ca. 1 000. Etwa 1,65 Mio. Menschen in Deutschland holten sich dort regelmäßig Lebensmittel.

M8 Roboter mit künstlicher Intelligenz – ein Partner des Menschen?
Foto von 2018

---

1. *Arbeitet aus dem „Manifest“ (M1) heraus, warum und wie die Arbeiter nach Marx und Engels die politische und gesellschaftliche Macht erringen werden.*
2. *Erstelle zu M2 ein Liniendiagramm. Begründe, warum die Grafik sich eignet, den Zusammenhang zwischen der Industrialisierung* und der Verstädterung aufzuzeigen.* (H)
3. *Untersucht die Angaben in den Kreisdiagrammen M3 und M4 nach Gemeinsamkeiten und Unterschieden. Welche Rückschlüsse können auf den Lebensstandard damals und heute gezogen werden?*
4. *Diskutiert die Frage, ob es in Deutschland eine „Neue Soziale Frage“ gibt (M5 und M7).*
5. *Zeitungsartikel (M6) und die Fotos (M8 und S. 97, M4) thematisieren aktuelle Herausforderungen der Digitalisierung. Nehmt dazu Stellung. Inwiefern sind sie mit der Industrialisierung vergleichbar?*

5

Das Deutsche Kaiserreich

Das 1883 fertiggestellte Niederwald-Denkmal war um 1900 ein sehr beliebter „Wallfahrtsort" für Vereins- und Familienausflüge aus allen Teilen Deutschlands. Das änderte sich nach den zwei Weltkriegen. Erst seitdem das Denkmal 2002 von der UNESCO als Welterbe geführt wird, lockt es wieder alljährlich zigtausend Touristen an. Was veranlasst Reisende heute, dieses monumentale Denkmal zu besuchen? Woran erinnert es überhaupt? Was bedeuten Lage, Figuren und Inschriften? Erst wer sich die Mühe macht, diesen Fragen nachzugehen, wird das Denkmal historisch einordnen, es verstehen und dazu die Aussicht auf den Landschaftspark Niederwald genießen können.[1]

1. *Beschreibe das Niederwald-Denkmal. Welchen Eindruck macht es auf dich? Es handelt sich um ein Nationaldenkmal aus dem Deutschen Kaiserreich. Gib dazu eine mögliche Erklärung ab.*
2. *Recherchiert in Partnerarbeit weitere deutsche und französische Nationaldenkmäler. Stellt sie in kurzen Beiträgen vor.*
3. *Diskutiert über Wirkung und Zweck von Nationaldenkmälern.*

[1] Siehe dazu S. 141.

M 1 Das Niederwald-Denkmal bei Rüdesheim am Rhein
Foto vom 16. Mai 2019
Das insgesamt 38,2 m hohe Denkmal steht auf einer Aussichtsplattform. Die Front ist dem Rhein zugewandt.

Orientierung in Raum und Zeit

M 1 Der Abschied der Krieger
Seitenrelief des Niederwald-Denkmals, um 1883 (Ausschnitt)

M 2 Zur Zukunft Deutschlands

In einem Lexikonartikel über „Deutschland" aus dem Jahre 1854 heißt es:

Kein besonnener Mann erwartet wohl je in aller Zukunft einen einheitlichen deutschen Staat, das verbietet die Gegenwirkung des Auslandes, der Gegensatz der Katholiken und Protestanten, die Macht Preußens, die noch vorhandene Eigentümlichkeit der süddeutschen und norddeutschen Stämme, aber ein stärkerer deutscher Bund ist recht wohl denkbar, ein Bund, der die nationalen Lebensbedürfnisse (nationales Recht, nationale Ökonomie, nationale Politik) befriedigt und dem Spotte der Fremden über Deutschland ein Ende macht.

Artikel „Deutschland", in: Herders Conversations-Lexikon, Bd. 2, Freiburg i. Br. 1854, S. 364

Das Kaiserreich: Deutschland unter preußischer Führung

Nach der gescheiterten Revolution von 1848/49* hatte keiner – nicht einmal der spätere preußische Ministerpräsident und Reichskanzler **Otto von Bismarck** – an ein Deutsches Reich unter einer Krone geglaubt. Als dann die Soldaten der mit Preußen verbündeten Staaten gegen Frankreich in den Krieg zogen, ahnten sie nicht, dass am 18. Januar **1871** das **Deutsche Kaiserreich** in Versailles ausgerufen würde, an dessen Spitze der preußische König Wilhelm als Kaiser Wilhelm I. stehen sollte. Wie war das möglich? Was war das für ein Reich, dem 25 Bundesländer angehörten und das in den folgenden Jahrzehnten zu einer europäischen Großmacht, einem führenden Industriestandort und einer beeindruckenden Kulturnation wurde? Wie passte es zusammen, dass die Gesellschaft des Kaiserreichs relative soziale Sicherheit und sogar parlamentarische Mitbestimmungsrechte genoss, dieser Staat aber andererseits zunehmend militaristisch, nationalistisch und obrigkeitsstaatlich geprägt wurde?

Andreas Weindl

Filmtipp:
Deutschland auf dem Weg zum Nationalstaat 1815-1871. Ein Film von Carola Hoffmann und Anne Roerkohl, 2010

Auf die gestellten sowie auf die folgenden Fragen wirst du am Ende dieses Großkapitels Antworten geben können:

- *Warum wird im Zusammenhang mit der Gründung des Deutschen Kaiserreiches 1871* von einer Reichsgründung „von oben" gesprochen?*
- *Weswegen haderte Bayern mit dem Beitritt zum Kaiserreich?*
- *Welche Möglichkeiten der politischen Mitbestimmung enthielt die Reichsverfassung?*
- *Wie und warum bediente sich Bismarck* bei der Lösung der Sozialen Frage* einer Doppelstrategie?*
- *Inwiefern stand das Deutsche Kaiserreich vor 1914 im Spannungsfeld von Obrigkeitsstaat und moderner Massengesellschaft?*
- *Wie sahen einzelne Bereiche des gesellschaftlichen Lebens um die Jahrhundertwende aus?*

1750 — 1800

1806: Ende des Heiligen Römischen Reiches Deutscher Nation

1815: Wiener Kongress

M 3 Deutsches Reich 1815 bis 1871
Abkürzungen: Kgr. = Königreich; **Erzhzm.** = Erzherzogtum; **Ghzm.** = Großherzogtum; **Hzm.** = Herzogtum

M 4 „Muttersprachen" im Deutschen Reich um 1900

	in Millionen
Deutsch	51,883
Polnisch	3,086
Französisch	0,212
Masurisch[1]	0,142
Dänisch	0,141
Litauisch	0,106
Kassubisch[2]	0,100
Sorbisch[3]	0,093
Holländisch	0,080
Mährisch[4]	0,064
Sonstige	0,460

Nach: Statistisches Jahrbuch für das Deutsche Reich, Berlin 1906, S. 5

[1] **Masuren**: slawische Volksgruppe im südlichen Ostpreußen
[2] **Kassuben**: slawische Volksgruppe in Pommern und Westpreußen
[3] **Sorben** (auch Wenden genannt): slawische Volksgruppe an der Elbe, in der Niederlausitz und in Sachsen
[4] **Mähren**: aus dem heutigen Tschechien stammende Sprachgruppe

1. *Interpretiere die gezeigte Szene (M1), indem du sie in Bezug zum Denkmal (siehe S. 124 f., M1) setzt.* (F)
2. *Erläutere, warum Mitte des 19. Jhs. niemand so recht an die Gründung eines deutschen Nationalstaates glaubte (M2).*
3. *Arbeite aus der Karte M3 heraus, in welchen Schritten sich die Gründung des deutschen Nationalstaates vollzog. Trage deine Ergebnisse in eine Tabelle ein.*
4. *Untersuche M4. Was sagt die Tabelle über die kulturellen Hintergründe der deutschen Nation* aus? Vor welchen Herausforderungen stand die Politik, eine nationale Identität zu schaffen?*

1832: Hambacher Fest
1848/49: Revolution in Deutschland und Europa
1871: Deutsche Reichsgründung
1850
1900

Die Reichsgründung von 1871

M 1 Jugendporträt Kaiser Wilhelms I.
Kreidelithografie (47 x 35 cm) von Franz Krüger (1797-1857), vor 1857
Der 1797 geboren Wilhelm aus dem Hause Hohenzollern wurde 1861 König von Preußen und 1871 Deutscher Kaiser. Im März 1848 hatte er sich für die Niederschlagung der Revolution in Berlin eingesetzt. Nachdem sein Bruder Friedrich Wilhelm IV. 1857 abdanken musste, begann mit ihm eine „Neue Ära". Als er 1888 verstarb, genoss er große Popularität.

M 2 Otto von Bismarck
Porträt eines unbekannten Fotografen, 1862
Otto von Bismarck (1815 - 1898) wurde nach seinem Jurastudium und einer wilden Studienzeit in Göttingen Diplomat und Politiker. 1862 berief der preußische König Wilhelm I. ihn zum preußischen Ministerpräsidenten und Außenminister. Als treibende Kraft bei der Gründung des Deutschen Kaiserreiches von 1870/71 und als erster Kanzler des Deutschen Reiches erwarb er sich den Ruf des „Eisernen Kanzlers". Bis 1890 prägte Bismarck die deutsche Innen- und Außenpolitik maßgeblich.

Medientipp:
Mehr über Bismarck findest du unter **31063-41**.

Kartentipp:
Eine animierte Karte zum Thema „Gründung des Deutschen Reiches findest du unter **31063-42**.

INFO Drei Kriege, drei Siege – ein Reich

1862 berief der preußische König *Wilhelm I.* Otto von **Bismarck** zum preußischer Ministerpräsidenten und Außenminister. Bismarck wollte, ganz im Sinne der auf Einheit zielenden deutschen Nationalbewegung, Preußens Vormacht im Deutschen Bund* ausbauen und Österreichs Einfluss zurückdrängen. 1864 siegten beide Staaten noch gemeinsam gegen Dänemark. Aber schon 1866 besiegte das militärisch und technisch überlegene Preußen Österreich im Deutsch-Deutschen Krieg. Bismarck kündigte den 1815 entstandenen Deutschen Bund auf und gründete den Norddeutschen Bund. Gleichzeitig schürte er die Angst der süddeutschen Staaten vor Gebietsansprüchen Frankreichs, sodass diese „Schutz- und Trutzbündnisse" mit Preußen schlossen.

1870 gelang es Bismarck, den französischen Kaiser so zu provozieren, dass er Preußen den Krieg erklärte. Gemeinsam mit den verbündeten deutschen Staaten siegte Preußen am 2. September 1870 in der kriegsentscheidenden Schlacht bei Sedan in der Nähe der belgischen Grenze. Die europäischen Großmächte blieben neutral. Frankreich musste das Elsass und Lothringen abtreten und eine hohe Kriegsentschädigung zahlen. Die während der napoleonischen Kriege entstandene Feindschaft zwischen Deutschen und Franzosen wurde nun endgültig zur „Erbfeindschaft" erklärt. Schon vor dem Kriegsende war es Bismarck gelungen, die süddeutschen Staaten für die Gründung eines konstitutionell-monarchischen Nationalstaates zu gewinnen. Mit ihrem Beitritt zum Norddeutschen Bund fand am 1. Januar **1871** die **Reichsgründung** statt. Mit der Krönung König Wilhelms I. von Preußen am 18. Januar 1871 im Spiegelsaal von Versailles zum Kaiser entstand das **Deutsche Kaiserreich**.

Andreas Weindl

M 3 „Welch glorreiche Zeit!"

Der Republikaner Friedrich Kapp geht nach 1848 in die Vereinigten Staaten. Im April 1870 kehrt er nach Deutschland zurück und wird Mitglied der Nationalliberalen Partei. Am 13. August 1870 schreibt er seinem Studienfreund Eduard Cohen:

Welch glorreiche Zeit! Ich freue mich, dass ich gerade jetzt zurückgekehrt bin. Es ist eine Lust zu leben und eine doppelte Lust, in Berlin zu leben. Ich werde versuchen, dass ich in das erste deutsche Parlament gewählt werde. Norddeutschland hat schon ausgespielt, es lebe das einige Deutschland!

Am 24. August 1870 teilt er seinem Onkel mit:

Da alle gebildeten und ungebildeten Deutschen über diesen Krieg gleich fühlen und denken, so ist es kaum nötig, sich seine Gedanken darüber mitzuteilen. Das einzige, was ich fürchte, ist die furchtbare Verschwendung an Menschenleben [...].

Zitiert nach: Friedrich Kapp, Vom radikalen Frühsozialisten des Vormärz zum liberalen Parteipolitiker des Bismarckreichs. Briefe 1843-1884, hrsg. von Hans-Ulrich Wehler, Frankfurt am Main 1969, S. 95

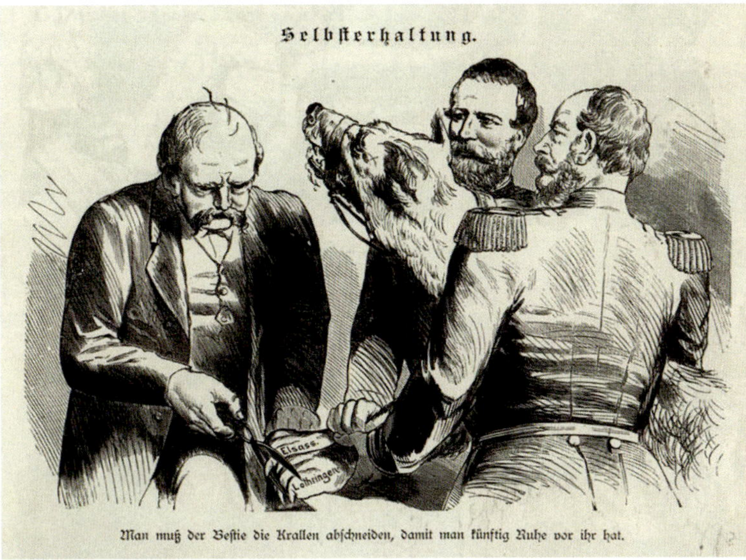

M 5 „Selbsterhaltung"
Karikatur aus der Berliner Satirezeitschrift „Kladderadatsch" vom 4. September 1870
Text: „Man muss der Bestie die Klauen abschneiden, damit man künftig Ruhe vor ihr hat." Bismarck schneidet die Klauen eines Bären, auf dessen Tatze „Elsass" und „Lothringen" steht. König Wilhelm I. von Preußen und der Kronprinz Friedrich assistieren ihm dabei.

M 4 „Pickelhaube" eines preußischen Offiziers
Auf dem Helm steht die Inschrift „Mit Gott für König und Vaterland".
Dieser „Helm mit Spitze", so die amtliche Bezeichnung, wurde vom preußischen Militär um 1843 eingeführt. Er wurde nach 1871 zum Symbol für den preußisch-deutschen Militarismus.

M 6 Das Gleichgewicht der Macht ist zerstört

Der britische Oppositionsführer Benjamin Disraeli äußert sich am 9. Februar 1871 so über die Entwicklung:

Dieser Krieg bedeutet die deutsche Revolution, ein größeres politisches Ereignis als die französische des vergangenen Jahrhunderts. [...] Nicht ein einziger der Grundsätze der Handhabung unserer auswärtigen Angelegenheiten, welche noch vor einem halben Jahr von allen Politikern als selbstverständliche Richtlinien anerkannt wurden, steht noch heute in Geltung. [...] Wir stehen vor einer neuen Welt, neue Einflüsse sind am Werk; [...] das Gleichgewicht der Macht ist völlig zerstört; und das Land, welches am meisten darunter leidet und welches die Wirkungen dieses großen Wechsels am meisten zu spüren bekommt, ist England.

Zitiert nach: Günter Schönbrunn (Bearb.), Das bürgerliche Zeitalter 1815-1914, München 1980, S. 376 f.

Wie ist die Deutsche Reichsgründung 1871 möglich gewesen?*

1. *Gib wieder, was viele Deutsche sich vom Krieg gegen Frankreich erhofften (M3).*
2. *Bismarck* stellte sich später gerne als „Vater der Reichsgründung" dar. Diskutiere, ob mit Recht (INFO).*
3. *Interpretiere die Karikatur (M5). Berücksichtige den INFO-Text.* (H)
4. *Arbeite aus M6 heraus, wie die Reichsgründung in Großbritannien wahrgenommen wurde.*
5. *Erkläre, warum die „Pickelhaube" zum Zeichen für den deutschen Militarismus wurde (M4). Berücksichtige M6.*

1862: Bismarck wird preußischer Ministerpräsident
1864: Deutsch-Dänischer Krieg
1866: Deutsch-Deutscher Krieg
19. 7. 1870: Der Deutsch-Französische Krieg beginnt
2. 9. 1870: Die deutschen Truppen siegen bei Sedan
18. 1. 1871: Wilhelm I. von Preußen wird in Versailles zum Deutschen Kaiser ausgerufen
10. 5. 1871: Ende des Deutsch-Französischen Krieges
1850 1900

Lern-
aufgabe

Die Proklamation des Deutschen Reiches im Bild

M 1 „Die Proklamation des Deutschen Kaiserreiches im Spiegelsaal des Schlosses Versailles"
Ölgemälde (202 x 167 cm) von Anton von Werner mit Prunkrahmen von 1885
Die hier gezeigte „Friedrichsruher Fassung" entstand im Auftrag Kaiser Wilhelms I. zum 70. Geburtstag Bismarcks. Sie ist die einzige von insgesamt vier Fassungen, die erhalten geblieben ist. Die älteste Version maß 732 x 434 cm und stammte von 1877. Sie war ein Geschenk der deutschen Fürsten und Hansestädte an den Kaiser aus Anlass seines 80. Geburtstages. Dieses Gemälde hing im Weißen Saal des Berliner Schlosses, dem Ort, an dem auch die Sitzungsperioden des Reichstages eröffnet wurden. Die Fassung wurde im Zweiten Weltkrieg (1939 - 1945) zerstört.
In allen Fassungen dieses Historienbildes ging es – wie der Kunsthistoriker Thomas W. Gaethgens 1990 betont – weniger um die Darstellung des historischen Ereignisses als um die „Legitimation der Gegenwart mithilfe eines vergangenen Geschehens".

M2 Skizze nach dem Historiengemälde M1, S. 130

Schritt für Schritt:
Historiengemälde beurteilen

Historienbilder sind Kunstwerke wie Gemälde, Kupferstiche, Lithografien, Reliefs oder Mosaike. Sie machen auf bedeutende Ereignisse, Leistungen und Personen aufmerksam. Die Künstler stellen historische Sachverhalte dar und deuten sie. Um Historienbilder verstehen zu können, musst du – wie bei anderen Kunstwerken – drei Schritte zu beachten: a) *beschreiben*, b) *untersuchen* (*analysieren*) und c) *beurteilen* (*interpretieren*). Bei der Beschäftigung mit Historiengemälden gilt es, folgenden Fragen nachzugehen:

1. Welche „Geschichte" ist dargestellt und wann fand sie statt?
2. Von wann ist das Gemälde? Wer malte es?
3. Wer gab den Auftrag? Wer sollte es bekommen?
4. Was ist im Vorder-, im Hintergrund und in der Bildmitte platziert?
5. Sollte das Gemälde bei den Zeitgenossen eine bestimmte Wirkung erzielen?
6. Wie wirkt es auf den heutigen Betrachter?

M3 Eine Kurzbeschreibung

Die Historikerin Charlotte Bühl-Gramer hält u. a. fest:

In der linken Bildhälfte stehen auf der oberen Stufe der Kronprinz Friedrich (4), König Wilhelm I. von Preußen (2) und der Großherzog Friedrich von Baden (3), der mit erhobener Hand ein „Hoch" ausruft. Links vom Großherzog (vor den Stufen) befindet sich Kriegsminister Albrecht von Roon (6), der an der Proklamation gar nicht teilnahm. Im Zentrum des Bildes steht Otto von Bismarck (1). Er trägt eine weiße Uniform, obwohl er an dem Tag eine blaue trug. Links von ihm ist Generalfeldmarschall Helmuth von Moltke (5) zu sehen. Im Hintergrund der rechten Bildhälfte sind Offiziere mit gezogenen Säbeln, Kappen und Helmen zu erkennen.

Nach: Charlotte Bühl-Gramer, Anton von Werner: Die Proklamarierung des deutschen Kaiserreichs 1871, in: Michael Wobring und Susanne Popp (Hrsg.), Der europäische Bildersaal, Schwalbach/Ts. 2013, S. 91 (Ziffern hinzugefügt)

M4 Ein würdiger Vorgang

Der Maler Anton von Werner schreibt 1913 über die Proklamation des Kaiserreichs, zu der er vom Kronprinzen nach Versailles eingeladen worden war:

Das also war es, was der Kronprinz Friedrich Wilhelm als etwas meines Pinsels Würdiges in seinem Telegramm bezeichnet hatte! Der Vorgang war gewiss historisch würdig, und ich wandte ihm meine gespannteste Aufmerksamkeit zu, zunächst natürlich seiner äußeren malerischen Erscheinung, notierte in aller Eile das Nötigste, sah, dass König Wilhelm etwas sprach und Graf Bismarck mit hölzerner Stimme etwas Längeres verlas, hörte aber nicht, was es bedeutete, und erwachte aus meiner Vertiefung erst, als der Großherzog von Baden neben König Wilhelm trat und mit lauter Stimme in den Saal hineinrief: „Seine Majestät, Kaiser Wilhelm der Siegreiche. Er lebe hoch!"

Zitiert nach: Charlotte Bühl-Gramer, Anton von Werner: Die Proklamation des deutschen Kaiserreichs 1871, a. a. O., S. 90

Das Historiengemälde Anton von Werners befindet sich in vielen Darstellungen zur Reichsgründung. Beurteile in einem Referat die Aussagekraft des Bildes.

1. *Analysiere das Gemälde mithilfe der Methode „Schritt für Schritt" (M1 bis M4).*
2. *Beurteile das Gemälde aus Sicht deutscher und französischer Zeitgenossen (Fürsten, Militärs, Bürger).*
3. *Beurteile in deinem Referat die Aussagekraft des Gemäldes für die Reichsgründung.*

1843-1915: Anton von Werner

seit 1871: Er lebt in Berlin und hat Kontakte zum Kaiser, zum Kronprinzen und zu Bismarck

18. 1. 1871: Er ist Zeuge der Kaiserproklamation

1877: Erste Version der „Kaiserproklamation"; ein Geschenk

1850 — 1900

Die Reichsgründung aus bayerischer Sicht

M1 Etappen und Ergebnisse

16. Juli 1870	Die Mobilisierung preußischer und bayerischer Truppen beginnt.
19. Juli 1870	Kriegserklärung Frankreichs an Preußen
2. September 1870	Frankreich kapituliert nach der verlorenen Schlacht bei Sedan.
8. September 1870	Bismarck fordert Bayern auf, sich an der Reichseinigung zu beteiligen.
23. Oktober 1870	In Versailles beginnen die Verhandlungen über die Gründung eines Kaiserreiches.
23. November 1870	Das Königreich Bayern tritt dem Norddeutschen Bund bei.
27. November 1870	Ludwig II. soll auf Bismarcks Wunsch dem preußischen König in einem Brief an die Bundesfürsten die Kaiserkrone anbieten.
3. Dezember 1870	Ludwigs Onkel, Prinz Luitpold von Bayern, überreicht dem preußischen König in Versailles den „Kaiserbrief".
30. Dezember 1870	Die Erste Kammer des Bayerischen Landtages entscheidet sich mit nur einer Gegenstimme für die neue Bundesverfassung.
1. Januar 1871	Mit der Verkündung der Verträge zwischen dem Norddeutschen Bund und den süddeutschen Staaten entsteht das Deutsche Reich – allerdings noch ohne Bayern.
18. Januar 1871	König Wilhelm I. von Preußen wird in Versailles zum Kaiser ausgerufen.
21. Januar 1871	Von 150 Abgeordneten der Zweiten Kammer des Bayerischen Landtages stimmen 102 für und 48 gegen die Annahme der neuen Bundesverfassung. Bayern sichert sich folgende Sonderrechte: • eigenständige Regelung des Eisenbahnwesens • Oberbefehl des Königs über die Bayerische Armee im Frieden • Steuerhoheit auf Bier- und Branntwein • eigenes Post- und Telegrafenwesen Außerdem erhält Ludwig II. zwischen 1871 und 1884 etwa sechs Millionen Mark zur persönlichen Verfügung aus dem Welfenfonds (Vermögen des ehemaligen Königshauses Hannover).

Nach: www.hdbg.de/ludwig/pdf/lehrerinfos_unterichtsmaterial_Gruendung-des-Deutschen-Kaiserreich.pdf (erweitert; Zugriff: 16. 04. 2019)

M2 Der bayerische Regierungschef erklärt

Der Ministerratsvorsitzende und Außenminister Otto Graf von Bray-Steinburg führt für Bayern die Verhandlungen in Versailles. Er erklärt am 14. Dezember 1870 in der Sitzung des Landtages, dass Bayern bei einer Reichsgründung Opfer zu bringen habe, und betont zugleich:

Aber auf der anderen Seite begründen wir, indem wir den Verträgen unsere Zustimmung geben, ein deutsches föderatives[1] Bündnis, eine mächtige Gemeinschaft, ausgestattet mit allen Attributen einer Großmacht ersten Ranges. In diesem Deutschland aber erhält Bayern durch Verträge eine bevorzugte Stellung, welche seiner historischen und seiner geografischen Bedeutung entspricht und welche ihm die Möglichkeit gibt, Einfluss zu üben auf den Bund [...]. Wir begründen damit das, was fortan heißen wird „das deutsche Reich".

Verhandlungen der Kammer der Abgeordneten des Bayerischen Landtages. Stenographische Berichte, 1870/71, Bd. 3, S. 20

[1] **föderativ** (von lat. *foedus, foedera:* Bund, Bündnis): Zusammenschluss von Einzelstaaten zu einem Gesamtstaat (Bund); die Einzelstaaten behalten ihre Eigenstaatlichkeit, geben aber bestimmte Rechte wie zum Beispiel die Außen- und Sicherheitspolitik an den Gesamtstaat (Bund) ab.

M3 Pro und Kontra im Landtag

Der Führer der Fortschrittspartei, Dr. Marquard Barth aus Mittelfranken, sagt in der Sitzung am 11. Januar 1871:

Meine Herren! Ich bin in Mittelfranken gewählt und soweit ich die Verhältnisse nicht bloß meines Wahlkreises, sondern des ganzen mittelfränkischen Regierungsbezirkes, mit sehr geringen Ausnahmen vielleicht kenne, kann ich Ihnen bestätigen, dass man dort ebenso durchdrungen ist von dem Verlangen, in das Reich zu kommen, als das in der Pfalz der Fall ist. Meine Herren! Sie halten es für so fürchterlich, dass wir in das Reich treten sollen. Nun ich will denjenigen, denen es gegen alle ihre Anschauungen und Wünsche geht, das nicht verdenken, aber ich darf Sie doch wohl fragen, ob denn wirklich das etwas so ganz Fürchterliches →

sein kann, nachdem doch alle anderen Staaten samt und sonders diese Furcht nicht geteilt haben und dieselbe nur in Bayern besteht. […]

In der Sitzung vom 12. Januar 1871 betont Nepomuk Sepp von der Bayerischen Patriotenpartei:

In diesem Augenblicke stehen wir an dem Wendepunkte der bayerischen Politik und der deutschen Geschichte. Mit raschem Entschlusse haben Fürsten und Volk für den nationalen Krieg gegen den Erbfeind sich entschieden, unter Mithilfe der Süddeutschen ist Elsass und Lothringen zurückerobert. […] [H]ätten wir nicht mitgetan, wir wären vertragsbrüchig befunden, die glänzenden Erfolge nicht erreicht, und der Frieden auf unsere Kosten geschlossen worden […]. […] Die ganze Nation hat sich wie ein Riese erhoben und den Franzmann niedergeschlagen, dass er für die kommenden Jahrhunderte […] uns nicht mehr gefährlich wird. Wir stehen am Ende der alten Zeit, am Anfange einer neuen deutschen, vielleicht europäischen Geschichte, in dem ein deutscher Zentralstaat in der Mitte Europas sich bildet und die Geschicke des Weltteils zu lenken in die Hand nimmt. […] Bayern ist keine Großmacht, aber es macht durch seinen Anschluss an die übrigen Stämme Deutschland zu einer Weltmacht.

Edmund Jörg, der Führer der Patriotenpartei, ist gegen die neue Bundesverfassung. Er hält am 21. Januar 1871 die Schlussrede; sie endet mit den Worten:

Je nachdem die Würfel fallen, habe ich die traurige Aufgabe, eine fünfzigjährige Periode des bayerischen Staatslebens in diesem Hause abzuschließen […]. Die bayerische Landesvertretung […] wird hinabsteigen in die Gruft und eine bayerische Provinzialvertretung wird an ihrer Stelle treten. […] Ich sage, meine Herren, entweder bekommt die europäische Menschheit wieder eine neue Ordnung der internationalen Verhältnisse, entweder bekommt sie wieder völkerrechtliche Rechtszustände oder nicht. Im ersten Falle, meine Herren, würde Bayern, das ich meine, ohne allen Zweifel von dieser Rechtswohltat auch profitieren; es würde dann, wie es ja lange gewesen ist, unter dem Schutze des internationalen europäischen Rechts stehen. […] Bekommen wir eine solche europäische Rechtsordnung nicht, was wird die Folge sein? Soll ich Ihnen das sagen: Die Völker Europas müssen dann Jahr aus Jahr ein, bis an die Zähne bewaffnet, Gewehr bei Fuß, gegeneinander stehen, zum Sprung bereit. Der Militarismus müsste die höchsten Interessen der Nationen und Völker überfluten […]. […] [In] wenigen Jahre würden wir wieder einen Krieg haben, den Rachekrieg mit Frankreich, das dann nicht mehr ohne Alliierte[1] sein wird […].

Ja, dieses unser bayerische Volk und das ganze süddeutsche Volk hat nicht eine militärische Vergangenheit hinter sich, wie das norddeutsche, das preußische schon seit hundert Jahren. Dieses Volk ist für den Frieden geboren, es ist den Frieden gewohnt, und es wird unendlich bitter fühlen, was es heißt, das dienende Glied eines großen Militärnationalstaates zu sein. […] Stimmen Sie gegen die Verträge, ich bitte sie darum.

Verhandlungen der Kammer der Abgeordneten des Bayerischen Landtages. Stenographische Berichte, 1870/71, Bd. 4, S. 120, 143 f., 356, 359 und 364

[1] **Alliierte**: Bündnispartner, Verbündete

M4 „Preußens idealer Reichsgedanke – und sein Verhältnis zu Bayern“
Karikatur aus dem satirisch-humoristischen Wochenblatt „Die Bremse“ vom 4. April 1874
Text: „Das Häslein (Bayern, Reservatrecht) wird vielleicht zuletzt gefressen, aber gefressen wird es.“

Warum zögert Bayern, dem Deutschen Kaiserreich beizutreten?*

1. *Arbeitet in Gruppen aus den Etappen des Beitrittsprozesses die Haltung der bayerischen Politiker zur Reichsgründung heraus (M1).*
2. *Untersucht in vier Gruppen die Argumente für und gegen den bayerischen Beitritt zum Reich und stellt sie euch gegenseitig vor (M2 und M3).*
3. *Interpretiert die Karikatur (M4). Ordnet sie in Partnerarbeit einer der in M3 vertretenen Positionen zu.* H

Die politische Ordnung

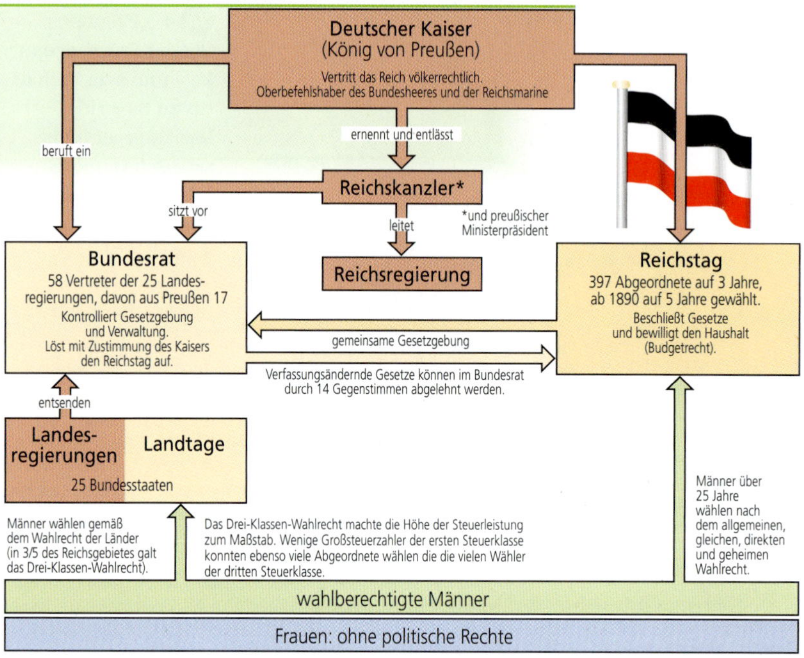

M 1 Die Reichsverfassung von 1871

Die Verfassung ging aus der 1867 ausgearbeiteten Norddeutschen Bundesverfassung hervor und wurde am 1. Januar 1871 im Gesetzblatt des Norddeutschen Bundes verkündet. Die „Verfassung des Deutschen Reiches“ wurde erst am 16. April 1871 verkündet; sie blieb bis 1919 in Kraft.

Zur Stimmenverteilung im Bundesrat: Preußen 17, Bayern 6, Sachsen 4, Württemberg 4, Baden 3, Hessen 3, Braunschweig 2, Mecklenburg-Schwerin 2; die übrigen 14 Herzogtümer und Fürstentümer sowie die drei Freien Städte jeweils nur 1 Stimme. Prinzipiell war es damit möglich, Preußen im Bundesrat zu überstimmen, aber in Verfassungs- und Militärfragen hatte Preußen eine Sonderregelung durchgesetzt.

Die Nationalflagge des Reiches bestand aus den Farben Preußens (schwarz-weiß) und der alten Reichsstädte (rot).

INFO 1 Die Reichsverfassung

Das **Deutsche Kaiserreich** war eine konstitutionelle Monarchie*. Die Reichsverfassung legte u. a. das Bundesgebiet (22 Fürstentümer und drei freie Hansestädte), die Reichsgesetzgebung, die Rechte des Kaisers (Präsidium), des Bundesrates und des **Reichstages** fest. Grundrechte – wie sie 1848* vorgesehen waren – enthielt die Reichsverfassung nicht.

Staatsoberhaupt war der Kaiser. Der Reichskanzler, zugleich preußischer Ministerpräsident, und seine Staatssekretäre (Minister) waren nicht dem Parlament* gegenüber verantwortlich, sondern allein dem Kaiser. Als Leiter der Reichsregierung kam dem Kanzler enorme Macht zu, obgleich er sich bei neuen Gesetzesvorhaben und bei der Bewilligung des Haushaltes um Mehrheiten im Reichstag bemühen musste.

In der Gesetzgebung waren Bundesrat und Reichstag gleichberechtigt. Beide konnten Gesetze einbringen. Ein Verfassungsgericht, das unabhängig über Entscheidungen der Reichsregierung, des Bundesrates oder des Reichstages gewacht hätte, gab es nicht.

Andreas Weindl

INFO 2 Das Wahlrecht

Im **Deutschen Kaiserreich** war jeder Mann ab 25 Jahren wahlberechtigt. Frauen hatten – wie in allen anderen Staaten – noch kein Wahlrecht. Trotzdem war das Wahlrecht fortschrittlich: Erstmals war es nicht an Besitz oder an die Höhe der geleisteten Steuern gebunden. In jedem der fast 400 Wahlkreise wurde je ein Reichstagsabgeordneter in allgemeiner, gleicher, direkter und geheimer Wahl gewählt. Es galt das Mehrheitswahlrecht: Erreichte keiner der Kandidaten im ersten Wahlgang in seinem Wahlkreis mehr als 50 Prozent der Stimmen, gab es eine Stichwahl zwischen den beiden erfolgreichsten Bewerbern. Die Wahlkreiseinteilung benachteiligte auf Dauer Parteien wie die Sozialdemokraten, da sie das Bevölkerungswachstum in den Städten nicht berücksichtigte. So wählten im Wahlkreis Potsdam 1912 etwa 1,2 Millionen Bürger einen Abgeordneten, während in zwölf Wahlkreisen des Reiches weniger als 75 000 Wahlberechtigte dasselbe taten.

Andreas Weindl

INFO 3 **Die wichtigsten Parteien**

Im Kaiserreich bildete sich ein System von politischen Richtungen bzw. Parteien heraus:

Die Konservativen (Deutschkonservative, Freikonservative) kamen aus der ländlichen Welt. Sie waren monarchistisch ausgerichtet und vertraten die Interessen der Großagrarier.

Die *Nationalliberalen* wurzelten im städtischen Bürgertum*, sie unterstützten **Bismarck** und setzen sich für die außenpolitische und wirtschaftliche Macht des Reiches ein.

Die *Linksliberalen* stammten ebenfalls aus dem Bürgertum, sie waren aber regierungskritisch, pochten auf eine Stärkung des Parlaments*.

Das *Zentrum* – so benannt nach den mittleren, zentralen Sitzplätzen seiner Abgeordneten im Parlament – war die Partei der katholischen Wählerschaft. Diese reichte vom Adel* bis zur Arbeiterschaft.

Die *Sozialdemokratie* vertrat vor allem die Interessen der Arbeiterschaft und der Verbraucher. Die SPD war zunächst grundsätzlich gegen die bestehende Staats- und Gesellschaftsordnung. In den 1890er-Jahren entstand – vor allem in Bayern – ein Flügel in der Partei, der statt auf Revolution auf Reformen setzte.

Klaus Dieter Hein-Mooren

M 2 Über den Reichstag

Der Historiker und Reichstagsabgeordnete Heinrich von Sybel urteilt 1871:

Auch wenn eine Volksvertretung [...] nicht die Kraft besitzt, Minister ein- und abzusetzen, so ist schon ihr Dasein und ihre Debatte, ihre Kritik des Budgets und ihre Befugnis, misslungene Gesetzesentwürfe zu vernichten, eine höchst bedeutende Schranke gegen jeden willkürlichen Absolutismus der Regierung. Diese Regierung aber in fester Hand und den Wogen des unberechenbaren Volkes entzogen zu wissen, erscheint uns [...] als unschätzbarer Segen.

Der Gutsbesitzer und Reichstagsabgeordnete Elard von Oldenburg-Januschau sagte am 29. Januar 1910 im Reichstag:

Der König von Preußen und der Deutsche Kaiser muss jeden Moment imstande sein, zu einem Leutnant zu sagen: „Nehmen Sie zehn Mann und schließen Sie den Reichstag."

Zitiert nach: Michael Epkenhans / Andreas von Seggern, Leben im Kaiserreich – Deutschland um 1900, Stuttgart 2007, S. 26

M 3 Eine besondere Schwäche des Systems

Der Historiker Christoph Nonn über eine besondere Schwäche der politischen Verhältnisse im Kaiserreich:

Im Lauf der Zeit arrangierten sich die meisten Parteien mit diesem System, das für sie manche Vorteile hatte. Denn es bot die Möglichkeit, Einfluss auszuüben und politisch mitzugestalten, ohne für die Resultate voll verantwortlich gemacht zu werden. Parteiführer, Aktivisten und Wähler gewöhnten sich an eine politische Praxis, die von Demagogie[1] geprägt war. Im engeren Sinne demokratische Tugenden, wie die Bereitschaft zum Interessenausgleich durch Kompromiss, erlernten sie dagegen nicht. Die politischen Eliten kamen selten in die Verlegenheit, unpopuläre Entscheidungen gegenüber ihrer Klientel[2] zu begründen. Und den Wählern wurde entsprechend selten zugemutet, Unvermeidliches zu akzeptieren oder selbst Verantwortung für ihr Gemeinwesen zu übernehmen. Eine verantwortungsvolle Zivilgesellschaft konnte so kaum entstehen.

Christoph Nonn, Das Deutsche Kaiserreich. Von der Gründung bis zum Untergang, München 2017, S. 123

[1] **Demagogie**: Volksverführung, Volksaufwiegelung, politische Hetze

[2] **Klientel**: hier Wähler, Anhänger

Wie funktioniert die Regierung im Deutschen Kaiserreich*? Welche Macht hat das Volk?

1. *Untersucht in Partnerarbeit das Verfassungsschema (M1 und INFO 1). Welches Verfassungsorgan hat die größte Macht.* (H)
2. *Arbeite heraus, wo und wie das Volk seinen Einfluss geltend machen kann (INFO 2 und M2).*
3. *Ordne die Reichstagsabgeordneten Sybel und von Oldenburg-Januschau (M2) dem Parteienspektrum (INFO 3) zu.*
4. *„Die Verfassung von 1871 zeigt, dass das Deutsche Reich ein Obrigkeitsstaat war." Diskutiert diese Behauptung mithilfe der Ergebnisse aus den Aufgaben 2 und 3 und M3.* (H)

Die gesellschaftlichen Verhältnisse – ein Überblick

M 1 „Der – Die – Das ...“
Karikatur von Bruno Paul aus der in München erscheinenden Satirezeitschrift „Simplicissimus“ vom 8. Mai 1897

M 2 Die Bevölkerung wächst

1871	41 Mio.	76 Einwohner/km²
1895	52 Mio.	97 Einwohner/km²
1910	65 Mio.	120 Einwohner/km²

Nach: https://de.wikipedia.org/wiki/Liste_der_Volksz%C3%A4hlungen_in_Deutschland (Zugriff: 22. 04. 2019)

M 3 Religionsbekenntnisse (Auswahl)

Unter 10 000 ortsanwesenden Personen sind am 1. Dezember 1871 bzw. 1910:

	Protestanten		Katholiken		Juden	
	1871	1910	1871	1910	1871	1910
Preußen	6497	6182	3349	3631	132	104
Bayern	2761	2821	7123	7061	104	80
Deutsches Reich	6231	6159	3621	3669	125	95

Nach: Gerd Hohorst u. a., Sozialgeschichtliches Arbeitsbuch, Bd. 2: 1870-1914, München ²1978, S. 54 f.

INFO 1 Ein Reich – eine Nation?

Die Bundesländer des **Deutschen Kaiserreiches** unterschieden sich nicht nur hinsichtlich ihrer Größe, Einwohnerzahl und Wirtschaftskraft sehr stark, sondern auch kulturell. Dazu war die Gesellschaft in vielerlei Hinsicht gespalten: Während der Gegensatz zwischen Stadt und Land sowie die Unterschiede zwischen Adel*, Bürgertum* und Industriearbeiterschaft aus heutiger Sicht leicht nachvollziehbar sind, war zur Zeit des Kaiserreiches kaum ein Graben tiefer als der zwischen Katholiken und Protestanten. Eine ausgegrenzte Minderheit blieben ferner die jüdischen Mitbürger, obwohl sie gemäß der Verfassung* die gleichen Rechte wie alle Bürger besaßen.

Auch wenn viele Bürger die Gründung des deutschen Nationalstaates begrüßt hatten, fühlten sich die meisten zunächst als Preußen, Bayern, Württemberger usw. und erst dann als Deutsche. Die Einstellung änderte sich erst langsam durch die Arbeit des **Reichstages**, der seit 1895 in dem Reichstagsgebäude in Berlin tagte, das heute Sitz unseres Deutschen Bundestages ist.

Andreas Weindl

INFO 2 **Ein Nationalstaat?**

Im **Deutschen Kaiserreich** gab es neben der deutschen Mehrheit nationale Minderheiten. Im Osten lebten Bürger polnischer Herkunft, im Westen gab es französischsprachige Elsässer und Lothringer und im Norden Einwohner dänischer und holländischer Abstammung. Gegen die Minderheiten im Reich ging der Staat nach 1871 zum Teil mit Gewalt vor. Ihre Kulturen und Sprachen wurden unterdrückt. Das bekamen vor allem die im Reich lebenden Menschen polnischer Herkunft zu spüren.

Andreas Weindl

INFO 3 **Gesellschaftliche Gegensätze**

Die Elite des Kaiserreiches bildete nach wie vor der Adel*. Auch wenn innerhalb des Standes große Unterschiede existierten, so besaß er die größten Güter und hatte die höchsten Ämter in Diplomatie[1], Militär und Verwaltung inne.

Neben dem Adel stand das Bürgertum*. Das Großbürgertum, die reichen Unternehmer und Bankiers, hatten mit dem Wirtschaftswachstum an gesellschaftlicher Bedeutung und politischem Einfluss gewonnen. Dazu hatte das Bildungsbürgertum durch die zunehmenden Anforderungen der Verwaltung, Wirtschaft und Wissenschaft zugenommen. Zum „alten" städtischen Mittelstand, den Händlern und Handwerkern, trat um 1900 ein „neuer": die Angestellten. Als Aufsteiger grenzten sie sich scharf von der Mehrheit ab: den Arbeitern. Ein sozialer Aufstieg aus dem Angestelltenmilieu war kaum, aus dem Arbeitermilieu fast unmöglich. Der Besuch von Gymnasien und Universitäten setzte ein gutes Einkommen der Eltern voraus. Auch wenn sich die soziale Lage der Arbeiterschaft im Laufe des Kaiserreichs insgesamt verbesserte: Rund drei Viertel der Gesellschaft hatten kaum genug zum Leben und konnten keine Rücklagen für Notfälle bilden.

Andreas Weindl

INFO 4 **Binnen- und Auswanderung**

Der gesellschaftliche Wandel des Kaiserreiches wurde durch die bis heute größte Wanderungsbewegung (Migration*) der deutschen Geschichte geprägt. Zwischen 1860 und 1914 zogen 16 Millionen Menschen aus den Ostgebieten des Reiches (vor allem aus Ost- und Westpreußen, Posen) in den industrialisierten Westen, viele davon ins Ruhrgebiet. 1907 lebten 48 Prozent der Einwohner des Reiches (rund 30 Mio. Menschen) nicht da, wo sie geboren worden waren.

Zur Binnenwanderung kam die Auswanderung. Obwohl die Zahl der deutschen Auswanderer nach 1871 fiel, wanderten zwischen 1880 und 1893 immer noch über 1,7 Millionen Menschen aus, die meisten in die Vereinigten Staaten. Erst am Ende des 19. Jhs. wurde das Deutsche Reich von einem Auswanderungs- zu einem Einwanderungsland. Unternehmer warben Arbeiter aus Ost- und Mitteleuropa an. Um 1913 gab es 1,2 Millionen „ausländische Wanderarbeiter" im Reich, vor allem Polen und Italiener.

Andreas Weindl

M4 Türschilder
Foto aus Berlin, um 1900

[1] **Diplomatie**: Siehe S. 48, Anm. 1.

Wie sieht die Gesellschaft des Deutschen Kaiserreiches* aus?

1. *Interpretiere die Karikatur M1.* (H)
2. *Skizziere die gesellschaftlichen Verhältnisse des Kaiserreiches (M2 bis M3, INFO 1 und 2).*
3. *Arbeite die gesellschaftlichen Gegensätze heraus (INFO 3). Berücksichtige auch M1 und M4.*
4. *Diskutiert die Folgen der Binnenmigration für die Gesellschaft des Kaiserreiches (INFO 4).*

Bismarck und die „Reichsfeinde"

M1 „The Great German Ringmaster"
Karikatur aus dem in New York erscheinenden Satiremagazin „Puck" vom 29. Januar 1879
Bismarck schreibt mit seiner Peitsche das Wort „Disziplin" in die Luft. Auf dem Zettel steht übersetzt: „Deutsches Parlament – Gesetz über Zucht und Ordnung".

M2 „Notwehr des Staates"?
Am 24. April 1873 erklärt Bismarck vor dem Preußischen Herrenhaus:

Ich verweise darauf, dass die Regierung und Seine Majestät der König [...] die Überzeugung haben, dass der Staat in seinen Fundamenten bedroht und gefährdet ist von zwei Parteien[1], die beide das Gemeinsame haben, dass sie ihre Gegnerschaft gegen die nationale Entwicklung in internationaler Weise betätigen, dass sie Nation und nationale Staatenbildung bekämpfen. Gegen diese beiden Parteien müssen [...] sich alle Elemente zusammenscharen, die ein Interesse haben an der Erhaltung des Staates und an seiner Verteidigung teils gegen diejenigen, welche offen sagen, was sie an die Stelle des Staates setzen wollen, teils gegen diejenigen, welche einstweilen den Staat untergraben, sich aber noch vorbehalten, was sie an seine Stelle setzen wollen. Gegen diese Gegner müssen sich alle treuen Anhänger des Königs, müssen sich alle treuen Anhänger des preußischen Staates, in dem wir leben, zusammenscharen.

Provinzial-Correspondenz Nr. 18 (11. Jg.) vom 30. April 1873; zitiert nach: http://zefys.staatsbibliothek-berlin.de/amtspresse/ansicht/issue/9838247/1852/?no_cache=1&type=102&tx_ zefysdigibibo_pi1%5Bdruck%5D=1 (Zugriff: 20.04.2019)

[1] Gemeint sind das Zentrum und die Sozialdemokraten.

M3 Ergebnisse der Reichstagswahlen von 1871, 1890 und 1912 (Auszüge)
Anteile an den abgegebenen Stimmen in Prozent, Zahl der Mandate in Klammern

	1871	1890	1912
Nationalliberale	30,1 (125)	16,3 (42)	13,6 (45)
Linksliberale	9,3 (47)	18,0 (76)	12,3 (42)
Konservative	23,0 (94)	19,1 (93)	12,2 (57)
Zentrum	18,6 (63)	18,6 (106)	16,4 (91)
Sozialdemokraten	3,2 (2)	19,8 (35)	34,8 (110)

Nach: Gerd Hohorst u. a., Sozialgeschichtliches Arbeitsbuch, Bd. 2: 1870-1914, München ²1978, S. 173-175

INFO Bismarcks Gegner

Reichskanzler **Bismarck** hielt nicht viel von Parteien, Wahlen und dem **Reichstag**. Das Parlament* sah er als notwendiges Übel an.

Der katholischen Zentrumspartei unterstellte Bismarck, dass sie Kirche und Papst wichtiger nehmen würde als die Gesetze des Staates. Die Sozialdemokraten waren für ihn und die Anhänger der bürgerlichen Parteien die gefährlichsten Feinde, da sie Staat und Besitzverhältnisse verändern wollten – und dabei zwischen einem parlamentarischen und revolutionären Weg schwankten.

Als im Mai und im Juni 1878 zwei Attentate auf Kaiser Wilhelm I. verübt worden waren, wurde von der bürgerlichen Presse die Gefahr von Revolution, Sozialismus* und Kommunismus* beschworen, obgleich keine Verbindung zwischen den Sozialdemokraten und den Tätern bestand. Bismarck nutzte die aufgeheizte Stimmung, um noch im selben Jahr im Reichstag das „Sozialistengesetz" durchzusetzen. Es sollte eigentlich nur drei Jahre gelten, blieb dann aber mit Billigung der bürgerlichen Parteien bis 1890 in Kraft. Das Gesetz führte unter anderem zur Verhaftung von rund 1 500 Sozialdemokraten, etwa 900 wurden außer Landes verwiesen. Sie blieben trotzdem in den Parlamenten* vertreten, da laut Wahlrecht eine einzelne Person, nicht aber eine Parteienliste gewählt wurde. Außerdem genossen alle Abgeordneten – so wie noch heute – Immunität: Sie durften wegen angeblicher Straftaten nicht einfach verfolgt werden.

Andreas Weindl

M 4 Aus dem „Sozialistengesetz“

Am 21. Oktober 1878 beschließt der Reichstag das „Gesetz gegen die gemeingefährlichen Bestrebungen der Sozialdemokratie“, es bestimmt u. a.:

§ 1. Vereine, welche durch sozialdemokratische, sozialistische und kommunistische Bestrebungen den Umsturz der bestehenden Staats- oder Gesellschaftsordnung bezwecken, sind zu verbieten. […]

§. 17. Wer an einem verbotenen Vereine als Mitglied sich beteiligt oder eine Tätigkeit im Interesse eines solchen Vereins ausübt, wird mit Geldstrafe bis zu fünfhundert Mark oder mit Gefängnis bis zu drei Monaten bestraft. Eine gleiche Strafe trifft denjenigen, welcher an einer verbotenen Versammlung sich beteiligt oder welcher nach polizeilicher Auflösung einer Versammlung sich nicht sofort entfernt. Gegen diejenigen, welche sich an dem Vereine oder an der Versammlung als Vorsteher, Leiter, Ordner, Agenten, Redner oder Kassierer beteiligen oder welche zu der Versammlung auffordern, ist auf Gefängnis von einem Monat bis zu einem Jahre zu erkennen.

§. 18. Wer für einen verbotenen Verein oder für eine verbotene Versammlung Räumlichkeiten hergibt, wird mit Gefängnis von einem Monat bis zu einem Jahre bestraft.

Zitiert nach: Gerhard A. Ritter (Hrsg.), Das Deutsche Kaiserreich 1871-1914. Ein historisches Lesebuch, Göttingen [5]1992, S. 232-234

M 5 Bebel – der „am meisten verfolgte Mensch“

Über sein Leben während der Zeit der Sozialistengesetze schreibt der Sozialdemokrat August Bebel im Dritten Teil seiner 1914 veröffentlichten Autobiografie:

Während der zwölfjährigen Dauer des Sozialistengesetzes war ich – ich darf das ohne Übertreibung sagen – der in Deutschland polizeilich am meisten verfolgte Mensch. Die Polizei hatte die vorgefasste Meinung, ich sei ein gefährlicher Mensch, den man nicht aus den Augen lassen dürfe. Und Herr v. Puttkamer, der vom Frühjahr 1881 ab bis […] 1888 preußischer Minister des Innern war, bestätigte diese Ansicht, indem er mich gelegentlich einer Sozialistendebatte im Reichstag im Jahre 1886 den „Allergefährlichsten“ nannte. Dass ich mich unter dieser polizeilichen Schutzwache wohl gefühlt, wird man nicht annehmen. […] Ich kam allmählich in eine Stimmung, wonach es mein sehnlichster Wunsch war, es möchte zu einer inneren Katastrophe kommen, die uns in die Lage setzte, Vergeltung zu üben für all die Frevel, die man von jener Seite sich gegen uns hatte zuschulden kommen lassen. Noch heute steigt mir das Blut zu Kopfe, gedenke ich jener Zeiten.

August Bebel, Aus meinem Leben. Dritter Teil, Berlin [9]1930, S. 108

M 6 „Der rote Siegfried …“
„Aus der Tiefe stieg das Volk empor und rechnete ab.“
Postkarte von 1912
Mit dieser Postkarte bedankte sich die SPD bei ihren Wählern. Sie war erstmals stärkste Fraktion geworden. Im zu Beginn des 13. Jhs. entstandenen Nibelungenlied tötet Siegfried den schier unbezwingbaren Drachen Fafnir.

Welche Auswirkungen hat Bismarcks Politik gegen die „Reichsfeinde“?*

1. *Arbeite aus der Karikatur M1 heraus, wie Bismarck im Ausland wahrgenommen wurde. Leite daraus eine Fragestellung bezüglich Bismarcks Verhältnis zum Reichstag* ab.*
2. *Gib wieder, was laut Bismarck einen angeblichen Staatsfeind ausmachte (M2).*
3. *Analysiere die Maßnahmen gegen die Sozialdemokraten (INFO, M4 und M5).*
4. *Erkläre die folgende These: „Die Entwicklung der Sozialdemokraten im Kaiserreich zeigt, dass der Obrigkeitsstaat an seine Grenzen geriet.“ Berücksichtige INFO, M3 und M5.*
5. *Beurteile Bismarcks Verhalten gegenüber den Sozialdemokraten.*

1871: Deutsche Reichsgründung
1878-1890: „Sozialistengesetz“
1850 1900

Sedan wird gefeiert*

Die vereinigten
Krieger-, Kampfgen.-& Veter.-Vereine
Rosenheim.

Fest-Programm
zur
25jähr. Sedan-Jubiläums-Feier
der
Veteranen-Vereine des Bezirkes Rosenheim
am
Samstag den 31. August, Sonntag den 1. September und Montag den 2. September 1895
IN DER STADT ROSENHEIM.

M1 Festprogramm aus Rosenheim
Titelblatt von 1895
Oben rechts ist das „Eiserne Kreuz" zu sehen. Es handelt sich ursprünglich um eine Auszeichnung, die der preußische König Friedrich Wilhelm III. zu Beginn der „Befreiungskriege" 1813 stiftete. Nach 1870 wurde das „Eiserne Kreuz" zu einer nationalen Kriegsauszeichnung für alle Dienstgrade. Noch heute wird das „Eiserne Kreuz" als Hoheitszeichen der Bundeswehr verwendet.

INFO Der Sedantag wird Feiertag

Bereits im Frühjahr 1871 forderten liberal-protestantische Kreise in Berlin und Leipzig, aber auch in Süddeutschland, einen Feiertag zum Gedenken an den Sieg über Frankreich. Mit der feierlichen Einweihung der Berliner Siegessäule[1] durch Kaiser Wilhelm I. und **Bismarck** am 2. September 1873, dem dritten Jahrestag der Sedanschlacht, bekam das Gedenken einen offiziellen Charakter. Kinder erhielten schulfrei und überall im Lande fanden öffentliche Feiern statt.

Doch die Sedanfeiern waren nicht unumstritten: Sozialdemokraten lehnten sie ab, weil sie an die „Reichsgründung von oben" erinnerten, und manche Katholiken kritisierten sie, da sich an dem Tag eine Regierung feiere, die gegen das Christentum* handele.

Unter Kaiser Wilhelm II., der ab 1888 regierte, fanden die Sedanfeiern immer während der jährlichen Kaisermanöver[2] statt. Aus den Gedenkfeiern wurden Demonstrationen militärischer Macht.

Andreas Weindl

[1] Siehe S. 156, M2.
[2] **Kaisermanöver**: alljährlich vor dem Kaiser abgehaltenes Manöver.

M2 „Heil und Segen Dir ..."

In Rosenheim wird das 25-jährige Sedan-Jubiläum vom 31. August bis zum 2. September 1895 gefeiert. Nach der Festpredigt spricht Stabsarzt Dr. Dirr; Einleitung und Schluss der Rede lauten:

Eine Jubelfeier [...] ist angebrochen, und allüberall in deutschen Landen und weit über die Grenzen desselben hinaus rüstet man sich, sie würdig zu begehen. Ganz Deutschland hat sich insbesondere heute in einen großen Festsaal verwandelt und jubelnd ertönt es allerorten: Heil und Segen Dir, Du geeintes, herrliches deutsches Vaterland! [...]

Nie und nimmermehr darf vergessen werden, mit wie viel Blut und Tränen das kostbare Gut der deutschen Einheit erkauft worden. [...] – Heilig sei uns die Erinnerung an jene große Zeit, heilig aber auch die Pflicht, würdige Söhne dieser großen Zeit zu sein! Es gibt keinen Stillstand im menschlichen Leben, wie im Leben der Völker. Niemand sieht in die Zukunft. Keiner weiß, wann und wie sie auf's Neue an uns herantritt mit neuen Prüfungen, vielleicht noch größeren, als die, welche die Männer vor uns bestanden, der Welt zur Bewunderung. Möge dann die deutsche Nation ebenso groß, ebenso einig und ebenso reich an kriegerischer Tüchtigkeit, an sittlicher Kraft und an Gottesfurcht ihre Aufgabe bestehen. [...] Heil unserm Regenten![1] Heil unserm Kaiser!

Fest-Zeitung zur 25-jährigen Sedan-Jubiläums-Feier der Veteranen-Vereine des Bezirkes Rosenheim vom 1. August 1895 (Fundort: Stadtarchiv Rosenheim. Bestand: Akten II A 08 008)

[1] Gemeint ist der bayerische Prinzregent Luitpold.

Warum und wie ist an die Sedanschlacht erinnert worden?

1. *Führt ein Streitgespräch, in dem 1895 der Stabsarzt Dr. Dirr (M2), ein katholischer Geistlicher und ein Sozialdemokrat darüber diskutieren, ob eine Sedanfeier stattfinden soll. Berücksichtigt dabei M1, M2 und den INFO-Text.*
2. *Findet heraus, ob in eurem Wohn- oder Schulort der Sedantag gefeiert wurde. Geht dabei folgenden Fragen nach: Wer organisierte die Feiern? Welche Gruppen waren beteiligt, welche nicht? Wer waren die Festredner? Gab es Kritiker? Als Quellen* könnt ihr zeitgenössische Presseberichte und Festschriften heranziehen, die im Stadt- oder Gemeindearchiv zu finden sind.*

** Das Kapitel ist nicht verbindlich.*

2.9.1870: Sieg der verbündeten deutschen Truppen über Frankreich bei Sedan
1.1.1871: Ausrufung des Deutschen Kaiserreiches
Gründung des Deutschen Reiches
1873 bis 1918: der 2. September ist nationaler Gedenktag
1850
1900

Denk-mal! – Das Niederwald-Denkmal*

Schritt für Schritt:
Denkmäler untersuchen

Denkmäler erinnern an besondere Ereignisse oder an bedeutende Personen. Sie wenden sich an gegenwärtige und zukünftige Betrachter. Immer liefern sie uns Hinweise über die Zeit ihrer Entstehung und die Vorstellung der Menschen, die sie errichten ließen. Um etwas darüber herauszufinden, gilt es, folgenden Fragen nachzugehen:

1. Wann, wo und aus welchem Anlass wurde das Denkmal errichtet?
2. An wen oder woran soll es erinnern?
3. Wer gab den Auftrag? Wer bezahlte das Denkmal?
4. Mit welcher Absicht wurde es errichtet?
5. Wie sind die dargestellten Symbole und Figuren zu verstehen?
6. Welche Wirkung sollte es erzielen?
7. Wie gehen wir heute mit ihm um?

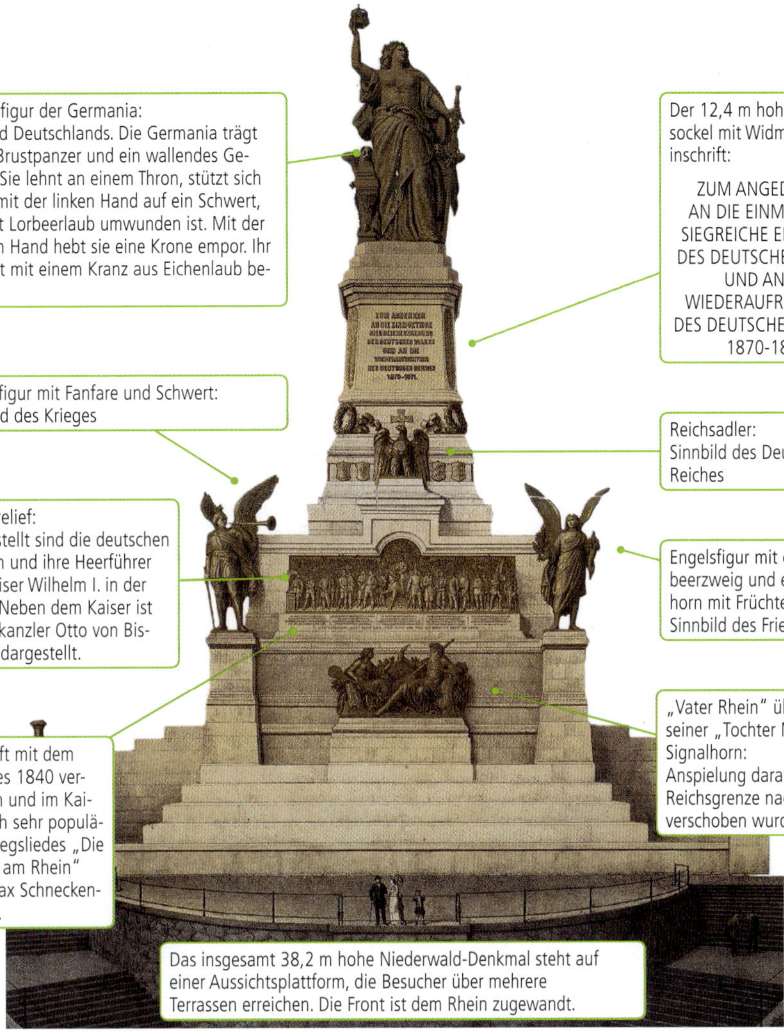

M1 Das Niederwald-Denkmal bei Rüdesheim am Rhein
Schulwandbild von 1890

Die Arbeiten an dem Denkmal begannen 1877. Sechs Jahre später wurde das Denkmal eingeweiht. Es kostete 1,2 Millionen (statt der geplanten 250 000) Goldmark. Aus Spenden kamen rund 500 000 Goldmark zusammen, der Rest musste aus der Staatskasse bezahlt werden. Das Denkmal steht auf einem Höhenzug 230 m über dem Rhein. Siehe auch das Cover des Buches und S. 124 f., M1.

Medientipp:
Informationen über das Niederwald-Denkmal findest du unter **31063-44.**

Was verrät das Denkmal über die Menschen, die es erbauen ließen?

1. *Untersucht das Niederwald-Denkmal (M1) mithilfe der Methode „Schritt für Schritt". Nutzt dazu auch den Medientipp.*
2. *Nach dem Sieg über Frankreich wurden in Deutschland zahlreiche Gedenksteine und Erinnerungstafeln aufgestellt. Erkundigt euch, ob auch in eurem Schul- oder Wohnort ein solches Denkmal steht. Analysiert es mithilfe der Methode „Schritt für Schritt".*

** Das Kapitel ist nicht verbindlich.*

- 1871: Erste Anregung für den Bau des Niederwald-Denkmals
- 1877: Baubeginn des Niederwald-Denkmals
- 1883: Einweihung des Niederwald-Denkmals
- seit 2002: Das Niederwald-Denkmal ist Teil des UNESCO-Welterbes Oberes Mittelrheintal

1850 1900 1950 2000

Lern-aufgabe

Bismarcks Sozialpolitik

M 1 „Unfall in einer Maschinenfabrik“
Nachträglich kolorierter Holzstich (32,4 x 47 cm) nach einer Zeichnung von Johann Bahr, 1889
Das Bild wurde in der Presse veröffentlicht und auf der „Deutschen Allgemeinen Ausstellung für Unfallverhütung“ 1889 in Berlin gezeigt. Mehr als eine Millionen Menschen, darunter 300 000 Arbeiter, sollen die Ausstellung besucht haben.

Medientipp:
Mehr zur Sozialgesetzgebung findest du unter **31063-45**.

M 2 Bismarcks sozialpolitisches Ziel

Otto von Bismarck nennt am 2. April 1881 im Reichstag seine Motive für das von ihm eingebrachte Unfallversicherungsgesetz:

Seit fünfzig Jahren sprechen wir von einer Sozialen Frage. Seit dem Sozialistengesetz ist immer an mich die Mahnung herangetreten von amtlicher, hochstehender Seite und aus dem Volke: Es sei damals versprochen, es müsse auch positiv etwas geschehen, um die Ursachen des Sozialismus, insoweit ihnen eine Berechtigung beiwohnt, zu beseitigen […].

Ich bin nicht der Meinung, dass das „laisser faire, laisser aller“[1], „das reine Manchestertum[2] in der Politik“, „Jeder sehe, wie er's treibe, jeder sehe, wo er bleibe“, „Wer nicht stark genug ist, zu stehen, wird niedergerannt und zu Boden getreten“, „Wer da hat, dem wird gegeben, wer nicht hat, dem wird genommen“ – , dass das im Staat, namentlich im monarchischen, landesväterlich regierten Staat Anwendung finden könne […].

Zitiert nach: www.reichstagsprotokolle.de/Blatt3_k4_bsb00018413_00766.html (Zugriff: 10. 04. 2019)

INFO Versöhnung durch Sozialpolitik?

Bismarck sah die Notwendigkeit, die Soziale Frage* zu entschärfen, er lehnte aber eine umfassende Arbeiterschutzgesetzgebung ab. Um die bestehende Staats- und Gesellschaftsordnung des **Deutschen Kaiserreiches** zu stabilisieren und den Wählerzuwachs der Sozialdemokraten zu stoppen, schuf Bismarck eine **Sozialgesetzgebung**. 1883 verabschiedete der **Reichstag** das Gesetz über die Krankenversicherung, ein Jahr später das Unfallversicherungsgesetz und 1889 die Invaliden- und Altersversicherung. Wer erkrankte, am Arbeitsplatz verunfallte oder erwerbsunfähig wurde, erhielt Krankengeld oder Invalidenrente. Darüber hinaus wurde eine Altersrente eingeführt. Das war der Anfang moderner staatlicher Sozialpolitik – und hatte Vorbildcharakter für andere Länder.

Die Leistungen waren aber noch bescheiden. Angesichts der Tatsache, dass das Durchschnittsalter der Bevölkerung damals bei 47 Jahren lag, gingen die Reformen für die Sozialdemokraten und die Gewerkschaften nicht weit genug.

Bismarck erreichte sein politisches Ziel nicht. Der Stimmenanteil der Sozialdemokraten wuchs von Wahl zu Wahl. Als der Reichskanzler die Verlängerung des Sozialistengesetzes nicht mehr durchsetzen konnte, schied er 1890 verbittert aus dem Amt.

Andreas Weindl

[1] „laisser faire, laisser aller“: tun, gehen lassen; hier etwas: Treibenlassen aller Dinge

[2] Manchestertum: Verweis auf den Wirtschaftsliberalismus Englands zu Beginn der Industrialisierung, der keine staatlichen Eingriffe kannte.

M 3 Die Sozialversicherung im Kaiserreich

Im Jahr 1891 zahlte die Rentenversicherung eine durchschnittliche monatliche Altersrente von 10,33 Mark. Das durchschnittliche Jahreseinkommen eines Arbeiters lag bei etwa 1000 Mark jährlich!

Versicherungsart	Beiträge	Leistungen
Krankenversicherung 1883 für gewerbliche Arbeiter und (freiwillig ab 1892) Angehörige	2-3 % des Lohns, davon $^2/_3$ vom Versicherten, $^1/_3$ vom Arbeitgeber	ärztliche Behandlung und Medizin, Krankenhauskosten; nach zweitägiger Wartezeit Krankengeld (50% des Durchschnittslohns, max. 2 Mark/Tag)
Unfallversicherung 1884 für gewerbliche Arbeiter	als Haftpflicht vom Arbeitgeber zu zahlen	Heilungskosten; bei Erwerbsunfähigkeit $^2/_3$ des Einkommens, 20 % für Witwen
Invaliden- und Altersversicherung 1889 für gewerbliche Arbeiter und Landarbeiter (ab 1911 auch für Familienangehörige)	1% (ab 1900 1,5-3 %) des Lohns; je zur Hälfte von Arbeitnehmer und Arbeitgeber	Invalidenrente bei Erwerbsunfähigkeit; Altersrente ab dem 70. Lebensjahr und nach 30 (ab 1900: 24) Beitragsjahren

Nach: Rainer Bölling und Johann Henseler (Hrsg.), Das deutsche Kaiserreich 1871-1918, Freiburg 1986, S. 47 f.

M 4 Die Sozialversicherung heute

	Beiträge	Leistungen
Krankenversicherung	Beiträge von Arbeitnehmern und Arbeitgebern zu gleichen Teilen	Krankenhauskosten Krankengeld Mutterschaftsgeld
Unfallversicherung	Arbeitgeber	Entschädigungen bei Arbeitsunfällen und Berufskrankheiten
Rentenversicherung	Beiträge von Arbeitnehmern und Arbeitgebern zu gleichen Teilen, Bundeszuschuss	Altersrenten (67. Lebensjahr für alle die nach 1964 geboren sind)
Pflegeversicherung (seit 1995)	Beiträge von Arbeitnehmern und Arbeitgebern zu gleichen Teilen	Sachleistungen und Pflegegeld

Nach: www.sozialpolitik.com/artikel/schaubild-sozialversicherung-im-ueberblick (Zugriff: 11.10.2019)

M 5 „Der Segen der Alters- und Invalidenversicherung“
Kolorierter Holzstich, um 1890
Rentenauszahlung am Postschalter.

M 6 Über die Wirkung

Ein ehemaliges Mitglied des Vorstandes der Landesversicherungsanstalt schreibt:

Man muss zugeben, dass die Renten in der Regel die Kosten des Lebensunterhaltes nicht deckten. Namentlich war das in den Städten der Fall. Dagegen zeigte sich aber auf dem Lande, wo in erheblichem Umfang Naturalwirtschaft herrschte und es an barem Gelde oft fehlte, dass die Renten im Lebensunterhalt eine große Rolle spielten. Die Alten und Invaliden, die höchstens durch kleine Handreichungen und die Aufsicht über die Kinder ihren Angehörigen noch nützlich sein konnten und deshalb für ihre Angehörigen oft eine unerwünschte Last bildeten, gewannen gewaltig an Ansehen und Liebe, wenn sie allmonatlich einen nicht unerheblichen Barbetrag in die Haushaltskasse legen konnten.

Zentralblatt für Reichsversicherung und Reichsversorgung, Nr. 19/20, Oktober 1940, S. 181

Erstellt in Partnerarbeit eine Präsentation zum Thema: „Die Einführung der Sozialgesetzgebung und die Notwendigkeit staatlicher Sozialpolitik – damals und heute“*

1. *Erklärt, warum M1 ein guter „Aufhänger“ für das Thema ist.*
2. *Erarbeitet aus M2 Bismarcks* Motive für eine aktive Sozialpolitik.*
3. *Begründet, dass Bismarck* mit Sozialgesetzgebung und Sozialistengesetz ein politisches Ziel erreichen wollte und beurteilt, ob er dieses Ziel erreicht hat. Siehe dazu auch S. 138 f.*
4. *Beschreibt die Abbildung (M5) mithilfe von M3 und M6.*
5. *Vergleicht die Sozialgesetzgebung von damals (M3) mit heute (M4).*
6. *Besprecht eure Arbeitsergebnisse und nehmt in der Präsentation Stellung zur Bedeutung der Sozialgesetzgebung – damals und heute.* (H)

Militarismus und Nationalismus im Obrigkeitsstaat

M 1 Kaiser Wilhelm II.
Gemälde von Max Koner, 1890 (Original verschollen; das Bild hing in der Deutschen Botschaft in Paris; es ist verschollen)
Wilhelm II. wurde 1888 mit 29 Jahren Kaiser und herrschte bis 1918. Er hielt am Gottesgnadentum der Monarchen fest, lehnte die Demokratie strikt ab, verherrlichte alles Militärische und förderte Technik und Industrie.

INFO Ein Obrigkeitsstaat

Im **Deutschen Kaiserreich** genossen vor allem die Militärs in der Gesellschaft höchstes Ansehen. Die Offiziere wurden insbesondere vom Bürgertum* bewundert. In ihren Augen hatte das Heer ja die deutsche Einheit in den drei Einigungskriegen zwischen 1864 und 1871 errungen. Zahllose Kriegervereine hielten die Erinnerung daran lebendig. Wer etwas gelten wollte, musste zumindest Reserveoffizier sein. Militärische Disziplin, absoluter Gehorsam gegenüber jedem Vorgesetzten und aufopferungsvoller Dienst für das Vaterland galten als vorbildlich. Militarismus und ein übersteigerter Nationalismus*, der die eigene Nation* vor andere stellte, waren weit verbreitet. Wer diese Wertvorstellungen missachtete, wurde gesellschaftlich isoliert und bestraft.

Andreas Weindl

M 2 „Fortschritt im Schulwesen“
Karikatur von Thomas Theodor Heine aus dem „Simplicissimus“ vom 13. März 1911
Der Text lautet: „Fortschritt im Schulwesen: An den preußischen Schulen soll jetzt als neues Unterrichtsfach Staatsbürgerkunde eingeführt werden. Es ist wohl selbstverständlich, dass der Unterricht von Schutzleuten erteilt wird.“

Lesetipps:
- Klaus Kordon, Im Spinnennetz. Die Geschichte von David und Anne, Weinheim [2]2017
- Waltraud Lewin, Ein Haus in Berlin 1890. Luise, Hinterhof Nord, Ravensburg 2015

Filmtipps:
- „Wilhelm und die Welt“, ZDF-Reihe „Die Deutschen“, Folge 10, 2008
- „Der Untertan“, Verfilmung des Romans von Heinrich Mann; Regie: Wolfgang Staudte, 1951

M 3 „Der Stolz jedes Deutschen ...“

In einem 1889 veröffentlichten Artikel des Militär-Wochenblattes heißt es:

Der Stolz jedes Deutschen ist die Armee, die Blüte des Volkes. Deutschlands Heer – Deutschlands Ehr! Der ausgezeichnetste Teil aber, die Elite des Heeres, ist das Offizierskorps[1]. [...]

In keinem anderen Lande der Welt steht der Offiziersstand auf einer so hohen Stufe, nimmt er auf der Skala der menschlichen Gesellschaft einen so hohen Rang, eine so angesehene und geachtete Stellung ein als in Deutschland [...].

Die dem Urgedanken des Offiziersstandes entstammenden Gesinnungen sind: dynastischer Sinn, unbedingte Treue gegen die Person des Monarchen, erhöhter Patriotismus, Erhaltung des Bestehenden, Verteidigung der seinem Schutze anvertrauten Rechte seines Königs und Bekämpfung vaterlandsloser, königsfeindlicher Gesinnung etc. Die erste Pflicht, die schönste Tugend im Strahlenkranze des Offiziers, zugleich die Grundbedingung seiner Existenz, ist die Treue.

Zitiert nach: Gerhard A. Ritter (Hrsg.), Das Deutsche Kaiserreich 1871-1914. Ein historisches Lesebuch, Göttingen [5]1992, S. 92

[1] **Korps**: größerer Truppenverband

M 4 Soldatenmisshandlungen

In Zeitungsartikeln und Reichstagsdebatten klagen Sozialdemokraten seit den 1890er-Jahren Misshandlungen von Soldaten an. Wie berechtigt die Anklagen waren belegt folgende Quelle von 1891:*

Der Obergefreite Hoffmann [...] ließ dem Kanonier Döbert fast täglich mit dem Stiefelschaft oder mit dem Säbelkoppel, und zwar stets in Gemeinschaft mit einem anderen Gefreiten, Hiebe, öfters bis zu 100 und 150, verabfolgen und wiederholt langdauernde Gewehrübungen machen. Als er einmal eine solche Übung unter lautem Zählen 1889mal hatte wiederholen lassen, fiel Döbert in Ohnmacht und musste vom Lazarettgehilfen in Behandlung genommen werden.

Zitiert nach: Bernd Ulrich u. a. (Hrsg.), Untertan in Uniform. Militär und Militarismus im Kaiserreich 1871-1914, Frankfurt am Main 2001, S. 73 f.

M 5 „Abschied“

Karikatur von Olaf Gulbrannsson aus dem „Simplicissimus“ vom 12. September 1910

Die Bildunterschrift lautet: „... und dann müsst ihr bedenken, als Zivilisten seid ihr hergekommen und als Menschen geht ihr hier fort!“

M 6 Der verderbliche Einfluss des Militarismus

Der Historiker und Politiker Ludwig Quidde ist im Kaiserreich ein Außenseiter; er schreibt 1893:

Besonders verderblich ist der Einfluss des Militarismus in dem eigentlichen Bürgertum, das seine Selbstständigkeit doch verhältnismäßig leicht bewahren könnte [...]. Für die allgemeine Entwicklung unserer Zustände kann dieser fortschreitende Verfall unseres Bürgerstandes die bedenklichsten Folgen haben; denn es bleiben dann nur die beiden hasserfüllten Gegner übrig, auf der einen Seite der Militarismus mit seinem Gefolge, auf der anderen Seite der aufstrebende vierte Stand, als der allein ungebrochene Vertreter aller, die noch Freiheit schätzen [...].

Die ganze Auffassung von Disziplin, von dem Unterordnungsverhältnis, das vom Befehlenden keine Rechenschaft fordert und dem Gehorchenden das Recht zur Kritik verweigert, diese ganze Auffassung, die für das bürgerliche und öffentliche Leben nicht zu brauchen ist, wird durch dieses Soldatenspielen in den Kriegervereinen genährt.

Ludwig Quidde, Caligula. Schriften über Militarismus und Pazifismus. Mit einer Einleitung hrsg. von Hans-Ulrich Wehler, Frankfurt am Main 1977, S. 102 f.

Was kennzeichnet den Obrigkeitsstaat?

1. *Beschreibe M1 und interpretiere die Körperhaltung des Kaisers.* (H)
2. *Erläutere mithilfe M2 die Kritik am Obrigkeitsstaat am Beispiel Schule (M2 und INFO).*
3. *Interpretiere M5. Vergleiche davon ausgehend, welche Rolle die Bundeswehr in unserem öffentlichen Leben spielt.* (H)
4. *Stelle die Auswirkungen von Militarismus und Nationalismus* dar. Beurteile die Folgen für die Gesellschaft (INFO, M3, M4 und M6).*

Anfänge der modernen Massengesellschaft

M1 Münchner Karlsplatz
Nachträglich kolorierte Fotografie, um 1900
Zu Ende des 19. Jhs. wurde der Karlsplatz (Stachus) zum verkehrsreichsten Platz der bayerischen Landeshauptstadt, die um 1910 fast 600 000 Einwohner zählte.

M2 Deutsche Großstädte

Einwohnerzahl *in Tausend*	1875	1910
Berlin	967	2 071
Dortmund	58	214
Dresden	197	548
Duisburg	37	229
Essen	55	295
Frankfurt am Main	103	415
Hamburg	324	931
Kiel	37	212
Leipzig	127	590
München	193	596
Nürnberg	91	333
Stuttgart	107	286

Nach: Gerd Hohorst u. a., Sozialgeschichtliches Arbeitsbuch, Bd. 2, 1870-1914, München ²1978, S. 45

M3 Häusermeere und Steinfluten

Der liberale Politiker Friedrich Naumann schreibt 1900 über die Folgen des Städtewachstums:

Man lässt Riesenstädte sich weiter ansammeln, Häusermeere, Steinfluten, Ameisenhaufen von Millionen, wo Menschen wie Vögel in Käfigen nebeneinander, übereinander sitzen, wo hunderttausend Kinder keinen anderen Spielplatz haben als Straßen und Promenaden.

Der Schriftsteller Stefan Zweig hielt 1942 in seinen Lebenserinnerungen fest:

Die Städte wurden schöner und volkreicher von Jahr zu Jahr, das Berlin von 1905 glich nicht mehr jenem, das ich 1901 gekannt, aus der Residenzstadt war eine Weltstadt geworden und war schon wieder großartig überholt von dem Berlin um 1910.

Zitiert nach: Siegfried Müller, Kultur in Deutschland. Vom Kaiserreich bis zur Wiedervereinigung, Stuttgart 2017, S. 107

INFO 1 Industrialisierung, Landflucht und Verstädterung

Zwischen 1871 und 1914 war die Bevölkerung des **Deutschen Kaiserreiches** von 41 auf 65 Millionen Menschen angewachsen. Die Industrialisierung* hatte eine Massenwanderungsbewegung ausgelöst, und immer mehr Menschen waren vom Land in die Stadt gezogen.[1] Die Einwohnerzahlen der Städte wuchsen und neben den Arbeitsverhältnissen änderten sich Wohn- und Lebensbedingungen. Auch der Verkehr wandelte sich. Zu den zahllosen Kutschen und Pferdefuhrwerken in den Großstädten kamen in den 1890er-Jahren die ersten Straßenbahnlinien mit elektrischen Oberleitungen und Autos.

Andreas Weindl

INFO 2 Leben in der modernen Massengesellschaft

In den Großstädten drohte der Einzelne in der Masse unterzugehen. Über Ohnmacht und Verlorenheit berichten zahlreiche Zeitgenossen. Der Wohnungsbau kam dem Bedarf an billigem Wohnraum nicht hinterher. Die Mieten stiegen ständig und oft stand nicht mehr als ein Zimmer für eine Großfamilie zur Verfügung. Gleichzeitig pulsierte das öffentliche Leben in den Städten. Literaten, Künstler, Musiker und Intellektuelle fanden hier ihr Auskommen. Museen, Opern, Theater, Kinos und Sportstätten boten vor allem dem Bürgertum* sowie der wachsenden Anzahl der Angestellten eine abwechslungsreiche Freizeitgestaltung.

Andreas Weindl

[1] Siehe dazu nochmals S. 137.

M 4 Einzimmerwohnung in Berlin
Foto vom 27. Juli 1910
Um 1900 wurden in Berlin rund 2 000 Haushaltungen gezählt, die aus einem einzigen Raum bestanden.
Das Foto gehört zu einer Bilddokumentation, die im Auftrag der Berliner Ortskrankenkasse der Kaufleute, Handelsleute und Apotheker gemacht wurde. Es wurde wie folgt beschriftet: „B.-SW, Kreuzbergstraße 49. Küche und gleichzeitig Arbeitsraum zur Anfertigung von Cigarren. Auch die Kinder arbeiten mit, die Ehefrau ist augenblicklich krank. Raummaße: 3,70 m lang, 2,60 m breit, 3,00 m hoch."

Schnappschuss für das Familienalbum oder gestellte Szene?

Wie groß ist die Küche?

Wer hat fotografiert?

Gibt es weitere Räume in der Wohnung?

Haupt-erwerbs-tätigkeit oder zusätzliche Heimarbeit?

Mit welcher Absicht wurde das Foto gemacht?

Arbeiten die Kinder den ganzen Tag mit oder gehen sie auch zur Schule?

Wo ist die Mutter der Kinder?

Schritt für Schritt:
Fotos analysieren

Um 1900 entstand der Fotojournalismus. Seitdem prägen Fotos unser „Bild" von der Vergangenheit. Sie erwecken den Eindruck, als würden sie die Wirklichkeit unmittelbar abbildeten. Das ist aber nicht so. Wenn wir Fotos als historische Quellen* auswerten wollen, müssen wir sie analysieren, dabei helfen folgende Fragen:

1. Wann ist das Foto entstanden und wer hat es gemacht?
2. Mit welcher Absicht oder in wessen Auftrag wurde es gemacht?
3. Zu welchem Thema sagt es etwas aus?
4. Welche Personen oder welche Szene wurden fotografiert, von welchem Standpunkt und aus welcher Perspektive?
5. Ist es ein Schnappschuss oder eine gestellte Aufnahme?
6. Zeigt es eine komplette Szene oder einen Ausschnitt?
7. Wie aussagekräftig ist es?
8. Wie zuverlässig ist es? Bildinhalte können verändert, entfernt oder hinzugefügt werden.
9. Wie wirkt das Foto auf den Betrachter?

Was kennzeichnet die moderne Massengesellschaft im Deutschen Kaiserreich*?

1. *Beschreibe die Fotografie (M1). Was kennzeichnet auf dem Bild die Zeit um 1900?*
2. *Arbeite die Stadt mit der größten Bevölkerungszunahme heraus (M2). Nenne Gründe für die Entwicklung.* (H)
3. *Erkläre, was unter „Massengesellschaft" verstanden wird (INFO 1, 2 und M3).*
4. *Diskutiert sowohl die Vor- als auch die Nachteile der Verstädterung (INFO 2).*
5. *Analysiere das Foto M4 mithilfe von „Schritt für Schritt". Beschreibe die Lebensverhältnisse und begründe, warum eine Krankenkasse solche Wohnungen fotografieren ließ.*
6. *Diskutiert auf der Grundlage der Materialien und INFO-Texte die Gleichzeitigkeit von „alter" und „moderner Zeit".*

Das technisch-wissenschaftliche Zeitalter beginnt

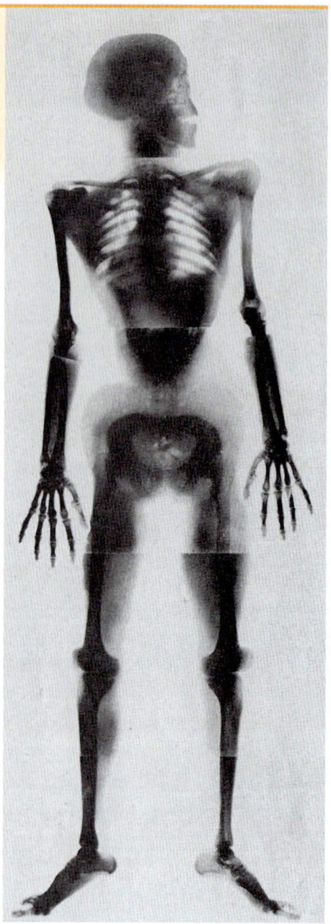

M1 Röntgenaufnahme von 1896
Der Physiker Wilhelm C. Röntgen entdeckte 1895 am Physikalischen Institut der Universität Würzburg die X-Strahlen. Sie machten Dinge sichtbar, die dem Auge bisher verschlossen waren. Röntgens Forschungen ermöglichten es, Krankheiten zu erkennen. Die Beschäftigung mit den Röntgenstrahlen schuf auch die Grundlagen der Atomphysik.

INFO 1 Der Fortschritt der Wissenschaften

Die Wissenschaften schritten Ende des 19. Jhs. schnell voran. *Albert Einstein* revolutionierte mit seiner Relativitätstheorie (1905/15) die bisherigen Vorstellungen von Raum und Zeit. Bahnbrechend waren die Ergebnisse der Atom- und Kernphysik, die wiederum auf andere Bereiche ausstrahlten. Mathematik, Physik, Chemie, Biologie, Pharmazie und Medizin beeinflussten sich wechselseitig.
Um 1900 war das **Deutsche Kaiserreich** eine führende Wissenschaftsnation. Wirtschaft und Staat profitierten davon. Sie engagierten sich gemeinsam in Lehre und Forschung. 1887 wurde beispielsweise in Berlin die *Physikalisch-Technische Reichsanstalt* eingerichtet. 1901 gründete man aus Angst, das Deutsche Reich könne im internationalen Wettbewerb ins Hintertreffen geraten, die *Kaiser-Wilhelm-Gesellschaft* (KWG). Die wissenschaftlichen Institute und Universitäten regten nicht nur Erfindungen zum allgemeinen Nutzen an, sondern förderten auch die Rüstungsanstrengungen des Staates.

Andreas Weindl

M2 Erfindungen und Innovationen pro Land
(in Prozent an der Gesamtzahl)

	1876-1900	1901-1914
GB	14,2 %	16,1 %
F	17,2 %	8,0 %
D	19,1 %	17,2 %
USA	37,7 %	46,0 %
Andere	11,8 %	12,7 %
Gesamt	100 % = 204	100 % = 87

Nach: Peer Vries, Ursprünge des modernen Wirtschaftswachstums, Göttingen 2013, S. 23

INFO 2 Die moderne Medizin entsteht

In den 1880er-Jahren wurde die Medizin zu einer naturwissenschaftlich orientierten Heiltechnik. Dank immer leistungsstärkerer Mikroskope entdeckte beispielsweise *Robert Koch* 1882 die Tuberkelbakterien und 1883 den Cholerabazillus. Damit wurde der gezielte Kampf gegen Infektionskrankheiten möglich. Damit einher ging auch die Erkenntnis, wie wichtig hygienische Maßnahmen waren, um Seuchen wie Pest, Cholera und Typhus zu verhindern. Durch den technischen Fortschritt veränderten sich die Diagnosemöglichkeiten: Die vorher üblichen Methoden des Abhörens und Abklopfens wurden durch Röntgenstrahlen und das elektrische Aufzeichnen der Herz- und Hirnströme erweitert.

Andreas Weindl

INFO 3 Neue Kommunikations- und Verkehrsmittel

Zum Durchbruch der technisch-wissenschaftlichen Moderne um 1900 zählten auch neue Kommunikations- und Verkehrsmittel. Telegrafen und Telefone wurden technisch perfekter und in immer größerer Zahl hergestellt. Auf der Grundlage mathematischer Forschungen entstanden bereits erste Datenverarbeitungsmaschinen, die Vorläufer der Computer. Für die Zeitgenossen war die Weiterentwicklung von Grammophonen, Foto- und Filmkameras sensationell. Sie konnten Töne, Bilder und Bewegungsabläufe festhalten und wiedergeben.
Eisenbahn und Schiffe nutzte man bei großen Entfernungen. Immer größere Passagier- und Kriegsschiffe wurden seit den 1890er-Jahren gebaut. Im öffentlichen Personennahverkehr der Großstädte wie London, Paris und Berlin begann man elektrische Straßen-, Hoch- und Untergrundbahnen einzusetzen. Fahrräder und Motorräder gab es seit Mitte der 1880er-Jahre, die ersten mit Benzinmotoren betriebenen Autos fuhren ab 1892. Die „Deutsche Luftschifffahrt-Aktiengesellschaft" wurde 1909 gegründet. Sie bot Passagierfahrten mit Zeppelin-Luftschiffen an. Der Durchbruch der Flugzeugindustrie kam erst nach 1918.

Andreas Weindl

M 3 „Berlin in der Zukunft – Am Halleschen Tor“
Postkarte von 1905
Mit der Hochbahn nach Kamerun und mit dem Zeppelin zum Grunewald.

M 4 Über den Fortschritt

Die „Frankfurter Zeitung“ bietet ihren Lesern am Sonntag, den 31. Dezember 1899, folgenden Rückblick auf das Jahrhundert:

Unendlich groß sind die Errungenschaften der Wissenschaft und der Technik im neunzehnten Jahrhundert! Dampfschiffe, Eisenbahnen, Telegraf, Telefon, Elektrizität als Licht- und Kraftquelle, Spektral-Analyse, Übertragung der Kraft, Entdeckung des Äthers, Röntgen-Strahlen, die erstaunlichen Fortschritte der Chemie und des Maschinenwesens, Phonograf, Kinematograf, drahtlose Telegrafie und wie die Erfindungen und Entdeckungen alle heißen mögen, – es sind für ein Jahrhundert so viele, um mehrere Jahrhunderte damit versehen zu können! Es ist nicht auffallend, dass diese riesige Entwicklung der Wissenschaft, die den Weltraum verkleinert, die Zeit verkürzt und die Völker miteinander in die engste Berührung bringt, dem Weltverkehr nicht bloß, sondern auch der Weltpolitik den nachhaltigen Vorschub leistet, sodass im allgemeinen Wettbewerb kein Volk zurückbleiben kann, wenn es nicht Gefahr laufen will, für immer übergangen und aus der Reihe der maßgebenden Kulturmächte gestrichen zu werden. So hat die Wissenschaft des neunzehnten Jahrhunderts das Gesetz des Fortschritts in wunderbarer Weise befruchtet.

Ingrid Gräfin Lynar (Hrsg.), Facsimile. Querschnitt durch die Frankfurter Zeitung, Bern / München / Wien 1964, S. 70 f.

Wie verändern Wissenschaft und Technik das Leben der Menschen im Deutschen Kaiserreich?*

1. *Stellt in Gruppenarbeit die genannten Erkenntnisse, Erfindungen und Fortschritte in einer Tabelle zusammen (INFO 1 bis 3).*
2. *Arbeite den Zusammenhang von Wissenschaft und Wirtschaft heraus. Berücksichtige dabei M2.*
3. *Erkläre, wieso erst um 1900 von den Anfängen der modernen Medizin gesprochen werden kann (INFO 2 und M1).*
4. *Diskutiert Folgen der neuen Kommunikations- und Verkehrsmittel (INFO 3 und M4).*
5. *Nehmt Stellung zu der These, dass die Ende des 19. Jhs. entwickelten Verkehrsmittel das Leben revolutioniert hätten (INFO 3 und M3).*
6. *Beschreibe die Zukunftsfantasien der Postkarte (M3).* (F)
7. *Entwirf – analog zu M3 – ähnliche Zukunftsfantasien für 2050.*

Massenmedien und -kultur

M 1 Zeitungsverkäufer am Potsdamer Platz
Berliner Postkarte des Weltpostvereins, um 1900 (Ausschnitt)

INFO 1 Mehr Informationen

Als Rundfunk, Fernsehen und Internet noch nicht erfunden waren, prägten Zeitungen die öffentliche Meinung. Die Pressefreiheit durfte nur in besonderen Fällen sowie bei Kriegsgefahr oder im Krieg eingeschränkt werden. Ende des 19. Jhs. erschienen im **Deutschen Kaiserreich** täglich über 4200 Zeitungen. Zum Vergleich: 2019 gab es in der Bundesrepublik Deutschland nur noch rund 350 Tageszeitungen.[1] Zur Tagespresse kamen Illustrierte sowie Wochen- und Monatsschriften für bestimmte Kundenkreise wie Hausfrauen, Modeinteressierte oder Gartenlaubenbesitzer.

Andreas Weindl

[1] Die Gesamtauflage der Tageszeitungen betrug vor 1914 rund 17,8 Mio. und 2019 rund 16,8 Mio. Exemplare. Eine Bewertung hat die Bevölkerungszahlen zu beachten: Im Deutschen Kaiserreich lebten 65 Mio. (1910) und in der Bundesrepublik Deutschland 83 Mio. (2019) Menschen.

INFO 2 Kinos locken

Die erste öffentliche Vorführung eines Stummfilms in Deutschland fand am 1. November 1895 im „Wintergarten" in Berlin statt. Der Berliner *Oskar Messter* machte dann den Film mit seinem 1896 gebauten Filmprojektor populär. Außerdem filmte er Kaiser Wilhelm II. bei öffentlichen Auftritten, im Kreise seiner Familie oder auf Reisen. Der Film wurde zum Mittel der Propaganda. 1910 gab es im Kaiserreich bereits rund 1500 Kinos, die vor allem von den sogenannten „kleinen Leuten", den Angestellten und Arbeitern, besucht wurden.

Andreas Weindl

M 2 Das Kino lockt und beunruhigt

Der Schriftsteller Alfred Döblin schreibt 1909 über die ersten Berliner Kinos:

Im Norden, Süden, Osten, Westen der Stadt liegen sie; in verräucherten Stuben, Ställen, unbrauchbaren Läden; in großen Sälen, weiten Theatern [...]. Drin in dem stockdunklen, niedrigen Raum glänzt ein mannshohes Leinwandviereck über ein Monstrum von Publikum, über eine Masse, welche dieses weiße Auge mit seinem stieren Blick zusammenbannt.

1913 macht die Kinokommission des Westfälischen Gemeindetages folgende Programmvorschläge:

Die Landbevölkerung zieht in großen Scharen, besonders am Sonntag, vom Lande in die benachbarten Städte, um sich die Kinos anzusehen. Es gibt schon jetzt Tausende und Abertausende, die regelmäßig die Stadtkinos besuchen, auch wenn diese weiter entfernt liegen. Diese moderne Völkerwanderung vom Lande in die städtischen Schundkinos ist in wirtschaftlicher und sittlicher Beziehung nicht wünschenswert. Es sind Filme herzustellen [...], in denen landwirtschaftliche Musterbetriebe und überhaupt landwirtschaftliche Arbeit und ländliches Leben vorgeführt werden.

Zitiert nach: Siegfried Müller, Kultur in Deutschland. Vom Kaiserreich bis zur Wiedervereinigung, Stuttgart 2017, S. 238

M 3 Nordkino in Berlin
Foto um 1910

M4 „Wie freiwillige Koteletts“

Der Schriftsteller Erich Kästner schreibt über einen Urlaub, den er als 15-Jähriger im Sommer 1914 an der Ostsee verbracht hat:

Man war den Städten entflohen und hockte jetzt [...] noch viel enger nebeneinander als in Hamburg, Dresden und Berlin. Man quetschte sich auf einem Eckchen Strand laut und schwitzend zusammen wie in einem Viehwagen. [...] Während der Ferien lagen die Mietskasernen am Ozean. Sie hatten keine Dächer, das war gut. Sie hatten keine Türen, das war peinlich. [...]

Wir borgten uns Räder und fuhren durch die Rostocker Heide nach Warnemünde, wo die Menschenherde auf der Ferienweide noch viel, viel größer war als in Müritz. Sie schmorten zu Tausenden in der Sonne, als sei die Herde schon geschlachtet und läge in einer riesigen Bratpfanne. Manchmal drehten sie sich um. Wie freiwillige Koteletts. Es roch, zwei Kilometer lang, nach Menschenbraten.

Erich Kästner, Als ich ein kleiner Junge war, Hamburg/Zürich [24]1993, S. 210 f.

M5 Der erste deutsche Fußballplatz
Undatierte Fotografie

In Ermangelung einer Spielfläche fand auf dem „kleinen Exerzierplatz“ in Braunschweig 1874 das erste deutsche Fußballspiel statt. Die Lehrer Konrad Koch und August Hermann warfen ohne weitere Anweisungen einen Ball zwischen die Schülergruppe. Hermann hatte den Ball aus Großbritannien, dem Mutterland des Fußballs, mitgebracht. 1914 wurde Fußball sogar in die militärische Ausbildung integriert – da er, wie Major Walter Kortegarn es 1913 im Jahrbuch des DFB formulierte, „zur Wehrhaftmachung der Nation beitragen“ könne.

INFO 3 Neue Formen der Freizeit

Adel* und Bürgertum* verbrachten ihre Freizeit oft im Theater oder in der Oper. Im Laufe des Jahres fuhr man entweder in Kurorte wie Bad Ems, Marienbad oder Karlsbad oder an die Nord- oder Ostsee.

Erst der Übergang vom Zwölf- zum Zehn-Stunden-Arbeitstag und die langsam steigende Kaufkraft ermöglichten es Arbeitern und Angestellten, ihre Freizeit zu gestalten. Ausflüge ins Grüne oder Wanderungen waren beliebt. Dazu entstanden in den Großstädten neben den Kneipen und Gaststätten neue Tanzlokale, Kabaretts, Kleinkunstbühnen und erste Vergnügungsparks mit Gebirgsbahnen und riesigen Wasserrutschen.

In der Freizeit spielte der Sport eine immer größere Rolle. 1874 fand in Braunschweig das erste Fußballspiel in Deutschland statt. Vier Jahre später entstand in Hannover der erste deutsche Fußballverein. Anders als in England, dem Herkunftsland des Fußballs, machten hier nicht Arbeiter das Spiel beliebt, sondern Gymnasiasten, Studenten und Angestellte. 1900 wurden beispielsweise der *FC Bayern München* und der *1. FC Nürnberg* gegründet. Im selben Jahr entstand in Leipzig der *Deutsche Fußballbund* (DFB). Fußballspiele, Radrennen und Boxkämpfe zogen Massen an. Die seit 1896 wieder eingeführten *Olympischen Spiele* hatten außerdem die Sportbegeisterung gefördert.

Klaus Dieter Hein-Mooren

Wie prägen die entstehenden Massenmedien die Massenkultur?

1. *Beschreibe die Medienlandschaft um die Jahrhundertwende (M1-M3, INFO 1 und 2).*
2. *Untersuche, wie die neu entstandenen Kinos in der Öffentlichkeit wahrgenommen wurden (M2).*
3. *Begründe, warum Freizeit im Kaiserreich erstmals zu etwas Erstrebenswertem wurde (INFO 3, M4 und M5).*
4. *Informiert euch – ausgehend von M5 –, welche Möglichkeiten der Freizeitgestaltung sich Bewohnern eures Schul- oder Wohnortes um 1900 boten.*

Frauen fordern Rechte

M 1 Gegen das Frauenstudium

1895 werden über 100 deutsche Professoren gefragt, was sie von einem Frauenstudium halten. Auszüge aus den Zuschriften:

„Unsere Universitäten sind Männeruniversitäten und in ihrem ganzen inneren Leben dem männlichen Geiste angepasst.“ *(Otto von Gierke, Jurist)*

„Amazonen[1] sind auch auf geistigem Gebiet naturwidrig.“ *(Max Planck, Physiker)*

„Dass das weibliche Geschlecht in Bezug auf geistige Produktivität durchschnittlich weniger gut veranlagt ist als das männliche, darüber kann kaum ein Zweifel bestehen.“ *(Emanuel Mendel, Psychiater)*

„Frauenstudium auf den Universitäten scheint mir ein entbehrlicher Luxus von fraglichem Wert zu sein.“ *(Georg Busolt, Historiker)*

Zitiert nach: Brigitte Löhr (Hrsg.), Frauen in der Geschichte. Grundlagen – Anregungen – Materialien für den Unterricht, Bd. 1, Tübingen 1993, S. 158 ff.

[1] Amazone: Kriegerin

INFO 1 Neue Verhältnisse – veraltete Haltungen

Der wirtschaftliche Wandel des 19. Jhs. veränderte auch die Rolle der Frauen. Das betraf nicht nur die Arbeiterschaft. Immer häufiger mussten nun auch unverheiratete oder verwitwete Frauen aus dem Bürgertum* für ihren Lebensunterhalt sorgen. Da es kaum qualifizierte Frauenberufe gab, blieb Frauen oft nur der Beruf als Lehrerin, um ein finanziell unabhängiges Leben zu führen. Der Preis dafür war Ehelosigkeit – Lehrerinnen, die heirateten, wurden aus dem Staatsdienst entlassen.

Die Gründe für die Benachteiligung der Frauen waren Vorurteile und Ausbildungsbeschränkungen. Erst 1893 wurde in Karlsruhe das erste Mädchengymnasium als Privatschule eröffnet. Drei Jahre später durften in Berlin die ersten sechs Frauen in einer externen Prüfung ihr Abitur ablegen, ohne ein Gymnasium besucht zu haben. Auch ein Studium blieb Frauen in den Staaten des **Deutschen Kaiserreiches** lange verwehrt. In Bayern erhielten Frauen ab 1903, in Preußen erst ab 1908 die Erlaubnis zu studieren.

Andreas Weindl

INFO 2 Ziele der Frauenbewegung

Die Frauenrechtlerin *Louise Otto-Peters* hatte schon 1848/49* die Erziehung der Frau zu selbstständiger wirtschaftlicher Arbeit gefordert. Sie beteiligte sich 1865 an der Gründung des *Allgemeinen Deutschen Frauenvereins* (ADF), dessen Ziel es war, „alle der weiblichen Arbeit im Weg stehenden Hindernisse“ auszuräumen. Weitere bürgerliche Frauenvereine entstanden, die sich vorrangig für eine bessere Bildung der Mädchen einsetzten. 1894 schlossen sie sich zum *Bund Deutscher Frauenvereine* (BDF) zusammen, um die rechtliche, berufliche und wirtschaftliche Stellung der Frauen zu verbessern.

Einen konservativen Zweig der Frauenbewegung bildete der *Vaterländische Frauenverein*. Er war 1866 als Kriegshilfsverein gegründet worden und hatte sich zum mitgliederstarken Wohltätigkeitsverein entwickelt. Seine bürgerlichen Mitglieder wollten helfen, aber nicht die gesellschaftliche Lage der Frauen verändern.

Ganz anders agierten die Sozialdemokraten. Die sozialistische Frauenbewegung, an deren Spitze *Clara Zetkin* stand, forderte u. a. den Schutz der Arbeiterinnen, die Abschaffung der Kinderarbeit, mehr Mitbestimmung und – wie der BDF – gleiche Löhne für Frauen und Männer.

Politisch einflussreich konnte die Frauenbewegung erst werden, nachdem 1908 das Verbot politischer Frauenvereine weitgehend aufgehoben worden war und sich die Frauen international organisierten. Während die Sozialdemokraten das Frauenwahlrecht schon 1891 in ihr Programm aufgenommen hatten, schwankten die liberalen und christlichen Parteien in der Frage lange. Die Konservativen lehnten es ab. Erst nachdem 1918 eine Revolution das Kaiserreich beseitigt hatte, erreichten die deutschen Frauen das Wahlrecht.

Andreas Weindl

Lesetipp
Gabriele Beyerlein. Es war in Berlin, Stuttgart 2009

M 2 „Die Frau“
Titelblatt der von Helene Lange herausgegebenen „Monatsschrift für das gesamte Frauenleben unserer Zeit“ von Oktober 1893

Medientipp:
Mehr über die deutsche Frauenbewegung findest du unter **31063-47**.

M3 „Organisiert Euch!"

Die Schriftstellerin und Frauenrechtlerin Hedwig Dohm schreibt in ihrem 1876 veröffentlichten Buch „Der Frauen Natur und Recht":

Die Frauen fordern das Stimmrecht als ihr Recht. Warum soll ich erst beweisen, dass ich ein Recht dazu habe? Ich bin ein Mensch, ich denke, ich fühle, ich bin Bürgerin des Staates, ich gehöre nicht zur Kaste der Verbrecher, ich lebe nicht von Almosen, das sind die Beweise, die ich für meinen Anspruch beizubringen habe. Der Mann bedarf, um das Stimmrecht zu üben, eines Besitzes, warum braucht die Frau noch mehr? Warum ist die Frau Idioten und Verbrechern gleichgestellt? Nein, nicht den Verbrechern. Der Verbrecher wird nur zeitweise seiner politischen Rechte beraubt, nur die Frau und der Idiot gehören in dieselbe politische Kategorie. [...]

Erwachet, Deutschlands Frauen [...]. Erwacht, wenn Ihr Grimm genug habt, Eure Erniedrigung zu fühlen, und Verstand genug, um die Quellen Eures Elends zu erkennen. Fordert das Stimmrecht, denn nur über das Stimmrecht geht der Weg zur Selbstständigkeit und Ebenbürtigkeit, zur Freiheit und zum Glück der Frau. Ohne politische Rechte seid Ihr [...] machtlos. Rafft Euch empor! Organisiert Euch!

Zitiert nach: Anne Conrad und Kerstin Michalik (Hrsg.), Quellen zur Geschichte der Frauen, Bd. 3, Stuttgart 1999, S. 318 und 325

M4 Zur rechtlichen Stellung der Frau

Im Bürgerlichen Gesetzbuch (BGB), das 1900 in Kraft tritt, heißt es:

§ 1354. Dem Manne steht die Entscheidung in allen das gemeinschaftliche eheliche Leben betreffenden Angelegenheiten zu; er bestimmt insbesondere Wohnort und Wohnung. [...]

§ 1356. Die Frau ist, unbeschadet der Vorschriften des § 1354, berechtigt und verpflichtet, das gemeinschaftliche Hauswesen zu leiten. Zu Arbeiten im Hauswesen und im Geschäfte des Mannes ist die Frau verpflichtet, soweit eine solche Tätigkeit, nach den Verhältnissen, in denen die Ehegatten leben, üblich ist. [...]

Erst nach Jahrzehnten wird der § 1356 im BGB geändert:

1958: Die Frau führt den Haushalt in eigener Verantwortung. Sie ist berechtigt, erwerbstätig zu sein, soweit dies mit ihren Pflichten in Ehe und Familie vereinbar ist.

1977: Die Ehegatten regeln die Haushaltsführung im gegenseitigen Einvernehmen. Ist die Haushaltsführung einem der Ehegatten überlassen, so leitet dieser den Haushalt in eigener Verantwortung. Beide Ehegatten sind berechtigt, erwerbstätig zu sein. Bei der Wahl und Ausübung einer Erwerbstätigkeit haben sie auf die Belange des anderen Ehegatten und der Familie die gebotene Rücksicht zu nehmen.

Erster Text zitiert nach: Anne Conrad und Kerstin Michalik (Hrsg.), Quellen zur Geschichte der Frauen, Bd. 3, Stuttgart 1999, S. 136 f.; zweiter Text zitiert nach: http://lexetius.com/BGB/1356 und www.buergerliches-gesetzbuch.info/bgb/1356.html (Zugriff: 14.06.2019)

M5 „Heraus mit dem Frauenwahlrecht ..."

Plakat (83 x 60 cm) von Erich Maria Stadler, 1914

Der Berliner Polizeipräsident hielt die Schlagzeile für eine Beleidigung der Obrigkeit und verbot die Plakatierung.

Was sind die Ziele und Mittel der Frauenbewegung?

1. *Zeige auf, welches Frauenbild noch Ende des 19. Jhs. vorherrschte (M1). Nimm Stellung zu den Aussagen.*
2. *Arbeite die Motive der Frauenbewegung heraus (INFO 1 und M3).*
3. *Recherchiert in Gruppenarbeit Informationen über die in M2, M3 und INFO 2 genannten Frauenrechtlerinnen. Erstellt dazu ein Lernplakat.* (H)
4. *Benenne die unterschiedlichen Ziele der Frauenbewegung (INFO 2).*
5. *Begründe die Forderung des Plakates (M5) und informiere dich, in welchen Staaten das Frauenwahlrecht vor 1918 eingeführt wurde.*
6. *Erläutere die Veränderungen der rechtlichen Stellung der Frau (M4).*
7. *Diskutiert die Frage, ob die Frauenbewegung ihre Ziele inzwischen erreicht hat.*

Das weiß ich! – Gelerntes sichern

M1 Germania
Briefmarke der Reichspost von 1900

Auf einen Blick: Das Deutsche Kaiserreich

In drei Kriegen wurden die Voraussetzungen für die Gründung des **Deutschen Kaiserreiches** geschaffen. Politisch verantwortlich dafür war der konservative preußische Ministerpräsident und spätere Reichskanzler **Otto von Bismarck**. Er erreichte **1871** die **Reichsgründung**.

Nach dem Sieg über Frankreich war am 18. Januar 1871 im Versailler Schloss der preußische König Wilhelm I. zum Kaiser der Deutschen ausgerufen worden. Fürsten und Militärs schufen, was die gewählten Abgeordneten der Frankfurter Nationalversammlung 1849 nicht erreicht hatten: die Einheit Deutschland unter preußischer Führung. Die Bürger des neuen Reiches fühlten sich zunächst noch nicht als Deutsche. Die Zugehörigkeit zu den jeweiligen Bundesstaaten blieb zunächst für die eigene Identität wichtiger. Dass aus Sachsen, Hessen, Bayern und Preußen schließlich Deutsche wurden, lag nicht zuletzt an den gewählten Abgeordneten des **Reichstages**. Ohne das Parlament*, das seit 1895 in dem Reichstagsgebäude in Berlin tagte, in dem heute der Deutsche Bundestag seinen Sitz hat, waren Gesetzgebung und Haushaltsbewilligung des Kaiserreiches nicht möglich. Was im Reichstag debattiert wurde, bestimmte das Tagesgespräch im Reich. Das allgemeine Wahlrecht bot zumindest den Männern die Möglichkeit, an der Politik aktiv teilzunehmen. Die Vertreter der 25 Bundesländer im Bundesrat wirkten an der Gesetzgebung mit.

Kaiser und Reichskanzler hatten die größte Macht im Reich. Trotzdem scheiterte Bismarck in seinem Kampf gegen sogenannte „Reichsfeinde". Aus der Auseinandersetzung mit den Sozialdemokraten ging eine wichtige Errungenschaft der Moderne hervor: die Einführung der Kranken-, Renten- und Unfallversicherung. Bismarcks **Sozialgesetzgebung** markiert den Beginn der modernen staatlichen Sozialpolitik und hatte Vorbildcharakter für andere Länder.

1888 wurde Wilhelm II. Kaiser. Während seiner Regierungszeit nahmen Nationalismus* und Militarismus zu. Wer im Obrigkeitsstaat etwas gelten wollte, versuchte zumindest Offizier der Reserve zu werden.

Die Gesellschaft war von Spannungen geprägt. Der Adel* bildete immer noch die Elite der Gesellschaft, auch wenn ihm im Laufe der Zeit einige Bankiers und Fabrikanten den Rang abzulaufen drohten. Das Bildungsbürgertum hatte zugenommen, doch sein Anteil blieb begrenzt, da der Besuch weiterführender Schulen oder gar Universitäten viel Geld kostete. An einen sozialen Aufstieg war für den größten Teil der Gesellschaft, die Arbeiterklasse, nicht zu denken: 75 Prozent der Menschen lebten im Kaiserreich am Rande des Existenzminimums.

Im Zuge der fortschreitenden Industrialisierung* wanderten circa 30 Millionen Menschen vom Land in die Städte und Industriezentren. Wohnungsnot war die Folge. Am Ende des 19. Jhs. lebten rund zwei Drittel der Bevölkerung in den Städten.

Der rasante Fortschritt und die Anonymität der Großstädte machten vielen Menschen Angst. Sie ermöglichten aber auch individuellere Lebensentwürfe. Künstler, Wissenschaftler und Philosophen vernetzten sich: die Städte wurden zum Nährboden intellektuellen Austauschs.

In der modernen Arbeitswelt regelte die Stechuhr den Takt des Tages. Allmählich nahm jedoch die Freizeit zu. Kinos und Vergnügungsparks schossen aus dem Boden. Neben der Presse wurden Film und Rundfunk zu Massenmedien. Auch der Tourismus entwickelte sich. Waren es vorher vor allem Adlige, die an die Luftkurorte fuhren, tat das Bürgertum* es ihnen nun gleich.

Weil Frauen bildungsmäßig, rechtlich und politisch stark benachteiligt waren, setzten sie sich für bessere Ausbildungsmöglichkeiten von Mädchen, faire Löhne und ein Frauenwahlrecht ein.

Andreas Weindl

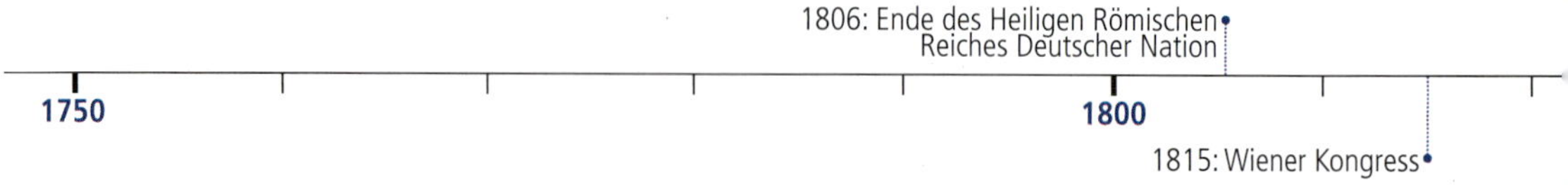

M2 Fünf Thesen zum Deutschen Kaiserreich

- *Das Deutsche Reich war ein autoritärer Obrigkeitsstaat.*
- *Der im Wesentlichen von den alten Eliten - Adel, Militär und Beamtentum - getragene Staat war unfähig zu jeder Art von Reformen.*
- *Die Gesellschaft war geprägt durch himmelschreiende soziale Ungerechtigkeit.*
- *Das Kaiserreich war rückständig und von radikalem Militarismus und Nationalismus getragen.*

M3 Geschichte kontrovers – Otto von Bismarck, der Reichsgründer?

Bis ins 20. Jh. herrschte ein personalistisches Geschichtsbild – unter Historikern ebenso wie in der breiten Öffentlichkeit: „Große Männer" würden Geschichte machen. Sie seien es, die den Lauf der Welt verändern. Seit den 1970er-Jahren versucht man sich von dieser Auffassung allmählich freizumachen. Und doch lädt gerade ein Politiker wie Bismarck dazu ein, sich darüber Gedanken zu machen. Hat er Geschichte gemacht?

Der Historiker Thomas Nipperdey veröffentlicht 1983 - 1992 drei Bände zur „Deutschen Geschichte 1800 - 1918", die heute als Standardwerke gelten. Band II (1990) beginnt wie folgt:

Am Anfang war Bismarck.

Vor zehn Jahren habe ich meine Geschichte des 19. Jahrhunderts mit dem Satz begonnen: Am Anfang war Napoleon. Das hat mir viel Kritik und wohl auch Spott eingetragen. [...] Es ist nicht die Selbstverliebtheit des Autors[1] in eine Stilfigur [...] und schon gar nicht das Bekenntnis zu einer allgemeinen und wirklich unhaltbar personalistischen Geschichtsansicht, wenn ich trotzdem noch einmal so anfange. Es gibt Zeiten, in denen Personen, wie immer sie wiederum Produkt ihrer Zeit sind, den Lauf der Dinge prägen, ja in denen *eine*[2] Person diesen Lauf der Dinge prägt, an die Spitze der Zeittendenzen und -prozesse tritt, sodass es ganz unmöglich ist, sie wegzudenken oder für auswechselbar zu halten. [...]

Die Gründung [...] des Deutschen Reiches [...] steht in einem Geflecht von Strukturbedingungen und überindividuellen Prozessen [...]. Aber es lässt sich nicht bestreiten: Bismarck hat diese Reichsgründung bestimmt; er hat die Zeittendenzen, die ihn getragen haben, auch gelenkt. Ohne ihn wäre alles anders gewesen.

Der Historiker Christoph Nonn, Professor für Neueste Geschichte an der Universität Düsseldorf, beginnt das zweite Kapitel seines Buches „Das Deutsche Kaiserreich" auf folgende Weise:

Warum kam es überhaupt zur Gründung des deutschen Kaiserreiches? Dem nationalen Mythos zufolge, der sich seit 1871 entwickelte, war das vor allem das Werk eines einzelnen Mannes, nämlich Otto von Bismarcks. An der Mythenbildung um Bismarck den „Reichsgründer" waren gerade Historiker in vorderster Linie beteiligt. Selbst eine spätere Neubewertung der Person [...], die ihn in Teilen der Geschichtsschreibung vom strahlenden Nationalhelden zum finsteren „Dämon der Deutschen" werden ließ, änderte daran lange wenig.

Gegenüber solchen personalisierenden Erklärungen ist Skepsis angebracht. Gegen sie spricht allein schon, dass die deutsche Reichsgründung kein isoliertes Ereignis, sondern Teil einer Welle von Staatsbildungen in Europa war [...]. Diese Neugründungen waren weniger das Werk einzelner Politiker, auch wenn diese überall zu nationalen Helden und Genies verklärt wurden. Vielmehr handelte es sich um komplexe Prozesse, an denen sehr viele Menschen beteiligt waren.

Wichtigste Antriebsfeder war die Ideologie des Nationalismus.

Erster Text: Thomas Nipperdey, Deutsche Geschichte 1866 - 1918, Bd. II: Machtstaat vor der Demokratie, München 1983, S. 11; zweiter Text: Christoph Nonn, Das deutsche Kaiserreich – Von der Gründung bis zum Untergang, München 2017, S. 29

[1] Nipperdey meint sich hier selbst.
[2] Hervorhebung im Original

1. *Erläutere das nationale Motiv der Briefmarke (M1).*
2. *Nimm Stellung zu den fünf Thesen (M2). Sind sie haltbar?*
3. *Untersucht in Gruppenarbeit die beiden Historikertexte (M3). Wie beurteilen sie die Bedeutung Bismarcks* für das Deutsche Kaiserreich*? Fällt abschließend ein begründetes Urteil darüber, wer eurer Meinung nach die überzeugenderen Argumente hat.*

1832: Hambacher Fest
1848/49: Revolution in Deutschland und Europa
1871: Deutsche Reichsgründung
1850 — 1900

Das kann ich! – Gelerntes anwenden

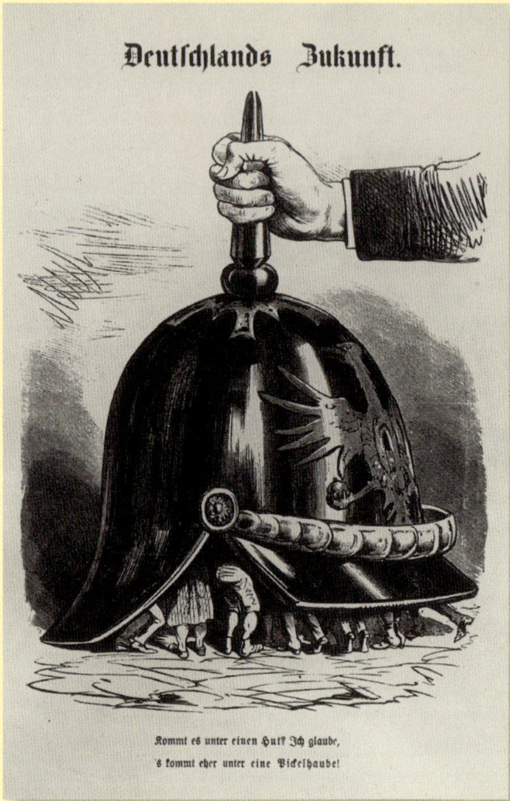

M 1 „Deutschlands Zukunft"
Karikatur aus der in Wien erscheinenden Satirezeitschrift „Kikeriki" vom 22. August 1870
Die Bildunterschrift lautet: „Kommt es unter einen Hut? Ich glaube, 's kommt eher unter eine Pickelhaube!"

M 2 Die Siegessäule in Berlin
Foto, um 2000
Das Denkmal wurde am 2. September 1873 eingeweiht. Erbeutete Geschütz- und Kanonenrohre verzieren die rund 67 Meter hohe Säule mit der römischen Siegesgöttin Victoria.

M 3 Wem nützt die Reichsgründung?

Der Mitbegründer der „Sozialdemokratischen Arbeiterpartei" und Reichstagsabgeordnete August Bebel kommentiert 1874 die Reichsgründung von 1871 so:

Das durch „Blut und Eisen" mühsam zusammengeschweißte „Reich" ist kein Boden für die bürgerliche Freiheit, geschweige für die soziale Gleichheit. Staaten werden mit den Mitteln erhalten, durch die sie gegründet wurden. Der Säbel stand als Geburtshelfer dem „Reich" zur Seite, der Säbel wird es ins Grab begleiten. Toren[1] sind, die von Schöpfungen der monarchischen Gewalt die „Freiheit" erwarten, noch größere Toren sind die, welche von der auf der Klassenherrschaft und dem Säbelregiment beruhenden Staatsgewalt die Pflege wirklicher Volkswohlfahrt erwarten. Es gibt in Deutschland nur eine Klasse, der die neue Reichsschöpfung zusagte und die sie auch mit berechtigtem Jubel begrüßte – die deutsche Bourgeoisie[2].

Zitiert nach: Siegfried Ziegler, Das Deutsche Kaiserreich, München 1989, S. 35

[1] **Tor**: törichter Dummkopf, Idiot
[2] **Bourgeoisie**: Siehe S. 70, M2, Anm. 1.

1806: Ende des Heiligen Römischen Reiches Deutscher Nation

1750 | 1800

1815: Wiener Kongress

M4 Was für eine Zeit?

Der Historiker Christoph Nonn schreibt 2017 über die sich ändernden Einstellungen zum Kaiserreich:

1951 stellte das Allensbacher Institut für Demoskopie[1] einem repräsentativen Querschnitt der deutschen Bevölkerung die Frage, wann es den Deutschen im 20. Jahrhundert am besten gegangen sei. Die meisten Befragten antworteten: vor 1914. Ein Jahr später fragte das Institut danach, welcher Deutsche am meisten für sein Land getan habe. Mit weitem Abstand wurde [...] Bismarck [...] am häufigsten genannt.

Das Ergebnis war symptomatisch[2] für das Bild des Kaiserreiches in der frühen Bundesrepublik. Das Ende des Zweiten Weltkrieges hatte das vorläufige Ende des deutschen Nationalstaates gebracht. Nach zwei verheerenden Kriegen [...] erschienen das Kaiserreich und Bismarck als Inbegriff der „guten alten Zeit".

Doch von den beiden 1949 [...] gebildeten Nachfolgestaaten gewann zumindest die Bundesrepublik schnell an Selbstbewusstsein. Und mit dem außerordentlichen Boom des „Wirtschaftswunders"[3] nahm das Bedürfnis nach Orientierung an einer „guten alten Zeit" ab. Gegenüber der schönen bunten Welt der Werbung und des Konsums verblasste der Glanz des Kaiserreiches. Statt das Paradies in die Vergangenheit zu projizieren, fanden die Bundesbürger es zunehmend in der Gegenwart [...]. [In den 1960er-Jahren sahen nur noch fünf Prozent der Westdeutschen] die Zeit vor 1914 als diejenige an, in der es Deutschland am besten gegangen sei [...]. Das markierte kein Ende des öffentlichen Interesses an der Zeit des Kaiserreiches, wohl aber eine Umwertung. Die Jahre zwischen 1871 und 1918 erschienen jetzt vielfach als „schlechte alte Zeit".

Christoph Nonn, Das deutsche Kaiserreich – Von der Gründung bis zum Untergang, München 2017, S. 7 f.

[1] **Demoskopie**: Wahlforschung
[2] **symptomatisch**: bezeichnend für etwas
[3] **Wirtschaftswunder**: bezeichnet die Phase des beträchtlichen wirtschaftlichen Erfolgs nach dem Ende des Zweiten Weltkrieges

M5 Die Verfassung – ein Feigenblatt für ein autoritäres Regime?

Der Journalist und Historiker Volker Ullrich urteilt 1997 über die Stellung des Reichstages im Kaiserreich:

Die Verfassung wies ihm eine Reihe wichtiger Kompetenzen zu. Erstens war er maßgeblich an der Gesetzgebung beteiligt. Ohne seine Zustimmung gab es keine Gesetze (gegen den Bundesrat, das heißt gegen den Kanzler und die preußische Ministerialbürokratie konnte er allerdings auch keine Gesetze durchbringen).

Zweitens verfügte der Reichstag über das Budgetrecht, also über die jährliche Bewilligung der Einnahmen und Ausgaben. Der Militäretat war von der strengen Budgetkontrolle insofern ausgenommen, als er die Ausgaben jeweils für mehrere Jahre festlegte [...].

Schließlich hatte der Reichstag die Möglichkeit, alle Bereiche der Regierungstätigkeit zum Gegenstand öffentlicher parlamentarischer Debatten zu machen. Die Immunität[1] der Abgeordneten garantierte dabei ein hohes Maß an Freiheit und Offenheit der Kritik.

Doch ein Recht besaß der Reichstag nicht: Zwar konnte er die Politik des Reichskanzlers missbilligen – ihn durch ein Misstrauensvotum[2] zum Rücktritt zwingen, das konnte er aber nicht. Damit fehlte ihm das entscheidende Qualitätsmerkmal einer parlamentarischen Verfassung.

Volker Ullrich, Die nervöse Großmacht – Aufstieg und Untergang des deutschen Kaiserreichs 1871-1918, Frankfurt am Main 1997, S. 36 f.

[1] **Immunität**: Straffreiheit der Abgeordneten zum Schutz vor willkürlicher Verfolgung durch die Behörden
[2] **Misstrauensvotum**: Die Parlamentsmehrheit entzieht dem Regierungschef das Vertrauen und zwingt ihn so zum Rücktritt.

1. *Ordne die Karikatur M1 in den historischen Kontext ein und interpretiere sie.* (H)
2. *Erläutere die gesellschaftliche Funktion des Denkmals (M2). Berücksichtige das Einweihungsdatum. Warum sprach es nicht alle Teile der Gesellschaft an (M3)?* (H)
3. *Überprüfe, wie sich das Geschichtsbild über das Deutsche Kaiserreich* im Laufe der Geschichte verändert hat (M4). Welche Haltung nimmst du dazu ein? Verfasse eine kurze Stellungnahme.*
4. *Arbeitet die Schwächen und Stärken der Reichsverfassung heraus (M5).*
5. *Beurteilt in Partnerarbeit, inwiefern das Deutsche Kaiserreich* eine Epoche der Gegensätze und Widersprüche darstellte. Erstellt dazu in Gruppen jeweils zwei konträre Plakate.*

1832: Hambacher Fest
1848/49: Revolution in Deutschland und Europa
1871: Deutsche Reichsgründung
1850 1900

6

Imperialismus und Erster Weltkrieg

Die Kriegsgräberstätte an der Tischlerstraße in München wurde 1965 fertig gestellt und ist eine der größten in Deutschland. Hier sind 3 540 Gefallene und Opfer der beiden Weltkriege aus 18 Nationen begraben. Jeder Soldat erhielt ein eigenes Grab. Die Namen aller Soldaten des Ersten Weltkrieges (1988 Gefallene) sind bekannt.

1 *Nennt mögliche Motive, warum Jugendliche heute die Gräber von Soldaten pflegen, die vor mehr als hundert Jahren im Krieg fielen.*

M 1 **Kriegsgräberstätte an der Tischlerstraße in München**
Foto vom 2. August 2017

Orientierung in Raum und Zeit

M 1 „Von München über Metz nach Paris“
Foto vom August 1914
Bayerische Soldaten ziehen in den Krieg.

M 2 „A Berlin“
Foto von Anfang August 1914
Abfahrt von Soldaten vom Pariser Ostbahnhof.

Ein grundlegender Wandel

Als die auf den Fotos winkenden Männer im August 1914 begeistert in den Krieg zogen, ahnten sie nicht, dass dieser Krieg sich zum Weltkrieg ausweiten und später als „Urkatastrophe des 20. Jahrhunderts“ empfunden und bezeichnet werden würde.[1]

Sie waren in der Zeit des sogenannten **Imperialismus** aufgewachsen und erzogen worden, in der die mächtigsten Staaten miteinander nicht nur wirtschaftlich konkurrierten, sondern auch möglichst große Teile Afrikas und Asiens als Kolonien für sich beanspruchten und eroberten. In einer Welt, in der die Spannungen und Konflikte zwischen den europäischen Großmächten immer stärker wurden, in der das Militär und Waffen höchstes Ansehen genossen und der Krieg immer noch als Mittel der Politik galt. Die Konflikte, die sich **1914** im Krieg entluden, hatten sich über Jahre und Jahrzehnte angestaut. Und so genügte ein auf den ersten Blick geringer Anlass, um ihn auszulösen. Was die jungen Männer nicht ahnten, war auch, dass die meisten von ihnen und Millionen andere im Krieg fallen oder schwer verwundet und traumatisiert zurückkommen würden.

Weder sie noch die verantwortlichen Politiker machten sich vorher darüber Gedanken, dass die Welt nach dem **Ersten Weltkrieg**, der bis **1918** dauerte, verändert sein würde und dass es sehr schwierig werden würde, einen tragfähigen Frieden zu schließen. Sie hatten auch nicht den **Kriegseintritt der Vereinigten Staaten** sowie die **Russische Revolution im Jahre 1917** vorausgesehen. Alle diese Ereignisse prägten das 20. Jh.

Dieter Brückner

Am Ende dieses Kapitels kannst du begründen, warum der Erste Weltkrieg als „Urkatastrophe des 20. Jahrhunderts“ bezeichnet wird, und folgende Fragen beantworten:

- *Was entstand der Imperialismus*?*
- *Welche Ziele hatte imperialistische Politik und welche Methoden wandte sie an?*
- *Welche Auswirkungen hatte die koloniale Aufteilung der Welt auf die betroffenen Völker?*
- *Welche langfristigen und kurzfristigen Ursachen und welchen Anlass hatte der Erste Weltkrieg*?*
- *Welche kurz- und langfristigen Folgen hatte er?*
- *Wie erlebten Soldaten und Zivilbevölkerung die völlig neue Kriegsführung im Ersten Weltkrieg?*
- *Warum gilt das Jahr 1917 als „Epochenjahr“?*
- *Ist es richtig, dass die Wurzeln mancher gegenwärtige Konflikte bis in die Zeit des Imperialismus und des Ersten Weltkrieges zurückreichen?*

[1] Zur Kriegsbegeisterung im August 1914 siehe S. 179, M6 und M7.

1880 1890 1900

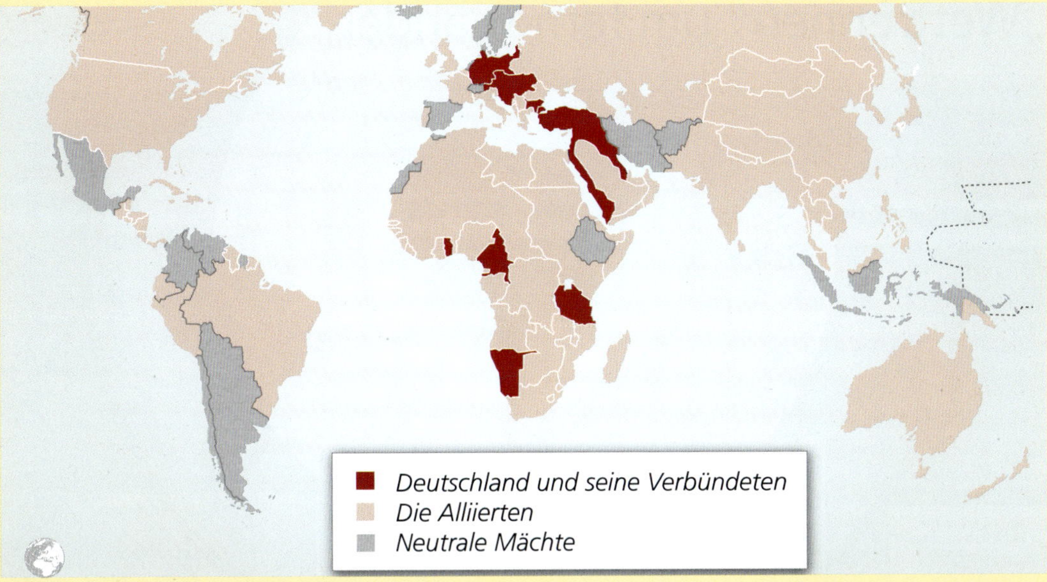

M 3 Mächtegruppierung im Ersten Weltkrieg (1914-1918)

M 4 Die „Urkatastrophe"

Der Historiker Wolfgang J. Mommsen leitet sein Buch über den Ersten Weltkrieg wie folgt ein:

In der Geschichtswissenschaft besteht heute weithin Einigkeit darüber, dass der Erste Weltkrieg, wie George Kennan[1] dies formuliert hat, die „Urkatastrophe" des 20. Jahrhunderts gewesen ist. Der Erste Weltkrieg steht am Anfang einer Epoche gewaltiger Umwälzungen [...]. Die politischen und sozialen Erschütterungen des Ersten Weltkrieges [...] setzten neue politische Kräfte frei, welche Europa und die Welt bis zur Unkenntlichkeit veränderten, einerseits den Nationalsozialismus und die faschistischen Bewegungen[2], andererseits das sowjetische Experiment der Errichtung eines marxistisch-leninistischen Herrschaftssystems [...].[3]
Der Erste Weltkrieg brachte in der Zwischenkriegszeit die Kulmination[4] westlicher imperialer Herrschaft über weite Teile des Erdballs. Gleichzeitig wurden in diesen Jahren die Ansätze gelegt, die dann nach dem Zweiten Weltkrieg in einen weltweiten Prozess der Dekolonisation[5] einmündeten.Vor allem aber wurden die europäischen und namentlich die deutsche Gesellschaft durch die politischen, wirtschaftlichen, sozialen und moralischen Auswirkungen des Ersten Weltkrieges tief greifend verändert und destabilisiert[6]; überdies war er die Inkubationsphase[7] der extremen völkischen Nationalismen und des rassischen Antisemitismus[8].

Wolfgang J. Mommsen, Die Urkatastrophe Deutschlands. Der Erste Weltkrieg 1914-1918. Gebhardt Handbuch der deutschen Geschichte, Bd. 17, Stuttgart [10]2002, S. 14

[1] **George F. Kennan** (1904-2005) war ein US-amerikanischer Historiker und Diplomat. Er charakterisierte den Ersten Weltkrieg 1979 als „the great seminal catastrophe of this century".
[2] **Nationalsozialismus** und **Faschismus** sind extremistische Weltanschauungen und Bewegungen, die nach 1918 in fast allen europäischen Ländern Anhänger fanden. Über sie erfährst du mehr im kommenden Schuljahr.
[3] Hinweis auf die Oktoberrevolution in Russland von 1917; siehe hier S. 182 f.
[4] **Kulmination**: Höhepunkt der Entwicklung
[5] **Dekolonisation**: Ende der Kolonialherrschaft
[6] **destabilisieren**: die Lage eines Staates unbeständig (instabil) machen
[7] **Inkubationsphase**: hier die Zeit, in der etwas ausgebrütet wird
[8] **Antisemitismus**: Judenfeindschaft

1. *Tragt zusammen, was euch spontan einfällt, wenn ihr den Begriff „Urkatastrophe" hört. Berücksichtigt M1, M2 sowie S. 159 f., M1.*
2. *Erkläre das Schaubild (M3). Recherchiere dazu die notwendigen Informationen.*
3. *Arbeitet heraus und notiert euch übersichtlich, welche Belege der Historiker Mommsen dafür anführt, dass man den Ersten Weltkrieg als „Urkatastrophe des 20. Jahrhunderts" bezeichnen kann (M4).*
4. *Vergleicht seine Belege mit euren Assoziationen.*

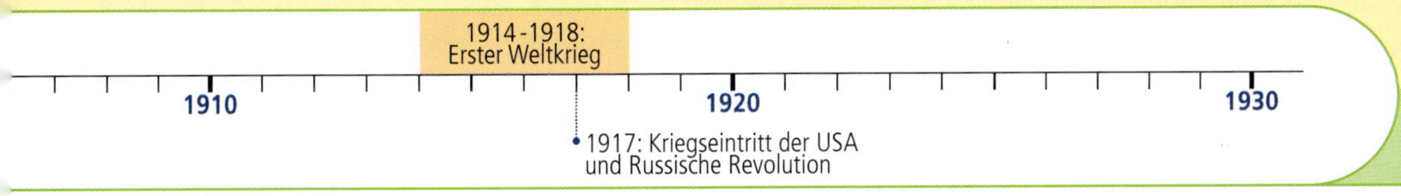

Lern-aufgabe

„Wettrennen" um ferne Länder

M1 Kolonialreiche um 1830

M2 Kolonialreiche um 1914

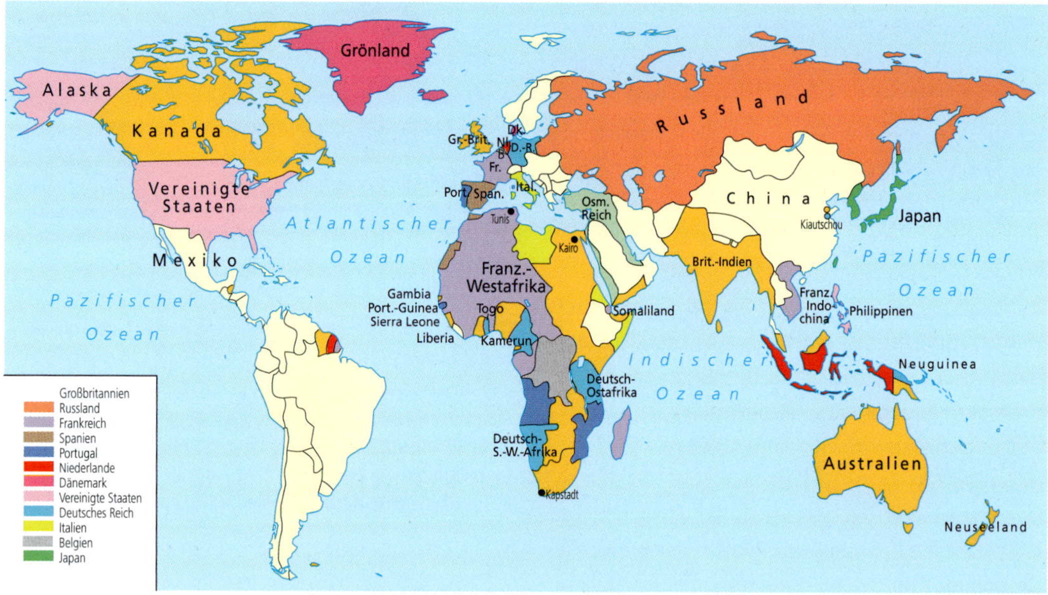

Kartentipp:
Eine animierte Karte zum Thema „Europas Kolonialreiche im Jahr 1914" siehe unter 31063-50.

[1] **Kolonialismus**: Spätestens mit der „Entdeckung" Amerikas 1492 begann das europäische Kolonialzeitalter. Es wurden Handelsstützpunkte in Übersee errichtet, Länder erobert und in Besitz genommen. Aber erst das gezielte Streben von Staaten nach weltweiter politischer Machtausdehnung und wirtschaftlichem Einfluss durch die gezielte Gründung von Kolonien im ausgehenden 19. Und beginnenden 20. Jh. führte zum Imperialismus.

INFO 1 Das „Zeitalter des Imperialismus"

Im 19. Jh. wandelte sich der Kolonialismus[1] der Frühen Neuzeit zum **Imperialismus** (lat. *imperare*: herrschen; *imperium*: Weltreich). Nun ging es den Staaten nicht mehr nur darum, einzelne (Handels- oder Missions-)Stützpunkte zu errichten, sondern möglichst große Gebiete in Übersee dauerhaft unter ihre Kontrolle und Herrschaft zu bringen. Diese Gebiete sollten durch wirtschaftlichen und politischen Einfluss und durch militärische Überlegenheit unterworfen, in den eigenen Machtbereich eingegliedert und vom „Mutterland" aus regiert werden. Die Jahre zwischen 1881 und 1914 werden auch „Zeitalter des Imperialismus" genannt, da es sich um eine besonders intensive Phase des Kolonialerwerbs handelt.

Sven Pflefka

Schritt für Schritt:

Geschichtskarten vergleichen

Um geschichtliche Entwicklungen nachvollziehen zu können, musst du zwei oder mehrere Karten miteinander vergleichen.

1. Orientiere dich auf den Karten mithilfe des Kartentitels, des Maßstabs und der Zeichenerklärung.
2. Welcher räumliche bzw. zeitliche Ausschnitt ist auf der jeweiligen Karte dargestellt?
3. Beachte die Frage- oder Aufgabenstellung. Was genau sollst du durch Vergleichen herausfinden?
4. Welche Gemeinsamkeiten, welche Unterschiede sind auf den Karten zu erkennen?
5. Welche historischen Schlussfolgerungen lassen sich aus diesen Ergebnissen ziehen?

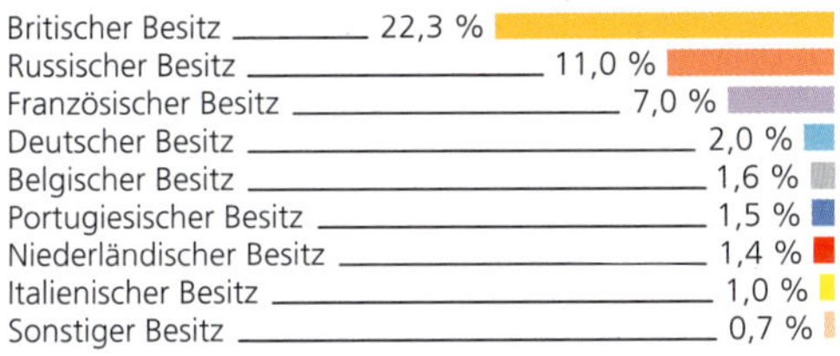

Zahlen geben den Prozentsatz des Besitzes im Vergleich zur Weltlandfläche an.

M 3 Aufteilung der Welt 1914

M 4 „Honni soit, qui mal y pense“
Nachträglich kolorierte Karikatur des Franzosen J. Laurian, 1899
Oben links das Wappen der englischen Könige, darunter der Schriftzug „Dieu et mon droit“ („Gott und mein Recht“). Auf dem Spruchband das Motto der höchsten englischen Auszeichnung, des Hosenbandordens: „Hon[n]i soit qui mal y pense“ („Verachtet sei, wer Schlechtes dabei denkt“).

INFO 2 Motive der Kolonialpolitik

- Sicherer Zugang zu Rohstoffen und Absatzmärkten
- Land, Arbeitsplätze und Wohnraum für die wachsende Bevölkerung
- Wunsch nach Ausbreitung der eigenen Zivilisation
- Missionierung
- Festigung der Stellung als Seemacht und Großmacht
- Wunsch der eigenen Bevölkerung, das nationale Ansehen zu steigern (Prestigedenken)
- Möglichkeit für Regierungen, von innenpolitischen Problemen abzulenken
- Gebietszuwächse, ohne einen Krieg in Europa zu riskieren

Dieter Brückner

Bereite einen Kurzvortrag vor zum Thema: „Der Imperialismus. Wie und warum verändern sich die Kolonialreiche zwischen 1830 und 1914“?*

1 *Fasse den ersten Eindruck, den ein Vergleich der beiden Karten (M1 und M2) hinterlässt, in einem Satz zusammen.*
2 *Vergleiche die beiden Karten (M1 und M2) nach den W-Fragen „Wer?“, „Wo?“. Beachte „Schritt für Schritt“.* (H)
3 *Gib mithilfe der Tabelle M3 an, wie viel Prozent der Erdoberfläche 1914 Kolonien waren.*
4 *Historiker behaupten, dass es ein „Wettrennen um Afrika“ gegeben hat. Erkläre die Aussage anhand des Kartenbildes (M2).*
5 *Stellte die in INFO 2 genannten Motive vor und begründet, warum diese zum Erwerb von neuen Kolonien führten.*
6 *Deute die Karikatur (M4). Verfasse eine andere Bildunterschrift.* (H)
7 *Gliedere deine Arbeitsergebnisse und bereite den Kurzvortrag vor.* (H)

Europäer in Afrika

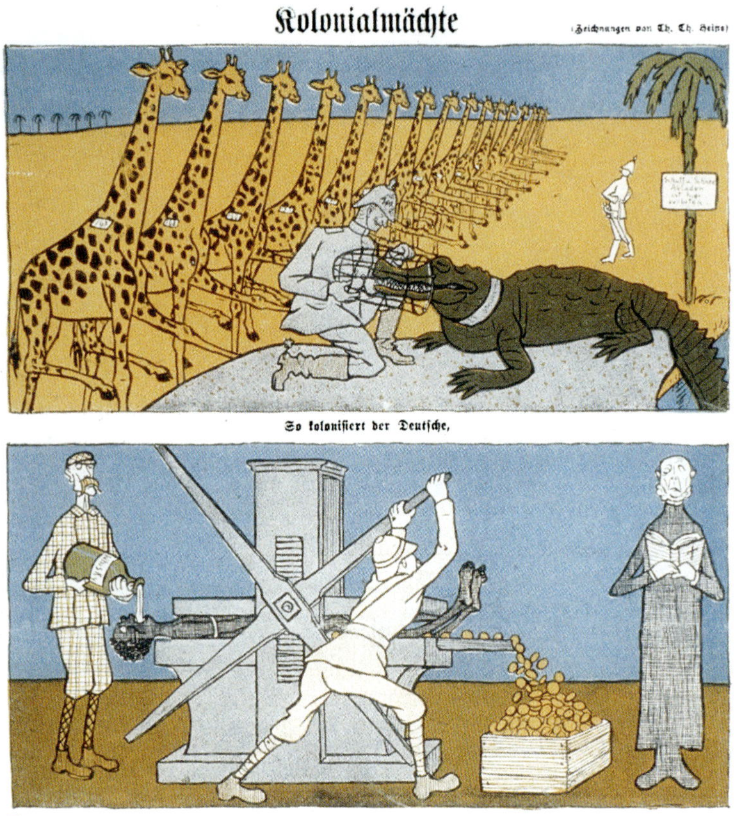

M 1 „Kolonialmächte“
Karikatur von Thomas Theodor Heine aus der in München erscheinenden Satirezeitschrift „Simplicissimus“ vom 3. Mai 1904 (Ausschnitt)
Bildunterschriften: „So kolonisiert der Deutsche“ (oben), „So kolonisiert der Engländer“ (unten)

INFO 1 Afrika wird aufgeteilt

In Afrika waren um 1830 lediglich Algerien französisches und Südafrika britisches Kolonialgebiet. Nachdem 1854 in Ägypten mit dem Bau des Suezkanals begonnen wurde, der den Seeweg von Europa nach Indien und Südostasien verkürzte, begann ein „Wettlauf“ der europäischen Industrienationen um Kolonien. Auf die bestehenden sozialen, wirtschaftlichen und kulturellen Verhältnisse der Einwohner, die vor allem von Vieh- und Weidewirtschaft lebten, wurde keine Rücksicht genommen.

Die Kolonialmächte einigten sich auf ein Verfahren für den Erwerb von Kolonien: Gebietsansprüche sollten den anderen Staaten vorab mitgeteilt werden, bei einem Widerspruch sollte dann eine gütliche Einigung versucht werden.

Für die Afrikaner bedeutete der europäische **Imperialismus** aber, dass der Kontinent innerhalb weniger Jahre aufgeteilt wurde.

Sven Pflefka

INFO 2 Neue Herren und Methoden

Die neuen Grenzen zerschnitten alte Wirtschaftsräume und zwangen die Bevölkerung, die seit Jahrhunderten mit ihren Herden von einer Wasserstelle zur nächsten gezogen war, sesshaft zu werden.

Zwar hielten sich die Kolonialmächte zugute, die Sklaverei beseitigt zu haben, aber ihren Rassismus[1] behielten sie bei. Sie zwangen den afrikanischen Völkern ihre Kultur und Religion auf, enteigneten die Menschen und nötigten sie zum Bau von Straßen, Eisenbahnstrecken und Hafenanlagen. Zum eigenen Vorteil trieben die Europäer die Erschließung der Kolonien voran. Sie ließen Erdnüsse, Kaffee, Kakao oder Baumwolle in großen Betrieben (Plantagen) anbauen. Dies brachte zwar den europäischen Besitzern Gewinn, aber die Monokulturen[2] verdrängten den Anbau einheimischer Nahrungsmittel und machten viele Afrikaner erwerbslos. Die neuen Anbaumethoden zerstörten darüber hinaus langfristig die Fruchtbarkeit des Bodens und machten den Einsatz von Kunstdünger und Pflanzenschutzmitteln nötig. Diese konnten nur von den Kolonialmächten bezogen werden. Damit wurde Afrika immer stärker vom Weltmarkt abhängig.

Die Plantagen, die Bodenschätze, der Auf- und Ausbau von Eisenbahnlinien und Häfen brachten den europäischen Geldanlegern meist Gewinn. Dagegen deckten die Einnahmen wie Steuern und Zölle in der Regel nicht die Ausgaben für Verwaltung und Unterdrückung der Einheimischen, sodass Kolonien den Staaten (und damit den Steuerzahlern) Verluste brachten.

Dieter Brückner

[1] Rassismus: Anhänger dieser Weltanschauung behaupten beispielsweise, dass Menschen mit weißer Hautfarbe besser und leistungsfähiger seien als andere Menschen. Sie werten die Angehörigen anderer Hautfarbe oder Herkunft ab. Diese Anschauung verletzt die Menschenwürde.

[2] Monokultur: Bodennutzung, bei der nur eine Nutzpflanze angebaut wird

M 2 Europäisches Vordringen nach Afrika

Kartentipp:
Eine Karte, die die Vielfalt der Völker in Afrika zeigt, die vom Vordringen der Kolonialmächte betroffen waren, findest du unter **31063-48**.

Kartentipp:
Eine animierte Karte über die Eroberung Afrikas bzw. den „Wettlauf" um Kolonien siehe unter **31063-51**.

INFO 3 Folgen des Imperialismus

- Unterdrückung der Bevölkerung durch die fremde Kolonialregierung
- Verdrängung der einheimischen Kultur in den Kolonien
- hohe Kosten, z. B. für Verwaltungsbeamte, Soldaten, Häfen, Straßen, Eisenbahn
- Wettlauf unter den Großmächten um noch freie Gebiete
- aufgeheizte nationalistische Stimmung in den Heimatländern
- erhöhte Kriegsgefahr in Europa aufgrund der Grenzstreitigkeiten in den Kolonien

Dieter Brückner

Heiligt der Zweck alle Mittel?

1. *Erarbeite, wie der Karikaturist das Verhältnis zwischen einheimischer Bevölkerung und fremder Kolonialregierung charakterisiert (M1).*
2. *Beschreibe die Methoden der Kolonialpolitik (INFO 1 und 2).*
3. *Untersuche die Karte M2. Was sagt sie über den „Wettlauf um Afrika" und seine Folgen aus?* (H)
4. *Beurteile, wie die Kolonialmächte in Afrika auftraten (INFO 1 und 2).*
5. *Begründe, warum die Methoden der Kolonialpolitik zu den Folgen des Imperialismus* passen (INFO 3).*
6. *Verfasse ausgehend von M2 und INFO 3 einen Sachtext, in dem du dich kritisch damit auseinandersetzt, dass die imperialistische Politik in Europa von der Mehrheit der Bevölkerung wohlwollend aufgenommen wurde.* (H)

Kaiserliche Truppen wüten in Afrika

M 1 Gefangene Herero
Foto, um 1904 (Ausschnitt)

M 2 „Nach dem Kriege. Gruppe gefangener Hereros“
Foto aus der „Berliner Illustrirten Zeitung“ vom 21. Januar 1907 (Ausschnitt)

M 3 „Jeder Herero wird erschossen“

Am 2. Oktober 1904 befiehlt General Lothar von Trotha:

Das Volk der Herero muss [...] das Land verlassen. Wenn das Volk dies nicht tut, so werde ich es mit dem Groot Rohr[1] dazu zwingen.
Innerhalb der Deutschen Grenze wird jeder Herero mit oder ohne Gewehr, mit oder ohne Vieh erschossen, ich nehme keine Weiber und keine Kinder mehr auf, treibe sie zu ihrem Volke zurück oder lasse auch auf sie schießen. [...] Ich nehme mit Bestimmtheit an, dass dieser Erlass dazu führen wird, keine männlichen Gefangenen mehr zu machen, aber nicht zu Grausamkeiten gegen Weiber und Kinder ausartet. Diese werden schon fortlaufen, wenn zweimal über sie hinweggeschossen wird.

Zitiert nach: Horst Gründer (Hrsg.), „... da und dort ein junges Deutschland gründen“. Rassismus, Kolonien und kolonialer Gedanke vom 16. bis zum 20. Jahrhundert, München ³2006, S. 152f.

[1] **Groot Rohr**: Geschütz

M 4 „Der Krieg hätte nicht zu kommen brauchen“

Auf die Frage nach den Ursachen des Aufstandes antwortet ein zum Christentum bekehrter Herero nach dem Kolonialkrieg:*

Der Krieg ist von ganz kleinen Dingen gekommen und hätte nicht zu kommen brauchen. Einmal waren es die Stuurmann[1] mit ihrem schrecklichen Wucher und eigenmächtigen, gewaltsamen Eintreiben [der Schulden]. [...] Wer nicht zahlen wollte oder konnte, den verfolgten und plagten sie. Dann ist es der Branntwein gewesen, der die Leute schlecht und gewissenlos gemacht hat. Wenn jemand trinkt, dann ist es ihm gleich, was er tut. Aber das schlimmste Übel ist, was viel böses Blut und Streit hervorgerufen hat, die Vergewaltigung unserer Frauen durch Weiße. Manche Männer sind totgeschossen worden wie Hunde, wenn sie sich weigerten, ihre Frauen und Töchter preiszugeben, und drohten, sie mit der Waffe in der Hand zu verteidigen. Wären solche Dinge nicht geschehen, wäre kein Krieg gekommen, aber er ist bei solchen Vergewaltigungen ausgebrochen. Er war mit einem Male da, und da war kein Halten mehr, jeder rächte sich, und es war, als sei kein Verstand mehr unter den Massen.

Zitiert nach: Horst Gründer (Hrsg.), „... da und dort ein junges Deutschland gründen“. Rassismus, Kolonien und kolonialer Gedanke vom 16. bis zum 20. Jahrhundert, München ³2006, S. 153

[1] **Stuurmann**: Kaufleute

Medientipp:
„Der Krieg gegen die Herero 1904“, eine virtuelle Ausstellung des Bundesarchivs mit Dokumenten, siehe **31063-52**.

INFO Krieg gegen die Herero und Nama

Eine der deutschen Kolonien war Deutsch-Südwestafrika, das heutige Namibia. Es war anderthalb mal so groß wie das Deutsche Reich, doch waren nur wenige Gebiete fruchtbar. Dort lebten die *Herero* und *Nama* und betrieben Viehzucht. Schon vor 1883 befanden sich deutsche Missionare im Land. Konflikte entstanden, als deutsche Siedler die besten und fruchtbarsten Gebiete für sich beanspruchten und die einheimische Bevölkerung davon vertrieben. Im Januar 1904 brach für die Deutschen völlig überraschend ein Aufstand aus. Über 120 Siedler, Händler und Soldaten wurden getötet. Nur mithilfe ihrer überlegenen Militärtechnik konnten die deutschen Soldaten unter dem Oberbefehl von General *Lothar von Trotha* die Herero-Krieger, die größtenteils von ihren Familien begleitet wurden, besiegen und sie in die Wüste abdrängen. Da die Deutschen die wenigen Wasserstellen besetzt hielten, verdursteten dort zehntausende Herero. Überlebende wurden in Sammel- und Arbeitslagern, sogenannten Konzentrationslagern, interniert. Solche hatten erstmals zuvor die Briten während eines Aufstandes in der benachbarten Kolonie Südafrika eingerichtet.

Trotha war im Auftrag der Reichsregierung gegen die aufständischen Herero und Nama vorgegangen. Als aber sein Vernichtungsbefehl bekannt wurde, nahm sie ihn aufgrund der öffentlichen Proteste zurück. Sie entließ Trotha aber nicht. Wegen des langen Postweges dauerte es Wochen, bis Trotha die Weisung aus Berlin erhielt. Er setzte sie nur zögerlich um. Der Reichstagsabgeordnete und SPD-Vorsitzende *August Bebel* sagte dazu am 30. Januar 1905 im Reichstag*: „Eine solche Kriegsführung kann jeder Metzgerknecht treiben, dazu braucht man nicht General oder höherer Offizier zu sein." Nach Schätzungen kamen in Deutsch-Südwestafrika damals 50 bis 60 Prozent der Einheimischen ums Leben.[1]

Sven Pflefka

[1] Da es keine zuverlässigen Bevölkerungszahlen gibt, lässt sich nicht genau sagen, wie viele Herero und Nama Opfer des Krieges wurden. Die Angaben schwanken zwischen 20 000 und 85 000 getöteten Herero und 7 000 bis 11 000 getöteten Nama.

M5 Ein „Rassenkampf"

Am 4. Oktober 1904 schreibt General Lothar von Trotha seinem Vorgesetzten nach Berlin:

Meine genaue Kenntnis so vieler zentralafrikanischer Stämme [...] hat mir überall die überzeugende Notwendigkeit vor Augen geführt, dass sich der Neger[1] keinem Vertrag, sondern nur der rohen Gewalt beugt. [...] Dieser Aufstand ist und bleibt der Anfang eines Rassenkampfes [...].

Zitiert nach: www.gfbv.de/de/news/der-voelkermord-an-den-herero-127/ (Zugriff: 30.05.2020)

[1] Der Begriff ist diskriminierend und wird heute nicht mehr verwendet. Zum „Rassismus" siehe S. 164, Anm. 1.

M6 Völkermord – eine Definition

Als Reaktion auf die Gräueltaten der Nationalsozialisten verabschieden die Vereinten Nationen 1948 eine Konvention (Übereinkommen) über die Verhütung und Bestrafung des Völkermordes (Genozids). Sie enthält folgende Begriffsbestimmung:

Nach Artikel II versteht man darunter die an einer nationalen, ethnischen, rassischen oder religiösen Gruppe begangenen Handlungen:

a. Tötung von Mitgliedern der Gruppe;
b. Verursachung von schwerem körperlichen oder seelischen Schaden an Mitgliedern der Gruppe;
c. vorsätzliche Auferlegung von Lebensbedingungen für die Gruppe, die geeignet sind, ihre körperliche Zerstörung ganz oder teilweise herbeizuführen [...].

Diese Handlungen müssen in der Absicht begangen werden, die Gruppe als solche ganz oder teilweise zu zerstören. Es macht sich also schon jemand des Völkermordes schuldig, der lediglich beabsichtigt, also den Vorsatz hat, eine Menschengruppe zu vernichten.

Zitiert nach: www.voelkermordkonvention.de/voelkermord-eine-definition-9158 (Zugriff: 30. 04. 2019)

Medientipp:
Zum Völkermord an den Herero und Nama und dem Verhalten der Bundesregierung siehe **31063-53**.

Filmtipp:
Weiße Geister. Der Kolonialkrieg gegen die Herero; Regie: Martin Baer, 2004

Lesetipp:
Bartholomäus Grill, Wir Herrenmenschen. Unser rassistisches Erbe: Eine Reise in die deutsche Kolonialgeschichte, München 2019

Was macht den Krieg gegen die Herero und Nama zum Völkermord?

1. *Arbeitet die Ursachen des Aufstandes heraus (M4 und INFO).*
2. *Beschreibt in Partnerarbeit den Verlauf des Konflikts. Berücksichtigt dazu Text- und Bildquellen (M1 bis M4).*
3. *Diskutiert die Verantwortung für den Verlauf des Geschehens. Differenziert dabei zwischen Lothar von Trotha und der deutschen Regierung (INFO).*
4. *Erklärt, was den Krieg zum Völkermord machte (M3, M5 und M6).* H

Der „Wettlauf um Afrika" der europäischen Mächte beginnt
Ca. 13 000 Deutsche leben in der Kolonie Deutsch-Südwestafrika (Namibia)
Beginn des Aufstandes der Herero und des Völkermordes an den Herero und Nama

1870 | 1880 | 1890 | 1900 | 1910

Lern-aufgabe

Das Erbe des Imperialismus

M1 „Fragile Staaten" in der Welt 2019
Fachleute nennen schwache und zerbrechliche Länder „fragile Staaten". Früher hießen sie „Failed States", also gescheiterte Staaten. Wissenschaftler untersuchen in dem Zusammenhang unter anderem folgende Fragen: Kann der Staat die Sicherheit seiner Bürger gewährleisten? Hat er die Kontrolle über sein Territorium? Wird er seinen öffentlichen Aufgaben gerecht? Gibt es Rechtssicherheit sowie Mitbestimmungsmöglichkeiten oder herrschen Korruption und Vetternwirtschaft vor? Zur heutigen Staatenwelt siehe auch die Karte hinten im Buch.

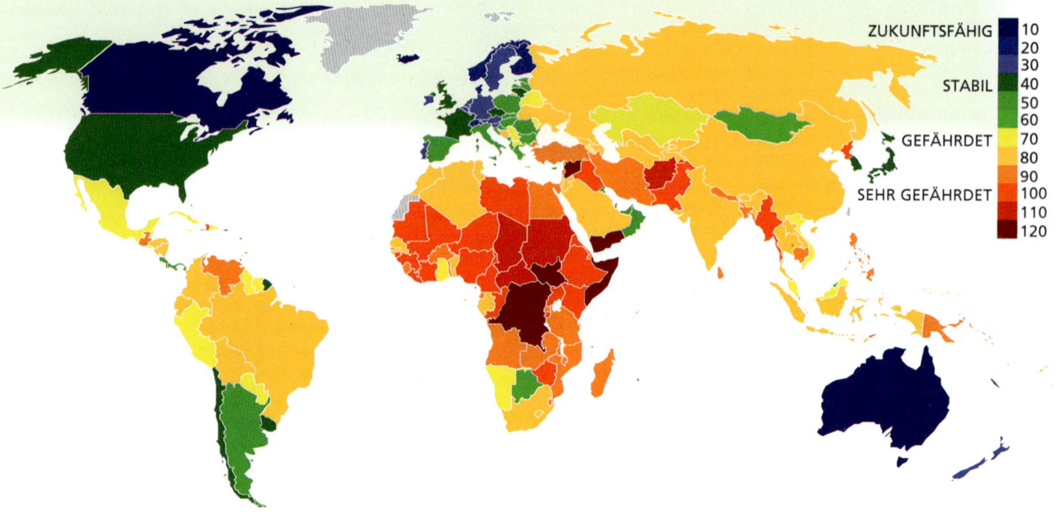

M2 Über die Probleme Afrikas

Thomas Bierschenk, Professor für Afrikastudien an der Universität Mainz, erläutert 2010 in einem Interview:

Heute kann man natürlich den Kolonialismus nicht mehr ausschließlich für die Probleme Afrikas verantwortlich machen. Allerdings muss man ganz deutlich sagen, dass die afrikanischen Länder, als sie schließlich unabhängig wurden, ein schwieriges Erbe angetreten haben. Keine Kolonialmacht hat die zu ihr gehörenden Länder besonders gut auf die Unabhängigkeit vorbereitet. Das sieht man zum Beispiel an den Einschulungsraten. Der Kontinent hat heute erst Zahlen erreicht, die ein Land wie Korea in den 1950er-Jahren bereits hatte. De facto[1] wurden viele Länder auch bankrott in die Unabhängigkeit entlassen. Eine ganz wesentliche Überlegung der Kolonialherren war eben, dass die Kolonien einfach zu teuer geworden waren. Diese Probleme wurden durch den großen Optimismus der damaligen Zeit zunächst einfach nicht so wahrgenommen.

Zitiert nach: www.n-tv.de/politik/Afrika-und-der-Ressourcenfluch-article1265746.html (Zugriff: 5. 11. 2019)

[1] **De facto**: nach Lage der Dinge

INFO 1 Kolonialherrschaft ...

Die heutige Grenzziehung in Afrika – wie mit dem Lineal gezogen – nahmen die europäischen Staaten vor. Dabei ging es um die Abgrenzung von Einflusssphären. Sie achteten wenig auf die Siedlungsgebiete von Völkern und Stämmen. Durch die neu gezogenen Grenzen wurden aber Siedlungsgebiete zerschnitten, Handelsrouten unterbrochen, Wege zu Weidegründen blockiert. Umgekehrt wurden Angehörige verschiedener Sprachen und Kulturen, sesshafte Ackerbauern und nomadisierende Viehzüchter oder traditionell verfeindete Bevölkerungsgruppen gezwungen, auf engem Raum zusammenzuleben. Das verhinderte, dass die einheimische Bevölkerung in den Kolonialgebieten ein Zusammengehörigkeitsgefühl und ein Nationalbewusstsein entwickelten. Obendrein stützte sich die Kolonialherrschaft auf Stammesführer oder ganze Bevölkerungsgruppen, die bereit waren, mit ihr zusammenzuarbeiten. Dafür erhielten diese Vorrechte wie eine bessere Ausbildung ihrer Kinder, einträglichere Arbeitsplätze oder Positionen in der Verwaltung der Kolonien.

Dieter Brückner

INFO 2 ... und ihre Folgen

Nach dem Abzug der Kolonialmächte in der zweiten Hälfte des 20. Jhs. wurden die willkürlich gezogenen Grenzen beibehalten, da Veränderungen kaum ohne Krieg durchsetzbar waren. Die Bevölkerungsgruppen, die bislang mit der Kolonialmacht zusammengearbeitet hatten, nutzten den Vorsprung, den ihre Vorrechte ihnen verschafften. Sie besetzten alle wichtigen Stellen in den jetzt unabhängigen Staaten und sicherten sich den Zugriff auf die Rohstoffe, an denen viele afrikanische Staaten reich sind. Die anderen Bevölkerungsgruppen wurden benachteiligt, diskriminiert oder auch verfolgt. Die Folge waren lange und grausame Bürgerkriege.

Aber es gab auch Grenzkriege, wenn z.B. Stammesgruppen die sie bislang trennenden Grenzen abschaffen oder einen eigenen Staat gründen wollten. Manchmal ging es aber auch um rohstoffreihe oder fruchtbare Gebiete. All diese Kriege boten Militärführern die Gelegenheit, eine Diktatur zu errichten, die sie gewaltsam verteidigten.

Dieter Brückner

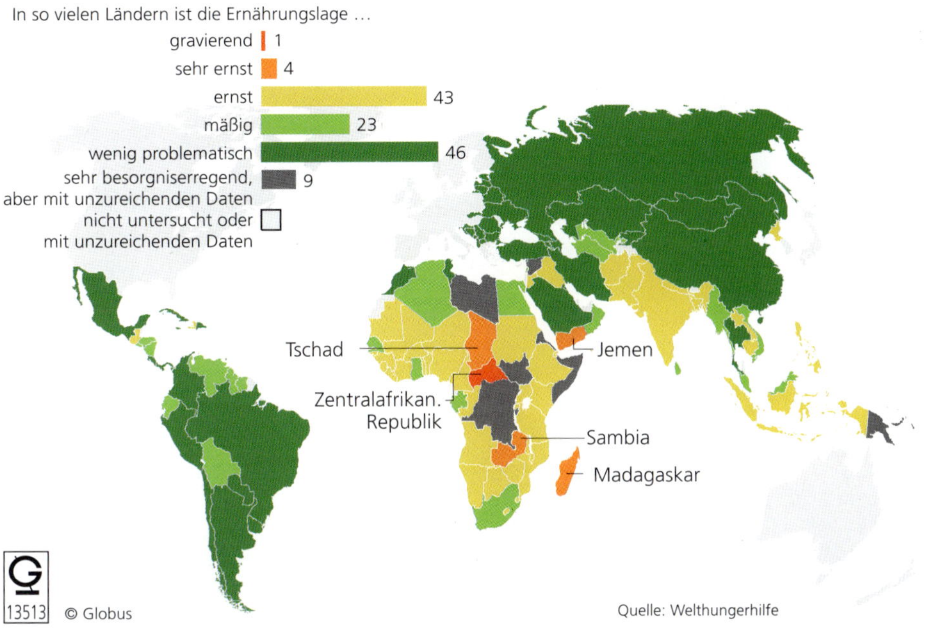

M3 Welthunger-Index 2019

Die vier statistisch verwertbaren Anzeichen des Welthungers sind:

- Der prozentuale Anteil der Unterernährten an der Bevölkerung
- Die prozentuale Verteilung von Auszehrung bei Kindern unter fünf Jahren, also zu niedriges Gewicht im Verhältnis zur Körpergröße als Hinweis auf herrschende Unterernährung
- Die prozentuale Verbreitung von Wachstumsverzögerung bei Kindern unter fünf Jahren, d.h. zu geringe Körpergröße im Verhältnis zum Alter als Hinweis auf ständige Unterernährung
- Sterblichkeitsrate von Kindern unter fünf Jahren

INFO 3 Das wirtschaftliche Erbe

Die früheren Kolonialmächte sicherten sich ihren Einfluss auf die Wirtschaft in den jetzt unabhängigen Staaten. Das gelang ihnen leicht, da sie ihnen technisch überlegen waren und da ihre Konzerne die Zugänge zum Weltmarkt kontrollierten. Damit fiel es den ehemaligen Kolonien schwer, ihre eigene Wirtschaft aufzubauen. Sie blieben Lieferanten billiger Rohstoffe und landwirtschaftlicher Produkte in die Industriestaaten. Diese diktieren die Preise und sorgen dafür, dass viele Länder Afrikas von europäischen Ländern abhängig sind.

Aber auch in den Ländern selbst ist der Besitz sehr ungleich verteilt: Ein Großteil des fruchtbaren Bodens und die meisten Bodenschätze sind im Besitz weniger vermögender Personen.

Dieter Brückner

Entwickle eine Strukturskizze unter der Überschrift: „Gegenwärtige Krisen und Konflikte als Erbe des Imperialismus"*

1. *Beschreibe, was man unter einem „fragilen Staat" versteht (M1).*
2. *Nenne langfristige Folgen des Imperialismus (INFO 1 und 2).*
3. *Fasse die Kernaussage des Interviews (M2) zusammen.*
4. *Vergleiche die Grafik mit den fragilen Staaten (S. 168, M1) mit dem Schaubild M3. Erkläre den möglichen Zusammenhang.*
5. *Begründe, warum die Folgen des Imperialismus mit der Entlassung der Kolonien in die Unabhängigkeit nicht beendet waren (INFO 2 und 3).*
6. *Entwickle aus deinen Arbeitsergebnissen die Strukturskizze, wie du sie von Tafelbildern her kennst.* (H)

Imperiale Politik – alte und neue Bündnisse

M 1 „Little Red Riding Hood"
Karikatur aus der Pariser Zeitung „Le Petit Journal" vom 20. November 1898[1]

M 2 „L'Entente Cordiale"
Titelblatt der Pariser Zeitung „Le Petit Journal" vom 20. August 1905
L'Entente Cordiale = herzliches Einvernehmen; der Untertitel lautet übersetzt: „Empfang von Admiral Caillard und französischen Offizieren durch Seine Majestät, König Edward VII. [von Großbritannien]." Léonce Albert Caillard war Stabschef der französischen Marine.[2]

INFO 1 Eine verbreitete Haltung

Das Gefühl, anderen Völkern überlegen zu sein, beschränkte sich nicht auf das Verhältnis der europäischen Großmächte zu den Völkern ihrer Kolonien. Auch in Europa betrachtete man das eigene Volk, die eigene Nation* als überlegen und wertvoller als die anderen. Und schnell entstanden aus einem solchen übertriebenen Nationalismus* Konkurrenz und Abwertung der anderen Nationen und auch Vorurteile. Daraus wurden schließlich Feindbilder. Deutsche und Franzosen bezeichneten sich gegenseitig als „Erbfeinde", und beide Nationen verachteten Großbritannien.

Sven Pflefka

INFO 2 Widerstreitende Interessen

Wenige Jahrzehnte nach dem Wiener Kongress* war von der Solidarität der europäischen Großmächte nicht mehr viel zu spüren. Nur noch Großbritannien war an der Erhaltung des Gleichgewichts der Mächte auf dem Kontinent interessiert. Das allerdings auch nur, um ungestört sein überseeisches Imperium ausbauen und erhalten zu können. Alle vier kontinentalen Großmächte waren aber bestrebt, ihre Machtposition nicht nur in Übersee, sondern auch in Europa zu stärken und eine Hegemonie* zu errichten. Frankreich wollte sich darüber hinaus am Deutschen Reich für die Niederlage von 1870/71 rächen und das Elsass und Lothringen zurückerobern.
Am allermeisten brachte allerdings das Deutsche Reich das Gleichgewicht der Mächte ins Wanken. *Wilhelm II.* meinte, dass aufgrund seiner wirtschaftlichen und militärischen Stärke „ohne Deutschland und ohne den deutschen Kaiser keine große Entscheidung fallen darf". Als den größten Feind Deutschlands sah er Frankreich, als größten Rivalen die See- und Wirtschaftsmacht Großbritannien.

Sven Pflefka

[1] Zur Einordnung der Karikatur siehe S. 171, M4
[2] Zur Einordnung des Titelblattes siehe auch S. 171, M4

M3 Wir „verlangen auch unseren Platz an der Sonne“

Außenminister Bernhard Fürst von Bülow hält am 6. Dezember 1897 im Reichstag folgende Rede zur Politik in Ostasien:*

Wir empfinden auch durchaus nicht das Bedürfnis, unsere Finger in jeden Topf zu stecken. Aber allerdings sind wir der Ansicht, dass es sich nicht empfiehlt, Deutschland in zukunftsreichen Ländern von vornherein auszuschließen vom Mitbewerb anderer Völker. (*Bravo!*)

Die Zeiten, wo der Deutsche dem einen seiner Nachbarn die Erde überließ, dem anderen das Meer und sich selbst den Himmel reservierte, wo die reine Doktrin[1] thront (*Heiterkeit – Bravo!*) – diese Zeiten sind vorüber. Wir betrachten es als eine unserer vornehmsten Aufgaben, gerade in Ostasien die Interessen unserer Schifffahrt, unseres Handels und unserer Industrie zu fördern und zu pflegen. [...]

Wir müssen verlangen, dass der deutsche Missionar und der deutsche Unternehmer, die deutschen Waren, die deutsche Flagge und das deutsche Schiff in China geradeso geachtet werden, wie diejenigen anderer Mächte.

(*Lebhaftes Bravo.*) Wir sind endlich gern bereit, in Ostasien den Interessen anderer Großmächte Rechnung zu tragen, in der sicheren Voraussicht, dass unsere eigenen Interessen gleichfalls die ihnen gebührende Würdigung finden. (*Bravo!*)

Mit einem Worte: Wir wollen niemand in den Schatten stellen, aber wir verlangen auch unseren Platz an der Sonne. (*Bravo!*)

Zitiert nach: Rüdiger vom Bruch und Björn Hofmeister (Hrsg.), Kaiserreich und Erster Weltkrieg 1871-1918, Stuttgart 2000, S. 268-70

[1] **Doktrin**: Lehre, politisches Programm

M4 1890 bis 1911: Aktionen und Reaktionen

1890	**D** verlängert den Neutralitätsvertrag mit **R** nicht
1892	**R** schließt Vertrag mit **F** über gegenseitige Beistandspflicht bei Angriff von **D**, **Ö** oder **I**; **GB** lehnt ein Bündnis mit **D** ab und bleibt in „splendid isolation“[1]; in **D** wächst der Neid auf die wachsende Welt- und Seemacht **GB**, in **GB** der Neid auf die erstarkende Industriemacht **D**
1896	Wilhelm II. gratuliert dem Anführer eines Aufstandes in Südafrika gegen **GB**; Empörung in **GB** über Einmischung aus **D**
1898	Zustimmung des Reichstages in Berlin zum Ausbau der Kriegsflotte; Beginn eines Wettrüstens; Wilhelm II. erklärt sich auf einer Orientreise zum Freund aller Muslime und Schutzherrn des **OR**; **GB** möchte ein Bündnis mit **D**, da es wegen der Kolonialpolitik in Afrika einen Krieg mit **F** erwartet (bei der Stadt Faschoda im Sudan stehen sich britische und französische Kolonialtruppen feindselig gegenüber); **D** lehnt ab
1903	**GB** und **F** nähern sich an und gestehen sich gegenseitig Einflussbereiche zu (**GB**: Ägypten; **F**: Marokko)
1904	**D** fördert den Bau einer Eisenbahnlinie im **OR** von Istanbul nach Bagdad; **I** schwächt den Dreibund durch geheimes Neutralitätsabkommen mit **F** für den Fall eines Krieges;
1905	**GB** und **F** vereinbaren „Herzliches Einvernehmen“ („Entente Cordiale“); **D** sieht die „Entente Cordiale“ als Versuch von **GB** und **F**, **D** am Erwerb von Kolonien zu hindern
1906	**D** beschließt Bau einer großen (gegen **GB** gerichteten) Kriegsflotte; **D** garantiert Marokko die Unabhängigkeit, um **F** seine Macht zu demonstrieren
1907	Eine internationale Konferenz bestätigt **F** als Kolonialmacht in Marokko; die „Entente Cordiale“ wird gefestigt; nur **Ö** unterstützt **D**
1908	**GB** und **R** legen ihren Streit um Einflussgebiete in Asien bei und schließen eine „Entente Cordiale“
1911	**D** sieht sich durch **GB**, **F** und **R** „eingekreist“; **D** will **F** zwingen, Marokko aufzugeben; **GB** unterstützt **F**; **GB** und **F** arbeiten militärisch noch enger zusammen

D = Deutsches Reich, **F** = Frankreich, **GB** = Großbritannien, **I** = Italien,
Ö = Österreich-Ungarn, **OR** = Osmanisches Reich, **R** = Russland

[1] **splendid isolation**: wörtlich übersetzt: „wunderbare Isolation“; gemeint ist hier die politische Unabhängigkeit Großbritanniens von Europa

Wie verändert sich das Verhältnis der europäischen Großmächte?

1. *Verfasse auf der Grundlage der Informationen aus INFO 1 eine Kurzdefinition des Begriffs „übersteigerter Nationalismus“.*
2. *Beschreibe, wie die beiden Abbildungen M1 und M2 das Verhältnis zwischen Frankreich und Großbritannien in den Jahren von 1898 und 1905 darstellen.*
3. *Erkläre die Veränderung im Verhältnis zwischen Frankreich und Großbritannien (M1 und M2) mithilfe von INFO 2 und M3.*
4. *Beschreibe, wie sich das Verhältnis der europäischen Mächte zwischen 1890 und 1911 verändert hat (M4).* Ⓗ
5. *Beurteile, welche Rolle der übersteigerte Nationalismus* bei dieser Entwicklung gespielt hat.*

Der „Wettlauf um Afrika“ der europäischen Mächte beginnt

1888: Wilhelm II. wird Deutscher Kaiser und unterstützt Bestrebungen, deutsche Kolonien zu gründen

1897: Der deutsche Reichskanzler fordert für das Deutsche Reich einen „Platz an der Sonne“

Gründung der Entente Cordiale

1870 1880 1890 1900 1910

Der Rüstungswettlauf

M 1 „Deutschland und England. Wie sollen wir uns da die Hand geben?“
Karikatur von Wilhelm Schulz aus dem „Simplicissimus“ vom 26. Februar 1912

INFO 1 Deutsche Flottenpläne

Mit Ausnahme des Deutschen Kaiserreiches* verfügten alle Großmächte um 1890 über eine schlagkräftige Kriegsmarine. Die mit Abstand größte Seemacht war Großbritannien. Zunächst zur Abschreckung anderer Marinen und sodann mit dem Ziel, das Deutsche Reich zu einer Weltmacht zu machen, begann Kaiser Wilhelm II. eine Hochseeflotte aufzubauen. Damit setzte ein deutsch-britisches Wettrüsten ein. Die Regierung wurde dabei unterstützt vom 1898 gegründeten *Deutschen Flottenverein*. Er förderte die Marinebegeisterung im Volk und zählte 1913 über eine Millionen Mitglieder.

Sven Pflefka

M 2 Großkampfschiffe 1905-1913

Nach: Hans Hallmann, Der Weg zum deutschen Schlachtflottenbau, Stuttgart 1933, S. 137

	1905	1907	1909	1911	1913
Großbritannien	4	10	22	32	42
Deutsches Reich	0	5	13	21	26
Frankreich	0	6	6	10	17
Russland	0	0	4	4	8

M 3 Rüstungsausgaben

in Mio. Mark	1902	1913
Frankreich	954	1 327
Russisches Reich	958	2 050
Großbritannien	2 002	1 491
Deutsches Reich	965	2 111
Österreich-Ungarn	378	721

Nach: Der Weltkrieg 1914 bis 1918. Die militärischen Operationen zu Land, bearb. im Reichsarchiv, Bd. 16,1,1: Kriegsrüstung und Kriegswirtschaft; Anlagen zu Bd. 1, Berlin 1930, S. 530

M 4 Der Schlieffen-Plan

Generalfeldmarschall Alfred Graf von Schlieffen legt im Februar 1906 dem Chef des Generalstabs, Helmuth von Moltke, eine im Dezember 1905 verfasste Denkschrift vor. Sie enthält einen Plan, wie Frankreich innerhalb von vier bis sechs Wochen militärisch bezwungen werden kann, damit man sich anschließend Russland „zuwenden“ könne.

In einem Kriege gegen Deutschland wird sich Frankreich, besonders solange es auf eine wirksame Unterstützung Russlands nicht rechnen kann, voraussichtlich zunächst auf die Verteidigung beschränken. [...]

Mehr versprechend als der Frontalangriff mit Umfassung des linken Flügels scheint ein von Nordwesten [...] gegen den Rücken der Stellung gerichteter Angriff zu sein. Um zu diesem zu gelangen, muss die belgisch-französische Grenze auf dem linken Maasufer [...] bewältigt und, um so weit zu kommen, die Neutralität von Luxemburg, Belgien und den Niederlanden verletzt werden.

Die Verletzung der Neutralität von Luxemburg wird abgesehen von Protesten keine Folge von Bedeutung haben. Die Niederlande erblicken in dem mit Frankreich verbundenen England nicht weniger einen Feind als Deutschland. Ein Abkommen mit ihnen wird sich erzielen lassen. [...] Belgien wird sich voraussichtlich widersetzen. [...]

Es ist anzunehmen, dass der deutsche Aufmarsch sich ungestört vollzieht.

Zitiert nach: www.1000dokumente.de/index.html?c=dokument_de&dokument=0097_spl&object=translation&st=&l=de (Zugriff: 05. 11. 2019)

INFO 2 Militarismus

Gefährlich wurde der in allen europäischen Staaten herrschende übersteigerte Nationalismus*, da er von einem starken Militarismus und **Imperialismus** begleitet wurde. Soldatentum und Militär genossen hohes Ansehen, Krieg galt allenthalben als übliches, wenn auch letztes Mittel, um politische Ziele durchzusetzen. Und in den Schulen wurde gelehrt, dass es ehrenvoll und erstrebenswert sei, sich heldenhaft im Krieg für die eigene Nation* aufzuopfern und notfalls zu sterben.

Schon um 1910 war die Mehrzahl der führenden Politiker und hohen Militärs in Europa davon überzeugt, dass ein Krieg so gut wie unvermeidbar sei. Sie bemühten sich weniger um friedliche Lösungen als darum, auf einen Krieg möglichst gut vorbereitet zu sein, und überlegten, wann der günstigste Zeitpunkt sei, ihn zu beginnen.

Sven Pflefka

INFO 3 Alles auf eine Karte!

Ein Plan Generalfeldmarschalls *Alfred Graf von Schlieffen* aus dem Jahr 1905 sollte das Problem des Zweifrontenkrieges lösen. Er ging davon aus, dass Russland relativ viel Zeit benötigen würde, um sein Heer gegen Deutschland in Stellung zu bringen. Diese Zeit sollte genutzt werden, um mit großem Truppeneinsatz im Westen Frankreich schnellstmöglich zu besiegen. Dazu war es notwendig, die französischen Festungen an der deutschen Grenze durch Belgien zu umgehen. Nach einem schnellen Sieg sollten alle Truppen nach Osten verlegt werden und Russland niederwerfen. Eine Alternative zu dem Plan wurde nicht entwickelt.

Sven Pflefka

M5 Wozu ein Rüstungswettlauf?

Der Historiker Jürgen Osterhammel schreibt über den Rüstungswettlauf ab 1890:

Lange Zeit betrieb keine einzige europäische Großmacht eine offensive Rüstung für einen innereuropäischen Krieg. [...] Dies änderte sich erst 1897 mit dem [...] deutschen Schlachtflottenbau, der [*nach Auffassung des Historikers W. Mommsen*] „von Anfang an eine klar gegen England gerichtete offensive Zielrichtung gehabt hat". Großbritannien nahm die Herausforderung an, und in beiden Ländern [...] stilisierte man nun die Marine zum Symbol nationaler Einigkeit, Größe und technologischer Potenz[1]. [...] Von da an machte die europäische Politik ihre ersten Erfahrungen mit einem industriell beschleunigten Rüstungswettlauf, an dem sich alle Großmächte beteiligten. In defensive Abschreckung wurde nun ein Angriffswille gleichsam systemisch[2] eingebaut.

Jürgen Osterhammel, Die Verwandlung der Welt. Eine Geschichte des 19. Jahrhunderts, München 2009, S. 676

[1] **Potenz**: Leistungsstärke
[2] **systemisch**: das ganze System der Großmachtpolitik betreffend

M6 Zukunftsaussichten

Der Staatssekretär des Auswärtigen Amtes, Gottlieb von Jagow, über ein Gespräch vom 19. Mai 1914 mit Helmuth J. L. Graf von Moltke, der seit 1906 Chef des Großen Generalstabs war:

Die Aussichten in die Zukunft bedrückten ihn [Moltke] schwer. In 2-3 Jahren würde Russland seine Rüstungen beendet haben. Die militärische Übermacht unserer Feinde wäre dann so groß, dass er nicht wüsste, wie wir ihrer Herr werden könnten. Jetzt wären wir ihnen noch einigermaßen gewachsen. Es bleibe seiner Ansicht nach nichts übrig, als einen Präventivkrieg[1] zu führen, um den Gegner zu schlagen, solange wir den Kampf noch einigermaßen bestehen könnten. Der Generalstabschef stellte mir demgemäß anheim, unsere Politik auf die baldige Herbeiführung eines Krieges einzustellen.

Erwin Hölzle (Hrsg.), Quellen zur Entstehung des Ersten Weltkrieges: Internationale Dokumente 1901-1914, Darmstadt [2]1995, S. 43

[1] **präventiv**: vorbeugend

Wieso kommt es zu einem Rüstungswettlauf?

1. *Erläutere, inwiefern die Statistiken einen Rüstungswettlauf darstellen (M2 und M3).*
2. *Erkläre die Ziele, die Wilhelm II. mit dem Bau einer deutschen Hochseeflotte verfolgte (INFO 1).*
3. *Prüfe mithilfe von M2 und M3 die These von J. Osterhammel, dass sich „alle Großmächte" Europas am Rüstungswettlauf beteiligten (M5).*
4. *Erkläre den Zusammenhang zwischen dem deutschen Flottenkonzept und dem Rüstungswettlauf (M6).*
5. *Bestimme das Ziel des Schlieffen-Plans (M4).*
6. *Interpretiere die Karikatur (M1). Berücksichtige dabei auch M5 und INFO 2.* (H)
7. *Nimm Stellung zu den „Zukunftsaussichten" (M6). Berücksichtige dabei INFO 3.*

Der „Wettlauf um Afrika" der europäischen Mächte beginnt
1888: Wilhelm II. wird Deutscher Kaiser und unterstützt Bestrebungen, deutsche Kolonien zu gründen
1897: Der deutsche Reichskanzler fordert für das Deutsche Reich einen „Platz an der Sonne"
Gründung der Entente Cordiale

1870 | 1880 | 1890 | 1900 | 1910

Die Lage wird kritisch

M1 „Balkan Troubles“
Karikatur von Leonard Raven-Hill aus dem in London erscheinenden „Punch Magazine“ vom 2. Oktober 1912
Die hier nicht abgebildete Bildunterschrift lautet: „The Boiling Point“ (Der Siedepunkt).

INFO 1 Das „Pulverfass“ Europas

Als 1908 im Osmanischen Reich eine Revolution ausbrach, nutzte Österreich die günstige Gelegenheit und besetzte Bosnien-Herzegowina. Damit begann eine Reihe von Krisen auf dem Balkan. 1912/13 gab es zwei weitere Kriege, in denen das Osmanische Reich, Serbien, Bulgarien, Montenegro und Griechenland in unterschiedlichen Bündnissen um Gebiete auf dem Balkan kämpften. Damit wurde der Balkan endgültig zum „Pulverfass“ Europas.

Weder die europäischen Großmächte noch die auf dem Balkan neu entstandenen Staaten waren nämlich mit den Grenzen zufrieden. Tiefe Feindschaften prägten das Verhältnis der dort lebenden Völker. In Serbien entstand die Geheimorganisation „Schwarze Hand“, die sich das Ziel setzte, „alle Serben“, also auch die in Österreich-Ungarn lebenden, notfalls mit Gewalt in einem Staat zu vereinigen.

Sven Pflefka

INFO 2 Interessen auf dem Balkan

- Das Osmanische Reich erstreckte sich um 1900 noch weit in den Balkan hinein. Es war jedoch durch innere Krisen geschwächt. Es war bemüht, Gebietsverluste auf dem Balkan zu verhindern.
- Die auf dem Balkan noch unter osmanischer Herrschaft lebenden slawischen Völker – Serben, Kroaten, Slowenen, Bosnier, Montenegriner und Albaner – strebten nach Unabhängigkeit von der osmanischen Fremdherrschaft. Serbien erhob Anspruch auf Gebiete, für die sich auch Österreich-Ungarn interessierte.
- Österreich-Ungarn wollte ebenso wie die slawischen Völker von der Schwäche des Osmanischen Reiches auf dem Balkan profitieren.
- Russland wollte gemäß der Idee des „Panslawismus“ alle slawischen Völker auf dem Balkan unter seiner Führung einigen und bot sich insbesondere Serbien als „Schutzmacht“ gegen Österreich-Ungarn und gegen das Osmanische Reich an. Es strebte zudem nach einem freien Zugang zum Mittelmeer durch den Bosporus und über die Häfen an der östlichen Adriaküste. Nach einer Niederlage in einem Krieg gegen Japan 1904/05 versuchte es verstärkt, in Europa zu Erfolgen zu kommen.
- Großbritannien wollte sich den Seeweg nach Indien durch den Suez-Kanal sichern. Das russische Streben nach einem Zugang zum Mittelmeer empfand es deshalb als Bedrohung.
- Für Deutschland und Frankreich hatte der Balkan keine zentrale Bedeutung, doch waren sie durch ihre Bündnisse in diese Krisenregion verstrickt, da das Deutsche Reich mit Österreich und Frankreich mit Russland und Großbritannien Verteidigungs- und Beistandsverträge abgeschlossen hatten.
- Um 1912 standen sich somit folgende Bündnisse gegenüber:
  - Deutsches Reich – Österreich-Ungarn – Italien (Dreibund seit 1882)
  - Großbritannien, Frankreich und Russland (Triple Entente seit 1907)

Sven Pflefka

M2 „Kriegsrat“

Im Dezember 1912 findet auf Einladung Kaiser Wilhelms II. ein „Kriegsrat“ statt, zu dem er hohe Militärs, aber nicht die politische Führung des Reiches einlädt. Der Chef des Marinekabinetts, Alexander von Müller, notiert:

Seine Majestät habe sich folgendes Bild gemacht: Österreich müsse den auswärtigen Slawen (Serben) gegenüber kraftvoll auftreten, sonst verliere es die Macht über die Serben der österreichisch-ungarischen Monarchie. Wenn Russland die Serben stütze […], wäre der Krieg für uns unvermeidlich […]. Die Flotte müsste sich natürlich auf den Krieg gegen England einrichten.

General v. Moltke[1]: „Ich halte einen Krieg für unvermeidlich und: je eher, desto besser.“ Wir sollten aber durch die Presse die Volkstümlichkeit eines Krieges gegen Russland […] vorbereiten.

Zitiert nach: Erwin Hölzle (Hrsg.), Quellen zur Entstehung des Ersten Weltkrieges: Internationale Dokumente 1901-1914, Darmstadt ²1995, S. 111

[1] Helmuth J. L. Graf von Moltke (1848-1916) war von 1906 bis 1914 Chef des Großen Generalstabs; siehe S. 172, M4.

M4 Das multinationale Reich Österreich-Ungarn 1878 -1916 (nach einer Sprachenübersicht)

Um 1910 zählten etwa 12,0 Mio. Menschen zur deutschen Sprachgruppe, 10,1 Mio. zur ungarischen (Magyaren), 6,4 Mio. zur tschechischen und 2,0 Mio. zur slowakischen, 5,0 Mio. zur polnischen, 4,4 Mio. zur serbischen und kroatischen (Serbo-Kroaten), 4,0 Mio. zu ukrainischen, 3,2 Mio. zur rumänischen, 1,3 Mio. zur slowenischen, 0,8 Mio. zur italienischen und 2,3 Mio. zu weiteren Sprachgruppen.

M3 Der russische Außenminister informiert

Als Ende 1913 auf Wunsch der osmanischen Regierung deutsche Militärberater in Konstantinopel (heute Istanbul) eintreffen, protestiert die russische Regierung scharf. Über die Hintergründe informiert ein Bericht des russischen Außenministers an den Zaren vom Dezember 1913:

Die Zweifel an der Dauer und Lebensfähigkeit des Osmanischen Reiches lassen für uns die historische Frage der Meerengen und der Bedeutung ihres Wertes für uns in politischer und wirtschaftlicher Beziehung wieder aufleben […]. Die Meerengen einem mächtigen Staat zu überlassen, wäre gleichbedeutend damit, die ganze wirtschaftliche Entwicklung des südlichen Russlands diesem Staat zu unterwerfen.

Zitiert nach: Erwin Hölzle (Hrsg.), Quellen zur Entstehung des Ersten Weltkrieges, a. a. O., S. 165

Warum wird der Balkan zum „Pulverfass Europas“?

1. *Suche im Geschichtsatlas die Kartenseite „Der Balkan im 19. Jahrhundert“ und vollziehe dort nach, wie sich die Grenzen des Osmanischen Reiches verändert haben und wer davon profitiert hat.* (H)
2. *Interpretiere die Karikatur (M1). Gehe besonders darauf ein, wie der Balkan dargestellt wird und wie sich die Politiker verhalten.*
3. *Stelle die Interessen der europäischen Staaten auf dem Balkan (INFO 2) mithilfe einer Skizze grafisch dar.*
4. *Untersuche, welche dieser Interessen (INFO 2) sich aus der Karte „Die Balkanländer 1878 bis 1915“ im Geschichtsatlas erkennen lassen.*
5. *Erkläre, warum man Österreich-Ungarn als „Vielvölkerstaat“ bezeichnet (M4), und erkläre, welche Befürchtungen die Ziele der slawischen Balkanstaaten und Russlands (INFO 2) in Österreich-Ungarn hervorriefen.*
6. *Begründet in Partnerarbeit, dass um 1912/14 vom Balkan als „Pulverfass“ gesprochen wurde (INFO 1, M2 und M3). Berücksichtigt auch M4.*
7. *Beurteile auf der Grundlage deiner in diesem Kapitel gewonnenen Erkenntnisse und mithilfe von M3 und M4, ob der Zeichner von M1 das Verhalten der europäischen Großmächte auf dem Balkan richtig darstellt.* (H)
8. *Europa im Sommer 1914 – Stelle zusammenfassend dar, wie sich die Krisen in Marokko (siehe S. 171, M4) und auf dem Balkan auf das Verhältnis der europäischen Staaten ausgewirkt haben.*

Österreich-Ungarn annektiert Bosnien-Herzegowina
Oktober 1912: Balkanstaaten gegen Osmanisches Reich: Erster Balkankrieg
Juni 1913: Balkanstaaten gegeneinander: Zweiter Balkankrieg
August 1913: Frieden von Bukarest
Mehrere Staaten befreien sich auf dem Balkan von der osmanischen Herrschaft
Slawische Völker auf dem Balkan fordern ihre Unabhängigkeit von Österreich-Ungarn
1900 – 1910 – 1920

Von der Krise zum Krieg

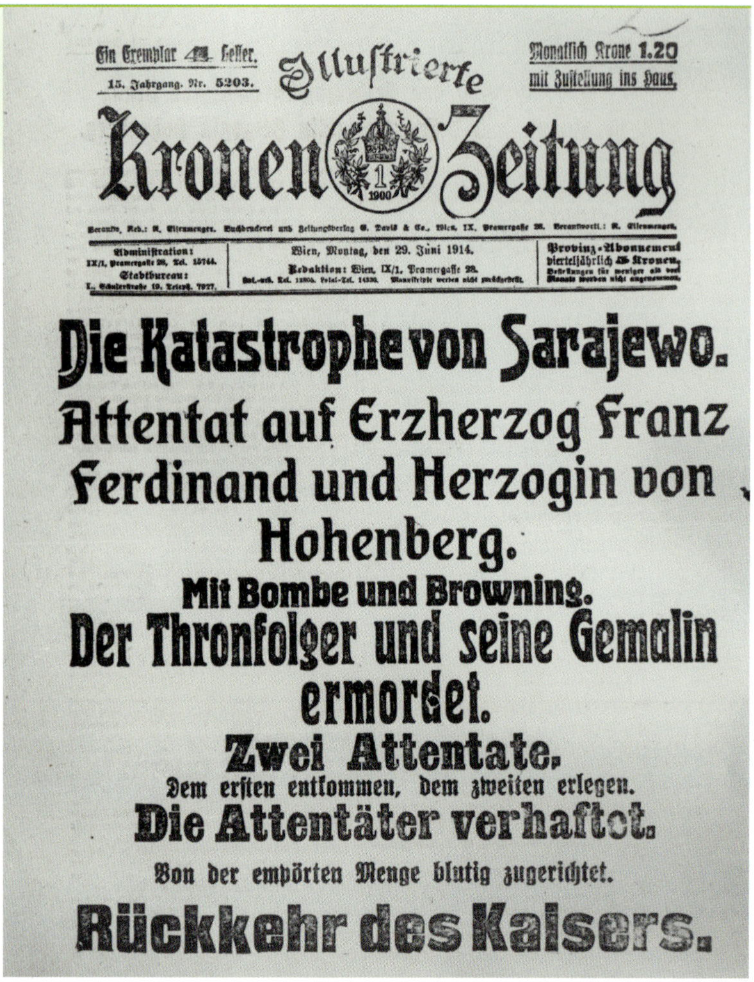

Ein Exemplar 4 Heller. 15. Jahrgang. Nr. 5203.

Illustrierte Kronen Zeitung

Monatlich Krone 1.20 mit Zustellung ins Haus.

Wien, Montag, den 29. Juni 1914.

Die Katastrophe von Sarajewo.

Attentat auf Erzherzog Franz Ferdinand und Herzogin von Hohenberg.

Mit Bombe und Browning.

Der Thronfolger und seine Gemalin ermordet.

Zwei Attentate.

Dem ersten entkommen, dem zweiten erlegen.

Die Attentäter verhaftet.

Von der empörten Menge blutig zugerichtet.

Rückkehr des Kaisers.

M 1 „Die Katastrophe von Sarajewo"
Titelblatt der Wiener „Kronen-Zeitung" vom 29. Juni 1914

Kartentipp:
Eine animierte Karte zum Thema „Ausbruch des Ersten Weltkrieges" siehe unter **31063-54**.

Medientipp:
Eine Reproduktion des Telegramms vom 6. Juli 1914 findest du unter **31063-55**.

INFO 1 Ein Attentat führt in den Krieg

Am 28. Juni 1914 erschoss ein 19-jähriger Bosnier serbischer Herkunft in der bosnischen Hauptstadt Sarajewo den österreichischen Thronfolger *Franz Ferdinand* und seine Frau *Sophie*. Die Waffen dazu hatten er und zwei Komplizen von der terroristischen Geheimorganisation „Schwarze Hand" erhalten, deren Ziel es war, alle Südslawen in einem monarchischen Staat zu vereinigen.[1]

Die Regierung in Wien sah in dem Attentat den willkommenen Anlass, um gegen Serbien militärisch vorzugehen. Sie fragte in Berlin nach, wie Deutschland sich verhalten werde. Dort sicherte man dem österreichischen Gesandten die volle Unterstützung zu. Die Wiener Regierung stellte deshalb am 23. Juli 1914 ein absichtlich sehr hartes Ultimatum an Serbien. Als dieses nur in Teilen akzeptiert wurde, erklärte Österreich-Ungarn Serbien am 28. Juli den Krieg. Daraufhin mobilisierte Russland seine Armee, da es nicht bereit war, Serbien demütigen zu lassen. In Deutschland gewannen im politischen Entscheidungsprozess nun die Militärs mit dem Schlieffen-Plan[2] die Oberhand. Die Juli-Krise endete und der **Erste Weltkrieg** begann.

Sven Pflefka

[1] Am 28. Oktober 1918 wurden die drei Haupttäter verurteilt. Sicher ist, dass sie von Mitgliedern des serbischen Geheimdienstes unterstützt wurden. Dass sie im Auftrag der serbischen Regierung handelten, konnte weder die damalige österreichische Justiz noch die wissenschaftliche Forschung bis heute stichhaltig belegen.

[2] Schlieffen-Plan: Siehe S. 172, M4.

M 2 Ein „Blankoscheck"?

Der österreichisch-ungarische Botschafter in Berlin, Ladislaus von Szögyény-Marich, telegrafiert Außenminister Leopold Graf Berchtold am 6. Juli 1914:

Unser Verhältnis zu Serbien betreffend stehe deutsche Regierung auf dem Standpunkt, dass *wir* beurteilen müssten, was zu geschehen hätte, um dieses Verhältnis zu klären; wir könnten hierbei – wie auch immer unsere Entscheidung ausfallen möge – mit Sicherheit darauf rechnen, dass Deutschland als Bundesgenosse und Freund der Monarchie hinter ihr stehe.

Im weiteren Verlaufe der Konversation habe ich festgestellt, dass auch Reichskanzler, ebenso wie sein kaiserlicher Herr ein *sofortiges Einschreiten unsererseits* gegen Serbien als radikalste und beste Lösung unserer Schwierigkeiten am Balkan ansieht. Vom internationalen Standpunkt hält er den jetzigen Augenblick für günstiger, als einen späteren [...].

Zitiert nach: Gerd Krumeich, Juli 1914. Eine Bilanz, Paderborn 2014, S. 224 (Hervorhebungen im Original)

M3 Gegen die Bedenken des Botschafters

Der deutsche Staatssekretär im Auswärtigen Amt schreibt am 18. Juli 1914 privat an den Botschafter in London:

Aber wir haben nun einmal ein Bündnis mit Österreich [...]. Wir haben auch jetzt Austria[1] nicht zu seinem Entschluss getrieben.[2] Wir können und dürfen ihm nicht in den Arm fallen. Wenn wir das täten, könnte Österreich (und wir selbst) uns mit Recht vorwerfen, dass wir ihm seine letzte Möglichkeit politischer Rehabilitierung[3] verwehrt haben. Dann würde der Prozess seines Dahinsiechens und inneren Zerfalls noch beschleunigt. [...] Österreichs Erhaltung, und zwar eines möglichst starken Österreichs, ist für uns aus inneren und äußeren Gründen eine Notwendigkeit. [...] Wir müssen sehen, den Konflikt zwischen Österreich und Serbien zu lokalisieren. [...] Je entschlossener sich Österreich zeigt, je energischer wir es stützen, umso eher wird Russland still bleiben.

Zitiert nach: Gerd Krumeich, Juli 1914. Eine Bilanz, Paderborn 2014, S. 252-255, hier S. 252-254

1 **Austria**: Österreich
2 dem Entschluss, gegen Serbien vorzugehen
3 **Rehabilitierung**: Wiederherstellung seines Ansehens, seiner Ehre

M4 Das Ultimatum an Serbien

Am 23. Juli 1914 stellt die österreichisch-ungarische Regierung Serbien ein Ultimatum; es enthält u. a. folgende Forderungen:

Die königlich serbische Regierung verpflichtet sich [...]:

1. jede Publikation zu unterdrücken, die zum Hass und zur Verachtung der [österreichischen] Monarchie aufreizt [...];
2. [...]
3. ohne Verzug aus dem öffentlichen Unterricht in Serbien [...] alles zu beseitigen, was dazu dienen könnte, die Propaganda gegen Österreich-Ungarn zu nähren;
4. aus dem Militärdienst und der Verwaltung [...] alle Offiziere und Beamten zu entfernen, die der Propaganda gegen Österreich-Ungarn schuldig sind [...];
5. einzuwilligen, dass in Serbien Organe der k[aiserlichen] und k[öniglichen] Regierung bei der Unterdrückung der gegen die territoriale Integrität gerichteten subversiven[1] Bewegung mitwirken;
6. eine gerichtliche Untersuchung gegen jene Teilnehmer des Komplotts vom 28. Juni[2] einzuleiten, die sich auf serbischem Territorium befinden. [...];
7. [...]
8. durch wirksame Maßnahmen die Teilnahme der serbischen Behörden an dem Einschmuggeln von Waffen und Explosivkörpern über die Grenze zu verhindern [...]. [...]

Die [...] Regierung erwartet die Antwort [...] spätestens bis Sonnabend, den 25. d. M., um 6 Uhr nachmittags.

Zitiert nach: Gerd Krumeich, Juli 1914. Eine Bilanz, Paderborn 2014, S. 266f.

1 **subversiv**: umstürzlerisch
2 **Komplott vom 28. Juni**: Gemeint ist das Attentat auf den österreichisch-ungarischen Thronfolger Erzherzog Franz Ferdinand und seine Frau in Sarajewo.

INFO 2 Der Erste Weltkrieg beginnt

Am 31. Juli 1914 forderte die deutsche Regierung in einem auf zwölf Stunden befristeten Ultimatum von Russland, die Mobilmachung einzustellen. Ein 18-stündiges Ultimatum ging an Frankreich mit der Frage, wie es in den Krieg eingreifen werde. Da der Zar überhaupt nicht, Paris ausweichend antwortete, befahl Kaiser Wilhelm II. die Mobilmachung und erklärte am 1. August Russland, am 3. August Frankreich den Krieg. Belgien lehnte die Anfrage Deutschlands nach ungehindertem Durchmarsch ab, sodass Deutschland diesen gegen den Widerstand der belgischen Armee erzwang. Die Verletzung der belgischen Neutralität nahm Großbritannien zum Anlass, um Deutschland den Krieg zu erklären. Da auch die Menschen in den Kolonien der Großmächte zwangsweise am Krieg beteiligt wurden, kann man bereits ab diesem Zeitpunkt von einem Weltkrieg auf allen fünf Kontinenten sprechen.

Sven Pflefka

Wie kann ein Attentat 1914 den Ersten Weltkrieg auslösen?*

1. *Beschreibe die Art und Weise, wie die Zeitung über das Attentat berichtete (M1).*
2. *Kläre, was allgemein unter dem Begriff „Blankoscheck" verstanden wird. Beurteile, inwieweit er in Bezug auf das Telegramm (M2) gerechtfertigt ist.*
3. *Begründe mithilfe von M2, warum der Schlieffen-Plan (siehe S. 172) im Juli 1914 in den deutschen Überlegungen an Bedeutung gewann.*
4. *Erläutere die Haltung des Staatssekretärs im Auswärtigen Amt (M3). Wie begründet er seine Position? Für welches Vorgehen spricht er sich aus? Warum war dieser Weg gefährlich?*
5. *Die Bedingungen des Ultimatums an Serbien (M4) wurden von vielen Staaten als zu hart beurteilt. Finde hierfür Belege im Text.*

M 5 Wie konnte das passieren?

Der britische Historiker David Stevenson schreibt im Jahr 2006 über den Beginn des Ersten Weltkrieges:

[Hinter militärischen Plänen wie dem Schlieffen-Plan stand der Grundgedanke], dass ihre Anwendung völlig angemessen sei, wenn die Abschreckung [durch den Rüstungswettlauf] nicht wirken würde. Und in der Tat bröckelten die Grundlagen für eine Abschreckung in den Jahren zwischen 1905 und 1914 allmählich ab, da beide großen Blöcke militärisch gesehen einander immer ebenbürtiger wurden, während der Rüstungswettlauf zwischen ihnen immer mehr angeheizt wurde [...]. 1914 fühlte sich Österreich-Ungarn in Südosteuropa eingekreist, und Deutschland ging es in Bezug auf das europäische Gleichgewicht als solches nicht anders. Regional begrenzte Konflikte spitzten sich zu. Aus ihrem Zusammenspiel entstand der Weltkrieg. [...]

Um die Gründe dafür zu verstehen, muss man [...] neben dem Rüstungswettlauf und der Angst vor einer Einkreisung ein drittes Element berücksichtigen: eine Reihe von diplomatischen Krisen, die in den Ereignissen vom Juli 1914 gipfelten. Bis 1904 waren solche Krisen [...] meistens im Wettstreit um Kolonien entstanden, in die einzelne Mächte verwickelt waren. [...] Aber im Jahrzehnt vor dem Kriegsausbruch kam es zu weiteren Krisen, die Europa näher berührten und bewirkten, dass die beiden großen Blöcke einander immer wieder bedrohten. [...]

1914 hatten die Krisen, der Rüstungswettlauf und Berlins Einkreisungsphobie[1] eine Eigendynamik entwickelt, die zur Stärkung beider Blöcke führte, die nun enger zusammenrückten und im Ernstfall wahrscheinlich fest zusammenhalten würden: Russland und Frankreich hatten genügend aufgerüstet, um entschiedener auftreten zu können, während Deutschland und Österreich-Ungarn ahnten, dass die Waage sich immer mehr zu ihren Ungunsten neigen würde. [...]

Die Chancen für eine friedliche Lösung eines weiteren Konflikts standen schlecht, obwohl dies nicht heißt, dass irgendeine der Mächte den vorbedachten Entschluss gefasst hätte, einen allgemeinen Krieg zu entfesseln. [...] Alle Großmächte hatten das Potenzial, wenn auch nicht unbedingt die Absicht, einen großen Krieg zu führen, und angesichts dieses Potenzials waren sie immer in Gefahr, einen solchen in die Tat umzusetzen. [...]

Das seit 1870 eingeführte Einberufungssystem und die gefüllten Waffenarsenale konnten innerhalb von Stunden Tausende von Opfern kosten. Im Vorkriegsjahrzehnt hatten die Generalstäbe aller Länder ihre Kriegspläne auf einen Sofortangriff abgestellt, und der Rüstungswettlauf hatte die Gefechtsbereitschaft ihrer Truppen erhöht. Die periodisch auftretenden Krisen im Mittelmeerraum und auf dem Balkan hatten die Regierungen daran gewöhnt, den Krieg als Möglichkeit ins Auge zu fassen und darüber zu diskutieren, ob die Stunde für den Beginn eines Krieges günstig sei. Diese Faktoren trugen zur Verbreitung der [...] Ansicht bei, dass eine entscheidende Machtprobe zwischen den Blöcken unvermeidlich war.

David Stevenson, 1914-1918: Der Erste Weltkrieg. Aus dem Englischen von Harald Eckhardt und Ursula Vones-Liebenstein, Mannheim 2010, S. 21, 37, 39 und 59

[1] **Phobie**: extreme Angst

---

6 *Entwirf ein Schaubild, das die Aktionen und Reaktionen der verschiedenen Mächte während der Juli-Krise zeigt (INFO 1 und INFO 2).* (H)

7 *Ereignisse wie der Erste Weltkrieg haben mehrere Ursachen sowie einen Anlass. Sucht in Gruppenarbeit dafür aus den bisherigen Teilkapiteln entsprechende Belege. Gliedert diese in einer Tabelle nach lang-, mittel- und kurzfristigen Ursachen und nennt den Anlass des Krieges. Vergleicht eure Ergebnisse mit den Aussagen des Historikertextes (M5) und tragt sie in die Tabelle ein.*

M 6 Kriegstaumel in Deutschland?

Die „Berliner Zeitung am Mittag" stellt am 1. August 1914 fest:

Die Stimmung in der ganzen Bevölkerung ist begeistert.

Am 3. August 1914 schreibt die „Kieler Zeitung":

Das Volk steht auf. In einer Einigkeit ohnegleichen, und in einer Entschlossenheit, die wenig sagt, aber alles will.

Die „Fürther Zeitung" hält dagegen am 3. August fest:

Bange blickt man in die nächste Zukunft. [...] Viel Tränen sind schon geflossen, herzzerreißende Szenen spielen sich ab, wenn die Lieben einrücken.

In der „Nürnberger Stadtzeitung" vom 4. August 1914 steht:

Der fieberhafte Lärm, der in den Tagen vor der Mobilisation die Straßen durchhallte, verstummt allmählich. Die meisten Menschen gehen ernst und bedrückt aneinander vorüber. [...] Ja, es gibt viele Tränen – trotz aller Vaterlandsliebe, aller Opferbereitschaft.

Zitiert nach: Jeffrey Verhey, Der „Geist von 1914" und die Erfindung der Volksgemeinschaft, Hamburg 2000, S. 119, 120, 124 und 126

M 7 Kriegstaumel in Frankreich?

Am 10. August 1914 schreibt der 22 Jahre alte Maurice Maréchal an seine Mutter:

Während der ganzen Fahrt gestern haben die Leute unterwegs oder auf den Bahnhöfen nicht aufgehört uns anzufeuern, die Frauen schickten uns Küsse, die Männer stimmten mit uns die Marseillaise [...] an ... Warum muss mir eine dumpfe Angst das Herz zuschnüren – wenn das eine Truppenübung wäre, dann wäre das sehr unterhaltsam; doch übermorgen oder in drei Tagen wird der Kugelhagel einsetzen und wer weiß?

Zitiert nach: www.dradio.de/dlf/sendungen/feldpost/981102.html (Zugriff: 08. 11. 2019)

M 8 „Ich kenne keine Parteien mehr, kenne nur noch Deutsche"

Postkarte von 1914

Der Text geht auf Ansprachen Kaiser Wilhelms II. zurück. Bereits am 1. August hatte er vom Berliner Schloss aus vor 40 000 Menschen gesagt, „Es gibt unter uns nur noch Deutsche" und am 4. August wiederholte er seine Aussage mit etwas anderen Worten im Reichstag. Im Großen Hauptquartier in Koblenz schrieb er am 26. August eine wiederum leicht abgeänderte Fassung des Ausrufes. Das Zitat ist unterschrieben mit „Wihelm IR" (IR = Imperator Rex: Kaiser und König).

INFO 3 „Burgfrieden"

Mit dem Krieg sollte im Deutschen Kaiserreich* jeder politische Streit im Innern ruhen. Gemeinsam mit den anderen Parteien stimmten die Sozialdemokraten in der Reichstagssitzung vom 4. August für die Kriegskredite. Geschlossen wollte man in den Krieg ziehen und bis zum Frieden kämpfen. Die Folge des „Burgfriedens" war eine Spaltung der Sozialdemokraten. Einer staatstragenden „Mehrheitssozialdemokratischen Partei Deutschlands" (MSPD) stand seit 1917 eine radikale „Unabhängige Sozialdemokratische Partei" (USPD) gegenüber, aus der Ende 1918 die „Kommunistische Partei Deutschlands" (KPD) hervorging.

Klaus Dieter Hein-Mooren

Medientipp:
Die ZDF-Dokumentation „Der Erste Weltkrieg. Der Weg ins Verderben" siehe unter **31063-56**.

8 *Politiker betonten nach dem Ende des Krieges die allgemeine Kriegsbegeisterung. Untersuche, ob M6 und M7 diese Einschätzung bestätigen. Berücksichtige auch S. 160, M1 und M2.*

9 *Bestimme die politische Absicht, die mit der Postkarte verfolgt wurde (M8 und INFO 3).*

10 *Recherchiert, wie die Bevölkerung eures Wohn- oder Schulortes auf den Kriegsausbruch reagierte.* (F)

28. 6. 1914: Attentat von Sarajewo
28. 7. 1914: Österreich-Ungarn erklärt Serbien den Krieg
1. 8. 1914: Das Deutsche Reich erklärt Russland den Krieg
3. 8. 1914: Das Deutsche Reich erklärt Frankreich den Krieg

1910 1920 1930

Ein Krieg wie keiner zuvor

M 1 Deutsche Soldaten und Maultier mit Gasmasken

Nachträglich koloriertes Foto von der Westfront, 1917

Neben einigen hunderttausend Eseln und Maultieren waren über 1,5 Millionen Pferde im Dienst der deutschen Armee. Rund 400 000 Pferde verendeten durch feindliche Geschosse, etwa 500 000 durch Krankheiten. In der französischen Armee dienten 3,5 Millionen Pferde.

Lesetipp:
Michael Morpurgo, Schicksalsgefährten, Hamburg 2004

Filmtipp:
Gefährten; Regie Steven Spielberg 2011 (Verfilmung des Romans „Schicksalsgefährten" von Michael Marpurgo)

Geschichte erzählt:
Einen Auszug aus dem Jugendbuch „Der Junge, der seinen Geburtstag vergaß" von Rudolf Frank siehe unter **31063-57**.

Medientipp:
Fotografien, Gemälde, Grafiken und Plakate aus dem Ersten Weltkrieg findest du unter **31063-58**.

INFO 1 Stellungskrieg und Materialschlachten

Schon im September 1914 scheiterte der Schlieffen-Plan[1]: Der deutsche Vormarsch in Frankreich wurde gestoppt. Die Westfront erstarrte in einem beinahe vierjährigen zermürbenden Stellungskrieg. In Materialschlachten kämpften hunderttausende Soldaten um wenige Quadratkilometer. Allein in Verdun starben rund 360 000 Franzosen und 335 000 Deutsche. Neue Waffen, Kampfmethoden und Vernichtungsmittel wurden mit verheerender Wirkung eingesetzt: gepanzerte Kettenfahrzeuge, Zeppeline, Flugzeuge, Unterseeboote und Schlachtschiffe, Maschinengewehre, Flammenwerfer, Granaten, Minen und Giftgas. Sie töteten, verletzten und verstümmelten Millionen. Zahllose Soldaten trieb der Krieg in den Wahnsinn. Ganze Landschaften wurden völlig verwüstet.

Klaus Dieter Hein-Mooren

[1] Schlieffen-Plan: Siehe S. 172, M4.

M 2 Militärpotenziale der europäischen Großmächte

	mobilisierte Soldaten (4.8.1914)	Kriegsschiffe
Mittelmächte		
Deutsches Reich	4,5 Mio.	120
Österreich-Ungarn	3,0 Mio.	34
Entente		
Frankreich	4,02 Mio.	135
Großbritannien	0,98 Mio.	249
Italien	1,25 Mio.	50
Russland	5,97 Mio.	59

Nach: Gustav Schmidt, Der europäische Imperialismus, München 1985, S. 231

INFO 2 Feldpost: Lebenszeichen

Etwa 29 Milliarden Feldpostkarten, -briefe und -päckchen beförderte die Deutsche Feldpost kostenlos oder stark verbilligt während des Krieges. Sie waren die einzige Verbindung zwischen den Soldaten an der Front mit ihrer Heimat. Feldpostbriefe sind neben Tagebüchern die einzigen Quellen*, die uns ganz nah an den Kriegsalltag heranführen. Feldpost wurde kontrolliert und bei Bedarf auch zensiert: Nicht erlaubt waren Kampfdarstellungen und für den Feind wichtige oder für das Reich schädigende Nachrichten wie offener Zweifel am militärischen Sieg.

Klaus Dieter Hein-Mooren

Wie prägen moderne Waffen die Kriegsführung und den Soldatenalltag?

1. *Der Erste Weltkrieg wird wegen des Einsatzes moderner Waffen auch als erster „industrieller Krieg" bezeichnet. Begründe diese Bezeichnung (M1 und INFO 1).*
2. *Untersucht die Militärpotenziale der gegnerischen Mittelmächte und der Entente bei Kriegsbeginn (M2).*
3. *Aus dem Ersten Weltkrieg gibt es zahlreiche Bildquellen (siehe z. B. den Medientipp). Sucht in Partnerarbeit Bildmaterial zu den Schlagworten „Stellungskrieg" und „Materialschlacht" und erläutert beide Begriffe in Form einer illustrierten Präsentation.*

M 3 Das „Heldentum unserer Tage“

Der französische Soldat Maurice Maréchal schreibt am 27. September 1914 nach Hause:

Die Aufgabe der Infanterie lässt sich ziemlich leicht zusammenfassen: „Sich so gut wie möglich nicht von der Artillerie töten lassen.“ Deswegen marschieren wir nachts, die Truppenbewegungen vollziehen sich in der Morgendämmerung, und am Abend hat man immer den Eindruck, dass wir uns verstecken würden. Sind wir nun im Gefechtsgebiet angekommen, nimmt jeder den ihm angewiesenen Posten ein, hier die eine Kompanie, dort die andere. Dann gräbt man sich in die Schützengräben ein und wartet. Man sieht nichts, doch man hört etwas: Das ist zumindest etwas! Die Artillerie schlägt los, man zählt die Kracher, man riskiert für einen flüchtigen Blick seine Deckung, um die Entfernung abzumessen, in der die Geschosse einschlagen; man wirft sich Hals über Kopf zu Boden, wenn man das [...] Zischen einer solchen „schwarzen Sau“ hört! Und das ist das Heldentum unserer Tage: Sich so gut wie möglich zu verstecken.

Zitiert nach: www.dradio.de/dlf/sendungen/feldpost/981103.html (Zugriff: 7.11.2019)

M 4 „Die Gasmaske ist mein ständiger Begleiter“

Der Landsturmmann Harry Nathan schreibt am 3. März 1918 an seine Schwester Frida in Berlin:

Die Gasmaske ist mein ständiger Begleiter, selbst nachts. Es gibt überhaupt niemanden, der sie nicht hätte. [...] Wir stehen vor der Offensive, die noch Mitte März beginnen wird. Unser Haupttrumpf wird wie in Italien ein äußerst scharf u. vernichtend wirkendes Gas sein, dem man nicht wiederstehen kann. Es wird in Granaten verschossen. Die Flüssigkeit, die sie enthalten, geht durch Kleider u. vergiftet ebenfalls u. erzeugt schlimme Wunden. Es ist grässlich. [...] Das Gas kann, wie die anderen Gase, nicht gesehen noch gerochen werden. Mit Gasgranaten wird schon jetzt auf beiden Seiten geschossen, doch ist es sichtbar u. daher nicht so gefährlich. Man ist nirgends mehr sicher.

Zitiert nach: Jens Ebert (Hrsg.), Vom Augusterlebnis zur Novemberrevolution. Briefe aus dem Weltkrieg 1914-1918, Göttingen 2014, S. 260

M 5 Europa im Ersten Weltkrieg 1914-1918

Eine weitere Karte zum Thema „Die Welt im Ersten Weltkrieg 1914-1918“ findest du auf Seite 231.

Lesetipps:

- Alexander Hogh und Jörg Mailliet, Tagebuch 14/18. Vier Geschichten aus Deutschland und Frankreich, Köln 2014 (Comic auf der Grundlage von Erinnerungen und Tagebüchern)
- Alexandra Rak, Mitten im Leben sind wir vom Tod umfangen. Erzählungen über den Ersten Weltkrieg, Frankfurt am Main [2]2014

Medientipp:

Eine Sammlung von Feldpost aus dem Ersten Weltkrieg hat die „Museumsstiftung Post und Telekommunikation“ digital veröffentlicht, siehe **31063-59**.

---

4 *Arbeite aus M3 und M4 Informationen über die Kriegsführung heraus.*

5 *Recherchiert in Gruppenarbeit nach Feldpost, die ein einzelner Soldat zwischen 1914 und 1918 geschrieben hat oder die an ihn in der Zeit adressiert ist (siehe z. B. den Medientipp). Untersucht seine Haltung zum Krieg und seine Stimmung während des Kriegsverlaufs. Tauscht eure Arbeitsergebnisse aus und erläutert euch gegenseitig euer Vorgehen.* (H)

6 *Untersucht und beschreibt den Kriegsverlauf mithilfe der Karten M5 und M4 auf Seite 231. Fasst die Untersuchungsergebnisse in einer Übersicht zusammen.* (H)

1917 – ein Epochenjahr

M 1 „I want you …“
Plakat (96,5 x 63,5 cm) von James M. Flagg, 1917
Obwohl sich Hunderttausende freiwillig zum „Kreuzzug für Demokratie“ (Woodrow Wilson) meldeten, musste im Mai 1917 die Wehrpflicht in den Vereinigten Staaten eingeführt werden. Sie erfasste insgesamt 45 Millionen Amerikaner, von denen drei Millionen dienten.

M 2 „Gen[osse] Lenin reinigt die Erde vom Unrat“
Plakat (68 x 44 cm) von Viktor Deni, 1920

INFO 1 Die USA greifen ein

Die USA hatten bis 1917 nicht aktiv in den Krieg eingegriffen. Nachdem aber das Deutsche Reich nicht nur Kriegsschiffe, sondern auch Handels- und Passagierschiffe versenkt hatte, forderte US-Präsident *Woodrow Wilson* seine Landsleute auf, sich für Demokratie* und für „Rechte und Freiheiten kleiner Nationen“ einzusetzen. Am 6. April 1917 erklärten die USA dem Deutschen Reich den Krieg, aus dem damit endgültig ein Weltkrieg wurde.
Die USA waren bereits damals die größte Industrienation der Welt. Sie griffen nun erstmals militärisch in die europäische Politik ein. Ihre Unterstützung der Alliierten[1] mit Soldaten und Nachschub an Kriegsmaterial entschied letztlich den **Ersten Weltkrieg**. Ende September 1918 räumte die Oberste Heeresleitung des Deutschen Reiches ihre Niederlage ein und forderte ihre Regierung auf, Waffenstillstandsverhandlungen einzuleiten.

Dieter Brückner

INFO 2 Die Russische Revolution

Russland war nach drei Kriegsjahren militärisch und wirtschaftlich erschöpft. Die Unzufriedenheit der Bevölkerung führte zu Streiks und Straßenkämpfen. Im März 1917 dankte der Zar[2] ab. Eine vorläufige Regierung versuchte, eine parlamentarische Republik* zu errichten. Gleichzeitig führte sie den Krieg weiter. Unter Führung *Wladimir I. Lenins* stürzten die Bolschewiki[3] im Oktober 1917 die Regierung. Mit Unterstützung von Soldaten-, Arbeiter- und Bauernräten (Sowjets) wurden Fabriken, Banken sowie die Landgüter des Adels enteignet. Im März 1918 schloss Sowjetrussland mit den Mittelmächten[4] in Brest-Litowsk (Weißrussland) Frieden.
Im Verlauf der **Russischen Revolution** wurde erstmals eine Staats- und Wirtschaftsordnung nach den Lehren des Kommunismus* umgestaltet. Bürgerkrieg und Hungersnöte prägten den revolutionären Umbruch. Die Bolschewiki setzten sich durch und gründeten 1922 die Sowjetunion. Sie bestand bis 1991.

Dieter Brückner

[1] **Alliierte**: Bündnispartner, Verbündete; hier Großbritannien, Frankreich und Russland
[2] **Zar**: Titel des Monarchen im vorrevolutionären Russland; die Titel „Zar“ und „Kaiser“ kommen vom römischen Namen „Caesar“.
[3] **Bolschewiki**: Kommunisten in Russland
[4] **Mittelmächte**: Siehe S. 181, M5.

INFO 3 Epoche und Epochenjahr – eine Klärung

Eine Epoche ist ein größerer Zeitabschnitt, der über gemeinsame Merkmale verfügt und sich so von anderen historischen Abschnitten unterscheidet. Die Epochengrenzen sind nicht immer klar zu bestimmen, hilfreich sind hier Ereignisse wie die „Entdeckung" Amerikas, der Beginn der Französischen Revolution oder eines großen Krieges. Solche Einschnitte, die einen tief greifenden Wandel einleiten, nennt man auch Zäsuren. Als Epochenjahr wird dann das Kalenderjahr bezeichnet, in welchem das Ereignis stattfand oder der Wandel einsetzte.
Welche Epochen es gibt und wo ihre Grenzen sind, wird oft nicht von den damals lebenden Menschen, sondern erst später von Historikerinnen oder Historikern bestimmt.

Sven Pflefka

M 4 „Der Krieg"
Ölgemälde (98,5 x 69,5 cm)
von Otto Dix, 1914

M 3 „1917: Das unmögliche Jahr"

In einem Zeitungsbeitrag vom 5. Januar 2017 erläutert Jörn Leonhard, Professor für Europäische Geschichte an der Universität Freiburg, warum 1917 für ihn ein „Jahrhundertjahr" ist.

Im Rückblick sehen wir umso klarer: 1917 war tatsächlich […] ein Jahrhundertjahr – und es wirkt bis in unsere Gegenwart hinein, denn viele der großen Konflikte und Hoffnungen des 20. und des noch jungen 21. Jahrhunderts liegen in ihm wie in einem Kern verdichtet. […]
Mit dem Machtwechsel in Russland und dem Kriegseintritt der USA zeichnen sich gleich zwei neue Ordnungsmodelle mit globaler Strahlkraft ab.
Bereits im Januar 1917 entwickelt der amerikanische Präsident seine Vision einer neuen Weltordnung, gegründet auf das Ideal nationaler Selbstbestimmung. Die „kleinen Völker" sollen auf einer Stufe mit den etablierten Mächten stehen: „Keine Nation sollte danach streben, ihr politisches System auf eine andere Nation oder ein anderes Volk auszudehnen", verkündet er. Stattdessen solle jedes Volk „frei über sein politisches System, seine eigene Entwicklung bestimmen können, ungehindert, frei von Bedrohungen, unerschrocken, die kleinen Nationen an der Seite der großen und mächtigen". […]
Im November des Jahres legen die Bolschewiki ihr Programm vor. […] Und ähnlich wie der US-Präsident bekennen sich auch die Bolschewiki zum Prinzip der Selbstbestimmung der Völker. […] Augenfälliger als solche Gemeinsamkeiten sind freilich die Unterschiede zu Wilsons Ideen: Anstelle demokratischer Interventionen im Namen von Kapitalismus[1] und liberalem Internationalismus propagiert Lenin die Weltrevolution und den internationalisierten Bürgerkrieg […].

Jörn Leonhard, 1917 – Das unmögliche Jahr, Die Zeit Nr. 2/2017 vom 5. Januar 2017; zitiert nach: www.zeit.de/2017/02/geschichte-1917-erster-weltkrieg-auswirkungen-politik [Zugriff: 28.12.2018]

Kartentipp:
Eine animierte Karte zum Thema „Das Jahr 1917" siehe unter **31063-61**.

[1] **Kapitalismus**: Siehe S. 116, Anm. 1.

Welche Ereignisse machen 1917* zum Epochenjahr?

1. Nenne Gründe für den Kriegseintritt der USA (INFO 1).
2. Beschreibe, mit welchen Mitteln das Plakat (M1) für den Kriegsdienst wirbt.
3. Arbeite heraus, für welche epochalen Ziele das Plakat der Bolschewiki wirbt (M2 und INFO 2).
4. Arbeite die Gründe heraus, warum für den Historiker Jörn Leonhard 1917 ein „Jahrhundertjahr" ist (M3 und INFO 3).
5. Beurteilt in Partnerarbeit, welche Gründe dafür sprechen, 1917 zum Epochenjahr zu erklären.
6. Das Gemälde M4 ist von 1914. Für manche Betrachter symbolisiert es heute trotzdem das Epochenjahr 1917. Führt dazu eine Pro- und Kontradiskussion.

28.7.1914 Beginn des Ersten Weltkrieges
6.4.1917: Kriegseintritt der Vereinigten Staaten
25./26.10.1917: Oktoberrevolution in Russland
1910 — 1920 — 1930

Die „Heimatfront"

M 1 „Helft uns siegen! zeichnet die Kriegsanleihe"
Plakat (58,1 x 43,7 cm) von Fritz Erler für die sechste Kriegsanleihe des Deutschen Reiches, Frühjahr 1917
Das Plakat wurde auch als Postkarte und in anderen Formaten verbreitet. Es brachte der Reichsbank mit 13,1 Milliarden Mark das zweithöchste Ergebnis aller neuen Anleihen.

INFO 1 „Helft uns siegen!"

Die deutsche Reichsleitung forderte, dass „das gesamte Volk sich in den Dienst des Vaterlandes stellt". Ab Dezember 1916 sah ein Gesetz die Dienstpflicht für alle Männer von 17 bis 60 Jahren vor. Gleichzeitig mussten im Deutschen Reich etwa 900 000 Kriegsgefangene Zwangsarbeit leisten.
Um die ständig steigenden Kriegskosten aufbringen zu können, nahm die Regierung Anleihen bei der Bevölkerung auf und ließ immer mehr Papiergeld drucken. Da gleichzeitig alle Waren knapper wurden, stiegen die Preise. Das Geld wurde immer weniger wert. Diese Entwicklung nennen wir *Inflation* (Geldentwertung).

Dieter Brückner

Medientipp:
Zum Thema „Bayern und der Erste Weltkrieg: Heimatfront" siehe **31063-60**.

INFO 2 Frauen müssen einspringen

Der Krieg veränderte auch den Alltag der Frauen. Da die Männer im Krieg waren, trugen sie nun allein die Verantwortung für ihre Familien. Dazu mussten sie überall dort einspringen, wo männliche Arbeitskräfte fehlten und Kriegsgefangene die Lücken nicht schließen konnten: in den Fabriken und Büros ebenso wie bei der Post oder Bahn.

Dieter Brückner

M 2 Das Vordringen der Frauenarbeit
Die Arbeiterschaft in den deutschen Industriebetrieben mit zehn und mehr Beschäftigten ändert sich im Krieg:

	1913	1918
Männer	*(in 1 000)*	*(in 1 000)*
Erwachsene	5 410	4 046
unter 16	384	421
insgesamt	5 794	4 467
Frauen		
Erwachsene	1 406	2 139
unter 16	187	181
insgesamt	1 593	2 320

Nach: Jürgen Kocka, Klassengesellschaft im Krieg. Deutsche Sozialgeschichte 1914-1918, Göttingen [2]1978, S. 12

INFO 3 Not und Hunger

Schon 1915 herrschte Mangel an Nahrung. Seit dem Winter 1915/16 gehörte vor allem für die Stadtbewohner Hunger zum Kriegsalltag. Im „Steckrübenwinter" 1916/17 waren viele froh, wenn sie sich mit Rüben am Leben erhalten konnten. Über eine halbe Million Deutsche verhungerten während des Krieges.
Die katastrophalen Lebensbedingungen und die Inflation verschlechterten die Stimmung in der Bevölkerung. Die Kriegsmüdigkeit nahm zu. Nach der Oktoberrevolution in Russland kam es in den Städten der Industrieregionen zu Demonstrationen und Massenstreiks.

Dieter Brückner

M 3 „Bitte lesen Sie!"

Der frühere Polizei-Sekretär von Erlangen, Ludwig Rhomberg, erinnert an folgenden Text eines Plakates, das um 1916/17 an allen Türen des Lebensmittelamtes hing:

Bitte lesen Sie!

Das Publikum wird gebeten, seinen Unmut über die durch den Krieg und dessen lange Dauer hervorgerufenen wirtschaftlichen Verhältnisse nicht an dem hier tätigen Personal auszulassen.

Letzteres hat die derzeitigen Verhältnisse nicht herbeigeführt, kann sie auch nicht ändern und hat lediglich seine vorgeschriebene Pflicht zu erfüllen.

Zitiert nach: Heinrich Hirschfelder, Der Erste Weltkrieg in Erlangen – Ein Lesebuch, Berlin 2018, S. 71; die Quelle ist ohne Datum.

M 5 Vor einem Berliner Lebensmittelgeschäft
Foto von 1917

M 4 „Jedes andere Volk dieser Erde würde …"

Eine Australierin, die während des Krieges in Leipzig lebt, berichtet im Dezember 1917 in einem Brief:

Wir haben eine seltsame Woche durchgestanden – die schlimmste Woche, die das deutsche Volk bis jetzt erleben musste. Keine Kohle, das elektrische Licht abgestellt, Gas heruntergedreht … und praktisch nichts zu essen – es scheint keine Kartoffeln mehr zu geben – jeder hat ein halbes Pfund sogenannter Kartoffelflocken bekommen […]. Sie scheinen mir getrocknete Kartoffelschalen zu sein […]. Wir hatten also dies halbe Pfund, 5 Pfund Rüben, 3 ½ Pfund Brot und das war alles […]. Es übersteigt mein Fassungsvermögen, wie die Armen hier zurechtkommen. Jedes andere Volk dieser Erde würde sich gegen eine Regierung erheben, die es in solches Elend geführt hat, aber diese Leute haben keinen Funken Unternehmensgeist mehr.

Decie Denholm, Eine Australierin in Leipzig. Die heimlichen Briefe der Ethel Cooper 1914-1919, in: Bernd Hüppauf (Hrsg.), Ansichten vom Krieg, Königstein/Ts. 1984, S. 141 (übersetzt von Barbara Hüppauf)

Bekanntmachung.

Auf Abschnitt 36 der Eierkarte kann vom 27. März bis 6. April

ein Ei

abgegeben und entnommen werden.

Berlin, den 23. März 1918.

Magistrat.
der Königlichen Haupt- und Residenzstadt.

M 6 „Bekanntmachung"
Zeitungsanzeige aus Berlin vom März 1918
Bereits ab Januar 1915 wurde in Deutschland Brot rationiert und nur noch auf Brotkarten abgegeben. Später rationierten die Behörden auch andere Lebensmittel wie Milch, Fett und Eier.

Welche Auswirkungen hat der Erste Weltkrieg auf den deutschen Alltag?

1. *Nenne Gründe, warum während des Krieges von der „Heimatfront" gesprochen wurde (INFO 1 und 2).*
2. *Analysiere das Plakat M1. Wie versuchte es, die kriegsmüde Bevölkerung zum Kauf von Kriegsanleihen zu motivieren? Beschreibe dazu das Aussehen des Soldaten. Berücksichtige auch INFO 1.*
3. *Untersuche M2. Erkläre das Vordringen der Frauenarbeit (M2 und INFO 2). Inwiefern änderte sich damit die gesellschaftliche Rolle der Frau?*
4. *Beschreibt in Partnerarbeit die Auswirkungen des Krieges auf den Alltag einer Familie mit Kleinkindern (INFO 2 und 3 sowie M4 bis M6).*
5. *Diskutiert, warum sich die Bevölkerung Ende 1917 wohl noch nicht gegen die Regierung erhob (M4). Berücksichtigt INFO 3 und M3.*

28.7.1914 Beginn des Ersten Weltkrieges
1.8.1914: Deutschland erklärt Russland den Krieg
1917-1918: Hungerwinter an der „Heimatfront"

1910 — 1920 — 1930

Lern-aufgabe

Vom Krieg zum Frieden

M1 Der Vertrag von Versailles (Auszüge)

Am 18. Januar 1919 beginnen in Schloss Versailles die Friedensverhandlungen. Der deutschen Delegation wird am 7. Mai ein fertiger Vertrag übergeben. Verhandlungen über die Friedensbedingungen lehnen die Siegermächte ab. Die deutschen Gesandten unterschreiben unter Protest am 28. Juni den Vertrag von Versailles. Er tritt am 10. Januar 1920 in Kraft.

Art. 119. Deutschland verzichtet [...] auf alle seine Rechte und Ansprüche bezüglich seiner überseeischen Besitzungen. [...]

Art. 160. Spätestens am 31. März 1920 darf [...] die gesamte Iststärke des Heeres [...] nicht mehr als einhunderttausend Mann [...] betragen. Das Heer ist nur für die Erhaltung der Ordnung innerhalb des deutschen Gebietes und zur Grenzpolizei bestimmt. [...]

Art. 173. Die allgemeine Wehrpflicht wird in Deutschland abgeschafft.

[...]

Art. 181 [...] [D]ie deutschen Seestreitkräfte im Dienst [dürfen] höchstens betragen: 6 Schlachtschiffe [...], 6 kleine Kreuzer, 12 Zerstörer, 12 Torpedoboote [...]. Es darf kein Unterwasserfahrzeug darunter sein.

Art. 198. Deutschland darf Luftstreitkräfte weder zu Lande noch zu Wasser als Teil seines Heerwesens unterhalten.

Reichsgesetzblatt 1919, S. 701-747; zitiert nach: www.versailler-vertrag.de/vv.htm (Zugriff: 01.07.2019)

Kartentipp:
Eine animierte Karte zum Thema „Deutschland und der Vertrag von Versailles" siehe unter **31063-62**.

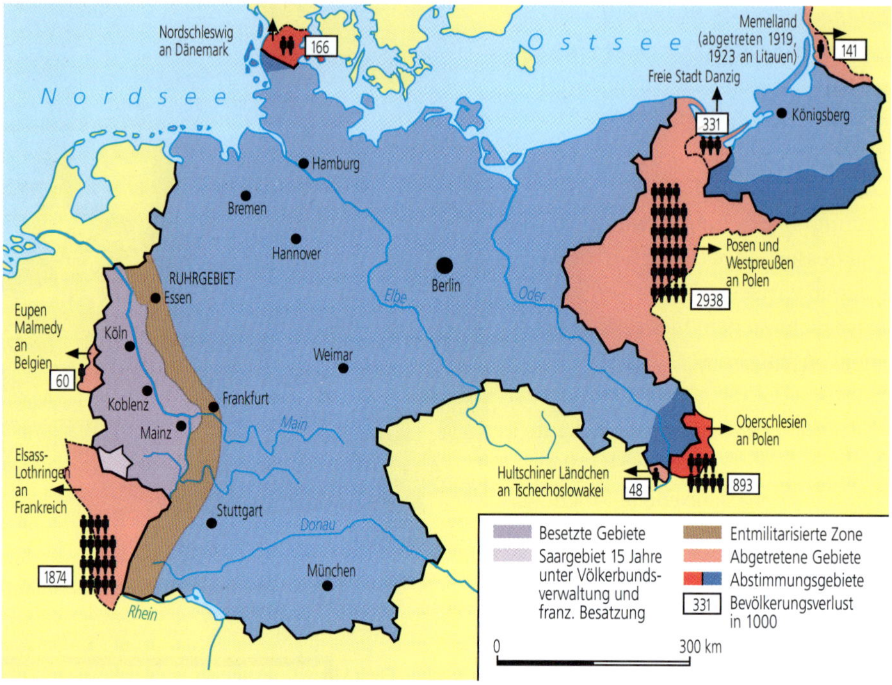

M2 Das Deutsche Reich nach dem Friedensvertrag von Versailles
Mit dem Inkrafttreten des Versailler Vertrages im Januar 1920 verlor das Deutsche Reich auch alle Kolonien; sie waren zum Teil schon vorher in die Hände der Entente gefallen.

M3 Tote und verwundete Soldaten im Ersten Weltkrieg

	Gefallene	Verwundete
Deutsches Reich	1808000	4247000
Frankreich	1385000	3044000[1]
Großbritannien	947000	2122000
Italien	460000	947000
Österreich-Ungarn	1200000	3620000
Russland	1700000	4950000
Türkei	325000	400000
USA	115000	206000

Nach: Der Große Ploetz. Auszug aus der Geschichte, hrsg. vom Verlag Ploetz, Würzburg [35]2008, S. 780

M4 Kriegskosten
in Milliarden US-Dollar

Großbritannien	48,0
USA	32,0
Frankreich	25,8
Russland	22,6
Italien	12,3
Sonstige Alliierte	4,0
Deutsches Reich	40,2
Österreich-Ungarn	20,6

Nach: https://de.statista.com/statistik/daten/studie/416496/umfrage/kosten-des-ersten-weltkriegs-nach-staaten (Zugriff: 11.11.2019)

Schaffen die Verträge von 1919 einen stabilen Frieden? Präsentiert eure Ergebnisse auf Lernplakaten.

Erste Gruppe

1 *„Ort und Datum des Friedensvertrages mit Deutschland waren ganz bewusst gewählt worden." Begründet diese Behauptung.*

2 *Beschreibt, wie sich das Gebiet des Deutschen Reiches verändert hat (M2).*

INFO 1 Die Sieger bestimmen

Die erdrückende militärische und wirtschaftliche Überlegenheit der Alliierten nach dem Kriegseintritt der USA zwang Österreich-Ungarn und das Deutschen Reich sowie ihre Verbündeten Bulgarien und das Osmanische Reich zur Kapitulation. Am 3. Oktober 1918 wurde eine neue deutsche Regierung aus Vertretern der SPD, des Zentrums und der liberalen Fortschrittspartei gebildet. Am selben Tag erging ein Waffenstillstandsgesuch an die USA. Gleichzeitig begann der Übergang von der konstitutionellen Monarchie* zur parlamentarischen. Ende des Monats wurde die Verfassung* des Deutschen Kaiserreiches* geändert. Der Reichskanzler und die Reichsregierung waren nicht mehr dem Kaiser, sondern ausschließlich dem Reichstag* verantwortlich.

Am 9. November wurde Kaiser *Wilhelm II.* gestürzt und in Berlin die Republik* ausgerufen. Drei Tage später beendete der Waffenstillstand von Compiègne den Krieg zwischen dem Deutschen Reich und den beiden Westmächten (Frankreich und Großbritannien). Damit war der Krieg weder in Osteuropa noch in Teilen Afrikas zu Ende.

Am 18. Januar 1919 begannen die Friedensverhandlungen der Siegermächte. Sie fanden ohne Beteiligung der Verliererstaaten und Russlands in mehreren Pariser Vororten statt. Die dort geschlossenen Verträge veränderten die europäische Staatenwelt. Gab es vor dem Krieg 17 Staaten, so waren es nach den Friedensverhandlungen 26.

Klaus Dieter Hein-Mooren

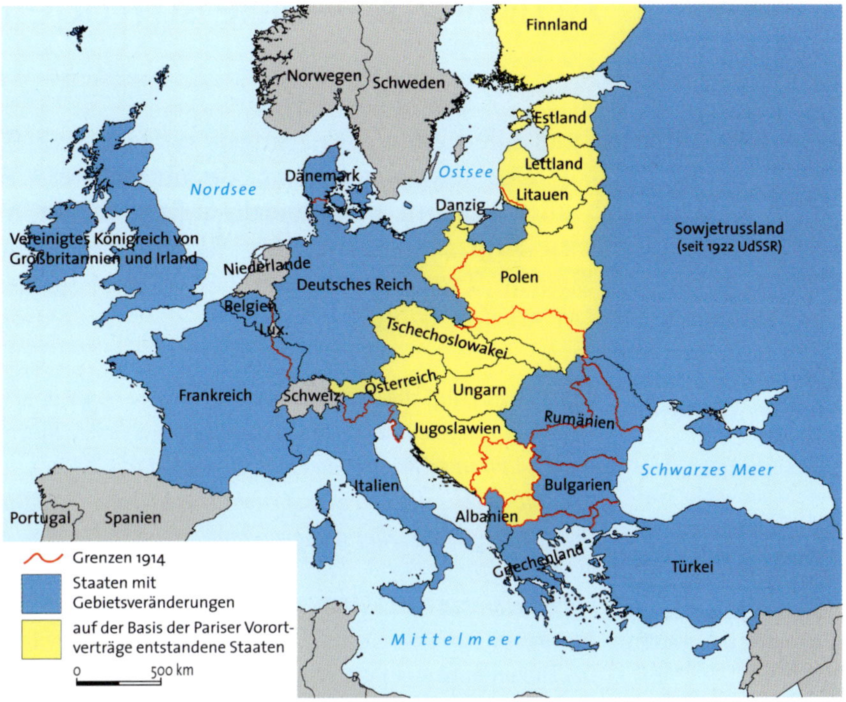

M 5 Die europäischen Staaten nach 1919
Jugoslawien (Südslawien) hieß bis 1929 „Königreich der Serben, Kroaten und Slowenen".

Kartentipp:
Eine Karte mit den territorialen Veränderungen in Mitteleuropa von 1917 bis 1923 siehe unter **31063-63**.

Medientipp:
Die Satzung des Völkerbundes findest du unter **31063-64**.

INFO 2 Der Völkerbund

Ein Hauptanliegen des US-Präsidenten Wilson war die Gründung des Völkerbundes. Er war anfangs ein Zusammenschluss der Siegermächte. Deutschland und seine Verbündeten sowie Russland blieben zunächst ausgeschlossen. Der Völkerbund blieb schwach, da der US-Senat den Beitritt verweigerte. Die USA sollten sich in Zukunft aus den europäischen Streitigkeiten heraushalten.

Sven Pflefka

Zweite Gruppe

1. *Arbeitet heraus, welche Verpflichtungen der Vertrag von Versailles* dem Deutschen Reich auferlegt hat (M1).*
2. *Beschreibt, wie sich die Staatenwelt Europas durch die Pariser Vorortverträge verändert hat (M5, INFO 1).*
3. *Untersucht M3 und M4 und erörtert die Bedeutung der Angaben für den beginnenden Frieden.*

Dritte Gruppe

1. *Benennt die Aufgaben des neu gegründeten Völkerbundes (INFO 2).*
2. *Schlagt im Geschichtsatlas die Karte „Krisenherde in Europa nach 1918" auf. Arbeitet heraus, wo die Krisenherde sich häufen, und beurteilt die Wirkung der Pariser Vorortverträge.*

Erstellt aus euren Arbeitsergebnissen anschauliche Lernplakate. Stellt sie der jeweils anderen Gruppen vor und diskutiert abschließend die eingangs gestellte Leitfrage. (H)

11.11.1918: Deutschland kapituliert
18.1.1919: Beginn der Friedenskonferenz in Versailles
18.4.1919: Annahme der Völkerbundsatzung
28.6.1919: Unterzeichnung des Friedensvertrages mit Deutschland
Sept. 1919 bis August 1920: Pariser Vorortverträge mit weiteren Staaten

1910 1920 1930

Artikel 231 – eine strittige Frage

Artikel 231.

Die alliierten und assoziierten Regierungen erklären und Deutschland erkennt an, daß Deutschland und seine Verbündeten als Urheber aller Verluste und aller Schäden verantwortlich sind, welche die alliierten und assoziierten Regierungen und ihre Angehörigen infolge des ihnen durch den Angriff Deutschlands und seiner Verbündeten aufgezwungenen Krieges erlitten haben.

M1 Artikel 231 des Versailler Vertrages von 1919

Diese Behauptung von der „Alleinschuld“ wurde in Deutschland von Anfang an heftig zurückgewiesen. Sie war und ist seither aber auch unter Politikern und Historikern heftig umstritten. Die Höhe der Reparationen (Wiedergutmachungsleistungen) wurde zunächst nicht festgelegt, da sich die Siegermächte nicht darauf einigen konnten.

M2 Wer trägt die Verantwortung?

Die Diskussion über diese Frage führt seit den 1960er-Jahren zu Kontroversen. Anlässlich des 100. Jahrestages des Kriegsausbruchs wurde die Debatte fortgesetzt. Hier vier exemplarische Antworten:

a) 1951 erklären einige deutsche und französische Historiker:

Die Dokumente erlauben es nicht, im Jahre 1914 irgendeiner Regierung oder einem Volk den bewussten Willen zu einem europäischen Krieg zuzuschreiben. […] Die deutsche Politik zielte 1914 nicht auf die Entfesselung eines europäischen Krieges; sie war in erster Linie bedingt durch die Bündnisverpflichtung gegenüber Österreich-Ungarn.

b) Der Hamburger Professor Fritz Fischer (1908 - 1999) fasst seine Forschungen 1965 so zusammen:

Deutschland hat im Juli 1914 nicht nur das Risiko eines eventuell über den österreichisch-serbischen Krieg ausbrechenden großen Krieges bejaht, sondern die deutsche Reichsleitung hat diesen großen Krieg gewollt, dementsprechend vorbereitet und herbeigeführt.

c) Der Australier Christopher Clark, geboren 1960, schreibt in seinem 2013 in Deutschland veröffentlichten Buch „Die Schlafwandler“:

[Der] Kriegsausbruch [war] eine Tragödie, kein Verbrechen. Wenn man dies anerkennt, so heißt es keineswegs, dass wir die kriegerische und imperialistische Paranoia[1] der österreichischen und deutschen Politiker kleinreden sollten, die zu Recht die Aufmerksamkeit Fritz Fischers […] auf sich zog. Aber die Deutschen waren nicht die einzigen Imperialisten, geschweige denn die einzigen, die unter einer Art Paranoia litten. Die Krise, die im Jahr 1914 zum Krieg führte, war die Frucht einer gemeinsamen politischen Kultur.

d) Die Historikerin Annika Mombauer fasst 2014 ihre Auffassung zur Kriegsschuldfrage so zusammen:

Der Krieg war kein „Unfall“, er war nicht das Resultat von Fehlern oder Versäumnissen, und die Verantwortlichen von 1914 waren keine „Schlafwandler“ (Christopher Clark), sondern sie wussten im Gegenteil ganz genau, was sie taten. Der Krieg brach aus, weil einflussreiche Kreise in Wien und Berlin ihn herbeiführen wollten und ihn absichtlich riskierten und weil man in Paris und Petersburg bereit war, diesen Krieg zu führen, wenn er denn käme. Gewiss, es gab auch in Paris und Petersburg und zu einem viel geringeren Teil sogar in London im Juli 1914 Befürworter des Krieges, vor allem unter den Militärs. Aber die Entscheidung, im Sommer 1914 einen Krieg zu führen, war in Wien und Berlin getroffen worden.

a) Zitiert nach: Karl Dietrich Erdmann, Die Zeit der Weltkriege, in: Bruno Gebhardt, Handbuch der deutschen Geschichte, hrsg. von Herbert Grundmann, Bd. 4, Stuttgart [8]1959, S. 25; b) Fritz Fischer, Vom Zaun gebrochen – nicht hineingeschlittert. Deutschlands Schuld am Ausbruch des Ersten Weltkriegs, in: DIE ZEIT vom 3. September 1965, Nr. 36, S. 30; c) Christopher Clark, Die Schlafwandler. Wie Europa in den Ersten Weltkrieg zog, übersetzt von Norbert Juraschitz, München [14]2013, S. 716 f.; d) Annika Mombauer, Die Julikrise. Europas Weg in den Ersten Weltkrieg, München 2014, S. 117

[1] **Paranoia**: Wahnvorstellung

Wer hat Schuld am Ersten Weltkrieg?

1. *Arbeitet in Partnerarbeit die Gründe heraus, die die Historiker für den Kriegsbeginn nennen (M2).*
2. *Diskutiert, ob die von den Historikern angeführten Gründe den Artikel 231 des Vertrages von Versailles (M1) rechtfertigen.*

Gedenken an die Kriegsopfer

M1 Kriegerdenkmal in Schnaittach
Foto vom 21. Januar 2016
Das Denkmal mit der Figurengruppe von Josef Wirth wurde am 25. August 1925 eingeweiht. Die Inschrift lautet:
„Der Markt Schnaittach seinen Helden / 1914 – 1918 / Aus der Marktgemeinde Schnaittach starben fürs Vaterland"
Es folgen 85 Namen mit Geburtsdatum und -ort sowie Todesdatum und -ort.

Schritt für Schritt:
Kriegerdenkmäler untersuchen

Kriegerdenkmäler gehören zu den gegenständlichen Quellen* und werden ähnlich wie diese interpretiert. Auf die Beschreibung folgen Untersuchung und Beurteilung. Folgende Punkte solltest du besonders beachten:

1. Wo steht das Denkmal (Ortszentrum, Kirche, Park, Hügel)?
2. Was ist dargestellt (z. B. Figuren, Gegenstände, Symbole, Allegorien, Inschriften)?
3. Wird der Gefallenen namentlich gedacht? Welche Informationen über sie sind zu finden? Wie vieler wird hier gedacht?
4. Gibt es heute noch Erinnerungsfeiern?
5. Wer ist Eigentümer des Denkmals? Wer pflegt es? In welchem Zustand ist es?
6. Welchen Gesamteindruck vermittelt das Denkmal?
7. Welche Botschaft will das Denkmal dem Betrachter vermitteln?
8. Erscheint die Art und Weise, wie erinnert wird, heute (noch) angemessen?

INFO Gedenken und Trauern

Der **Erste Weltkrieg** hat sich tief in das Bewusstsein der europäischen Völker eingebrannt. Kriegsgräuel belasteten das politische Klima der folgenden Jahre stark. Jede Nation* gedachte des ihr zugefügten Leids. Überall wurden Kriegsdenkmäler errichtet. Sie sollten an die „Helden" erinnern, die „fürs Vaterland" gestorben sind.

Heute pflegt vor allem der 1919 gegründete „Volksbund Deutsche Kriegsgräberfürsorge" die Gräber der deutschen Kriegstoten im Ausland. Auf seine Initiative hin wurde auch 1919 der Volkstrauertag als Gedenk- und Trauertag eingeführt. Er wurde erstmals am 1. März 1925 begangen. Anfang der 1950er-Jahre wurde der Volkstrauertag an das Ende des Kirchenjahres auf den vorletzten Sonntag vor dem ersten Advent verlegt.

Sven Pfleka

Medientipp:
Eine Broschüre zum Thema „Kriegerdenkmäler" bietet der Volksbund Deutscher Kriegsgräberfürsorge an, siehe **31063-65**.

Wie wird an die Kriegsopfer erinnert?

1. *Untersucht und interpretiert das Kriegerdenkmal (M1). Orientiert euch dabei an den Hinweisen in „Schritt für Schritt".*
2. *Recherchiert nach Kriegerdenkmälern aus dem Ersten Weltkrieg in eurem Schul- und Wohnort. Vergleicht sie mit denen aus anderen Kriegen (z. B. aus dem Zweiten Weltkrieg). Hat sich die Gedenkkultur verändert? Stellt euch dazu die Frage: Trifft auf das Objekt eher der Begriff „Ehrenmal" oder „Mahnmal" zu?*
3. *Immer wieder werden Stimmen laut, die fordern, Kriegerdenkmäler abzureißen oder zu entfernen. Nehmt Stellung zu diesen Forderungen.*

Das weiß ich! – Gelerntes sichern

M 1 Soldatenfriedhof und Beinhaus von Douaumont bei Verdun
Undatiertes Foto
Das Beinhaus von Douaumont ist eine nationale Grabstätte für die im Ersten Weltkrieg bei Verdun gefallenen Soldaten. In dem zwischen 1920 und 1932 errichteten Gebäude werden die Gebeine von über 130 000 nicht identifizierten deutschen und französischen Soldaten aufbewahrt. Vor dem Beinhaus befindet sich ein Friedhof mit Gräbern von 15 000 französischen Soldaten. Heute gilt die Gedenkstätte als Symbol der Versöhnung zwischen Frank-

Auf einen Blick: Imperialismus und Erster Weltkrieg

Im Zeitalter des **Imperialismus**, also etwa ab dem letzten Viertel des 19. Jhs., wetteiferten die Großmächte um den Besitz von Kolonien vor allem in Afrika und Asien. Ihre imperialistische Politik hatte wirtschaftliche, machtpolitische und gesellschaftliche Gründe. Gerechtfertigt wurde sie mit der vermeintlichen Überlegenheit der „entwickelten" über die „nicht entwickelten" Nationen* und Völker. Die Kolonialmächte zogen neue Grenzen und zwangen den Einheimischen ihre Lebensart und ihre Überzeugungen auf. Damit zerstörten sie nicht nur bestehende Kulturen und Wirtschaftsformen, sondern sie schufen auch die Ursachen für Konflikte, die zum Teil bis heute andauern.

Das Deutsche Reich strebte nach 1890 unter Kaiser Wilhelm II. eine Weltmachtstellung an. Da Großbritannien, Frankreich und Russland sich von seiner Außenpolitik bedroht fühlten, legten sie ihren Streit um Kolonien bei und sicherten sich Hilfe für den Fall eines deutschen Angriffs zu. Dem Deutschen Kaiserreich* blieb nur Österreich-Ungarn als Bündnispartner. Es fühlte sich „eingekreist". Außerdem kam es zu einem Wettrüsten.

All dies waren langfristige Ursachen des **Ersten Weltkrieges**. Hinzu kamen kurzfristige Kriegsursachen: Auf dem Balkan beanspruchten Österreich-Ungarn und Serbien Gebiete des zerfallenden Osmanischen Reiches. Die Lage verschärfte sich, da Russland Serbien und das Deutsche Reich Österreich-Ungarn unterstützte. Anlass für den Ersten Weltkrieg wurde die Ermordung des österreichischen Thronfolgers Ende Juni 1914. Zuvor hatten Politiker und Militärs aller europäischen Großmächte mehr darüber nachgedacht, wie ein Krieg zu gewinnen als wie er zu verhindern sei. Militärische Planungen bestimmten ihr Denken und Handeln.

Es kam zu einem jahrelangen Stellungskrieg mit mörderischen Materialschlachten, die Millionen Soldaten das Leben kosteten, aber auch der Zivilbevölkerung große Opfer abverlangten. Das Jahr **1917** wurde zum Epochenjahr: Der **Kriegseintritt der USA** entschied den Krieg militärisch. Und die Misserfolge im Krieg führten im selben Jahr zur **Russischen Revolution**.

Die Kriegsfolgen sollten in den Pariser Vorortverträgen geregelt werden. Für Deutschland brachte der **Vertrag von Versailles** einschneidende territoriale, wirtschaftliche und militärische Verluste und Einschränkungen.

Im Versailler Vertrag wurde auch die Gründung des Völkerbundes beschlossen. Diese internationale Organisation sollte in Zukunft helfen, den allgemeinen Frieden zu sichern. Sie litt darunter, dass ihr anfangs nur die Siegermächte angehörten. Russland/die Sowjetunion und das Deutsche Kaiserreich wurden erst später zugelassen. Darüber hinaus verlor der Völkerbund an Ansehen, als der amerikanische Senat eine Mitgliedschaft der USA ablehnte. Überhaupt zeigte sich, dass die Pariser Vorortverträge keine stabile Friedensordnung schufen. Der Erste Weltkrieg hatte weitreichende Folgen, sodass spätere Historiker von ihm als der „Urkatastrophe des 20. Jahrhunderts" sprechen.

Dieter Brückner

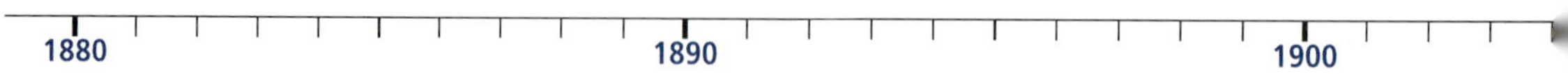

M 2 „Die Plünderer der Welt“
Nachträglich kolorierte Karikatur von Thomas Nast aus dem in New York erscheinenden Nachrichtenmagazin „Harper's Weekly“ vom 20. Juni 1885
Die drei Figuren sind Personifikationen des Deutschen Reiches, Großbritanniens und Russlands. Auf den Säcken steht „Grab-Bag“ (Grabbelsack; mit Geschenken gefüllter Sack).

M 4 „Deutsche Frauen arbeitet im Heimatheer!“
Plakat (71 x 94 cm) von Gottfried Kirchbach, um 1917
Mit solchen Anschlägen, die auch als Postkarten vertrieben wurden, versuchte man Frauen für die Arbeit in den Munitionsfabriken zu gewinnen.

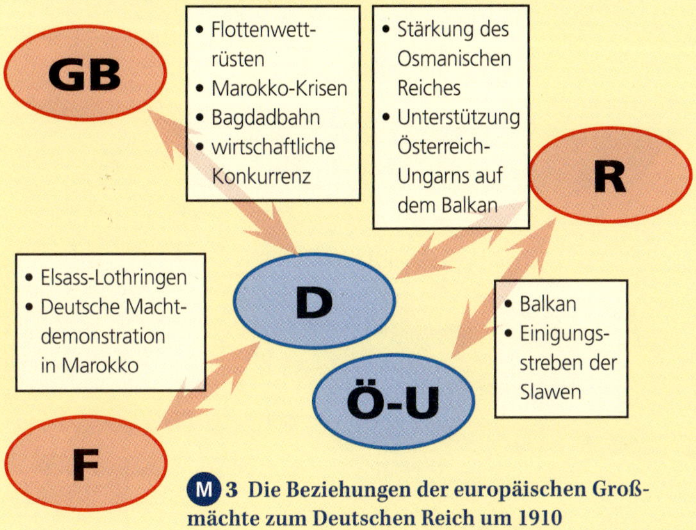

M 3 Die Beziehungen der europäischen Großmächte zum Deutschen Reich um 1910

1. *Erkläre ausgehend von der Karikatur M2 den Begriff Imperialismus*. Orientiere dich an den sogenannten W-Fragen wie z. B. wer?, wann?, wo?, wie?, welche Folgen?*
2. *Beschreibe die Beziehungen des Deutschen Reiches zu den übrigen Großmächten (M3).*
3. *Stelle die Vorgeschichte des Ersten Weltkrieges in einem Schema dar. Ordne dazu die folgenden Begriffe sinnvoll an und füge ihnen eine kurze Sacherklärung bei: Nationalismus*, Balkan, Militarismus, Imperialismus* und Wettrüsten.*
4. *Beschreibe mithilfe der Begriffe „Stellungskrieg“ und „Materialschlacht“ das Kriegsgeschehen.*
5. *Erläutere mithilfe der Abbildungen die Bedeutung der „Heimatfront“ für die Wahrnehmung des Weltkrieges durch die deutsche Bevölkerung (M4).*

Das kann ich! – Gelerntes anwenden

M 1 „Ich gedenke …"

Zum 100. Jahrestag der Herero-Aufstände sagt die Bundesministerin für wirtschaftliche Zusammenarbeit und Entwicklung, Heidemarie Wieczorek-Zeul (SPD), am 14. August 2004 in Namibia:

Ich gedenke mit Hochachtung Ihrer Vorfahren, die im Kampf gegen ihre deutschen Unterdrücker gestorben sind. […]

Die damaligen Gräueltaten waren das, was heute als Völkermord bezeichnet würde – für den ein General von Trotha heutzutage vor Gericht gebracht und verurteilt würde. […]

Wir bekennen uns zu unserer besonderen historischen Verantwortung gegenüber Namibia und wollen die enge Partnerschaft auf allen Ebenen fortsetzen.

Zitiert nach: www.dhm.de/ausstellungen/namibia/rede.pdf (Zugriff: 12. 11. 2019)

M 2 Der Balkan 1913

M 3 Territoriale Veränderungen nach dem Ersten Weltkrieg (1917-1923)

1880 1890 1900

M4 „Germania"
Inschrift: „Deutschland – August * 1914"
Gemälde (192 x 147 cm) von Friedrich August von Kaulbach, 1914
Das Bild wurde auch als Plakat veröffentlicht.

M6 „Was wir verlieren sollen"
Plakat (71 x 96 cm) von Louis Oppenheim zu den Beschlüssen der Friedenskonferenz von Versailles, 1919

M5 Ein „katastrophales Vermächtnis"
Der britische Historiker Ian Kershaw schreibt im Jahr 2015 über die Folgen des Ersten Weltkrieges:
Der Krieg hinterließ einen in Stücke geschlagenen Kontinent, der kaum etwas gemein hatte mit dem Europa vor Beginn des Konflikts. […]
Der ethnische Nationalismus war eines der Hauptvermächtnisse des Krieges. Und er sollte in eben jenen Teilen Mittel- und Osteuropas die tödlichste Wirkung entfalten, in denen diverse ethnische Gemeinschaften seit Jahrhunderten nebeneinander gelebt hatten, in denen sich jetzt aber neue, vornehmlich durch den Krieg erzeugte Spannungen, Konflikte und Feindschaften Bahn brachen, die in bittere Auseinandersetzungen um umstrittene Grenzen und geteilte Länder führten.

Ian Kershaw, Höllensturz. Europa 1914 bis 1945. Aus dem Englischen von Klaus Binder, Bernd Leineweber und Britta Schröder, München 2015, S. 135-137

1. *Nimm auf der Grundlage deines Wissens Stellung zum Begriff „Völkermord" und fasse zusammen, was du unter „historischer Verantwortung" verstehst. Berücksichtige dabei M1.*
2. *Untersuche mithilfe der Karten (M2 und M3), ob bei der Neuordnung des Balkan zentrale Forderungen des Vierzehn-Punkte-Programms des US-Präsidenten Wilson umgesetzt wurden.*
3. *„Die Neuordnung des Balkan durch die Pariser Vorortverträge brachte keine dauerhafte Ruhe." Begründe diese Behauptung mithilfe der Karten M2 und M3 sowie der Karte „Der Zerfall Jugoslawiens 1991 bis 2008" im Geschichtsatlas.*
4. *Ein britischer Politiker soll über die Pariser Vorortverträge später geurteilt haben, die Sieger hätten „den Krieg gewonnen, aber den Frieden verloren". Erläutere dieses Urteil.*
5. *In diesem Band befinden sich mehrere Darstellungen der „Germania" (siehe S. 71, 72, 124, 141 und 154). Vergleicht sie in Gruppenarbeit mit M4. Erläutert den Wandel der Aussageabsichten.*
6. *Definiere den Begriff „Epochenjahr" und erkläre, worin sich das Jahr 1917 von anderen „Epochenjahren" wie 1492*, 1517*, oder 1789* unterscheidet.*
7. *Nimm Stellung zu M5 und M6 und formuliere daraus politische Forderungen für die Gegenwart. Berücksichtige dabei auch S. 161, M4.*
8. *Verfasse einen Text, mit dem Jugendliche motiviert werden können, Kriegsgräberstätten zu besuchen und zu pflegen (siehe S. 164, M1, S. 189, M1 und S. 190, M1).*

1914-1918: Erster Weltkrieg

1910 — 1920 — 1930

1917: Kriegseintritt der USA und Russische Revolution

Grundlegende Daten und Begriffe für die 8 Jgst.

8.1 Aufklärung, Französische Revolution und Napoleon

1789	Beginn der Französischen Revolution: Durch die Französische Revolution wurde die absolutistische Monarchie in Frankreich gestürzt. Die Bezeichnung „Revolution" verdeutlicht, dass dieser tief greifende politische und gesellschaftliche Umbruch in verhältnismäßig kurzer Zeit stattfand.
1806	Ende des Heiligen Römischen Reiches Deutscher Nation.
1806	Gründung des Königreiches Bayern.

Aufklärung	Epoche der Geistesgeschichte im 17./18. Jh., die sich auf die Vernunft stützte und viele Traditionen infrage stellte. Eine der wichtigsten Forderungen der Aufklärer lautete: „Habe Mut, dich deines eigenen Verstandes zu bedienen!" (Immanuel Kant)
Menschenrechte	Angeborene und unveräußerliche Rechte eines jeden Menschen, z. B. Recht auf Leben, Freiheit und Gleichheit vor dem Gesetz.
Gewaltenteilung	Grundsatz, der die Teilung der Staatsmacht in drei Teilgewalten fordert. Legislative (gesetzgebende Gewalt, z. B. Parlament), Exekutive (ausführende Gewalt, z. B. Regierung) und Judikative (rechtsprechende Gewalt, z. B. Richter) kontrollieren sich gegenseitig, um einen Machtmissbrauch zu verhindern.
konstitutionelle Monarchie	Regierungsform, in der die Macht eines Monarchen durch eine Verfassung eingeschränkt wird (z. B. im Königreich Bayern). Der Monarch steht in dieser Regierungsform der Exekutive vor und handelt gemäß und innerhalb der Verfassungsvorgaben.
Nation	Menschen, die in einem bestimmten Gebiet leben, sich durch gemeinsame Merkmale wie Sprache, Kultur oder Geschichte miteinander verbunden fühlen und eine politische Gemeinschaft bilden bzw. anstreben.
Bürgertum	Gesellschaftsschicht aus Kaufleuten, Gelehrten, Beamten und Handwerkern, die in den Städten entstand und in den Zeiten der Aufklärung und der Industrialisierung eine wichtige Rolle spielte.
Volkssouveränität	Grundsatz, dass alle Staatsgewalt vom Volk ausgeht.
Napoleon	Napoleon Bonaparte, französischer General, der in der Französischen Revolution die politische Macht erringen konnte, sich 1804 selbst zum Kaiser der Franzosen krönte und Frankreich vorübergehend zur Hegemonialmacht in Europa machte.
Säkularisation	Enteignung und Verstaatlichung von Kirchengut (u. a. von Klöstern, Ländereien, Kunstschätzen) sowie Auflösung geistlicher Fürstentümer, z. B. im Heiligen Römischen Reich Deutscher Nation 1803.

8.2 Einigkeit und Freiheit? Deutschland zwischen Restauration und Revolution

1815	Wiener Kongress
1832	Hambacher Fest
1848/49	Revolution in Deutschland mit dem Ziel, einen Nationalstaat auf der Basis einer liberalen Verfassung zu begründen.

Deutscher Bund	Auf dem Wiener Kongress (1815) gegründeter loser deutscher Staatenbund, der 35 Staaten und vier freie Städte umfasste.
Nationalismus	Politische Strömung des 19. Jhs., die einen gemeinsamen Nationalstaat anstrebt; heute Bezeichnung für ein übersteigertes Nationalbewusstsein, das die eigene Nation vor andere stellt.
Liberalismus	Im 19. Jh. aufkommende politische Strömung, welche die Freiheitsrechte des Einzelnen betont und politisch einfordert.
Parlament	In demokratischen Staaten die Volksvertretung, deren wichtigste Aufgaben die Gesetzgebung, das Haushaltsrecht und die Kontrolle der Regierung sind.

8.3 Bayern – Identität, Staatsgebiet und kulturelles Erbe

Der Längsschnitt dient unter anderem der Wiederholung der Grundlegenden Daten und Begriffe, in ihm werden keine neuen Daten oder Begriffe eingeführt.

8.4 Industrialisierung und Soziale Frage

Industrialisierung	Von England ausgehende, tief greifende Veränderung der Arbeitsverhältnisse und der Gesellschaft durch den Einsatz von Maschinen im 19. Jh.
Soziale Frage	Frage nach der Lösung der durch die Industrialisierung entstandenen sozialen Probleme, z. B. Wohnungsnot, Kinderarbeit und mangelnde soziale Absicherung.
Sozialismus	Politische Strömung, welche von einer Klassengesellschaft ausgeht und diese v. a. durch eine gleichmäßigere Besitzverteilung, mitunter auch durch eine Verstaatlichung der Produktionsmittel, überwinden will.
Kommunismus	Von Karl Marx und Friedrich Engels in der Frühindustrialisierung entwickelter philosophisch-politischer Ansatz, der das Ziel einer klassenlosen Gesellschaft verfolgt und bei dem alle Produktionsmittel staatlich sind.

8.5 Das Deutsche Kaiserreich

1871	Deutsche Reichsgründung

Deutsches Kaiserreich	1871 nach den Einigungskriegen als konstitutionell-monarchischer Nationalstaat gegründet; 1918 im Zuge der Novemberrevolution nach dem Ersten Weltkrieg aufgelöst.
Bismarck	Otto von Bismarck, konservativer preußischer Ministerpräsident, der 1871 die Reichsgründung unter preußischer Führung erreichte und in der Folge als erster Reichskanzler das Deutsche Kaiserreich maßgeblich mitprägte.
Sozialgesetzgebung	Einführung der Kranken-, Renten- und Unfallversicherung unter Reichskanzler Otto von Bismarck, um die Soziale Frage zu entschärfen und dadurch zugleich den Wählerzuwachs der Sozialdemokraten zu stoppen; die Sozialgesetzgebung markiert den Beginn moderner staatlicher Sozialpolitik und hatte Vorbildcharakter für andere Länder.
Reichstag	Ab 1871 das gewählte Parlament des Deutschen Kaiserreiches; das Reichstagsgebäude in Berlin ist heute Sitz des Deutschen Bundestages.

8.6 Imperialismus und Erster Weltkrieg

1914-1918	Erster Weltkrieg
1917	Kriegseintritt der USA und Russische Revolution

Imperialismus	Streben von Staaten nach weltweiter politischer Machtausdehnung und wirtschaftlichem Einfluss im ausgehenden 19. und beginnenden 20. Jh., z. B. durch die Gründung von Kolonien; dabei spielten auch religiöses und kulturelles Sendungsbewusstsein sowie rassistische Einstellungen eine Rolle.
Vertrag von Versailles	1919 geschlossener Friedensvertrag, der den Ersten Weltkrieg beendete. Die Siegermächte schrieben dort u. a. die alleinige Kriegsschuld Deutschlands fest und verfügten Gebietsabtretungen, militärische Beschränkungen und Reparationszahlungen.

Anlage zum KMS „Handlungsfelder Geschichte" vom 19. Dezember 2018, Stand: 13. September 2019;
zitiert nach: www.historisches-forum.bayern.de/lehrplanplus-geschichte/gymnasium (Zugriff: 25. 02. 2020)

Grundlegende Daten und Begriffe für die 6. bis 8. Jgst.

ab ca. 3000 v. Chr.	Hochkultur in Ägypten
753 v. Chr.	Mythische (der Sage nach) Gründung Roms
5. Jh. v. Chr.	Blütezeit Athens
1. Jh. v. Chr.	Übergang von der ▸*Republik* zum Prinzipat (Kaiserzeit)
um Christi Geburt	Zeitalter des Augustus
um 500	Reichsbildung der Franken. Die fränkischen Stämme vereinigten sich und bildeten ein stabiles, christlich (▸*Christentum*) geprägtes Fränkisches Reich, in dem sich germanische und römische Elemente verbanden.
800	Krönung ▸*Karls des Großen* zum ▸*Kaiser* in Rom
962	Krönung Ottos des Großen zum ▸*Kaiser* in Rom
um 1200	Kulturelle Blüte zur Zeit der Staufer
1453	Eroberung Konstantinopels durch die Osmanen und dadurch Ende des Oströmischen Reiches
1492	„Entdeckung" Amerikas durch Kolumbus
1517	Beginn der ▸*Reformation*
1618 – 1648	Dreißigjähriger Krieg
17./18. Jh.	▸*Absolutismus* in Europa
1789	Beginn der Französischen Revolution: Durch die Französische Revolution wurde die absolutistische Monarchie (▸*Absolutismus*; ▸*Monarchie*) in Frankreich gestürzt. Die Bezeichnung „Revolution" verdeutlicht, dass dieser tief greifende politische und gesellschaftliche Umbruch in verhältnismäßig kurzer Zeit stattfand.
1806	Ende des Heiligen Römischen Reiches Deutscher Nation
1806	Gründung des Königreiches Bayern
1815	Wiener Kongress
1832	Hambacher Fest
1848/49	▸*Revolution* in Deutschland mit dem Ziel, einen Nationalstaat (▸*Nation*) auf der Basis einer liberalen (▸*Liberalismus*) ▸*Verfassung* zu begründen.
1871	Deutsche Reichsgründung
1914-1918	Erster Weltkrieg
1917	Kriegseintritt der USA und Russische Revolution

Absolutismus	Herrschaftsform in Europa im 17. und 18. Jh., in der die ▸*Könige* bzw. Fürsten ihre Herrschaft von Gott ableiteten und den Anspruch erhoben, völlig uneingeschränkt zu regieren.
Adel	Im ▸*Mittelalter* und bis ins 19. Jh. herrschender Stand (▸*Stände*), der sich durch Abstammung, Besitz, Vorrechte und eigene Lebensformen von der übrigen Gesellschaft abhob. In Deutschland wurde der Adel 1919 abgeschafft, doch kann der Adelstitel auch weiterhin im Namen geführt werden.

Altsteinzeit	Ältester Zeitabschnitt der Menschheitsgeschichte (vor ca. 2 Mio. Jahren bis ca. 10 000 v. Chr.), in dem die Menschen als Jäger und Sammler umherzogen und ihre Werkzeuge und Waffen meist aus Stein herstellten.
Antike	Griechisch-römisches Altertum, also der Zeitraum, in dem die Griechen und Römer den Mittelmeerraum beherrschten bzw. kulturell prägten (ca. 1000 v. Chr. bis 500 n. Chr.).
Aristokratie	Herrschaftsform, bei der der ▸*Adel*, also die einflussreichsten Familien, die Macht besitzt.
Aufklärung	Epoche der Geistesgeschichte im 17./18. Jh., die sich auf die Vernunft stützte und viele Traditionen infrage stellte. Eine der wichtigsten Forderungen der Aufklärer lautete: „Habe Mut, dich deines eigenen Verstandes zu bedienen!" (Immanuel Kant)
Bismarck	Otto von Bismarck, konservativer preußischer Ministerpräsident, der 1871 die Reichsgründung unter preußischer Führung erreichte und in der Folge als erster Reichskanzler das ▸*Deutsche Kaiserreich* maßgeblich mitprägte.
Bürger	Im ▸*Mittelalter* die Einwohner einer Stadt, die das Bürgerrecht besaßen und damit politisches Mitspracherecht hatten (z. B. Wahl des Stadtrates). Heute bezeichnet der Begriff überwiegend Bewohner eines Staates, welche die Staatsbürgerschaft besitzen.
Bürgertum	Gesellschaftsschicht aus Kaufleuten, Gelehrten, Beamten und Handwerkern, die in den Städten entstand (▸*Bürger*) und in den Zeiten der ▸*Aufklärung* und der ▸*Industrialisierung* eine wichtige Rolle spielte.
Caesar	Gaius Julius Caesar war ein römischer Staatsmann, Feldherr und Autor, der sich 44 v. Chr. zum ▸*Diktator* auf Lebenszeit ernennen ließ und so das Ende der Römischen ▸*Republik* und den Beginn der Kaiserzeit einleitete.
Christentum	Die auf Jesus Christus, sein Leben und sein Wirken begründete monotheistische Religion (= Glaube an einen Gott), deren heilige Schrift die Bibel ist.
Demokratie	Herrschaftsform, in der das Volk über die Politik bestimmt. Die ursprüngliche Form entstand in der ▸*Polis* Athen im 6. und 5. Jh. v. Chr. In ihr konnten alle männlichen Bürger in der Volksversammlung direkt über Sachfragen abstimmen (direkte Demokratie). Frauen, Fremde und Sklaven besaßen keine politischen Rechte. Im Gegensatz dazu basiert der moderne Demokratiebegriff auf den für alle geltenden ▸*Menschenrechten* wie Freiheit und Gleichheit. Zudem werden in den meisten modernen Demokratien im Unterschied zur direkten Demokratie in der ▸*Antike* in der Regel Volksvertreter (Abgeordnete) in ▸*Parlamente* gewählt, die dort stellvertretend für alle Bürgerinnen und Bürger beraten und entscheiden (repräsentative Demokratie).
Deutscher Bund	Auf dem Wiener Kongress (1815) gegründeter loser deutscher Staatenbund, der 35 Staaten und vier freie Städte umfasste.
Deutsches Kaiserreich	1871 nach den Einigungskriegen als konstitutionell-monarchischer Nationalstaat (▸*konstitutionelle Monarchie*; ▸*Nation*) gegründet; 1918 im Zuge der Novemberrevolution nach dem Ersten Weltkrieg (1914-1918) aufgelöst.
Diktator	Befehlshaber mit uneingeschränkter Befehlsgewalt; in der Römischen ▸*Republik* außerordentliches Amt, nur in Notzeiten für sechs Monate bestimmt.

Gewaltenteilung	Grundsatz, der die Teilung der Staatsmacht in drei Teilgewalten fordert. Legislative (gesetzgebende Gewalt, z. B. ▸*Parlament*), Exekutive (ausführende Gewalt, z. B. Regierung) und Judikative (rechtsprechende Gewalt, z. B. Richter) kontrollieren sich gegenseitig, um einen Machtmissbrauch zu verhindern.
Ghetto	Von der übrigen Stadt oft durch Mauern und Tore abgetrenntes Wohngebiet der jüdischen Gemeinschaft (▸*Judentum*). Der Begriff „Ghetto" bezieht sich auf das „Gheto novo" genannte Wohnviertel der Juden in Venedig, das Anfang des 16. Jhs. auf dem Gebiet einer Gießerei (ital. ghettare: Eisen gießen) ausgewiesen wurde. Heute bezeichnet „Ghetto" meist abwertend ein Viertel, dessen Bewohner nur wenige Beziehungen zur städtischen Umgebung pflegen.
Grundherrschaft	Herrschaftsform, bei der Grundherren (beispielsweise Herzöge, Grafen, Bischöfe, Äbte und Äbtissinnen) Land an unfreie Bauern vergaben. Diese bewirtschafteten es, zahlten Abgaben und leisteten Frondienste, im Gegenzug bekamen sie insbesondere Schutz und Sicherheit.
Hegemonie	Vormachtstellung eines Staates in einer bestimmten Region.
Imperialismus	Streben von Staaten nach weltweiter politischer Machtausdehnung und wirtschaftlichem Einfluss im ausgehenden 19. und beginnenden 20. Jh., z. B. durch die Gründung von Kolonien; dabei spielten auch religiöses und kulturelles Sendungsbewusstsein sowie rassistische Einstellungen eine Rolle.
Industrialisierung	Von England ausgehende, tief greifende Veränderung der Arbeitsverhältnisse und der Gesellschaft durch den Einsatz von Maschinen im 19. Jh.
Investiturstreit	Machtkampf zwischen römisch-deutschem Königtum (▸*König*, ▸*Kaiser*) und Papsttum im 11. und 12. Jh. um die Vorherrschaft. Ausgangspunkt für den Streit war die Frage, wer die Investitur vornehmen, also Bischöfe einsetzen durfte. Höhepunkt des Investiturstreites war der Gang König Heinrichs IV. nach Canossa (1077). Die Auseinandersetzung endete mit dem Wormser Konkordat (1122) in einem Kompromiss.
Islam	Vom Propheten Mohammed im 7. Jh. begründete monotheistische Religion (= Glaube an einen Gott), deren Anhänger (Muslime) zu Allah beten. Die Glaubensgrundlage des Islam ist der Koran.
Judentum	Älteste monotheistische Religion (= Glaube an einen Gott) und zugleich Gemeinschaft aller Juden. Der Kern der jüdischen Religion ist in der Thora zugrunde gelegt.
Jungsteinzeit	Zeitabschnitt ca. 10 000 v. Chr. bis ca. 2000 v. Chr., in dem die Menschen sesshaft wurden und dank des wärmeren Klimas zu Ackerbau und Viehzucht übergingen.
Kaiser	Höchster Herrschertitel, der im ▸*Mittelalter* an die Tradition des Römischen Kaiserreiches anknüpfte. Der Kaiser wurde im Mittelalter vom Papst gekrönt und verstand sich als Schutzherr der Christenheit (▸*Christentum*). Zudem erhob er Anspruch auf die oberste weltliche Herrschaft über alle Christen.
Karl der Große	▸*König* des Fränkischen Reiches, der 800 als erster westeuropäischer Herrscher vom Papst zum ▸*Kaiser* gekrönt wurde und damit die Grundlage für das mittelalterliche Kaisertum (▸*Mittelalter*) legte.

Kloster	Eine oft aus mehreren Gebäuden bestehende Anlage, in der Nonnen oder Mönche sich dauerhaft, gemeinschaftlich und meist auf Grundlage bestimmter Ordensregeln auf die Ausübung ihres christlichen Glaubens (▸ *Christentum*) konzentrierten. Im ▸ *Mittelalter* waren die Klöster wichtige Träger und Bewahrer von Wissenschaft, Kunst und Kultur.
König	Meist aus dem ▸ *Adel* stammender Herrscher eines Landes, der durch Wahl (z. B. im Heiligen Römischen Reich Deutscher Nation) oder Erbrecht (z. B. in England, Frankreich) bestimmt wird.
Kommunismus	Von Karl Marx und Friedrich Engels in der Frühindustrialisierung (▸ *Industrialisierung*) entwickelter philosophisch-politischer Ansatz, der das Ziel einer klassenlosen Gesellschaft verfolgt und bei dem alle Produktionsmittel staatlich sind.
konstitutionelle Monarchie	Regierungsform, in der die Macht eines Monarchen (▸ *Monarchie*) durch eine ▸ *Verfassung* eingeschränkt wird (z. B. im Königreich Bayern). Der Monarch steht in dieser Regierungsform der Exekutive (ausführende Gewalt, ▸ *Gewaltenteilung*) vor und handelt gemäß und innerhalb der Verfassungsvorgaben.
Kreuzzug	Vom 11. bis zum 13. Jh. stattfindende Kriegszüge in den Nahen Osten u. a. mit dem Ziel, die muslimische Herrschaft (▸ *Islam*) über die Heiligen Stätten der Christen (▸ *Christentum*) zu beenden und den christlichen Glauben zu verbreiten.
Kurfürsten	Die meist sieben zur Königswahl (▸ *König*) berechtigten geistlichen und weltlichen Fürsten im Heiligen Römischen Reich Deutscher Nation. Das Wahlverfahren sowie die Zahl der Kurfürsten bildeten sich vor allem im 13. und 14. Jh. heraus.
Lehnswesen	Auf gegenseitiger Treue beruhende Herrschaftsform des ▸ *Mittelalters*. Ein adliger (▸ *Adel*) Leh(e)nsherr verlieh Land und/oder Ämter bzw. Rechte an einen adligen Leh(e)nsmann (Vasallen) auf Lebenszeit, der dafür Kriegs- und Amtsdienste leisten musste. Mit der Zeit wurden die Lehen erblich. So wurde Otto von Wittelsbach 1180 durch ▸ *Kaiser* Friedrich I. (Barbarossa) mit dem Herzogtum Bayern belehnt. Seine Nachkommen, die Wittelsbacher, regierten Bayern bis 1918 als Herzöge, ▸ *Kurfürsten* und ▸ *Könige*.
Liberalismus	Im 19. Jh. aufkommende politische Strömung, welche die Freiheitsrechte des Einzelnen betont und politisch einfordert.
Limes	Befestigte römische Reichsgrenze, u. a. der obergermanisch-raetische Limes zwischen Rhein und Donau.
Luther	Martin Luther, Mönch und Theologe, der mit seiner Kritik an kirchlichen Missständen und mit seinen 95 Thesen die ▸ *Reformation* auslöste.
Menschenrechte	Angeborene und unveräußerliche Rechte eines jeden Menschen, z. B. Recht auf Leben, Freiheit und Gleichheit vor dem Gesetz.
Migration	Dauerhafter Wohnortwechsel von Menschen, der unterschiedliche Ursachen haben kann, z. B. die Flucht vor politischer Verfolgung, vor Folter, Krieg und Hunger, die Suche nach besseren Lebensumständen oder neuen beruflichen Möglichkeiten.
Mittelalter	Zeit zwischen ca. 500 und ca. 1500, also zwischen der ▸ *Antike* und der ▸ *Neuzeit*.

Monarchie	Herrschaftsform, in der ein ▸*König* und/oder eine Königin an der Spitze des Staates steht.
Napoleon	Napoleon Bonaparte, französischer General, der in der Französischen Revolution (▸*1789*) die politische Macht erringen konnte, sich 1804 selbst zum ▸*Kaiser* der Franzosen krönte und Frankreich vorübergehend zur Hegemonialmacht (▸*Hegemonie*) in Europa machte.
Nation	Menschen, die in einem bestimmten Gebiet leben, sich durch gemeinsame Merkmale wie Sprache, Kultur oder Geschichte miteinander verbunden fühlen und eine politische Gemeinschaft bilden bzw. anstreben.
Nationalismus	Politische Strömung des 19. Jhs., die einen gemeinsamen Nationalstaat anstrebt; heute Bezeichnung für ein übersteigertes Nationalbewusstsein, das die eigene ▸*Nation* vor andere stellt.
Neuzeit	Bezeichnung für die Zeit nach dem ▸*Mittelalter* (ab ca. 1500) bis hin zur Gegenwart.
Parlament	In demokratischen Staaten (▸*Demokratie*) die Volksvertretung, deren wichtigste Aufgaben die Gesetzgebung, das Haushaltsrecht und die Kontrolle der Regierung sind.
Pharao	(Plural: Pharaonen) Oberster Herrscher oder oberste Herrscherin im alten Ägypten, der bzw. die zugleich als ▸*König* bzw. Königin und als Gott bzw. Göttin verehrt wurde.
Polis	(Plural: Poleis) Griechischer Stadtstaat in der ▸*Antike*, der aus einer Stadt und deren Umland bestand und politisch sowie wirtschaftlich selbstständig war.
(römische) Provinz	Ein unter römischer Herrschaft und Verwaltung stehendes erobertes Gebiet außerhalb Italiens.
Pyramide	Grabanlage einer hochgestellten Persönlichkeit (z. B. eines ▸*Pharaos*) im alten Ägypten, meist mit quadratischem Grundriss und nach oben spitz zulaufend.
Quellen	Texte, Gegenstände, Bilder aus der Vergangenheit, die entweder zufällig erhalten geblieben sind (Überreste) oder absichtlich überliefert wurden (Überlieferungen), sowie Zeitzeugenaussagen.
Reformation	Eine von ▸*Luther* ausgelöste kirchliche Erneuerungsbewegung, die zur Spaltung des westlichen ▸*Christentums* durch die Entstehung der evangelischen Kirche führte. Die Reformation veränderte auch die politische Ordnung Europas.
Reichstag	Ab 1871 das gewählte ▸*Parlament* des ▸*Deutschen Kaiserreiches*; das Reichstagsgebäude in Berlin ist heute Sitz des Deutschen Bundestages.
Renaissance	Frz.: Wiedergeburt. Kulturgeschichtliche Epoche vom 14. bis zum 16. Jh., die auf einer Wiederentdeckung der ▸*Antike* (Wissen, Kunst und Kultur) beruhte und den umfassend gebildeten Menschen in den Mittelpunkt stellte (Humanismus).
Republik	Der lateinische Begriff „res publica" fasst den Staat als „öffentliche Angelegenheit" auf, die alle freien Bürger betrifft. Heute bezeichnet „Republik" eine Staatsform, in der kein Monarch (▸*Monarchie*) an der Spitze steht, sondern das Staatsoberhaupt gewählt ist und in der grundsätzlich die Staatsgewalt vom Volk ausgeht (▸*Volkssouveränität*).
Revolution	▸*1789*: Beginn der Französischen Revolution

Romanisierung	Übernahme u. a. der römischen (lateinischen) Sprache und Kultur durch Bevölkerungsgruppen in einigen der von Römern eroberten Gebiete.
Säkularisation	Enteignung und Verstaatlichung von Kirchengut (u. a. von ▸*Klöstern*, Ländereien, Kunstschätzen) sowie Auflösung geistlicher Fürstentümer, z. B. im Heiligen Römischen Reich Deutscher Nation 1803.
Senat	Oberstes Beratungsorgan der Römischen ▸*Republik*, dessen Mitglieder aus den einflussreichsten Familien (▸*Adel* bzw. ▸*Aristokratie*) stammten und vorher wichtige Ämter ausgeübt hatten.
Soziale Frage	Frage nach der Lösung der durch die ▸*Industrialisierung* entstandenen sozialen Probleme, z. B. Wohnungsnot, Kinderarbeit und mangelnde soziale Absicherung.
Sozialgesetzgebung	Einführung der Kranken-, Renten- und Unfallversicherung unter Reichskanzler Otto von ▸*Bismarck*, um die ▸*Soziale Frage* zu entschärfen und dadurch zugleich den Wählerzuwachs der Sozialdemokraten zu stoppen; die Sozialgesetzgebung markiert den Beginn moderner staatlicher Sozialpolitik und hatte Vorbildcharakter für andere Länder.
Sozialismus	Politische Strömung, welche von einer Klassengesellschaft ausgeht und diese vor allem durch eine gleichmäßigere Besitzverteilung, mitunter auch durch eine Verstaatlichung der Produktionsmittel, überwinden will.
Stadtrecht	Besondere Rechte (Privilegien) von Städten, z. B. Münz-, Markt-, Zoll- und Befestigungsrecht.
Stände	Durch Geburt definierte Großgruppen in der mittelalterlichen Gesellschaft (▸*Mittelalter*): Klerus (Erster Stand), ▸*Adel* (Zweiter Stand), Bauern und ▸*Bürger* (Dritter Stand). Die drei Stände hatten unterschiedliche Rechte und Pflichten.
Verfassung	Grundlegendes Gesetz, das die politische Ordnung eines Staates festlegt (z. B. Staatsform, Rechte und Pflichten der ▸*Bürger*).
Vertrag von Versailles	1919 geschlossener Friedensvertrag, der den Ersten Weltkrieg (1914-1918) beendete. Die Siegermächte schrieben dort u. a. die alleinige Kriegsschuld Deutschlands fest und verfügten Gebietsabtretungen, militärische Beschränkungen und Reparationszahlungen.
Volkssouveränität	Grundsatz, dass alle Staatsgewalt vom Volk ausgeht (▸*Republik*).
Westfälischer Friede	Friedensverträge nach dem Dreißigjährigen Krieg im Jahr 1648, die die Gleichberechtigung der christlichen Konfessionen (▸*Christentum*; ▸*Reformation*) festschrieben und den deutschen Landesfürsten eine weitgehende Unabhängigkeit vom ▸*Kaiser* gewährten. *Im Westfälischen Frieden wurde auch der Augsburger Religionsfriede von 1555 bestätigt, der das Reformationsrecht der Landesfürsten beinhaltete: Der Grundsatz „cuius regio, eius religio" besagte, dass der Landesfürst im Prinzip über die Konfession seiner Untertanen bestimmen durfte.*

Nach: www.historisches-forum.bayern.de/fileadmin/user_upload/historisches_forum/GDB_Geschichte_LPP_21.02.2019.pdf (Zugriff: 18.10.2019); Definitionen alphabetisch geordnet, mit Verweisen versehen und geringfügig modifiziert

Fotografien analysieren und deuten

Wenn wir Fotos als historische Quellen* auswerten und deuten wollen, müssen wir sie wie andere Kunstwerke a) *beschreiben*, b) *analysieren* und c) *interpretieren*. Folgende Fragen helfen dabei:

1. Wann ist das Foto entstanden und wer hat es gemacht?
2. Mit welcher Absicht oder in wessen Auftrag wurde es gemacht?
3. Zu welchem Thema sagt es etwas aus?
4. Welche Personen oder welche Szene wurden fotografiert, von welchem Standpunkt und aus welcher Perspektive?
5. Ist es ein Schnappschuss oder eine gestellte Aufnahme?
6. Zeigt es eine komplette Szene oder einen Ausschnitt?
7. Wie aussagekräftig ist es?
8. Wie zuverlässig ist es? Bildinhalte können verändert, entfernt oder hinzugefügt werden.
9. Wie wirkt das Foto auf den Betrachter?

Gemälde und Statuen verstehen

Kunstwerke wie Gemälde und Statuen bilden die Wirklichkeit nicht ab; sie sind aber keine reine Erfindung einer Künstlerin oder eines Künstlers. Die Wahl des Themas und die Art der Darstellung spiegeln das Denken der Zeit ihrer Entstehung. Sie sind deshalb geschichtliche Quellen*. Um sie zu verstehen, gilt es, folgenden Fragen nachzugehen:

1. Wer war der Künstler/die Künstlerin?
2. Hatte sie/er einen Auftrag?
3. Aus welchem Anlass entstand das Kunstwerk? Für welchen Zweck?
4. Wo wurde bzw. wird es gezeigt?
5. Welche Informationen liefert der Bildtitel?
6. Ist das Kunstwerk auffallend groß oder klein?
7. Sind die dargestellten Personen bekannt?
8. Werden Symbole oder Gegenstände gezeigt? Was bedeuten sie?
9. Wofür wurden welche Farben oder Materialien verwendet?

Beachte, dass der Künstler/die Künstlerin bzw. der Auftraggeber/die Auftraggeberin mit dem Gemälde oder der Statue eine bestimmte Wirkung erreichen wollte.

Mit Geschichtskarten arbeiten

Erster Schritt: Karten im Geschichtsatlas finden
Unser Schulbuch enthält zahlreiche Geschichtskarten. Aber wie findest du weitere Karten zu bestimmten historischen Zuständen oder besonderen Entwicklungen? Nutze dazu den Geschichtsatlas. Beachte für die Kartensuche:

- Das Inhaltsverzeichnis des Geschichtsatlas ist nach historischen Epochen und geografischen Regionen gegliedert.
- Das Kartenregister nennt in alphabetischer Folge die Namen der Länder, Orte und Organisationen, die auf den Karten auftauchen. Die Angaben enthalten dazu knappe Hinweise und Daten zu bestimmten Ereignissen.

Zweiter Schritt: Geschichtskarten analysieren, auswerten und deuten
Geschichtskarten verbinden geografische mit historische Angaben und enthalten ausgewählte und vereinfachte Informationen.

- Der Geschichtsatlas enthält eine „Kartenschule“, sie erläutert das Lesen, Auswerten und Deuten von Geschichtskarten.
- Alle Karten des Geschichtsatlas verwenden für jedes Herrschaftsgebiet eine bestimmte Farbe. Das erleichtert die Orientierung. Darüber hinaus werden in den Karten einheitliche Zeichen benutzt; eine Generallegende erklärt alle Zeichen.

Um Geschichtskarten einordnen und um Veränderungen erklären zu können, brauchst du Hintergrundwissen. Dieses liefern dir entweder die **Grundlegenden Daten und Begriffe**[1] oder zusätzliche Informationen, die dir das Geschichtsbuch liefert oder die du recherchierst. Darüber hinaus sind oft Kartenvergleiche hilfreich, um Entwicklungen bzw. Veränderungen beschreiben zu können.

[1] Siehe die Zusammenstellung der Grundlegenden Daten und Begriffe auf S. 197 ff.

Folgende Fragen helfen dir bei der Untersuchung, Auswertung und Deutung von Geschichtskarten:

1. Welches Thema hat die Karte? Beziehe den Titel und alle Zeichen der Legende mit ein.
2. Auf welchen Raum und auf welche Zeit bezieht sich die Karte?
3. Was weißt du über den Raum und die Zeit, auf die sich die Karte bezieht?
4. In welchen historischen Zusammenhang lässt sich die Karte einordnen?
5. Zeigt die Karte einen bestimmten Zustand oder eine Entwicklung bzw. Veränderung?
6. Wie lassen sich Zustand, Entwicklung bzw. Veränderung beschreiben?
7. Lassen sich Ursachen der Entwicklung bzw. Veränderung aus der Karte ablesen?
8. Welche Zeichen sind besonders häufig, wie sind sie verteilt?
9. Sagt die Karte etwas über den Einfluss eines Staates über andere aus?
10. Welche Gemeinsamkeiten und welche Unterschiede sind bei einem Kartenvergleich zu erkennen?
11. Welche wichtigen Informationen für die Auswertung fehlen dir? Wo kannst du sie recherchieren?
12. Welche historischen Schlussfolgerungen lassen Untersuchung und Auswertung zu.

Herrscherbilder untersuchen und deuten

Erster Schritt: beschreiben

1. Wer ist abgebildet?
2. Wo steht die Person, wie steht sie da (Gestik), welchen Gesichtsausdruck hat sie (Mimik)? Welche Kleidung trägt sie?
3. Welche Gegenstände und Symbole sind zu erkennen?

Zweiter Schritt: untersuchen (analysieren)

1. Wie ist das Bild aufgebaut? Was ist im Vordergrund, was im Hintergrund abgebildet?
2. Welche Bedeutung haben die Gegenstände und Symbole?
3. Welche besonderen Farben werden verwendet?
4. Wie groß ist das Gemälde?

Dritter Schritt: informieren und recherchieren

1. Wer war der Maler bzw. die Malerin?
2. Wann und in wessen Auftrag wurde das Porträt gemalt?
3. Was weiß ich über die porträtierte Person, über die Bedeutung der Kleidung und der abgebildeten Gegenstände (z. B. über die Herrschaftszeichen)?
4. Was ist mir über die Entstehungszeit bekannt?
5. Wo hing das Gemälde und wo befindet es sich heute?

Vierter Schritt: deuten (interpretieren)

1. Welche Wirkung soll das Bild auf die Betrachter entfalten?
2. Wie will die porträtierte Person gesehen werden?

Historiengemälde beurteilen

Historienbilder sind Kunstwerke wie Gemälde, Holzstiche, Kupferstiche, Lithografien, Reliefs oder Mosaike. Sie machen auf bedeutende Ereignisse, Leistungen und Personen aufmerksam. Sie sind besondere Quellen*, da die Künstler die historischen Sachverhalte oder die bedeutende Person auf ihre Weise darstellen und deuten. Um Historienbilder verstehen zu können, musst du – wie bei anderen Kunstwerken – drei Schritte zu beachten: a) *beschreiben*, b) *untersuchen* (*analysieren*) und c) *beurteilen* (*interpretieren*). Bei der Beschäftigung mit Historienbildern gilt es, folgenden Fragen nachzugehen:

1. Welche „Geschichte" ist dargestellt und wann fand sie statt?
2. Von wann ist das Gemälde? Wer malte es?
3. Wer gab den Auftrag? Wer sollte es bekommen?
4. Was ist im Vorder-, im Hintergrund und in der Bildmitte platziert?
5. Sollte das Gemälde bei den Zeitgenossen eine bestimmte Wirkung erzielen?
6. Wie wirkt es auf den heutigen Betrachter?

Karikaturen entschlüsseln

Karikaturen sind gezeichnete Kommentare zu Politik, Gesellschaft und Kultur. Sie vereinfachen und verzerren die Wirklichkeit, um etwas zu verdeutlichen, indem sie z. B. Eigenschaften einer Person oder Zustände bzw. Entwicklungen stark übertrieben wiedergeben; oft haben sie erläuternde Textelemente. Um eine Karikatur zu entschlüsseln, solltest du mit folgenden Fragen an sie herangehen:

1. Wie lauten Titel und Thema der Karikatur?
2. In welchem historischen Zusammenhang ist sie entstanden?
3. Woher stammt sie?
4. An wen wendet sie sich?
5. Wer oder was ist wie dargestellt?
6. Werden Symbole verwendet? Was bedeuten sie?
7. Welche Aussageabsicht wird verfolgt?

Kriegerdenkmäler untersuchen

Mit Kriegerdenkmälern wird an die Opfer von Kriegen gedacht. Sie können untersucht werden wie andere Denkmäler. Auf die Beschreibung (1.) folgen Untersuchung (2.) und Beurteilung (3.). Folgende Punkte solltest du besonders beachten:

1. Wo steht das Denkmal (Ortszentrum, Kirche, Park, Hügel)?
2. Aus welchen Materialien wurde es errichtet?
3. Was ist dargestellt (z. B. Figuren, Gegenstände, Symbole, Allegorien, Inschriften)?
4. Gibt es Spuren von Veränderungen (Verwitterung, Zerstörung, Restauration, Ergänzungen)?
5. Wird der Gefallenen namentlich gedacht?
6. Welche Informationen über sie sind zu finden?
7. Wie vieler wird hier gedacht?
8. Gibt es heute noch Erinnerungsfeiern?
9. Wer ist Eigentümer des Denkmals? Wer pflegt es? In welchem Zustand ist es?
10. Welchen Gesamteindruck vermittelt das Denkmal (Aufbau und Inschriften sowie Mimik und Gestik der Figuren)?
11. Welche Botschaft will das Denkmal dem Betrachter vermitteln?
12. Welche Wirkung könnte das Denkmal auf den heutigen Betrachter haben?
13. Erscheint die Art und Weise, wie erinnert wird, heute (noch) angemessen?

Quellen von Darstellungen unterscheiden

Die Vergangenheit hinterlässt Überreste und Spuren: Sie sind die Grundlage für die Erforschung der Geschichte. Wir nennen sie Quellen*. Historiker und Historikerinnen untersuchen und deuten Quellen. Sie versuchen damit, sich ein Bild von der Vergangenheit zu machen. Ihre Ergebnisse fassen sie in Texten zusammen, die wir Darstellungen nennen. Um herauszufinden, ob es sich um eine Quelle oder eine Darstellung handelt, gehe so vor:

1. Untersuche die Angaben zu den Abbildungen und Texten.
2. Beantworte mit deren Hilfe folgende Frage: Stammt der Text oder der Gegenstand aus der Zeit, über die wir etwas wissen möchten?
   ja: **Quelle**
   nein, er stammt aus einer späteren Zeit: **Darstellung**

Darstellungen enthalten Informationen. Sie geben die Kenntnisse und die Vorstellungen wieder, die ein Autor bzw. eine Autorin von etwas hat. Folgende Fragen und Tipps helfen dir, Informationen aus einer Darstellung zu entnehmen:

1. Von wem stammt der Text? An wen richtet er sich?
2. Worum geht es in dem Text? Berücksichtige die Überschrift.
3. Schreibe die zentralen Begriffe oder Thesen aus dem Text heraus. Wenn du einen Begriff nicht kennst, sieh in einem Wörterbuch, einem Lexikon oder im Internet nach.
   Zur Arbeit mit dem Internet siehe auch die allgemeine Arbeitstechnik Im Internet surfen.
4. Werden Wertungen vorgenommen?
5. Fasse anhand der Stichworte den Inhalt des Textes zusammen.

Statistiken auswerten

Statistiken zeigen Zustände oder Entwicklungen auf. Bei der Auswertung gilt zu beachten, dass bis Anfang des 20. Jhs. Daten nicht systematisch erfasst und gesammelt wurden. Statistische Angaben für die Zeit davor sind daher in der Regel Schätzungen.

Statistische Daten können in Form von Tabellen und Diagrammen dargestellt werden.[1] Sie stellen Zustände und Entwicklungen dar und lassen Vergleiche zu. Bei der Auswertung ist zu beachten, dass Statistiken nur das Ergebnis und nicht dessen Zustandekommen zeigen. Folgende Fragen sind zu beachten:

1. Worüber informiert die Statistik (Thema)?
2. Auf welche Gebiete und Zeiträume beziehen sich die Angaben? Sind die zeitlichen Abstände einheitlich?
3. Wie entwickeln sich die Angaben? (Hilfreiche Begriffe sind z. B.: Zunahme, Abnahme, Verdoppelung, Verdreifachung, steigend, sinkend …)
4. In welchem Verhältnis stehen die Angaben zueinander? Was zeigt ein Vergleich der Entwicklungen? Wie verläuft er? (Skizziere dazu bei Bedarf auf der Grundlage der Daten ein Liniendiagramm.)
5. Lassen die Angaben begründete Vorhersagen (Prognosen) zur weiteren Entwicklung zu?
6. Welche Aussageabsicht lässt sich der Statistik entnehmen?

[1] Siehe auch „Schritt für Schritt: Diagramme erstellen und deuten“ auf S. 204.

Textquellen verstehen, einordnen und deuten

Textquellen sind die wichtigsten geschichtlichen Zeugnisse. Im Schulbuch findest du in der Regel nur Quellenauszüge. Um ihren Inhalt zu erfassen, solltest du so vorgehen:

Erster Schritt: die Textquelle verstehen

1. Lies den Text sorgfältig durch. Oft erschließt sich sein Sinn beim zweiten Lesen schon besser.
2. Notiere dir unbekannte Namen und Begriffe. Kläre sie mithilfe eines Wörterbuches oder eines Lexikons. Du kannst auch das Internet nutzen. *Lies dazu die allgemeine Arbeitstechnik Im Internet surfen.*

Zweiter Schritt: die Textquelle einordnen

1. Wann und wo entstand der Text?
2. Wer hat ihn verfasst? Suche nach Informationen über den Verfasser (z. B. Lebenszeit, Herkunft, Beruf usw.).
3. Informiere dich über die Textsorte. Handelt es sich um einen öffentlichen Beitrag wie ein Gesetz, einen Buchauszug oder eine Rede oder um einen privaten Text wie einen Brief?

Dritter Schritt: die Textquelle deuten

1. Nenne die wichtigsten Aussagen des Textes.
2. Werden Wertungen vorgenommen?
3. Stelle fest, was der Verfasser wohl damit bewirken wollte.
4. Beurteile, ob die Informationen richtig oder falsch bzw. subjektiv oder objektiv dargestellt sind.

Verfassungsschemata auswerten

Ein Verfassungsschema stellt grafisch dar, wie ein Staat aufgebaut ist, welche Institutionen er hat, wie sie zusammenarbeiten und welche Rechte sie haben. Folgende Leitfragen können dir bei der Auswertung einer solchen Grafik helfen:

1. Wer hat die Verfassung ausgearbeitet und beschlossen?
2. Welche Teile der Bevölkerung werden genannt?
3. Wer darf wählen (aktives Wahlrecht) und wer darf gewählt werden (passives Wahlrecht)?
4. Wer ist von Wahlen ausgeschlossen?
5. Welche Ämter und Einrichtungen werden genannt?
6. Wer hat welche Aufgaben, Rechte oder Pflichten?
7. Wer arbeitet mit wem zusammen?
8. Wer hat wie viel Macht? Wer ist ausgeschlossen?
9. Wie wird ein Machtmissbrauch der Exekutive verhindert? Besteht eine Gewaltenteilung*?

Allgemeine Arbeitstechniken

Bücher finden

Wenn du ein Thema gründlich erarbeiten willst, benötigst du Fachliteratur. In der Schul- oder Stadtbücherei sind Bücher alphabetisch in einem Verfasser- und in einem Sachkatalog aufgelistet. Auf einer Karteikarte oder auf einem Bildschirm erhältst du Angaben über Verfasser, Erscheinungsort und -jahr sowie die Signatur: eine Folge von Zahlen und Buchstaben, mit denen das Werk in der Bibliothek zu finden ist.
Entdeckst du zu deinem Thema mehr Bücher, als du auswerten kannst, musst du einige auswählen. Prüfe auf jeden Fall anhand des Inhaltsverzeichnisses, ob das Buch für dich ergiebig sein könnte.
Informationen, die du für ein Referat oder eine Präsentation nutzt, sind nachzuweisen, damit sie überprüft werden können. Gib dazu den Autor des Buches, den Titel, Ort und Jahr der Veröffentlichung und die Seitenzahlen an, z. B. so:

Vorname und Name des Verfassers	Titel	Verlagsort und Jahr der Veröffentlichung	bei Zitaten Seitenangaben
Peter Zolling	*Deutsche Geschichte von 1848 bis zur Gegenwart*	*München 2017*	*S. 11*

Jugendbücher untersuchen

In historischen Romanen wird „Geschichte erzählt". Die Handlungen und Personen sind in der Regel frei erfunden. Insofern sind die Geschichten keine Quellen*. Die Schriftstellerinnen und Schriftsteller bemühen sich aber, die Zeitumstände sowie die handelnden Personen glaubhaft zu gestalten. Ihre historischen Aussagen sind aber trotzdem immer zu prüfen. Beim Umgang mit einem Roman oder Ausschnitten daraus, helfen dir Antworten auf folgende Fragen:

1. Wovon handelt die Geschichte? Welche Ereignisse sind besonders wichtig?
2. Welche Personen stehen im Mittelpunkt? Stehen sie für eine bestimmte Gruppe oder Schicht?
3. Vertreten die handelnden Personen bestimmte Vorstellungen oder Weltanschauungen?
4. Wie verhalten sich die Personen?
5. Wie verknüpft die Autorin/der Autor die Handlung mit den historischen Umständen und Ereignissen? Basiert die Handlung auf bestimmten Quellen?
6. Gelingt es der Autorin/dem Autor, ein anschauliches und glaubhaftes Bild der Zeit zu vermitteln?

Diskussionen führen

In einer Diskussion werden verschiedene Meinungen zu einem Thema ausgetauscht.
So lässt sich eine sachliches Gespräch führen:

1. Ihr verständigt euch über das genaue Thema oder die Streitfrage.
2. Sodann wird entschieden, ob eine kleine Gruppe oder die gesamte Klasse diskutieren soll.
3. Anschließend wird eine Diskussionsleitung bestimmt und die Diskussionsdauer festgelegt.
4. Die Diskussionsleitung eröffnet mit einer einleitenden Aussage (Statement) die Diskussion, stellt Fragen und erteilt das Wort.
5. Die Teilnehmer überlegen sich im Vorfeld Argumente und Beispiele zum Thema.
6. Alle Argumente und Beispiele werden sachlich vorgetragen.
7. Zum Abschluss der Diskussion wird das Ergebnis gemeinsam zusammengefasst.

Exkursionen in ein Museum durchführen

Museen sammeln und stellen aus, was Menschen früherer Zeiten hinterlassen haben. Mithilfe dieser ausgewählten Überreste vermitteln sie historisches Wissen über Gesellschaft, Wirtschaft, Herrschaft und Religion früherer Zeiten. Manche Museen zeigen nicht nur Ausstellungsstücke (Exponate), sondern sie bieten ihren Besuchern auch die Möglichkeit auszuprobieren, wie früher getöpfert, geschneidert, gewebt oder gekocht wurde. Mit folgenden Tipps könnt ihr eine Exkursion planen:

Erster Schritt: Informiert euch

Recherchiert auf der Homepage des jeweiligen Museums folgende Informationen:

1. Was wird ausgestellt?
2. Gibt es spezielle Angebote für Klassen (z. B. Führungen, Workshops, Materialien etc.)?
3. Ist das Museum leicht zu erreichen? (Verkehrsmittel? Anfahrtszeit? Kosten?)
4. Wie sind die Öffnungszeiten und Preise?

Zweiter Schritt: Legt das Ziel fest und bereitet die Exkursion vor

1. Stellt eure Rechercheergebnisse in der Klasse vor und einigt euch auf ein Exkursionsziel.
2. Überlegt, ob ihr ein Angebot des Museums wahrnehmen oder lieber „auf eigene Faust" Erkundungen durchführen wollt.
3. Legt in Absprache mit der Lehrkraft den Termin fest und organisiert die Anfahrt bzw. das Museumsangebot.
4. Lasst Expertenteams aus eurer Klasse kurze Referate zu Themen des Museums vorbereiten.
5. Überlegt euch Fragen, die ihr vor Ort Fachleuten stellen wollt.
6. Verteilt vorab bestimmte Aufgaben wie Skizzen anfertigen, Notizen machen, Interviews führen, Fotos bzw. ein Video machen etc.

Dritter Schritt: Führt die Exkursion durch

1. Verschafft euch vor Ort gemeinsam einen Überblick.
2. Erledigt dann eure jeweiligen Aufgaben. Seid aber auch offen für Neues, denn ihr werdet wahrscheinlich vor Ort auf spannende Fragen, Ausstellungsstücke und Erkenntnisse stoßen, die ihr bei euren Planungen nicht berücksichtigt habt.

Vierter Schritt: Wertet eure Exkursion aus und dokumentiert sie

1. Stellt eure Ergebnisse der Klasse vor, besprecht sie und klärt offene Fragen.
2. Dokumentiert eure Exkursion, z. B. mit einem Wandposter, einem kleinen Reiseführer, einem Informationsfaltblatt, einem Artikel für die Schülerzeitung oder einem kleinen Video.

Im Internet surfen

Das Internet ist ein weltweites Netz (www: World Wide Web), das Millionen von Computern verbindet. Es enthält Daten aller Art: Texte, Grafiken, Bilder, Filme oder Tonaufnahmen. Da grundsätzlich jeder Nutzer Informationen ins Netz stellen kann, fällt es schwer, zwischen zuverlässigen und unzuverlässigen Informationen zu unterscheiden. Außerdem: Die allermeisten Informationen sind gar nicht für junge Leser geschrieben worden. Sie sind deshalb oft kompliziert und umfangreich.
Suchmaschinen helfen, Informationen zu finden. Dazu tippt man Stichwörter des gesuchten Themas in das Suchfeld ein. Je genauer die Angaben sind, desto nützlicher und übersichtlicher sind die Treffer. Folgende Fragen solltest du beim Surfen im Internet beachten:

1. Enthält die aufgerufene Seite tatsächlich die gesuchten Informationen oder wird eher geschäftliches Interesse verfolgt? (Dies trifft häufig auf die ersten Treffer zu!)
2. Ist nachgewiesen, woher die Informationen stammen? Gibt es einen Autor oder Quellenangaben?
3. Kann ich mich an die Verfasser wenden, wenn ich Fragen habe (E-Mail-Adresse)?
4. Ist die Website aktuell (letztes Update)?

Fremde Informationen, die du für deine Arbeit nutzt, sind nachzuweisen, damit sie überprüft werden können. Das gilt für Bücher ebenso wie für eine Website. Nenne auch immer das Zugriffsdatum, da sich die Angaben im Netz ständig ändern können.
Beispiel: *Zitiert nach: www.1000dokumente.de (Zugriff: 27.04.2020)*
Internettipps findest du auf vielen Seiten des Buches.

Einen Kurzführer für Bauwerke erstellen

Zu vielen hier gezeigten Bauwerken gibt es Kunstführer. Sie dienen zum besseren Verständnis der Gebäude. Für Bauwerke könnt ihr selbst Kurzführer erstellen, wenn ihr in Gruppenarbeit folgende Fragen schriftlich beantwortet und entsprechend bebildert:

1. Wie heißt das Gebäude? Besteht es aus einem oder mehreren Teilen?
2. Wo befindet es sich genau?
3. Wer ließ es errichten?
4. Wer waren die Baumeister/Architekten? Woher kamen sie?
5. In welchem Jahr wurde mit dem Bau begonnen, in welchem wurde er abgeschlossen?
6. Gab es einen bestimmten Anlass für die Errichtung?
7. Welche Aufgabe erfüllte das Gebäude, wie wurde es genutzt?
8. Enthält es ganz besondere Räume oder Kunstwerke?
9. Welche Künstler waren an der Ausstattung der Räume beteiligt? Woher kamen sie?
10. Wurde das Gebäude seit seiner Entstehung verändert?
11. Wie wird es heute genutzt?
12. Wer besitzt es heute?

Lernplakate präsentieren – digitale Präsentationen erstellen

Hast du dich mit einem Thema gründlich beschäftigt, kannst du dein Arbeitsergebnis anschaulich digital oder analog als Lernplakat mit Texten, Abbildungen und Grafiken präsentieren.

1. Der Umfang bzw. Platz sowie die zur Verfügung stehende Zeit sind begrenzt. Darauf musst du dich einstellen.
2. Ordne deine Ergebnisse wie in einer kurzen Zeitungsmeldung nach Wichtigkeit.
3. Formuliere klar, genau und verständlich in kurzen, einfachen Sätzen wie in einer Inhaltsangabe.
4. Verdeutliche wichtige Aussagen mit großen Abbildungen, Schaubildern oder Karten.
5. Gib dem Poster oder der digitalen Präsentation einen Titel, der motiviert und informiert.
6. Wähle eine einheitliche Schrift in angemessener Größe, sodass sie einwandfrei lesbar ist. Kurze Abschnitte mit knappen Überschriften machen den Text übersichtlich.
7. Gestalte dein Poster bzw. die digitale Präsentation vielfältig und übersichtlich. Achte darauf, dass der Text- den Bildanteil nicht übertrifft.
8. Vergiss nicht, die Quellen deiner Informationen, Texte und Bilder anzugeben.
9. Beachte die Arbeitstechniken „Bücher finden" (siehe S. 210) und „Im Internet surfen" (siehe S. 212).

Lernplakate und digitale Präsentationen kann man auch in Gruppen erarbeiten.

Ein Cluster oder eine Mindmap erstellen

Das englische Wort „Cluster" steht für das Sammeln von Gedanken zu einem Begriff oder Satz. Hierfür wird der Begriff oder der Satz in die Mitte eines Blattes geschrieben. Angeregt von diesem Wort oder Satz schreibst du spontan weitere Wörter darum herum, die dir dazu einfallen. Diese Arbeitsmethode hilft, Ideen zu sammeln und Gedanken zu ordnen.

Aus einem Cluster wird eine Mindmap (Gedanken-Landkarte) wenn du deine Ideen nach Oberbegriffen gliederst und zwischen den Begriffen Verbindungslinien ziehst. Sie machen dann die Beziehungen der Begriffe zueinander deutlich. Eine Mindmap setzt schon genauere Kenntnisse über den Begriff oder den Satz voraus, zu dem du Ideen sammeln willst. Eine Mindmap hilft dir, ein Thema zu vertiefen und übersichtlich darzustellen.

Cluster und Mindmap können besonders ertragreich sein, wenn sie in Partner- oder Gruppenarbeit erstellt werden.

Gewusst wie?
Tipps und Anregungen für die Aufgaben

Kapitel 1: Aufklärung, Französische Revolution und Napoleon

S. 13, 6 (H) Stichwörter für die Diskussion wären z. B. „Gleichheit vor dem Gesetz", „Toleranz", „Widerstandsrecht" und „Gewaltenteilung". Berücksichtigt die Arbeitstechnik „Diskussionen führen"; siehe S. 210.

S. 15, 4 (H) Übergeordnete Gesichtspunkte könnten sein: Steuern und Finanzen, Freiheit und Eigentum, Herrschaft und Verfassung.

S. 19, 6 (H) In dem Zusammenhang könnt ihr auch auf die „Kinderrechte" verweisen; siehe *www.menschenrechte.jugendnetz.de/menschenrechte/kinderrechte* (Zugriff: 06. 12. 2019). Beachtet auch die Arbeitsmethode „Lernplakate präsentieren"; siehe S. 213.

S. 21, 3 (H) Das Verfassungsschema schlägt euch vor, an welcher Stelle ihr mit der Beschreibung beginnen und in welcher Reihenfolge ihr seine Informationen wiedergeben könnt. Denkbar sind aber auch andere Wege, sie sollten nur systematisch erfolgen.
Bei der Auswertung können Formulierungen wie die Folgenden helfen:
1. *Thema*: Das Schaubild zeigt …
2. *Beschreibung*: Eine zentrale Stellung nimmt das Volk ein. Es ist in zwei Gruppen aufgeteilt: die Aktivbürger (1), die …, und die Passivbürger (2), die ….
   Am Aufbau und an der Farbgebung des Schemas ist gut zu erkennen, dass es eine Gewaltenteilung gibt. Niemand hat also …
   Links in Rot stehen die Organe der … ((5) + (6) + (7)).
   In der Mitte in Gelb die … (10) : die … (4). Sie erlässt …; die …. (12) ist rechts in grau abgebildet. Zu ihr zählen …, an deren Spitze steht das … (9).
3. *Beurteilung*: Gegenseitige Kontrolle der Gewalten soll verhindern, dass …. Der erbliche … (5) ernennt und erlässt die … (6). Beide werden von der …. (4) kontrolliert. Der König kann gegen Gesetze ein Veto einlegen und damit … Das Oberste Gericht kontrolliert die … (12). Frankreich hat zwar noch einen König, aber in der Verfassung* sind nun … und … festgeschrieben. Diese Verfassung machte Frankreich zu einer … Monarchie.

S. 25, 2 (H) Berücksichtige die Arbeitsmethode „Verfassungsschemata auswerten"; siehe S. 209; beachte auch die Hinweise zu S. 21, 3.

S. 29, 3 (H) Beachte die Informationen zu M3 auf S. 11.

S. 31, 1 (H) Beachte die Arbeitsmethode „Herrscherbilder untersuchen und deuten"; siehe S. 206.

S. 31, 3 (H) Greife dabei auf dein Wissen über Kaiser* der Antike* und des Mittelalters* zurück; siehe außerdem S. 32, M1. Berücksichtige auch die Arbeitsmethode „Herrscherbilder untersuchen und deuten"; siehe S. 206.

S. 33, 1 (H) Berücksichtige auch die Arbeitsmethode „Herrscherbilder untersuchen und deuten"; siehe S. 206.

S. 35, 2 (H) Beachte die Arbeitsmethode „Mit Geschichtskarten arbeiten"; siehe S. 205 f.

S. 41, 7 (H) Berücksichtige dabei Napoleon. Welche Rolle spielte er für Metternichs Urteil?

Kapitel 2: Einigkeit und Freiheit? Deutschland zwischen 1815 und 1848/49

S. 47, 5 (H) Menschen definieren sich als Gemeinschaft über eine gemeinsame Sprache, gemeinsame Überzeugungen, Verhaltensweisen, kulturelle oder emotionale Bezüge und Erinnerungen. Überlege, inwieweit in den deutschen Territorialstaaten diese Kriterien erfüllt waren. Berücksichtige für die Antwort auch die Beziehung der Stände* zu ihren Landesherren.

S. 51, 4 (F) Anhaltspunkte dazu liefern z. B. das Reichsbanner des Heiligen Römischen Reiches Deutscher Nation und zahlreiche Wappen der Freien Reichsstädte.

S. 55, 1 (H) Berücksichtige die Arbeitsmethode „Historiengemälde beurteilen"; siehe S. 207.

S. 55, 3 (H) Berücksichtige die Arbeitsmethode „Textquellen verstehen, einordnen und deuten"; siehe S. 209.
Bei der Analyse einer Rede sind zu berücksichtigen:
- Wann und wo wurde sie vor welchem Publikum gehalten?
- Gab es einen besonderen Anlass?
- Was ist das Thema?
- Welche Argumente werden verwendet?
- Wie ist die Argumentation inhaltlich und sprachlich aufgebaut?
- Welche Zielsetzung wird verfolgt? (Soll das Publikum belehrt, erfreut oder zu etwas bewegt werden?)
- Wie wirkte sie auf das Publikum (z. B. Beifall, Zwischenrufe etc.)?

S. 59, 3 (H) Berücksichtigt die Arbeitsmethode „Textquellen verstehen, einordnen und deuten"; siehe S. 209.
Welche Textstellen verweisen darauf, dass es sich ursprünglich um ein Trinklied handelte? Prüft den Vorwurf, der Text sei teilweise aggressiv und nationalistisch. Vergleicht dazu die deutsche mit anderen Nationalhymnen.
Unter *www.bpb.de/internationales/europa/europaeische-union/171039/hymnen (Zugriff: 29. 11. 2019)* findest du die Nationalhymnen der 27 EU-Mitgliedstaaten mit Texten, eingespielt vom Stabsmusikkorps der Bundeswehr.

S. 59, 6 (H) Berücksichtige die zeitlosen Werte, die die Hymne anspricht. Werden Männer und Frauen gleichermaßen berücksichtigt?
2018 machte Kristin Rose-Möhring, die Gleichstellungsbeauftragte des Bundesfamilienministeriums, den Vorschlag, die Hymne geschlechterneutral umzudichten. Aus „Vaterland" solle „Heimatland" und aus der Zeile „brüderlich mit Herz und Hand" solle „couragiert mit Herz und Hand" werden. Vgl. dazu den Beitrag „Blühe, deutscher Bundesstaat!" von Johan Schloemann in der Süddeutschen Zeitung vom 6. März 2018 *(www.sueddeutsche.de/kultur/deutsche-nationalhymne-bluehe-deutscher-bundesstaat-1.3893219; Zugriff: 01. 01. 2020).*

S. 68, 5 (H) Berücksichtige die Arbeitsmethode „Verfassungsschemata auswerten"; siehe S. 209.
Beachte auch die Auswertung des Schemas der Verfassung von 1791; siehe hier die Hinweise für S. 21, 3.

S. 68, 6 (F) Die Diskussion kann mit folgender Frage erweitert werden: Wie ist die Leistung der Nationalversammlung aus heutiger Sicht zu beurteilen?

S. 69, 2 (H) Berücksichtige die Arbeitsmethode „Textquellen verstehen, einordnen und deuten"; siehe S. 209.
Teilt euch für das Streitgespräch in zwei Gruppen auf. Jede Gruppe übernimmt eine Position (M2 oder M3). Versetzt euch in die Rollen von Adolph Hofmeister (M2) oder Louise

Otto (M3). Fasst die Thesen und Argumente stichwortartig zusammen, findet weitere Aspekte, die die Positionen stützen oder Beispiele, die die Argumente veranschaulichen. Zwei oder vier Schüler oder Schülerinnen führen das Streitgespräch durch, die übrigen agieren als Publikum. Bestimmt für die Durchführung auch eine Gesprächsleitung, die die Diskussion eröffnet und ggf. moderiert und Beobachter, die auf Inhalt und Form/Diskussionsverhalten achten. Wertet das Gespräch in der Klasse aus und nehmt aus heutiger Sicht Stellung zu den Argumenten.

S. 69, 3 (F) Um die damaligen politischen Möglichkeiten von Frauen beurteilen zu können, informiert euch über *Kathinka Zitz*, *Johanna Kinkel*, *Elise Blenker*, *Mathilde Franziska Anneke*, *Amalie Struve*, *Emma Herwegh*, *Louise Aston* und *Louise Otto-Peters*. Erste Hinweise über sie findest du im Internet unter *www.demokratiegeschichte.eu/index.php?id=93 (Zugriff: 27. 11. 2019)*.

S. 71, 3 (H) Beachte bei der Bearbeitung die „Reichsverfassung"; siehe S. 68.

S. 71, 6 (H) Berücksichtigt dabei die Ziele der Revolution, die Mehrheiten im Parlament und die Machtverhältnisse. Beachtet auch die Arbeitsmethode „Diskussionen führen"; S. 217.

S. 75, 3 (F) Lies dazu auch im Internet die Rede der damaligen Verteidigungsministerin Ursula von der Leyen vom 23. Mai 2019; siehe *www.bmvg.de/de/aktuelles/rede-der-ministerin-auf-dem-hambacher-schloss-51210 (Zugriff: 29. 12. 2019)*.

Kapitel 3: Bayern – Identität, Staatsgebiet und kulturelles Erbe

S. 81, 2 (H) Achte auf die unterschiedlichen Flächenfarben, auf die Grenzlinien und auf die im Kartenbild genannten Jahreszahlen.

S. 83, 1 (H) Beachte die Gegenstände auf dem Tisch am linken Bildrand. Worauf ruht die Hand des Königs? Berücksichtige die Arbeitsmethode „Herrscherbilder untersuchen und deuten"; siehe S. 206.

S. 85, 1 (H) Überlegt, welche Personen in euren Augen Vorbilder und/oder bedeutend für die deutsche Geschichte waren. Nebenbei: Über die Neuaufnahme von Büsten entscheidet der Bayerische Ministerrat. Vgl. *www.bayern.landtag.de/www/ ElanTextAblage_WP14/ Drucksachen/0000000401/wp14_0000436.pdf (Zugriff: 27. 11. 2019)*. Berücksichtigt auch die Arbeitsmethode „Diskussionen führen"; siehe S. 211.

S. 87, 1 (H) Gründe für den Besuch von Schlössern lassen sich auch aus der Arbeitsmethode „Einen Kurzführer für Bauwerke erstellen" ableiten; siehe S. 212.

S. 87, 2 (F) Vergleicht, wozu, für wen, nach welchen Vorbildern, an welchen Orten … Ludwig I. und Ludwig II. ihre großen Bauvorhaben errichten ließen. Weiterführende Hinweise liefern der Medientipp (Code 31063-31) und *www.hdbg.eu/koenigreich/index.php/themen/ index/herrscher_id/1/id/24 (Zugriff: 19. 11. 2019)*.

S. 89, 2 (H) Überlege, was die Menschen, die in Bayern leben, eint oder trennt.

S. 91, 1 (H) Beachte, aus wie vielen und welchen Elementen das Wappen besteht und wofür diese stehen.

Kapitel 4: Industrialisierung und Soziale Frage

S. 99, 1 (F) Du kannst dich z. B. mithilfe eines Erklärvideos über den Prozess des Spinnens und die Funktionsweise der „Spinning Jenny" informieren; siehe *www.youtube.com/watch?v=an4hi0knlaA (Zugriff: 21. 12. 2019).*

S. 99, 2 (H) Informationen zu den Folgen der Erfindung der „Spinning Jenny" für die Handspinnerei findest du in einem Comic von Milena Bassen; siehe *www.deutsches-museum.de/sammlungen/entdecken/comics/spinning-jenny/spinning-jenny-comic (Zugriff: 21. 12. 2019).*

S. 99, 4 (H) Beachte in dem Zusammenhang die Arbeitstechnik „Ein Cluster oder eine Mindmap erstellen"; siehe S. 213.

S. 101, 3 (H) Erklärt zunächst, welcher Zusammenhang zwischen den in M4 und in M3 erkennbaren Entwicklungen vermutlich besteht. Wenn ihr M4 und M5 vergleicht, müsst ihr darauf achten, dass es sich einmal um absolute Zahlen handelt, einmal um Prozentangaben. Überlegt z. B., ob der prozentuale Rückgang der in der Landwirtschaft Beschäftigten zwischen 1800 und 1850 auch einen Rückgang in absoluten Zahlen bedeuten muss.

S. 101, 4 (H) Du kannst dazu eine Tabelle mit folgendem Aufbau anlegen:

Wer sind die Verfasser? Was kannst du über sie durch Recherche im Internet herausfinden?	**Johanna Schopenhauer ...**	**Friedrich Engels ...**
Wann und wo ist der Reisebericht entstanden? Was waren die Umstände?	*Johanna Schopenhauer war zwischen 1803 und 1805 zusammen mit ihrem Mann, einem Kaufmann und Fabrikbesitzer, und ihrem Sohn in England. Ihre Aufzeichnungen erschienen 1813/14 in 2 Bänden.*	*Zwischen 1842 und 1844 während eines erneuten Englandaufenthalts, vordergründig, um Engels kaufmännische Ausbildung zu beenden. Tatsächlich ...*
An wen richtet sich der Bericht?	*An eine Leserschaft, die an der aktuellen Entwicklung Englands interessiert war.*	*An sozialpolitisch interessierte Leser, die eine kritische Haltung zum Kapitalismus einnehmen ...*
Was sind die wichtigsten Aussagen des Textes?	...	...
Erscheint die Darstellung sachlich richtig und objektiv? Wie fällt das Urteil aus? (Hilfreiche Begriffe sind z. B.: beeindruckt, begeistert, fasziniert, abgestoßen, besorgt ...)	...	...

S. 103, 2 (H) Zur Arbeit mit Diagrammen siehe „Schritt für Schritt: Diagramme erstellen und deuten" auf S. 204.

S. 103, 3 (H) Beschreibt die Entwicklung erst nacheinander, dann vergleicht sie miteinander.
1. Schritt: Thema und Grundlage der Statistik bestimmen; England im Jahr 1900 wird mit dem Wert 100 angesetzt.

2. Schritt: Zeit und Räume beachten
3./4. Schritt: Veränderungen beschreiben, Vergleiche vornehmen

	1750	1800	1830	1860	1880	1900
Großbritannien	10	16	25	64	87	[100]
Deutsche Staaten/ Deutschland	8	8	9	15	25	52
Gesamteuropa	8	8	11	16	24	35
	Industrialisierungsgrad Englands etwas … als der Deutschlands – trotz geringerer Bevölkerungszahl	*Industrialisierungsgrad Englands steigt vom … auf das … von Deutschland an.*			*Bis 1900 deutlicher … des Industrialisierungsgrads Deutschlands: im Verhältnis zu England: …*	

5. Schritt: Prognostiziert werden kann, dass Deutschland … und England eventuell einholt.
6. Schritt: Die Statistik belegt die Entwicklung der Industrialisierung Englands und Deutschlands seit der Mitte des 18 bzw. 19. Jhs., und macht deutlich, dass beiden Länder bis 1900 über dem europäischen Schnitt …

S. 103, 4 (H) Verwendet dazu Zahlen und Zitate aus dem Material. Ihr könnt vergleichend auch die Materialien zur Industrialisierung in England benutzen.
Weiteres Bildmaterial zum Entwicklungsstand der Industrialisierung in Deutschland findet ihr z. B. unter *www.planet-wissen.de/gesellschaft/wirtschaft/industrialisierung_in_deutschland/index.html (Zugriff: 03.06.2020)*.

S. 105, 3 (H) Informiert euch mithilfe des Internets über die Maßeinheiten zur Berechnung der Personenbeförderung und Transportleistung von Verkehrsmitteln (Personenkilometer und Tonnenkilometer). Ihr könnt auch euren Mathematiklehrer oder eure Mathematiklehrerin fragen.
Berechnet für die Angaben in den einzelnen Spalten die Veränderungsraten möglichst geschickt, z. B. Streckenlänge: > Verzehnfachung zwischen 1840 bis 1850; etwa Verfünffachung zwischen 1850 und 1880 …

S. 107, 2 (H) Für das Schaubild kannst du z. B. einen Regelkreislauf entwerfen:

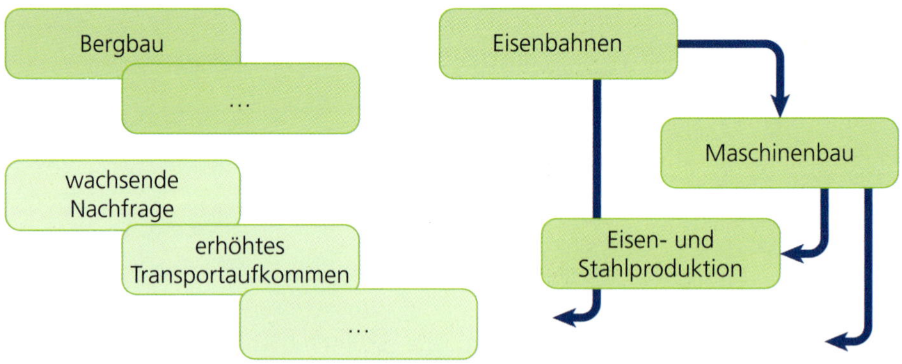

S. 109, 6 (H) Stellt z.B. in einer Tabelle Pro- und Kontraargumente zu dieser Frage zusammen. Formuliert ein Fazit, in dem ihr eure Meinung abschließend begründet.

S. 111, 1 (H) Du kannst dabei folgende Aspekte bedenken: In welchem Verhältnis stehen die Arbeiter in einem Handwerksbetrieb und in einer Fabrik zueinander? Wo wohnen die Arbeiter?

Über welche Berufsausbildung verfügen sie? Was stellen die einzelnen Arbeiter her, ein vollständiges Produkt oder Teile davon? Für wen stellen sie ihr Produkt her? Mit welchen Werkzeugen arbeiten sie dabei?

S. 115, 4 Ⓗ Legt zunächst eine Tabelle an, in der ihr Motive, Maßnahmen und Erfolge, aber auch Schwächen zusammenstellt. Für euer Gesamturteil könnt ihr folgende Formulierungen verwenden:

- *Einerseits ist es positiv, dass Kirchen und Unternehmer nach konkreten Lösungen für die sozialen Probleme gesucht haben. Einzelne Unternehmer errichteten für ihre Arbeiter z. B. Werkswohnungen, damit …*
- *Andererseits kann auch Kritik geübt werden, etwa an den Motiven oder dem Umfang der Hilfe: …*
- *Um zu einem abschließenden Urteil zu kommen …*

S. 115, 6 Ⓗ Informationen findest du z.B. unter *www.familienland-bayern.de/themen/mehrkindfamilien/index.php#sec3* (Zugriff: 03.06.2020)

S. 117, 1 Ⓗ Überlege dir dazu, was der Anlass für die Arbeiter sein könnte, sich vor dem Haus im Vordergrund zu versammeln. Achte auf die verschiedenen Personengruppen und ihr Verhalten.

S. 117, 4 Ⓗ Überlege dazu, welche Veränderung sich für das Eigentum des Einzelnen im Sozialismus* bzw. Kommunismus* ergeben würde. Unterscheide dabei zwischen dem persönlichen Eigentum des Einzelnen (z. B. eigene Kleidung) und dem Eigentum an Maschinen und Fabriken sowie der Verteilung der erwirtschafteten Gewinne.

S. 117, 5 Ⓗ **Vorschlag 1:** Arbeiter und Arbeiterinnen! Seit vielen Jahren müssen wir erleben, wie wir in den Fabriken ausgebeutet werden. Jeder von uns weiß, was es heißt, stundenlang in einer zugigen Werkshalle zu stehen, dem ohrenbetäubenden Lärm der Maschinen ausgesetzt … Wie oft schon haben wir bei den Fabrikherren vorgesprochen, um … Umsonst! …

Vorschlag 2: Die Gefahr durch die Arbeiter wächst! Wochenlang nun schon müssen wir Unternehmer zusehen, wie der Erfolg unsere Investitionen durch …. gefährdet wird, den unnütze Existenzen in unseren Fabriken …

S. 119, 1 Ⓗ Achte auf die Kleidung der Personen. In welchem Verhältnis könnten die Anwesenden stehen? Handelt es sich bei der Begegnung der beiden Jungen um eine Begrüßung, einen Abschied oder um ein Wiedersehen? Überlege auch, was der Zeichner mit dem Bild vermutlich ausdrücken wollte.

S. 123, 2 Ⓗ Beachte die Arbeitsmethode „Diagramme erstellen und deuten"; siehe S. 204.

Kapitel 5: Das Deutsche Kaiserreich

S. 127, 1 Ⓕ Informiere dich zunächst über den Zweck des Niederwald-Denkmals. Recherchiere dazu im Internet oder in einer Bibliothek. Beschreibe dann – unter Bezugnahme auf die Bildunterschrift – das Relief (M1). Interpretiere es anschließend. Überlege dir dazu, wofür das Bildelement im übertragenen Sinne steht, was also damit über den Krieg ausgesagt wird.

S. 129, 3 Ⓗ Beachte die Arbeitsmethode „Karikaturen entschlüsseln"; siehe S. 207. Zentral für die Kernaussage ist der zeitgeschichtliche Kontext.

S. 133, 3 Ⓗ Beachtet die Arbeitsmethode „Karikaturen entschlüsseln"; siehe S. 207.

S. 135, 1 (H) Legt dazu z. B. eine Tabelle mit drei Spalten an, wo ihr die wichtigsten Kompetenzen des Kaisers, des Bundesrates und des Reichstages eintragt. Anschließend könnt ihr untersuchen, welche Macht diese Kompetenzen der jeweiligen Institution geben, und euer Urteil begründen. Berücksichtigt die Arbeitsmethode „Verfassungsschemata auswerten"; siehe S. 209, beachte auch die Hinweise zu S. 21, 3.

S. 135, 5 (H) Prüft zunächst, ob sich Nonns These mithilfe der Verfassung belegen lässt (M2). Klärt sodann, warum er die Fähigkeit zur Kompromissbereitschaft für wichtig hält. Erörtert dann die Argumente. Berücksichtigt die Arbeitstechnik „Diskussionen führen"; siehe S. 211.

S. 137, 1 (H) Beachte die Arbeitsmethode „Karikaturen entschlüsseln"; siehe S. 207. Zur Interpretation sind noch folgende Punkte zu beachten:

- Beschreibe die drei Zeichnungen nach und nach. Beziehe dabei die Bildüberschrift und die Bildunterschriften mit ein.
- In welchem Kontext werden hier die Begriffe „Pöbel", „Menge" und „Volk" verwendet? Stimmen die Zuordnungen?
- Welche Rolle spielt das Militär in den Bildern?
- Wie steht der Zeichner zum Thema der Karikatur?

S. 143, 6 (H) Berücksichtige Entstehungszeit, Versicherungsarten, Umfang sowie Bedeutung für das Individuum und die Gesellschaft.

S. 145, 1 (H) Siehe dazu S. 32, M1, und die Arbeitsmethode „Herrscherbilder untersuchen und deuten"; siehe S. 206.

S. 145, 3 (H) Beachte besonders die Bildunterschrift der Karikatur. Berücksichtige, dass die Soldaten der Bundeswehr als „Staatsbürger in Uniform" gelten.

S. 147, 2 (H) Die Stadt mit dem größten Wachstum kannst du durch Dividieren ermitteln. Bei der Suche nach den Gründen für das enorme Wachstum berücksichtige dein Wissen, das du im Zusammenhang mit der Industrialisierung* erworben hast.

S. 149, 6 (F) Recherchiert dazu Informationen über die gezeigten Verkehrsmittel und genannten Zielorte. Welche Vorstellungen werden hier deutlich?

S. 153, 3 (H) Informiert euch z. B. über folgende Bereiche:

- familiärer Hintergrund
- Schulbildung/Zugang zu Bildung
- politische Einstellung/politisches Engagement
- Ziele
- Werdegang

Überlegt euch anschließend, welche Informationen zentral für das Lernplakat sind. Berücksichtigt die Arbeitstechnik „Lernplakate präsentieren …"; siehe S. 213.

S. 157, 1 (H) Berücksichtige die Arbeitsmethode „Karikaturen entschlüsseln"; siehe S. 207.

S. 157, 2 (H) Beachte bei der Erläuterung die beabsichtigte Funktion des Denkmals (siehe auch die Arbeitsmethode „Denkmäler untersuchen"; S. 203) und konfrontiere sie mit den Aussagen Bebels.

Kapitel 6: Imperialismus und Erster Weltkrieg

S. 163, 2 (H) Lege eine Tabelle an, in die du die Ergebnisse einträgst.

S. 163, 6 (H) Beachte die Arbeitsmethode „Karikaturen entschlüsseln"; siehe S. 207. Zum „Hosenbandorden" so viel: Ein Hosenband dient dazu, ein Verrutschen des

Strumpfs zu verhindern, ist gleichzeitig aber auch Symbol für Treue und Tugend. Es zu verlieren, galt als peinlich. Es gibt eine Gründungslegende: Die Geliebte des im 14. Jh. regierenden Königs Eduard III. soll während eines Tanzes ihr Strumpfband verloren haben, was Gelächter unter den Ballgästen hervorrief. Der König soll sich schützend vor seine Geliebte gestellt, das Strumpfband aufgehoben und den Satz „Honni soit, qui mal y pense" ausgerufen haben.

S. 163, 7 Ⓗ Ordne die Teilergebnisse den Fragen zu „Wie veränderten sich die Kolonialreiche?" und „Warum veränderten sich die Kolonialreiche?". Überlege, wie du die beiden Karten M1 und M2 in den Kurzvortrag einbeziehen willst. Denke daran, dass ein Kurzvortrag eine Einleitung und einen Schluss hat; M4 kann dir eine Anregung dafür geben.

S. 165, 3 Ⓗ Beachte auch die in der Karte verzeichneten Reaktionen auf das Vordringen der Kolonialmächte.

S. 165, 6 Ⓗ Berücksichtige das Wohlwollen der Bevölkerung für den Kolonialerwerb, die Vorgehensweise der Kolonialmächte und die Folgen des Imperialismus.

S. 167, 4 Ⓗ Notiere übersichtlich die Argumente, die für oder gegen einen Völkermord (Genozid) sprechen, wäge sie gegeneinander ab und ziehe für eine Stellungnahme eine Bilanz.

S. 169, 6 Ⓗ Ordne die Arbeitsergebnisse z. B. nach der folgenden Gliederung untereinander oder von links nach rechts auf einem DIN A4-Blatt:

- Belastungen der Kolonialherrschaft
- Rolle der Kolonialmächte während und nach der Entlassung der Kolonien in die Unabhängigkeit
- gegenwärtige Probleme

Denke daran, dass Pfeile oder andere optische Zeichen, eine Grafik verständlicher machen.

S. 171, 4 Ⓗ Arbeite heraus und stelle ggf. grafisch dar, welche Staaten sich annähern und verbünden und welche sich am Ende eher feindlich gegenüberstehen.

S. 173, 6 Ⓗ Zeige, wofür die beiden Männer stehen, was sie im Arm halten und was der Zeichner mit der Bildunterschrift aussagen will. Berücksichtige auch, was du über den Rüstungswettlauf und über den Militarismus um 1900 weißt. Berücksichtige die Arbeitsmethode „Karikaturen entschlüsseln"; siehe S. 207.

S. 175, 1 Ⓗ Berücksichtige die Arbeitsmethoden „Karten im Geschichtsatlas finden und auswerten" auf Seite 80 sowie „Mit Geschichtskarten arbeiten" auf Seite 205.

S. 175, 7 Ⓗ Vergleiche: Welche Absicht unterstellt der Zeichner den europäischen Großmächten in Bezug auf den Balkan? Was hast du über ihre Interessen und über ihre Politik in diesem Kapitel erfahren? Berücksichtige auch die Arbeitsmethode „Karikaturen entschlüsseln"; siehe S. 207.

S. 178, 6 Ⓗ Überlege, wie du die Handlungen der Mächte in der richtigen zeitlichen Reihenfolge darstellen und zeigen kannst, welche der Handlungen Aktion, welche Reaktion war.

S. 179, 10 Ⓕ Zu diesem Arbeitsvorschlag könnt ihr im Gemeinde- oder Stadtarchiv Zeitungen vom August 1914 einsehen.

S. 181, 5 Ⓗ Beachte dabei die Arbeitsmethode „Feldpostbriefe analysieren" auf S. 203.

S. 186, 6 Ⓗ Berücksichtigt dabei die Arbeitsmethode „Mit Geschichtskarten arbeiten" auf Seite 205 f.

S. 187 Ⓗ Eure Lernplakate könnt ihr z. B. nach dem Muster einer Mindmap aufbauen; siehe dazu die Arbeitstechniken „Lernplakate präsentieren …" und „Ein Cluster oder eine Mindmap erstellen" auf S. 213.

Sachregister

*Die mit * gekennzeichneten Begriffe zählen zu den „Grundlegenden Daten und Begriffen" des LehrplanPLUS, die **hervorgehobenen** Seitenzahlen verweisen auf zusätzliche Erklärungen.*

Personenregister

*Die mit * gekennzeichneten Namen gehören zu den „Grundlegenden Daten und Begriffen" des LehrplanPLUS, die **hervorgehobenen** Seitenzahlen verweisen auf biografische Angaben.*

Zusätzliches Kartenmaterial

M 1 Mitteleuropa zu Beginn der Französischen Revolution 1789

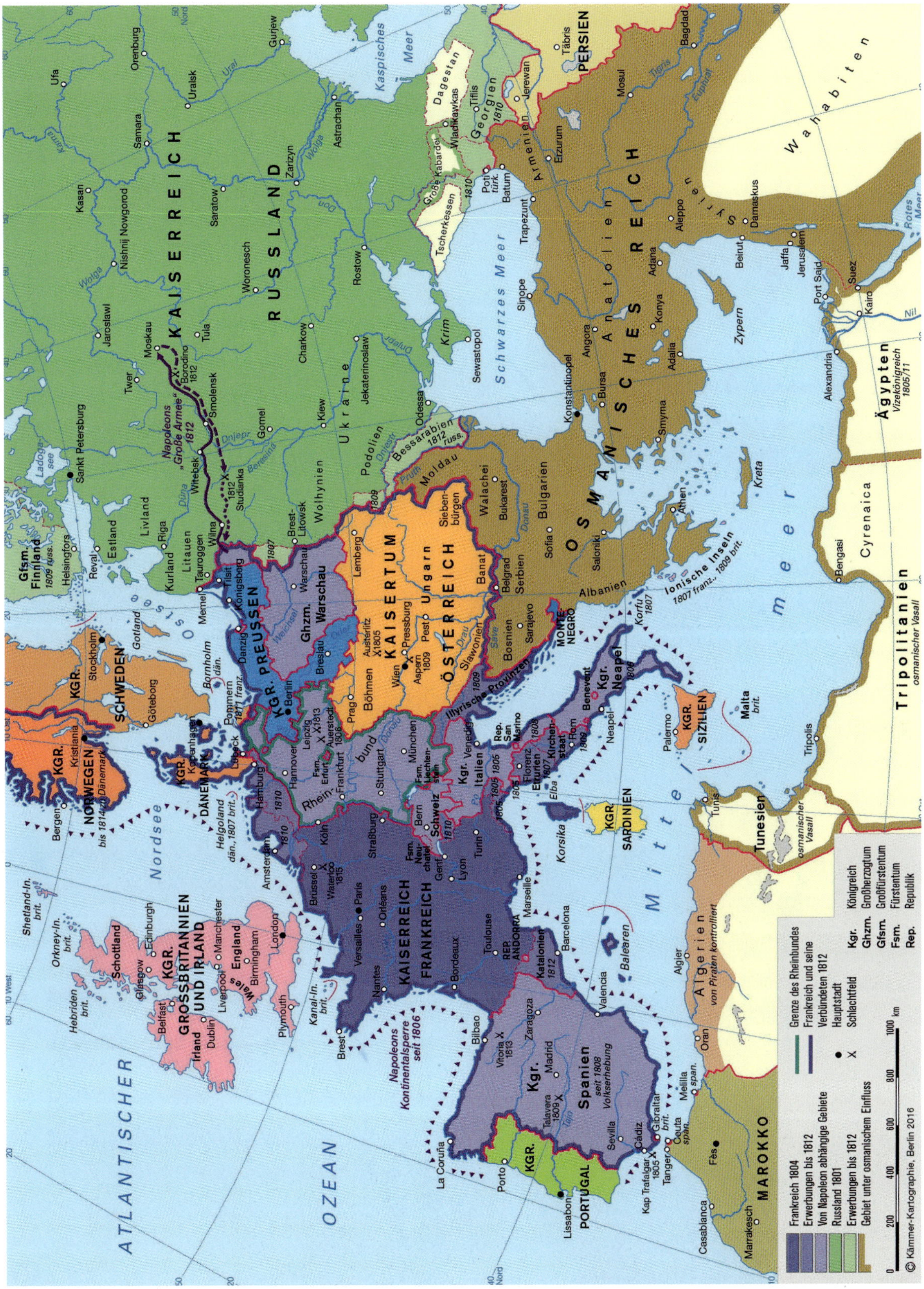

M 2 Europa zur Zeit Napoleon I. 1804-1815

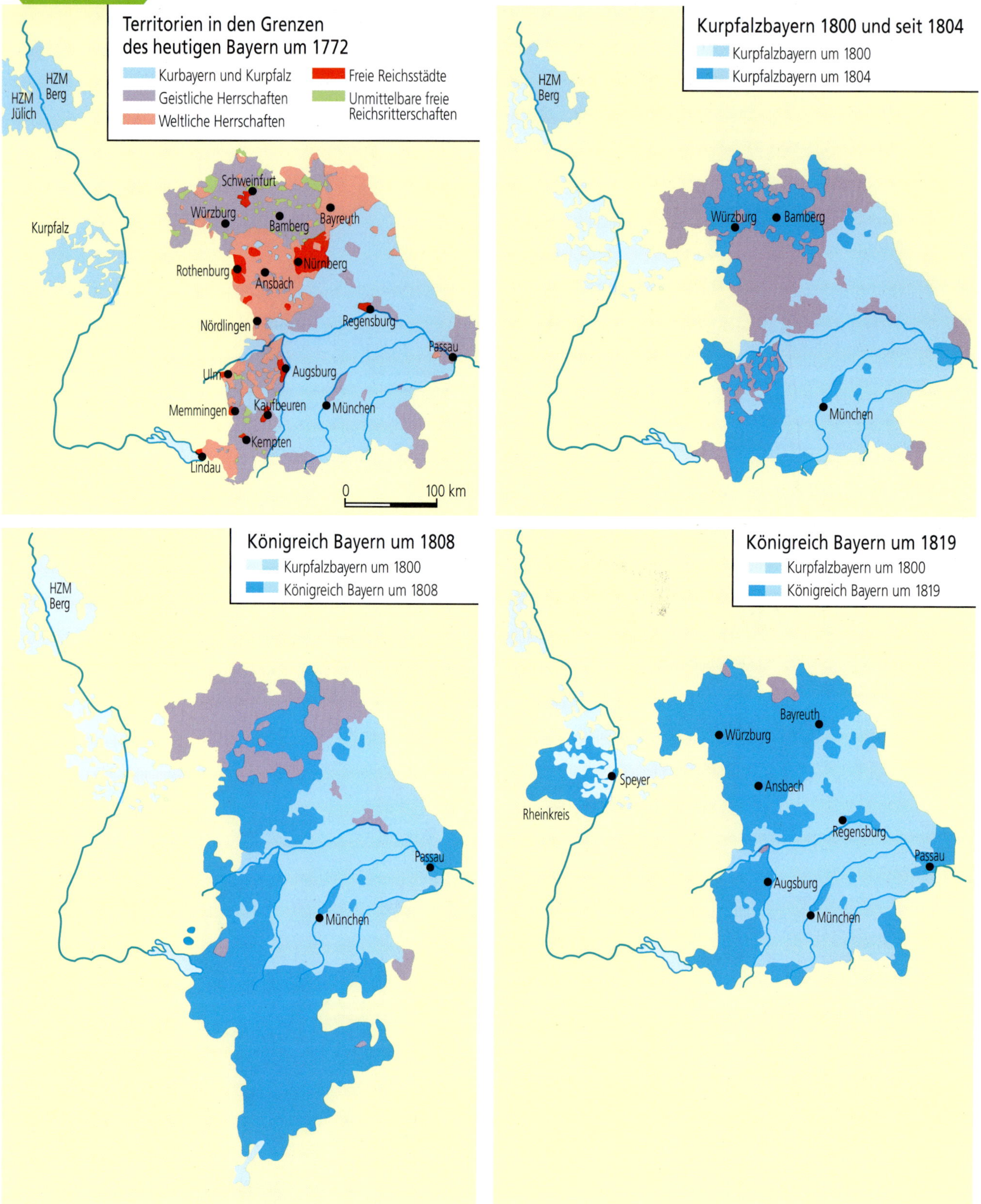

M 3 Bayern Ende des 18. und Anfang des 19. Jahrhunderts

Mittelmächte	Alliierte und Verbündete 1914–1916
Deutsche Kolonien	Verbündete der Alliierten 1917–1918
Deutsche U-Boot-Sperrgebiete 1917–18	Staaten mit abgebrochenen diplomatischen Beziehungen zum Deutschen Reich
8.1914 Kriegseintritt aufseiten der Mittelmächte	Neutrale Staaten
5.1915 Kapitulation der Mittelmächte	Kriegsschauplätze außerhalb Europas
5.1918 Kriegseeintritt auf alliierter Seite	Bedeutende Seegefechte außerhalb Europas

1	GUATEMALA	4.1917
2	HONDURAS	5.1918
3	NICARAGUA	5.1918
4	COSTA RICA	5.1918
5	PANAMA	11.1917
6	HAITI	5.1918
7	DÄNEMARK	
8	NIEDERLANDE	
9	BELGIEN	8.1914
10	LUXEMBURG	8.1914
11	SCHWEIZ	
12	RUMÄNIEN	8.1916
13	SERBIEN	7.1914
14	BULGARIEN	10.1915 9.1918
15	MONTENEGRO	8.1914
16	ALBANIEN	
17	GRIECHENLAND	11.1916

0 500 1000 1500 2000 km

M 4 Die Welt im Ersten Weltkrieg 1914-1918

Bildnachweis

AdobeStock / Javi Martin – Vorsatz hinten; akg-images – S. 11, 12, 28, 50, 59, 73, 139, 143, 147, 174; - / Heritage Images, The Print Collector – S. 118; - / Landesmuseum Württemberg, Peter Frankenstein und Hendrik Zwietasch – S. 41; - / Erich Lessing, © VG Bild-Kunst, Bonn 2020 – S. 183; - / Jean-Pierre Verney – S. 182; Alamy Stock Photo / Granger Historical Picture Archive – S. 39, 57, 138; - / Heritage Image Partnership Ltd – S. 17, 66, 72; - / imageBROKER – S. 189; - / Mithra, Heritage Image Partnership Ltd – S. 54; - / B. O'Kane – S. 11; - / Pictorial Press Ltd – S. 30, 170; - / Eric D ricochet69 – S. 38; - / Peter Schatz – S. 113; - / The Granger Collection – S. 98; Archiv der sozialen Demokratie der Friedrich-Ebert-Stiftung, Bonn – S. 120, 153; Archiv Kurt Hoffmeister – S. 151; Axel Springer Syndication / WELT-Infografik 26.10.2014 – S. 161; Bayerisches Landesamt für Denkmalpflege / Michael Forstner, München – S. 93; Bayerisches Landesamt für Statistik, Fürth – S. 79; Bayerische Staatsbibliothek München / 4 Eph.pol. 80 a – 1832, 7-12 – S. 56; - / Per.22 ri-3 – S. 133; bpk-Bildagentur – S. 104, 114, 128, 144, 148, 150, 156, 176, 184; - / adoc-photos – S. 146; - / Hermann Buresch – S. 130; - / Georg Buxenstein Co. – S. 110; - / Deutsches Historisches Museum – S. 142; - / Deutsches Historisches Museum, Sebastian Ahlers – S. 32; - / © Olaf Gulbransson, VG Bild-Kunst, Bonn 2020 – S. 145; - / Dietmar Katz – S. 101, 110; - / Kunstbibliothek, Staatliche Museen zu Berlin – S. 164; - / Münzkabinett, SMB, Lübke & Wiedemann – S. 41; - / Staatsbibliothek zu Berlin, Dietmar Katz – S. 152; - / Studio Niermann, Emil Bieber – S. 179 ; - / Zentralarchiv, SMB – S. 100; Bundesarchiv / Allgemeiner Deutscher Nachrichtendienst, Zentralbild, Bild 183-R15449 – S. 128; - / Sig. Bild 146-1994-022-19 A, Fotograf: Oscar Tellgmann, Koblenz – S. 160; Bundeswehr / Sebastian Wilke – S. 74; Deutscher Gewerkschaftsbund, Berlin – S. 119; dpa Infografik / Globus-Grafik – S. 169,181; dpa Picture-Alliance / akg-images – S. 10, 26, 27, 33, 64, 74, 82, 112, 141, 180; - / AP Photo, Michael Euler – S. 8/9; - / Berliner Verlag, Uli Pschewoschny – S. 65; - / © Costa, Leemage – S. 22; - / dpa-Report, Ronald Wittek – S. 42/43; - / Heritage Images, Fine Art Images – S. 182; - / Mary Evans Picture Library – S. 191; - / Süddeutsche Zeitung Photo, Stephan Rumpf – S. 79; - / Süddeutsche Zeitung Photo, Johannes Simon – S. 123; - / ullstein bild – S. 185; - / ullstein bild, Archiv Gerstenberg – S. 55, 163, 172; - / vintage.de, Burkhard Juettner – S. 190; - / Westend61, Flamingo – S. 123; - / Zentralbild, Berliner Verlag, Archiv – S. 150; Harald Focke, Bassum – S. 185; Germanisches Nationalmuseum, Nürnberg – S. 69, 71; Getty Images / Bloomberg – S. 97; - / Markus Kleinmaier – S. 78; Getty Images Plus / iStockphoto, Santirf – S. 156; Haus der Bayerischen Geschichte, Augsburg / Bayerische Landesausstellung 2011, Götterdämmerung, König Ludwig II. – S. 86; Historisches Archiv Friedrich Krupp / Alfried Krupp von Bohlen und Halbach-Stiftung, Essen – S. 107; Historisches Archiv der MAN, Augsburg – S. 97; Anton Hötzelsperger / Bayerischer Trachtenverband, Prien am Chiemsee / OT Prutdorf – S. 83; Integrationsbeauftrage der Bayerischen Staatsregierung / Gudrun Brendel-Fischer, München – S. 93; Interfoto / Sammlung Rauch – S. 108; Kartographie Kämmer, Berlin / www.kaemmer.de – S. 228, 229; König & Bauer – S. 102; Kunstsammlungen und Museen Augsburg – S. 109; Mauritius Images / Alamy Stock Photo, Akademie – S. 31; - / Alamy Stock Photo, Art Heritage – S. 65; - / Alamy Stock Photo, Briefmarkensammlung – S. 154; - / Alamy Stock Photo, Chronik der Weltgeschichte – S. 19; - / Alamy Stock Photo, FALKENSTEINFOTO – S. 47; - / Alamy Stock Photo, FLHC7 – S. 29; - / Alamy Stock Photo, Historic Collection – S. 88; - / Alamy Stock Photo, History and Art Collection – S. 70; - / Alamy Stock Photo, Peter Horree – S. 116; - / Alamy Stock Photo, LH Images, Karin Sander, Maximilian Joseph Graf von Montgelas, 2003-2005, 3 D Scans historischer Abbilder von Graf Montgelas, digital errechnet und computergesteuert CNC 5-achsig gefräst, Aluminium, Höhe 6,20 cm, © VG Bild-Kunst, Bonn 2020 – S. 37; - / Alamy Stock Photo, Borislav Marinic – S. 58; - / Alamy Stock Photo, Niday Picture Library – S. 24; - / Alamy Stock Photo, NMUIM – S. 18; - / Alamy Stock Photo, Painters – S. 193; - / Alamy Stock Photo, Photo12, © VG Bild-Kunst, Bonn 2020 – S. 136; - / Alamy Stock Photo, Pictorial Press Ltd – S. 49, 170; - / Alamy Stock Photo, Steve Speller – S. 129; - / Alamy Stock Photo, The History Collection – S. 96, 115, 144; - / Alamy Stock Photo, The Picture Art Collection – S. 23, 36, 53, 60, 73, 129; - / Christian Bäck – Cover; - / imageBROKER, Helmut Corneli – S. 124/125; - / imageBROKER, H.-D. Falkenstein – S. 126; - / imageBROKER, Björn Kietzmann – S. 44; - / imageBROKER, Raimund Kutter – S. 91; - / Photononstop, Philippe Lissac – S. 20; - / United Archives, De Agostini, G. Dagli Orti – S. 46; - / United Archives, WHA – S. 98, 193; © mr-kartographie, Gotha / Erstveröffentlichung: Informationen zur politischen Bildung Nr. 331/2014, Zeitalter der Weltkriege, Bundeszentrale für politische Bildung/bpb, Bonn – S. 231; Münchner Stadtmuseum / Sammlung Graphik/Gemälde – S. 62, 63; Museumsstiftung Post und Telekommunikation / Museum für Kommunikation Frankfurt, Foto: Markus Heinisch – S. 86; Foto Neuhofer, Welchenberg – S. 76/77; © Österreichisches Staatsarchiv, Wien / HHStA SB, Kartensammlung Q, Ke3-1/4 – S. 73; © Peter Palm, Berlin – S. 35, 80, 97, 127, 175, 192; Postcard-museum / Peter Weiss, Hamburg –

S. 149; Jürgen Schraudner, Bamberg – S. 90; - / Stadtarchiv Bamberg – S. 90; Ernst Schütz – S. 88; Shutterstock / Aleksei Solodov – S. 40; Staatsbibliothek Bamberg / Eph.misc.f. 7 (1887, Nr. 2302), Foto: Gerald Raab – S. 87; Stadtarchiv Rosenheim – S. 140; Statistisches Bundesamt, Wiesbaden – S. 89, 122; Süddeutsche Zeitung Photo / Rue de Archives, Rene Dazy – S. 160; - / Scherl – S. 137; © Jochen Tack / Stiftung Zollverein – S. 94/95; The Fund For Peace / www.fundforpeace.org – S. 168; ullstein bild – S. 111, 166 (2); - / Archiv Gerstenberg – S. 44; - / Granger Collection – S. 191; - / histopics – S. 52; - / NMSI, Science Museum – S. 99; Universitäts- und Stadtbibliothek Köln – S. 188; Volksbund Deutsche Kriegsgräberfürsorge e. V. – S. 158/159; Wobring, in: Der europäische Bildersaal (2013), hrsg. von Popp/Wobring, Schwalbach/Ts, S. 88 – S. 131; www.altrofoto.de, Regensburg – S. 92; www.wikimedia.org – S. 14, 84, 85, 91 (2); - / David Liuzzo – S. 51

Mediencodes

akg-images – S. 64; - / Erich Lessing – S. 49, 100; bpk-Bildagentur / Deutsches Historisches Museum – S. 180; dpa Picture-Alliance / akg-images – S. 17

M 5 **Die Welt von heute**